Friedhof
III
Paljustrowo
Schmelingowskij Prospekt
Rubleniki
nach La
Kondratjewskij Prospekt
Nabereshnaja Swerdlowskaja
Chaussee Rewoljuzii
Große Ochta
1 Finnländischer Bahnhof
Arssenalnaja
Nabereshnaja
Bolsch.
Ochta
Haupt-wasser-werk
Nabereshnaja Robespiera
Tauriden-park und schloß
Smolny-Leningrader Vollzugskomitee
Prospekt
Kalaschnikowskaja Nab.
Große Ochta
X
Ssowjetskij
5 Moskauer Bahnhof
Prospekt Bakunina
OCHTA
Haupt-telegraphen-amt
Newskiprospekt
Schlüsselburgskij
Güterbahnhof
Obwodnowo Kanala
Lenin-Mühle
Prospekt
IV
XV
Friedhof
Friedhof
WOLKOWO
Lenin-Werke
Newa
Prospekt Sela Ssmolenskowo
Prospekt Krupskoi
nach Schlüsselburg
1 Finnländischer Bahnhof. Fernverkehr nach Finnland. Nahverkehr nach Schlüsselburg, Ladogasee
2 Winterpalais und Schloßplatz
3 Stab des Leningrader Militärbezirks
4 Stadtkommandantur
5 Moskauer Bahnhof. Fernverkehr nach Moskau, Cholm, Wologda, Murmansk. Vorortverkehr nach Kolpino
6 Witebsker Bahnhof. Fernverkehr nach Witebsk, Minsk und Nowgorod
7 Baltischer Bahnhof und
8 Warschauer Bahnhof. Fernverkehr nach Estland, Lettland und Pskow. Vorortverkehr nach Oranienbaum
Hauptverkehrsstraßen
Grenzen der Leningrader Stadtbezirke
Leningrader Stadtbezirke:
I Primorskij
II Wyborgskij
III Krassnogwardejskij
IV Petrogradskij
V Sswerdlowskij
VI Wassiljeostrowskij
VII Oktjabrskij
VIII Kujbyschewskij
IX Dsershinskij
X Ssmolnenskij
XI Leninskij
XII Frunsenskij
XIII Kirowskij
XIV Moskowskij
XV Wolodarskij

SFV

Harrison E. Salisbury

900 Tage
Die Belagerung von Leningrad

S. Fischer Verlag

Aus dem Amerikanischen übersetzt
von Hans Jürgen Baron von Koskull

Die Karten wurden von
Ruth und Harald Bukor, Eltville, gezeichnet

Die Umschlagfotos sind dem Bildband
›Leningrad — Stadt, die den Tod bezwang‹ entnommen.
Abdruck mit freundlicher Genehmigung
des Stimme-Verlags, Frankfurt am Main

Die Originalausgabe ›The 900 Days. The Siege of Leningrad‹
erschien im Verlag Harper & Row, New York, 1969

Umschlagentwurf: Nikolaus Ghesquière
Gesamtherstellung: Druck- und Buchbindereiwerkstätten
May & Co Nachf., Darmstadt
Printed in Germany 1970
ISBN 3 10 071304 4

Inhalt

Dritter Teil Leningrad ist eingeschlossen

Vierter Teil Der längste Winter

Fünfter Teil Der eiserne Ring zerbricht

Epilog

Anhang

Hauptpersonen

Achmatowa, Anna *Lyrikerin aus Leningrad, Opfer politischer Verfolgung nach dem Zweiten Weltkieg.*

Berggolz, Olga *Lyrikerin aus Leningrad, Verfasserin eines Tagebuchs, überlebte die Belagerung.*

Berija, Lawrenti P. *Chef der Geheimpolizei unter Stalin.*

Budjonny, Semjon, Marschall *Kavalleriebefehlshaber in der alten Roten Armee, vor Kriegsbeginn zum Oberbefehlshaber der ›Reservearmee‹ ernannt.*

Byćewski, B. W., Oberst *Pionierkommandeur in Leningrad.*

Duchanow, Michail, General *ehemaliger Stabskommandant von Leningrad, Oberbefehlshaber der 6. und 7. Armee.*

Fedjuninski, Iwan I., Marschall *Befehlshaber bei wichtigen Operationen an der Leningrad-Front.*

Goworow, Leonid, Marschall *Artillerist, ab April 1942 Befehlshaber an der Leningrad-Front.*

Inber, Vera *Schriftstellerin aus Moskau, lebte während der Blockade in Leningrad, führte ein Tagebuch.*

Ketlinskaja, Vera *Schriftstellerin aus Leningrad, eng mit Olga Berggolz befreundet.*

Koćetow, Wsewolod *zu Beginn des Krieges junger Berichterstatter an der* ›Leningradskaja Prawda‹, *führte ein Tagebuch.*

Kusnezow, Alexei A. *Parteisekretär in Leningrad, Stellvertreter des Parteivorsitzenden von Leningrad, Andrei A. Schdanow.*

Kusnezow, F. I., General *Befehlshaber des Baltischen Militärischen Sonderdistrikts (Nordwestfront) zu Beginn des Krieges.*

Kusnezow, N. G., Admiral *bei Kriegsbeginn Marinekommissar, Verfasser wichtiger Memoiren.*

Luknizky, Pawel *Tass-Korrespondent in Leningrad, Verfasser eines Tagebuchs.*

Malenkow, Georgi M. *Mitglied des Kommunistischen Parteisekretariats, zeitweiliges Mitglied des Politbüros, erbitterter Rivale des Leningrader Parteichefs Andrei A. Schdanow.*

Merezkow, Kirill A., Marschall *Oberbefehlshaber an der Leningrad-Front.*

Michailowski, Nikolai *Kriegsberichterstatter bei der Baltischen Flotte.*

Molotow, Wjatscheslaw M. *Mitglied des Politbüros, enger Mitarbeiter Stalins.*

Pantelejew, L. (Alexei) *Schriftsteller aus Leningrad, verfaßte ein Tagebuch.*

Pantelejew, Juri A., Admiral *Chef des Stabes der Baltischen Flotte.*

Pawlow, Dimitri W. *verantwortlich für die Lebensmittelversorgung in Leningrad, Verfasser einer Chronik der Blockade.*

Popkow, Peter S. *Bürgermeister von Leningrad, Mitarbeiter Schdanows.*

Rosen, Alexander, *Schriftsteller, Verfasser eines Tagebuchs.*

Sajanow, Wissarion *Schriftsteller aus Leningrad, Verfasser eines Tagebuchs.*

Schdanow, Andrei A. *Parteisekretär und Parteivorsitzender in Leningrad, präsumptiver Nachfolger Stalins.*

Schukow, Georgi K., Marschall *Sowjetischer Oberkommandierender, vom 12. September bis zum 7. Oktober 1941 Oberbefehlshaber an der Leningrad-Front.*

Stalin, Josef *Sowjetischer Diktator.*

Stein, Alexander *Bühnenschriftsteller aus Leningrad, Verfasser eines Tagebuchs.*

Tarasenkow, A. K. *Sowjetischer Kriegsberichterstatter, Verfasser eines Tagebuchs.*

Timoschenko, Semjon K., Marschall *Sowjetischer Verteidigungskommissar bei Kriegsbeginn.*

Tribuz, Wladimir F., Admiral *Befehlshaber der Baltischen Flotte.*

Wischnewski, Wsewolod *Marineberichterstatter, Bühnenschriftsteller, Verfasser eines Tagebuchs.*

Woronow, Nikolai N., Marschall *Sowjetischer Inspekteur der Artillerie, Militärberater an der Leningrad-Front.*

Woroschilow, Kliment, Marschall *Mitarbeiter Stalins, bis 11. September 1941 Oberbefehlshaber an der Leningrad-Front.*

Der Bevölkerung von Leningrad

Nein, niemand darf vergessen:
Nichts soll vergessen sein.
Olga Berggolz

Erster Teil

Die Nacht ohne Ende

Fortleben soll in unsren Herzen
Die Erinnerung an das, was hier geschah,
Und das Gedenken halte das Gewissen wach.

1. Die weißen Nächte

Wind und Kälte, Wind und Kälte – das war das Frühjahr 1941 in Leningrad. Bis zum 1. Mai hatte es noch geschneit, und die durchnäßten Maidemonstranten stapften triefend in nassen Stiefeln und durchweichten Mänteln am Winterpalais vorüber. Auch noch im Juni blieb es kalt, und es schien, als wollten die von der Ostsee aufsteigenden Nebelmassen gar nicht weichen. Das war nichts Ungewöhnliches; Peter der Große hatte, als er seine melancholische Hauptstadt an der Newa gründete, nicht an die Bequemlichkeit ihrer Bewohner gedacht und auf das Klima keine Rücksicht genommen.

Am Donnerstag den 19. Juni setzte der Wetterumschlag ein; es kam ebenso wie am folgenden Tage zu schweren Gewittern, erst zur Sommersonnenwende am 21. Juni brach die Sonne durch die Wolken, und endlich wölbte sich ein strahlendblauer Himmel über der Stadt. In Leningrad bewahrheitete sich Puschkins Ausspruch: »Unser nördlicher Sommer ist eine Karikatur des südlichen Winters.« Der Tag der Sommersonnenwende war von jeher ein besonderer Tag gewesen – der längste Tag des Jahres, der Tag, der kein Ende nahm und dem die weißeste der ›weißen Nächte‹ folgte, in der es um Mitternacht heller ist als sonst in der Abenddämmerung, und in der kein nächtliches Dunkel heraufzieht.

Mit dem Wechsel der Windrichtung und der sanften Wärme der Sonnenstrahlen verwandelte sich das Grau der Newa in leuchtendes Blau, und blühende Linden, Forsythia und Jasmin weckten die Feiertagsstimmung in der Stadt. Am 21. Juni endeten die Abschlußexamen hinter den ocker- und cremefarbigen Mauern der im 18. Jahrhundert erbauten alten Universität, die Sommerferien begannen. Junge Männer in sauber gebügelten blauen Anzügen und Mädchen in weißen Voilekleidern strömten, vom Universitätsufer kommend, über die Schloßbrücke, um an der Promenade der weißen Nächte, dem *guljanije*, teilzunehmen, zur Begleitung von *bajans* und Gitarren zu singen und sich in den Cafés am Newskiprospekt zu treffen – um elf Uhr in der Eisdiele, um Mitternacht im ›Grünen Frosch‹ und um ein Uhr am Eckladen von Elisejew. Während des ganzen Abends bildeten sich Schlangen vor den Eingängen des ›Astoria‹ und des Hotels ›Europa‹, in deren Ballsälen die Jugend nach den Klängen des neuesten Foxtrotts »In Lwow werden wir uns wiedersehen ...« tanzte, dem Eddi Rosners Metropol Hotel Jazz Band zur Popularität verholfen hatte.

Dieses Frühjahr in Leningrad war launenhaft, unberechenbar gewesen – nicht nur wegen des Wetters. Noch herrschte ein ungewisser Friede in der Sowjetunion, aber der Zweite Weltkrieg dauerte schon bald zwei Jahre, und niemand wußte, wie lange dieser Friede noch gewahrt bleiben würde. Die Regierung versicherte der Bevölkerung Leningrads (und ganz Rußlands), der kurz vor Kriegsausbruch im August 1939 mit dem nationalsozialistischen Deutschland geschlossene Pakt schütze das Land vor jedem Angriff. Immer wieder betonten die kommunistischen Propagandaredner vor den Parteizellen in den Leningrader Fabriken, beide Vertragspartner hätten sich verpflichtet, einander nicht anzugreifen. Die Leitartikel in der ›*Prawda*‹ sprachen in optimistischem Ton von einer erstmals geschaffenen Atmosphäre freundschaftlicher Zusammenarbeit, in der Rußland dem Dritten Reich Weizen und Öl im Austausch gegen Maschinen (und Kriegsmaterial) lieferte. Aber die Männer und Frauen in Leningrad sorgten sich dennoch. Sie brachten es nicht fertig, das Mißtrauen gegen die Nazis zu unterdrücken. Im bisherigen Verlauf des Krieges hatte sich gezeigt, daß man den Zusagen Hitlers nicht vertrauen durfte, was Stalin auch dazu sagen mochte. Nachdem Polen im Herbst 1939 zwischen Deutschland und Rußland aufgeteilt worden war, hatten die deutschen Panzertruppen 1940 in kurzer Zeit Dänemark, Norwegen und Frankreich überrannt, und der grausame Bombenkrieg der Luftwaffe gegen England war in Leningrad mit Erschütterung zur Kenntnis genommen worden. Der normale Sowjetbürger war betroffen angesichts dieser Demonstrationen nationalsozialistischer Macht.

Im Frühjahr 1941 steigerte sich die Nervosität in Leningrad mit dem Beginn des neuen Feldzugs der Wehrmacht: der schnelle und erfolgreiche Krieg gegen Jugoslawien, die zügige Eroberung Griechenlands, die Besetzung von Kreta und die Bedrohung des Suezkanals durch die beweglichen Wüstenstreitkräfte Rommels.

Die Deutschen beherrschten jetzt den ganzen europäischen Kontinent; an welcher Stelle würde der nächste Schlag erfolgen? Die plausibelste Antwort lautete: England. Aber es kamen auch Gerüchte nach Leningrad, die besagten, Hitlers nächstes Angriffsziel werde Rußland sein. Moskau stellte sich solchen Berichten entgegen (das letzte Dementi war erst vor einer Woche veröffentlicht worden), und niemand würde es wagen, Stalins zuversichtliche Erklärungen über den Pakt mit Berlin öffentlich anzuzweifeln. Viel sicherer war es, die Parteilinie zu akzeptieren und etwaige Vorbehalte im Unterbewußtsein zu verbergen. Aber dennoch waren viele im Inneren beunruhigt. Wenn Hitler entgegen allen feierlichen Versicherungen, Versprechungen und Zusagen Rußland angreifen sollte, dann würde auch Leningrad das zu spüren bekommen. Die Stadt besaß allein schon durch ihre Geschichte und Tradition militärische Bedeutung. Sie war 1703 von Peter dem Großen als Bastion gegen die Schweden, Polen, Litauer, Finnen und Deutschen gegründet worden, die in jahrhundertelangen Kämpfen versucht hatten, ein Tor in die Weite des russischen Landes aufzustoßen.

Aber kaum jemand, der jetzt auf dem Wege war, seinen Urlaub in einem Badeort auf einer Insel im Finnischen Meerbusen, am neugewonnenen Strand oder an den Seen anzutreten, die Finnland nach dem Winterkrieg von 1939/40 an Rußland hatte abtreten müssen – kaum jemand dachte jetzt im Ernst an die Bedrohung durch die Deutschen. Es war ein zu schöner Tag, und alle Vorzeichen schienen günstig. Die meisten Bewohner Leningrads glaubten, ihre Stadt sei jetzt sicherer als in den vielen Jahren vorher, sicherer als während der ganzen Zeit, seit Lenin sich 1918 angesichts der von den Deutschen drohenden Gefahr veranlaßt gesehen hatte, die russische Hauptstadt »vorübergehend« nach Moskau zurückzuverlegen. Diese vorläufige Maßnahme war zu einem Dauerzustand geworden, als Finnland, Estland, Lettland und Litauen sich 1917 von Rußland trennten, so daß die finnisch-sowjetische Grenze etwa 30 Kilometer vor Leningrad verlief und es damit der Gefahr aussetzte, überrannt und erobert zu werden.

Nach den russischen Erfolgen im Winterkrieg gegen Finnland hatte Leningrad jetzt mehr Bewegungsfreiheit. Diesen Raum zu gewinnen war das Ziel des brutalen sowjetischen Angriffs gegen den kleinen Nachbarn im Norden gewesen. Die Grenze war um viele Kilometer nach Norden verlegt worden, und als Stalin im Sommer 1940 die Rückkehr der baltischen Staaten in die Sowjetunion erzwang, erhielt Leningrad einen neuen Schutzschild entlang der Ostseeküste.

Das schöne Wetter zur Sommersonnenwende veranlaßte viele Leningrader, aufs Land hinauszufahren. Die Belegschaft der Zeitung ›*Leningradskaja Prawda*‹ hatte sich am Finnischen Golf, etwa 30 Kilometer nördlich der Stadt bei Fuchsbrücke, ein Landhaus gekauft. Das Material für die Sonntagmorgen-Ausgabe war schon am Samstag vorbereitet worden – es hatte sich nichts besonders Wichtiges ereignet –, und die meisten Mitarbeiter konnten schon am frühen Nachmittag abreisen.

Mancher wurde aber auch in Leningrad festgehalten. Der Direktor des großen Museums in der Eremitage, Josef Orbeli, den seine Freunde wegen seines gewaltigen Patriarchenbarts mit den Propheten des Alten Testaments verglichen, verbrachte den Tag an seinem Schreibtisch in der großen Galerie am Schloßplatz. Er hatte noch vieles zu erledigen. Nach langen Vorarbeiten war endlich am 26. Mai die Abteilung für russische Kultur eröffnet worden. Kisten mit mindestens 250 000 Ausstellungsstücken für diese neue Abteilung türmten sich in den Lagerräumen und versperrten die Notausgänge. Sommerliche Kunstreisen in verschiedene Gegenden Rußlands mußten vorbereitet werden. Nach dem 1. Mai hatten die Maler in einigen Räumen des Museums Gerüste aufgestellt, aber noch nicht mit der Arbeit begonnen; weil Orbeli um diese Jahreszeit die meisten Besucher erwartete, ärgerte er sich über die Verzögerung. Er rief bei der Baubrigade an, die ihn vertrösten wollte und versprach, so früh wie möglich zu beginnen. Aber er ließ nicht locker, bis er die Zusage für einen bestimmten Termin erhalten hatte. Am Montag den 23. Juni würden die Maler kommen.

Erst spät verließ Orbeli sein Büro. Für den Sonntag erwartete er einen starken Besucherandrang. Dann mußte alles in Ordnung sein. Auf seinem Schreibtisch lag die Samstagsausgabe der ›*Leningradskaja Prawda*‹, in der er den Artikel »Timur Lenk und die Timuriden in der Eremitage« mit Blaustift angestrichen hatte. Er behandelte die Ausstellung von Kunstgegenständen aus dem mongolischen Kulturkreis in zwei Sälen des Museums. Orbeli rechnete wegen dieser Sonderschau mit einem besonders großen Besucherstrom. Das Interesse für Timur Lenk war in Leningrad sehr lebhaft. Erst vor einer Woche war eine wissenschaftliche Expedition nach Samarkand gegangen, um das Gur-Emir-Mausoleum zu besichtigen, wo Timur Lenk bestattet war. Die Wissenschaftler sammelten Material für die 500-Jahr-Feier zum Gedenken an Alischer Nawoi, den großen Dichter aus der Zeit Timur Lenks. Die ›*Leningradskaja Prawda*‹ hatte täglich aus Samarkand über den Fortschritt der Arbeiten berichtet. Am Mittwoch erschien der Artikel eines Tass-Korrespondenten über die Öffnung des mit einem grünen Nephrit verschlossenen Sarkophags von Timur Lenk. Der Tass-Reporter schrieb darin: »Nach dem noch heute lebendigen Volksglauben liegt unter diesem Stein der Anstoß zu fürchterlichen Kriegen verschlossen ...« Viele Leser belächelten den phantastischen Aberglauben der Leute, die meinten, man könne einen Krieg entfesseln, wenn man einen alten steinernen Sarg öffnete. Am Freitag berichtete die ›*Leningradskaja Prawda*‹, Timur Lenks Sarg sei jetzt offen, und man habe festgestellt, daß ein Bein des Skeletts kürzer sei als das andere. Damit wurde die Legende bestätigt, nach der Timur Lenk lahm gewesen sei.

Die Zeitung vom Samstag brachte keine neuen Berichte aus Samarkand. Vielleicht, so glaubte Orbeli, hatte man deshalb den Artikel über die Ausstellung im Museum veröffentlicht. Er schloß die Bürotür, wünschte dem Wachmann am Dienstausgang eine gute Nacht und ging auf den Schloßplatz hinaus. Nach seiner Meinung war es die imposanteste architektonische Komposition der Welt, die ihn hier umgab: das prächtige Winterpalais und die Eremitage am Newaufer, das massige Generalstabsgebäude und der Torbogen auf der gegenüberliegenden Seite des Platzes, in dessen Mitte die zum Andenken an Alexander I. errichtete Säule stand. Das Ganze atmete die Macht des russischen Reichs. Es hatte diese Bedeutung schon gehabt, als Peter damit begann, gewaltige Pfahlroste in das sumpfige Newaufer zu versenken, um zuerst den massiven Klotz der Peter und Pauls-Festung, dann auf einer der hundert Inseln im Newadelta den Marinestützpunkt Kronstadt und schließlich die Paläste, Prachtstraßen und herrlichen Plätze zu bauen, die zu Vergleichen mit Paris und Venedig anregen. Zehntausende hatten bei diesen Arbeiten ihr Leben lassen müssen. So wie die Petersburger Katharina II. die »Semiramis des Nordens« genannt hatten, erhielt ihre Hauptstadt von ihnen den Beinamen »das nördliche Palmyra«. Orbeli gefiel diese Bezeichnung am besten, denn mit den Namen Semiramis und Palmyra wurde die geheimnisvolle Atmosphäre des alten Kleinasien auf den im winterlichen Eis erstarrten russischen Norden übertragen. Welchen Namen man dieser Stadt auch gab – St. Petersburg, Petrograd, Leningrad oder Palmyra –, nichts ließ sich mit ihr vergleichen, wenn auch die Aussicht aus Peters des Großen »Fenster zum Westen« im Augenblick durch die Tyrannei Stalins etwas getrübt sein mochte.

Orbeli schlenderte in Richtung des Admiralitätsgebäudes mit seinem eleganten Turm. Am gegenüberliegenden Ufer der Newa sah er als Gegenstück den Turm der Peter und Pauls-Festung und die Fassade der Universität. Er wandte sich dem Newskiprospekt zu, der breiten Prachtstraße, die der Dichter Alexander Blok als die »lyrischste und poetischste Straße der Welt« bezeichnet hatte. Nirgends waren die Frauen so geheimnisvoll, von einer so bezaubernden, dunklen Schönheit, und nirgends war das, was sie zu verheißen schienen, so ins geisterhaft Unbestimmte gehüllt. Jeder, der Leningrad erlebte, war tief davon berührt. Manchem schien die Stadt bedrückend, geheimnisvoll und tragisch. Für andere war sie ätherisch, magisch und voller Wunder. Lenin setzte sie mit den nach Schweiß riechenden Elendsquartieren gleich, die reif waren für Agitation, Intrigen und Revolution. Für die Romanows war St. Petersburg die Hauptstadt der Welt, der Sitz der unumschränkten Macht, des von der orthodoxen Kirche gesalbten Trägers des Gottesgnadentums.

Leningrad war in jeder Hinsicht eine Stadt der Superlative. Sie überwältigte den Beschauer durch die Majestät ihrer Weiträumigkeit, die reiche Gliederung ihrer weiten Flächen, das Zusammenspiel von Wasser und Stein, von Granitsäulen und schlanken Brücken, des tiefen und schweren Himmels und der Eiseskälte des schneereichen Winters. Sie war Rußlands Werkstatt, Rußlands Laboratorium und die Wiege der russischen Künste und Wissenschaften. Hier hatte Mendelejew das periodische System der Elemente entdeckt und Pawlow an seinen Hunden die konditionierten

Reflexe untersucht. Hier hatte Mussorgski seine wilde, düstere Musik komponiert, und hier hatte die unvergleichliche tänzerische Anmut der Pawlowa die Herzen der Großfürsten verzaubert. Aus dem kaiserlichen Ballett waren Künstler wie Bakst, Diaghilew, Fokine und Nijinski hervorgegangen.

Leningrad war die Hauptstadt des schöpferischen Lebens in Rußland. An diesem Samstag, am 21. Juni, dauerten die Proben in der staatlichen Ballettschule am Alexandrinskiplatz den ganzen Tag. Die *grande dame* des russischen Balletts, Agrippina Waganowa, war eine strenge Lehrmeisterin. Am Sonntag sollte das Ballett zur Feier des dreißigsten Jahrestages des Debüts der Ballerina J. M. Lukom im Marjinski-Theater eine Vorstellung geben. Für Mittwoch den 25. Juni war das Ballett *Bjela* zur Abschlußprüfung der Ballettklasse von 1941 vorgesehen. Stundenlang dauerten die Übungen am Querbalken. Madame Waganowa war 63 Jahre alt, aber sie hatte nichts von ihrer Spannkraft verloren.

Der Direktor des Leningrader Radio-Symphonieorchesters, Karl Eliasberg, kam an jenem Samstag erst sehr spät in seine Wohnung auf der Wasilewskiinsel zurück. Auch er hatte den ganzen Nachmittag geprobt. Nun setzte er sich, nahm die Zeitung vor und stellte fest, daß am Sonntag eine Ausstellung zum 100. Geburtstag des Dichters Lermontow im Katharinenpalais in Puschkin eröffnet würde. Er beschloß, hinzugehen. Ein zweiter Musiker, der Komponist Dimitri Schostakowitsch, hatte ganz andere Pläne. Er war ein begeisterter Anhänger des Fußballspiels. Am Samstagnachmittag kaufte er Karten für das am Sonntag den 22. Juni im Dynamo-Stadion stattfindende Spiel.

In den weitläufigen Ateliers der Lenfilm auf der Petrograder Seite der Newa gab es am Samstag noch viel zu tun. Am Kirow-Prospekt Nr. 10, am Park des alten Aquariums, wo ein Eispalast für viele Generationen Jugendlicher ein besonderer Anziehungspunkt gewesen war, sollte ein Film über den Komponisten Glinka gedreht werden. Die Dreharbeiten sollten am Montag beginnen. Alexander Stein, der Bühnenschriftsteller, war nicht zu Hause. Als Reserveoffizier war er im frühen Frühjahr zu einer dreimonatigen Übung einberufen worden. Vor ein paar Tagen hatte er seinen Dienst beendet und befand sich jetzt an einem Erholungsort für Schriftsteller in Karelien, wenige Kilometer nördlich von Leningrad. Den ganzen Samstagabend saß er mit seinem Kollegen Boris Lawrenow auf der Holzveranda seines Hauses und unterhielt sich mit ihm bis spät in die vom Zwielicht erhellte Nacht hinein. Es war ein stiller Abend, aber Stein erinnerte sich später, am fernen Horizont Leuchtraketen gesehen zu haben, und als er gegen 4.00 Uhr morgens zu Bett ging, glaubte er, weit draußen über dem Finnischen Golf das Dröhnen von Flugzeugmotoren zu hören.

Im Smolny, einem weitläufigen, aus klassischen russischen Gebäuden bestehenden Komplex – früher war hier ein Internat für adelige Mädchen gewesen, aber seit 1917 war Smolny eng mit der russischen Revolution verbunden –, herrschte den ganzen Samstag über rege Tätigkeit. Hier hatten Lenin und die Bolschewiki während des Staatsstreichs 1917 ihr Hauptquartier eingerichtet, und seit jener Zeit befand sich im Smolny die Zentrale des kommunistischen Parteiapparats von Leningrad.

An diesem Samstag hielt die Leningrader Sektion der Kommunistischen Partei eine Plenarsitzung ab. Dabei besprachen die Sekretäre der städtischen Organisation, Fabrikdirektoren, Wirtschaftsspezialisten, Vertreter der Gewerkschaften und städtische Beamte verschiedene wichtige Fragen. Es ging um die Ausführung von Direktiven, die auf dem 18. Parteitag der Kommunistischen Partei der Sowjetunion gebilligt worden waren, und um neue Pläne für den industriellen Aufbau.

Die Besprechung in der Kongreßhalle vom Smolny, wo Lenin seinerzeit den Sieg der bolschewistischen Revolution verkündet hatte, ging erst am Abend zuende. Einige Delegierte fuhren direkt nach Hause, andere mischten sich unter die Spaziergänger auf den breiten Boulevards und schlenderten durch das mitternächtliche Dämmerlicht. Neugierig betrachteten sie die Plakate an den Laternenpfählen, die die Aufführung des Prokoffjew-Balletts *Romeo und Julia* ankündigten, bei der Galina Ulanowa am folgenden Tage im Marjinski-Theater tanzen sollte. Andere Plakate trugen die Aufschrift: »Anton Iwanowić ist böse … Anton Iwanowić ist böse.« Viele wußten nicht, daß dies eine Voranzeige für einen neuen Film war, der demnächst in den großen Kinos uraufgeführt werden sollte. Sie schüttelten verwundert die Köpfe und gingen weiter, um die Auslagen in den hellerleuchteten Schaufenstern am Newski-Prospekt zu betrachten.

Die leitenden Funktionäre, die an der Konferenz teilgenommen hatten, mußten auf den Spaziergang verzichten. Sie kehrten sofort in ihre Büros zurück, um dort auf einen eventuellen Telefonanruf zu warten. Kurz vor Ende der Konferenz war in aller Stille die Anweisung durchgegeben worden: »Bleiben Sie in der Nähe. Vielleicht wird sich heute nacht etwas Wichtiges ereignen.«

Mit keinem Wort war angedeutet worden, um was es sich handelte. An die strikteste Parteidisziplin gewöhnt, saßen diese Männer jetzt an ihren Fernsprechern, rauchten Zigaretten, blätterten in Bergen von Papier, mit denen sie ständig eingedeckt wurden, und überlegten, weshalb man sie hier zurückgehalten hatte. Aber nicht alle warteten in ihren Büros. Michail Kosin, der Leiter der Parteiorganisation in den großen Kirow-Stahlwerken, fuhr zu seinem Sommerhaus in Mühlbach, wenige Kilometer außerhalb von Leningrad, um den Abend im Kreis seiner Familie zu ver-

bringen. Dorthin bestand keine Telefonverbindung, aber sein Fahrer kehrte zur Fabrik zurück, um ihn im Notfall zu alarmieren.
In der Vorstadt Puschkin, dem alten kaiserlichen Zarskoje Ssjelo, lockte das blasse Licht der warmen Frühsommernacht junge Pärchen in die Lindenalleen und den gepflegten Park, der das von Rastelli erbaute, herrliche Katharinenpalais umgab. Eine neue Generation russischer Jugendlicher – viele von ihnen hatten gerade das Abschlußexamen bestanden – verbrachte hier, wo die Dichter Alexander Puschkin und Alexander Blok zu Hause gewesen waren, die lange Nacht. Am sogenannten ›Halbmond‹, einer Gruppe niedriger Gebäude an der Toreinfahrt zum Palais, blieben sie stehen und lauschten. Aus den offenen Fenstern ertönten die bezaubernden Klänge einer Sonate von Skriabin; der Komponist Gawryl Popow und seine Frau spielten in von einem Vorhang getrennten Zimmern an zwei Flügeln. Popows Oper *Alexander Newski* wurde gerade im Marjinski-Theater geprobt und sollte im Herbst Premiere haben.
Der Katharinenpark war Treffpunkt der bildenden Künstler. In der Nähe arbeitete der Komponist Boris Asafjew an der Instrumentierung seiner Oper *Die slawische Schönheit*, die er im Auftrag des Opernhauses von Baku für die bevorstehenden Nizami-Festspiele geschrieben hatte. In einer benachbarten Wohnung saß der Schriftsteller Wjaćeslaw Śiśkow, der erst gestern von einem Urlaub auf der Krim zurückgekehrt war, am Schreibtisch und las die Korrekturfahnen eines umfangreichen historischen Romans.
Während des ganzen Winters hatte der junge Schriftsteller Pawel Luknizki im selben Hause gearbeitet. Es war die alte Villa von Alexei Tolstoi, die jetzt erholungsbedürftigen Schriftstellern zur Verfügung stand. Luknizki, ein schlanker, dunkelhaariger, gut aussehender und empfindsamer junger Mann, war noch unverheiratet, Am 16. Juni hatte er seinen Roman beendet und an den Verlag abgeschickt. Jetzt war er in Leningrad und überlegte, was er in diesem Sommer unternehmen sollte. Vielleicht könnte er einige Zeit in der neuen Schriftstellerkolonie in Karelien verbringen. Die Landschaft dort gefiel ihm, und es gab einen schönen Strand. Auf jeden Fall wollte er einer Einladung folgen, die er am Tag zuvor erhalten hatte. Der Schriftstellerverband hatte eine Reise entlang der von Mannerheim errichteten und seit dem Winterkrieg von Sowjetrußland besetzten befestigten Linie in Karelien organisiert. Am 24. Juni um 7.30 Uhr früh sollten die Sonderomnibusse abfahren.
In dem großen Haus am Gribojedowkanal Nr. 9, nicht weit vom Newskiprospekt, führte der Dichter Wissarion Sajanow ein langes Gespräch mit einem alten Freund, einem Fabrikarbeiter, den er während des Winterkrieges gegen Finnland kennengelernt hatte. Sajanow hatte als Kriegsberichterstatter an dem Feldzug teilgenommen, und sein Freund war

Politoffizier bei einer Aufklärungsabteilung gewesen. Bei einer Flasche Wodka erinnerten sie sich an die bittere Kälte in den finnischen Wäldern und an Kameraden, die am Leben geblieben oder gefallen waren. Es war ein gemütlicher Abend, und sie trennten sich erst lange nach Mitternacht.

Sajanow, ein Mann mittleren Alters, mit rundem Gesicht und goldgeränderter Brille, machte vor dem Zubettgehen noch einen Spaziergang mit seinem Freund. In der Stadt war es still in den Stunden vor Tagesanbruch, aber über ihr lag ein gedämpftes Leuchten, in dem die Farben sich verwischten, die Schatten ineinander verschmolzen und die großen steinernen Häuser eine blasse Eierschalentönung annahmen. Aus der Ferne hörte man die Stimmen junger Menschen. Sie sangen ein beliebtes sowjetisches Lied: »Daleko ... daleko – Weit, weit von hier ...«, ein Lied an die Geliebte und die Heimat in der Ferne. Der Gesang kam näher und wurde immer deutlicher. Am Ende der Straße wurde eine Gruppe Studenten sichtbar. Die weißen Kleider der Mädchen hoben sich gegen das dunkle Pflaster ab, und die jungen Männer trugen helle Hemden und marineblaue Hosen. Sie gingen Arm in Arm, und ihr Lied klang in diesem Augenblick unbegreiflich schön und erdenfern.

Mit Ausnahme einiger junger Menschen, die noch durch die Stadt wanderten, schlief Leningrad jetzt. Die breite Avenue lag leer und ruhig da. Leningrad hatte sich in der Nacht, die keine Nacht gewesen war, der längsten der weißen Nächte, zur Ruhe begeben.

2. Nicht alle schliefen

Nicht jeder schlief in dieser Nacht. Zu ihnen gehörte der Armeegeneral Kirill A. Merezkow, stellvertretender Verteidigungskommissar, der am 21. Juni um Mitternacht in dringender Mission in Moskau den Expreßzug ›Roter Pfeil‹ nach Leningrad besteig. Stunde um Stunde stand er am Fenster seines mit poliertem Mahagoni und schweren Messingbeschlägen verkleideten, mit Brüsseler Teppichen und französischer Installation ausgestatteten Salonwagens und blickte hinaus. Es war ein internationaler Schnellzugwaggon der französischen Schlafwagengesellschaft, ein Erbstück aus der Zarenzeit. Der Scheinwerfer der Lokomotive des ›Roten Pfeils‹ leuchtete tief in die Dunkelheit, und während der Zug die schnurgerade, von den Ingenieuren des Zaren Nikolaus I. vermessene Strecke entlangfuhr, wurde es allmählich immer heller am Horizont. Merezkow kannte die Gegend gut. In den Jahren 1939/40 war er Befehlshaber des Leningrader Militärdistrikts gewesen. Er hatte die sowjetischen Truppen im Winterkrieg gegen Finnland kommandiert und kannte Leningrad seit der Revolution. Fast jeder Kilometer, der durch die aus Fichten und Birken bestehenden Mischwälder zwischen Moskau und Leningrad führte, war ihm vertraut.

Während sich die Landschaft im kühlen Morgenlicht vor ihm ausbreitete, starrte er aus dem Fenster und sah die Sonne am blaßblauen Himmel aufgehen. Der Zug durchdrang die tiefgrünen Wälder, ratterte dann wieder hinaus und durchquerte weite Sumpfgebiete. Plötzlich hörte Merezkow den hohlen Klang der Räder auf einer Brücke; vor ihm tauchte das ruhige Wasser des Wolchow auf. Wieder ging es durch Sümpfe, durch Fichtenwälder und noch einmal durch Sümpfe.

Der General spürte eine sich steigernde innere Erregung, als er das Land um Leningrad wiedersah; er war erregt und besorgt zugleich, er war stolz und fühlte die geschichtliche Bedeutung des Augenblicks. Eine Strophe von Puschkin kam ihm in den Sinn:

Stadt Peters, zeige deine Farben
Und stehe fest wie Rußland ...

Schweigend blieb er am Fenster stehen, sein Gesichtsausdruck war gespannt und gedankenvoll, während der Zug sich der Hauptstadt Peters des Großen näherte. Nach der Ankunft würde es viel für ihn zu tun geben.

In den scheunenartigen Bürogebäuden der Baltischen Handelsflotte in Leningrad, neben dem Passagier- und Handelshafen in der Newamündung, kam man am Samstag den 21. Juni immer mehr zu der Überzeugung, daß etwas Ungewöhnliches in der Luft lag. Niemand wußte genau, was es war. Am verwirrendsten war die Tatsache, daß Moskau schwieg und auch das Volkskommissariat sich in Schweigen hüllte.

Am Freitag hatte es angefangen. Als der stellvertretende Chef der politischen Abteilung am Freitagmorgen in sein Büro kam, fand er auf seinem Schreibtisch einen geheimnisvollen Funkspruch mit der Unterschrift »Juri« vor. Die im Klartext gesendete Meldung war kurz vor Morgengrauen eingetroffen und lautete: »Werden festgehalten. Können Hafen nicht verlassen. Schickt keine Schiffe mehr ... Juri ... Juri ... Sowjetische Schiffe in deutschen Häfen festgehalten ... Protest ... Juri ... Juri ...«

Augenscheinlich kam der Funkspruch von dem sowjetischen Frachter ›Magnitogorsk‹, der in Danzig seine Ladung löschte. Der Funker der ›Magnitogorsk‹ hieß Juri Stasow, und die Funkzentrale erkannte in dem Funkspruch seinen charakteristischen Sendestil wieder.

Was bedeutete diese Meldung, und was war zu tun? Die ›Magnitogorsk‹ reagierte nicht mehr auf Funksprüche, und auch die anderen fünf sowjetischen Frachter in deutschen Häfen antworteten nicht mehr. Der mit »Juri« unterzeichnete Funkspruch wurde nach Moskau weitergegeben. Auch von dort keine Reaktion!

Pawlenko ließ es jedoch nicht dabei bewenden. Er rief den Sekretär des Leningrader Parteikomitees Alexei A. Kusnezow an und bat um weitere Anweisungen. Kusnezow riet zu Vorsichtsmaßnahmen, meinte aber, »die Frage wird wahrscheinlich in Moskau geklärt werden«. Im Augenblick ließ sich, was die in deutschen Gewässern befindlichen Schiffe betraf, nichts mehr unternehmen, aber die Marinebehörden beschlossen, keine Schiffe mehr in westliche Häfen zu schicken, bevor die Lage geklärt war. Das Motorschiff ›Wtoraja Pjatiletka‹ und der Dampfer ›Lunatscharski‹, die sich auf der Fahrt zu deutschen Häfen befanden, erhielten die Weisung, im Finnischen Golf zu bleiben und sich bereitzuhalten, um nach Riga oder Reval beizudrehen.

Den ganzen Samstag wartete die Handelsflotte vergeblich auf Instruktionen aus Moskau. Pawlenko fragte noch einmal bei Kusnezow an, der damit einverstanden war, die ›Wtoraja Pjatiletka‹ in den Hafen von Riga einlaufen zu lassen und die ›Lunatscharski‹ nach Leningrad zurückzubeordern. Damit bewies er eine in der sowjetischen Bürokratie im allgemeinen nicht übliche Initiative. Eigentlich war es undenkbar, ohne Befehle aus Moskau selbständig zu handeln. Jetzt erhielten alle Schiffe im Bereich der Ostsee die Anweisung, ständig Funkverbindung mit Leningrad zu halten.

Gegen Abend versammelten sich die Chefs der Handelsflotte. Der Sonntag war ein arbeitsfreier Tag, aber man beschloß, zumindest das leitende Personal solle zur Arbeit erscheinen, während alle übrigen sich in der Stadt bereithielten, um im Alarmfall greifbar zu sein. Die höheren Verwaltungsbeamten und politischen Funktionäre, unter ihnen auch Pawlenko, bleiben noch fast den ganzen Abend an ihren Schreibtischen und gingen erst spät nach Hause.

Der Leningrader Militärbezirk umfaßte ein weites Gebiet. Der Militärbefehlshaber von Leningrad übernahm im Kriegsfall das Kommando über einen Bereich, der sich von der Ostsee bis in die arktische Zone an der Halbinsel Kola erstreckt. Soweit es Operationen zu Lande betraf war ihm der Befehlshaber der Nordflotte in Polarnoje an der Küste bei Murmansk, Admiral Arseny G. Golowko, unterstellt, aus dessen Befehlsbereich immer beunruhigendere Feindmeldungen eintrafen. Während der letzten Wochen hatte man immer wieder deutsche Aufklärungsflugzeuge über sowjetischen militärischen Einrichtungen festgestellt. Auf seine Frage, was er unternehmen solle, antwortete man ihm: »Vermeiden Sie Provokationen. Eröffnen Sie das Feuer nicht auf hochfliegende Flugzeuge.«

Doch Golowko wurde immer unruhiger. Am vergangenen Mittwoch, dem 18. Juni, war Golowkos direkter Vorgesetzter innerhalb der verschachtelten sowjetischen Kommandostruktur, der Befehlshaber des Leningrader Militärbezirks Generalleutnant Markian M. Popow in Murmansk eingetroffen. Golowko hoffte, von ihm über die Lage aufgeklärt zu werden, aber Popow hüllte sich in Schweigen und beschränkte sich darauf, nach dem Zustand der Befestigungsanlagen, der neuen Flugplätze, der Versorgungslager und Kasernen zu fragen. Wenn er überhaupt etwas über die neue Situation wußte, dann hatte er nichts sagen wollen.

»Augenscheinlich weiß er nicht mehr als wir«, notierte Golowko am 18. Juni in seinem Tagebuch.

> Schade, diese Ungewißheit eröffnet für den Fall eines plötzlichen Angriffs keine sehr angenehmen Perspektiven. Am Abend reiste Popow nach Leningrad ab. Ich begleitete ihn bis Kola. Zum Abschied lud er uns in seinem Sonderwagen noch zu einem Glas Bier ein, und damit endete sein Besuch.
>
> Auch aus Moskau hört man nichts Bestimmtes. Die Lage bleibt ungewiß.

Auch am Donnerstag, dem 19. Juni, klärte die Situation sich nicht auf. Weitere Einflüge deutscher Aufklärungsflugzeuge wurden gemeldet. Am Freitag wieder nichts. Am Samstag führte das Stanislawski-Musiktheater aus Moskau, das damit seine Sommertournee begann, in Murmansk *La Périchole* auf. Golowko entschloß sich, hinzugehen. In seiner Begleitung befanden sich das Mitglied des Militärsowjets A. A. Nikolajew und sein Chef des Stabes, Vizeadmiral S. G. Kučerow. Das Theater war bis auf den letzten Platz ausverkauft, und ein Teil des Publikums hatte nur noch Stehplätze bekommen.

Golowko entspannte sich und ließ sich die Sorgen von der Musik vertreiben. Seine Begleiter taten das gleiche, soweit man es nach ihrem Gesichtsausdruck beurteilen konnte.

Auch das Publikum gab sich ganz ungezwungen, vielleicht, weil Golowko mit seinem Stab zugegen war: »Die Lage kann gar nicht so ernst sein, wenn der Oberbefehlshaber und seine Mitarbeiter hier sind.« Das glaubte er in den Gesichtern der Menschen lesen zu können, die während der Pausen im Foyer auf- und abpromenierten.

Der Major Michail Pawlowksi verbrachte Samstag, den 21. Juni, im Hauptquartier des Küstenschutzes von Leningrad in Kingisepp in der Nähe der estnischen Ostseeküste. Am Tage zuvor hatten ihn Meldungen über die ungewöhnliche Aktivität der Deutschen erreicht, aber am Samstag gab es keine neuen Nachrichten. Als er sein Büro verlassen wollte, rief ihn sein Freund, der Major Sergei Skorodumow vom 10. Grenzschutzregiment, an:

»Wie wäre es, wenn du mit deiner besseren Hälfte heute abend ins Theater kämst? Die Sänger- und Tänzergruppe des NKWD veranstaltet ein Konzert, und ich habe Karten bekommen.«

Pawlowski antwortete, er müsse das zuerst mit seiner Frau besprechen. Dann fragte er: »Gibt es heute irgend etwas Neues?«

»Es ist vollkommen ruhig«, antwortete Skorodumow.

Die beiden Ehepaare gingen in das Konzert und machten sich anschließend zu Fuß auf den Heimweg. In der Stadt war es still. Die meisten Menschen waren schon zu Bett gegangen, obwohl es hier an der Küste noch taghell war.

Während Pawlowski und seine Frau im Schlafzimmer über einen für Sonntag geplanten Ausflug aufs Land sprachen, läutete das Telephon. Der Anruf kam von Pawlowskis Dienststelle und rief ihn dorthin zurück.

»Was ist los?« fragte seine Frau.

»Ich weiß es nicht, Klawdia«, antwortete er. »Ich weiß überhaupt nichts. Vielleicht ist es ein Manöver.«

Er gab seiner Frau einen Kuß, öffnete vorsichtig die Tür, um die Kinder nicht zu wecken, und ging aus dem Hause. Es war wenige Minuten vor Mitternacht.

Die Vorgänge im Gebiet um Leningrad wiederholten sich auch an anderen Grenzabschnitten.

Am 21. Juni befand sich der Armeegeneral Iwan I. Fedjuninski, der Befehlshaber des XV. Schützenkorps, das den Mittelabschnitt am Bug zu verteidigen hatte, in Kowel. Seine Besorgnis war gewachsen, seit ein deutscher Überläufer am Mittwoch den 18. Juni herübergekommen war und gemeldet hatte, die Deutschen bereiteten den Angriff gegen Rußland für den 22. Juni um 4.00 Uhr morgens vor[1]. Als Fedjuninski die Meldung an seinen Vorgesetzten, den Armeegeneral M. I. Potapow, weitergab, sagte dieser ihm in aller Schärfe: »Glauben Sie nicht an Provokationen!« Von örtlichen Truppenübungen zurückgekehrt, traf Fedjuninski am Freitag mit General Konstantin Rokossowski zusammen. Rokossowski, der damals ein der 5. Armee unterstelltes motorisiertes Armeekorps befehligte, nahm die Nachricht von dem bevorstehenden deutschen Angriff nicht auf die leichte Schulter, im Gegenteil, er teilte die Besorgnisse Fedjuninskis[2]. Fedjuninski zog sich am Samstagabend erst sehr spät zurück, konnte aber nicht schlafen. Er stand auf und rauchte am offenen Fenster eine Zigarette. Dabei blickte er auf die Uhr. Es war 1.30 Uhr. Würden die Deutschen heute nacht angreifen? Alles schien ruhig zu sein. Die Stadt schlief. Die Sterne funkelten am tief azurblauen Himmel. Fedjuninski fragte sich:

1 Über diesen Vorgang ist sehr viel geschrieben worden, und es besteht keine Übereinstimmung hinsichtlich des genauen Zeitpunkts, zu dem der Überläufer auf die sowjetische Seite kam. Das Kriegstagebuch der 90. Grenzschutzeinheit berichtet, am 21. Juni um 9.00 Uhr morgens habe die 4. Abteilung dieser Einheit einen Deutschen festgenommen, der über die Demarkationslinie gekommen sei. Er habe behauptet, Alfred Liskof zu heißen und dem Infanterieregiment 222 der 74. Infanteriedivision anzugehören. Er stellte sich den Russen bei Wladimir-Wolinski und behauptete, die Deutschen hätten Befehl, um 4.00 Uhr morgens anzugreifen. Er habe dies von seinem Vorgesetzten, einem Leutnant Schultz, gehört und außerdem beobachtet, daß Truppen für den Angriff bereitgestellt worden seien. Diese Meldung wurde von einem Major Byćewski an den Chef des Ukrainischen Grenzkommandos in Kiew weitergegeben und von dort an das Kommando der 5. Armee in Luzk übermittelt. Außerdem wurden die Kommandeure der 87. Infanteriedivision und der 41. Panzerdivision in Wladimir-Wolinski von dem Vorfall unterrichtet. In der ›*Istorija SSSR*‹, Nr. 3, 1965, schreibt A. B. Kladt, Fedjuninski meine wahrscheinlich diesen Überläufer, irre sich jedoch im Datum. Nikita Chruschtschow erwähnte in seiner »geheimen Rede« vom 25. Februar 1956 einen Überläufer, der in der Nacht vor dem Angriff (wahrscheinlich derselbe Liskof) eine entsprechende Meldung gebracht habe. Chruschtschow behauptete, der Inhalt dieser Meldung sei am Abend des 21. Juni an Stalin weitergegeben worden, der sie jedoch ignoriert habe. Liskof wurde zu Anfang des Krieges bekannt. Man veranlaßte ihn, die deutschen Soldaten aufzufordern, das Hitlerregime zu stürzen, und man fertigte große Plakate an, die sein Bild zeigten und daneben die Aufschrift trugen: »Unter den deutschen Soldaten herrscht große Niedergeschlagenheit.« Dimitri Śćeglow hat am 28. Juni diese Plakate auf den Straßen in Leningrad gesehen. (Dimitri Śćeglow: V Opolćenii. Moskau 1960, S. 8.)

2 Rokossowski war aber nicht zu beunruhigt, um nicht für das Wochenende vom 21. zum 22. Juni einen Angelausflug zu planen. In letzter Minute wurde ein Konzert auf das Programm gesetzt, das am Samstagabend in seinem Hauptquartier in Nowograd-Wolynski stattfinden sollte. Er blieb deshalb da und konnte seine Kommandeure alarmieren. Er befahl ihnen aber, »erst nach dem Konzert« zur Truppe zurückzukehren. (N. W. Kalinin: Eto v sjerdze mojem nawsegda. Moskau 1967, S. 8–9.)

»Ist dies vielleicht die letzte Nacht im Frieden? Wird der Morgen eine entscheidende Veränderung bringen?«

Er beschäftigte sich noch mit dieser Frage, als das Telephon läutete. Sein Vorgesetzter, General Potapow, war am Apparat. Er fragte: »Wo sind Sie?«

»In meinem Quartier«, antwortete Fedjuninski.

Potapow befahl ihm, sofort zum Stabsquartier zu gehen und sich für die Entgegennahme eines Anrufs über eine besondere geheime Verbindung, das sogenannte WC-Telephon, bereitzuhalten.

Fedjuninski wartete nicht erst auf seinen Wagen, sondern warf einen Mantel über und lief zum Stabsquartier. Dort stellte er fest, daß die WC-Fernsprechverbindung gestört war. Er rief Potapow über den normalen Fernsprecher an, der ihm befahl, seine Division gefechtsbereit zu machen. »Aber reagieren Sie nicht auf Provokationen«, verlangte Potapow ausdrücklich. Als Fedjuninski den Hörer auflegte, hörte er draußen mehrere Pistolenschüsse. Deutsche Störtrupps, die über die Grenze geschickt worden waren, beschossen den Wagen, der ihn hatte abholen sollen[3].

Vizeadmiral Wladimir Tribuz, der Befehlshaber der Baltischen Flotte, deren Aufgabe es war, die Seewege nach Leningrad zu verteidigen, hatte die Entwicklung der Lage während des düsteren Frühjahrs 1941 mit wachsender Sorge beobachtet. Tribuz war wahrscheinlich besser als irgendein anderer sowjetischer Offizier über die Tätigkeit deutscher Flugzeuge, U-Boote, Truppentransporte, Agenten und Parteigänger informiert. Gegen seine ursprünglichen Absichten hatte Tribuz das Hauptquartier der Baltischen Flotte von seinem historischen Sitz in der Festung Kronstadt in Leningrad 300 Kilometer westwärts in den Hafen von Reval verlegt (diese Verlegung erschwerte die Geheimhaltung, und die Errichtung einer neuen Flottenbasis brachte gewisse Schwierigkeiten mit sich). Diese Maßnahme erfolgte, nachdem die Sowjets im Sommer 1940 die baltischen Staaten in ihr Staatsgebiet eingegliedert hatten. Damit hatte Admiral Tribuz einen Beobachtungsposten innerhalb des neugewonnenen, aber erst zum Teil assimilierten baltischen Gebiets. Schon im März 1941 meldete er das Eintreffen deutscher Truppen in Memel, auf der anderen Seite der neuen sowjetischen Grenze. Im gleichen Monat begannen deutsche Flugzeuge, fast täglich sowjetische Basen im baltischen Raum zu überfliegen. Tribuz schätzte, daß die Deutschen im Juni mindestens vierhundert Pan-

[3] Eine ganze Anzahl ähnlicher Störunternehmen wurden gemeldet, eines davon an anderer Stelle in Fedjuninskis Abschnitt. Grigori Baklanow beschreibt in seinem Roman Jul 41 Goda einen solchen Vorfall. Wahrscheinlich stützt er sich dabei auf Fedjuninski. Er verlegt das Unternehmen allerdings auf den Abend des 21. Juni und nicht in die frühen Morgenstunden des 22. Juni. (Grigori Baklanow: Jul 41 Goda. Moskau 1965, S. 114–115.)

zer nur wenige Kilometer jenseits der baltisch-sowjetischen Grenze zusammengezogen hätten.

Noch auffälliger war das Verhalten deutscher Ingenieure, die für die sowjetische Kriegsmarine arbeiteten. Die Russen hatten Ende 1939 den im Bau befindlichen Kreuzer ›Lützow‹ von Deutschland gekauft. Im Frühjahr 1940 schleppten sie die ›Lützow‹ nach Leningrad, um sie in den großen baltischen Docks fertigzustellen. Einige hundert deutsche Spezialisten arbeiteten am Bau des Kriegsschiffs mit. Im April begann sich die Lieferung von Bauteilen aus Deutschland zu verzögern, obwohl die Deutschen bis dahin erstaunlich pünktlich gewesen waren. Tribuz berichtete dem Marinekommissar N. G. Kusnezow von diesen Verzögerungen, der sie an Stalin weitermeldete. Aber Stalin befahl lediglich, die Angelegenheit weiter im Auge zu behalten.

Wenig später begannen die deutschen Ingenieure, unter den verschiedensten Vorwänden nach Deutschland abzureisen. Ende Mai befanden sich nur noch zwanzig in Leningrad, und am 15. Juni hatte auch der letzte die Stadt verlassen.

Gleichzeitig verschwanden alle deutschen Schiffe aus sowjetischen Gewässern. Am 16. Juni befand sich keines mehr dort.

Tribuz machte sich derartige Sorgen, daß er am 19. Juni den Militärsowjet zusammenrief und für die Baltische Flotte die Alarmstufe 2 anordnete. Während Tribuz mit Admiral Kusnezow in Moskau ein Ferngespräch führte, begann sein Chef des Stabes, Vizeadmiral Juri A. Pantelejew, den Alarmbefehl niederzuschreiben.

In seinem Gespräch mit Admiral Kusnezow sagte Tribuz: »Genosse Kommissar, nach unserer Ansicht steht der deutsche Angriff unmittelbar bevor. Wir müssen jetzt anfangen, Minensperren zu legen, sonst könnte es dafür zu spät werden. Ich halte es für äußerst wichtig, die Flotte gefechtsklar zu halten.«

Nachdem Tribuz die Antwort Kusnezows abgewartet hatte, legte er den Hörer auf.

»Er ist mit dem Alarmbefehl einverstanden«, sagte er, an Pantelejew gewendet, »befiehlt jedoch, vorsichtig zu sein und jede Provokation zu vermeiden. Mit den Minensperren werden wir warten müssen. Lassen Sie uns jetzt an die Arbeit gehen . . .[4]«

[4] Aus Kusnezows Memoiren geht hervor, daß die Initiative für den Befehl hinsichtlich der Alarmstufe 2 von ihm gekommen sei. Auf jeden Fall hat Kusnezow am 19. Juni nicht nur für die Baltische Flotte, sondern auch für die Flotte im Nordmeer und die Schwarzmeerflotte die Alarmstufe 2 befohlen. Für die Baltische Flotte kam der Befehl vom Militärsowjet. Das berichtet K. L. Orlow: Borba Sa Sowjetskuju Pribaltiku Welikoi Otečestwennoi Woine, 1941–1945. Bd. I, Riga 1966. (N. G. Kusnezow: Nakanune. Moskau 1966, S. 109; Orlow, S. 52.) Die Deutschen hatten schon begonnen, im Finnischen Golf Minen zu legen, aber die Aufklärungskräfte der Baltischen Flotte hatten das noch nicht bemerkt.

Am Abend des 21. Juni waren alle Flotteneinheiten im Küstengebiet von Leningrad – die Baltische Flotte, die Küstenbasen, die Küstenartillerie bis nach Libau, die auf den Ostseeinseln stationierten Vorposten des Küstenschutzes, die auf dem von Finnland gepachteten Gebiet von Hangö liegende Festung, die U-Boote, die Patrouillenboote und andere schwimmende Einheiten – in die Alarmstufe 2 versetzt worden. Die nächste Stufe wäre die volle Gefechtsbereitschaft gewesen. Scharfe Munition war ausgegeben worden. Man hatte eine allgemeine Urlaubssperre befohlen, und alle Einheiten waren kriegsmäßig mit Offizieren und Mannschaften besetzt.

Tribuz und sein Stab hatten inzwischen die Altstadt verlassen und waren in ihren Gefechtsstand, einen Betonbunker außerhalb von Reval, umgezogen. Nun erhielt Tribuz eine weitere alarmierende Meldung von einem Vorpostenschiff, dem U-Boot M-96, das vor dem Finnischen Golf patrouillierte. Kapitän A. I. Marinesko hatte am 21. Juni um 4.00 Uhr morgens einen Geleitzug aus 32 Transportschiffen in der Nähe des Leuchtturms von Bengtsher gesichtet. Viele dieser Schiffe führten die deutsche Flagge.

An diesem Abend war Tribuz ständig in Verbindung mit Admiral Kusnezow in Moskau. Der Marinekommissar war ein erfahrener Soldat. Schon in jungen Jahren war er in die Kriegsmarine eingetreten und in den dreißiger Jahren als Berater der spanischen Kriegsmarine im Bürgerkrieg in Spanien gewesen. Er teilte die Befürchtungen von Tribuz, konnte aber selbst nichts unternehmen, solange das Oberkommando ihm keine Instruktionen gab. Auf eigene Verantwortung hatte er für die Flotten Alarmstufe 2 angeordnet, und zwar unter dem Vorwand, es sollten Manöver abgehalten werden. In Wirklichkeit war es eine Vorsichtsmaßnahme für den Fall, daß plötzlich der Krieg ausbrach. Nach Eintreffen des abendlichen Lageberichts vom stellvertretenden Chef des Stabes der Kriegsmarine, W. A. Alafusow, sprach Tribuz wieder mit Kusnezow (der Chef des Stabes, Admiral I. S. Isakow, war zu den Manövern im Schwarzen Meer nach Sewastopol gereist).

Tribuz sagte Kusnezow, er halte die Lage für so ernst, daß er und sein Stab während der Nacht auf dem Gefechtsstand bleiben wollten. Kusnezow versicherte nochmals, seine Hände seien gebunden, und er könne nichts weiter unternehmen. Beide Offiziere beendeten das Gespräch in recht niedergeschlagener Stimmung.

Als Kusnezow am gleichen Abend mit dem Befehlshaber der Schwarz-

Vizeadmiral N. K. Smirnow meint, der Verlust des Minenlegers ›Gnewny‹ und die Beschädigung des Kreuzers ›Maxim Gorki‹ durch deutsche Minen im Finnischen Meerbusen seien darauf zurückzuführen, daß die sowjetische Minensperre nicht rechtzeitig gelegt worden war. (N. K. Smirnow: Matrosy Zaščiščajut Rodinu. Moskau 1968, S. 18.)

meerflotte in Sewastopol und dem Befehlshaber der Nordmeerflotte in Poljarny gesprochen hatte, mehrten sich seine Bedenken, und auch er entschloß sich, die ganze Nacht auf dem Posten zu bleiben. Er rief noch einmal die Truppenkommandeure an und bat sie, sich alarmbereit zu halten.

»Bis zum späten Abend des 21. Juni blieb im Oberkommando alles ruhig«, schreibt Kusnezow in seinen Erinnerungen. »Niemand rief mich an, und niemand zeigte Interesse für die Gefechtsbereitschaft der Flotte.« Zwischen 10.30 und 11.00 Uhr abends erhielt Kusnezow einen Anruf des Verteidigungskommissars Marschall Semjon K. Timoschenko, der sagte: »Ich muß Ihnen eine sehr wichtige Mitteilung machen. Kommen Sie zu mir[5].«

Mit seinem Stellvertreter Alafusow, dem es peinlich war, daß er keine Zeit hatte, sich umzuziehen, denn seine Uniform war ungebügelt, eilte Kusnezow aus seinem Büro. Das Verteidigungskommando befand sich vom Stabsquartier der Kriegsmarine aus gesehen am anderen Ende der Frunsestraße. Die beiden Männer eilten zu Fuß zu Timoschenko, dessen Büro sich in einem kleinen Gebäude gegenüber dem Eingang Nr. 5 des Verteidigungskommissariats befand.

Sie stürmten die Treppe bis zum zweiten Stock des Verteidigungskommissariats hinauf. Ein Luftzug wehte die schweren, purpurroten Vorhänge ins Zimmer, aber es war so schwül, daß Kusnezow seinen Uniformrock aufknöpfte, als er Timoschenkos Büro betrat. Der Chef des Generalstabs, General Georgi K. Schukow, saß an einem Tisch und nahm nach dem Diktat von Marschall Timoschenko ein Telegramm auf. Vor ihm lag ein ganzer Stoß von Telegrammformularen, und mehr als die Hälfte davon hatte er schon vollgeschrieben. Augenscheinlich waren beide schon seit Stunden an der Arbeit.

»Wir müssen mit einem deutschen Angriff rechnen, und die Flotte muß unbedingt gefechtsklar gemacht werden«, sagte Timoschenko.

»Diese Mitteilung beunruhigte mich«, erinnert sich Kusnezow, »aber sie kam nicht unerwartet. Ich meldete, die Flotte befände sich bereits im höchsten Alarmzustand und erwarte weitere Befehle. Um ein genaues Bild der Lage zu bekommen, blieb ich noch einige Minuten dort, aber Alafusow eilte in sein Büro zurück, um dringende Funksprüche an die Flotte abzu-

[5] Kusnezow berichtet in verschiedenen Versionen über die Ereignisse dieses Abends. Einmal sagt er, der Anruf sei um 10.30 Uhr erfolgt. Dann wieder behauptet er, es sei schon 11.00 Uhr gewesen. Wahrscheinlich war es kurz vor 11.00 Uhr. Kusnezow blieb nur wenige Minuten bei Timoschenko und hat etwa um 11.30 Uhr Tribuz angerufen (N. G. Kusnezow: Pered Woinoi. In: ›*Oktjabr*‹, Nr. 11, November 1965. N. G. Kusnezow: Pered Welikim Ispytanijem, ›*Newa*‹, Nr. 11, 1965; N. G. Kusnezow: Stranizy Bylogo, ›*Woprosy Istorii*‹, Nr. 4, April 1965; N. G. Kusnezow: Osazdenny Leningrad i Baltiiskii Flot. In: ›*Woprosy Istorii*‹, Nr. 8, August 1965; N. G. Kusnezow: Nakanune.

fertigen. Auf dem Rückweg in mein Quartier dachte ich, hoffentlich kommen diese Befehle rechtzeitig an.«

Kusnezow rief sofort bei Tribuz an.

»Es vergingen nicht mehr als drei Minuten«, schreibt Kusnezow, »und ich hörte die Stimme von Wladimir Filippowić Tribuz am Telephon. ›Warten Sie nicht auf das Eintreffen der an Sie abgegangenen Funksprüche. Befehlen Sie die Alarmstufe 1 für die Flotte! Volle Gefechtsbereitschaft – ich wiederhole – volle Gefechtsbereitschaft!‹

Ich weiß nicht, zu welchem Zeitpunkt das Verteidigungskommissariat den Befehl ›Halten Sie sich bereit, den Feind abzuwehren!‹ erhalten hat«, berichtet Kusnezow. »Aber bis zum Abend des 21. Juni um 11.00 Uhr erhielt ich keine weiteren Meldungen. Um 11.35 Uhr endete mein Ferngespräch mit dem Befehlshaber der Baltischen Flotte, und um 11.37 Uhr war der Befehl für die Alarmstufe 1 heraus, wie aus meiner Eintragung im Kriegstagebuch hervorgeht. Das heißt, in genau zwei Minuten empfingen alle Flotteneinheiten den Befehl, ›einen möglichen Angriff abzuwehren‹[6].«

[6] Kusnezow hat augenscheinlich zwei Funksprüche abgeschickt. Der Text des ersten, kurzen und dringenden Funkspruchs lautete: »SF KBF CHF PWF DRF Alarmstufe 1 dringend, Kusnezow.« Die großen Buchstaben bezeichnen jeweils die Nordmeerflotte, die Baltische Flotte, die Schwarzmeerflotte, die Pinsker Flottille und die Donauflottille. Der zweite Funkspruch war ausführlicher. Er lautete: »Für den 22. und 23. Juni ist ein plötzlicher deutscher Angriff zu erwarten. Der deutsche Angriff wird unter Umständen mit Provokationen beginnen. Unsere Aufgabe, jeden Anlaß für Provokationen vermeiden, die die Lage komplizieren könnten. Flotten und Flottillen müssen gleichzeitig gefechtsklar sein, um plötzlichen Schlägen der Deutschen oder ihrer Verbündeten zu begegnen. Ich befehle: Übergang zu Alarmstufe 1, sorgfältig getarnt. Aufklärungsunternehmen in fremden Gewässern grundsätzlich verboten. Alle weiteren Aktionen bedürfen einer Sondergenehmigung.«

Pantelejew, der den Befehl für die Gefechtsbereitschaft an alle Einheiten der Baltischen Flotte weitergegeben hat, berichtet, die Alarmstufe 1 sei am Sonntag den 22. Juni um 1.40 Uhr morgens von allen Kommandostellen bestätigt worden. Kusnezow sagt, die Alarmstufe 1 sei innerhalb von 20 Minuten nach seinem Ferngespräch mit Tribuz in Hangö, bei den baltischen Marinebasen und anderen Einrichtungen der Kriegsmarine angeordnet worden (Kusnezow, in: ›*Oktjabr*‹, Nr. 11, November 1965, S. 167). An anderer Stelle berichtet Kusnezow, alle Flotten seien um 4.00 Uhr morgens gemäß Alarmstufe 1 gefechtsklar gewesen. (Kusnezow, in: ›*Waprosy Istorii*‹, Nr. 8, August 1965, S. 110). Nach den Einzelberichten der Dienststellen sind Libau und Windau um 2.40 Uhr vormittags gefechtsklar gewesen. Admiral Golowko meldete, alle Einheiten seiner Nordmeerflotte seien um 4.45 Uhr morgens alarmiert gewesen. Die Schwarzmeerflotte meldete, Sewastopol sei um 1.15 Uhr morgens, und alle anderen Einheiten seien um 2.00 Uhr morgens gefechtsbereit gewesen. Die Donauflottille meldete um 2.22 Uhr morgens die Durchführung der Alarmstufe 1.

Nach der offiziellen sowjetischen Kriegsgeschichte über die Vorgänge im baltischen Raum hat Kusnezow die Alarmstufe 1 auf dringende Vorstellungen des Admirals Tribuz befohlen, der Kusnezow in mehreren dringenden Telephongesprächen in der Nacht des 21. Juni um diese Maßnahme gebeten habe. Derselbe Bericht behauptet (vielleicht irrtümlicherweise), daß der längere Funkspruch Kusnezows nicht vor 2.30 Uhr morgens eingetroffen sei und daß er gelautet habe: ». . . am Montag dem 23. Juni ist mit einem überraschenden Angriff durch das faschistische Deutschland zu rechnen, es ist aber auch möglich, daß es

Die Nacht, die keine Nacht war, zog sich weiter hin.
Später schrieb Kusnezow:
»Es gibt Ereignisse, die man nicht aus dem Gedächtnis tilgen kann. Heute ist ein Vierteljahrhundert vergangen, und ich erinnere mich bis ins einzelne an die Geschehnisse jener tragischen Nacht vom 21. zum 22. Juni.«

nur eine Provokation sein wird.« (I. I. Asarow. In: ›Osaźdennaja Odessa‹, Moskau 1962, S. 12; N. Rybalko, *Wojenno-Istorićeskii Zurnal*, Nr. 6, Juni 1963, S. 63; Kusnezow, in: ›*Newa*‹, Nr. 11, November 1965, S. 157. W. Aćkasow, in: *Wojenno-Istorićeskii Zurnal*‹, Nr. 5, Mai 1963, S. 104; I. I. Loktionow: Dunaiskaja Flotilija w Welikoi Otećestwennoi Woine, Moskau 1962, S. 15; G. F. Godlewskii, N. M. Grećanjuk, W. M. Kononenko: Pochody Bojewje. Moskau 1966, S. 81; Orlow, a. a. O., S. 52.)

3. Der schicksalhafte Samstag

Fünfundzwanzig Jahre später hat Admiral Kusnezow zu rekonstruieren versucht, was am Samstag den 21. Juni hinter den Kulissen im Kreml, im Verteidigungskommissariat und an der sowjetischen Regierungsspitze geschehen ist.

Nach seiner Erinnerung verlief dieser Tag besonders still. Normalerweise erhielt Kusnezow laufend Anrufe irgendwelcher Kommissare und höherer Beamter, besonders aber von Wjaćeslaw A. Malyśew und Iwan I. Nosenko, den Chefs der Rüstungsindustrie – er nannte sie »die Zappeligen« –, die immer wieder Extrafragen zu stellen hatten. Bis gegen 18.00 Uhr kam ein Anruf nach dem anderen. Um diese Zeit gingen die höheren Beamten gewöhnlich zum Essen nach Hause, um dann wieder in ihre Büros zurückzukehren. Sie blieben im allgemeinen bis 2.00 oder 3.00 Uhr morgens im Dienst und hielten sich für einen eventuellen Anruf Stalins bereit, der den größten Teil der Nacht durcharbeitete. Ein Kommissar, der nicht an seinem Schreibtisch saß, wenn der *Chosjain*[1], der oberste Chef, ihn sprechen wollte, mußte damit rechnen, die längste Zeit Kommissar gewesen zu sein.

Aber an diesem Samstag blieb es ruhig. Weder Malyśew noch Nosenko rief an. Kusnezow hatte den Eindruck, die meisten Ressortchefs hätten sich den Nachmittag freigenommen, da der Samstag ein halber Feiertag war, um aufs Land hinauszufahren, und das warme, freundliche Wetter zu genießen. Am Spätnachmittag rief er das Büro des Verteidigungskommissars Timoschenko an. Man sagte ihm, der Kommissar sei fortgegangen. Auch der Chef des Stabes, General Schukow, war nicht in seinem Büro.

Was hatte das zu bedeuten? Ging dieser herrliche Junitag vorüber, ohne daß man im Kreml spürte, was in der Luft lag?

Doch in einem Regierungsamt gab es keine Ruhe, im Kommissariat für Auswärtiges, dessen Räume sich in den weit auseinandergezogenen alten und baufälligen Gebäuden auf der Lubjanka-Anhöhe befanden, gerade

[1] *Chosjain* ist das alte russische Wort für ›Meister‹ oder ›Gutsherr‹. So nannten die Leibeigenen ihren Herrn. Die sowjetische Beamtenschaft verwendete diese Bezeichnung für Stalin.

gegenüber dem aus roten Ziegeln erbauten Hauptquartier der NKWD auf der anderen Seite eines kleinen Platzes. Nachdem Außenkommissar Molotow am 6. Mai das Amt des Ministerpräsidenten an Stalin übergeben hatte, konzentrierte er sich auf seine diplomatischen Pflichten. Er behielt jedoch als stellvertretender Premier eine Suite im Kreml und arbeitete gewöhnlich am Tage im Narkomindel (Außenministerium) und am Abend im Kreml.

Am Freitagabend oder am frühen Samstagmorgen hatte Molotow (wahrscheinlich nach langen und hitzigen Debatten im Politbüro) auf Stalins persönlichen Befehl genaue Instruktionen niedergeschrieben, die verschlüsselt an den sowjetischen Botschafter in Berlin, Wladimir G. Dekanosow, telegraphisch weitergeleitet wurden[2].

Dekanosow erhielt die Anweisung, sofort den deutschen Außenminister Joachim von Ribbentrop aufzusuchen und ihm eine Verbalnote zu überreichen, in der die Sowjetunion gegen die sich häufenden Einflüge deutscher Flugzeuge in sowjetisches Gebiet protestierte. Zwischen dem 19. April und dem 19. Juni waren angeblich 180 Verletzungen des sowjetischen Luftraums festgestellt worden. Einige Flugzeuge waren 100 bis 160 Kilometer tief in die Sowjetunion eingeflogen[3].

Dann sollte Dekanosow Ribbentrop in ein Gespräch über die deutsch-sowjetischen Beziehungen im allgemeinen ziehen und seine Besorgnis darüber betonen, daß diese Beziehungen sich augenscheinlich verschlechtert hätten, die Gerüchte über einen angeblich bevorstehenden russisch-deutschen Krieg erwähnen und der Hoffnung Ausdruck verleihen, dieser Konflikt möge vermieden werden. Dekanosow sollte Ribbentrop versichern, Moskau sei zu Gesprächen bereit, um die Lage zu entspannen.

Am frühen Samstagmorgen kamen die verschlüsselten Anweisungen für Dekanosow in der Berliner Botschaft an.

Die Atmosphäre in der sowjetischen Botschaft war gespannt. I. F. Filippow, der Tass-Korrespondent in Berlin, kam kurz herein, nachdem er an der wie gewöhnlich langweiligen Samstagmorgen-Pressekonferenz im nationalsozialistischen Außenministerium teilgenommen hatte. Dekanosow

[2] Dekanosow, der viele Jahre als enger Mitarbeiter von Lawrenti P. Berija, dem Chef der sowjetischen Geheimpolizei, im Geheimdienst tätig gewesen war, wurde sowjetischer Botschafter in Berlin, nachdem er Molotow auf der Reise zur Besprechung mit Hitler und Ribbentrop im November 1940 begleitet hatte. Dekanosow wurde am 23. Dezember 1953 zusammen mit Berija hingerichtet.

[3] Die offizielle sowjetische Geschichte des II. Weltkriegs berichtet von 152 Verletzungen des sowjetischen Luftraums in der Zeit vom 1. Januar 1941 bis zum Kriegsbeginn. (P. N. Pospelow: Istorija Welikoi Otečestwennoi Woiny Sowjetskowo Sojusa, 1941–1945. Moskau 1961, Bd. I, S. 479.) Die militärischen Dienststellen in der Ukraine und Weißrußland meldeten in der Zeit vom 1. Januar bis zum 20. Juni 1941 324 Einflüge. (W. W. Platonow: Eto Bylo Na Buge. Moskau 1966, Zitat aus der Armeezeitschrift ›*Krasnaja Swesda*‹, 14. April 1965.)

ließ sich gerade vom sowjetischen Presseattaché über den Inhalt der deutschen Morgenzeitungen unterrichten. Filippow berichtete dem Botschafter, die ausländischen Journalisten hätten ihn gefragt, was an den Gerüchten über einen bevorstehenden deutschen Angriff gegen Rußland wahr sei. Er sagte, einige dieser Leute wollten während des Wochenendes in Berlin bleiben, da sie wichtige neue Nachrichten erwarteten.

In seinen Erinnerungen schreibt Filippow: »Der Botschafter schien meine Mitteilung nicht sehr ernst zu nehmen.« Doch Dekanosow bat Filippow, so lange zu bleiben, bis die anderen gegangen waren. Dann fragte er ihn, was er über diese Gerüchte denke. Filippow sagte dem Botschafter, die vielen Tatsachen, über welche die Botschaft schon orientiert sei, erforderten es, diese Gerüchte ernst zu nehmen. Aber der Botschafter versicherte ihm: »Es besteht keine Veranlassung, in eine Panik zu geraten. Gerade das wollen unsere Gegner. Sie müssen zwischen Wahrheit und Propaganda unterscheiden.«

Nachdem Filippow dem Botschafter mitgeteilt hatte, er wolle am Sonntag in die Gegend von Rostock fahren, verabschiedete er sich. Der Botschafter meinte, das sei eine gute Idee, und sagte, auch er hoffe, Zeit für einen Ausflug zu finden.

Wenn Dekanosow sich wegen der Anweisung Molotows, eine dringende Aussprache mit Ribbentrop zu suchen, Sorgen gemacht hat, dann hat er sich das in seinem Gespräch mit Filippow nicht anmerken lassen[4].

Der Erste Sekretär der sowjetischen Botschaft, Valentin Bereschkow, erhielt den Auftrag, in der Wilhelmstraße anzurufen und das Zusammentreffen mit Ribbentrop zu arrangieren; aber der diensttuende Beamte teilte ihm mit, Ribbentrop sei nicht in Berlin. Nun versuchte Bereschkow, den Staatssekretär im Auswärtigen Amt, Baron Ernst von Weizsäcker, zu erreichen. Auch er war unauffindbar. Einige Zeit später rief Bereschkow zum zweitenmal an, doch keine verantwortliche Persönlichkeit war aufzutreiben. Bereschkow setzte seine Anrufe in bestimmten Zeitabständen fort. Gegen Mittag bekam er endlich eine Verbindung mit Dr. Ernst Wörmann, dem Chef der politischen Abteilung des Außenministeriums, aber auch Wörmann konnte ihm nicht helfen.

Wörmann sagte: »Scheinbar hält der Führer eine wichtige Besprechung ab. Wahrscheinlich sind die Herren alle bei ihm. Wenn Ihr Anliegen dringend ist, dann tragen Sie es mir vor, und ich werde versuchen, mit den Chefs in Verbindung zu treten.«

[4] Der sowjetische Geheimagent Ismail Achmedow, der im Mai der Berliner Botschaft zugeteilt worden war, berichtet, Dekanosow habe am Samstag eine Agentenmeldung erhalten, in der mitgeteilt wurde, der Angriff werde am folgenden Tage, Sonntag den 22. Juni, erfolgen, doch Dekanosow habe seinem Stab gesagt, niemand solle sich darum Sorgen machen, und die Botschaftsangehörigen mögen am Sonntag zu einem Picknick fahren. (David Dallin: Soviet Espionage. New Haven 1955, S. 134.)

Bereschkow antwortete, Dekanosow habe die Anweisung, mit Ribbentrop und niemand anderem zu sprechen.
Inzwischen hatte das Außenkommissariat in Moskau ein dringendes Ferngespräch nach Berlin angemeldet. Molotow verlangte, der Botschafter solle endlich etwas unternehmen. Bereschkow konnte jedoch nur melden, er habe alles getan, um Ribbentrop zu erreichen – aber ohne Erfolg.
Am Nachmittag steigerte sich die Nervosität. Es wurde Abend, und immer noch ließ Ribbentrop sich nicht sprechen. Das Botschaftspersonal ging nach Hause, aber Bereschkow blieb in seinem Büro und rief ganz mechanisch alle dreißig Minuten in der Wilhelmstraße an.
Auf dem Schreibtisch lag die Samstagsausgabe des ›Völkischen Beobachter‹. Sie enthielt einen Artikel von Hitlers Pressechef Otto Dietrich, der schilderte, welche Kräfte Hitlers Pläne zur Schaffung eines tausendjährigen Reichs »bedrohten«.
»Es war kaum möglich, nicht an die in Berlin kursierenden Gerüchte zu denken«, schreibt Bereschkow, »und es ließ sich nicht mehr von der Hand weisen, daß der Angriff gegen die Sowjetunion tatsächlich – wie behauptet – am 22. Juni erfolgen könnte.«
Der Umstand, daß es den ganzen Tag nicht möglich gewesen war, mit Ribbentrop oder Weizsäcker in Verbindung zu treten, ließ die Situation immer gefährlicher erscheinen. Weizsäcker war bisher stets bereit gewesen, den sowjetischen Botschafter zu empfangen, wenn der Minister verreist war.
In regelmäßigen Abständen rief Bereśkow im Ministerium an, und immer wieder lautete die Antwort: »Ich habe den Reichsminister noch nicht erreichen können, habe Sie aber vorgemerkt und bemühe mich weiter ...«
Um 9.30 Uhr abends empfing Weizsäcker endlich den sowjetischen Botschafter Dekanosow[5]. Der sowjetische Botschafter trug seine Beschwerde über die Verletzung des sowjetischen Luftraums durch deutsche Flugzeuge vor. Weizsäcker erwiderte kurz, er werde die Verbalnote an die zuständige Stelle weiterleiten, und fügte hinzu, ihm sei mitgeteilt worden, zahlreiche sowjetische Flugzeuge hätten den deutschen Luftraum verletzt und nicht umgekehrt. Es sei daher »die deutsche und nicht die russische Rerierung, die Grund für Beschwerden« habe.
Nun versuchte Dekanosow, das Gespräch auf eine breitere Basis zu stellen und darüber zu sprechen, wieviel Moskau daran gelegen sei, die deutsch-sowjetischen Beziehungen zu verbessern. Doch das gelang ihm nicht. Die von Weizsäcker für Ribbentrop angefertigte Aktennotiz zeigt deutlich das Mißlingen des Versuchs von Dekanosow:

[5] Bereschkow erwähnt den Namen Dekanosows nicht und berichtet mit keinem Wort über das Zusammentreffen zwischen Dekanosow und Weizsäcker. Da Dekanosow 1953 hingerichtet worden ist, ist er augenscheinlich zur »nicht existierenden Person« erklärt worden.

Als Herr Dekanosow versuchte, das Gespräch in die Länge zu ziehen, sagte ich ihm, ich sei ganz anderer Auffassung und müsse die Stellungnahme meiner Regierung abwarten. Deshalb sei es besser, jetzt nicht näher auf diese Frage einzugehen. Er werde später eine Antwort erhalten. Der Botschafter stimmte mir zu und verabschiedete sich.

Auch in London herrschte am Samstag, dem 21. Juni, freundliches Wetter. Es war sonnig und warm, und das kam, wie der sowjetische Botschafter am Hof von St. James, Iwan M. Maiski, in seinen Erinnerungen schreibt, in London »nicht sehr oft« vor.

Nachdem Maiski seine Arbeit in der sowjetischen Botschaft, Kensington Palace Gardens 18, in aller Eile beendet hatte, machte er sich mit seiner Frau gegen 13.00 Uhr auf den Weg, um seinen Freund Juan Negrin in Bovington zu besuchen. Negrin war von 1937 bis 1939 Premierminister der spanischen Republik gewesen, und das Ehepaar Maiski hatte während des vergangenen Jahres fast jedes Wochenende im Hause Negrins, etwa 60 Kilometer außerhalb von London, verbracht.

Kurz nach 14.00 Uhr trafen sie dort ein.

»Was gibt es Neues?« fragte Negrin und schüttelte seinen Gästen zur Begrüßung die Hände. Maiski hob die Schultern.

»Nichts besonderes, aber es scheint sich etwas zusammenzubrauen, und wir müssen jeden Augenblick mit einer Überraschung rechnen«, antwortete er. Natürlich dachte er an die Möglichkeit eines deutschen Angriffs gegen Rußland.

Maiski versuchte, nicht mehr an die zahlreichen Meldungen zu denken, mit denen er Moskau vor einem deutschen Angriff gewarnt hatte, vertauschte den dunkelgestreiften Diplomatenanzug mit einem sommerlichen Flanellanzug und ging hinaus in den Garten. Dort setzte er sich auf eine Bank, beugte den Kopf zurück und ließ sich die Sonne ins Gesicht scheinen. Der berauschende Duft des Sommers lag in der Luft, aber es wollte ihm nicht gelingen, die Gedanken von den Gefahren zu lösen, die in diesem Augenblick zu drohen schienen. Plötzlich wurde er ans Telefon gerufen. Der Botschaftssekretär in London teilte ihm mit, daß Sir Stafford Cripps, der gerade im Urlaub befindliche britische Botschafter in Moskau, ihn sofort zu sprechen wünsche.

Maiski setzte sich in seinen Wagen und war nach einstündiger Fahrt wieder in London. In einiger Erregung wartete Cripps schon in der Botschaft auf ihn.

»Sie erinnern sich«, sagte Cripps, »daß ich die sowjetische Regierung wiederholt darauf aufmerksam gemacht habe, daß ein deutscher Angriff nahe bevorsteht[6]? Uns liegen heute zuverlässige Meldungen vor, die besagen,

[6] Die letzte dieser Warnungen war am Mittwoch, dem 18. Juni, erfolgt.

daß der Angriff morgen, am 22. Juni, oder äußerstenfalls am 29. Juni erfolgen wird. Ich wollte Ihnen das mitteilen.«

Maiski schickte ein dringendes Telegramm an das Außenkommissariat. Es ging etwa um 4.00 Uhr nachmittags (7.00 Uhr abends Moskauer Zeit) ab. Dann kehrte er nach Bovington zurück, um die Ruhe auf dem Lande zu genießen, Tennis zu spielen und den Blumenduft eines Sommertags einzuatmen. Aber er verbrachte eine schlaflose Nacht.

Die Zeitdifferenz zwischen Moskau und London beträgt drei Stunden, und deshalb kann Maiskis dringendes Telegramm frühestens gegen 8.00 Uhr abends, aber wahrscheinlich erst nach 9.00 Uhr im Außenkommissariat dechiffriert worden sein. Zu dieser Stunde lag Molotow noch keine Meldung über ein Gespräch zwischen Dekanosow und Ribbentrop aus Berlin vor[7].

Vielleicht ist Molotow durch das Telegramm Maiskis dazu veranlaßt worden, vielleicht aber auch wurde er ungeduldig, weil Dekanosow nicht zu Ribbentrop vordringen konnte; jedenfalls bat er um 9.30 Uhr abends den deutschen Botschafter, Graf Friedrich Werner von der Schulenburg, zu sich in den Kreml.

Zur Zeit, als die deutsch-sowjetischen Beziehungen sich nach Abschluß des Pakts sehr günstig zu gestalten schienen, hatte es häufige Zusammenkünfte zwischen Molotow und Schulenburg gegeben. Jetzt kam es nur noch selten zu solchen Gesprächen, und die Kontakte zwischen russischen und deutschen Stellen wurden auf niedrigerer Ebene aufrechterhalten. Die Aufforderung, in den Kreml zu kommen, überraschte Schulenburg.

Molotow eröffnete das Gespräch mit einer Beschwerde über die Verletzung der sowjetischen Grenzen durch deutsche Flugzeuge, aber Schulenburg erkannte sofort, daß dies nur ein Vorwand war, um ganz allgemein über die Beziehungen zwischen beiden Ländern zu sprechen, insbesondere aber über die von Molotow so bezeichneten Anzeichen dafür, daß die deutsche Regierung am Verhalten der sowjetischen Regierung etwas auszusetzen habe.

Molotow erwähnte die Gerüchte, nach denen ein Krieg zwischen beiden Ländern bevorstehe, und fügte hinzu, er könne nicht verstehen, welche Gründe Deutschland habe, unzufrieden zu sein. Er bat Schulenburg, ihn über diesen Punkt aufzuklären. Um 1.17 Uhr am Sonntagmorgen schickte Schulenburg ein dringendes Telegramm nach Berlin, in dem es hieß: »Ich

[7] Das Gespräch Dekanosows mit Weizsäcker fand erst gegen 9.30 Uhr abends Berliner Zeit (11.30 Uhr Moskauer Zeit) statt. Dekanosow meldete das Ergebnis mit einem dringenden Telegramm, das nicht vor 1.00 oder 1.30 Uhr übermittelt und dechiffriert worden sein kann. Die Fernsprechverbindung zwischen Moskau und Berlin ließ sich normalerweise sehr schnell herstellen. Es dauerte nicht länger als 10 bis 15 Minuten, höchstens 30 Minuten. Gewöhnlich gab die Botschaft ihre Meldungen aber telegraphisch durch. (Bereschkow, persönliche Mitteilung, 1968; I. F. Filippow: Sapiski o Tretijem Reiche, Moskau 1966, S. 24.)

erwiderte, ich könne diese Frage nicht beantworten, da mir dazu die nötigen Unterlagen fehlten.« Das war für viele Jahre das letzte Telegramm der deutschen Botschaft in Moskau.
Molotow ließ aber nicht locker und fragte nun direkt, ob nicht doch etwas an den Gerüchten sei, die von einem unmittelbar bevorstehenden Kriege sprächen. Er sagte, ihm sei mitgeteilt worden, alle deutschen Geschäftsleute hätten das Land verlassen, und auch die zur Botschaft gehörenden Frauen und Kinder seien abgereist.
Dem ehrlichen und prinzipientreuen Schulenburg waren diese Fragen sehr peinlich. Aus privaten Quellen (wenn auch noch nicht offiziell) wußte er, daß der Kriegsausbrauch nahe bevorstand. In äußerster Sorge um die Entwicklungen in Deutschland hatte er einen vertrauenswürdigen Agenten nach Berlin geschickt, der am vergangenen Sonntag mit der Nachricht zurückgekommen war, daß der Angriff wahrscheinlich am 22. Juni beginnen werde.
Es fiel dem Botschafter schwer, Molotow eine plausible Antwort zu geben. Er erwiderte daher einigermaßen unsicher, die deutschen Frauen und Kinder seien zu den Ferien nach Hause gefahren – das Klima in Moskau sei recht hart. Er fügte hinzu, nicht alle Frauen seien abgereist, und meinte damit die Frau von Gustav Hilger, des zweiten Botschaftssekretärs, der Schulenburg zu dem Gespräch mit Molotow begleitet hatte.
Nach Hilgers Erinnerung beendete Molotow hier das Gespräch, zuckte mit den Schultern und verabschiedete den Botschafter.
Im spätabendlichen Zwielicht fuhren die Deutschen zur Botschaft zurück. Ein hell erleuchteter Ausflugsdampfer glitt die Moskwa hinunter, und eine Jazzband spielte einen amerikanischen Schlager.
Erst in späteren Jahren gelangte Admiral Kusnezow zu der Überzeugung, daß Stalin an diesem Samstag endlich erkannte, ein Konflikt mit Deutschland sei, wenn auch nicht unvermeidbar, so doch höchstwahrscheinlich. Kusnezows Theorie wird durch das Zeugnis des Armeegenerals I. W. Tjulenew, der im Juni 1941 Befehlshaber des Moskauer Militärbezirks war, in gewisser Weise bestätigt.
General Tjulenew war ein Veteran der Roten Armee. 1939 hatte er die sowjetischen Truppen befehligt, welche die an die Ukraine grenzenden polnischen Gebiete besetzten. Schon im Bürgerkrieg hatte er sich die Sporen verdient. Nach seiner Dienstzeit in der zaristischen Armee gehörte er dem 1. Kavallerieregiment der Roten Armee an.
Als Kommandant von Moskau war er ständig in enger Verbindung mit Stalin und dem Kreml. Über die bedrohliche Lage an der Westgrenze war er gut unterrichtet. Er wußte, daß Hunderte deutscher Flugzeuge den sowjetischen Luftraum verletzt hatten, und daß es den sowjetischen Streitkräften untersagt worden war, etwas dagegen zu unternehmen. Die ganze

Lage schien ihm unheimlich, doch ging es ihm wie anderen sowjetischen Offizieren, deren Sorgen durch ein am 14. Juni veröffentlichtes Tass-Kommuniqué beschwichtigt worden waren, in dem bestritten wurde, daß die Gerüchte über einen bevorstehenden Krieg eine reale Grundlage hätten. Nach seiner Meinung »war es unmöglich, unseren offiziellen Organen nicht zu glauben«.

Irgendwann am Samstag[8] wurde General Tjulenew an den Fernsprecher gerufen. Es war ein Anruf aus dem Kreml. Als er den Hörer abhob, hörte er Stalins rauhe Stimme, der fragte: »Genosse Tjulenew, wie steht es mit der Organisation der Flugzeugabwehr in Moskau?«

Tjulenew meldete kurz den gegenwärtigen Stand der Vorbereitungen zur Fliegerabwehr in diesem Raum.

Stalin befahl darauf: »Angesichts der gespannten Lage ist es erforderlich, daß Sie die zur Luftabwehr eingesetzten Kräfte in Moskau zu 75 Prozent gefechtsbereit machen.«

Damit endete das Gespräch. Tjulenew stellte keine Fragen, ließ aber den Chef der Luftverteidigung, Generalmajor M. S. Gromadin, kommen und befahl ihm, keine Flakeinheiten auf Übungsplätze zu schicken, sondern sie alarmbereit zu halten.

Vielleicht ist es Zufall, daß am 21. Juni noch eine zweite Entscheidung getroffen wurde. Man stellte einen Jagdverband zur Verteidigung des Luftraums von Moskau auf, unterzeichnete einen allgemeinen Operationsbefehl und übergab diesen dem Oberst I. D. Klimow. Der Verband war das VI. Jagdfliegerkorps; es wurde aber erst nach Kriegsbeginn einsatzbereit. Es bestand schließlich aus 11 Jagdgeschwadern mit zusammen 602 Flugzeugen. Am 22. Juni existierte es noch nicht.

Bevor General Tjulenew sein Büro verließ, setzte er sich mit Verteidigungskommissar Timoschenko in Verbindung, der ihm mitteilte, daß die Anzeichen für deutsche Kriegsvorbereitung sich gemehrt hätten. In der deutschen Botschaft hätte man eine verdächtige Aktivität festgestellt. Viele Angehörige des Botschaftspersonals seien abgereist, und zwar hätten sie entweder die Sowjetunion schon verlassen oder sie seien nur von Moskau abgefahren. Tjulenew rief noch den Generalstab an und erfuhr hier, daß die Befehlshaber an der sowjetischen Grenze gemeldet hätten, der Tag sei ruhig verlaufen, daß jedoch der Feindnachrichtendienst weiterhin von einem bevorstehenden deutschen Angriff spräche. Diese Nachricht war an Stalin weitergegeben, der gesagt hatte, es habe keinen Sinn, eine Panik auszulösen.

General Tjulenew ließ sich durch Stalins Frage über den Stand der Luftverteidigung Moskaus nicht beunruhigen. Er befahl seinem Fahrer, ihn

[8] Kusnezow sagt, der Anruf sei um 14.00 Uhr erfolgt. In Tjulenews Memoiren heißt es lediglich, es sei am Samstagnachmittag gewesen.

in die stille kleine Nebenstraße Rźewski Pereulog zu bringen, wo er mit seiner Frau und zwei Kindern lebte. Während er durch die Hauptstraßen fuhr, blätterte er in der Zeitung ›*Wećernaja Moskwa*‹. Sie enthielt keine besonderen Nachrichten. Auf den Straßen fielen ihm die Plakate auf, die Leonid Utjosows erstes sommerliches Jazzkonzert im Park der Eremitage ankündigten. Am Montag sollte ein neuer Film, »Der Schatz in der Bergschlucht«, uraufgeführt werden. Aus einem offenen Fenster hörte der General einige junge Leute den neuen beliebten Schlager »*Ljubimy gorod* ... geliebte Stadt« singen.

Er überlegte, was er am Sonntag unternehmen sollte. Vielleicht könnte er den Tag in seinem außerhalb Moskaus gelegenen Sommerhaus in Serebranj Bor verbringen oder mit den Kindern zur Einweihung des neuen Schwimmstadions in Chimki fahren.

Er beschloß, diese Entscheidung bis auf morgen zu verschieben, ließ seine Frau und die Kinder in der Rźewski Pereulog in den Wagen steigen und fuhr zur Datscha hinaus.

Tjulenews Bericht zeigt deutlich, daß Stalin, wenn er am Samstagnachmittag der Überzeugung gewesen ist, der Krieg mit Deutschland sei jetzt unvermeidlich, das Gefühl der Besorgnis nicht auf seine militärischen Berater übertragen hat. Bis heute gibt es keine Beweise dafür, daß er am Samstagnachmittag vor 17.00 Uhr andere als die erwähnten Vorsichtsmaßnahmen getroffen hat. Um diese Zeit wurden Marschall Timoschenko und General Schukow in den Kreml befohlen.

Dort hatte sich das Politbüro versammelt, und man sprach über die Möglichkeit, daß die Deutschen entweder in der Nacht von Samstag auf Sonntag oder am Sonntag angreifen könnten. Marschall Semjon Budjonny hat als einziger einen Bericht über diese Besprechung hinterlassen, und darin kommt zum Ausdruck, wie wenig die Beteiligten bereit waren, sich mit der Wirklichkeit auseinanderzusetzen[9]. Die Anwesenden wurden aufgefordert, ihre Meinung zu äußern und Vorschläge zu machen. Budjonny schlug vor, alle Armeen ostwärts des Dnjepr in Richtung auf die Westgrenze marschieren zu lassen. Wenn sie einmal in Bewegung seien, sagte er, »ist es gleichgültig, was geschieht; ob die Deutschen angreifen oder nicht, sie werden gefechtsbereit sein.«

Weder Budjonny noch irgend jemand sonst scheint daran gedacht zu haben, daß die so auf Straßen und Eisenbahnen in Bewegung gesetzten Truppenmassen leichte Ziele für die deutschen Bomber gewesen wären.

Budjonnys zweiter Vorschlag lautete, »die Seile von den Flugzeugen zu

[9] Hohe Militärs wie Tjulenew, Kusnezow, Woronow und Schukow erwähnen diese Konferenz nicht in ihren Erinnerungen. Auch die offizielle sowjetische Geschichte schweigt darüber. Budjonny sagt nicht genau, wer daran teilgenommen hat. (Budjonny, persönliche Mitteilung im Juli 1967.)

nehmen« und für die Luftwaffe die Alarmstufe 1 zu befehlen. Bei den sowjetischen Luftstreitkräften war es üblich, die Maschinen mit Draht und Seilen am Boden zu befestigen. Mit diesem Vorschlag meinte Budjonny, die Flugzeuge sollten startklar gemacht werden, und dazu gehörte auch, daß die Piloten startbereit in ihren Cockpits saßen.
Drittens schlug Budjonny vor, eine tiefgegliederte Verteidigungslinie am Dnjepr und an der Düna zwischen Kiew und Riga einzurichten. Die Bevölkerung sollte mit Spaten und Schaufeln ausgerüstet an den Flußufern Panzerhindernisse bauen. Er glaubte, diese Verteidigungslinie werde sich als notwendig erweisen.
Nach kurzem Hin und Her schaltete Stalin sich ein: »Budjonny scheint zu wissen, was zu tun ist, also lassen wir ihn die Sache in die Hand nehmen.«
Budjonny wurde auf der Stelle zum Befehlshaber der sowjetischen Reservearmee ernannt und erhielt den Auftrag, sofort die Verteidigungslinie am Dnjepr auszubauen. Georgi M. Malenkow wurde ihm als politischer Kommissar beigegeben. Die Ernennung erfolgte fünf Stunden vor dem deutschen Angriff. Budjonny hatte nichts, womit er seine Aufgabe hätte ausführen können – keinen Stab, keine Truppen, keine Ausrüstung, nichts! In aller Eile begab er sich zum Oberkommando der Armee in die Frunsestraße und sagte Malenkow, er werde ihn anrufen, sobald der Stab zusammengetreten sei[10].
Nach Auffassung des Admirals Kusnezow muß Stalin zu diesem Zeitpunkt den Entschluß gefaßt haben, die sowjetischen Streitkräfte voll zu mobilisieren und ihnen zu befehlen, einem deutschen Angriff gegebenenfalls mit Waffengewalt zu begegnen.
Diese Entscheidung Stalins, so schloß Kusnezow, wäre eine Erklärung für die vielen Telegrammformulare, die er bei seinem Besuch des Verteidigungskommissariats am Samstagabend um 11.00 Uhr vor Timoschenko und Schukow liegen sah. Sie hatten wahrscheinlich schon stundenlang gearbeitet und Stalins Befehl an die Truppenkommandeure weitergeleitet, um die Streitkräfte zu mobilisieren. Diese Anordnungen sind tatsächlich erst um 0.30 Uhr am 22. Juni abgegangen. Es ist daher möglich, daß die Ausführung der von Stalin bei der Besprechung des Politbüros gegebenen Anweisungen von den Entwicklungen im Verlauf des Abends – wie etwa dem Ausgang eines Gesprächs mit Ribbentrop – abhängig gemacht worden ist[11].

[10] Viele sowjetische Quellen bestätigen, daß Budjonny zum Befehlshaber der Reservearmee ernannt wurde und den Befehl erhielt, die Dnjeprlinie mit Reservetruppen zu besetzen. Über diese Entscheidung des Politbüros vom 21. Juni berichten W. Chwostow und A. Grylew. (In: ›*Kommunist*‹, Nr. 12, August 1968.)

[11] Diese Auffassung wird gestützt durch die Tatsache, daß Molotow am 22. Juni um 4.00 Uhr morgens ein dringendes Telegramm an Dekanosow abgeschickt hat, in dem er

Als weitere Vorsichtsmaßnahme entsandte man Sonderbeauftragte des Oberkommandos zu den Befehlsstellen der militärischen Grenzbezirke und Flotten, um sie vor der akuten Gefahr zu warnen und ihnen zu befehlen, die Truppe gefechtsbereit zu machen.
In dieser Mission fuhr General Merezkow am Samstagabend im ›Roten Pfeil‹ nach Leningrad. Aber da die Beauftragten des Oberkommandos mit der Bahn auf die Reise geschickt wurden und deshalb nicht vor Sonntag und in einigen Fällen sogar erst am Montag an ihrem Ziel eintreffen konnten[12], darf man kaum annehmen, daß der Kreml den deutschen Angriff schon in wenigen Stunden erwartete.
Der Wortlaut der Anordnungen, die Timoschenko und Schukow an die Truppe schickten und die in vielen Fällen erst nach Beginn des deutschen Angriffs dort eintrafen, enthielt nur eine Warnung. Die Truppenteile sollten sich gefechtsbereit machen, es wurde ihnen aber ausdrücklich verboten, Aufklärungsvorstöße in feindliches Gebiet zu unternehmen oder den Gegner zu provozieren.
An diesem Samstagabend stellte der Admiral Kusnezow sich eine ernste Frage:
»Ich konnte die schmerzlich bitteren Gedanken nicht loswerden, die mich fragen ließen: Wann hatte der Verteidigungskommissar [Timoschenko] erfahren, daß ein Angriff der Armeen Hitlers bevorstand? Zu welchem Zeitpunkt hatte er den Befehl erhalten, die Truppe zu alarmieren? Warum hatte der Verteidigungskommissar und nicht die Regierung [Stalin] mir den Befehl gegeben, die Flotte zu alarmieren? Und warum geschah das alles nur halboffiziell und erst im allerletzten Augenblick?«
Nach fünfundzwanzig Jahren sind diese Fragen des Admirals immer noch nicht vollständig beantwortet.

diesem den Inhalt seiner Unterredung mit Schulenburg mitteilte und Dekanosow ausdrücklich bat, mit Ribbentrop oder dessen Stellvertreter die drei Fragen zu besprechen, auf die Schulenburg nicht geantwortet hatte: welche Gründe Deutschland habe, die Beziehungen zur Sowjetunion als unbefriedigend anzusehen, welches die Grundlage für die Gerüchte über einen bevorstehenden deutsch-sowjetischen Krieg sei, und weshalb Deutschland nicht auf die Tass-Meldung vom 14. Juni reagiert habe. (W. L. Israelian, L. N. Kutakow: *Diplomatija Agressorow.* Moskau 1967, S. 184.) Dekanosow sollte nicht mehr die Gelegenheit haben, diese Fragen zu stellen.

[12] Ein anderer stellvertretender Verteidigungskommisar, Marschall G. I. Kulik, wurde in den westlichen militärischen Sonderbezirk geschickt. Er traf erst am Montag dem 23. Juni abends im Hauptquartier der 10. Armee in Bjalystok ein. Auf den General I. W. Boldin machte er einen völlig verwirrten und ratlosen Eindruck. Marschall Kulik erreichte Bjalystok nur wenige Stunden bevor Generalmajor M. G. Chaselewić von der 10. Armee fiel und sein Verband praktisch vernichtet wurde. (I. W. Boldin: *Stranizii Žisn.* Moskau 1961.)

4. Die lange Nacht

Die Mitteilung Admiral Kusnezows an das Kommando der Baltischen Flotte, man müsse in den frühen Morgenstunden des Sonntags mit einem deutschen Angriff rechnen, überraschte niemanden mehr. Der Chef des Stabes, Admiral Pantelejew, schreibt, man habe »von Minute zu Minute darauf gewartet, das nächste Telegramm oder Ferngespräch werde das düstere Worte bringen – Krieg.«

Am späten Samstagvormittag wurde Pantelejew zu seinem Vorgesetzten, dem Flottenbefehlshaber Admiral Tribuz, befohlen. Als er aus dem geräumigen Lagezimmer in das Amtszimmer des Admirals eilte, dachte er: »Nun ist es soweit.« Das Mitglied des Militärsowjets, Kommissar M. G. Jakowlenko, war schon vor ihm eingetroffen. Tribuz saß zurückgelehnt in einem mit schwarzem Leder überzogenen Sessel und klopfte sich nervös mit einem langen Bleistift aufs Knie. Das war das einzige sichtbare Zeichen seiner inneren Erregung. Ganz unvermittelt sagte Tribuz: »Ich habe eben mit Kusnezow gesprochen. Wir müssen in der kommenden Nacht mit dem deutschen Angriff rechnen.«

Pantelejew stürzte an seinen Schreibtisch und begann, alle Flotteneinheiten, den Marinefliegerstab und die Verwaltungsstäbe der rückwärtigen Dienste und Nachschubeinheiten zu alarmieren.

Die Flotte war tatsächlich recht gut vorbereitet. Man hatte sich darauf eingerichtet, die Seewege nach Leningrad gegen einen deutschen Angriff zu verteidigen. Schon am 7. Mai hatte Admiral Tribuz Vorpostenschiffe an die Einfahrt zum Finnischen Golf befohlen und Wachboote vor alle Flottenbasen beordert, die den Auftrag hatten, deutsche U-Boote oder andere deutsche Kriegsschiffe aufzubringen. Die Kälte, das verspätete Aufbrechen des Eises und der ständige Nebel hatten aber die Dispositionen des Admirals verzögert. Erst in der zweiten Maihälfte konnte das U-Boot S-7 seine Position vor dem Golf von Riga einnehmen. Am 27. Mai übernahm das Patrouillen-U-Boot S-309 die gleiche Aufgabe vor dem Finnischen Golf. Außerdem übernahmen Wachboote Positionen bei Hangö an der finnischen Küste gegenüber Reval, vor Libau, dem westlichsten sowjetischen Hafen nur etwa 110 Kilometer ostwärts der sowjetisch-deutschen Grenze, sowie vor Reval und Kronstadt.

Vor dem 1. Juni waren alle sowjetischen Kreuzer, die meisten Minenleger und U-Boote, sowie die schwimmenden U-Boot-Basen von Libau nach der bei Riga gelegenen befestigten Flottenbasis Dünamünde verlegt worden, wo sie besser gegen Angriffe aus der Luft geschützt waren als in dem exponierten Libau. Die ›Oka‹, ein mit einer Sondereinrichtung zum Auslegen von U-Boot-Netzen ausgerüsteter Minenleger wurde von Libau nach Reval befohlen, und das Schlachtschiff ›Marat‹ von Reval in seinen Heimathafen Kronstadt verlegt.
Libau gefiel weder dem Befehlshaber der Baltischen Flotte, Admiral Tribuz, noch seinem Vorgesetzten, Admiral Kusnezow. Der offene Hafen war nur wenige Flugminuten von den deutschen Militärflugplätzen in Ostpreußen entfernt, und nach Auffassung der russischen Marineoffiziere eignete er sich nicht als Flottenbasis im Kriegsfall. Die kaiserlich-russische Kriegsflotte war der gleichen Auffassung gewesen. Am Tage vor Ausbruch des Ersten Weltkrieges wurde der Hafen von allen Flotteneinheiten geräumt.
Nachdem die baltischen Staaten im Juli 1940 in sowjetische Hände gefallen waren, warf Stalin die Frage auf, was mit Libau geschehen solle. Er wollte dort ein Schlachtschiff stationieren. Admiral Kusnezow stellte sich energisch dagegen. Stalin hörte schweigend zu und erklärte sich schließlich damit einverstanden, in Libau nur leichte Kriegsschiffe, vor allem eine U-Boot-Flottille, zu stationieren.
Um Stalin zu beschwichtigen, verlegte man zwei alte Schlachtschiffe, die ›Marat‹ und die ›Oktoberrevolution‹[1] von ihrem sicheren und gut ausgerüsteten Heimathafen nach Reval. Dort lagen sie auf offener Reede und warteten auf den Bau einer Schutzmole. Die Arbeit daran lag in den Händen einer von der NKWD gestellten Arbeitsbrigade und ging nur sehr langsam voran (wie fast alle Arbeiten an den Flottenbasen und Befestigungsanlagen im baltischen Raum).
Im April versammelten sich Admiral Pantelejew und mehrere andere höhere Marineoffiziere in Riga zu einer Besprechung mit dem neuaufgestellten Stab des Baltischen Militärischen Sonderbezirks unter Generaloberst F. I. Kusnezow. Die Offiziere der Armee und der Kriegsmarine saßen lange über ihren Karten. Während der acht Monate nach der Besetzung der baltischen Staaten durch die Sowjets war viel geschehen, aber es blieb auch noch viel zu tun übrig. Die Befestigungen entlang der neuen Grenze waren noch nicht ausgebaut. Es fehlte im Baltischen Militärbezirk

[1] Die beiden Schlachtschiffe hießen ursprünglich ›Petropawlowsk‹ und ›Hangut‹. Es waren 23 000-Tonner eines modifizierten italienischen Typs. Sie waren im Rahmen des zaristischen Flottenbauprogramms von 1909 gebaut worden. Das war die erste wesentliche Verstärkung der kaiserlich-russischen Flotte nach dem russisch-japanischen Krieg 1905. Die Schlachtschiffe waren mit 30-Zentimeter-Geschützen bestückt.

an Truppen, Panzern, Fliegerabwehrgeschützen und Flugzeugen. Der Bau von Flugplätzen für die neuen schnellen Jäger und Langstreckenbomber (die man hoffte, dort stationieren zu können) ging sehr langsam voran. Am unangenehmsten war es nach Ansicht der Offiziere der Armee, daß die Bauarbeiten der Polizei übertragen worden waren, und es daher keine Möglichkeit gab, sie zu beschleunigen.

Auch die Kriegsmarine brachte ernste Beschwerden vor. Der Ausbau der Stellungen für die Küstenartillerie, einschließlich der für die Verteidigung Libaus gegen Angriffe von See her vorgesehenen, hatte sich erheblich verzögert, und man begann gerade erst damit, die Flottenbasen entlang der Ostseeküste einzurichten. Sogar der Ausbau des Hafens von Riga würde nicht vor dem 25. Mai beendet sein. 80 Prozent der Marineflugzeuge mußten weit hinter ihren potentiellen Einsatzräumen stationiert werden, weil die Startbahnen noch nicht benutzt werden konnten. Ein Offizier, der die vordersten Befestigungsanlagen inspizierte, war entsetzt, feststellen zu müssen, daß die Betonbunker für die Geschützstellungen so nahe an der Grenze lagen, daß zu ihrem Schutz weder Minenfelder noch andere Hindernisse angelegt werden konnten. An anderer Stelle war es nicht möglich, die Geschütze, die sich nur nach Westen richten ließen, zu schwenken. Sie waren wertlos, wenn sie von rückwärts angegriffen wurden. Die Schießscharten in den Bunkern waren zum Teil zu eng für die dort einzusetzenden Waffen.

Im Mai waren die Küstenbatterien bei Libau eingebaut, doch waren sie gegen Angriffe von der Landseite nicht geschützt. Der Marinebefehlshaber war verantwortlich für die Verteidigung gegen Angriffe von See her, aber alle Operationen zu Lande waren Angelegenheit des Baltischen Militärischen Sonderbezirks der Armee. Es gab keinen Plan für die Zusammenarbeit der beiden Teilstreitkräfte. Das Hauptquartier der Armee befand sich in Riga, das der Kriegsmarine in Reval, 280 Kilometer weiter im Norden. Auch die Frage des gemeinsamen Oberbefehls im Kriegsfalle war nicht gelöst. Die Lage war bei allen an der Ostsee gelegenen militärischen Einrichtungen im Militärbezirk von Leningrad gleich, mit Ausnahme von Hangö, wo der Oberbefehl in Händen der Kriegsmarine lag.

Die Einstellung der Armee kommt in der Haltung des Befehlshabers des Baltischen Militärbezirks, Generaloberst F. I. Kusnezow, ganz deutlich zum Ausdruck. Als Admiral Kusnezow mit seinem Namensvetter von der Armee über die Errichtung eines Verteidigungsgürtels auf der Landseite von Libau und Riga sprechen wollte, rief der General entrüstet aus: »Glauben Sie wirklich, wir würden es dem Feind erlauben, bis nach Riga vorzustoßen?«

Erst nachdem Tribuz, dieser hochbegabte Marineoffizier, in seiner lebhaften, energischen und stürmischen Art aus ernster Sorge es wiederholt verlangt hatte, wurde die 67. Infanteriedivision nach Libau verlegt, um die Verteidigungsstellungen zu Lande zu besetzen. Das geschah aber erst am Vorabend des Kriegsausbruchs, und noch am 21. Juni um Mitternacht war die reibungslose Zusammenarbeit zwischen Armee und Flotte nicht sichergestellt[2].

Unter solchen Umständen war es nur vernünftig, wenn Admiral Tribuz vorschlug, die Kriegsschiffe aus dem exponierten Hafen von Libau zurückzunehmen. Hier gab es jedoch ein nicht zu übersehendes Hindernis. Stalin war anderer Meinung. Im Sommer 1940 hatte er verlangt, ein Schlachtschiff in Libau zu stationieren, und jetzt würde er sich wahrscheinlich gegen eine weitere Schwächung dieser Flottenbasis stellen.

Kusnezow bemerkt: »Es war uns klar, daß diese Flottenbelegung für Libau zu stark war, und als die Kriegsgefahr größer wurde, schlug man vor, einige Schiffe nach Riga zu verlegen. Wegen der bekannten Einstellung Stalins wollte ich jedoch einen entsprechenden Befehl nicht ohne die Zustimmung höherer Stellen geben.«

Kusnezow zögerte zunächst, erklärte sich dann aber doch bereit, die Angelegenheit im obersten Marinesowjet in Gegenwart von Andrei A. Schdanow zur Sprache zu bringen. Der damals fünfundvierzigjährige blasse, aufgeschwemmte Parteifunktionär Schdanow war einer der mächtigsten Männer in der Umgebung Stalins. 1941 befand er sich auf dem Gipfel seiner Macht, und viele glaubten, er werde nach Stalins Tod dessen Nachfolger werden. Er war Parteichef von Leningrad und als solcher für den gesamten baltischen Raum verantwortlich. Im Politbüro war er der Mann, der sich am meisten für Marinefragen interessierte. In den seltsam unklaren Zuständigkeitsverhältnissen innerhalb des Kreml war Außenminister Molotow in seiner Doppelrolle als stellvertretender Vorsitzender des Sowjets der Volkskommissare im Rang eines Ministers verantwortlich für die sowjetische Flotte, doch war es Schdanow, der führende Mann in Leningrad und Aspirant auf Stalins Nachfolge, dem als Sekretär des Zentralkomitees in politischer Hinsicht (und damit auch tatsächlich) die meisten Flottenangelegenheiten unterstanden.

Eine halbe Stunde vor Beginn der Besprechung des Marinesowjets Ende April oder Anfang Mai erschien Schdanow in Kusnezows Büro. Er fragte: »Was wollen Sie aus Libau zurückverlegen und warum?« Kusnezow hatte alle Tatsachen und Zahlen bereit. Er sagte, die sowjetischen Kriegsschiffe in Libau drängten sich »wie Heringe im Heringsfaß«. Riga

[2] Nach Auffassung des Politkommissars der Baltischen Flotte, des Vizeadmirals N. K. Smirnow, verfügte Libau weder über die Organisation noch die Streitkräfte; deren es bedurft hätte, um einen deutschen Angriff abzuwehren. (N. K. Smirnow: Matrosy Saščiščajut Rodinu. Moskau 1968, S. 20.)

hingegen sei eine geeignete Flottenbasis, von der aus die Schiffe ohne weiteres nach jeder Richtung operieren könnten.
Schdanow äußerte sich nicht weiter dazu, sondern brummte: »Wollen wir sehen, was die anderen dazu sagen.« Der Marinesowjet schloß sich der Meinung Kusnezows an, aber Schdanow bestand darauf, Stalin die Entscheidung zu überlassen.
Kusnezow schickte seinen Bericht an Stalin, erhielt aber keine Antwort. Er hatte eine Durchschrift behalten und nahm sich vor, die Sache bei nächster Gelegenheit persönlich dem Diktator vorzutragen. Mitte Mai gelang es ihm, Stalins Zustimmung zu erhalten. Er rief sofort Tribuz an: »Führen Sie Ihr Vorhaben durch; wir haben die Genehmigung.«
Tribuz machte sich auch weiter Sorgen um die zwei Schlachtschiffe in Reval. Der Hafen war gegen einen Angriff von Norden nicht geschützt. Man hatte weder Sperren noch Netze ausgelegt, um die Schlachtschiffe vor Torpedos zu schützen. Er bat um die Erlaubnis, sie nach Kronstadt zu verlegen, und erhielt sie kurz vor Kriegsausbruch. Am Abend des 21. Juni erreichte die ›Marat‹ sicher den Hafen von Kronstadt, aber die ›Oktoberrevolution‹ befand sich noch immer vor Reval und wurde erst Anfang Juli herausgeschleppt.
In der Nacht vom 21. zum 22. Juni war es kühl an der Küste bei Reval. Als Admiral Pantelejew das Flottenstabsquartier verließ, nachdem er seine Alarmbefehle abgeschickt hatte, wehte ihm von See her eine steife Brise entgegen. Die nahen Wiesen dufteten nach frischem Gras, und wie in Leningrad war die Nacht auch hier noch um Mitternacht ganz hell.
Der Schleppdampfer ›Krambol‹ war schon ausgelaufen, um die Patrouillen vor Reval zu verstärken. Der Chef der rückwärtigen Dienste, Generalmajor Mitrofan I. Moskalenko, hatte in Moskau darum nachgesucht, den Tanker ›Zelesnodorośnik‹, der vollgetankt auf dem Wege nach Libau war, nach Dünamünde, und den Tanker Nr. 11 von Kronstadt nach Reval umdirigieren zu dürfen. In beiden Städten fehlte es an Kraftstoff, der im Kriegsfall dringend gebraucht werden würde. Nach zwei Stunden traf die Erlaubnis ein.
Um 1.40 Uhr erhielt Pantelejw die Bestätigung, daß die ganze Flotte sich im Alarmzustand 1 befand. Der Kommandant von Libau hatte Anweisung erhalten, seine restlichen U-Boote vom Typ M mit Ausnahme von drei im Patrouillendienst eingesetzten Booten nach Dünamünde und alle anderen Schiffe nach Windau zu schicken, das weiter im Norden an der lettischen Küste lag. Der Kommandant von Hangö hatte den Auftrag erhalten, seine U-Boote und Torpedoboote über den Finnischen Meerbusen nach Baltischport westlich von Reval fahren zu lassen. Im Hafen von Reval lagen noch einige Schiffe in den Docks. Tribuz befahl, alle verwendungsfähigen Einheiten am Morgen in die Flotte einzugliedern. Die

noch nicht gefechtsklaren Schiffe sollten so schnell wie möglich in die Leningrader Docks gebracht werden.
Nachdem Kusnezow kurz vor Mitternacht ein Ferngespräch mit Tribuz geführt hatte, meldete er Gespräche mit Golowko im Stabsquartier der Nordmeerflotte in Poljarny und mit der Schwarzmeerflotte in Sewastopol an. Die Schwarzmeerflotte hatte gerade ihre Frühjahrsmanöver abgeschlossen. Kusnezow hatte zunächst gezögert, die Erlaubnis für diese Übungen zu geben, kam aber zu dem Schluß, daß die Flotte im Kriegsfall ebensogut auf hoher See wie im Hafen sein durfte.
Die Flottenmanöver endeten am 18. Juni, und am 20. Juni waren alle Schiffe wieder im Hafen von Sewastopol, wo am Montag, dem 23. Juni, die Schlußbesprechung stattfinden sollte. Sobald die Flotte eingelaufen war, wurde die Alarmstufe 2 befohlen. Am Samstagabend hatten aber viele Offiziere und Mannschaften Landurlaub und gingen am Grafski-Kai spazieren. Kutter und Barkassen fuhren zwischen den Schiffen und der Küste hin und her. Der Flottenbefehlshaber S. Oktjabrski besuchte ein großes Konzert im Marinehaus.
Einige Offiziere, die zu den Manövern aus Moskau gekommen waren, hatten Sewastopol schon verlassen, aber der Chef der politischen Abteilung der Kriegsflotte, Konteradmiral I. I. Asarow, ein alter Seebär, der sein ganzes Leben in der Marine gedient hatte, war noch dort geblieben. Mit seinem alten Freund aus der Baltischen Flotte, Alexander W. Solodunow, der jetzt die hydrographische Ausbildung in der Schwarzmeerflotte leitete, saß er an diesem Abend bei einem Glas Bier in angeregtem Gespräch im Gartenrestaurant des Marinehauses. Die beiden Freunde dachten nicht daran, zu Bett zu gehen; der morgige Tag war ein Sonntag, und sie konnten ausschlafen.
Plötzlich bemerkte Asarow, wie der Direktor des Marinehauses und ein weiterer Offizier mit einer Gruppe höherer Marineoffiziere an einem Nachbartisch sprachen. Sie alle nahmen ihre Mützen und gingen eilig hinaus. Als sie an Asarows Tisch vorüberkamen, blieb einer von ihnen stehen und sagte: »Alarmstufe 1 ist befohlen worden.«
Asarow ging sofort zum Stabsquartier. Er stellte fest, daß der Chef des Stabes, I. D. Elisejew, gerade hatte nach Hause gehen wollen, als Kusnezow ihn anrief. Der Offizier vom Dienst, Kapitän N. G. Rybalko, hatte einen ruhigen Abend verbracht. Um 10.32 Uhr hatte er die Leuchttürme von Inkerman und Cherson angerufen und befohlen, die Scheinwerfer einzuschalten, damit ein Schlepper den nächtlichen Abfallprahm aus dem Hafen hinausschleppen konnte.
Es war jetzt kurz nach 1.00 Uhr, und als Asarow aus dem Fenster hinausblickte, konnte er die Lichter in der Stadt allmählich verlöschen sehen, wie es die Alarmstufe 1 verlangte. Eine Sirene heulte auf, und er hörte

Signalschüsse von den Batterien. Die Lautsprecher riefen die Matrosen zurück zu ihren Stationen: »*Wnimanije . . . Wnimanije . . .*«
Die städtischen Behörden, die glaubten, es handle sich um einen Probealarm, riefen im Stabsquartier an und beschwerten sich über die Verdunkelung: »Weshalb ist es notwendig, die Stadt so schnell zu verdunkeln? Die Flotte ist eben erst aus dem Manöver zurückgekehrt. Gönnen Sie den Leuten doch eine Ruhepause!«
Man sagte ihnen, sie sollten die gegebenen Befehle befolgen und keine unnützen Fragen stellen. Das Marinehauptquartier rief inzwischen das Elektrizitätswerk an, und der Hauptschalter wurde endgültig herumgelegt. Die Stadt versank im Dunkeln.
In der Stadt und auf den Schiffen waren jetzt alle Lichter verlöscht, aber von See her sah man noch die Lichtkegel der beiden Leuchttürme. Wie sich herausstellte, war die Fernsprechverbindung dorthin unterbrochen – vielleicht Sabotage. Schließlich schickte man einen Motorradfahrer los, und endlich verlöschten die Scheinwerfer.
Hier und dort schossen Fliegerabwehr-Einheiten mit Leuchtspurmunition in den nächtlichen Himmel, um ihre Waffen zu testen. Die Motoren der bereitgestellten Jagdflugzeuge wurden angelassen. Um 1.55 Uhr ertönte das Signal »Auf die Gefechtsstationen«, und Offiziere und Matrosen eilten an Bord ihrer Schiffe. Gegen 2.00 Uhr stellte der Offizier vom Dienst Rybalko fest, daß die Flotte gefechtsbereit war.
Gegen 3.00 Uhr morgens, oder wenig später, meldeten Horchposten an der Küste bei Jewpatorija und am Kap Saryć Flugzeugmotorengeräusch. Der Offizier vom Dienst setzte sich mit dem Kommando der Marineflieger und der Luftwaffe in Verbindung und ließ sich bestätigen, daß keine sowjetischen Flugzeuge in der Luft waren. Leutnant I. S. Zilin vom Kommando der Luftabwehr rief an und bat um die Erlaubnis, das Feuer auf »unbekannte Flugzeuge« eröffnen zu dürfen. Rybalko rief den Flottenbefehlshaber Admiral Oktjabrski an.
Oktjabrski fragte: »Sind eigene Flugzeuge in der Luft?«
Rybalko antwortete: »Nein, keine eigenen Flugzeuge.«
»Seien Sie sich klar darüber, daß Sie morgen erschossen werden, wenn nur ein einziges eigenes Flugzeug in der Luft ist«, erwiderte Oktjabrski.
»Genosse Kommandeur«, wiederholte Rybalko seine Anfrage, »dürfen wir das Feuer eröffnen?«
»Richten Sie sich nach Ihren Befehlen!« antwortete Oktjabrski bissig.
Rybalko wendete sich an Vizeadmiral Elisejew. Seine Antwort war so zweideutig, daß der junge Offizier nicht mehr wußte, was er tun sollte.
»Was soll ich Zilin antworten?« fragte Rybalko.
»Geben Sie ihm den Befehl, das Feuer zu eröffnen«, sagte Elisejew entschlossen.

Rybalko gab den Befehl an Zilin weiter: »Eröffnen Sie das Feuer.« Zilin wußte, welches persönliche Risiko mit einer solchen Maßnahme verbunden war.

»Denken Sie daran, daß Sie allein die Verantwortung für diesen Befehl tragen«, sagte er. »Ich werde das ausdrücklich in das Kriegstagebuch aufnehmen.«

»Schreiben Sie, was Sie wollen«, schrie Rybalko, »aber eröffnen Sie das Feuer auf diese Flugzeuge!«

Nun hörte man fast ununterbrochen das immer deutlicher werdende Motorengeräusch der Flugzeuge, die sich Sewastopol näherten. Es folgte das Bellen der Flugabwehrgeschütze, das Heulen der herabstürzenden Bomben, und am Himmel sah man die hellen Lichtkegel der Suchscheinwerfer. Brennende Flugzeuge stürzten ab. Der 59. Batterie gelang der erste Abschuß. Vom Hafen her ertönten Bombendetonationen.

Es war jetzt kurz nach 3.00 Uhr morgens, und das Datum war Sonntag, der 22. Juni.

In Moskau hatte Admiral Kusnezow sich um 3.00 Uhr in einer Ecke seines Amtszimmers auf einem Ledersofa ausgestreckt. Er konnte nicht schlafen. Seine Gedanken beschäftigten sich damit, was jetzt in den einzelnen Flottenbereichen geschehen mochte. Es fiel ihm schwer, der Versuchung zu widerstehen, den Telephonhörer aufzunehmen und noch einmal Admiral Tribuz anzurufen, denn um die Baltische Flotte machte er sich die größten Sorgen.

Aber er beherrschte sich und dachte an Moltkes Ausspruch, der gesagt hatte, wenn der Mobilmachungsbefehl gegeben sei, bliebe nichts mehr zu tun übrig, und der Befehlshaber müsse sich schlafen legen, denn die ganze Maschinerie arbeite nun von selbst. Aber schlafen konnte Kusnezow nicht.

Das durchdringende Läuten des Telephons schreckte ihn auf. Es war inzwischen taghell geworden.

Er hob den Hörer ab.

»Hier meldet sich der Befehlshaber der Schwarzmeerflotte.«

Aus der erregten Stimme Oktjabrskis entnahm Kusnezow, daß etwas Ungewöhnliches geschehen war.

»Sewastopol wird aus der Luft angegriffen«, keuchte Oktjabrski. »Unsere Fliegerabwehrgeschütze wehren den Angriff feindlicher Flugzeuge ab. In der Stadt sind schon einige Bomben gefallen ...«

Kusnezow blickte auf die Uhr. Es war 3.15 Uhr. Das war der Anfang; kein Zweifel, der Krieg hatte begonnen.[3]

[3] Die Darstellung Kusnezows über die zeitliche Abfolge der Ereignisse in der Nacht vom 21. zum 22. Juni läßt viel zu wünschen übrig. In den einzelnen Versionen seiner Erinne-

Er nahm den Hörer zum zweitenmal auf, um sich mit Stalin verbinden zu lassen. Ein diensttuender Offizier war am Apparat: »Genosse Stalin ist nicht hier, und ich weiß nicht, wo er ist.«
»Ich habe eine äußerst dringende Meldung, die ich dem Genossen Stalin sofort persönlich übermitteln muß«, sagte Kusnezow.
»Ich kann Ihnen nicht helfen«, antwortete der Offizier und hängte ruhig ein.
Ohne den Hörer aufzulegen rief Kusnezow nun den Verteidigungskommissar Timoschenko an. Er wiederholte genau, was Oktjabrski ihm gemeldet hatte.
»Hören Sie mich?« fragte Kusnezow.
»Ja, ich höre Sie«, antwortete Timoschenko ruhig.
Kusnezow hängte ein und versuchte nach ein paar Minuten, Stalin über eine andere Nummer zu erreichen. Er erhielt keine Antwort. Er rief noch einmal den diensttuenden Offizier im Kreml an und sagte ihm: »Bitte melden Sie dem Genossen Stalin, daß deutsche Flugzeuge Sewastopol bombardieren. Der Krieg ist ausgebrochen.«
»Ich werde tun, was ich kann«, antwortete der Offizier.
Wenige Minuten später läutete Kusnezows Telefon.
»Ist Ihnen klar, was Sie gemeldet haben?« Es war die Stimme des Politbüromitglieds Georgi M. Malenkow, eines der engsten Mitarbeiter Stalins.
Kusnezow glaubte herauszuhören, daß Malenkow ungehalten und irritiert war.
»Es ist mir klar«, sagte Kusnezow, »und ich übernehme die Verantwortung für diese Meldung. Der Krieg hat begonnen.«
Malenkow glaubte Kusnezow nicht. Er rief selbst in Sewastopol an und erreichte Admiral Oktjabrski in dem Augenblick, als Asarow das Amtszimmer des Befehlshabers betrat. Asarow hörte mit, was Oktjabrski sagte:
»Ja, ja, wir werden bombardiert ...« Während er noch sprach, erfolgte eine heftige Explosion, und die Fenster klirrten.
Erregt rief Oktjabrski: »Eben ist eine Bombe ganz in der Nähe des Stabsquartiers detoniert.«
Asarow und einer seiner Freunde wechselten Blicke.

rungen gibt er jeweils verschiedene Zeiten an. Vizeadmiral Asarow berichtet z. B., er habe um 3.30 Uhr zum erstenmal das Feuer der Flugabwehrgeschütze in Sewastopol gehört. Nach dem Bericht des Offiziers vom Dienst Rybalko löste sich der erste Schuß um 3.13 Uhr. Admiral Kusnezow, der sich augenscheinlich auf die Aufzeichnungen Rybalkos stützt, sagt, die deutschen Flugzeuge hätten sich um 3.07 Uhr Sewastopol genähert. Um die Fernsprechverbindung zwischen Sewastopol und Moskau herzustellen, brauchte Oktjabrski wahrscheinlich mindestens 10 Minuten. Es war daher vermutlich schon fast 3.30 Uhr, als Kusnezow angerufen wurde.

»In Moskau glauben sie nicht, daß Sewastopol bombardiert wird«, sagte der Freund. Er hatte recht.[4]
Im Laufe einer Stunde führte Timoschenko vier Ferngespräche mit General Boldin, dem stellvertretenden Befehlshaber des westlichen Militärischen Sonderbezirks. Jedesmal schärfte er ihm ein, nicht auf deutsche Provokationen zu reagieren, und zwar auch noch dann, als Boldin ihm meldete, seine Truppen würden angegriffen, Städte in Brand geschossen und Menschen seien getötet worden.
Auf besonderen Befehl war Marschall Nikolai Woronow, der Chef der Luftabwehr, den ganzen Abend an seinem Schreibtisch geblieben. Gegen 4.00 Uhr morgens erfuhr er von der Bombardierung Sewastopols und von Angriffen gegen Windau und Libau. Er begab sich sofort zu Timoschenko und fand dort schon den Chef der politischen Verwaltung des Heeres vor, L. S. Mechlis, einen engen Vertrauten des Chefs der Geheimpolizei, Lawrenti P. Berija. Woronow berichtete über die Luftangriffe. Darauf reichte Timoschenko ihm ein großes Notizbuch und sagte, er solle seine Meldung schriftlich darin wiederholen. Mechlis stellte sich hinter Woronow, überprüfte den Text der Meldung Wort für Wort und forderte ihn auf, seine Unterschrift darunterzusetzen. Ohne irgendwelche Anweisungen oder Befehle wurde Woronow in einem Augenblick entlassen, in dem es, wie er selbst meinte, auf jede Minute und jede Sekunde ankam.
Woronow schreibt: »Als ich das Amtszimmer verließ, lag ein Stein auf meinem Herzen. Es war mir klar, sie glaubten nicht, daß der Krieg wirklich ausgebrochen war. Mein Gehirn arbeitete wie im Fieber. Selbstverständlich war dies der Beginn des Krieges, ob der Verteidigungskommissar das nun zugab oder nicht.«
Als er in sein eigenes Büro zurückkam, häuften sich auf seinem Schreibtisch schon die Funksprüche mit Meldungen von deutschen Luftangriffen vom Finnischen Meerbusen bis zum Schwarzen Meer. Ein junger weiblicher Offizier vom Dienst mit einer Feldmütze auf dem Kopf und einer Pistole im Gürtel stürzte, vom benachbarten Kommando der Panzertruppen kommend, herein. Aufgeregt sagte das Mädchen: »Im Geheimsafe unserer Verwaltung liegt ein großes, mit vielen Siegeln verschlosse-

[4] Marschall Budjonny bestreitet das; »jedes kleine Kind war sich klar darüber, daß die Deutschen sich zum Angriff bereitstellten«, behauptet er. »Wenn Stalin das nicht geglaubt hat, weshalb wurde ich dann neun Stunden vorher zum Befehlshaber der Reservearmee ernannt?« Er besteht darauf, daß man die Meldungen über die Bombenangriffe geglaubt und ernst genommen habe. Er selbst erfuhr gegen 4.00 Uhr morgens davon und rief Admiral Kusnezow an, um sich die Meldung von ihm bestätigen zu lassen. Was die Schwierigkeiten betrifft, eine Verbindung mit Stalin zu bekommen, so lag das daran, daß Stalin von allen Seiten angerufen wurde, und einige dieser Anrufe natürlich von diensttuenden Offizieren entgegengenommen werden mußten. (Persönliches Gespräch mit Budjonny im Juli 1967.)

nes Paket mit der Aufschrift ›Nur bei der Mobilmachung zu öffnen‹.« Noch war die Mobilmachung nicht offiziell bekanntgegeben, aber der Krieg hatte begonnen. Was war zu tun? Woronow sagte: »Öffnen Sie das Paket und gehen Sie an die Arbeit.« Dann wandte er sich seinen Offizieren zu und begann, Befehle zu diktieren.
Der Krieg hatte wirklich begonnen, aber als der Chef des Stabes, General Schukow, Stalin meldete, die Deutschen bombardierten Kowno, Kiew, Odessa und Sewastopol, behauptete Stalin immer noch, das sei eine Provokation durch die »deutschen Generale«. Noch stundenlang hielt er an dieser Überzeugung fest.
Kusnezow saß in seinem Büro und blickte aus dem Fenster; der Himmel wurde immer heller, und er wartete auf einen Befehl, der klar und deutlich den Kriegszustand erklärte. Zumindest erwartete er Anweisungen für die Kriegsmarine, aus denen hervorging, daß der Angriff begonnen hatte.

Nichts dergleichen geschah. Der Fernsprecher blieb still. Wie Kusnezow später schrieb, war das ein Beweis dafür, daß man immer noch hoffte, der Krieg ließe sich vermeiden. Eine andere Erklärung für die offizielle Reaktion auf den Angriff gegen Sewastopol gab es nicht.
Kusnezow konnte sich jetzt nicht länger beherrschen. An Admiral Tribuz und die anderen Flottenbefehlshaber schickte er einen kurzen Befehl folgenden Inhalts: »Deutschland hat begonnen, unsere Basen und Häfen anzugreifen. Leisten Sie jedem feindlichen Angriffsversuch Widerstand mit der Waffe.«
Im Flottenstabsquartier in Reval saß Admiral Pantelejew an seinem Schreibtisch in dem langen, gewölbten Unterstand der Küstenartillerie, der Tribuz als Lagezimmer für seinen Gefechtsstand diente. Die unterirdische, fensterlose Anlage stammte noch aus dem Ersten Weltkrieg. Die einzige Beleuchtung bestand aus nackten elektrischen Birnen an einem durch den Raum gespannten Leitungsdraht.
An einer Wand stand ein kleiner Tisch für die Telegraphisten und Funker. In der Mitte des Zimmers waren auf einer großen Tischplatte die Lagekarten des Ostseeraums ausgebreitet.
Es ging sehr geräuschvoll zu. Pantelejews Schreibtisch stand in der Nähe des Eingangs. Offiziere gingen ein und aus, und ständig läuteten die Fernsprecher. Seine Aufgabe war es, die eintreffenden Meldungen durchzusehen und das Wichtigste an Admiral Tribuz weiterzugeben. Kapitän F. W. Sosulija rief aus Kronstadt an: »Sie haben sechzehn Minen an der Einfahrt zur Straße von Kronstadt abgeworfen, aber die Fahrrinne bleibt passierbar.« Nun kam eine Meldung aus Libau. Kapitän Michail S. Klewenski berichtete, kurz nach 4.00 Uhr morgens seien im militärischen Stadtbezirk und um die Flugplätze herum Bomben gefallen.

Die Ostseehandelsflotte gab eine Meldung des Kapitäns W. M. Mironow vom Dampfer ›Luga‹ durch. Das Schiff befand sich auf der Fahrt von Hangö nach Leningrad. Etwa um 3.30 Uhr morgens war es von einem deutschen Flugzeug angegriffen worden. Das Flugzeug hatte das Schiff mit Bordwaffen beschossen, und der Matrose Sergei I. Klimenow war leicht verwundet worden. Etwa um die gleiche Zeit war der mit Holz beladene und auf der Fahrt nach Deutschland befindliche lettische Dampfer ›Gaisma‹ bei einem Angriff von vier deutschen Kuttern vor der schwedischen Insel Gotland beschossen worden. Das geschah gegen 3.00 Uhr morgens. Anschließend beschossen die Deutschen die sowjetischen Matrosen im Wasser mit Maschinengewehren und töteten eine Anzahl von ihnen, darunter den Kapitän Nikolai Duwe. Das sind wahrscheinlich die ersten Opfer des deutsch-sowjetischen Krieges gewesen.

Pantelejew sah sich um. Offiziere erteilten Befehle. Die Uhr an der Wand zeigte auf 4.50 Uhr, als er zu Admiral Tribuz gerufen wurde. Als Pantelejew das Zimmer des Admirals betrat, ging dieser mit schnellen Schritten, einen langen Bleistift in der Hand, zu seinem Schreibtisch. Mit müden Augen sah er Pantelejew an, der ihm wortlos ein Telegrammformular überreichte. Langsam füllte der Admiral es aus und las Pantelejew den Wortlaut vor:

»Deutschland hat begonnen, unsere Basen und Häfen anzugreifen. Leisten Sie dem Feind Widerstand mit der Waffe ...«

Mit einem Seufzer setzte er seine markige Unterschrift darunter. Der Offizier Kaschin nahm das Telegramm in Empfang, und in wenigen Augenblicken ging es über Funk und Draht an jede Marinebasis und jedes Schiff im Ostseeraum hinaus.

Etwa um 5.17 Uhr morgens hatte jede Einheit im baltischen Raum den Befehl erhalten, »... leisten Sie dem Feind Widerstand«. Jetzt wußten die sowjetischen Streitkräfte wenigstens in einem Abschnitt, im Bereich der wichtigen, nach Leningrad führenden Seewege, daß der Krieg begonnen hatte, daß die Deutschen angegriffen hatten und daß diesem Angriff mit allen verfügbaren Kräften Widerstand zu leisten war.

Pantelejew ging an seinen Schreibtisch zurück. Er fühlte sich erleichtert. Die Würfel waren gefallen. Der Krieg hatte begonnen. Er horchte auf das Klappern der Telegraphen, die den Befehl an die Flotte weitergaben. Dann stieg er die Steintreppen hinauf und ging ins Freie.

Die Sonne ging auf. Die See war ruhig. In der Straße von Surop holte ein Schlepper eine Reihe von Lastkähnen in den Hafen von Reval. Die Matrosen auf dem Schlepper waren ungeduldig. Der Heimathafen war in Sicht. Vom Kriegsausbruch hatten sie noch keine Ahnung.

5. Im Morgengrauen des 22. Juni

Am Morgen des 22. Juni war das Stabsquartier des Leningrader Militärbezirks noch in dem gleichen großartigen russischen Generalstabsgebäude untergebracht, das schon länger als ein Jahrhundert diesem Zweck gedient hatte. Der Bau war in den zehn Jahren von 1819 bis 1829 entstanden und stellte die wahrscheinlich bedeutendste architektonische Leistung Rossis dar. Das Generalstabsgebäude lag am Beginn des Newski-Prospekts gegenüber dem Winterpalais. Seine zwei Flügel waren durch einen Torbogen verbunden, den man zur Erinnerung an den russischen Sieg von 1812 über Napoleon errichtet hatte. Das mittlere Portal war 12 Meter weit und 22 Meter hoch. 768 Fenster schmückten die dreistöckige, prächtige Fassade.

Vor einer Woche, am 15. Juni, war der Pionierführer des Leningrader Militärbezirks, Oberst (jetzt Generalleutnant) B. W. Byćewski, in dieses Monument der ruhmreichen kriegerischen Vergangenheit Rußlands zurückgekehrt, nachdem er die erst kürzlich zum Schutz der Flottenbasis Hangö gegen Angriffe vom finnischen Festland aus angelegten Befestigungen besichtigt hatte. Die Arbeiten waren gut vorangekommen, und auf der Fahrt nach Leningrad hatte er sich gefreut, zu sehen, daß die Pionierlager und Kinderheime in Karelien sich mit Sommergästen zu füllen begannen. Nach dem naßkalten Frühjahr schien der Wald ganz besonders frisch und grün zu sein.

Der junge und energische, blauäugige Byćewski, dessen Haar sich schon zu lichten begann, wußte, daß beunruhigende Nachrichten in Leningrad eingetroffen waren. Sie kamen besonders von Flotteneinheiten und Stützpunkten entlang der finnischen Grenze und besagten, daß deutsche Truppen nach Finnland verlegt worden waren. Das Arbeitstempo im Generalstabsgebäude hatte sich aber deswegen nicht beschleunigt. Generalleutnant Markian M. Popow war wie geplant zu einer Generalstabsreise abgefahren. Das Generalstabsgebäude war daher nur zur Hälfte besetzt, denn er hatte die meisten älteren Offiziere und Generalstäbler im Leutnantsrang mitgenommen. Als Byćewski am Montagmorgen den 16. Juni im Stabsquartier eintraf, war es dort so still und friedlich wie selten. Auch sein Stellvertreter war mit General Popow auf die Reise gegangen. Die

Nachrichten, die am Wochenende vom westeuropäischen Kriegsschauplatz eingetroffen waren, konnte man nur als langweilig bezeichnen. Das einzige wichtigere Ereignis war die vom Außenministerium der Vereinigten Staaten bekanntgegebene Versenkung des Frachters ›Robin Moore‹ durch ein deutsches U-Boot vor der brasilianischen Küste.
In Leningrad und in der ganzen Sowjetunion hatte man aufgeatmet, nachdem eine Tass-Erklärung vom Freitag den 13. Juni in den Samstagausgaben der Zeitungen veröffentlicht worden war.
Diese Erklärung (die zuvor der deutschen Botschaft zur Weiterleitung nach Berlin übergeben worden war) dementierte Gerüchte über einen angeblich bevorstehenden deutsch-russischen Krieg. Sie stellte fest, derartige Gerüchte seien vor der kürzlich erfolgten Abreise des britischen Botschafters, Sir Stafford Cripps, aus Moskau aufgetreten und hätten sich, besonders nach seiner Ankunft in London, weiter verbreitet. Das sollte heißen, sie seien von Cripps beziehungsweise von den Briten in Umlauf gesetzt worden.
Diese Meldungen, so hieß es weiter in der Tass-Erklärung, besagten, Deutschland habe an Rußland die verschiedensten territorialen und wirtschaftlichen Forderungen gestellt. Rußland habe diese Forderungen abgelehnt, und darauf habe Deutschland begonnen, Truppen an der sowjetischen Grenze zusammenzuziehen, so daß nun sowjetische Truppen an der deutschen Grenze bereitgestellt würden.
Wörtlich hieß es in der Tass-Erklärung: »Trotz der offensichtlichen Absurdität dieser Gerüchte halten es verantwortliche Kreise in Moskau für notwendig, die Agentur Tass zu der Feststellung zu ermächtigen, daß dies ein plumpes Propagandamanöver der gegen die Sowjetunion und Deutschland eingestellten Kräfte ist, die daran interessiert sind, den Krieg weiter auszubreiten und zu intensivieren.«
Schließlich wurde erklärt,

> daß nach Auffassung gutunterrichteter Kreise in der Sowjetunion die Gerüchte von der Absicht Deutschlands, den (Nichtangriffs-) Pakt zu brechen und die Sowjetunion anzugreifen, völlig jeder Grundlage entbehren, während die jüngsten Verlegungen deutscher Truppen, die ihre Operationen auf dem Balkan abgeschlossen haben, nach Ost- und Norddeutschland mit Absichten begründet werden müssen, die nicht mit den deutsch-sowjetischen Beziehungen im Zusammenhang stehen ... Deshalb sind alle Gerüchte, nach denen die Sowjetunion sich auf einen Krieg gegen Deutschland vorbereitet, falsch und provokativ.

Durch diese Erklärung wurden die Sorgen zahlreicher höherer Offiziere beschwichtigt. »Moskau weiß, was es tut«, sagten einige. Andere waren überzeugt, Stalin müsse recht haben, denn Stalin war immer über alle Tatsachen orientiert. Besonders beruhigend wirkte der Umstand, daß selbst

in den geheimen Besprechungen der Parteispitze nicht von einer Kriegsgefahr gesprochen worden war, ja, es waren nicht einmal Andeutungen oder Warnungen in dieser Richtung laut geworden.
Die Stimmung in Leningrad entspannte sich noch mehr, als bekannt wurde, daß der Parteisekretär Andrei A. Schdanow, der Vorsitzende des Leningrader Stadt- und Gebiets-Sowjets und des Gebietskomitees der Kommunistischen Partei, Mitglied des Militärsowjets von Leningrad und Sekretär des Zentralkomitees der Kommunistischen Partei und zugleich engster Vertrauter Stalins, seinen Sommerurlaub angetreten hatte.
Am Donnerstag den 19. Juni war Schdanow nach Sotschi an der Schwarzmeerküste abgereist, dem Ort, wo er am liebsten seinen Urlaub verbrachte. Der Kurort Sotschi mit seinen weißen Villen, seiner subtropischen Vegetation und dem recht steinigen Strand war auch Stalins bevorzugter Erholungsort. Oft verbrachten Schdanow und Stalin gemeinsam eine zwei- bis dreiwöchige Urlaubszeit am Schwarzen Meer. Die Tatsache, daß Schdanow nach Sotschi gegangen war, bedeutete für viele die Garantie dafür, daß nichts Entscheidendes zu erwarten war. Auch die Presse berichtete in diesem Sinn. In der Donnerstagausgabe der ›*Leningradskaja Prawda*‹ sprach der einzige Bericht aus Berlin über die Unterzeichnung eines deutsch-türkischen Freundschaftspakts.
Byćewski fuhr täglich nach Karelien, um den Fortgang der Arbeiten an den Befestigungsanlagen zu überwachen. Auch am Freitag war er dort, als Generalmajor Dimitri N. Nikischew, der Leningrader Chef des Stabes, ihn anrief.
»Kommen Sie sofort zurück«, sagte Nikischew. »Beeilen Sie sich!«
Als Byćewski nach drei Stunden im Generalstabsgebäude eintraf, begrüßte Nikischew ihn mit den Worten: »Ich bin froh, daß ich Sie gefunden habe. Die Lage, mein Freund, hat sich ein wenig kompliziert. Die Finnen an der karelischen Landenge machen sich gefechtsbereit. Wir müssen den militärischen Schutz der Grenze organisieren. Ist das klar?«
»Nicht ganz.«
»Treffen Sie alle Vorbereitungen, die ganze Grenze von Pionieren verminen zu lassen.«
Byćewski wandte ein, daß seine Leute damit beschäftigt seien, die Befestigungsanlagen zu bauen.
»Unterbrechen Sie diese Arbeiten!«
»Haben Sie entsprechende Anweisungen aus Moskau?« fragte Byćewski. »Ich sehe keine Möglichkeit, die Arbeit an den Befestigungen einzustellen.«
Ärgerlich erwiderte Nikischew: »Es ist mir gleichgültig, was Sie denken. Wir haben keine Zeit, auf Befehle zu warten. Wir müssen an die Arbeit gehen. Verteilen Sie alle verfügbaren Minen an die Truppe. Inzwischen

werden wir entsprechende Anweisungen an die Armee gehen lassen.«
Damit wandte sich Nikischew zum Gehen und schloß sich mit den Offizieren des Geheimdienstes und seinen Operationschefs in seinem Dienstzimmer ein. Byćewski suchte die für die Grenze ausgearbeiteten Minenpläne aus den Akten heraus und begann, die notwendigen Befehle für die 14., 7. und 23. Armee aufzusetzen. Das waren die Kräfte, die dem Leningrader Militärbezirk zur Verteidigung des etwa 1200 Kilometer langen Grenzstreifens von der Barentssee bis zum Finnischen Golf zur Verfügung standen. Es war keine leichte Aufgabe, diese lange Grenze zu verminen.

Nikischew befahl indessen dem Befehlshaber der 23. Armee, Generalleutnant P. S. Pśennikow, dessen Truppen den Abschnitt auf der karelischen Landenge unmittelbar nördlich von Leningrad zu besetzen hatten, eine Division aus dem rückwärtigen Gebiet nach vorn in eine Stellung bei Wiborg an der finnischen Grenze zu ziehen.

Die Verteidigung des Leningrader Gebiets im Süden und Westen lag nicht im Aufgabenbereich der Truppen dieses Militärbezirks. Als die baltischen Staaten 1940 in die Sowjetunion eingegliedert worden waren, hatte man diese Gebiete vom Leningrader Befehlsbereich abgetrennt und einen neuen Baltischen Militärischen Sonderbezirk mit dem Hauptquartier in Riga gebildet. Südlich oder westlich der Stadt befanden sich, mit Ausnahme einiger Artillerietruppenteile, die für die Sommermonate auf Übungsplätze verlegt worden waren, keine Truppen des Leningrader Befehlsbereichs.

Während der letzten Wochen hatte Byćewski aber auf Befehl des Generalstabs besonders am Bau einer befestigten Zone im Raum von Pskow–Ostrow für den Baltischen Sonderbezirk gearbeitet. Diese Befestigungen lagen etwa 290 km südwestlich von Leningrad entlang der Welikaja. Hier sollte ein tiefer Verteidigungsgürtel zur Abwehr von Angriffen gegen Leningrad aus Südwesten errichtet werden.

Den ganzen Freitag arbeitete Byćewski an den neuen Minenplänen für die finnische Grenze. Gewöhnlich hielt er ständige Verbindung mit dem Pionierführer des Baltischen Bezirks, Generalmajor W. F. Sotow, doch am Samstag war er zu beschäftigt, um Sotow anzurufen. Dieser erzählte ihm später, auch er habe am Samstag an neuen Minensperren gearbeitet. Sotow ließ zunächst Teile der Grenze nach Ostpreußen verminen und mobilisierte die Bevölkerung zum Ausheben von Gräben und Schützenlöchern. Er mußte die Arbeit jedoch unterbrechen, als die Kühe einer Kolchose in das Minenfeld gerieten und einige Minen zur Detonation brachten. Man befahl ihm, die Arbeit einzustellen, da man fürchtete, es könnte eine Panik entstehen.

Byćewski verließ das Generalstabsgebäude erst am späten Samstagabend.

Er war kaum eine Stunde zu Hause, als der Offizier vom Dienst ihn anrief und meldete, es sei ein Alarm befohlen worden. In das Generalstabsgebäude zurückgekehrt, traf Byćewski auf zahlreiche Offiziere, die festzustellen versuchten, worum es sich handelte. Niemand schien etwas zu wissen. Nikischew gab keine Erklärung ab. Schließlich konnte Byćewski erfahren, daß an der Grenze eine ernste Lage entstanden war. Er befahl seinen Mitarbeitern, sich bereitzuhalten, um jederzeit zur Truppe an die Front fahren zu können.

Was ging hinter den Kulissen vor?

Die Tatsache, daß sich der Oberbefehlshaber des Leningrader Militärbezirks, Generalleutnant Popow, mit den meisten Truppenkommandeuren auf einer Generalstabsreise befand, und der Parteisekretär Schdanow im Urlaub war, komplizierte die Lage. Kein sowjetischer Offizier oder Beamter der zweiten oder dritten Garnitur war gewohnt, ohne genaue Instruktionen seiner Vorgesetzten selbständig zu handeln. Solche Instruktionen gab es nicht.

Der höchste Funktionär in Leningrad war am 22. Juni Schdanows Stellvertreter, Parteisekretär Alexei A. Kusnezow, ein magerer, empfindsamer Mann mit tiefliegenden, dunkelblauen Augen. Von Natur intelligent und wachsam, war Sekretär Kusnezow sich im Laufe des Samstags darüber klargeworden, daß an der Grenze eine gefährliche Lage entstehen konnte. Er wußte, daß die Deutschen seit Wochen laufend den sowjetischen Luftraum verletzten. Er wußte, daß die sowjetische Flottenbasis in Hangö die Landung deutscher Truppen in Finnland gemeldet hatte. Er wußte, daß alle deutschen Frachter bis auf das letzte Schiff den Hafen von Leningrad verlassen und daß viele von ihnen nicht einmal das Übernehmen der Ladung abgewartet hatten. Die Verwaltung der Ostsee-Handelsflotte hatte sich mit ihm in Verbindung gesetzt, weil sowjetische Schiffe augenscheinlich in deutschen Gewässern zurückgehalten wurden, und er war es auch gewesen, der die Parteifunktionäre nach der Besprechung im Smolny-Institut am Samstag gebeten hatte, auf alle Fälle telefonisch erreichbar zu bleiben. Er setzte sich auch mit dem Chef der Luftabwehr, Oberst J. S. Lagutkin, in Verbindung und fragte ihn, wo er am Sonntag zu erreichen sein würde.

»Was ist denn los?« fragte Lagutkin.

»Wir müssen alarmbereit sein«, antwortete Sekretär Kusnezow. »Die Lage an der Grenze ist besorgniserregend.«

Weiter glaubte Kusnezow nicht gehen zu dürfen, ohne unter Umständen beschuldigt zu werden, eine Panik ausgelöst zu haben. Dennoch bat er einige höhere Beamte gegen Mitternacht zu einer Besprechung ins Smolny-Institut. Es war ihm sehr unangenehm, daß Schdanow sich im Urlaub befand.

Es läßt sich nicht mehr feststellen, zu welchem Zeitpunkt der Leningrader Militärbezirk den an alle Kommandostellen herausgegebenen Befehl des Verteidigungskommissars Timoschenko und des Generals Schukow erhalten hat, der die Gefechtsbereitschaft anordnete. Die sowjetischen Standardquellen behaupten, die Telegramme seien nicht vor 0.30 Uhr vom Verteidigungskommissariat in Moskau abgeschickt worden. Die Empfänger waren der Leningrader, der Baltische, der Westliche, der Kiewer und der Odessasche Militärbezirk. Wahrscheinlich traf das Telegramm kurz vor 2.00 Uhr morgens in Leningrad ein.[1]

Gegen 2.00 Uhr morgens wurden die Offiziere ins Generalstabsgebäude zurückgerufen, und General Nikischew fuhr mit einigen Mitarbeitern zum Smolny, wohin Parteisekretär Kusnezow die höheren Beamten der Stadt befohlen hatte.

Die Parteifunktionäre erschienen einer nach dem anderen und beeilten sich, in das im dritten Stock gelegene Büro Kusnezows hinaufzukommen. Es war hell erleuchtet, aber die Fensterläden waren vorsichtshalber geschlossen. Hier versammelten sich jetzt die ›Oblast‹, d. h. die regionalen Parteisekretäre, die Führer der städtischen Parteiorganisation, der Vorsitzende der Leningrader Stadtsowjets, Major P. S. Popkow, General Nikischew und dessen Mitarbeiter.

Jeder Neuankömmling wurde gebeten, an einem langen, mit scharlachrotem Tuch bezogenen Tisch Platz zu nehmen. Sekretär Kusnezow saß am Kopfende und rauchte in aller Ruhe eine Zigarette. Erst als die Versammlung vollzählig war, begann er zu sprechen. Mit einem Blick auf seine Armbanduhr stellte er fest, daß es schon fast 3.00 Uhr morgens war, und sagte: »Lassen Sie uns beginnen.«

Nikischew las zunächst das aus Moskau eingetroffene Telegramm vor. Es warnte vor der Möglichkeit plötzlicher Angriffe am 22. oder 23. Juni im Bereich einiger Grenzbezirke, zu denen auch der Leningrader Bezirk gehörte. Das Telegramm wies ausdrücklich darauf hin, daß der deutsche Angriff mit Provokationen beginnen könne. Den sowjetischen Streitkräften wurde strengstens untersagt, selbst den Gegner zu provozieren, doch wurde ihnen befohlen, das Zuschlagen der Deutschen in voller Gefechtsbereitschaft abzuwarten.

Im Gegensatz zu der kurzen, an die Flotte gerichteten Warnung erhielten die Land- und Luftstreitkräfte genaue Anweisungen, die noch vor Morgen-

[1] Das Telegramm zur Alarmierung der Flotte brauchte 1 bis 2 Stunden bis zu seinem Eintreffen am jeweiligen Bestimmungsort. Die Telegramme an die Heeresverbände haben wahrscheinlich länger gebraucht. Im Hauptquartier der 4. Armee in Kobrin kam die Warnung erst gegen 5.30 Uhr morgens an. In einer Quelle wird behauptet, die Telegramme seien um 11.45 Uhr abends, aber chiffriert abgeschickt worden, und das bedeutete eine weitere Verzögerung. (W. Chwostow, A. Grylew, a. a. O.)

grauen zu befolgen waren. In Leningrad allerdings traf der Befehl erst nach Morgengrauen ein. Er besagte:

a) Im Lauf der Nacht zum 22. 6. 41 besetzen Sie unauffällig die Feuerstellungen in den befestigten Räumen an der Staatsgrenze.

b) Vor dem Morgengrauen des 22. 6. 41 verteilen Sie alle Flugzeuge, einschließlich der Militärflugzeuge, sorgfältig getarnt auf die Feldflugplätze.

c) Alle Einheiten sind gefechtsbereit zu machen. Die Truppe ist auseinanderzuziehen und zu tarnen.

d) Die Flugabwehr ist gefechtsbereit zu machen, ohne daß der Mannschaftsbestand durch Reserven vergrößert wird. Bereiten Sie alle Maßnahmen vor, die notwendig sind, um Städte und andere Einrichtungen zu verdunkeln.

Ergreifen Sie keine anderen Maßnahmen ohne Sondergenehmigung.

Nach Verlesung des Befehls herrschte Schweigen. Schließlich fragte jemand: »Wie sollen wir dieses Telegramm verstehen? Bedeutet es Krieg?«

»Krieg – vielleicht«, antwortete Sekretär Kusnezow vorsichtig.

Der Militärbefehlshaber von Leningrad war selbstverständlich nicht in der Lage, diese Befehle während der 100 bis 130 Minuten auszuführen, die zwischen ihrem Eintreffen und dem Beginn des deutschen Angriffs vergingen. Die Anweisung hinsichtlich der Verschleierung und Tarnung war angesichts der ›weißen Nächte‹ in Leningrad ohnedies lächerlich.

Noch während der Besprechung wurde Sekretär Kusnezow an den Fernsprecher gerufen, um ein Gespräch aus Moskau anzunehmen. Es war kurz vor 5.00 Uhr morgens. Molotow teilte ihm mit, deutsche Flugzeuge hätten Kiew, Minsk, Sewastopol und Murmansk bombardiert. Mit gewohnter Gelassenheit gab Kusnezow diese Nachricht weiter.

Während die Beratungen im Smolny weitergingen, warteten die Offiziere im Generalstabsgebäude voller Spannung auf das Ergebnis. Sie tauschten ihre Meinungen aus und hofften auf das baldige Eintreffen von Befehlen. Bei anderen sowjetischen Kommandostellen war es ähnlich. Auf den Ruf »Alarm!« taumelten die Offiziere aus ihren Betten, und als sie sich im jeweiligen Stabsquartier mit ihren Kameraden trafen, hatte niemand eine Vorstellung davon, was geschehen war und was zu tun sei.

Als Befehlshaber des Baltischen Militärischen Sonderbezirks hatte Generaloberst F. I. Kusnezow die Aufgabe, den Zugang zum Gebiet von Leningrad gegen Angriffe aus Ostpreußen zu verteidigen. Die ihm unterstellten Truppen verteilten sich über eine Front von vielen hundert Kilometern. Viele befanden sich auf Truppenübungsplätzen, andere wurden gerade zur Übernahme neuer Aufgaben verlegt.

General Kusnezow war ein altgedienter Offizier, verfügte über umfangreiches theoretisches Wissen, hatte aber kaum praktische Erfahrungen als Truppenbefehlshaber. Einige Jahre hatte er als Lehrer der Frunse-Militärakademie angehört. Später sollte er für kurze Zeit das Kommando am Mittelabschnitt übernehmen, und dann befehligte er die 51. Armee bei der Verteidigung der Krim. Seine Leistungen bei all diesen Unternehmen waren nur mittelmäßig. Seine Kameraden hielten ihn für unentschlossen. Dabei war er als Organisator so selbstbewußt, daß er nie auf Vorschläge einging, aber auch in dringenden Lagen keine schnellen Entschlüsse fassen konnte. Es wäre schwierig gewesen, einen Mann zu finden, der weniger geeignet war, mit der ständig sich verändernden und chaotischen Lage fertigzuwerden, die sich am Morgen des 22. Juni zu entwickeln begann.

Die Lage im Baltischen Militärbezirk ließ die Schwächen Kusnezows besonders deutlich werden. Einer seiner Offiziere, der Kommandeur des XVI. Schützenkorps, Generalmajor M. M .Iwanow, hatte seinem Korps in aller Ruhe befohlen, die Verteidigungsstellungen an der Grenze zu besetzen, und er hatte Munition an die Front bringen lassen. Kusnezow befahl darauf, die Munition solle wieder in die rückwärtigen Munitionsdepots geschafft werden. Iwanow führte diesen Befehl nicht aus, und als die Deutschen sein Korps angriffen, wurden sie abgeschlagen. Kusnezow war so nachlässig, daß er erst am 15. Juni in Moskau um die beschleunigte Lieferung von längst angeforderten 100 000 Panzerminen, 40 000 t Sprengmunition und 45 000 t Stacheldraht bat.

Am 18. Juni ordnete er in den baltischen Städten und bei allen militärischen Einrichtungen die Verdunkelung an. Als jedoch General Schukow in Moskau ihm befahl, die Verdunkelung aufzuheben, gab er kleinlaut nach, und Riga, Kowno, Libau, Schaulen, Wilna, Dünaburg und Mitau blieben beleuchtet.[2]

Anfang Juni begannen die üblichen Sommermanöver. Kusnezow und sein Stab bezogen noch kurz vor Kriegsausbruch ein feldmäßiges Stabsquartier bei Ponewjesch.

Am Abend des 21. Juni besuchte eine Gruppe politischer Funktionäre von der zentralen politischen Verwaltung der Roten Armee fast jede Einheit der unter dem Kommando Kusnezows stehenden Fünften Armee. Die

[2] Die Verfasser der zum 50. Jahrestag herausgegebenen Geschichte der sowjetischen Streitkräfte behaupten, die Befehlshaber der Grenzbezirke hätten zwischen dem 14. und 19. Juni den Befehl erhalten, ihre Grenztruppen in die Feldstellungen zu führen, und seien am 19. Juni angewiesen worden, Flugplätze und militärische Einrichtungen zu tarnen. Eine Quelle für diesen Befehl wird nicht zitiert, und auch der Text erscheint nicht. Nach den Erinnerungen der Truppenkommandeure und nach den Aufzeichnungen in den Kriegstagebüchern hat Moskau jeden Versuch, am Vorabend des Krieges die Gefechtsbereitschaft der Truppe weiter zu erhöhen, äußerst scharf und streng getadelt. (W. D. Iwanow (Hrsg.): 50 Let Sowjetskich Wooružennych Sil SSSR. Moskau 1967, S. 250). W. Chwostow und A. Grylew (a. a. O.) berichten, die Grenzkommandos seien am 19. Juni in ihre Feldgefechtsstände befohlen worden.

Funktionäre versicherten den Offizieren und Mannschaften, es werde keinen Krieg geben, und die Gerüchte seien nichts anderes als Provokationen. Durch diese von Moskau inspirierten Ansichten beeinflußt, widerriefen einige Truppenkommandeure bereits angeordnete Vorsichtsmaßnahmen. So wurde auch der Plan, bei Tauroggen ein Minenfeld anzulegen, wieder aufgegeben.

Nachdem Kusnezow am 22. Juni um 2.30 Uhr morgens den Alarmbefehl Timoschenkos erhalten hatte, befahl er seinen Armeen, die vordersten Stellungen zu besetzen, scharfe Munition auszugeben, Minensperren und Panzerfallen anzulegen und sich darauf vorzubereiten, jedes größere Angriffsunternehmen der Deutschen abzuwehren – aber nicht auf deutsche Flugzeuge zu schießen und nicht auf Provokationen zu reagieren. Dieser Befehl erreichte viele Einheiten, als sie sich schon in Kämpfe verwickelt sahen, deren eigentlicher Anlaß ihnen völlig unerklärlich war.[3]

Generalleutnant P. P. Sobennikow war Befehlshaber der Achten Armee im Baltischen Militärischen Sonderbezirk. Seine Aufgabe war die Verteidigung des an Ostpreußen grenzenden Küstengebiets. Später berichtete Sobennikow, der Angriff sei für den größten Teil seiner Truppen ganz überraschend erfolgt. Es gelang ihm noch vor Morgengrauen, einigen Truppenteilen zu befehlen, die vorderste Linie zu besetzen. Die weiter rückwärts untergebrachten Verbände hatten jedoch keine Ahnung davon, was westlich von ihnen geschah, obwohl der deutsche Angriff dort schon im Gange war.

Im Generalstabsgebäude von Leningrad waren die Verhältnisse nicht ganz so katastrophal. Gegen 5.00 Uhr morgens kehrte General Nikischew von der Besprechung im Smolny zurück und rief seinen Stab und die auf ihn wartenden Truppenkommandeure zusammen.

»Der Krieg ist ausgebrochen, Genossen«, sagte er. »Das faschistische Deutschland hat uns angegriffen. Die Mobilmachungspläne treten jetzt in Kraft.«

Die Kommandeure eilten in ihre Büros, öffneten mit vor Aufregung zitternden Händen die großen Panzerschränke, entnahmen ihnen die versiegelten roten Pakete mit den Mobilmachungsbefehlen und rissen sie auf. Byćewski schreibt: »Plötzlich lag ein riesiger Berg unerledigter Arbeit vor uns. Zwei Pionierregimenter und ein Pontonregiment mußten in Bataillone umgegliedert und einzelnen Heerestruppenteilen als Verstärkung zugeführt werden. Die Betonierungsarbeiten in den Befestigungen waren einzustellen.«

[3] Eine deutsche Heereseinheit fing einen sowjetischen Funkspruch folgenden Inhalts auf: »Wir erhalten Feuer. Was sollen wir tun?« Die vorgesetzte Dienststelle antwortete: »Sind Sie verrückt geworden? Warum ist Ihr Funkspruch nicht verschlüsselt?« (John Erickson: The Soviet High Command. London 1962, S. 587.)

Auch General Michail Duchanow war in aller Eile zum Generalstabsgebäude befohlen worden. Er sollte bald als heldenhafter Befehlshaber der 67. Armee, einem der tapfersten Verbände an der Leningrader Front, bekannt werden. Duchanow war alter Kavallerist und hatte schon in der zaristischen Armee gedient. Während der letzten Jahre war er Inspekteur der sowjetischen Militärakademien gewesen.

Ein Anruf weckte ihn, und noch bevor er fertig angezogen war, wartete schon ein Befehlswagen vor dem Hause auf ihn. Die Straßen waren noch leer, als er mit hoher Geschwindigkeit den Profsojus Boulevard entlang und am Admiralitätsgebäude vorbeifuhr und vor sich hinschimpfte: »Diese Narren! Müssen sie in Friedenszeiten Übungsalarm befehlen?!«

In seinem Büro angekommen, hatte er seinen Unwillen kaum bezähmt, als er von dem deutschen Angriff erfuhr. Automatisch blickte er auf den Kalender und war überrascht, das Datum Sonntag, 22. Juni, in roten Lettern darauf zu sehen. Die Jahreszahl 1941 war schwarz. Sein Adjutant hatte, bevor er das Büro am Samstagnachmittag verließ, das Kalenderblatt schon abgerissen.

Nach einer Stunde hatte Duchanow seine Befehle. Er sollte nach Kingisepp, etwa 100 Kilometer südwestlich von Leningrad, fahren und die 191. Infanteriedivision am Finnischen Meerbusen entlang der sandigen Küste zwischen Kunda und Ust-Narwa mit dem Auftrag in Stellung gehen lassen, diesen Abschnitt gegen feindliche Landungsunternehmen zu verteidigen.

Der Fahrer wartete vor dem Generalstabsgebäude. Duchanow blickte über den noch feuchten, frisch gesprengten Platz vor dem Winterpalais, dessen Fenster das rötliche Licht der aufgehenden Sonne widerspiegelten; ihre Strahlen ließen die scharfen Konturen der grauen Statuetten deutlich hervortreten. An der Spitze der Alexandersäule brach sich das erste Frühlicht. Kein Mensch war zu sehen.

Es war noch früh am Morgen, als Duchanow im Stabsquartier der 191. Division eintraf. Der Offizier erwies ihm mechanisch seine Ehrenbezeigung und meldete: »Keine besonderen Vorkommnisse.«

Während der ganzen Besprechung mit dem Kommandeur der 191. Division klangen die Worte »Keine besonderen Vorkommnisse« ihm noch im Ohr.

Die Leontijewski Pereulog war eine enge Verbindungsstraße, die vom Gorki-Boulevard durch das alte Moskauer Kaufmannsviertel zum Nikizki-Tor führte. In dem soliden Steinhaus Nr. 10 mit seinen kräftigen Säulen vor der massiven Haustür waren alle Fenster dicht verhängt, und seine Bewohner hatten eine unruhige Nacht hinter sich. Von der Straße aus ließ sich nichts Besonderes feststellen, aber niemand in der deutschen Botschaft hatte während dieser Nacht geschlafen. Nachdem der Botschafter, Graf von der Schulenburg, von seiner mitternächtlichen Besprechung mit Molotow aus dem Kreml zurückgekommen war, setzte er sich mit seinem vertrauten Freund und engsten Mitarbeiter, Gustav Hilger, zusammen, um den letzten Bericht seiner Amtsperiode in Moskau für Berlin zu entwerfen.

Das war eine schmerzliche Aufgabe. Seit Tagen hatte die Botschaft alle Geheimakten und sonstige Dokumente vernichtet. Schulenburg wußte, daß nur eine plötzliche und unerwartete Wendung es verhindern konnte, daß Deutschland die Sowjetunion angriff, und das würde höchstwahrscheinlich noch vor Morgengrauen geschehen. Der Gedanke daran erfüllte ihn mit Schwermut. Hilger teilte diese Gefühle, ja, er empfand sie vielleicht noch schmerzlicher, denn er war als Sohn wohlhabender deutscher Kaufleute in Moskau geboren, hatte sein Leben Rußland geweiht und war fast im gleichen Maß Russe wie Deutscher. Er und der Botschafter hatten alles menschenmögliche unternommen, um diesen Krieg zu verhindern. Sie hatten sogar ihr Leben riskiert und versucht, den russischen Botschafter in Berlin, Dekanosow, zu warnen, als er Mitte Mai zufällig in Moskau war. Sie sagten ihm in aller Offenheit, daß Hitler sich vorbereite, Rußland anzugreifen. Das war, wie sie wußten, Verrat, und sie würden erschossen werden, wenn Hitler je erfahren sollte, was sie getan hatten. Aber dieser Krieg bedeutete nach ihrer Meinung für Deutschland eine so große Gefahr, daß das Risiko gerechtfertigt schien. Mit einem Eigensinn, wie ihn nur die besttrainierten Lakaien Stalins besaßen, verschloß Dekanosow die Ohren vor den Mitteilungen Schulenburgs. Er lehnte es ab, solche Fragen mit ihm zu besprechen, denn nur Molotow sei dafür zuständig.

Zutiefst enttäuscht, gaben Schulenburg und Hilger ihre gefährlichen Bemühungen schließlich auf.[4]

In der Nacht vom 21. zum 22. Juni entwarf Schulenburg ein Telegramm an das Außenministerium in Berlin und meldete darin den Inhalt des eigenartigen Gesprächs, das er vor vier Stunden im Kreml mit Molotow geführt hatte. Er schilderte seinem Chef genau die fast bemitleidenswerten Bemühungen Molotows, zu dieser Stunde (da Hitlers Armeen schon an die Grenze vorrückten, um im Morgengrauen die ersten Schläge zu führen) neue Verhandlungen mit dem Ziel zu beginnen, etwaige Ansprüche Hitlers zu befriedigen.

[4] W. I. Pawlow, Stalins Chefdolmetscher auf der Konferenz der Großen Drei im II. Weltkrieg, begleitete Dekanosow zu diesem Gespräch. In einer Privatunterhaltung mit dem damaligen deutschen Botschaftssekretär in Moskau, Dr. Gebhard von Walther (1967 Westdeutschlands Botschafter in Moskau), behauptete er noch nach 25 Jahren, die Warnung Schulenburgs sei ein »Erpressungsversuch« gewesen. Walther, der bei dem Gespräch zwischen Dekanosow und Schulenburg zugegen war, erinnert sich, daß Pawlow ihn am Tage nach dem verhängnisvollen Interview angerufen und gefragt hat, »wie das Gespräch zu verstehen sei.« Walther versicherte, die Worte des Botschafters seien so aufzufassen, wie sie gesprochen worden seien. (Persönliches Gespräch mit Walther am 16. Juni 1967.)

Weder Schulenburg noch Hilger glaubten, das Telegramm werde an den getroffenen Entscheidungen noch etwas ändern können. Beide wußten, daß die Würfel gefallen waren. Dennoch waren sie entschlossen, das Spiel zuende zu spielen.

Um 1.17 Uhr war das Telegramm aufgesetzt, chiffriert und aufgegeben. Der Botschafter begab sich in seine Wohnung, um dort alles weitere abzuwarten. Der Botschaftssekretär Gebhard von Walther begleitete ihn. Hilger blieb in der Botschaft. Das Botschaftspersonal war stark zusammengeschrumpft. Nicht nur Frauen und Kinder und deutsche Geschäftsleute, sondern auch die mit den verschiedensten Aufgaben betrauten Fachleute in Rußland (viele arbeiteten im Rahmen der russischen Lieferungen an Deutschland) waren abgereist. Die deutschen Techniker, die in Leningrad am Bau der ›Lützow‹ als Berater mitgearbeitet hatten, waren verschwunden. Zuletzt war der Marineattaché Kapitän von Baumbach, der auch die Arbeiten an der ›Lützow‹ überwacht hatte, an diesem Abend abgefahren. In den Konsulaten saß man auf gepackten Koffern. Mit Ausnahme einer kleinen Gruppe Deutscher, die sich noch im transsibirischen Expreßzug auf dem Wege von Tokio nach Moskau befanden, war für die Abreise eines jeden gesorgt.

Der Botschafter wußte seit einer Woche, daß heute, am frühen Morgen des 22. Juni, der Angriff beginnen sollte. Durch Walther, der erst gestern aus Berlin zurückgekehrt war, hatte er erfahren, daß die deutschen Angriffsverbände um 4.00 Uhr morgens antreten sollten. Plötzlich rief der Sekretär vom Dienst an. Ein langes Telegramm aus Berlin wurde gerade aufgenommen. Es gab kaum einen Zweifel über seinen Inhalt. Mit einem Seufzer stand der Botschafter auf und ging in die Botschaft. Es war 3.00 Uhr morgens. Die Überschrift des Telegramms lautete: »Sehr dringend, Staatsgeheimnis.« Nur der Botschafter persönlich durfte es in Empfang nehmen. Nachdem Schulenburg die ersten Worte gelesen hatte, wußte er, was folgen würde. Hier hieß es:

1. Beim Empfang dieser Depesche ist alles noch vorhandene Chiffriermaterial zu vernichten. Das Funkgerät ist unbrauchbar zu machen.
2. Bitte verständen Sie Herrn Molotow sofort davon, daß Sie ihm eine wichtige Mitteilung zu machen haben und ihn daher sofort zu sprechen wünschen ...[5]

Erschöpft wandte sich der Botschafter an Hilger und Walther. Sie schüttelten die Köpfe. Das Telegramm war lang. Es dauerte fast zwei Stunden,

[5] Der Text stammt aus den Akten des deutschen Außenministeriums. Hilger soll gesagt haben, er sei nicht vollkommen gleichlautend mit der in Moskau empfangenen Version. Ein anderer Text steht jedoch nicht zur Verfügung. (Documents on German Foreign Policy, Serie D, Bd. XII, S. 1 063.)

um es aufzunehmen und zu dechiffrieren. Ein Sekretär erhielt den Auftrag, den Kreml anzurufen, und die Limousine des Botschafters fuhr vor.
Kurz nach 5.00 Uhr morgens raste der Wagen mit Schulenburg und Hilger die Herzenstraße entlang zum Kreml, bog nach rechts in die Mochowaja ein und rollte nach einer Linkskurve in die erhöhte Auffahrt neben dem Alexandrinski-Park auf das Borowizki-Tor des Kreml zu.
Die Wachen vor dem Kreml grüßten und legten die Hände an die rotblauen Parademützen, warfen einen Blick auf die Diplomaten und winkten sie durch das Tor. Es war etwa 5.30 Uhr, als Schulenburg und Hilger die Amtsräume Molotows im Regierungspalais betraten. Müde, erschöpft und ernst kam Molotow ihnen entgegen und bat sie, an dem langen, mit grünem Tuch bespannten Tisch Platz zu nehmen. Schulenburg zog ein Schriftstück aus der Tasche und begann zu lesen: »Der sowjetische Botschafter in Berlin empfängt zu dieser Stunde ein Memorandum vom Reichsminister für Auswärtige Angelegenheiten –«.
Unfähig, sich noch länger zu beherrschen, rief Molotow aus: »Seit drei Stunden erfolgen bereits schwere Bombenangriffe!«
Schulenburg blickte auf, sagte aber nichts. Zehn Minuten dauerte die Verlesung der Erklärung, die mit den Worten schloß: »Damit hat die Sowjetregierung ihre Verträge gebrochen und steht im Begriff, Deutschland, das um sein Leben kämpft, in den Rücken zu fallen. Der Führer hat daher den deutschen Streitkräften befohlen, dieser Bedrohung mit allen ihnen zur Verfügung stehenden Mitteln entgegenzutreten.«
Es folgten einige Augenblicke des Schweigens. Molotow schien mit sich zu ringen und zu versuchen, die eiserne Selbstbeherrschung zu wahren.
Endlich sagte er: »Soll das eine Kriegserklärung sein?«
Wortlos hob Schulenburg die Schultern.
Voller Entrüstung ergriff Molotow jetzt das Wort. Er sagte, diese Erklärung könne gar nichts anderes sein als eine Kriegserklärung, da deutsche Truppen die Grenze überschritten hätten und sowjetische Bürger bombardiert worden seien. Er nannte die nationalsozialistische Aktion einen »beispiellosen Vertrauensbruch«. Er sagte, Deutschland habe Rußland grundlos angegriffen, die angeführten Gründe seien nichts als Vorwände, die Behauptungen über sowjetische Truppenkonzentrationen barer Unsinn, und die deutsche Regierung habe, wenn sie sich bedroht fühlte, der sowjetischen Regierung nur eine Note zu übermitteln brauchen, anstatt einen Krieg zu entfesseln.
»Das haben wir wahrhaftig nicht verdient«, sagte Molotow.
In seiner Erwiderung bat der Botschafter um die Erlaubnis für das Personal der Botschaft, die Sowjetunion in Übereinstimmung mit den internationalen Gepflogenheiten verlassen zu dürfen. Eiskalt antwortete Molo-

tow, die Deutschen würden strikt nach dem Prinzip der Gegenseitigkeit behandelt werden.
Der Botschafter und Hilger reichten Molotow die Hand und verabschiedeten sich von ihm.
Dann stiegen sie in ihren Wagen, und als sie die leicht abschüssige Ausfahrt hinabfuhren, kamen ihnen mehrere Automobile entgegen. Hilger erinnert sich noch heute daran und glaubt, einige hohe sowjetische Militärs darin erkannt zu haben.
Schweigend fuhren die Deutschen zur Botschaft zurück, die sie nach knapp fünf Minuten erreichten. Hilger kannte diesen Teil von Moskau seit seiner Kindheit. Während er jetzt durch die Straßen fuhr, dachte er betrübten Herzens, er werde die Stadt niemals wiedersehen.[6]
Um 3.00 Uhr morgens läutete in der sowjetischen Botschaft in Berlin das Telefon und weckte den Botschaftsrat Valentin Bereschkow aus einem unruhigen Schlaf. Eine unbekannte Stimme teilte ihm mit, Außenminister Joachim von Ribbentrop sei in seinem Amt und wünsche den Botschafter Dekanosow sofort zu sprechen. Die unbekannte Stimme und der offizielle Ton ließen Bereschkow schaudern, aber er schüttelte das unangenehme Gefühl ab und sagte, er freue sich, daß der Außenminister auf die wiederholten Anfragen Dekanosows eingegangen sei und ihn jetzt empfangen wolle.
»Wir wissen nichts von irgendwelchen Anfragen«, sagte die Stimme kühl. »Ich habe den Befehl, Ihnen mitzuteilen, daß Reichsminister von Ribbentrop sofort den sowjetischen Vertreter zu sprechen wünscht.«
Bereschkow antwortete, es werde einige Zeit dauern, Dekanosow zu wekken und den Wagen bereitzustellen. Man teilte ihm mit, Ribbentrop habe schon einen Wagen geschickt, der vor der sowjetischen Botschaft warte.
Als Bereschkow und Dekanosow auf die Straße Unter den Linden hinauskamen, wartete ein schwarzer Mercedes auf sie. Ein Offizier der SS mit dem silbernen Totenkopf an der Mütze begleitete sie zusammen mit einem ebenfalls uniformierten Beamten des Außenministeriums. Über dem Brandenburger Tor sah man die ersten Sonnenstrahlen.
Bei der Einfahrt in die Wilhelmstraße sahen sie eine Menschenmenge. Scheinwerfer beleuchteten den Eingang zum Außenministerium. Sie er-

[6] Während Schulenburg und Hilger im Kreml waren, fuhr Walther in die Stadt und holte das Personal der Botschaft ins Botschaftsgebäude. Dann fuhr er auf den Bahnhof, um auf den transsibirischen Expreßzug zu warten und die darin reisenden Deutschen zur Botschaft zu begleiten. Während er dort stand, erschien ein Offizier der NKWD und sagte ihm höflich, er müsse zur Botschaft zurückkehren. Walther folgte dieser Aufforderung. Die Russen machten sich nicht einmal die Mühe, ihn zu begleiten. Während der ganzen Zeit wurden die deutschen Diplomaten in Moskau korrekt und höflich behandelt. Im Gegensatz dazu mußte das sowjetische Personal in Berlin und anderswo in Deutschland sich Grobheiten und manchmal sogar Brutalitäten gefallen lassen. (Walther, persönliches Gespräch im Juli 1967.)

kannten Filmleute mit ihren Kameras und Assistenten, Journalisten und Beamte. Bereschkows Besorgnis wuchs. Die beiden Russen gingen die vielen Treppenstufen hinauf und über einen langen Korridor bis zu den Amtsräumen Ribbentrops. Im Korridor stand ein Spalier uniformierter Männer, die die Hacken zusammenschlugen und militärisch grüßten. Jetzt ging es nach rechts durch eine Tür in Ribbentrops Amtszimmer. Es war ein sehr großer Raum, an dessen anderem Ende ein Schreibtisch stand, hinter dem Ribbentrop in seiner graugrünen Ministeruniform saß. Rechts neben der Tür stand eine Gruppe nationalsozialistischer Funktionäre, die von den Russen keine Notiz nahmen. Dekanosow ging schweigend durch das große Zimmer; endlich erhob sich auch Ribbentrop, verneigte sich schweigend, streckte den Besuchern die Hand entgegen und forderte sie auf, sich an einen in der Nähe stehenden runden Tisch zu setzen. Bereschkow bemerkte, daß Ribbentrops Gesicht aufgedunsen war. Es war grau, und die Augen waren blutunterlaufen. Ribbentrop schwankte ein wenig im Gehen, und Bereschkow dachte, »der Mann ist betrunken«. Als sie sich an den Tisch setzten und Ribbentrop zu sprechen anfing, brachte er die Worte nur mit schwerer Zunge heraus. Es bestand kein Zweifel, er war wirklich betrunken.

Dekanosow hatte den Text seiner letzten Moskauer Anweisungen mitgebracht, aber Ribbentrop wollte nichts davon hören, sondern über ein ganz anderes Thema mit ihm sprechen. Die deutsche Regierung habe festgestellt, daß sowjetische Truppen entlang der deutschen Grenze zusammengezogen worden seien. Die darin zum Ausdruck kommende feindliche Haltung der Sowjetregierung bedeute für Deutschland eine ernste Bedrohung. Die sowjetischen Truppen hätten wiederholt die deutschen Staatsgrenzen verletzt. Er überreichte Dekanosow ein Memorandum, das die deutschen Behauptungen im einzelnen aufzählte. Die Sowjetregierung bereite sich angeblich darauf vor, dem nationalsozialistischen Deutschland in einem Augenblick einen tödlichen Stoß in den Rücken zu versetzen, in dem es sich im Kampf auf Leben und Tod den Angelsachsen gegenübersah. Eine solche Bedrohung hielte der Führer für untragbar und habe daher geeignete militärische Gegenmaßnahmen befohlen.

Dekanosow unterbrach den Außenminister und sagte, er habe um eine Aussprache mit Ribbentrop nachgesucht, und seine Regierung habe ihn angewiesen, bestimmte Fragen hinsichtlich der sowjetisch-deutschen Beziehungen vorzutragen, die geklärt werden müßten.

Ribbentrop fiel Dekanosow ins Wort. Er habe seiner Erklärung nichts hinzuzufügen und müsse nur betonen, daß die deutschen Maßnahmen nicht als Aggression angesehen werden dürften. Etwas unsicher erhob er sich und sagte: »Der Führer hat mir befohlen, Sie offiziell von diesen Abwehrmaßnahmen in Kenntnis zu setzen.«

Auch die Russen erhoben sich. Ribbentrop sagte, es täte ihm leid, daß es soweit gekommen sei, denn er habe sich ernsthaft bemüht, die Beziehungen zwischen beiden Ländern auf eine gesunde und vernünftige Grundlage zu stellen. Dekanosow sagte, auch er bedaure es sehr. Die deutsche Regierung habe eine ganz falsche Vorstellung von der Haltung der Sowjetunion.

Als die Russen sich dem Ausgang näherten, eilte Ribbentrop ihnen nach, und seine Worte überschlugen sich, als er heiser flüsterte: »Berichten Sie in Moskau, daß ich gegen diesen Angriff gewesen bin.«

Dekanosow und Bereschkow traten auf die Straße hinaus. Jetzt war es schon ganz hell. Photoapparate wurden auf sie gerichtet, und Filmkameras surrten. In die Botschaft zurückgekehrt, versuchten sie, Moskau anzurufen. Es war 4.00 Uhr morgens (6.00 Uhr morgens in Moskau). Die Fernsprechverbindung war unterbrochen. Sie versuchten, einen Boten auf das Telegrafenamt zu schicken. Er wurde abgewiesen. Bereschkow schlich sich aus dem Hinterausgang und bestieg seinen kleinen Opel Olympia. Es gelang ihm, zur Hauptpost durchzukommen, und er überreichte dem Schalterbeamten sein Telegrammformular.

»Moskau!« sagte dieser. »Haben Sie nicht gehört, was geschehen ist?«

»Trotzdem«, sagte Bereschkow, »schicken Sie es trotzdem ab.«

Das Telegramm hat Moskau nie erreicht.

Es ist bis heute nicht leicht festzustellen, was im Kreml geschah, nachdem die offizielle Kriegserklärung in der von Hitler gewählten perversen Form an die sowjetische Regierung übermittelt worden war.

Die von Marschall Timoschenko und General Schukow unterzeichnete Direktive Nr. 1 des Verteidigungskommissariats ging erst um 7.15 Uhr hinaus, nachdem der deutsche Angriff schon fast vier Stunden lief. Sie traf um 8.00 Uhr im Hauptquartier des Generalstabs in Leningrad ein. Es war ein eigenartiger Befehl. Er enthielt keine Angaben darüber, daß Deutschland und Rußland sich tatsächlich im Kriege befanden. Man hatte den Eindruck, die Verfasser seien sich nicht wirklich klar darüber gewesen, daß sie es hier mit einem regelrechten Krieg zu tun hatten. Deshalb ist es nicht verwunderlich, wenn die sowjetischen Streitkräfte ihre Aufgaben zunächst nicht klar erkannt haben.

Die sowjetischen Truppenbefehlshaber erhielten die Anweisung, feindliche Verbände, die auf sowjetisches Gebiet vorgedrungen waren, anzugreifen und zu vernichten, doch wurde ihnen verboten, die Grenzen des von den Deutschen besetzten Territoriums zu überschreiten. Sie durften Flugzeuge zur Aufklärung und zu Angriffen einsetzen, jedoch nur etwa 150 Kilometer in feindliches Gebiet einfliegen lassen. Königsberg und Memel durften bombardiert werden, aber für Flüge über Rumänien oder Finnland mußte Sondererlaubnis eingeholt werden.

Wenn dies ein Krieg war, dann war es zumindest ein Krieg mit sehr begrenzten Zielen. Die Truppenkommandeure im Leningrader Bezirk waren sprachlos, als sie lasen, daß Flüge über Finnland verboten seien. Mindestens ein deutsches, in Finnland stationiertes Flugzeug war schon abgeschossen worden.

Auf einem Korridor des Generalstabsgebäudes traf Oberst Byćewski seinen alten Leningrader Bekannten, den Chef des Nachrichtendienstes P. P. Jewstignejew.

»Haben Sie den Befehl gelesen?« fragte Jewstignejew.

»Ich habe ihn gelesen«, sagte Byćewski. »Was glauben Sie, Pjotr Petrowitsch, werden die Finnen kämpfen?«

»Natürlich werden sie kämpfen«, schnaubte Jewstignejew. »Die Deutschen werden auf Murmansk und Kandalakscha vorstoßen, und Mannerheim träumt von Rache. Die finnische Luftwaffe ist schon im Einsatz.«

Admiral Kusnezow in Moskau wurde von Stunde zu Stunde unruhiger. Es waren hauptsächlich zwei Dinge, um die er sich sorgte: mögliche Landungsversuche im Ostseeraum hinter den sowjetischen Linien und deutsche Luftangriffe gegen die Flottenbasen im baltischen Raum. Am meisten beunruhigte ihn aber das Schweigen des Kreml. Der letzte Kontakt mit der Regierung war das Gespräch mit Malenkow gewesen, bei dem dieser den Bericht Kusnezows über den deutschen Luftangriff gegen Sewastopol ärgerlich und ungläubig zur Kenntnis genommen hatte. Weder aus dem Kreml noch vom Verteidigungskommissariat erhielt Kusnezow irgendwelche Befehle. Zwar hatte er den Flotten auf eigene Verantwortung befohlen, den deutschen Angriff abzuwehren, aber es war nicht genug, sich dem Feind nur »zu widersetzen«. Es war Zeit, die sowjetischen Streitkräfte schnell und möglichst wirkungsvoll zu Gegenschlägen einzusetzen.

Obwohl Kusnezow der selbständigste sowjetische Befehlshaber war, wollte er solche Anordnungen doch nicht allein verantworten.

Er schreibt: »Die Flotte konnte das nicht allein tun. Es mußte ein Plan aufgestellt werden, nach dem die Land-, See- und Luftstreitkräfte gemeinsam operieren konnten.« Er wußte, die Flotte war einsatzbereit, und er vertraute auf ihre Leistungsfähigkeit. Aber was ging wirklich in Libau, in Reval, in Hangö und auf den Seewegen vor, die über die Ostsee nach Leningrad führten?

Es war ein herrlicher Morgen – die Sonne schien, und die Luft war klar und rein. Um 10.00 Uhr vormittags konnte Kusnezow nicht mehr länger untätig bleiben. Er entschloß sich, selbst in den Kreml zu fahren und einen Situationsbericht abzugeben. Der Verkehr auf der Kominternstraße war nur schwach. Wenige Menschen bevölkerten die Innenstadt. Alle sind sie aufs Land hinausgefahren, dachte er. Es war wie im Frieden. Ab und zu begegnete ihm ein schnellfahrendes Automobil, das mit lautem Hupen die Fußgänger von der Fahrbahn verscheuchte.

Am Kreml war es ruhig. Im Alexandrinskipark blühten die neugepflanzten purpurfarbenen und roten Blumen. Die Wege waren für die Sonntagsspaziergänger mit rötlichem Sand bestreut und frisch geharkt worden. Babuschkas hüteten ihre Enkelkinder und sonnten sich schon auf den Parkbänken. Die Wachen am Borowizki-Tor hatten ihre Paradeuniformen an; weiße Jacken und blaue Hosen mit breiten roten Streifen. Sie grüßten militärisch, blickten in den Wagen und winkten ihn weiter. Das Fahrzeug des Admirals fuhr die sanfte Steigung hinauf und rollte in den Hof vor dem Regierungspalais.
Kusnezow sah sich nach allen Seiten um. Keine Autos, keine Fußgänger, kein Zeichen irgendeiner Tätigkeit, nichts. Ein Wagen kam heraus. Er hielt, um dem Admiral auf der engen Fahrstraße die Vorfahrt zu lassen.
»Offensichtlich haben die Führer sich woanders versammelt«, dachte Kusnezow. »Aber warum ist der Kriegsausbruch noch nicht offiziell bekanntgegeben worden?«
Wo mochten die führenden Persönlichkeiten sein? Was geschah?
Er grübelte immer noch über diese Fragen nach, als er wieder in das Marinekommissariat zurückkehrte.
»Hat irgend jemand angerufen?« fragte Kusnezow den Offizier vom Dienst.
»Nein«, erwiderte dieser, »niemand hat angerufen.«
Kusnezow wartete den ganzen Tag. Die Regierung hüllte sich in Schweigen. Er hörte nichts von Stalin. Erst am Abend rief Molotow an, um zu fragen, wie die Lage bei der Flotte sei.

6. Was Stalin hörte

Am 31. Dezember 1940 versammelten sich zahlreiche sowjetische Militärs in dem großen, mit weißem Marmor und Vergoldungen ausgestatteten St. Georgensaal des Kreml. Einige Hundert Truppenkommandeure hatten während der letzten vierzehn Tage in Moskau wichtige Besprechungen geführt. Wie General M. I. Kalinin, der Befehlshaber des Westsibirischen Militärbezirks, sich erinnert, bewegte eine einzige, entscheidende Frage alle Gemüter: »Wird Deutschland uns angreifen, und wann müssen wir mit diesem Angriff rechnen?«
»Es war klar, daß die Faschisten es eilig hatten«, schreibt Kalinin. »Sie unternahmen alles, um festzustellen, wie stark wir waren.«
Bis Silvester war keine offizielle Verlautbarung über Deutschland erfolgt, aber heute abend – das hatte man den Offizieren mitgeteilt – würde Stalin sprechen. Die meisten erwarteten, er werde die Gelegenheit benutzen, sie davor zu warnen, daß es innerhalb der nächsten Monate zu einem Krieg gegen Deutschland kommen könnte. Das war der Inhalt der meisten Gespräche, während die Offiziere auf dem Parkett auf- und abgingen und zu den Marmortafeln aufblickten, auf denen die Namen der Träger des St. Georgskreuzes in goldenen Lettern eingraviert waren. Dieser Orden war die höchste militärische Auszeichnung im zaristischen Rußland gewesen – vergleichbar mit dem britischen Victoria Cross. Wenn auch der Zar längst gestürzt war, so hatte man die Namen der großen russischen Kriegshelden doch an den Wänden belassen.
Plötzlich horchte alles auf. Stalin erschien. Aus den im Inneren des Palais gelegenen Empfangsräumen kommend ging er jetzt an die Schmalseite des Saales, stellte sich dort hin und klatschte, wie es in Rußland üblich ist, während des lange dauernden Applauses in die Hände. Endlich wurde es still, und die Offiziere warteten gespannt auf seine Worte. Stalin lächelte geheimnisvoll: *»S nowym godom!«* rief er. *»S nowym scastjem!* – Ein glückliches Neues Jahr! Die besten Wünsche für Sie alle!«
Nach wenigen kurzen Begrüßungsworten übergab er die Hausherrnpflichten Marschall Kliment Woroschilow und ging hinaus. Woroschilow hielt eine etwas herzlichere Neujahrsansprache, und das war alles. Der Empfang war vorüber. Verwundert verließen die Offiziere den Kreml und

traten in die Schneenacht hinaus. In das Haus der Roten Armee zurückgekehrt, feierten sie die Ankunft des neuen Jahres mit einem rauschenden Fest, bei dem mancher von ihnen zu viele Wodkas trank, um sich später noch an ihre Zahl erinnern zu können.

Kalinin und seine Kameraden meinten, es sei augenscheinlich »noch nicht an der Zeit, über diese Angelegenheit zu sprechen«. Sie stellten keine weiteren Fragen. Schon lange wußten sie, daß Stalin ein Rätsel war und Fragen nicht nur vergeblich, sondern oft auch gefährlich sein konnten. Die militärischen Besprechungen zogen sich noch bis zum 7. Januar hin. Die Kommandeure der niedrigeren Rangstufen kehrten in ihre Garnisonen zurück, während vom 8. bis zum 11. Januar ein Kriegsspiel für die höheren Truppenführer abgehalten wurde. Darauf folgte am 13. Januar eine Abschlußbesprechung im Kreml, an der Stalin und das Politbüro teilnahmen. Vor diesem exklusiven Kreis deutete Stalin zwar an, daß sich die Anzeichen für einen Krieg mehrten, sagte aber nicht, wann der Kriegsausbruch nach seiner Ansicht zu erwarten sei; er sprach nur ganz allgemein von dieser Möglichkeit. Er meinte auch, daß es zu einem Zweifrontenkrieg kommen könne, und zwar gegen Deutschland im Westen und gegen Japan im Osten, und sagte, Rußland müsse für diesen Fall gerüstet sein. Er glaubte, der zukünftige Krieg werde ein Bewegungskrieg sein und schlug vor, die Stärke der Infanterieverbände zugunsten ihrer Beweglichkeit zu verringern. Ein solcher Krieg würde das Aufeinandertreffen von Massenheeren bedeuten, und es sei daher notwendig, einem möglichen Gegner im Hinblick auf die Zahl der dabei eingesetzten Menschen und die Menge des Materials im Verhältnis zwei zu eins überlegen zu sein. Der Einsatz schnell beweglicher und mit automatischen Waffen ausgerüsteter motorisierter Verbände erfordere eine besonders gute Organisation des Nachschubs und große Materialreserven. Einige seiner Zuhörer waren erstaunt, als Stalin ausführlich darüber sprach, wie klug die zaristische Regierung gehandelt habe, als sie große Vorräte an Schiffszwieback für einen bevorstehenden Krieg anlegte. Er lobte den Wert des Schiffszwiebacks und bezeichnete ihn als eine ausgezeichnete und sehr nahrhafte Form der Verpflegung, besonders wenn er mit Tee gegessen würde.

Andere waren über Stalins Ankündigung beunruhigt (obwohl die Versammlung hier wie üblich zustimmte), daß für eine erfolgreiche Offensive nicht nur im Raum des größten Durchbruchs, sondern an der ganzen Front eine Überlegenheit mindestens im Verhältnis von zwei zu eins vorhanden sein müßte. Wollte man dieser Theorie folgen, dann benötigte man viel mehr Truppen, Ausrüstung und Nachschub, als man sie bisher vorgesehen hatte. Die sowjetischen Truppenführer waren mit ihm der Ansicht, daß man in dem Abschnitt, in dem ein Durchbruch erzwungen werden sollte, dem Gegner weit überlegene Kräfte entgegenstellen müsse. Sie sahen

jedoch nicht ein, weshalb eine solche zahlenmäßige Überlegenheit auch an den ruhigeren Frontabschnitten notwendig sei.
Es erschreckte sie noch mehr, daß die Pläne und Schätzungen für die Aufrüstung der Roten Armee bis zu einer Stärke, die genügte, um der Bedrohung durch die Deutschen mit Aussicht auf Erfolg entgegenzutreten, den Abschluß dieser Aufrüstung nicht vor Anfang 1942 vorsahen. Der Krieg würde unter Umständen nicht so lange auf sich warten lassen.
Überall im Kreml und auf den Korridoren des Verteidigungskommissariats in der Frunsestraße kursierten Gerüchte, aber die Maßnahmen, die nach der Besprechung getroffen wurden, deuteten nicht an, daß die Lage kritisch oder dringlich sei. Wieder gab es eine große Umbesetzung innerhalb der Führungsspitze der Roten Armee. Als Chef des Stabes trat General Schukow an die Stelle von Marschall Merezkow, weil Merezkow bei der Schlußbesprechung des Kriegsspiels am 13. Januar im Kreml einen schlechten Eindruck hinterlassen hatte. General M. P. Kirponos wurde von Leningrad nach Kiew versetzt, und an seine Stelle trat General Markian M. Popow aus dem Fernen Osten.
Nach Ansicht der sowjetischen Marschälle, die den Krieg überlebt haben, bestand der große Fehler im Januar 1941 darin, daß Stalin sich einfach weigerte, zu glauben, der deutsche Angriff stehe kurz bevor, und daher nicht befahl, sofort die dringend notwendigen Pläne aufzustellen.
Es fehlte Stalin nicht an konkreten Hinweisen auf die deutschen Absichten. Diese Hinweise hatten sich in letzter Zeit erheblich gemehrt. Der erste ist vielleicht ein Bericht des sowjetischen Geheimdienstes gewesen. Der NKGB meldete dem Kreml im Juli 1940, der deutsche Generalstab habe das Verkehrsministerium um Angaben über die Leistungsfähigkeit der Eisenbahn für Truppentransporte von Westen nach Osten gebeten. Zu dieser Zeit begannen Hitler und der Generalstab zum erstenmal, die Frage eines Angriffs gegen Rußland in allem Ernst zu erörtern. Am 31. Juli 1940 waren die deutschen Vorbereitungen schon in vollem Gange.[1]
Nichts deutete darauf hin, daß Stalin oder irgendein anderer hoher sowjetischer Funktionär diese ersten Warnungen des Geheimdienstes beachtet hätten. Erst nach dem frostigen Gespräch, das Molotow im November 1940 in Berlin mit Hitler führte, und bei dem die Differenzen zwischen Nationalsozialisten und Sowjets hinsichtlich der Einflußsphären und Pläne für die Aufteilung der Welt zutage traten, sprachen einige sowjetische Militärs von einer Veränderung in den Beziehungen zu Deutschland, die zum Kriege führen könnte. Marschall A. M. Wasilewski, der Molotow nach Berlin begleitet hatte, war nach seiner Rückkehr über-

[1] In Halders Tagebucheintragung vom 22. Juli 1940 werden die nationalsozialistischen Kriegspläne zum erstenmal erwähnt.

zeugt, Deutschland werde die Sowjetunion angreifen. Viele seiner Kollegen teilten diese Ansicht. Wasilewski glaubte, Molotow habe Stalin den allgemeinen Eindruck vermitteln wollen, daß Hitler früher oder später angreifen werde, Stalin jedoch habe ihm nicht geglaubt. Im Herbst 1940 legte das Oberkommando der Roten Armee der sowjetischen Regierung Pläne für den strategischen Aufmarsch der sowjetischen Streitkräfte vor, aber nichts geschah.

Solange Stalin an der Überzeugung festhielt, Hitler werde den sowjetisch-deutschen Pakt respektieren, war es gefährlich für einen General, seine Meinung über Deutschland offen auszusprechen. Nach dem Gespräch zwischen Hitler und Molotow ließen Stalin und Molotow gelegentlich eine Bemerkung darüber fallen, daß Deutschland seine Verpflichtungen nicht mehr so pünktlich und sorgfältig erfüllte. Man nahm die Sache aber augenscheinlich nicht besonders ernst.

Am 18. Dezember genehmigte Hitler die Pläne für das Unternehmen ›Barbarossa‹, den Angriff gegen Rußland. Am folgenden Mittag empfing er den neuen sowjetischen Botschafter W. G. Dekanosow, der in Berlin fast einen Monat gewartet hatte, um sein Beglaubigungsschreiben überreichen zu können. Hitler empfing Dekanosow sehr zuvorkommend und sagte, er sei so sehr mit militärischen Angelegenheiten beschäftigt gewesen, daß er keine Zeit gehabt habe, ihn früher zu empfangen. Eine Woche später, am Weihnachtstag, erhielt der sowjetische Botschafter in Berlin einen anonymen Brief mit der Mitteilung, die Deutschen bereiteten für das Frühjahr 1941 einen Angriff gegen Rußland vor. Am 29. Dezember verfügte der sowjetische Geheimdienst über den Inhalt der wichtigsten Pläne für das Unternehmen ›Barbarossa‹, über seinen Umfang und den voraussichtlichen Angriffsbeginn.

Ende Januar kehrte der japanische Militärattaché Jamagutschi von Berlin kommend nach Moskau zurück. Er berichtete einem Mitglied des diplomatischen Dienstes der sowjetischen Flotte über seine Eindrücke in Deutschland. Er sagte, die Deutschen seien sehr unzufrieden mit Italien und suchten nach einem neuen Betätigungsfeld.

»Ich schließe die Möglichkeit eines Konflikts zwischen Berlin und Moskau nicht aus«, sagte Jamagutschi.

Am 30. Januar 1941 erhielt Marschall Woroschilow einen Bericht über dieses Gespräch.

Noch vor Ende Januar sah das Verteidigungskommissariat sich veranlaßt, eine allgemeine Direktive für die zum Grenzschutz eingesetzten Truppen und die Flotte auszuarbeiten, in der Deutschland zum erstenmal offiziell als möglicher Gegner in einem zukünftigen Krieg genannt wurde.

Etwa zur gleichen Zeit schlug die politische Hauptverwaltung der Armee dem damaligen Parteiideologen Schdanow vor, die Propaganda in der

Armee zu intensivieren. Es sollte davor gewarnt werden, zu selbstsicher zu sein und allzu sehr auf die Unbesiegbarkeit der sowjetischen Streitkräfte zu bauen. Man sollte nicht ständig wiederholen, Rußland sei zu mächtig, als daß irgendein Gegner es wagen würde, die Sowjetunion anzugreifen. Die politische Verwaltung wollte insbesondere darauf hinweisen, daß die Wachsamkeit vermehrt und die Schlagkraft der Truppe erhöht werden müsse. Außerdem sollte auf die Gefahr eines Angriffs hingewiesen werden. Aber Stalin verbot kategorisch, die Propaganda auf diese Basis zu stellen, weil er fürchtete, die Deutschen würden darin sowjetische Angriffsvorbereitungen sehen.

Anfang Februar trafen beim Flottenkommissariat fast täglich Meldungen über die Ankunft deutscher Militärsachverständiger in den bulgarischen Häfen Varna und Burgas und über ihre Arbeiten für den Einbau von Küstenbatterien und Flakstellungen ein. Am 7. Februar ging diese Meldung an Stalin. Zugleich schickte das Oberkommando in Leningrad einen Bericht nach Moskau über deutsche Truppenbewegungen in Finnland und deutsche Gespräche mit den Schweden über einen Durchmarsch deutscher Truppen durch schwedisches Gebiet.

Mitte Februar erschien ein deutscher Druckereiarbeiter im sowjetischen Konsulat in Berlin. Er brachte einen deutsch-russischen Sprachführer mit, der gerade in sehr hoher Auflage in seiner Druckerei hergestellt wurde. Darin fanden sich die folgenden Sätze:

»Wo ist der Vorsitzende der Kolchose?« »Sind Sie Kommunist?« »Wie heißt der Sekretär des Parteikomitees?« »Hände hoch, oder ich schieße!« »Ergeben Sie sich!«

Es war nicht schwer zu erraten, was das bedeutete.

Die sowjetische Botschaft in Berlin stellte fest, daß die deutsche Presse immer häufiger kleine Meldungen über ›militärische Vorbereitungen‹ auf der sowjetischen Seite der Grenze brachte. Gleichartige ominöse Meldungen waren seinerzeit dem deutschen Angriff gegen Polen und dem Einmarsch in die Tschechoslowakei vorangegangen.

Aber nichts deutete darauf hin, daß eine dieser Meldungen Stalins olympische Ruhe störte.

Am 23. Februar, dem Tag der Roten Armee, gab das Verteidigungskommissariat eine von Merezkow verfaßte Direktive heraus, in der Deutschland als möglicher Gegner genannt wurde, und die an der Grenze eingesetzten Truppen erhielten den Befehl, die notwendigen Abwehrmaßnahmen vorzubereiten. Inzwischen war Merezkow aber von Schukow als Chef des Stabes abgelöst worden, und dieser tat nichts, um die Ausführung des Befehls durchzusetzen. Man beschloß die Neuaufstellung von zwanzig motorisierten Armeekorps und zahlreichen neuen Einheiten der Luftstreitkräfte, aber auch das ging sehr langsam voran, weil die dafür benötigten

Panzerwagen, Flugzeuge und andere Ausrüstung nicht zur Verfügung standen.

In den Tagesberichten des Generalstabs und des Marinestabs häuften sich jetzt die Meldungen über deutsche Kriegsvorbereitungen. Ende Februar und Anfang März unternahmen deutsche Flugzeuge fast täglich Aufklärungsflüge über der Ostsee. Die Staatssicherheitsorgane erfuhren, daß die deutsche Landung auf den Britischen Inseln auf unbestimmte Zeit verschoben worden sei – bis zum Abschluß des Feldzugs gegen Rußland.

Deutsche Aufklärungsflüge über Libau, Reval, der Insel Ösel und den Inseln im Moonsund mehrten sich so sehr, daß Admiral Kusnezow der Baltischen Flotte die Erlaubnis gab, ohne Warnung Sperrfeuer zu schießen. Am 3. März wurde Kusnezows Direktive genehmigt, am 17. und 18. März erschienen deutsche Flugzeuge über Libau und wurden beschossen. Nach einem solchen Zwischenfall wurde Admiral Kusnezow in den Kreml befohlen. Als er zu Stalin ins Zimmer kam, fand er dort den Polizeichef Berija vor. Er fragte Kusnezow nach den Gründen seines Befehls, das Feuer auf deutsche Flugzeuge zu eröffnen. Als dieser versuchte, eine Erklärung abzugeben, fiel Stalin ihm ins Wort, rügte ihn scharf und befahl ihm, diese Anweisung zurückzunehmen. Das geschah am 1. April, und die Einflüge deutscher Aufklärer setzten in voller Stärke wieder ein. Kusnezows Maßnahme war gegen einen Befehl Berijas getroffen worden, der es den an der Grenze eingesetzten Befehlshabern und Truppen verboten hatte, auf deutsche Flugzeuge zu schießen.[2]

Von allen Seiten kamen jetzt neue Meldungen. Im März erhielt der Staatssicherheitsdienst einen Bericht über eine Zusammenkunft zwischen dem rumänischen Diktator Marschall Antonescu und dem deutschen Diplomaten Bering, bei der die Frage eines Feldzuges gegen Rußland besprochen worden war. Am 22. März erhielt der NKGB eine angeblich zuverlässige Meldung, die besagte, »Hitler habe die geheime Anweisung gegeben, die Lieferungen an die Sowjetunion einzustellen.« Am 25. März stellte der NKGB einen Sonderbericht aus allen ihm zur Verfügung stehenden Daten über die Zusammenziehung deutscher Truppen im Osten zusammen. Daraus ging hervor, daß 120 deutsche Divisionen an den sowjetischen Grenzen versammelt worden waren.

In der Person des Meisterspions Richard Sorge stand dem NKGB eine hervorragende Nachrichtenquelle zur Verfügung. Sorge war deutscher Kommunist und Geheimagent; er hatte, als deutscher Pressekorrespondent getarnt, einige Jahre in Moskau gelebt. In Wirklichkeit war er ein un-

[2] Kurz darauf mußte ein deutscher Pilot außerhalb des Hafens von Libau notlanden. Sein Flugzeug wurde an Land gezogen, er selbst zum Essen eingeladen und, nachdem die Maschine aufgetankt worden war – auf besonderen Befehl aus Moskau –, auf das herzlichste verabschiedet. (Orlow, a. a. O., S. 36)

glaublich fähiger und wohlinformierter sowjetischer Spion. Sorge hatte das volle Vertrauen des deutschen Botschafters in Tokio, Hermann Ott, gewonnen. Damit hatte er Zugang zu den geheimsten deutschen militärischen und diplomatischen Informationen.
Mit Hilfe einer geheimen Funkstation und eines komplizierten Kuriersystems ließ Sorge einen Strom unglaublich genauer Nachrichten über Japan und Deutschland nach Moskau fließen. 1939 verfaßte er 60 Meldungen mit zusammen 23 139 Worten, und 1940 bestanden sie aus etwa 30 000 Worten.
Seine erste Meldung über deutsche Vorbereitungen für einen Ostfeldzug ging am 18. November 1940 nach Moskau ab. Von Monat zu Monat brachten seine Berichte mehr Einzelheiten: Bei Leipzig wurde eine deutsche Reservearmee aus 40 Divisionen aufgestellt (28. Dezember 1940). 80 deutsche Divisionen seien an der sowjetischen Grenze zusammengezogen worden. 20 Divisionen, die am Frankreichfeldzug teilgenommen hatten, seien nach Polen verlegt worden. Am 5. März konnte Sorge mit einer sensationellen Neuigkeit aufwarten. Er schickte einen Mikrofilm nach Moskau, der die Aufnahme eines Telegramms von Ribbentrop an Botschafter Ott zeigte, in dem mitgeteilt wurde, der deutsche Angriff werde Mitte Juni beginnen.
Haben nun alle diese zahlreichen, vom sowjetischen Geheimdienst gesammelten Nachrichten (besonders auch die Meldungen der Dienststellen, die dem Polizeichef Berija unterstanden) Stalin und die anderen Mitglieder des Politbüros wirklich erreicht? In dem unversöhnlichen Haß, mit dem viele sowjetische Militärs Berija bis heute verfolgen, glauben sie, daß er dieses Material entweder zurückgehalten oder entstellt hat.
Das ist möglich. Es trifft aber auch zu, daß der sowjetische Botschafter in Berlin, Dekanosow, ein enger Vertrauter Berijas gewesen ist, und daher in der Lage war, auf Berijas Anweisung bestimmte Informationen zu färben, zu verschleiern oder zurückzuhalten. Ein weiterer Mitarbeiter Berijas, Bogdan Kobulow, einer der sechs höheren Polizeibeamten, die am 23. Dezember 1953 mit Berija hingerichtet wurden, war Botschaftsrat in Berlin und leitete dort die Tätigkeit des Geheimdienstes. Es gibt Anzeichen dafür, daß Dekanosow tatsächlich Meldungen über deutsche Angriffsvorbereitungen bagatellisiert hat. Andrei J. Wischinski, ein Mitarbeiter Berijas, war als wichtigster Berater Molotows ins Außenministerium versetzt worden. Vielleicht hat auch Wischinski darauf hingearbeitet, das Politbüro zu beruhigen. Doch alle diese Männer konnten es nicht ganz verhindern, daß die Feststellungen der militärischen Gegenspionage Stalin erreichten.
Marschall F. I. Golikow war Chef des Nachrichtendienstes im Generalstab von Mitte Juli 1940 bis Kriegsbeginn. Er behauptet, alle Meldungen über

deutsche Pläne seien Stalin vorgelegt worden und hätten deutlich gezeigt, daß der Überfall vorbereitet wurde.

Kritiker Golikows meinen dazu, er habe die von ihm weitergegebenen Berichte entweder als aus ›zweifelhaften Quellen‹ stammend bezeichnet oder die Vermutung geäußert, sie stammten von Lockspitzeln. Wahrscheinlich hätten aber gerade die aus dunklen Quellen stammenden Meldungen Stalins besonderes Interesse erregt, denn er war von Natur mißtrauisch.

Man muß vermuten, daß Stalin, Schdanow und die anderen Mitglieder des Politbüros die Meldungen wohl erhielten, sie aber falsch interpretierten, weil sie glaubten, sie seien entweder als Provokationen in Umlauf gesetzt worden oder nicht wirklich ernst zu nehmen. Das paßte in Stalins Vorstellung, der glaubte, Deutschland werde den Überfall nicht vor Herbst 1941 oder Frühjahr 1942 beginnen.

»Der Generalstab hat in der Tat nicht geglaubt, der Krieg werde 1941 beginnen«, meint Marschall Woronow, der Inspekteur der sowjetischen Artillerie im Kriege. »Diese Auffassung stammte von Stalin, der gegen alle Vernunft vertrauensvoll an die Einhaltung des Nichtangriffspakts durch Deutschland glaubte und sich weigerte, die deutlich erkennbaren Gefahren zu sehen.«

Es bedurfte eines starken Willens, alle Beweismittel einfach beiseitezuschieben. Der sowjetische Militärattaché in Frankreich, Generalmajor I. A. Susloparow, hatte seit Monaten besorgniserregende Berichte geschickt. Die Deutschen hatten die Tätigkeit der sowjetischen Botschaft systematisch behindert, und im Februar 1941 wurde die Botschaft von Paris nach Vichy verlegt. Damit blieb in Paris nur noch ein sowjetisches Konsulat.

Im April meldete Susloparow nach Moskau, die Deutschen planten für Ende Mai einen Angriff gegen die Sowjetunion. Wenig später berichtete er, wegen des ungünstigen Frühlingswetters sei der Angriff um einen Monat verschoben worden. Ende April war Susloparow von seinen jugoslawischen, amerikanischen, chinesischen, türkischen und bulgarischen Kollegen über den bevorstehenden Überfall unterrichtet worden. Mitte Mai sind alle diese Meldungen nach Moskau weitergegeben worden. Im April meldete der tschechische Agent Skvor die Verlegung deutscher Truppen an die Grenze und berichtete, die tschechischen Skodawerke seien angewiesen worden, die Lieferungen an die Sowjetunion einzustellen. Stalin schrieb mit roter Tinte eine Notiz an den Rand dieser Meldung: »Dieser Informant ist ein englischer Provokateur. Stellen Sie fest, wer für diese Provokation verantwortlich ist, und bestrafen Sie ihn.«

Ein Vorfall, der sich in der bulgarischen Botschaft in Berlin zugetragen hatte, wurde sofort anschließend nach Moskau weitergemeldet. Karl

Bemer, der Chef der deutschen Presseagentur West, hatte in betrunkenem Zustand ausgerufen: »In zwei Monaten wird unser lieber Rosenberg Herr von ganz Rußland sein, und Stalin wird tot sein. Wir werden die Russen schneller vernichten als die Franzosen.« Der Berliner Tass-Korrespondent I. F. Filippow erfuhr kurz darauf von diesem Zwischenfall und konnte berichten, daß Bemer festgenommen worden war, weil er seine Zunge nicht im Zaum gehalten hatte.

Die Meldungen stammten aber nicht nur aus sowjetischen Quellen. Schon im Januar warnte der Unterstaatssekretär Sumner Welles den sowjetischen Botschafter in Washington, Konstantin Umanski, und teilte ihm mit, den Vereinigten Staaten lägen Informationen vor, nach denen die Deutschen sich vorbereiteten, Rußland im Frühjahr anzugreifen.

Am 3. April versuchte Winston Churchill, Stalin durch den britischen Botschafter in Moskau, Sir Stafford Cripps, mitzuteilen, daß der britische Geheimdienst erfahren hatte, die Deutschen gruppierten ihre Streitkräfte für einen Überfall auf Rußland. Sir Stafford hatte gewisse Schwierigkeiten, diese Mitteilung weiterzugeben, denn die Beziehungen zwischen Großbritannien und der Sowjetunion waren damals recht gespannt. Er hatte die Anweisung, entweder mit Molotow oder mit Stalin selbst zu sprechen. Schließlich übermittelte er die Botschaft an Wischinski, und es ist nicht sicher, ob dieser sie nach oben weitergegeben hat.[3]

Ende April lud der Erste Sekretär der amerikanischen Botschaft in Berlin, Jefferson Patterson, den Ersten Sekretär der sowjetischen Botschaft, Valentin Bereschkow, zu einer Cocktailparty in sein hübsches Haus in Charlottenburg ein. Unter den Gästen befand sich auch ein Major der deutschen Luftwaffe, der angeblich aus Nordafrika zu einem Urlaub nach Hause gekommen war. Kurz bevor man auseinanderging, wandte dieser Major sich an Bereschkow.

[3] Churchill entwarf eine kurze, geheimnisvolle Warnung, die Cripps weisungsgemäß Stalin persönlich übergeben sollte. Sie wurde mit einem Begleitschreiben von Eden wenige Tage nach dem 3. April nach Moskau geschickt. Cripps bestätigte den Empfang nicht vor dem 12. April, als er zugleich nach London meldete, er habe eben einen persönlichen Brief ähnlichen Inhalts an Wischinski geschickt. Wenn er Churchills Warnung jetzt weitergäbe, dann werde das Verwirrung stiften. Nach einigem Hin und Her zwischen Churchill, Eden und Cripps wurde die Mitteilung am 19. April Wischinski übergeben, der sie an Stalin weiterleiten sollte. Am 23. April teilte Wischinski mit, Stalin habe sie erhalten, doch hörte man nichts weiter von der Sache. Ob Stalin die Note erhalten hat oder nicht, Hitler scheint jedenfalls davon erfahren zu haben. In einer geheimen Mitteilung des deutschen Außenministeriums an den deutschen Botschafter in Moskau vom 22. April ist der Inhalt der von Cripps abgegebenen Warnung enthalten, die dort auf den 11. April datiert wird. Die Deutschen müssen entweder im sowjetischen Außenkommissariat oder in der sowjetischen Botschaft in Berlin, die über den Inhalt des Schreibens von Cripps unterrichtet worden sein mag, einen Spion gehabt haben. (Churchill: The Grand Alliance. Boston 1950, S. 356–361; Documents on German Foreign Policy 1918–45. Serie D, Bd. XII, S. 604.)

»Patterson hat mich gebeten, Ihnen etwas zu sagen«, begann er. »In Wirklichkeit habe ich keinen Urlaub. Mein Geschwader ist nach gestern eingetroffenen Befehlen von Nordafrika in den Osten, in den Raum von Lódž verlegt worden. Vielleicht ist daran nichts Besonderes, doch weiß ich, daß in jüngster Zeit auch viele andere Truppenteile an Ihrer Grenze versammelt worden sind. Ich weiß nicht, was das bedeutet, würde es aber persönlich bedauern, wenn zwischen Ihrem und meinem Lande etwas geschähe. Natürlich ist das eine ganz vertrauliche Mitteilung.«
Bereschkow war aufs äußerste überrascht. Noch nie hatte ein deutscher Offizier ähnliche streng geheime Informationen weitergegeben. Die Botschaft war von Moskau immer wieder darauf hingewiesen worden, sich nicht provozieren zu lassen. Deshalb fürchtete Bereschkow eine Falle und versuchte nicht, den Offizier weiter auszufragen. Immerhin meldete er den Inhalt des Gesprächs nach Moskau.
Bereschkows Bericht wurde zusammen mit einem ganzen Strom gleichartiger Informationen von der sowjetischen Botschaft in Berlin weitergeleitet. Seit März 1941 waren der Botschaft verschiedene Daten für den möglichen Angriffsbeginn genannt worden: der 6. April, der 20. April, der 18. Mai und der 22. Juni. Alle diese Tage waren Sonntage. Die Botschaft glaubte schließlich, es handle sich hier um eine absichtliche Verschleierung. Es entging der Botschaft auch nicht, daß die deutsche Presse nach einigen Jahren zum erstenmal wieder Auszüge aus ›Mein Kampf‹ brachte. Die neu veröffentlichten Abschnitte enthielten Hitlers Lebensraumtheorien, seine Begründungen für die Notwendigkeit einer Expansion nach Osten. Sollte die deutsche Öffentlichkeit auf kommende Ereignisse vorbereitet werden? Das entsprach genau den anderen Informationen, die die sowjetischen Diplomaten gesammelt hatten.
Im März und Anfang April 1941 waren die Beziehungen zwischen Deutschland und Rußland gespannt. Damals mißachtete Jugoslawien mit stillschweigender (oder mehr als stillschweigender) Billigung Moskaus die Forderungen Deutschlands, das schnell und entschlossen den Feldzug in Griechenland zum Abschluß brachte und den ganzen Balkan besetzte. Als Moskau am 6. April, dem gleichen Tage, an dem Hitler Belgrad angriff, einen Vertrag mit Jugoslawien unterzeichnete, reagierte die deutsche Regierung so heftig, daß Stalin einen Schreck bekam.[4] Ostentativ berief er die diplomatischen Vertretungen aus den von den Deutschen besetzten Ländern Belgien, Griechenland, Jugoslawien, Norwegen und Dänemark ab und erkannte sogar die pro-nazistische Übergangsregierung von Ra-

[4] Der Vertrag wurde in Moskau am 6. April um 1.30 Uhr nachts unterzeichnet. Um 7.00 Uhr morgens griffen die Deutschen Jugoslawien an. Der Vertrag wurde auf den 5. April zurückdatiert; vielleicht, weil man wußte, daß der deutsche Überfall kurz bevorstand. (Henry C. Cassidy: Moscow Dateline. Cambridge, Mass., 1943, S. 10.)

schid Ali im Irak diplomatisch an. Er ergriff die Gelegenheit der Abreise des japanischen Außenministers Matsuoka (der einen Freundschaftspakt mit Molotow abgeschlossen hatte), um den Deutschen demonstrativ seine freundschaftliche Gesinnung vor Augen zu führen. Während der Verabschiedung Matsuokas auf dem Kasaner Bahnhof am 13. April umarmte er den Grafen von der Schulenburg und erklärte: »Wir müssen Freunde bleiben, und Sie müssen alles tun, um das sicherzustellen!« Dann wandte er sich an den deutschen Militärattaché Oberst Hans Krebs und rief: »Wir werden Ihnen auf jeden Fall die Freundschaft halten!« Bei derselben Gelegenheit umarmte Stalin auch Matsuoka und verkündete: »Auch wir sind Asiaten!«

Schulenburg erkannte natürlich die diplomatische Bedeutung hinter Stalins Verhalten und schickte sofort eine Depesche nach Berlin. Vielleicht ist Stalin durch eine vom NKGB an ihn und Molotow übermittelte Meldung beeinflußt worden, die den Inhalt eines Gesprächs zwischen Hitler und Prinz Paul von Jugoslawien wiedergab. Darin hieß es, Hitler habe dem Prinzen mitgeteilt, er werde Ende Juni militärisch gegen Rußland vorgehen. Vielleicht hat die Furcht vor der immer unfreundlicher werdenden Haltung Deutschlands Stalin veranlaßt, die Lieferung sowjetischer Handelsgüter an Deutschland zu beschleunigen. Im April steigerten sie sich aufs neue – 208 000 Tonnen Getreide, 90 000 Tonnen Öl, 8 300 Tonnen Baumwolle, 6 240 Tonnen Kupfer, Zinn, Nickel und andere Metalle und 4 000 Tonnen Gummi. Zum erstenmal begannen die Russen, Gummi und anderes von den Deutschen bestellte Material mit besonderen Expreßzügen über die transsibirische Eisenbahnlinie heranzuschaffen. Ein großer Prozentsatz dieser Lieferungen, darunter auch das Gummi, mußte im Ausland eingekauft werden und war natürlich bestimmt, von den deutschen Streitkräften bei ihrem Angriff gegen Rußland verwendet zu werden. Inzwischen mehrten sich die Meldungen, Mikrofilme und Funksprüche Sorges an den NKGB und nahmen beachtliche Ausmaße an. Während der Abwesenheit des Botschafters Ott, der den japanischen Außenminister nach Berlin und Moskau begleitet hatte, erhielt der deutsche Militärattaché in Tokio, Oberst Kretschmer, die Nachricht, daß Deutschland Rußland angreifen wolle. Am 11. April meldete Sorge: »Vertreter des Generalstabs in Tokio meldet, daß sofort nach Ende des Krieges in Europa der Feldzug gegen die Sowjetunion beginnen wird.«

Während des ganzen April meldeten der sowjetische Generalstab und der Marinestab in den Tagesberichten deutsche Truppenverlegungen an die sowjetische Grenze. Das Informationsbulletin des Generalstabs vom 1. Mai für die militärischen Grenzbezirke faßte die Lage in folgenden Worten zusammen:

»Im Laufe des ganzen März und April hat das deutsche Oberkommando

an der Westfront die Truppenverlegungen aus Räumen in Mitteldeutschland an die Grenzen der Sowjetunion beschleunigt.«
Solche Truppenkonzentrationen ließen sich zum Teil im Raum von Memel auf der anderen Seite der sowjetisch-deutschen Grenze von der vorgeschobenen Basis Libau aus beobachten. Im mittleren Frontabschnitt entlang des Bug bei Lwow waren diese Bewegungen so deutlich zu erkennen, daß der Chef des Grenzschutzes in Moskau um die Erlaubnis nachsuchte, die Familien der an der Grenze eingesetzten Truppen zu evakuieren. Diese Genehmigung wurde kategorisch verweigert, und der Befehlshaber erhielt eine Zurechtweisung, weil er ›Panikstimmung‹ verbreite.
Einflüge deutscher Flugzeuge in den sowjetischen Luftraum mehrten sich, und der deutsche Militärattaché in Moskau, Tippelskirch, wurde am 22. April in das Außenkommissariat gebeten, wo man ihm eine sehr energische Protestnote überreichte. Die Russen behaupteten, vom 18. März bis zum 18. April seien achtzig Einflüge registriert worden. Dabei war ein Flugzeug am 15. April bei Rodno zur Landung gezwungen worden. Man hatte darin eine Kamera, belichtetes Filmmaterial und eine topographische Karte der UdSSR gefunden. Für den Fall, daß weitere Einflüge stattfinden sollten, müßten die Deutschen mit ernsten Zwischenfällen rechnen. Es wurde ausdrücklich darauf hingewiesen, daß die sowjetische Anweisung an die Grenzschutztruppen, nicht auf deutsche Flugzeuge zu schießen, zurückgenommen werden könnte.
Die Gerüchte über einen bevorstehenden deutsch-sowjetischen Krieg, die mit der Ankunft eines jeden Reisenden oder Diplomaten, der aus Deutschland kommend in Rußland eintraf, neue Nahrung erhielten, verdichteten sich in Moskau so sehr, daß die deutschen Diplomaten und Militärattachés das dringende Ersuchen an Berlin richteten, ihnen irgendwelche, wenn auch noch so fadenscheinige Erklärungen an die Hand zu geben, um den Gerüchten entgegenzutreten. Das dichte Agentennetz der sowjetischen Geheimpolizei meldete alle Gerüchte an den NKGB.
Jetzt schickte auch Sorge eine Meldung, die man nur als endgültige Bestätigung der deutschen Absichten bezeichnen kann. Über eine geheime Funkstation übermittelte Sorge am 2. Mai den folgenden Funkspruch aus Tokio:

> Hitler hat beschlossen, den Krieg zu beginnen und die UdSSR zu vernichten, um den europäischen Teil der Union als Versorgungsbasis für Rohmaterial und Getreide zu benutzen. Der kritische Zeitpunkt für den möglichen Angriffsbeginn:
>
> a) Die endgültige Niederwerfung Jugoslawiens;
>
> b) Beendigung der Frühjahrsbestellung;
>
> c) Abschluß der Gespräche zwischen Deutschland und der Türkei.
>
> Die endgültige Entscheidung über den Zeitpunkt des Kriegsbeginns wird Hitler im Mai treffen ...

Am 5. Mai erhielt Stalin eine Meldung von seinem Geheimdienst, die besagte: »Die militärischen Vorbereitungen in Polen gehen ganz offen vor sich. Deutsche Offiziere und Soldaten sprechen unverhohlen über den bevorstehenden Krieg zwischen Deutschland und der Sowjetunion, als sei er schon beschlossene Sache. Man erwartet, daß der Krieg nach Beendigung der Frühjahrsbestellung anfangen wird.«
Auch Sorges Meldungen überschlugen sich. Einen oder zwei Tage später funkte er: »Von einer aus Berlin zurückgekehrten Gruppe Deutscher war zu erfahren, daß der Krieg gegen die UdSSR Ende Mai beginnen wird.« Am 15. Mai gab er als genaues Datum den 20. bis 22. Juni an. Am 19. Mai meldete er: »Gegen die Sowjetunion werden neun Armeen mit 150 Divisionen zusammengezogen.«
Admiral Kusnezow hatte seiner Nordmeerflotte inzwischen befohlen, die Aufklärung nach Westen bis zum Kap Nordkyn in Norwegen vorzutreiben. Die Flottenpatrouillen sollten verstärkt und der Mannschaftsbestand bei den Jagdverbänden und der Flak aufgefüllt werden. Ähnliche Befehle gingen auch an andere Flotteneinheiten hinaus.
Dieser Befehl wurde einen Tag nach dem Bericht des sowjetischen Marineattachés in Berlin, Admiral M. A. Woronzow, erlassen, der nach Moskau gemeldet hatte, er habe von einem Offizier beim Hauptquartier Hitlers die Mitteilung erhalten, Deutschland bereite sich darauf vor, Rußland durch Finnland und die baltischen Staaten anzugreifen. Gegen Moskau und Leningrad sollten angeblich Luftlandetruppen und Fallschirmjäger eingesetzt werden. Die sowjetische Gesandte in Stockholm, Frau Kolontai, meldete Mitte Mai, die deutschen Truppenversammlungen an der russischen Grenze seien die stärksten der Geschichte.
Am 22. Mai meldete der stellvertretende Militärattaché in Berlin, Chlopow, der deutsche Überfall sei für den 15. Juni in Aussicht genommen, könne aber auch Anfang Juli beginnen. Der Militärattaché, General Tupikow, schickte fast täglich Meldungen über deutsche Kriegsvorbereitungen.
Das leitende Personal an der sowjetischen Botschaft in Berlin kam Anfang Mai zu einer Besprechung zusammen, bei der alle verfügbaren Informationen über die deutschen Kriegsvorbereitungen analysiert wurden. Man entwarf einen Bericht, der zu dem Schluß kam, daß die Vorbereitungen fast abgeschlossen seien, und zwar in einem Ausmaß hinsichtlich der Stärke der versammelten Verbände und der Menge des herangebrachten Materials, daß man ohne jeden Zweifel täglich mit einem Angriff gegen Rußland rechnen müsse. Dieser Bericht wurde aber erst gegen Monatsende nach Moskau abgeschickt. Wahrscheinlich hat Dekanosow ihn absichtlich zurückgehalten.
Auch die Meldungen von Sorge liefen weiter wie bisher. Vom deutschen

Militärattaché in Tokio besorgte er sich eine deutsche Karte, auf der der sowjetische militärische Aufmarsch und die deutschen Angriffsrichtungen eingetragen waren. Sorge teilte mit, das Hauptziel der Deutschen sei es, die Ukraine zu besetzen und ein bis zwei Millionen russische Kriegsgefangene als Zwangsarbeiter zu beschäftigen. Nach seinen Informationen wurden 170 bis 190 Divisionen zusammengezogen, und der Angriff sollte ohne Ultimatum und ohne eine Kriegserklärung beginnen. Er berichtete, die Deutschen erwarteten innerhalb von zwei Monaten den völligen Zusammenbruch der Roten Armee und des sowjetischen Regimes.

Etwa am 1. Juni teilte Admiral Woronzow, der russische Marineattaché in Berlin, dem Admiral Kusnezow in Moskau mit, die Deutschen würden etwa am 20. bis 22. Juni angreifen. Kusnezow sorgte dafür, daß Stalin eine Kopie dieses Telegramms erhielt. Das ist auch geschehen.

Am 1. Juni schickte Sorge einen weiteren Funkspruch aus Tokio mit Erläuterungen über die von den Deutschen anzuwendenden Offensivtaktiken. Sie liefen darauf hinaus, russische Verbände abzuschneiden, einzukesseln und die so isolierten Truppen zu vernichten.

Es wäre nicht möglich gewesen, Stalin noch spezifischere, genauere und umfassendere Informationen zu beschaffen. Wahrscheinlich ist noch nie eine Regierung vor einem feindlichen Angriff so gut unterrichtet gewesen. Die unglaubliche Menge von Nachrichtenmaterial, über das die Sowjets verfügten, läßt sogar die beeindruckend gute Arbeit des Nachrichtendienstes der Vereinigten Staaten und deren Ergebnisse vor dem japanischen Überfall auf Pearl Harbor recht mager erscheinen.

Doch die Erfahrung in der Sowjetunion zeigt, daß weder die Quantität noch die Qualität der Berichte des Nachrichtendienstes und seiner Analysen darüber entscheiden, ob die Führung einer Nation rechtzeitig und entschlossen handelt. Die Führung muß in der Lage sein, die Meldungen richtig auszuwerten, die Feststellungen der Spione richtig zu beurteilen und die Warnungen der Diplomaten richtig zu verstehen. Solange die Verbindung von unten nach oben nicht reibungslos funktioniert, solange die Führung nicht ehrliche und objektive Berichte verlangt, und solange sie nicht bereit ist, ohne Rücksicht auf vorgefaßte Meinungen, Vorurteile, früher eingegangene Verpflichtungen und persönliche politische Ambitionen aufgrund solcher Meldungen zu handeln, ist das beste Nachrichtenmaterial der Welt nichts wert oder – was noch schlimmer ist – es wird zum Instrument einer Selbsttäuschung. Das ist im Falle Stalins so gewesen. Nichts hat im ganzen Verlauf der Geschichte des Bolschewismus die tödlichen Fehler des sowjetischen Machtmonopols so deutlich bloßgestellt wie die Tatsache, daß der Mann, der diese Macht in Händen hielt, im entscheidenden Augenblick von seinen eigenen fixen Ideen beherrscht wurde.

7. Was Stalin glaubte

Was dachte Stalin während des langen, kalten russischen Frühjahrs 1941, als sein Geheimdienst erdrückende Beweise anhäufte, daß sein bisheriger Verbündeter Adolf Hitler – im Gegensatz zu allen seinen Beteuerungen – sich anschickte, die Sowjetunion zu überfallen?
Sicherlich wußte Stalin, daß die Zeiten sich geändert hatten und der Gipfelpunkt der nazistisch-sowjetischen Entente überschritten war.
Nach dem Zusammenbruch Frankreichs war der Schriftsteller Ilja Ehrenburg aus Paris nach Moskau zurückgekehrt. Er war ein glühender Verehrer Frankreichs, und die Vergewaltigung dieses Landes durch die Nationalsozialisten hatte ihn zutiefst erschüttert. Er arbeitete an einem Roman, der die jüngsten Entwicklungen in Frankreich zum Thema hatte. Der Titel des Buchs lautete ›Der Fall von Paris‹. Mit Rücksicht auf den deutsch-sowjetischen Pakt fand sich kein Moskauer Verlag bereit, das Buch zu veröffentlichen. Die Zensur erlaubte nicht einmal den Vorabdruck in Fortsetzungen in einer Zeitschrift.
Ehrenburg, der sich nicht mehr zu helfen wußte, schickte einen Durchschlag des Manuskripts an Stalin und hoffte auf dessen Unterstützung.
Eines Morgens im April läutete das Telefon. Stalin war am Apparat. Ehrenburg war völlig verwirrt. Der Hund seiner Tochter bellte. Er hatte bisher noch niemals mit Stalin gesprochen. Stalin sagte: »Wir haben uns noch nicht kennengelernt, aber ich kenne Ihre Arbeit.«
Ehrenburg murmelte: »Ja, ich kenne auch die Ihre.«
Stalin sagte ihm, er habe das Manuskript gelesen und werde versuchen, es durch die Zensur zu bringen. »Wir werden uns gemeinsam darum bemühen«, meinte er.
Der politisch versierte Ehrenburg wußte, das konnte nur eines bedeuten, den Krieg. Stalin bereitete einen Krieg gegen Deutschland vor.
Zehn Tage später gab Stalin für die jungen Absolventen der sowjetischen Heeres- und Marinekriegsschulen einen Empfang im Kreml. Es war der 5. Mai. Seine Ansprache dauerte 40 Minuten, und er sprach in allem Ernst von der Möglichkeit eines bevorstehenden Krieges. Er deutete an, daß die Rote Armee nach seiner Meinung noch nicht bereit sei, sich der

Wehrmacht zu stellen. »Halten Sie das Pulver trocken!« sagte er und empfahl den jungen Offizieren, für jede Möglichkeit gerüstet zu sein.

Es wird behauptet, Stalin habe gesagt, während der kommenden Monate werde es eine Krise in den Beziehungen zwischen Deutschland und Rußland geben, er hoffe jedoch, den Krieg noch bis 1942 hinauszögern zu können. Das sollte heißen, 1942 werde es bestimmt zum Krieg kommen. Nach einem anderen Bericht soll Stalin gesagt haben, er wolle sich darum bemühen, zu einem »neuen Kompromiß« mit Deutschland zu kommen.[1]

Am folgenden Tag, dem 6. Mai, übernahm Stalin zum erstenmal ein Regierungsamt. Er trat als Ministerpräsident an die Stelle Molotows, der Stellvertreter wurde und Außenkommissar blieb. Während dieser Periode befahl Stalin die Durchführung bestimmter Vorsichtsmaßregeln. Aus dem Ural und dem Wolgagebiet wurden Reserveverbände an den Dnjepr, die westliche Düna und in andere Grenzgebiete verlegt.

Einige sowjetische Untersuchungen sehen in Stalins Verhalten während des Mai viel Widersprüchliches. Einerseits hielt er an seinem alten Lehrsatz fest, der besagte, es werde keinen deutschen Überfall geben. Andererseits begann er jetzt, durchblicken zu lassen, er fürchte, die Deutschen könnten tatsächlich gegen Rußland vorgehen.

Wie andere die Lage beurteilt haben, zeigt der beißende Kommentar des sowjetischen Marineschriftstellers Alexander Sonin, wenn er über die damals herrschende Stimmung schreibt:

»Alle Anzeichen sprachen mehr als deutlich dafür, daß Hitler den Vertrag brechen würde. Es bedurfte schon der überheblichen Blindheit eines Nikolaus I. oder der bombastischen Naivität eines Schauspielers, wenn man zuversichtlich behauptete, es werde keinen Krieg geben, und erklärte:

[1] Diese Version der Ansprache Stalins gibt Alexander Werth aufgrund sowjetischer Quellen. Sie stimmt recht genau mit anderen Beurteilungen der Haltung Stalins überein. Im Oktober 1941 äußerte Stalin z. B. in einem Gespräch mit Lord Beaverbrook, er zweifle nicht daran, daß der Krieg ausbrechen werde, hoffe aber, ihn noch etwa 6 Monate hinauszögern zu können. Margaret Bourke-White, die im Mai 1941 in Moskau war, hörte, das Thema der Ansprache Stalins sei gewesen: »Deutschland ist unser eigentlicher Feind.« Sie stellte fest, daß in ganz Moskau darüber geredet wurde. Die sowjetische Zensur unterdrückte alle Berichte über dieses Thema, und Margaret Bourke-White behauptet, ein Journalist sei eine Woche, nachdem er die Geschichte hinausgeschmuggelt habe, ausgewiesen worden. Die Sache mit dem »neuen Kompromiß« ist in einem Bericht des deutschen DNB-Korrespondenten enthalten, den die deutsche Botschaft am 4. Juni nach Berlin weitergegeben hat. Einige sowjetische Kommentatoren meinen, der Flug von Rudolf Heß am 8. Mai 1941 von Deutschland nach England sei unternommen worden, um Stalin zu verwirren und seinen Englandhaß anzufachen (Alexander Werth: Russia at War, 1941–1945. New York 1965, S. 122–123; Gustav Hilger und Alfred G. Mayer: The Incompatible Allies. New York 1953, S. 330; Nazi-Sowjet Relations, 1939–1941. Washington 1948, S. 337; Henry C. Cassidy: Moscow Dateline. Cambridge 1943, S. 2; Margaret Bourke-White: Shooting the Russian War. New York 1942, S. 31; Documents on German Foreign Policy. Serie D, Bd. XII, S. 964.

›Beruhigt euch, wir werden die Entscheidung treffen, wir werden bekanntgeben, wann die Zeit gekommen ist, das Unkraut zu mähen.‹ «

Die wie eine Seuche um sich greifenden Gerüchte über einen bevorstehenden deutschen Angriff und die sichtbaren Beweise für Truppenversammlungen und Verletzungen des Luftraums an der Grenze begannen sich auf die Moral der Truppe auszuwirken. Der Erste Politkommissar der Kriegsmarine, I. W. Rogow, berichtete von einer »ungesunden Stimmung« in der Flotte. Rogow war ein strenger, gebieterischer Mann. Er hatte den Spitznamen ›Iwan der Schreckliche‹, denn seine Vor- und Vatersnamen Iwan Wasiljewitsch glichen denen des berühmten grausamen Zaren. Ohne sich vorher anzumelden, pflegte er mit seinem Stab von einer Flotte zur anderen zu reisen, von der Arktis ans Schwarze Meer und von der Donau an den Pazifik. Willkürlich beförderte er Mannschaften um zwei Ränge oder setzte den militärischen Rang eines Untergebenen um zwei Stufen herab. Er hatte tiefliegende, von schweren, schwarzen Brauen beschattete Augen. Er litt unter Herzbeschwerden, aber keiner seiner Mitarbeiter wußte das. Jetzt war selbst dieser ernste, beherrschte und befehlsgewohnte Mann unsicher geworden und wußte nicht, welche Richtung er einschlagen sollte.

»Was sollen wir gegen all das Gerede über deutsche Angriffsvorbereitungen gegen die Sowjetunion unternehmen?« fragte er Admiral Kusnezow. Die Schwierigkeit lag vor allem darin, daß Gerüchte und der sanfte Ton der Presse einander widersprachen. Wer von Krieg redete, wurde als Provokateur gebrandmarkt. Rogow und Kusnezow kamen zu dem Schluß, die Politkommissare müßten der Truppe einschärfen, wachsam zu bleiben, und darauf hinweisen, daß Deutschland der voraussichtliche Gegner sei.

In der Kriegsmarine wurde diese Anweisung befolgt, nicht aber überall in den sowjetischen Streitkräften, und zwar aus gutem Grund. Am 3. Juni fand in Moskau eine Besprechung des Obersten Militärsowjets statt, der einen Entwurf für Anweisungen an die Politkommissare der Armee billigen sollte, die darauf hinwiesen, daß man wachsam bleiben müsse und die Gefahr eines Krieges bestünde. Der vertraute Mitarbeiter Stalins, Georgi M. Malenkow, griff diesen Vorschlag mit scharfen Worten an, weil die Truppe damit auf einen unmittelbar bevorstehenden Krieg vorbereitet würde. Eine solche Interpretation der Lage sei, so sagte er, ganz unannehmbar.

»Das Schriftstück ist primitiv formuliert«, spottete Malenkow, »und es erweckt den Eindruck, wir würden morgen in den Krieg ziehen.«[2]

[2] Welikaja Otećestwennaja Woina Sowjetskowo Sojusa, 1914–1945. Moskau 1965, S. 58. ›*Survey*‹, Juni 1967, datiert die Besprechung auf den 17. Juni 1941 und behauptet, die Meinungsverschiedenheit sei zwischen Malenkow und Kusnezow entstanden.

Stalin stellte sich hinter Malenkow, und die Anweisungen wurden nicht herausgegeben. Die offizielle Haltung blieb unverändert. Alle Gerüchte und Meldungen seien nur ein britischer Trick, um die Beziehungen zwischen Rußland und Deutschland zu belasten.

Daß Stalin noch kurz vor Kriegsausbruch daran geglaubt hat, den Beginn der Feindseligkeiten verhindern zu können, wird durch die Tatsache bestätigt, daß er am 6. Juni einen umfassenden Plan genehmigte, nach dem die sowjetische Industrie auf Kriegsproduktion umgestellt werden sollte. Der Zeitplan sah den Abschluß dieser Umstellung für *Ende 1942* vor! Dieser wohldurchdachte und gut abgestimmte Plan erforderte eine Umstellung zahlreicher Werke der Verbrauchsgüterindustrie auf die Herstellung von Kriegsmaterial und die Errichtung dringend notwendiger Verteidigungsanlagen.

Nach sorgfältiger Analyse der Planungen für die sowjetische Kriegswirtschaft jener Zeit schreibt der sowjetische Wirtschaftsexperte Krawćenko: »Stalin unterschätzte den tatsächlichen Ernst der von den Deutschen gegen die Sowjetunion gerichteten Kriegsdrohung und glaubte nicht an die Möglichkeit eines Überfalls auf die UdSSR im Sommer 1941.« Am 22. Juni 1941 verfügte die sowjetische Luftwaffe nur über 593 moderne Jäger und Bombenflugzeuge. Die Armee hatte bis dahin nur 594 neue schwere 60-t-Panzer vom Typ KW und 1225 einsatzfähige neue mittlere Panzer vom Typ T 34 erhalten.[3]

Der ehemalige Chef des Stabes, Marschall Andrei Gretschko, schreibt: »Stalin hat nie an die Möglichkeit eines deutschen Angriffs gegen die Sowjetunion im Juni 1941 geglaubt.«

Am 6. Juni, als Stalin den Plan für die Umstellung der sowjetischen Industrie auf die Produktion von Rüstungsgütern bis zum Ende 1942 genehmigte, legte der NKGB ihm eine Analyse des Geheimdienstes vor, nach der die Deutschen mehr als vier Millionen Mann an der sowjetischen Grenze bereitgestellt hatten.

Von allen Seiten kamen jetzt die Warnungen, darunter auch aus London.

[3] Krawćenko meint, der ›Personenkult‹ habe die militärischen Vorbereitungen der Sowjetunion während der Vorkriegszeit gehemmt. Es entstanden Verzögerungen bei der Aufnahme der Produktion neuer Ausrüstung und Bewaffnung. 1940 erzeugte Deutschland z. B. 10 250 Flugzeuge modernster Typen, England 15 000. Die Sowjets bauten nur 54 Jak-1, 20 Mig-3 und 2 P2. Nur 2 794 Panzerwagen wurden 1940 gebaut, die meisten vom alten Modell T 26 und BT. Nur 243 60-Tonner KW und 115 T 34 verließen die Fabriken. Die Herstellung des 45-mm-Flakgeschützes lief aus, aber die Produktion des 57-mm-Geschützes hatte noch nicht begonnen. Im ganzen wurden nur 2 760 Flugabwehrgeschütze gebaut. (G. Krawćenko. In: ›*Wojenno-Istorićeskii Žurnal*‹, Nr. 4, April 1965, S. 37.) Im ersten Halbjahr 1941 stieg die Produktion der T 34 auf 1 100 (I. Krapćenko. In: ›*Wojenno-Istorićeskii Žurnal*‹, Nr. 10. Nov. 1966, S. 48). Im ersten Halbjahr 1941 wurden erzeugt: 1 946 Mig-3, JAK-1 und LAGG-3 sowie 458 PE-2 und 249 IL-2 Stormowik. (A. Jakowlew: Zel Žisni. Moskau 1966, S. 239.)

Der ständige Unterstaatssekretär im Foreign Office, Lord Cadogan, rief am 10. Juni den Botschafter Maiski an.
»Nehmen Sie ein Stück Papier«, sagte Cadogan, »und schreiben Sie auf, was ich Ihnen diktieren werde.« Er zählte (mit den dazugehörigen Daten und Bezeichnungen der Truppenteile) die deutschen Verbände und ihre Versammlungsräume an der sowjetischen Grenze auf. Mit einem dringenden verschlüsselten Telegramm gab Maiski diese Meldung nach Moskau weiter. Die einzige Antwort, die er je erhalten hat – wenn das eine Antwort war –, war die Tass-Erklärung vom 13. Juni, die alle Gerüchte über einen sowjetisch-deutschen Krieg als britische Provokationen abtat.
Malenkows Verbot, die Armee politisch realistisch zu informieren, hatte sehr bald unheimliche Folgen. Offiziere, die auch weiter vor einem deutschen Überfall warnten oder von einer Kriegsgefahr sprachen, wurden als Provokateure gebrandmarkt. Einige wurden verhaftet, anderen drohte man mit der Verhaftung.[4] Die aus Moskau zur Truppe geschickten Politkommissare behaupteten, Stalin führe zur Vermeidung eines Krieges einen sehr schwierigen Balanceakt aus. Einer von ihnen drückte das so aus: »Stalin kann so leise gehen, daß nicht einmal das Porzellan im Schrank klirrt.« Die politische Propaganda griff auf Bismarck zurück, der gesagt hatte, Deutschland könne keinen Zweifrontenkrieg führen.
Diese Haltung hatte katastrophale Folgen. So waren zum Beispiel an der von der Vierten Armee verteidigten lebenswichtigen Grenze am Bug bis zum 5. Juni mehr als 40 deutsche Divisionen festgestellt worden. Man wußte, daß mindestens 15 Infanteriedivisionen, 5 Panzerdivisionen, 2 motorisierte und zwei Kavalleriedivisionen in Richtung auf Brest-Litowsk angesetzt werden konnten. Dennoch versicherte General A. A. Korobkow seinen Mitarbeitern am 10. Juni, nachdem er von Armeegeneral D. G. Pawlow im Hauptquartier des Minsker Militärbezirks den letzten Lagebericht gehört hatte, Moskau befürchte keinen deutschen Angriff.
Marschall Iwan K. Bagramjan gehörte damals als Oberst und stellvertretender Chef des Stabes dem Militärbezirk Kiew an. Ende Mai lagen ihm Berichte des Geheimdienstes vor, nach denen die Deutschen die Grenzbezirke von Zivilisten geräumt hatten. Am 6. Juni wurden die deutschen Grenzschutzverbände von Feldtruppen abgelöst, und alle Krankenhäuser kamen unter militärische Verwaltung. Zweihundert Truppentransportzüge kamen schätzungsweise täglich an der ukrainischen Grenze an, und das Poltern der Lastkraftwagen entlang der ganzen Grenzlinie ließ die Bewohner nachts nicht schlafen.

[4] In Alexander Rosens Roman Poslednije Dwe Nedely (Moskau 1963) wird dieses Thema ausführlich behandelt. Der sowjetische Kritiker A. Plotkin meint, die Darstellung Rosens werde durch die historischen Tatsachen voll und ganz bestätigt. (A. Plotkin: Literatura i Woina. Moskau-Leningrad 1967.)

Der Befehlshaber in Kiew, Generaloberst M. P. Kirponos, befahl einigen Truppenteilen, noch nicht ganz fertiggestellte Befestigungen unmittelbar an der Grenze zu besetzen. Kaum hatten die Truppen begonnen, in die neuen Stellungen zu rücken, als der Chef des Stabes Schukow aus Moskau die Zurücknahme dieser Verbände forderte: »Der Chef des NKWD bei den Grenztruppen meldet, der Befehlshaber der Grenzbefestigungen habe den Auftrag erhalten, die vordersten Stellungen zu besetzen. Diese Aktion könnte die Deutschen zu einem bewaffneten Eingreifen provozieren, das wiederum ernste Folgen haben würde. Es wird Ihnen befohlen, die Aktion sofort rückgängig zu machen und insbesondere zu melden, wer eine so willkürliche Maßnahme veranlaßt hat.« Nach einer Version ging die Initiative für den Gegenbefehl von Polizeichef Berija aus.

Tatsächlich sind im Befehlsbereich von Kirponos eine ganze Reihe von Maßnahmen getroffen worden, um die Truppe auf einen plötzlichen Kriegsausbruch vorzubereiten. Seit dem Winter hatte Bagramjan schon Pläne für den Fall einer Bedrohung der Westgrenze ausgearbeitet. Eine Variante war Anfang Februar gebilligt und an den Generalstab in Moskau weitergeleitet worden, aber die Entscheidung darüber verzögerte sich immer wieder, und der Plan mußte häufig revidiert werden. Erst am 10. Mai wurde er endgültig vom Kreml genehmigt.

Etwa um die gleiche Zeit, am 5. Mai, erhielten die Grenzbezirke neue Direktiven über die Gliederung ihrer Truppen für die Verteidigung. Darin hieß es, starke Reserven seien zurückzuhalten, und zwar besonders Panzerverbände in weit rückwärts gelegenen Bereitstellungsräumen. Das Oberkommando in Kiew wurde angewiesen, sich auf die Aufnahme beträchtlicher Verstärkungen aus dem Kaukasus vorzubereiten. Zu diesen neu herangeführten Truppen gehörten das XXXIV. Infanteriekorps bestehend aus fünf Divisionen unter Generalleutnant M. A. Reiter und drei Divisionen des XXV. Korps. Diese Verbände wurden in der Neunzehnten Armee unter I. S. Konjew zusammengefaßt. Wenig später erhielt der Bezirk die Nachricht, daß er auch die Sechzehnte Armee unter Generalleutnant M. F. Lukin aus Transbaikalien aufnehmen müsse. Die Armee sollte zwischen dem 15. Juni und dem 10. Juli eintreffen.[5]

Glaubte Stalin jetzt immer noch, die Deutschen planten keinen Angriff oder er könne, wenn sie solche Absichten hätten, Hitler ausmanövrieren?

[5] Am 13. Juni sah General M. I. Kasakow auf dem Flug von Taschkent nach Moskau unter sich auf der Transsibirischen Eisenbahnstrecke mehrere Züge hintereinander nach Westen fahren. Er erkannte die Züge als Truppentransporte. Er wußte, daß sie nicht aus Zentralasien kamen (wo er selbst stationiert war) und schloß daraus, daß eine Truppenverschiebung großen Umfangs von Ostsibirien oder Transbaikalien im Gange war. Am folgenden Tage bestätigte sich seine Vermutung, als er den Befehlshaber des Militärbezirks Transbaikalien, General Lukin, im Verteidigungskommissariat wiedersah. (M. I. Kasakow, a. a. O., S. 68.)

Am 13. oder 14. Juni besuchte Admiral Kusnezow den Kreml. Hier hatte er die letzte Begegnung mit Stalin vor Kriegsausbruch. Er trug ihm die Ergebnisse der letzten Geheimdienstberichte jeder Flotte vor, teilte mit, daß die Schwarzmeerflotte in Kürze mit einem Manöver beginnen werde und daß die Deutschen die Arbeit an dem noch unfertigen Kreuzer ›Lützow‹ in Leningrad praktisch eingestellt hätten. Er legte einen Bericht über die Anzahl deutscher Schiffe in sowjetischen Häfen und eine von seinem Chef des Stabes aufgestellte Tabelle vor, aus der zu ersehen war, wie schnell die Zahl dieser Schiffe sich verringert hatte. Kusnezow meinte, die Tabelle zeige in dramatischer Weise, daß Deutschland sich auf einen Krieg vorbereite und die Feindseligkeiten in kürzester Zeit eröffnen werde. Wäre es nicht richtig, sowjetischen Schiffen zu befehlen, sie sollten deutsche Gewässer verlassen? Kusnezow wollte Stalin diese Frage stellen, aber, wie er schreibt, »schien es mir, als sei meine Gegenwart durchaus nicht mehr erwünscht«. Er verließ Stalins Arbeitszimmer, ohne gefragt zu haben, ob die Flotte sich auf den Ernstfall vorbereiten solle. Nichts deutet darauf hin, daß man aufgrund seines Vortrags etwas unternommen hätte.

Am gleichen Tage genehmigte Stalin die Veröffentlichung der Tass-Erklärung, in der behauptet wurde, die Kriegsgerüchte seien ein britischer Trick. Kusnezow glaubte, Stalins starkes Mißtrauen gegenüber den Briten (und in geringerem Maß auch gegenüber den Amerikanern) sei daran schuld, daß er die Bedeutung und den Wert der ihm durch den Geheimdienst übermittelten Nachrichten nicht erkennen konnte. Stalin war überzeugt, daß alles, was Churchill oder die Briten an ihn herantrugen, Teil eines ausgeklügelten Plans sei, ihn in den Krieg hineinzuziehen. Als Botschafter Maiski daher die britischen Informationen über die von den Deutschen an der sowjetischen Grenze zusammengezogenen Divisionen weitergab, wies Stalin sie zurück. Die gleiche Haltung nahm er ein, als Maiski am 13. Juni meldete, die Briten seien bereit, im Fall eines deutschen Überfalls sofort eine Militärmission nach Moskau zu schicken, und als Maiski am 18. Juni mitteilte, Cripps habe ihm gesagt, der deutsche Angriff stehe kurz bevor, und die Deutschen hätten jetzt 147 Divisionen an der sowjetischen Grenze versammelt.

Die Ironie des Schicksals wollte es, daß Richard Sorge in Tokio die letzte Funkmeldung vor Kriegsausbruch am gleichen Tage nach Moskau schickte, an dem er in der japanischen Presse die Tass-Erklärung vom 13. Juni las. Sorge hatte am 12. Juni eine Mitteilung aus Moskau erhalten, in der starke Zweifel an der Richtigkeit seiner früheren Meldungen über deutsche Kriegsvorbereitungen ausgesprochen wurden. Einem Mitarbeiter gegenüber äußerte Sorge seine schweren Bedenken. Er wollte nicht glauben, daß Stalin seine Angaben bezweifelte. So diktierte er ein neues

Telegramm, in dem es hieß: »Ich wiederhole: Neun Armeen mit 150 Divisionen werden im Morgengrauen des 22. Juni 1941 auf breiter Front angreifen.«

Der Funkspruch war mit seinem gewohnten Decknamen ›Ramsey‹ unterzeichnet.[6]

Nach Ansicht sowjetischer Historiker hat keine Meldung des Geheimdienstes die vorgefaßte Meinung Stalins und seiner engsten Mitarbeiter Schdanow, Berija und Malenkow, es werde jetzt noch keinen deutschen Angriff geben, umzustoßen vermocht. Während der letzten Tage vor dem Kriege ging ein Befehl nach dem anderen an die Grenztruppen, und immer wieder wurde es ihnen verboten, Bewegungen in unmittelbarer Grenznähe durchzuführen, damit dies von den Deutschen nicht als Provokation ausgelegt würde.[7]

Nicht einmal dann, als deutsche Aufklärungsflugzeuge versehentlich am 19. Juni auf sowjetischen Flugplätzen landeten, wurde die Auffassung Moskaus revidiert. Es trifft allerdings zu, daß General Kirponos am gleichen Tag den Auftrag erhielt, seinen Gefechtsstand nach Tarnopol, näher an die Grenze zu verlegen. Das sollte am 22. Juni geschehen. Ein Befehl für die Heranführung der Truppen oder für eine Bereitstellung der Flugzeuge wurde jedoch nicht erteilt.[8]

Die Politkommissare in der Armee wurden angewiesen, einen neuen Propagandakurs zu verfolgen, der den Intentionen des Tass-Kommuniqués entsprechen sollte. Es ergaben sich drei Hauptpunkte: Erstens, alles Gerede vom Krieg ist provokativ, zweitens, die Tass-Erklärung beweist, daß es keine Mißverständnisse mit Deutschland gibt, und drittens, dank der Politik Stalins ist der Friede auf lange Sicht gesichert.

[6] M. Kolesnikow gibt als Absendedatum dieses Funkspruchs den 17. Juni an (Takim byl Richard Sorge. Moskau 1965, S. 171.). Sorges Meldung wurde an Stalin weitergegeben (P. N. Pospelow: Welikaja Otečestwennaja Woina Sowjetskowo Sojusa, 1941–1945. Moskau 1965, S. 58.)

[7] Die Untersuchung des sowjetischen Verteidigungsministeriums über die Rolle der Kommunistischen Partei im II. Weltkrieg sagt ganz schlicht, Stalin habe über reichhaltige und ausgezeichnete Geheimnachrichten verfügt, aus denen der Zeitpunkt des zu erwartenden Kriegsbeginns klar hervorging. Er hat diese Meldungen ebenso wie Marschall Schukow und die verantwortlichen Verteidigungskommissare nach Ansicht des Ministeriums einfach ignoriert. (I. M. Schljapin, M. A. Schwarew, I. J. Fomičenko: Kommunističeskaja Partija w Period Welikoi Otečestwennoi Woiny. Moskau 1958, S. 42.)

[8] General Bagramjan führte das Stabsquartier, das am Morgen des 21. Juni von Kiew nach Tarnopol verlegt wurde. Er hatte zuviel zu tun gehabt, um Zeitungen zu lesen, und auf dem Wege sah er in die Armeezeitung ›*Krasnaja Swjesda*‹ hinein. Nichts Besonderes fiel ihm auf, aber die Feindmeldungen von der Grenze beunruhigten ihn stark. Gegen 5.00 Uhr morgens am 22. fuhr seine Marschkolonne durch Brody, gerade in dem Augenblick, als der Jagdflugplatz von deutschen Flugzeugen bombardiert wurde. Das Stabsquartier erreichte zwischen 6.00 und 7.00 Uhr morgens Tarnopol, nachdem es zwei deutsche Luftangriffe erlebt hatte. (Bagramjan. In: ›*Wojenno-Istoričeskii Žurnal*‹, Nr. 3, März 1967, S. 61.)

Das entsprach höchstwahrscheinlich auch der Auffassung Stalins und Schdanows. Schdanow war Chef der Propaganda- und Agitationsabteilung der Partei. Die Parteilinie lautete ›kein Krieg‹, und sie ist unter seiner strengen Aufsicht festgelegt worden.

Nur in der Flotte war es möglich, bis zum gewissen Grade wachsam zu bleiben. Aufgrund der Bemühungen Kusnezows und seines ersten Politkommissars I. W. Rogow wurde die Truppe im politischen Unterricht auch weiter über die drohenden Gefahren und die Möglichkeit eines deutschen Überfalls belehrt.[9]

Rogow hatte einen ganzen Trupp von Propagandarednern für die Dauer der Manöver zur Schwarzmeerflotte geschickt. Sie standen unter der Führung des Vizeadmirals I. I. Asarow und hatten die Aufgabe, die Matrosen über die Bedrohung durch Deutschland aufzuklären. An dem Tage, als Asarow vor der Besatzung des Kreuzers ›Krasny Kawkas‹ sprach, verurteilte die Agentur Tass alle Kriegsgerüchte als Provokationen.

Kapitän A. W. Buschkin wendete sich an Asarow und sagte: »Genosse Kommissar, Sie werden noch einen zweiten Vortrag halten müssen, um uns zu erklären, wem wir glauben sollen. Ist jeder, der von einem bevorstehenden Krieg spricht, ein Provokateur oder nicht?«

Diese Frage konnte Asarow nur schwer beantworten, aber er fand einen Ausweg und sagte, die Tass-Erklärung wende sich nur an das Ausland.

Am 11. Juni erhielt Stalin eine Meldung des NKGB, nach der die deutsche Botschaft in Moskau am 9. Juni die Anweisung erhalten hatte, alle Vorbereitungen zu treffen, die Botschaft im Lauf der folgenden sieben Tage zu räumen. Augenscheinlich würden im Keller des Botschaftsgebäudes Dokumente verbrannt. Fünf Tage später meldete der NKGB, die in Ostpreußen zusammengezogenen Truppen hätten den Befehl erhalten, bis zum 13. Juni die Bereitstellungsräume zum Angriff gegen Rußland einzunehmen. Später wurde die Frist bis zum 18. Juni verlängert.

Jetzt begannen auch Gerüchte über die von Churchill und Roosevelt an Stalin gegangenen Warnungen unter den höheren Offizieren zu kursieren. Im Verteidigungskommissariat herrschte eine höchst gespannte Stimmung.[10] Am 18. Juni antwortete Marschall A. M. Wasilewski auf eine

[9] Vizeadmiral W. N. Jeroschenko erinnert sich daran, daß der Befehlshaber der Schwarzmeerflotte, Admiral F. S. Oktjabrski Mitte Juni die Werften in Nikolajew besuchte, um seine Kommandeure vor einem möglicherweise bevorstehenden deutschen Angriff zu warnen. (W. N. Jeroschenko: Lider Taschkent. Moskau 1966, S. 22.)

[10] Doch General Kasakow war erstaunt, feststellen zu können, daß der Verteidigungskommissar und General Schukow am Mittwochabend, dem 18. Juni, sich einen langen und wenig ergiebigen deutschen Dokumentarfilm ansahen, anstatt sich mit dringenden Verteidigungsfragen zu beschäftigen. Zwei Tage darauf, am 20. Juni, empfing Timoschenko den General P. I. Batow und übertrug ihm eine neue Aufgabe. Er sollte die Verteidigung der Krim zu Lande übernehmen. Batow hatte alles mögliche Gerede und Gerüchte über die

Frage: »Alles wird in Ordnung sein, wenn die Deutschen nicht innerhalb der nächsten fünfzehn bis zwanzig Tage angreifen.«
Worauf gründete Wasilewski diese Behauptung? Teilweise sicher auf die Verlegung von Verstärkungen in den Westen, die jetzt, wenn auch zu spät, in großem Umfang vorgenommen wurden. Parallel zum deutschen Aufmarsch wurden auch die sowjetischen Truppen ständig verstärkt.
Die Heranführung der deutschen Verbände war in drei Phasen erfolgt. Im Herbst 1940 gingen etwa 30 Divisionen nach Ostpreußen und Polen. Bis Mitte Mai 1941 wurden diese Kräfte auf 70 Divisionen verstärkt. Während der gleichen Zeit brachten auch die Russen etwa 70 Divisionen an die Westgrenze, doch die sowjetischen Divisionen waren im allgemeinen nicht auf Sollstärke aufgefüllt und rückten noch nicht in die vordersten Stellungen an der Grenze ein.
Am 25. Mai setzten neue starke deutsche Truppenbewegungen ein, und täglich kamen etwa 100 Einheiten im Aufmarschgebiet an. Bald trafen auch die Mitte Mai heranbefohlenen sowjetischen Verstärkungen im Westen ein. Diese Verschiebungen erfolgten sehr schnell, und die verlegten Truppen erschienen zunächst ohne Waffen und Ausrüstung. Sie wurden an der westlichen Düna und am Dnjepr zwischen Kraslawa und Krementschug zusammengezogen. In diesen Raum wurden auch die Verbände Konjews aus dem Nordkaukasus und die Armee Lukins aus Transbaikalien verlegt. Diese Truppen versammelten sich bei Schepetowka, ostwärts von Rodno. Die Besetzung der Stellungen an der Grenze durch die Fronttruppen erfolgte aber nur sehr langsam.
Die Truppenverschiebungen aus dem Inneren des Landes sollten in der zweiten Julihälfte beendet sein. Das war der kritische Zeitpunkt, von dem Wasilewski gesprochen hatte.[11]

deutschen Angriffsvorbereitungen gehört,aber Timoschenko versicherte ihm, die Lage an der Grenze sei ganz ruhig, und Batows Sorgen seien unbegründet. Batow erhielt keine besonderen Anweisungen für Maßnahmen, die bei einem plötzlichen Kriegsausbruch zu ergreifen wären. Auch wurde ihm nichts über die Zusammenarbeit mit der Schwarzmeerflotte oder den Ausbau von Stellungen auf der Krim für den Fall militärischer Operationen zu Lande mitgeteilt. Batow schreibt: »Und das geschah am 20. Juni 1941.« (P. I. Batow: W Pochodach i Bojach. Moskau 1966, S. 7). Andererseits erfuhr General S. I. Kabanow, der Kommandant der auf dem gepachteten finnischen Gebiet bei Hangö eingerichteten Truppenbasis, am 19. Juni, daß der sowjetische Militärattaché in Helsinki und der dortige sowjetische Gesandte ihre Familien aus einer Villa auf dem Lande bei Hangö abgeholt hatten. Er vermutete richtig, daß dies geschehen war, weil sie meinten, der Krieg stehe kurz bevor. (Vizeadmiral N. K. Smirnow: Matrosy Saśćisćajut Rodinu. Moskau 1958, S. 16.) Admiral N. G. Kusnezow behauptet, der sowjetische Gesandte in Finnland, S. I. Sotow, habe Kabanow am 19. Juni vor dem bevorstehenden deutschen Überfall gewarnt. (›*Oktjabr*‹, Nr. 8. August 1968, S. 164.)

11 Der strategische Aufmarsch an die sowjetischen Grenzen vollzog sich nach Plänen, die der Generalstab im Herbst 1940 aufgestellt hatte. Jedoch die sehr umfangreichen Bewegungen zur westlichen Düna und zum Dnjepr sollten nicht früher als Ende Juli abgeschlossen sein. Zu dieser Zeit kämpfte die Rote Armee aber schon im Raum von Smolensk um

Bis zum 21. Juni 1941 hatten die Sowjets etwa 2,9 Millionen Mann gegenüber schätzungsweise 4,2 Millionen deutscher Truppen in den westlichen Militärbezirken aufmarschieren lassen. Die Gesamtstärke der sowjetischen Streitkräfte hatte sich seit 1939 bis zum Januar 1941 auf 4,2 Millionen gegenüber 2,5 Millionen im Januar 1939 erhöht. Am 1. Juni betrug sie fast 5 Millionen. Die Luftstreitkräfte hatten sich verdreifacht, und die Landstreitkräfte waren jetzt 2,7mal so stark wie zuvor. Die Armee verfügte über 125 neue Schützendivisionen.

Aber die Zahlen täuschten. Der Armee standen nur dreißig Prozent der für die Truppe vorgesehenen automatischen Waffen zur Verfügung. Nur zwanzig Prozent der Flugzeuge und neun Prozent der Panzer entsprachen dem neuesten Stand der Entwicklung. Als General S. M. Štemenko im Juli 1941 die 34. Kavalleriedivision übernahm, stellte er fest, daß ihr noch sämtliche Waffen fehlten. Es gelang ihm schließlich, etwa 1927 veraltete Geschütze zu bekommen, doch war es unmöglich, genügend Gewehre und Munition zur Ausrüstung seiner Truppenteile heranzuschaffen. Es gab keine Panzerabwehrgeschütze – nichts als Molotowcocktails, Benzinflaschen mit Dochten darin. Erst im Oktober 1941 wurden ihm zwölf Panzerabwehrgeschütze zugeteilt.

Die verantwortlichen Leiter der sowjetischen Flugzeugindustrie und des Flugplatzbaus wurden Anfang Juni in aller Eile in den Kreml befohlen und gerügt, weil sie noch nichts für die Tarnung sowjetischer Flugzeuge unternommen hatten. Durch den Brief eines Piloten hatte Stalin erfahren, daß die Flugzeuge der sowjetischen Luftstreitkräfte an der Westgrenze in Paradeformation auf den Flugplätzen aufgestellt waren. Das blanke Aluminium leuchtete weithin, und die Maschinen boten ein wunderbares Angriffsziel. Das Kommissariat für den Flugzeugbau wurde angewiesen, innerhalb von drei Tagen einen umfassenden Plan für die Tarnung der Flugzeuge vorzulegen. Anfang Juni wurde er eingereicht, war aber zur Zeit des deutschen Angriffs erst zum Teil durchgeführt worden.

Es sind also einige, wenn auch sehr nachlässige Vorsichtsmaßnahmen getroffen worden.

Darf man angesichts all dieses Beweismaterials glauben, daß Stalin davon

ihre Existenz. (General W. Iwanow. In: ›*Wojenno-Istoričeskii Žurnal*‹, Nr. 6, Juni 1965, S. 80; P. Korodinow. In: ›*Wojenno-Istoričeskii Žurnal*‹, Nr. 10, Oktober 1965, S. 30.) General S. M. Štemenko berichtet, fünf Armeen hätten den Befehl erhalten, aus Innerrußland kommend Bereitstellungsräume im Westen einzunehmen: die 22. unter General F. A. Jermakow, die 20. unter General F. N. Remisow, die 21. unter General G. F. Gerasimenko, die 19. unter Konjew und die 16. unter Lukin. (S. M. Štemenko: Generalny Štab w Gody Woiny. Moskau 1968, S. 26.) W. Kwostow und A. Grylew (a. a. O.) behaupten, die Befehlshaber in Transbaikalien und im Fernen Osten hätten am 26. April den Befehl erhalten, ein motorisiertes und zwei Infanteriekorps in den Westen abzustellen.

überzeugt gewesen ist, die Deutschen würden nicht angreifen oder er könne den Angriff durch diplomatische Manöver hinauszögern?
Das ist nicht nur wahrscheinlich, sondern sicher. Mitte Juni teilte Generalmajor A. A. Korobkow von der Vierten Sowjetischen Armee am Bug seinen Truppenkommandeuren mit, die Vorgesetzten in Moskau seien geneigt, die deutschen Truppenzusammenziehungen als ein Erpressungsmanöver anzusehen, um »die deutsche Position bei künftigen politischen Gesprächen mit der Sowjetunion zu stärken.«
Der sowjetische Historiker A. M. Nekrić meint, wenn das Stalins Auffassung gewesen sei, dann habe er keine Ahnung davon gehabt, was in der Welt vorging.
Das scheint der Fall gewesen zu sein. Marschall Woronow ist sicher, daß Stalin bis zum Schluß geglaubt hat, ein Krieg zwischen Rußland und Deutschland könne nur als Folge von Provokationen entstehen, und zwar nicht durch von Hitler befohlene, sondern durch von ›militärischen Revanchisten‹ veranlaßte Provokationen. Mit anderen Worten, Stalin traute Hitler, aber nicht dessen Generälen!
Einige Truppenkommandeure haben versucht, die notwendigen Schritte zu ergreifen, bevor es zu spät war. Der Befehlshaber in Kiew, General M. P. Kirponos, war schon etwa eine Woche vor dem 22. Juni davon überzeugt, daß es zum Kriege kommen werde. Er schrieb einen persönlichen Brief an Stalin und bat um die Erlaubnis, etwa 300 000 Zivilisten aus dem Raum am Bug evakuieren, Verteidigungsstellungen ausbauen und Panzersperren anlegen zu lassen. Die Antwort war die gleiche wie überall anders: das würde eine Provokation bedeuten. Unternehmen Sie nichts!
Vielleicht hat Stalin geglaubt, er habe noch einen Trumpf in der Hand. Gegen Mitte Mai gab es in Moskau und Berlin Gerüchte, die besagten, Rußland und Deutschland untersuchten die Möglichkeit für eine neue wirtschaftliche und politische Verständigung. Der rumänische Gesandte in Moskau, Grigore Gafencu, meinte, diese Meldungen hätten einen realen Hintergrund. Er hörte, die Deutschen stellten sehr weitgehende Forderungen; unter anderem verlangten sie das Recht, die Ukraine wirtschaftlich auszubeuten, die gesamte russische Flugzeugproduktion in die Hand zu bekommen und muteten den Russen andere, ganz unglaublich klingende Zugeständnisse zu. Mancherorts glaubte man aber auch, Stalin sei bereit, einen ungewöhnlich hohen Preis zu bezahlen, wenn er den Krieg vermeiden könnte.
Der bekannte deutsche Diplomat Ulrich von Hassell hörte in Berlin ähnliche Gerüchte. In seinem Tagebuch schreibt er, überall habe er ein Geflüster darüber gehört, Stalin werde gewissermaßen friedlich kapitulieren. Hassell glaubte nicht daran, und, wie er schreibt, auch Weizsäcker nicht.

Hassell war überzeugt, Hitler werde seinen Feldzug gegen Rußland durchführen.
Aber je mehr Zeit verging und je schneller die deutschen Kriegsvorbereitungen vorangingen, desto mehr häuften sich auch die Gerüchte. Nach dem Tass-Kommuniqué vom 13. Juni wandte Hassell sich wieder diesem Thema zu und schrieb am 15. Juni in sein Tagebuch: »Mit erstaunlicher Einstimmigkeit kommen Gerüchte – nach Auffassung ›Eingeweihter‹ zu Propagandazwecken ausgestreut (warum?) –, eine Verständigung mit Rußland stehe unmittelbar bevor, Stalin werde herkommen etc.«[12]
War dies Stalins letzter Trumpf? Hatte er wirklich vor, wenn es zum Äußersten kam und Hitler sich tatsächlich auf einen Überfall vorbereitete, selbst den Canossagang zu tun? Wollte er dem Beispiel des mittelalterlichen Zaren Iwan Kalita (des Reichen) folgen, der seine Macht dadurch festigte, daß er sich den großen Tatarenkhans unterwarf? Hatte er die Absicht, im letzten Augenblick nach Berlin zu gehen, sich aus der Sackgasse freizukaufen, in die seine Politik sein Land und ihn geführt hatte?
Einige eigenartige Umstände weisen in diese Richtung. Am 18. Juni bat Botschafter Dekanosow in Berlin um eine Zusammenkunft mit Weizsäcker. Der sowjetische Botschafter wurde empfangen, aber nach einem Bericht kam nichts Wesentliches dabei heraus, weil Weizsäcker keine Instruktionen hatte.
Weizsäcker berichtete, Dekanosow habe nur über einige laufende Angelegenheiten gesprochen. Nach seiner Darstellung plauderte Dekanosow ganz ungehemmt und bester Laune über so triviale Dinge wie Weizsäckers letzte Reise nach Budapest und die Lage im Irak. Über die deutsch-sowjetischen Beziehungen wurde im einzelnen nicht gesprochen.
In Halders Tagebuch findet sich unter dem 20. Juni ein geheimnisvoller Eintrag: »Molotow wollte 18. 6. Führer sprechen.«
Ist diese Frage am 18. mit Dekanosow besprochen worden? Hat es in allerletzter Minute den Versuch gegeben, eine Zusammenkunft zwischen Hitler und Stalin zu arrangieren? Der italienische Botschafter in Berlin L. Simoni hörte ebenfalls Gerüchte über eine Reise Stalins, der bereit gewesen sei, im letzten Augenblick Zugeständnisse zu machen.
Diese Hypothese wird gestützt durch die ergebnislosen Bemühungen Molotows und Dekanosows am Abend des 21. Juni, zu einem vernünftigen Gespräch mit den Deutschen zu kommen, als die Angriffsvorbereitungen selbst von einem zehnjährigen Kind nicht mehr übersehen werden konnten.
Das beste Porträt von Stalin in diesen Tagen hat Admiral Kusnezow gezeichnet. Nach seiner Auffassung rechnete Stalin fraglos mit einem

[12] Der Tass-Korrespondent I. F. Filippow hörte Ende Mai die gleichen Gerüchte vom Herausgeber der ›*Nationalzeitung*‹, Schneider. (Filippow a. a. O., S. 194.)

Krieg gegen Hitler. Stalin betrachtete den nationalsozialistisch-sowjetischen Pakt als ein Mittel zum Zeitgewinn, aber die gewonnene Zeitspanne war in Wirklichkeit viel kürzer als erhofft. Sein Hauptfehler lag darin, daß er zu kurze Zeit für die eigenen Vorbereitungen angesetzt hatte.
Kusnezow folgert: »Das Mißtrauen Stalins gegenüber England und Amerika verschlimmerte die Lage. Alles, was er aus englischen und amerikanischen Quellen über Hitlers Vorgehen erfuhr, zweifelte er an und schob es einfach zur Seite.«
Das Mißtrauen Stalins komplizierte die Lage aber auch noch in anderer Weise. Es war kein gewöhnliches Mißtrauen, sondern, wie Kusnezow es genannt hat, das »damals (für Stalin) bezeichnende krankhafte Mißtrauen.« In dieser Stimmung wies Stalin nicht nur die klar vor ihm liegenden Beweismittel zurück, sondern weigerte sich auch, die Pläne, die er für den Fall eines Kriegsausbruchs gefaßt hatte, irgend jemandem mitzuteilen.
Marschall Woronow, einer der höchsten Offiziere in der sowjetischen Armee, schreibt: »Ich wußte damals (am Vorabend des Krieges) nicht, ob es für den Kriegsfall einen operativ-strategischen Plan gab. Ich wußte nur, daß ein Plan für den Einsatz der Artillerie und die artilleristische Gefechtsführung noch nicht genehmigt worden war, obwohl der erste Entwurf schon 1938 vorlag.«
Verantwortliche höhere Offiziere im Generalstab oder im Oberkommando hatten keine Möglichkeit, selbst ganz normale Vorbeugungsmaßnahmen zu ergreifen. Außer gewissen Offensivplänen für Operationen jenseits der sowjetischen Grenzen standen ihnen keine Kriegspläne zur Verfügung. Für die Zusammenarbeit zwischen den Stäben waren keine Pläne ausgearbeitet worden. Weil Stalin verkündet hatte, es werde keinen nationalsozialistischen Angriff geben, gab es ganz einfach keine Verhaltensmaßregeln für den Fall eines deutschen Überfalls. Die Männer in der nächsten Umgebung Stalins standen so sehr unter seinem Einfluß, daß sie, als die Krise eintrat, nach den Worten des Admirals Kusnezow »die Hebel des Führungsapparats nicht in die Hand nehmen konnten. Sie waren es nicht gewohnt, selbständig zu handeln, und konnten sich nur dem Willen Stalins beugen, der sie beherrschte. Das war die Tragödie, die sich in jenen Stunden vollzog.« Es gab immer noch zu viele Truppenkommandeure, die sich sagten: »Da Moskau nicht befohlen hat, sich auf einen Krieg vorzubereiten, wird es auch keinen Krieg geben.«
Das ging bis zum Schluß so weiter, und Stalin versuchte noch in letzter Stunde, den deutschen Angriff dadurch hinauszuzögern, daß er seinen Truppen verbot, auf deutsche Flugzeuge zu schießen, sich der Grenze zu nähern oder irgendwelche Bewegungen durchzuführen, die ein deutsches Vorgehen provozieren könnten.

Wie Chruschtschow später mitteilte, hielt er so eigensinnig an seiner Auffassung fest, daß die sowjetischen Streitkräfte am Morgen des 22. Juni, als die Kämpfe begannen, aus Moskau den Befehl erhielten, das feindliche Feuer nicht zu erwidern. Selbst dann suchte Stalin sich noch davon zu überzeugen, er habe es nur mit einer Provokation »einiger undisziplinierter Teile der deutschen Armee« zu tun.

Als das Verteidigungskommissariat am 22. Juni um 7.15 Uhr den Streitkräften befahl, dem deutschen Angriff Widerstand zu leisten, versuchte Stalin immer noch, den Kriegsausbruch hinauszuzögern, bis Molotow um die Mittagszeit dem russischen Volk mitteilte, der Krieg habe begonnen. Russische Historiker deuten verschiedentlich an, Stalin habe auch noch nach Angriffsbeginn verzweifelt versucht, mit diplomatischen Mitteln den tödlichen Zusammenstoß zu vermeiden. »Erst als feststand, daß die feindliche Offensive sich durch diplomatisches Vorgehen nicht mehr aufhalten ließ«, sagt Karasew, einer der gewissenhaftesten sowjetischen Historiker, »erfolgte gegen Mittag die Regierungserklärung über den deutschen Angriff und den Beginn des Krieges gegen die Sowjetunion.«

Was war nun dieses »diplomatische Vorgehen«? In Halders Tagebuch findet sich unter dem 22. Juni eine Notiz, die diesen Punkt beleuchtet:

»12-Uhr-Nachricht, daß Russen den heute morgen unterbrochenen zwischenstaatlichen Funkverkehr wiederaufgenommen haben. Sie haben Japan um Vermittlung der politischen und wirtschaftlichen Beziehungen zwischen Rußland und Deutschland gebeten und stehen in lebhaftem Funkverkehr mit dem deutschen Auswärtigen Amt.«[13]

Alles deutet darauf hin, daß Stalin durch den deutschen Angriff völlig überrascht und schockiert worden ist. Nikita Chruschtschow beschreibt Stalins Reaktion auf die Ereignisse des 22. Juni und sagt, Stalin sei völlig zusammengebrochen und habe geglaubt, »das ist das Ende«.

Stalin habe ausgerufen: »Alles, was Lenin geschaffen hat, haben wir für immer verloren!« Nach Chruschtschows Worten hat Stalin »überhaupt nichts mehr unternommen«. Lange Zeit hat er sich um die Führung der militärischen Operationen nicht mehr gekümmert, und erst als das Politbüro ihn überzeugt hatte, daß es in einer nationalen Krise seine Pflicht sei, habe er sich schließlich wieder zum Eingreifen entschlossen.

Iwan Maiski zeichnet ein ähnliches Bild. Während der ersten vier bis fünf Tage des Krieges erhielt Botschafter Maiski in London keinerlei Instruk-

[13] Der gegenwärtige deutsche Botschafter in Moskau, Dr. Gebhardt von Walther, der damals Botschaftssekretär an der deutschen Botschaft war, hält es für unvorstellbar, daß Stalin geglaubt haben könnte, der Angriff sei von deutschen Generälen ohne einen Befehl Hitlers unternommen worden. Er hält es für ebenso unmöglich, daß die Russen versucht hätten, über die Japaner den Kontakt mit Berlin aufzunehmen. Zugleich glaubt er jedoch sicher, Stalin habe bis zuletzt angenommen, Hitler versuche ihn zu erpressen, und der Krieg könne abgewendet werden. (Walther, persönliches Gespräch am 16. Juni 1967.)

tionen aus Moskau, und »weder Molotow noch Stalin gaben ein Lebenszeichen von sich«.[14]

Warum ist Hitlers Überfall für Stalin als betäubende Überraschung gekommen?

Wie Marschall Andrei Gretschko es ausdrückt, ist es in Wirklichkeit nicht so sehr eine Frage der Überraschung als vielmehr eine Frage der Beurteilung der Lage gewesen.

Marschall Bagramjan bemerkt trocken: »Wahrscheinlich haben gewisse Leute in Stalins Umgebung die Lage ebenso beurteilt.«

Alles, was wir wissen, deutet darauf hin, daß Stalin, Schdanow und ihre Mitarbeiter in einer verkehrten Welt lebten, in der Schwarz zu Weiß geworden war, in der eine gefährliche Lage als Sicherheit angesehen wurde, in der man Wachsamkeit als Verrat auslegte und wo freundschaftliche Warnungen als hinterhältige Provokationen gewertet wurden. In der Tat, hätte ein dem inneren Kreis um Stalin angehörender Mann diesem zu verstehen gegeben, daß er seine Lagebeurteilung für falsch hielt, wäre er höchstwahrscheinlich einem Exekutionskommando übergeben worden.

[14] Die Frage der Führungsrolle Stalins und der verhängnisvollen Fehler auf dem Gebiet der Politik und des Geheimdienstes während der Monate vor dem deutschen Überfall ist eines der heikelsten Themen in der sowjetischen Geschichtsschreibung, ja, es ist so heikel, daß deutlich wird, welche Rolle Stalin und sein Verhalten auch heute noch in der Politik des Kreml spielen. In den Erinnerungen Maiskis, wie sie in ›*Nowy Mir*‹ (Nr. 12, Dezember 1960) veröffentlicht worden sind, spricht dieser z. B. ganz offen über seine Zweifel an Stalin. Als diese Memoiren jedoch ein halbes Jahr später in Form eines Buches veröffentlicht wurden, waren Maiskis Äußerungen hinsichtlich seiner Zweifel an Stalin daraus verschwunden, und die Schilderung Maiskis über die unter Schwierigkeiten gehaltenen Rundfunkansprachen Stalins am 3. Juli 1941 waren von der Zensur zusammengestrichen worden. (I. M. Maiski: Wospominanija Sowjetskowo Posla. Moskau 1965, S. 140–147.) Vergleiche auch Admiral N. G. Kusnezows Bericht von 1965 mit dem von 1968. Aus dem letzteren ist der Zusammenbruch Stalins verschwunden! (›*Oktjabr*‹, Nr. 11, November 1965 und ›*Oktjabr*‹, Nr. 8, August 1968.)

Noch auffallender ist die Kontroverse über das Werk eines der tüchtigsten sowjetischen Historiker, A. M. Nekrić. 1966 veröffentlichte Nekrić eine ausführliche Darstellung der Vorgänge vor dem 22. Juni 1941 unter dem Titel ›1941, 22. Ijunija‹. Nekrić berichtet hier von den Warnungen, den Berichten des Geheimdienstes und der wachsenden Sorge der Truppenkommandeure wegen der sich häufenden Anzeichen dafür, daß Hitler einen Angriff vorbereitete. Er kommt zu dem Schluß, daß Stalin diese Hinweise durchweg beiseitegeschoben hat und auch weiterhin glaubte, vor Herbst 1941 oder Frühjahr 1942 werde es nicht zum Kriege kommen. Dieses Werk Nekrićs wurde in ›*Nowy Mir*‹ (Nr. 1, Januar 1966, S. 260) günstig beurteilt. Man bezeichnete es als »klar, intelligent und interessant« und empfahl es wärmstens der Öffentlichkeit. Die Arbeit Nekrićs wurde vom Marx-Lenin-Institut, der höchsten marxistischen Instanz im Lande, herausgegeben. In anderen osteuropäischen Ländern kamen Übersetzungen heraus, und auch hier wurde das Buch sehr gelobt. Nachdem jedoch später auf Anregung des Geschichtlichen Instituts in Moskau eine hitzige Debatte geführt worden war, wurde Nekrić im Juni 1967 aus der Kommunistischen Partei ausgeschlossen, und seine Arbeit wurde einer strengen Zensur unterworfen. Daraus geht klar hervor, daß die Bewegungen und Gegenbewegungen der Periode von 1940 bis 1941 auch noch 25 Jahre später in der Politik der Sowjetunion eine wichtige Rolle spielen.

8. Wolkenloser Himmel

Der langjährige Leningrader Hafenlotse Fjodor Trofimow mußte am Sonntag, dem 22. Juni, schon sehr früh aufstehen, um seinen üblichen Dienst zu versehen. Der estnische Passagier- und Frachtdampfer ›Ruchno‹, der an diesem Morgen nach Reval auslief, sollte aus dem Hafen von Leningrad gelotst werden. Als Trofimow seine Unterkunft in der Lotsenstation verließ, war die Sonne noch nicht über den hoch aufgeschütteten Dämmen der Getreidesilos aufgegangen. Vom Finnischen Golf her wehte eine leichte Brise, aber die Luft war klar, und der Lotse sog den Duft des jungen Morgens tief in die Lungen. Das von einem Ölfilm bedeckte Wasser im Hafenbecken lag still und bewegungslos da.

Am Kai wartete eine Barkasse auf Trofimow. Er schüttelte dem Bootsführer die Hand und ließ sich zum Pier 21 bringen, wo die ›Ruchno‹ wartete. Am Ankerplatz von Baročny lagen nur wenige Schiffe. Sie passierten den nördlichen Wellenbrecher und verminderten dann die Fahrt, um einen großen Ausflugsdampfer vorbeizulassen, der in den Seekanal einlaufen wollte. Obwohl es noch früh am Morgen war, spielte an Deck des Schiffes schon eine Kapelle, und hübsche Mädchen winkten und riefen herüber. Trofimow nahm die Mütze ab und winkte zurück. Die Barkasse fuhr unter dem Bug eines hoch aufragenden dänischen Gefrierschiffs vorbei, und voraus tauchte jetzt die ›Ruchno‹ auf. Der Name prangte in sauberen weißen Buchstaben an der Schiffswand. Darunter stand in Goldbuchstaben der Name des Heimathafens ›Tallinn‹ (Reval). Die ›Ruchno‹ war ein schmuckes kleines Schiff, eher eine Jacht als ein Handelsschiff. Ihre Innenräume waren reich mit Mahagoni ausgekleidet und sauber mit weißer Ölfarbe ausgemalt. Sie war eines der Passagierschiffe, die regelmäßig zwischen Reval und Leningrad verkehrten.

Trofimow ging an Bord, stellte sich dem jungen Kapitän vor, übernahm das Steuer und ließ das Schiff zunächst in das Gutujewski-Becken laufen. Die Sonne ging gerade über der Stadt auf und vergoldete ihre Kuppeln und Türme. Über allem glänzten der mächtige Dom von St. Isaak und der nadelspitze Turm der Admiralität.

Hunderte von Malen war Trofimow schon die gewohnte Strecke vom Hafen bis nach Kronstadt gefahren, wo er die ›Ruchno‹ verlassen würde, um sie ins offene Meer dampfen zu lassen. Seine Aufgabe bestand darin, das Schiff über eine Entfernung von fünfzehn Meilen in den Seekanal zu steuern, der die seichte Newamündung durchschnitt, um es aus den unsichtbaren Fahrrinnen vor Leningrad hinauszubringen und auf Kurs zu setzen. Als die ›Ruchno‹ sich der Newamündung näherte, erschien ein schwer mit Sand beladener Lastkahn aus dem Golf von Finnland. Trofimow mußte die Fahrt verlangsamen, um den Lastkahn nicht zum Kentern zu bringen. Er rief dem Kapitän des anderen Schiffs einen kräftigen Fluch zu und nahm wieder Fahrt auf.

An diesem Sonntagmorgen bot der Hafen einen besonders schönen Anblick. Dutzende von Booten mit weißen Segeln schmückten den Horizont. Je höher die Sonne stieg, desto wärmer wurde es. Allmählich kamen die grünen Wälder von Strelna in Sicht, und die ›Ruchno‹ passierte die erste Sergjewski-Boje. Kein anderes Schiff kreuzte ihren Kurs. Trofimow knöpfte den Kragen auf. Er fühlte sich schläfrig und stützte das Kinn in die Hand. Während er es tat, atmete er den Geruch von Teer und Salzwasser ein, der sich an seiner Handfläche festgesetzt hatte. Er wollte dem Kapitän der ›Ruchno‹ gerade sagen, wie sehr er die Gerüche des Meeres liebte, als die Welt vor seinen Augen auseinanderbarst. Er verlor das Bewußtsein. Als er wieder zur Besinnung kam, stellte er fest, daß er mit Blut bedeckt war. Der Kopf schmerzte ihm. Er konnte sich nicht vorstellen, was geschehen war.[1] Immer noch schien die Sonne hell, und im Norden sah man die Wälder von Strelna. Von weither hörte er den Ruf:

»Alles von Bord!« Er hörte das Zischen entweichenden Dampfes. Das Schiff begann zu sinken. Plötzlich wurde Trofimow sich darüber klar, wo der Dampfer sich befand: in der Mitte des Kanals! Wenn die ›Ruchno‹ hier sank, würde der Hafen von Leningrad völlig blockiert sein. Mit großer Anstrengung zog er sich auf die Brücke. Wenn nur die Steuerkette noch ihren Dienst tat! Er versuchte, das Ruder zu bewegen, aber zunächst ohne Erfolg. Ganz allmählich bewegte der Schiffsbug sich zur Seite, und die ›Ruchno‹ glitt an den Rand des Fahrwassers. Langsam, Zoll um Zoll, schwamm das Schiff weiter und verlor dabei immer mehr an Fahrt. Langsam sank es tiefer. Im letzten Augenblick sprang Trofimow ins Wasser. Man zog ihn in ein Rettungsboot, während die ›Ruchno‹, mit der Nase voraus, am Rand der Fahrrinne auf den Meeresboden ging.

Es war immer noch Vormittag, und die Sonne stand hoch am blauen, wolkenlosen Himmel.

[1] Die Deutschen hatten in der Nacht vom 21. zum 22. Juni die Gewässer um Leningrad vermint. Die ›Ruchno‹ war eines der ersten Opfer. Zu dieser Stunde hatte die Handelsflotte weder Lotsen noch Kapitäne vor möglichen deutschen Aktionen gewarnt.

Die weite Fläche des Schloßplatzes glänzte noch feucht, nachdem der morgendliche Sprengwagen darübergefahren war, als die ersten Museumswächter und Fremdenführer an dem gegenüber dem Generalstabsgebäude gelegenen Nebeneingang der Eremitage eintrafen.

Das Barometer neben der Tür zeigte schönes Wetter an, und der Wetterdienst hatte einen sonnigen und niederschlagsfreien Tag vorausgesagt. Die Sonne stand schon hoch über der blauen Newa, und die feuchten Pflastersteine spiegelten das Sonnenlicht und den Himmel in zarten Aquarelltönen wider.

Die Museumsangestellten drängten sich durch den Eingang. Eine Treppe führte hinauf zu den Galerien; eine zweite enge Wendeltreppe führte hinunter in einen Raum, wo alle sich ein- oder zweimal im Jahr zu einer Luftschutzübung versammelten. Heute ging jeder zunächst diese gewundene Treppe hinunter. Man hatte einen Übungsalarm angesagt. Unten wurden Helme, Gasmasken und Verbandskästen ausgegeben, und dann hieß es warten.

Die Zeit verging nur langsam, der Raum war eng, und das Warten machte müde. Niemand wußte, weshalb die Übung befohlen worden war. Schließlich behauptete einer der Anwesenden, eine wichtige Regierungserklärung werde über das Radio durchgesagt werden. Worum handelte es sich? Aus dem Lautsprecher ertönte nur Musik.[2]

Die Museumsangestellten suchten sich in der Sonntagsausgabe der ›*Leningradskaja Prawda*‹ zu orientieren, fanden darin aber nur die gewohnten Nachrichten über den Krieg in Europa, Afrika und Asien. Außerdem stand darin ein Artikel mit der Überschrift »Heute werden die Arbeiten am Gur-Emir-Mausoleum wieder aufgenommen.«

Es schlug elf Uhr. Die Portale der Eremitage öffneten sich. Innerhalb weniger Minuten verteilten sich Tausende von Besuchern in den weiten Sälen. Gruppenweise scharten sie sich um die Führer und gingen langsam von einem Raum in den anderen. Sie besichtigten die offiziellen Staatszimmer im Winterpalais, die dem Krieg von 1812 gewidmete Militärgalerie, die Renoirsammlung und die Räume mit den Gemälden von Degas, Rembrandt, Leonardo da Vinci und Raphael. Nach einem ermüdenden Rundgang brachte einer der Führer seine Gruppe in die Timur-Lenk-Ausstellung. Mittlerweile war es zwölf Uhr geworden, und

[2] Das Leningrader Luftabwehrkommando hatte für den Sonntagvormittag um 10.00 Uhr eine Luftschutzübung angesetzt. Sie war von Oberst J. S. Lagutkin von der Leningrader Luftabwehr angeordnet worden, weil er vom zentralen Luftschutzkommando in Moskau keine Befehle erhalten konnte. Dieses Kommando gehörte zum Innenministerium, das als Nebenabteilung des Polizeiministeriums von Lawrenti P. Berija geleitet wurde. Lagutkin hatte die Anweisung erhalten, nach eigenem Gutdünken zu handeln. Um die Einheiten der Flugabwehr unauffällig in Stellung bringen zu können, hatte er jetzt einen ›Übungsalarm‹ befohlen. (Na Saśćitje Newskoi Twerdyni, S. 11.)

in dem Kellerraum, wo sich Museumswärter, Wissenschaftler, Forscher und andere Angestellte drängten, hörte man die neuesten Radionachrichten.

Auf den Leningrader Bahnhöfen, besonders auf der Finnländischen Station, drängten sich an diesem Morgen große Menschenmengen. Hier war Lenin am 16. April 1917 bei seiner Rückkehr aus der Schweiz begrüßt worden, nachdem er in einem versiegelten Zug durch Deutschland gefahren war, und hier hatte er von einem gepanzerten Automobil aus zu den Anhängern seiner neuen, revolutionären Ideen gesprochen. An diesem schönen Junitag dachte keiner von den Menschen, die auf dem Finnländischen Bahnhof zusammenströmten, an die Revolution, wenn auch die Leninbüste, die man an der historischen Stelle errichtet hatte, täglich mit frischen Blumen geschmückt wurde. Man kaufte Fahrkarten und drängte sich in die schon überfüllten Züge, um in die Badeorte nördlich der Stadt am Finnischen Golf und in Karelien zu fahren – nach Sestrorezk und Teridśoki. Während die Reisenden auf die Abfahrt der Züge warteten, kauften sie von den weißbeschürzten *morośenoje*-Mädchen Eiswaffeln und warfen Zwanzigkopekenmünzen in die Mütze des blinden Bettlers, der sich langsam seinen Weg durch die Menge bahnte und zur Begleitung einer Ziehharmonika eine schwermütige Melodie sang. Alle halbe Stunde verließ ein vollbesetzter Zug den Bahnhof. Die Familien hatten ihre Picknickkörbe mitgebracht, und man sah junge Leute mit Gitarren und leichten Rucksäcken.

Die Züge brachten aber auch Besucher nach Leningrad. Mit dem Vorortzug aus Oranienbaum kamen viele Soldaten der Kriegsmarine von den Ausbildungsschiffen in die Stadt. Unter ihnen befand sich auch der Kapitän des 35-t-Schleppers KTS-706, Iwan Larin. Das Schiff gehörte zu einem Geschwader, dessen Kommando auf dem berühmten alten Kreuzer ›Aurora‹ stationiert war, der jetzt in Oranienbaum lag. Die ›Aurora‹ war das berühmteste Kriegsschiff aus der Zeit der Revolution. Am Abend des 7. November hatte sie mit blinden Schüssen das Feuer auf den Winterpalast eröffnet und damit die Anhänger Kerenskis, die den Palast noch besetzt hielten, zur Übergabe veranlaßt.

Larin, der als erfahrener Seemann den Pazifik und das Schwarze Meer befahren hatte, wollte den Sonntag mit seiner Frau und drei Kindern in seinem kleinen Haus in Ochta verbringen. Der Vorortzug fuhr in den Baltischen Bahnhof ein und hielt. Larin stieg aus und ging eiligen Schritts auf den Ausgang zu, als er bemerkte, daß eine Menschenmenge sich um einen Lautsprecher versammelt hatte. Auch er stellte sich dazu.

Die Seefestung Kronstadt war ein ganz besonderer Ort und glich mehr einem auf See befindlichen Schlachtschiff als einer Stadt. Sie hatte ihr eigenes Leben, ihre eigenen Gewohnheiten und ihre eigenen Traditionen. Am Sonntagmorgen, dem 22. Juni, wurde hier ein Fest gefeiert. Auf dem Stierfeld, einer alten Kuhweide westlich von Kronstadt, begann das traditionelle Frühlingsfest. Schon am frühen Morgen verkehrten zahlreiche Omnibusse zwischen der eigentlichen Stadt auf der befestigten Insel und dem Festplatz und brachten die Seeleute und ihre Familien zum *guljanije*.

Auf dem Rasen hatte man Pavillons, Verkaufsstände, Jahrmarktsbuden und andere Vergnügungsstätten errichtet. Tanzkapellen spielten auf, und in den Schänken gab es reichlich Bier und Wodka.

Während der Nacht hatte man in der Garnison Kronstadt allerdings das Schießen gehört, und Gerüchte gingen um. Das war aber in einer militärischen Garnison nichts Außergewöhnliches. Immer gab es Gerede über bevorstehende Übungen, die bedrohliche politische Lage oder einen möglichen Krieg.

Die Musikkapellen spielten, und auf dem Stierfeld boten die hellen Festtagskleider der jungen Mädchen und die weißen Sonntagsuniformen der Matrosen ein buntes Bild. Doch ganz plötzlich wurde die Menge zum Schweigen gebracht. Eine Stimme aus dem Lautsprecher sagte: »*Wnimanije . . . Wnimanije* . . . Achtung . . .!«

Die Schauspielerin Marija Petrowa hatte sich lange überlegt, ob sie die Bühne verlassen sollte, um sich auf dem neuen und noch unerprobten Gebiet des Rundfunks zu versuchen. Das war jetzt zehn Jahre her, und sie war glücklich, sich für das Radio entschieden zu haben. Ihr Publikum war um vieles größer, als das auf der Bühne möglich gewesen wäre. Ihre Arbeit bestand vor allem darin, Märchen, Gedichte und Geschichten für Kinder und Erwachsene vorzulesen. Sie hatte die Märchen der Brüder Grimm und von Hans Christian Andersen, die Geschichten von Samuil Marśak, Kornei Ćukowski, Lew Kwitko und Gaidar vorgetragen. Außerdem las sie Kindergeschichten von Leo Tolstoi, Anton Tschechow und Gorki.

Auf diesen Sonntag hatte sie sich besonders gefreut. Schon am frühen Morgen sollte sie ein Kapitel aus der neuen Geschichte von Lew Kassil mit dem Titel »Die großen Gegner« vorlesen. Dann wollte sie mit einigen Freunden vom Sender Leningrad aufs Land hinausfahren. Sehr bald sollte ihr Urlaub beginnen, den sie mit ihrer Tochter Larissa in ihrer Datscha in Roźdjesdwjenno verbringen wollte.

Nach der Sendung traf sie sich mit ihren Freunden, und die Fahrt begann. Unterwegs freuten sich alle an dem schönen Juniwetter, man sang und scherzte und versuchte, sich darüber zu einigen, in welchem Birkenwäldchen das Mittagspicknick stattfinden sollte.

Doch auf dem Wege stellten sie fest, daß der nach Leningrad zurückflutende Autoverkehr viel stärker war als gewöhnlich. Etwas Beunruhigendes und Ungewohntes schien in der Luft zu liegen. Kein Wagen verließ mehr die Stadt. Schließlich begegnete ihnen ein Lastwagen. Der Fahrer lehnte sich hinaus und rief: »Haben Sie nicht das Radio gehört?«

Als es am Sonntagmorgen an seiner Wohnungstür läutete, ging Wissarion Sajanow hinaus, um die Post in Empfang zu nehmen, die eine junge, rotbäckige Briefträgerin ihm brachte. Ein Brief, den sie ihm heute zustellte, machte ihm besondere Freude, denn jeder Schriftsteller freut sich über solche Zuschriften. Er kam von einem Mann, der im Ersten Weltkrieg als Pilot der russischen Luftwaffe angehört hatte.

Der frühere Flieger lebte jetzt in einer Kleinstadt in Nordrußland. Er hatte seinem Schreiben ein Album mit Photos aus dem Ersten Weltkrieg beigelegt. Eines der Bilder zeigte ein russisches Dorf, auf das ein deutsches Flugzeug 1915 bei einem der ersten Luftangriffe des Krieges fünf Bomben abgeworfen hatte. Der Briefschreiber machte Sajanow den Vorschlag, die Photos als Illustrationen für eine Neuauflage seines Romans über den Luftkrieg 1914–1917 zu verwenden.

Noch wichtiger für Sajanow waren die mit gleicher Post eingetroffenen Fahnenabzüge seines Gedichts über General Kulnew, der als Führer der russischen Nachhut im Krieg gegen Napoleon gefallen war. Dieses Gedicht sollte jetzt im Magazin ›*Swjesda*‹ veröffentlicht werden.

Sajanow warf einen Blick auf die gedruckten Seiten und las die folgenden Verse:

> Das Jahr 1812 ... der Monat Juni ... Unsicher
> waren jene Tage ... Zeiten der Wandlung und der Sorge ...
> Und was zunächst ein kleiner Krieg gewesen war,
> war jetzt ein großer ... Der Feind griff Rußland an ...

Sajanow breitete die Bogen aus und las geduldig Zeile um Zeile, während er das Gedruckte mit dem Manuskript verglich. Ganz vertieft in diese angenehme Beschäftigung, verlor er jedes Zeitgefühl. Als das Telefon läutete, nahm er den Hörer ab, ohne den Blick von seinem Manuskript zu wenden.

»Haben Sie noch nichts gehört?« fragte ganz atemlos ein Freund.

»Wovon?« antwortete er.

»Vom Kriege ...«

Sajanow stellte das Radio an. Aus dem Lautsprecher erklang ein Militärmarsch. Er öffnete das Fenster. Der Himmel war wolkenlos. Auf den breiten Boulevards von Leningrad sah er die Spaziergänger in frisch gebügelten Sonntagsanzügen, junge Mädchen in Sommerkleidern, Jugendliche in blauen Sporthemden und mit Tennisschlägern in der Hand auf

dem Wege zu den Tennisplätzen. Auf der Newa durchschnitten Schleppdampfer das Wasser, weiße Segelboote neigten sich im Wind, und Möwen umschwärmten die Brücken.
Sajanow dachte an das St. Petersburg, wie es zur Zarenzeit geheißen hatte, an das Petrograd zur Zeit des Krieges gegen den Kaiser und an das heutige Leningrad.
Wie alle Bewohner dieser Stadt liebte er sie aus ganzem Herzen. Wenn ein Leningrader nach längerer Abwesenheit zurückkehrte, dann spürte er ein erregendes Gefühl, wie es ein junger Liebhaber kennt, der die Geliebte wiedersieht. Wie schwer ist eine lange Trennung!
Viele Generationen von Dichtern haben diese Stadt besungen. Sie alle haben sie leidenschaftlich geliebt. Innokenti Annenski nannte sie »Peters verfluchter Fehler«. Mit ehrfürchtiger Scheu schrieb Puschkin über Peter den Großen. Er sah ihn als einen Übermenschen an, der mit mächtigem Willen und eiserner Entschlossenheit die große Hauptstadt in den ausgedehnten Sümpfen der Newamündung errichten ließ; ohne Rücksicht auf Menschenleben, ohne Rücksicht auf die enormen Kosten, gleichgültig gegenüber den Überschwemmungen, den Stürmen, dem Frost, den Krankheiten, dem Leiden und dem Tode. Für Dostojewski war es eine doppelgesichtige Stadt, eine Stadt des Nebels und des Abgrunds, symbolisiert durch den Bronzereiter im Sumpf. Leningrad lag am Rande Rußlands. Es war Rußland und doch nicht Rußland. Hier dehnte Rußland sich in die Unendlichkeit aus, in die grenzenlose See, und hier lag die unsichtbare Grenze, wo Rußland aufhörte und Europa begann.
All dies und vieles mehr ging Sajanow durch den Kopf, als er aus dem Fenster und über die vergoldeten Türme, die Nadelspitze der Admiralität, die nach oben geschwungene Klinge der Peter und Pauls-Festung, die Kuppel von St. Isaak und die an Schreckliches gemahnende Kirche vom Heiligen Blut mit ihrem Gold- und Emailschmuck hinwegblickte. Diese Kathedrale war an der Stelle am Katharinenkanal aufgebaut worden, wo der blutige, von der Bombe eines Attentäters zerrissene Körper Alexanders II. gelegen hatte.
Wie schon so oft und ebenso wie 1919, als die Arbeiterbataillone hinausmarschierten, um der deutschen Sturmflut Halt zu gebieten, wie auch in früheren Zeiten die Russen in einem schier endlosen Menuett hin- und hermarschiert waren, um gegen die Polen, die Litauer, die baltischen Ritter, die Schweden und alle übrigen Feinde zu kämpfen, so tönte auch jetzt wieder der schreckenerregende Kriegslärm durch die breiten Avenuen.
Sajanow hörte aus der Ferne einen Militärmarsch, ein Kommando und ein im Chor antwortendes »Hurra!« In der Nähe schluchzte eine Frau – leise und unaufhörlich. Wieder war Rußland im Kriege.
Eine warme Brise wehte vom Finnischen Golf herüber, als der junge Dich-

ter Alexei Lebedew (er war Reserveleutnant in der Kriegsmarine) und seine Frau Vera ihr verspätetes Frühstück im Sommerhaus eines Freundes beendeten. Das Wasser war noch recht kalt, aber Alexei entschloß sich, trotzdem zu baden. Nach dem Trinken, dem Tanzen, den Trinksprüchen und dem Gelächter der durchfeierten Nacht tat es gut, sich zu erfrischen. Alexei hatte aus seinen Gedichten vorgelesen. Er war ein kräftig gebauter junger Mann, und manche fanden seinen Gesichtsausdruck melancholisch, ja sogar düster. Aber auf dem Fest war er fröhlich und ausgelassen gewesen. Zum Abschluß hatte er mit Vera einen Spaziergang durch die helle Leningrader Nacht unternommen. Dabei redeten sie von der Zukunft, über ihre Pläne und von ihrer Liebe, und er las ihr die folgenden Verse vor:

Im Juni, im nördlichen Juni,
Wenn du keine Laterne brauchst,
Wenn die Strahlen der sinkenden Sonne
Die scharfen Kanten der Dünen beleuchten,
Wenn das Violett des Heidekrauts sich
Mit dem warmen Zwielicht vermischt,
Wenn der Glanz des Mondes uns lockt,
Auf schwarzem Schiff hinauszufahren auf See –
Dann liebe ich dich; ich liebe dich
Im Juni, im nördlichen Juni.

Während er sprach, lag eine überirdische Stille in der Luft. Die Birken mit ihren geisterhaft bleichen Stämmen und den frühlingsgrünen Blättern standen reglos. Über das spiegelglatte Wasser des Finnischen Golfs kroch ein Nebelschleier.

Im Morgenlicht der aufgehenden Sonne gingen beide in den Wald hinein und streckten sich auf einer Lichtung in das frische Gras. Alexei hatte einen Band von Jack London in der Tasche. Er zog das Buch heraus und bat Vera, ihm daraus vorzulesen, und er lehnte den Kopf an ihr Knie. Sehr bald sah sie, daß er eingeschlummert war. Sie legte das Buch fort und rückte vorsichtig zur Seite, um ihn besser sehen zu können. Lange lag sie dort und schaute auf den schlafenden Dichter. Sie war selbst fast schon eingenickt, als ein junges, unbekanntes Mädchen auf die Waldlichtung herausgelaufen kam.

»Haben Sie nicht die Radionachrichten gehört?« fragte das Mädchen. »Der Krieg ist ausgebrochen!«

Krieg – Veras Herz begann zu beben. Ganz sanft berührte sie Alexei und sagte ruhig: »Krieg, Alex, Krieg.«

Er war sofort wach.

»Nun gut, es ist soweit«, sagte er und biß die Zähne zusammen, »und wir werden kämpfen.«

Nicht weit von hier, beim Erholungsheim der ›*Leningradskaja Prawda*‹ in Fuchsbrücke spielten der junge Reporter Wsewolod Kočetow und einige seiner älteren Kollegen auf dem von Fichten umstandenen Hof hinter dem Haus Volleyball. Es war um die Mittagszeit, kurz vor dem Essen, als jemand dazukam und die Nachricht vom Ausbruch des Krieges brachte.
Diese Männer waren Journalisten. Sie überlegten nicht lange, welche Verwicklungen und Schwierigkeiten das Wort ›Krieg‹ bedeuten könnte. Sie hatten nur einen Gedanken: so schnell wie möglich in die Redaktion nach Leningrad zurückzufahren und über die Tatsachen zu berichten.
In wenigen Minuten waren mehr als ein Dutzend von ihnen schon auf der von Wiborg nach Leningrad führenden Landstraße. Sie hielten einen $1^1/_2$-t-Lastwagen an und baten den Fahrer, sie in die Fontankastraße 57 nach Leningrad zu bringen.
Die Männer stellten sich auf die Plattform des offenen Fahrzeugs. Alle schwiegen, und jeder hing seinen eigenen Gedanken nach. Bei Nowaja Derewnja, dort wo die Straße zum Serafimow-Friedhof abzweigt, begegnete der Lastwagen einem Leichenzug – ein weißer Leichenwagen, der mit einem roten Baumwolltuch bedeckte Sarg, weiße Pferde mit schwarzem Geschirr und Trauerflor. Hinter dem Sarg gingen die weinenden Angehörigen her. Es folgte das Trauergeleit von etwa fünfzig Menschen. Eine Musikkapelle spielte recht unbeholfen den Trauermarsch von Chopin. Angesichts des Leichenzugs verdüsterte sich die Stimmung der Zeitungsleute. Nur einer deutete auf den Sarg und sagte zynisch: »Dieser Rückversicherer!«
In Rußland mußte eine solche Bemerkung wie ein schlechter Scherz und etwas taktlos klingen, denn hier war jeder Beamte ständig darum bemüht, sich gegen jedes unvorhersehbare Ereignis abzusichern.
Der Lastwagen holperte weiter, und am Spätnachmittag waren die Journalisten in ihrem Büro. Der Chefredakteur und seine Mitarbeiter warteten schon auf sie. Niemand wußte mehr, als was im Rundfunk bekanntgegeben worden war, aber jeder war bereit, seine Aufgabe zu übernehmen. Es mußte eine Sonderausgabe der ›*Leningradskaja Prawda*‹ herausgebracht werden, das erste Extrablatt seit Bestehen der Zeitung.

9. Einzelheiten

Als Adolf Hitler sein Oberkommando am 14. Juni in die Reichskanzlei nach Berlin zur Schlußbesprechung über die Durchführung des Unternehmens ›Barbarossa‹ befahl, waren praktisch keine Fragen mehr offen. Am Tag zuvor war Feldmarschall Walther von Brauchitsch von der zweiten Besichtigungsreise in diesem Monat aus Ostpreußen zurückgekehrt. In seiner Begleitung befand sich General Adolf Heusinger. Brauchitsch meldete, die Truppe mache einen »günstigen Eindruck«. Die Stäbe hätten sich im allgemeinen sehr gut eingearbeitet. Der Chef des Generalstabs, Generaloberst Franz Halder, war ebenfalls im Osten gewesen und hatte festgestellt, daß die Stimmung bei den dort bereitgestellten Armeen ausgezeichnet war. Er berichtete, alle Vorbereitungen würden bis zum 22. Juni abgeschlossen sein.

Hitler teilte den allgemeinen Optimismus. Mit dem üblichen Fanatismus hielt er vor den Kommandeuren eine 1½ Stunden dauernde Ansprache und beschäftigte sich darin ausführlich mit den Gründen für die Notwendigkeit der Vernichtung Rußlands. Der Wortlaut der Rede Hitlers ist nicht erhalten geblieben, aber etliche Zuhörer haben ihre Eindrücke schriftlich festgehalten. In Halders Tagebuch lesen wir:

»Nach dem Mittagstisch umfassende politische Rede des Führers mit Begründung seiner Angriffsabsicht gegen Rußland und die Entwicklung seiner Berechnung, daß das Zerfallen Rußlands England veranlassen würde, den Kampf aufzugeben.«

Der Panzergeneral Heinz Guderian, einer der fünfundvierzig anwesenden Generale, erinnert sich an Hitlers Ansprache und berichtet, Hitler habe gesagt, er könne England nicht besiegen. Um den Krieg zum Abschluß zu bringen, müsse er auf dem Kontinent einen vollkommenen Sieg erringen. Deutschlands Stellung auf dem Festland werde, wenn Rußland geschlagen sei, unangreifbar sein. Jedoch die Darstellung der Gründe für einen Präventivkrieg gegen Rußland sei nicht überzeugend gewesen.

Feldmarschall Erich von Manstein berichtet, Hitlers strategische Ziele hätten sich in erster Linie auf politische und wirtschaftliche Überlegungen gegründet. Seine Absicht sei es gewesen, a) Leningrad zu nehmen, das er als die Wiege des Bolschewismus ansah, um sich anschließend mit den Finnen

zu vereinigen und damit die Ostsee zu beherrschen, und b) die rohstoffreichen Gebiete in der Ukraine, die Industriezentren am Donez und später die Ölfelder im Kaukasus in Besitz zu nehmen.
Nach der Besprechung sagte General Erich Hoepner, der Befehlshaber der Panzergruppe Vier, die den Angriff gegen Leningrad führen sollte, einem Freunde, jetzt sei er wirklich davon überzeugt, daß ein Krieg gegen Rußland notwendig sei.
Keiner der Konferenzteilnehmer scheint etwas dabei gefunden zu haben, daß die Kriegspläne ausgerechnet an dem Tage endgültig festgelegt wurden, an dem die sowjetische (aber nicht die deutsche) Presse das schmerzlich detaillierte Tass-Dementi des Kreml veröffentlichte, in dem mitgeteilt wurde, die Gerüchte über einen sowjetisch-deutschen Krieg entbehrten jeder realen Grundlage.
Doch ging nicht alles glatt. Es ergab sich eine Streitfrage: Zu welcher Stunde sollte die deutsche Offensive beginnen? Brauchitsch war gerade von Besprechungen mit den Truppenkommandeuren zurückgekehrt und meinte, der Angriffsbeginn sollte für den Zeitpunkt des Sonnenaufgangs festgesetzt werden. In Ostpreußen würde die Sonne am 22. Juni um 3.05 aufgehen. In Übereinstimmung mit dieser Auffassung Brauchitschs entschloß man sich, die Operationen um 3.00 Uhr und nicht um 3.30 oder um 4.00 Uhr beginnen zu lassen. Doch damit war die Angelegenheit noch nicht entschieden. An der ostpreußischen Ostseeküste würde es um 3.00 Uhr schon taghell, weiter südlich jedoch noch ganz dunkel sein.
Die deutschen Angriffsverbände waren in drei Gruppen eingeteilt, die Heeresgruppe Nord, die Heeresgruppe Mitte und die Heeresgruppe Süd. Die Befehlshaber der Heeresgruppe Mitte und der Heeresgruppe Süd wünschten einen späteren Angriffsbeginn, frühestens um 4.00 Uhr morgens. Am 20. Juni hatte man sich immer noch nicht geeinigt. Wie bei vielen anderen militärischen Fragen kam es auch hier zu einem Kompromiß. Die Zeit wurde auf 3.30 Uhr festgelegt.
Das allgemeine operative Ziel des Unternehmens ›Barbarossa‹ bestand gemäß den von Hitler am 18. Dezember 1940 herausgegebenen Richtlinien darin, Rußland bis zur Linie Archangelsk–Wolga zu besetzen und mit dem besetzten sowjetischen Gebiet, seinen landwirtschaftlichen Erzeugnissen und seinen Rohstoffquellen das deutsche Kriegspotential zu stärken.
Das letzte Ziel war die Eroberung Moskaus, aber nach dem Operationsplan sollte die sowjetische Hauptstadt zunächst nicht frontal angegriffen werden. Die Pläne für das Unternehmen ›Barbarossa‹ sahen den Angriff gegen Moskau erst nach der Einnahme Leningrads vor.
Die Stadt Leningrad faszinierte Hitler in besonderem Maße. Für ihn war Leningrad nicht nur die Geburtsstätte des revolutionären Kommunismus, sondern er sah in dieser Stadt auch das alte St. Petersburg, das als be-

festigte Hauptstadt Peters des Großen den russischen Einfluß im Ostseeraum sicherte.

Die Eroberung Leningrads wurde daher in den ersten Entwürfen für das Unternehmen ›Barbarossa‹ und auch in den während des schicksalhaften Sommers 1941 entstandenen Varianten der deutschen militärischen Planung zugleich mit der Sicherung des Ostseeraums für Hitler zur fixen Idee, und die Voreingenommenheit für diesen Teil des Plans hat er nie aufgegeben.

Leningrad *mußte* fallen, die Ostseeküste *mußte* gesichert werden, die sowjetischen Seestreitkräfte *mußten* vernichtet werden, Kronstadt *mußte* dem Erdboden gleichgemacht werden. Erst dann, und nur dann würde Hitler einem Angriff gegen Moskau zustimmen.

Damit stellte Hitler schon vor Kriegsausbruch die Bedingung, das erste deutsche Angriffsziel müsse darin bestehen, über die ostpreußische Grenze vorzustoßen, die sowjetischen Stützpunkte an der Ostseeküste zu liquidieren, die Basen der Ostseeflotte auszuschalten, die Reste der sowjetischen Flotte zu vernichten, sowie Kronstadt und Leningrad zu erobern.

Nachdem die deutschen Armeen sich mit den Finnen vereinigt haben würden, sollten sie von Norden nach Süden stoßen, während die deutschen Hauptkräfte von Westen herangeführt wurden. Moskau würde auf diese Weise in eine gewaltige Zange eingeschlossen und genommen werden.

Die für die Eroberung Leningrads vorgesehene Heeresgruppe Nord wurde von Feldmarschall Ritter von Leeb befehligt, der auch für den erfolgreichen deutschen Angriff gegen die Maginotlinie verantwortlich war. Der damals fünfundsechzig Jahre alte Leeb gehörte der Elite des deutschen Offizierkorps an. Hitler mochte ihn persönlich nicht besonders, und er selbst stand dem Nationalsozialismus sehr kühl gegenüber. Er hatte sich jedoch bei der Besetzung des Sudetenlands als tüchtiger Truppenführer bewährt, und für seine Leistungen an der Maginotlinie war er zum Feldmarschall befördert und mit dem Ritterkreuz ausgezeichnet worden.

Zur Heeresgruppe von Leeb gehörten zwei Armeen, die Sechzehnte unter Generaloberst Ernst Busch und die Achtzehnte unter Generaloberst Georg von Küchler. Außerdem standen ihr die Vierte Panzergruppe unter General Hoepner und die Erste Luftflotte unter Generaloberst Keller zur Verfügung. Leeb unterstanden etwa 29 Divisionen mit drei Panzerdivisionen und drei motorisierten Divisionen, zusammen mehr als 500 000 Mann.[1]

[1] Nach einigen sowjetischen Schätzungen waren es 42 oder 43 Divisionen mit 725 000 Mann, 500 Panzern, 12 000 schweren Waffen und 1 200 Flugzeugen. Dimitri W. Pawlow (Leningrad w Blokadje. Moskau 1958) spricht von 500 000 Mann und 29 Divisionen. Das offiziöse Buch Na Zaščitije Newskoi Twerdyni (S. 37) nennt 29 Divisionen mit 3 Panzerdivisionen und 3 mot. Divisionen. A. W. Karasew (Leningradsky w Gody Blokady. Moskau 1959, S. 30) nennt 43 Divisionen – 7 Panzerdivisionen und 6 mot. Divisionen und 700 000 Mann. Nach deutschen Quellen waren es 28 Divisionen (Orlow, a. a. O., S. 40).

Diesen Kräften standen mehr als 12 000 schwere Waffen, 1 500 Panzer und 1 070 Flugzeuge zur Verfügung. Feldmarschall von Leeb befehligte etwa dreißig Prozent der Kräfte, die Hitler für das Unternehmen ›Barbarossa‹ eingesetzt hatte.

Nach dem Operationsplan sollte Leeb Leningrad innerhalb von vier Wochen, das heißt bis zum 21. Juli, eingenommen haben.

Der Angriff Leebs war als Zangenbewegung angesetzt. Die Achtzehnte Armee war nahe der Ostseeküste zusammengezogen, mit dem Schwerpunkt an einer etwa 100 Kilometer breiten Front von Memel an der Ostsee bis nach Tilsit im Süden. Sie sollte entlang der Straße Tilsit–Riga vorgehen, die Düna bei Kreuzburg südostwärts von Riga überschreiten und dann geradeswegs nordostwärts auf Pskow und Ostrow und die von Südwesten nach Leningrad führenden Zugangswege vorstoßen. Damit sollten die Verbindungen zwischen den baltischen Staaten und der russischen Hauptfront unterbrochen werden.

Die Sechzehnte Armee im Süden war ostwärts von Insterburg versammelt, wo auch Leeb sein Hauptquartier eingerichtet hatte. Ihre Front erstreckte sich nach Süden fast bis zum Njemen. Die Armee hatte den Auftrag, auf breiter Front nach Osten gegen Kowno vorzugehen, dann nach Nordosten auf die westliche Düna umzuschwenken und bei Dünaburg den Flußübergang zu erzwingen.

Nach Durchführung dieser Bewegungen hätte Leeb das ganze Zentrum des russischen Verteidigungssystems flankiert und bereitgestanden, Leningrad von Süden, Südwesten und Westen her anzugreifen.

Die Vierte Panzergruppe unter Hoepner, einer der besten Panzerverbände der Wehrmacht, stellte den Hammer der angreifenden Heeresgruppe Nord dar. Die Vierte Panzergruppe, bestehend aus zwei Panzerkorps, war eine mächtige Angriffswaffe. Die beiden Korps waren das LVI. unter Feldmarschall Erich von Manstein mit der 8. Panzerdivision, der 3. motorisierten Division und der 290. Infanteriedivision; das zweite war das XLI. Panzerkorps unter General Georg Reinhardt mit der 6. Panzerdivision, der 36. motorisierten Division und der 209. Infanteriedivision. Dem Angriff der Panzerkräfte sollte die SS Totenkopfdivision folgen, um das Gefechtsfeld zu säubern.

Die Vierte Panzergruppe war Feldmarschall von Leeb direkt unterstellt. Sie bildete einen selbständigen Angriffsverband, wenn auch ihr Einsatz genauestens mit dem Vorgehen der beiden Feldarmeen, der Sechzehnten und Achtzehnten, abgestimmt worden war.

Die Aufgabe des von Manstein befehligten LVI. Panzerkorps war es, aus den in den Niederungen westlich von Memel und ostwärts von Tilsit gelegenen Kiefernwäldern hervorzubrechen und auf das 270 Kilometer nordostwärts gelegene Dünaburg vorzustoßen. Das erste Angriffsziel waren die 80 Kilometer ostwärts liegenden Brücken bei Eiragola über die Dubissa. Manstein kannte die Gegend schon gut aus dem Ersten Weltkrieg. Am 22. Juni, wenige Minuten nach 3.00 Uhr morgens, rollten seine Panzer über die Grenze und brachen im ersten Ansturm den Widerstand in den vordersten russischen Linien. Etwas später gerieten die Panzerverbände in ein Grabensystem, das sie für kurze Zeit aufhielt.

Dennoch konnte General Brandenberger, der Kommandeur der 8. Panzerdivision, am Sonntagabend um 20.00 Uhr die beiden Übergänge über die Dubissa bei Eiragola auftragsgemäß erzwingen. Die zerstreuten sowjetischen Truppen hatten keine Zeit mehr, die Brücken zu zerstören. Hinter den Panzern Brandenbergers überschritten die 3. deutsche motorisierte Division und die 290. Infanteriedivision gegen Mittag die Grenze und kamen in der von den Panzern geschlagenen Lücke schnell voran.

Das XLI. Panzerkorps unter General Reinhardt sollte bei Jakobstadt, einer alten, zwischen Riga und Dünaburg gelegenen Festung, auf die Düna stoßen. Das Korps traf zunächst bei Schaulen auf entschlossenen sowjetischen Widerstand, aber die russischen Kräfte wurden schnell zerschlagen.

Die Panzerverbände gingen so rasch vor, daß es selbst erfahrene Befehlshaber wie Manstein überraschte. Am 24. war sein LVI. Korps im Besitz der Flußübergänge bei Wilkomierz, etwa 150 Kilometer innerhalb sowjetischen Territoriums und weniger als 125 Kilometer an der Hauptstraße vor Dünaburg. Am frühen Morgen des 26. Juni standen die Panzer vor Dünaburg, und um 8.00 Uhr hatten sie die beiden großen Brücken in der Stadt unversehrt in die Hand bekommen.

Das III. deutsche Panzerkorps unter General Hoth, das der deutschen Heeresgruppe Mitte angehörte, die sich im Süden anschloß, erreichte den Njemen so schnell, daß es die Brücken bei Olita und Mariampol, 40 Kilometer südlich von Kowno, in Besitz nahm, bevor die Sowjets sie zerstören konnten.

Damit wurden die am Njemen zum Schutz Kownos eingesetzten russischen Verbände gezwungen, mit verkehrter Front zu kämpfen, und die Stadt mußte dem Gegner in die Hände fallen.

Es wundert einen daher nicht, daß Hitlers Generalstabschef, Generaloberst Halder, über die ersten Stunden des nationalsozialistischen Angriffs zusammenfassend in sein Tagebuch schrieb:

> Die Überraschung des Feindes ergibt sich aus der Tatsache, daß Truppen im Quartier überrascht wurden, Flugzeuge zugedeckt auf den Plätzen standen, vorne überrumpelte Feindteile hinten anfragten, was sie machen sollten. Weitere Auswirkung der Überraschung durch das überall veranlaßte Vortreiben der schnellen Truppen kann erwartet werden.

Angesichts der tatsächlichen Erfolge während der ersten Stunden nach

Kriegsausbruch muß Halders Schilderung der Lage als starke Untertreibung wirken. Die Leistungen der deutschen Verbände in der ersten Phase des Angriffs erlaubten es Hitler, sich in jeder Hinsicht zu beglückwünschen. Wieder hatte er den Gegner vollständig überrascht. Das Muster des Blitzkriegs, der zuerst in Polen demonstriert worden war, dann in verfeinerter Form in Skandinavien, den Niederlanden und Frankreich durchgeführt wurde, erfuhr hier eine glänzende Wiederholung. Die optimistische Voraussage, Rußland werde ganz einfach auseinanderfallen, wenn Panzer und Flugzeuge auch nur wenige Wochen auf die russischen Streitkräfte eingehämmert hatten, schien sich bald erfüllen zu wollen. Niemand im Führerhauptquartier wollte sich in jenen erregenden Tagen an den ominösen Präzedenzfall in dem Rußlandabenteuer Napoleons erinnern. Der Triumph seiner Strategie und seiner Waffen schien wiederum das militärische Genie des Führers zu beweisen.

10. Der Feind im Anmarsch

Die Deutschen hatten die von Tilsit nach Riga führende Straße als einen der Hauptanmarschwege für den Vorstoß gegen Leningrad gewählt. Diese Straße überquerte die sowjetisch-deutsche Grenze bei Tauroggen an der Jura.

Tauroggen lag im Mittelpunkt des Schildes, den der Baltische Militärische Sonderbezirk unter Generaloberst F. I. Kusnezow zum Schutz gegen einen feindlichen Stoß auf Leningrad durch die baltischen Staaten geschaffen hatte. Dieser Militärbezirk war im Sommer 1940 eingerichtet worden, nachdem die Sowjetunion die baltischen Staaten in ihren Staatsverband aufgenommen hatte, und sollte jeden Angriff viele hundert Kilometer westlich von Leningrad zum Halten bringen.

Trotz seiner ganz offensichtlichen Bedeutung war Tauroggen am Abend des 21. Juni nur von Sondereinheiten des Grenzschutzes besetzt und nicht von regulären Verbänden der Roten Armee. Am Abend fiel einer Grenzstreife ein Brief in die Hand, in dem mitgeteilt wurde, die Deutschen würden entweder am Samstagabend oder am Sonntagmorgen angreifen. Am 22. Juni gegen 2.00 Uhr früh befahl Oberstleutnant Golowkin, Kommandeur der Grenzschutzeinheit, seinen Männern, die Stellungen in vorderster Linie zu besetzen. Auf der anderen Seite des Flusses konnten sie deutlich das Motorengeräusch von schweren Fahrzeugen, wahrscheinlich Panzern, hören. Die Nacht war kühl und ruhig, bis auf den auf deutscher Seite in völliger Dunkelheit wahrnehmbaren Lärm.

Um 4.00 Uhr morgens ertönte ein Krachen wie von einem schweren Donnerschlag. Eine Granate schlug in das Hauptquartier von Tauroggen ein, und eine zweite zerstörte die Fernsprechvermittlung. Ein verzweifelter Grenzposten rief über ein Feldtelefon an: »Hier spricht Osoka, hier spricht Osoka. Die Deutschen haben die Grenze überschritten. ... Hier spricht Osoka. Es ist Krieg. Ich sehe Panzer, viele Panzer.«

Der Grenzschutz sprengte die Brücke über die Jura, war aber nicht stark genug, dem Feind wesentlichen Widerstand entgegenzusetzen. In den Amtsräumen des Kommandanten verbrannte man geheime Schriftstücke und suchte, das Bargeld aus dem Safe zu retten. Gegen 14.00 Uhr konnten die Truppen des Grenzschutzes sich bis nach Skawdwilije, etwa

10 Kilometer ostwärts von Tauroggen, durchschlagen. Sie wurden von deutschen Tieffliegern angegriffen und versuchten, mit Gewehren und Pistolen zurückzuschießen. Luftabwehrwaffen standen ihnen nicht zur Verfügung.

Erst um 16.00 Uhr stellten sie die Verbindung zu einer Befehlsstelle der Roten Armee her. Sie erhielten vom Hauptquartier der 125. Division den Befehl, Straßensperren zu bauen, die deutschen ›Eindringlinge‹ zu liquidieren, aufgelöste Einheiten und zurückflutende Soldaten aufzuhalten und einer Panik entgegenzutreten. Die Bezeichnung der Deutschen als ›Eindringlinge‹ deutet darauf hin, daß der Kommandeur der 125. Division auch noch zwölf Stunden nach Kriegsausbruch nicht genau wußte, ob Rußland sich wirklich im Kriege befand. Die Truppen des Grenzschutzes mühten sich nach besten Kräften, den ›Eindringlingen‹ Widerstand zu leisten, aber wie ein Überlebender berichtet, »war es nicht leicht«.

Die Übermacht des deutschen Angriffs war so groß, daß viele sowjetische Verbände im ersten Ansturm zerschlagen wurden. Das war auch das Schicksal der 125. Division. Sie wurde von drei deutschen Panzerdivisionen der Panzergruppe Vier angegriffen und auseinandergetrieben. Nach wenigen Stunden verfügte sie über keine gepanzerten Fahrzeuge mehr, besaß kaum noch Fliegerabwehrgeschütze, wenige Transportfahrzeuge und hatte fast den ganzen Vorrat an Handgranaten verbraucht. Hilflos zogen ihre Einheiten sich nach Osten zurück.

Die 125. Division gehörte zur sowjetischen Elften Armee unter Generalleutnant Wassili I. Morosow. Morosow war ein gut aussehender, schnurrbärtiger, ruhiger, selbstbeherrschter und erfahrener Offizier. Ihm stand ein tüchtiger Stab unter Generalmajor Iwan T. Šlemin zur Verfügung. Sein Politkommissar Iwan W. Sujew hatte am Spanischen Bürgerkrieg teilgenommen.

Die sowjetische Elfte Armee war eine der drei Armeen des von Generaloberst F. I. Kusnezow befehligten Baltischen Militärischen Kommandos. Sein Generalstabschef war Generalleutnant P. S. Klenow, und sein militärischer Kommissar P. A. Dibrow.

Die Deutschen waren den Truppen Kusnezows infanteristisch im Verhältnis 3 zu 1, artilleristisch im Verhältnis 2 zu 1 überlegen. Die Panzerkräfte beider Seiten waren etwa gleich stark.[1] Diese Zahlen ergeben jedoch ein falsches Bild. Kusnezow hatte seine Verbände weit über den ganzen baltischen Raum verstreut. Viele Truppenteile lagen 150 bis 450 Kilometer

[1] Die offizielle sowjetische Darstellung des Feldzugs im baltischen Raum gibt den Deutschen eine Überlegenheit von 1,66 zu 1 hinsichtlich der Divisionen, 1,3 zu 1 hinsichtlich der Panzerkräfte, 1,8 zu 1 in bezug auf die Waffen und 1,37 zu 1 in der Luft (Orlow, a. a. O., S. 40).

rückwärts. Nur sieben Divisionen waren in Grenznähe eingesetzt, und die meisten hatten nur ein Regiment in vorderster Linie, während der Rest in Kasernen und Lagern 40 bis 50 Kilometer weiter rückwärts untergebracht war. Die Lage entlang der ganzen russischen Westgrenze war ähnlich. Von den 170 sowjetischen Divisionen, die den Deutschen gegenüberlagen, waren am 22. Juni nur 56 in vorderster Stellung.

Die Frontkommandeure Kusnezows waren über die deutschen Truppenkonzentrationen auf der anderen Seite der Grenze bestens orientiert. In vielen Fällen kannten sie nicht nur die Nummern, sondern auch den Auftrag der deutschen Truppenteile und die Namen ihrer Kommandeure, doch konnten sie es nicht erreichen, entsprechende Befehle zu erhalten, um ihre Truppen zur Abwehr eines deutschen Angriffs zu gliedern.

Generaloberst Kusnezow hatte zudem keinen Plan ausgearbeitet, um einem deutschen Angriff zu begegnen. Es war kein Zufall, daß er den Vorschlag, für die Verteidigung seines Hauptquartiers in Riga Vorbereitungen zu treffen, als absurd ablehnte. Wie die meisten Truppenkommandeure und wie auch das Oberkommando in Moskau stand er ganz unter dem Einfluß der offiziellen Meinung Stalins, daß »der Krieg auf feindlichem Gebiet und unter den geringsten blutigen Verlusten ausgefochten werden würde«. Diese These galt seit Jahren sowohl in den Militärakademien als auch in der Kommunistischen Partei. Die sowjetische Armee, die Sowjetregierung und die Bevölkerung der Sowjetunion hatten sich an den Gedanken gewöhnt, daß im Kriegsfall die russischen Armeen rasch nach Westen vorstoßen und den Angriff in feindliches Gebiet hineintragen würden. Man hatte sich daher kaum mit Abwehrtaktiken oder mit Fragen nach Methoden des Blitzkriegs beschäftigt.

Generaloberst Kusnezow war weder militärisch noch psychologisch auf die Krise vorbereitet, die jetzt einsetzte. Viele seiner Offiziere, vielleicht sogar die Hälfte, waren beurlaubt. Mehr als die Hälfte der Grenztruppen waren nicht auf Sollstärke aufgefüllt und verfügten nur über einen Bruchteil der Waffen und Ausrüstung, die ihnen eigentlich zustanden. Fast alle Panzerwagen im Befehlsbereich Kusnezows waren veraltet – 1 045 von insgesamt 1 150 Panzern; 75 Prozent dieser Fahrzeuge waren reparaturbedürftig. Drei Viertel aller Flugzeuge waren älter als fünf Jahre und fast unbrauchbar. Viele Geschütze ließen sich nicht motorisiert bewegen, und die meisten waren zu schwach, um sich mit der deutschen Artillerie messen zu können oder gegen deutsche Panzer etwas auszurichten. Im XII. motorisierten Armeekorps fehlten 16 Prozent der Panzer, weil sie sich in den Werkstätten befanden. Im III. Korps waren es 45 Prozent. Nach einer offiziellen Schätzung waren nur fünf von den dreißig an der Nordwestfront eingesetzten Divisionen voll ausgerüstet. Bei den übrigen fehlten 15 bis 30 Prozent der Mannschaften und Ausrüstung.

Als Marschall A. I. Jeremenko das Kommando des III. Motorisierten Korps übernahm, stellte er fest, daß es mit nur 50 Prozent der ihm eigentlich zustehenden Panzerwagen ausgerüstet war, und das waren in der Hauptsache veraltete T-26. Nur ganz wenige T-34 standen ihm zur Verfügung, dazu vereinzelte Panzer des Typs KW. Die T-34 haben später die Hauptlast der Panzerkämpfe während des Zweiten Weltkriegs getragen. Die 60-t-Panzer vom Typ KW waren allen deutschen Panzerwagen weit überlegen. Das am 1. Juni neuaufgestellte VII. Motorisierte Korps erhielt 40 der ihm laut Sollstärke zustehenden 120 KW-Panzer und keinen einzigen der 420 T-34, die es hätte haben müssen. Bei Kriegsbeginn waren die Truppen an der Westfront mit nur 60 Prozent der ihnen zustehenden Infanteriegewehre ausgerüstet, und sie verfügten über 75 Prozent der Granatwerfer, 80 Prozent der Fliegerabwehrgeschütze, 75 Prozent der Artillerie, 56,5 Prozent der Panzer und 55 Prozent der Lastwagen. Der Ausrüstungsstand in Kusnezows Baltischem Sonderbezirk war etwa der gleiche.

Zum Schutz der Anmarschwege nach Leningrad standen Generaloberst Kusnezow in erster Linie zwei Armeen zur Verfügung, die Achte unter Generalmajor P. P. Sobennikow und die Elfte unter Generalleutnant W. I. Morosow. Dazu kam die noch nicht voll aufgefüllte Siebenundzwanzigste Armee unter Generalmajor A. J. Bersarin. Die Siebenundzwanzigste Armee lag im Raum ostwärts und nördlich der Düna. Die Achte Armee hatte den Küstenabschnitt zu verteidigen, der von der Achtzehnten deutschen Armee angegriffen wurde. Die Elfte Sowjetarmee lag im Raum südlich davon, wo sie den mit starken Kräften geführten Angriff der deutschen Sechzehnten Armee auffangen mußte. Die schwersten Schläge der deutschen Panzergruppe Vier richteten sich gegen die Nahtstelle zwischen der Achten und Elften Sowjetarmee.

Der deutsche Nachrichtendienst schätzte die Kräfte Kusnezows auf 28 Divisionen einschließlich zweier Panzerdivisionen, zweier Kavalleriedivisionen und sechs motorisierter Divisionen.[2]

Als Folge der Unentschlossenheit Kusnezows und weil er es nicht fertigbrachte, präzise Anweisungen zu geben, waren die einzelnen Truppenteile innerhalb seines Befehlsbereichs am Vorabend des Krieges sehr unterschiedlich auf den Ernstfall vorbereitet.

Generalleutnant Morosow von der Elften Armee war davon überzeugt gewesen, der Krieg werde sehr bald ausbrechen. Auf eigene Initiative

[2] In seinem Buch The Soviet High Command schätzt John Erickson die russischen Kräfte auf 28 Schützendivisionen, 3 motorisierte Korps, 4 Kavalleriedivisionen, 7 motorisierte Brigaden und 1 000 Panzer. Pawlow (a. a. O., 3. Auflage, S. 10) nennt folgende Zahlen: 12 Schützendivisionen, 2 motorisierte Divisionen, 4 Panzerdivisionen. Orlow (a. a. O., S. 40) spricht von 22 Divisionen einschließlich einer selbständigen Schützenbrigade.

befahl er für die Elfte Armee bestimmte Vorsichtsmaßnahmen und zog sich dadurch den Zorn Moskaus zu. Eine besondere Untersuchungskommission erschien in seinem Hauptquartier in Kowno, um gewissen Beschuldigungen nachzugehen, nach denen er und sein Politkommissar Sujew die Kriegsgefahr überschätzt und gefährliche Spannungen erzeugt hätten.

Morosow wurde gezwungen, seine militärischen Vorbereitungen zu verlangsamen, aber nach der Tass-Erklärung vom 13. Juni riskierte er es, sie wieder aufzunehmen, weil er feststellte, daß die Aktivität auf deutscher Seite sich täglich und offensichtlich steigerte.

Am 18. Juni entschloß Generaloberst Kusnezow sich schließlich zu seinem Befehl Nr. 1, in dem er für die Truppe gewisse vorbereitende Maßnahmen anordnete. Morosow rief seinen Militärsowjet zusammen und befahl dem XVI. Schützenkorps, das aus der 188., 5. und 33. Schützendivision bestand, in die vordersten Stellungen einzurücken. Die 128. Infanteriedivision erhielt ähnliche Befehle. Alle vier Divisionen sollten jeweils ein Regiment im Raum um Kasly-Rudy, etwa 45 Kilometer ostwärts der Grenze, als Reserve zurücklassen, wo die meisten Truppen der Armee Anfang Juni Übungen abgehalten hatten.

Die Herausgabe dieser Befehle verzögerte sich jedoch so sehr, daß die Masse der Verbände Morosows sich im Augenblick des deutschen Angriffs noch in den Ausbildungsräumen befand. Die 188. Division konnte dem Angriff zum Beispiel nur vier Schützenbataillone und eine Artillerieeinheit in vorderster Linie entgegenstellen. Die restlichen Truppenteile lagen noch im Ausbildungsraum bei Kasly-Rudy.

Zugleich verlegte Morosow seinen Gefechtsstand vom Hauptquartier in Kowno, einer alten litauischen Stadt mit runden Türmen und einer mit Schießscharten versehenen Stadtmauer, in das Festungswerk Nr. 6. Dieses Fort war vor dem Ersten Weltkrieg direkt ostwärts der alten Stadt am Njemenbogen zwischen Schaljakalnis und Pjatraschunai errichtet worden. Das Fort war stark armiert, um dem Beschuß durch die schwerste im Ersten Weltkrieg verfügbare deutsche Artillerie standhalten zu können. Es verfügte über dickwandige Betonbunker und Unterstände, seine Mauern waren zusätzlich durch Erd- und Ziegelwälle geschützt. Morosow glaubte, diese Anlagen würden sogar den Angriffen deutscher Sturzkampfbomber widerstehen können.

Fort Nr. 6 war eine von zwei 1914 durch das zaristische Regime zum Schutz Kownos gebauten Befestigungsanlagen. Die zweite, das Fort Nr. 9, lag etwa 8 Kilometer außerhalb von Kowno an der über Schaulen an die Ostseeküste führenden Straße. Das Fort Nr. 9 war noch stärker als das Fort Nr. 6 und verfügte über sehr starke Vorwerke, Betonunterstände und Feuerstellungen für schwere Artillerie.

Trotz ihrer ausgezeichneten Anlage waren beide Festungen schon gleich zu Beginn des Ersten Weltkriegs gefallen. Das Fort Nr. 9 kapitulierte sogar, bevor ein Schuß gefallen war.
Jetzt, am 18. Juni, schien es das Klügste zu sein, wenn General Morosow seinen Gefechtsstand an diesen sicheren Ort verlegte, denn hier war er nicht nur gegen deutsche Fliegerangriffe gesichert, sondern fand auch Schutz vor einer plötzlichen Erhebung der litauischen Bevölkerung. Weder Morosow noch die Offiziere seines Stabes bildeten sich ein, die Bewohner Kownos würden im Falle eines deutschen Angriffs auf ihrer Seite stehen. Fast täglich gab es Zwischenfälle mit litauischen Nationalisten. Manchmal handelte es sich nur um eine alte Frau, die eine litauische Fahne nähte, aber dann wieder war es ein Schuß im Dunkeln, der einen sowjetischen Offizier traf.
Am 19. Juni war Major Agafonow den ganzen Tag damit beschäftigt, die Nachrichtenverbindungen im Fort Nr. 6 zu installieren. Am gleichen Abend zu später Stunde sprach Oberstleutnant Alexei A. Sośalski, der Chef des Nachrichtendienstes, mit Agafonow darüber, welche Sorgen er sich wegen der deutschen Angriffsvorbereitungen machte. Er hatte gehört, der Angriffsbeginn sei für Sonntag, den 22. Juni, festgesetzt. Agafonow erinnerte ihn daran, daß andere Gerüchte vom 15. Juni gesprochen hatten, aber Sośalski ließ sich nicht überzeugen; er wies darauf hin, man habe erst heute festgestellt, daß die Fernsprechverbindungen zur 188. Division durchschnitten worden seien.
Agafonow sorgte sich um seine beiden Kinder, aber er fürchtete, man könnte ihn als Panikmacher anprangern, wenn er versuchen sollte, sie ins rückwärtige Gebiet zu schicken. Außerdem wußte er, daß General Morosow seine eigene Tochter erst vor kurzem in ein Sommerlager direkt an der Grenze geschickt hatte.
Am 21. Juni bezog Generaloberst Kusnezow seinen Gefechtsstand in Ponewjesch, etwa drei Fahrstunden nördlich von Kowno. Es beunruhigte ihn, daß Morosow seine Truppen an der Grenze in Stellung gebracht hatte. Moskau hatte wieder einmal befohlen, es dürfe nichts unternommen werden, was die Deutschen als Provokation auffassen könnten. Diese Befürchtungen herrschten im Kreml vor und nicht die Sorge um den Aufmarsch der deutschen Divisionen. Kusnezow fragte:
»Führen Sie Ihren Aufmarsch an der Grenze nicht zu offen durch? Glauben Sie nicht, daß man auf der anderen Seite Wind davon bekommen wird? Wenn die Deutschen etwas merken, kann es sehr unangenehme Folgen haben.«
»Wir haben alles menschenmögliche getan«, sagte General Ślemin, Morosows Stabschef, »um sicherzustellen, daß unsere Bewegungen unbemerkt bleiben.«

»Ich höre«, sagte Kusnezow, »daß Munition an die Truppen ausgegeben worden ist.«

»Das ist richtig.«

»Seien Sie nur vorsichtig«, sagte Kusnezow. »Ein einziger Schuß, der versehentlich auf unserer Seite losgeht, könnte die Deutschen zu der Behauptung veranlassen, wir hätten sie provoziert.«

»Das ist klar«, antwortete General Šlemin, »wir haben unseren Leuten strikte Anweisungen gegeben.«

Der hochgewachsene, würdige Kusnezow und der kleine Šlemin mit dem kahlrasierten Schädel starrten sich einen Augenblick an. Dann zog Kusnezow nervös seine Handschuhe an und murmelte: »Was ist das für eine verfahrene Lage ... schrecklich verfahren ...«

Major Agafonow beeilte sich, mit seinen Arbeiten im Fort Nr. 6 fertigzuwerden. Bis zum Abend des 21. Juni hatte er reichlich zu tun. Er konnte nicht einmal an einer der vielen Besprechungen teilnehmen, die in jener Nacht von einer Gruppe politischer Kommissare in fast jedem Truppenteil der Armee abgehalten wurden. Diese Politkommissare waren von der politischen Zentralverwaltung der Roten Armee in Moskau an die Front geschickt worden und hatten den Auftrag, im ganzen Bereich der Elften Armee Kurse abzuhalten und die Truppe zu belehren, daß ein Krieg gegen Deutschland nicht zu erwarten sei. Man hatte das befohlen, um die Wachsamkeit und den besonderen Eifer der Elften Armee etwas zu dämpfen.

Major Agafonow arbeitete bis nach Mitternacht. Von der Grenze hörte er nichts Neues, und soweit er wußte, war alles ruhig. Schließlich waren alle Telegrafen, Funkgeräte und Fernsprecher besetzt und die Verbindungen hergestellt. Gegen 3.00 Uhr morgens machte er sich mit General Šlemin auf den Weg zur Unterkunft, um noch ein wenig auszuruhen. Dabei kam ihnen der Pionierführer der Elften Armee, Oberst S. M. Firsow, entgegen. Firsow war wütend. Er hatte vom Baltischen Militärbezirk etwa 10 000 Minen erhalten, um sie an der Grenze zu verlegen und panzergängiges Gelände gegen deutsche Panzerangriffe abzusichern. Am Samstag hatte er mit dem Einrichten der Minenfelder begonnen, aber der Pionierführer des Militärbezirks, Generalmajor W. F. Sotow, hatte ihm jetzt befohlen, die Arbeiten einzustellen. Grimmig lächelnd sagte er: »Offensichtlich habe ich mich zu sehr beeilt.«

Firsow gab Sotow die Schuld. In Wirklichkeit kam der Befehl von höherer Stelle und gehörte in die von Moskau eingeleitete Aktion zur ›Abkühlung‹ der Elften Armee und des Baltischen Militärbezirks, weil man hoffte, den deutschen Angriff durch diese Besänftigungstaktik abwenden zu können.

Aber diese Hoffnung täuschte. Nach zwei Stunden wurde Agafonow aus dem Schlaf gerissen. Er begab sich auf schnellstem Wege zum Gefechtsstand tief im Inneren des Forts Nr. 6. Aus jedem Telegrafen, Fernsprecher und Funkgerät kam die Nachricht: »Der Feind hat schweres Artilleriefeuer eröffnet ... Der Feind greift unsere vordersten Stellungen an ... Artilleriefeuer auf unseren Stellungen ... Deutsche Panzer greifen an ... Wir schlagen einen deutschen Infanterieangriff ab.«

Ein Fernsprecher schlug die Hände über dem Kopf zusammen: »Genosse Major, ich gebe auf. Jeder beschimpft mich! Jeder droht, mich einzusperren. Ich weiß nicht, was ich tun soll.«

Das Ausbildungslager bei Kasly-Rudy wurde von Flugzeugen angegriffen. General Ślemin erstattete Generaloberst Kusnezow in seinem Hauptquartier die erste Meldung: »Alle Einheiten beziehen Verteidigungsstellungen an der Grenze. Der Feind hat an der ganzen Front das Feuer eröffnet ...«

Ein Funker meldete: »Keine Verbindung zur 128. Division.« Das war bedenklich. Major Agafonow bemühte sich selbst, die Verbindung wieder herzustellen. Endlich kam eine kurze Meldung von der 128. Division: »Deutsche Panzer haben das Stabsquartier eingeschlossen.« Nichts weiter. General Ślemin versuchte, zur 5. Panzerdivision bei Olita durchzukommen, die an einer wichtigen Brücke über den Njemen hart nördlich der Stellungen der 128. Division lag. Immer wieder versuchte der Funker, die Verbindung zu bekommen: »Njemen, hier ruft Dunai, Olita! Olita! Olita! Hier ruft Dunai.« Aber Olita antwortete nicht. Während der ganzen Nacht kam keine Antwort. Schließlich schickte man einen motorisierten Kurier auf die 60 Kilometer weite Reise. Er kehrte nicht zurück.

Die Sorgen des Generals Morosow wuchsen von Stunde zu Stunde. »Deutsche Panzer gehen gegen Olita vor«, sagte er. »Wenn sie die Brücke nehmen, werden sie die Flanke unserer Armee aufrollen.«

Er überdachte noch die Lage, als Oberstleutnant Sośalski ins Zimmer kam. Er trat an Morosow heran und flüsterte heiser: »Wassili Iwanowitsch, die Deutschen sind in das Ferienlager eingedrungen. Die Kinder – –«

»Was ist mit den Kindern?« fragte Morosow, der noch nicht jede Hoffnung aufgegeben hatte.

»Ich kann es Ihnen nicht sagen«, rief Sośalski. »Die Kinder ... die Panzer ...«

Major Agafonows Kinder waren auch in jenem Lager, ebenso Morosows Tochter Lida.[3]

Immer noch kein Wort aus Olita.

Am 22. Juni gegen 18.00 Uhr machte sich Major Agafonow selbst auf

[3] Durch einen glücklichen Zufall fand General Morosow seine Tochter 1944 wieder. Sie hatte sich nach Lettland durchgeschlagen und die deutsche Besetzung überlebt (Boris Gusew, Dimitri Mamlejew: Smert Komissara. Moskau 1967, S. 84).

nach Olita. Wenige Kilometer außerhalb von Kowno begegnete ihm ein blauer Touristenomnibus, der zwanzig Kommandeure vom Urlaub auf dem Lande zurückbrachte. Es habe keinen Sinn, weiterzufahren, erklärten sie ihm. Olita sei schon von den Deutschen genommen.

Das war auch wirklich der Fall. Vier Panzerdivisionen und vier Infanteriedivisionen mit fast 500 deutschen Panzern, die deutsche Panzergruppe Drei der Heeresgruppe Mitte, hatten den Njemen überschritten, die 128. Schützendivision zersprengt und der 126. schwere Verluste zugefügt. Die 5. sowjetische Panzerdivision, die zum Schutz von Olita herangeführt worden war, wurde auf dem Marsch angegriffen, von den übrigen Truppen abgeschnitten und eingeschlossen. Dieser Schlag zerschmetterte die Verbindung zwischen der Elften Armee und dem mittleren Frontabschnitt und drohte, die Elfte Armee auch von ihrem nördlichen Nachbarn, der Achten Armee, abzuschneiden. Vor Einbruch der Nacht vom Sonntag, dem 22. Juni, waren die Deutschen im Besitz guter Brücken über den Njemen bei Olita und wenige Kilometer weiter südlich bei Meretsch.

Damit war das Schicksal Kownos besiegelt. Als Major Agafonow zum Fort Nr. 6 zurückkam, stellte er fest, daß der Gefechtsstand 30 Kilometer ostwärts nach Kaisiadoris verlegt werden sollte. Es blieben ihm zwei Stunden zum Abbau der Nachrichtenverbindungen. Vor Tagesanbruch sollte das neue Nachrichtennetz von Kaisiadoris aus einsatzfähig sein. Er schlug vor, zum Funkverkehr überzugehen, aber das wurde untersagt. Die Deutschen hatten den Stab der 128. Division einschließlich des Kommandeurs, General Alexander Sotow, gefangengenommen. Wahrscheinlich waren ihnen auch die sowjetischen Funkschlüssel in die Hände gefallen. Deshalb durfte nur im äußersten Notfall gefunkt werden. Von der 5. Panzerdivision lag immer noch keine Meldung vor, und das ganze XVI. Korps zog sich nach Janowo, 30 Kilometer nordostwärts von Kowno zurück. Die Stadt Kowno sollte kampflos geräumt werden. Die Soldatenfamilien, darunter auch die Angehörigen des Majors Agafonow, wurden zurückgelassen.

Der deutsche Angriff überraschte die fliegenden Verbände des Baltischen Militärischen Sonderbezirks am Boden. Nach den Worten des Befehlshabers der Achten Armee, Generalleutnant P. P. Sobennikow, wurden sie praktisch während der ersten zwei oder drei Stunden des Krieges vernichtet. Der Befehlshaber der Luftstreitkräfte im Baltischen Bezirk, Generalleutnant P. W. Ryćagow, wurde nach Moskau befohlen und erschossen. Der General der Flieger und Chef der sowjetischen Bomberflotte Kopjez beging am 23. Selbstmord. Er hatte 800 Bombenflugzeuge verloren, die Deutschen nur eine Handvoll. Am ersten Kriegstag hatten der Militärbezirk von Kiew und der Westliche Militärbezirk die Hälfte ihrer Flugzeuge eingebüßt. Halder schätzte die sowjetischen Verluste am

22. Juni bis 13.30 Uhr auf 800 Maschinen. Die Deutschen hatten bis dahin zehn Flugzeuge verloren. Die Gesamtverluste der sowjetischen Luftwaffe am ersten Kriegstag betrugen 1 200 Flugzeuge – 900 am Boden und 300 im Einsatz.

Tempo und Stoßkraft des deutschen Angriffs wirkten sich katastrophal auf die Nachrichtenverbindungen im baltischen Raum aus. Noch am Vormittag des 22. Juni hatte General Kusnezow die Verbindung zu fast allen vorn eingesetzten Truppen verloren. Es wurden Verstärkungen an Fronten geschickt, die nicht mehr existierten, und diese Kräfte wurden von deutschen Panzerverbänden dort vernichtet, wo die Deutschen nach den letzten Meldungen noch gar nicht sein konnten. Am schlimmsten sah es in der Nähe der Grenze aus. Die einzelnen an der Grenze eingesetzten Truppenteile wurden von den Deutschen ohne große Schwierigkeiten überwältigt. Die meisten von ihnen mußten ohne Befehle von oben und ohne einen genauen Kampfplan ins Gefecht gehen. Sie konnten nichts anderes tun, als sich mit den gerade verfügbaren Waffen wehren.

Libau war der zweitgrößte lettische Hafen. Der Befehlshaber der Baltischen Flotte, Admiral Tribuz, hielt es wegen der Nähe Ostpreußens für unmöglich, Libau zu verteidigen und hatte deshalb kurz vor dem deutschen Angriff alle größeren Flotteneinheiten von dort abgezogen. Generaloberst Kusnezow hatte wenige Tage zuvor widerwillig die 67. Division mit der Verteidigung der Stadt beauftragt. Dem Kommandeur der 67. Division, Generalmajor Dedajew, standen das 56. und 281. Regiment und schwache Kräfte der Marineinfanterie und Küstenartillerie zur Verfügung.

Erst 24 Stunden vor dem Angriff, am 21. Juni, setzte sich Dedajews Artillerieführer, Oberst Kornejew, mit seinem Kollegen von der Marine, Kapitän Kaśin, zusammen, um die Zusammenarbeit zwischen Marine- und Heeresartillerie zur Verteidigung Libaus zu koordinieren.[4]

Auf eigene Initiative, vor allem aber weil Berichte des Marinenachrichtendienstes ihn nervös gemacht hatten, befahl Generalmajor Dedajew am Abend des 21. Juni allen Einheiten der 67. Infanteriedivision, die nicht zum Bau von Feldbefestigungen eingeteilt waren (bei den meisten war das der Fall), Gefechtsübungen abzuhalten und dazu die Kasernen zu verlassen. Drei Bataillone marschierten aus der Stadt an das Ufer des Flusses Barta und richteten dort ein Feldlager ein. General Dedajew war fast den ganzen Abend unterwegs, um die militärischen Einrichtungen in Libau zu inspizieren; er versuchte sich davon zu überzeugen, daß alles

[4] R. Welewitnew, A. Los: Krepost bes Fortow. Moskau 1966, S. 27. Nach einem anderen Bericht hat die Besprechung am 20. Juni stattgefunden. (Na Straże Morskich Gorisontow. Moskau 1967, S. 146.)

in Ordnung sei. Bei seiner Rückkehr ins Divisionsstabsquartier am späten Abend hörte er, daß der Marinebefehlshaber Kapitän Michail S. Klewenski vom Hauptquartier der Baltischen Flotte eine Warnung erhalten hatte, die besagte, er müsse in der folgenden Nacht mit feindlichen Aktionen rechnen.

Um 11.30 Uhr abends hörte Dedajew die Rundfunknachrichten aus Moskau ab. Sie brachten nichts Besonderes. Die Spasski-Glocken spielten die Internationale. Erst um 3.00 Uhr morgens traf ein Alarmbefehl aus dem Hauptquartier des Baltischen Militärbezirks von Generaloberst Kusnezow ein. Alle Einheiten sollten mit der ersten Munitionsausstattung die vordersten Stellungen besetzen und sich gefechtsbereit machen. Provokationen seien unter allen Umständen zu vermeiden, und das Feuer dürfe nicht auf deutsche Flugzeuge eröffnet werden.

General Dedajew begab sich sofort zum Marinekommando und blieb eine Stunde bei Kapitän Klewenski. Die beiden Kommandeure beschlossen, einen dreifachen Verteidigungsgürtel um Libau einzurichten. Bei dieser Gelegenheit besprachen sie zum erstenmal gemeinsame Maßnahmen zur Verteidigung von Libau. Auf dem Rückweg zum Stabsquartier hörte General Dedajew Flugzeugmotorengeräusch. Es waren drei Wellen Ju-88, die von See her einflogen.

Niemand eröffnete das Feuer. Die Maschinen flogen in weitem Bogen über die Stadt, kippten plötzlich ab, ließen die Bomben fallen und flogen davon. Erst jetzt begannen die zum Schutz Libaus eingesetzten Flugabwehrgeschütze zu schießen.

Der General ließ sich alle von seinen Truppenteilen eingetroffenen Meldungen vorlegen. Daraus ging klar hervor, daß die Deutschen mit starken Kräften gegen Libau heranrückten. Er ließ sich mit seinem direkten Vorgesetzten, dem Befehlshaber der Siebenundzwanzigsten Armee, General Bersarin, verbinden. Seine Antwort war knapp. Dedajew war auf sich selbst gestellt. Die Deutschen hatten an der ganzen Front angegriffen, und Dedajew erhielt den Befehl, mit den ihm zur Verfügung stehenden Kräften die Stellung zu halten und bis zum letzten Mann zu kämpfen.

Die Situation bei der Achten Armee war noch ungünstiger. Der Alarmbefehl des Generals Kusnezow war so spät bei Generalleutnant P. P. Sobennikow eingetroffen, daß viele Truppenteile der Achten Armee sich bereits von deutschen Panzern angegriffen sahen, bevor sie überhaupt wußten, daß der Krieg ausgebrochen war.

Sobennikows 48. Infanteriedivision unter Generalmajor P. W. Bogdanow marschierte am Sonntagmorgen in geschlossener Marschkolonne, mit der Musik an der Spitze, von Riga kommend bei Assern an die Front. Marschmusik erklang, und »niemand wußte, daß der Krieg ausgebrochen war«. Da griffen ganz unerwartet deutsche Tiefflieger die 48. Division

an. Kurz nach dem Mittag stießen deutsche Panzer, die bei Tauroggen durchgebrochen waren, auf die Division und eröffneten das Feuer. Die Truppe verfügte über keine anderen Waffen als Infanteriegewehre und Handgranaten. Um 22.00 Uhr meldete Bogdanow, er habe sechzig bis siebzig Prozent Verluste, und die Munition sei verschossen.
Ein Verband schwerer Artillerie aus der Armee Sobennikows, der mit der Bahn an die Front gebracht wurde, erlebte am frühen Sonntagmorgen einen Luftangriff auf den sowjetischen Flugplatz bei Schaulen. Die Artilleristen sahen die deutschen Flugzeuge, beobachteten, wie die Bomben fielen und Feuer ausbrach, aber sie glaubten, das Ganze sei eine Übung.
Sobennikow schreibt: »Um diese Zeit wurden fast alle Flugzeuge des Militärischen Sonderbezirks im baltischen Raum am Boden zerstört.«
Vierundzwanzig Stunden nach Kriegsausbruch schickte Sobennikow folgende Meldung an Generaloberst Kusnezow:
»Die Armee (die Achte) befindet sich in einer ausweglosen Lage. Wir haben keine Verbindung mit Ihnen oder mit dem Schützenkorps und dem motorisierten Korps. Ich bitte Sie, alles zu tun, um mich mit Kraftstoff zu versorgen. Ich tue alles, was in meinen Kräften steht.«
Dem sowjetischen Oberkommando waren in den ersten Stunden des Krieges die Hände gebunden, weil in den höheren Stellen das Gefühl herrschte, *vielleicht bedeute das alles noch gar nicht den wirklichen Krieg*. Der Kommandeur der 125. Division stand mit dieser Auffassung nicht allein da. Der Kommandeur des XV. Infanteriekorps am Bug, General Fedjuninski, hatte den sicheren Eindruck, daß sein Vorgesetzter, der Befehlshaber der Fünften Armee, General M. I. Potapow, noch Stunden nach Beginn des deutschen Angriffs »nicht ganz davon überzeugt war, daß die Nazis einen Krieg begonnen hatten«.
Die gleiche Stimmung herrschte im Hauptquartier des Westlichen Militärischen Sonderbezirks in Minsk, wo Armeegeneral M. I. Pawlow im Theater saß, als die ersten Meldungen über einen bevorstehenden Angriff eintrafen. »Das kann nicht sein«, sagte er. »Das ist ein Unsinn!«
Generaloberst Leonid M. Sandalow war Generalstabschef in der unter Pawlows Befehl stehenden Vierten Armee mit dem Hauptquartier in Kobrin am Bug. Sandalow schickte in der Nacht vom 21. zum 22. Juni mehrere Meldungen an Pawlow über Anzeichen für deutsche Angriffsvorbereitungen. Gleichlautende Meldungen trafen von allen Grenztruppen wie auch aus der Garnison Brest ein. Sie gingen sowohl an Pawlow als auch an den Generalstab in Moskau.
Um 2.00 Uhr morgens meldeten Kobrin und viele andere Befehlsstellen an der Grenze, daß die Nachrichtenverbindungen unterbrochen worden seien. Das war das Werk einer Untergrundbewegung. Auch diese Mitteilungen gingen an Pawlow und nach Moskau.

Trotzdem rief Pawlow um 3.30 Uhr früh den Befehlshaber der Vierten Armee, Generalmajor A. A. Korobkow[5], an und sagte ihm, man müsse im Laufe der Nacht mit einem Kommandounternehmen »faschistischer Banden« an der Bugfront rechnen. Er befahl Korobkow, den Gegner nicht zu provozieren, die »Banden« möglichst gefangenzunehmen, aber sie nicht über die Grenze nach Westen zu verfolgen.
Pawlow befahl, die 42. Division in befestigte Stellungen einrücken zu lassen und wies Korobkow an, er möge die ganze Armee alarmieren.
Zur gleichen Stunde setzte sich Generalleutnant W. I. Kusnezow über Funk mit Pawlow in Verbindung, da seine Fernsprechleitungen durchschnitten worden waren. Er meldete, die Deutschen griffen auf breiter Front an und bombardierten Grodno. Ähnliche Meldungen trafen vom Befehlshaber der Zehnten Armee, Generalmajor K. D. Golubew, aus Bialystok ein.
Während im Hauptquartier Pawlows die Meldungen über deutsche Angriffe sich überstürzten, rief Verteidigungskommissar Timoschenko aus Moskau an und befahl Pawlow, nichts gegen die Deutschen zu unternehmen, ohne Moskau vorher in Kenntnis gesetzt zu haben.
»Genosse Stalin hat verboten, das Artilleriefeuer gegen die Deutschen zu eröffnen«, sagte Timoschenko.
Im Laufe des Tages wurde die Lage immer verworrener. Da er kein klares Bild von den Vorgängen an der Front bekommen konnte, wollte General Boldin zum Hauptquartier der Zehnten Armee nach Bialystok fliegen. Aber der Flugplatz war bombardiert worden, und es standen keine Flugzeuge zur Verfügung. Obwohl gemeldet worden war, die Deutschen hätten Fallschirmjäger abgesetzt, entschloß er sich, im Auto nach vorn zu fahren. Am Sonntagabend traf er im Armeehauptquartier ein. Inzwischen war der Gefechtsstand der Zehnten Armee nicht mehr in Bialystok, denn die Stadt lag unter heftigen Angriffen deutscher Sturzkampfbomber. General Golubew meldete, seine Zehnte Armee habe fast aufgehört, zu existieren. Er bekam keine Verbindung zu den vorn eingesetzten Truppenteilen und konnte nur gelegentlich nach Minsk durchkommen, um mit General Pawlow zu sprechen.
»Es ist hart, sehr hart, Iwan Wasiljewitsch«, sagte General Golubew zu Boldin. »Wo auch nur die geringste Möglichkeit besteht, versuchen wir, die Stellung zu halten. Der Grenzschutz kämpft tapfer, aber es ist kaum noch etwas davon übrig, und wir sind nicht in der Lage, ihn zu unterstützen. Und heute haben wir den ersten Kriegstag! Wie soll das weitergehen?«

[5] General Korobkow wurde am 8. Juli des Kommandos enthoben und wenige Tage darauf zur Strafe dafür, daß er die Vernichtung seiner Armee durch die Deutschen zugelassen habe, erschossen.

11. Der ›Rote Pfeil‹ läuft ein

Zischend stieß die Lokomotive des Expreßzuges ›Roter Pfeil‹ eine Dampfwolke aus, zum letztenmal drehten sich die Antriebsräder, und der Zug hielt auf dem Oktoberbahnhof in Leningrad. Wenige Minuten zuvor hatte sich eine kleine Abordnung von Offizieren auf dem Bahnhof eingefunden, und jetzt standen sie auf dem Bahnsteig und warteten darauf, daß General Merezkow aus dem hinten angehängten internationalen Schlafwagen stieg. Es war am 22. Juni, 11.45 Uhr vormittags. Auf dem Bahnhof herrschte der an einem Sonntagmorgen übliche lebhafte Verkehr.

Während der Nachtfahrt in den Norden hatte Merezkow kaum schlafen können. Schwere Sorgen bedrückten ihn. Er hatte den ganzen Samstag im Verteidigungskommissariat gearbeitet, und er teilte die wachsenden Besorgnisse seiner Kollegen, die durch die laufend von der Grenze eintreffenden Meldungen genährt wurden. Am Abend hatte man ihm befohlen, sofort nach Leningrad zu fahren, um als Verbindungsoffizier zum dortigen Oberkommando dringende Vorbereitungen zur Abwehr eines deutschen Angriffs zu treffen, der jederzeit, vielleicht schon in wenigen Tagen, zu erwarten war.

Es gab nur wenige höhere Offiziere in Rußland, die mit den Methoden der modernen Kriegführung besser vertraut waren als Merezkow. Er war als Militärberater mit Männern wie dem Artillerieexperten Marschall Rodion J. Malinowksi (Genosse Malino), Marschall N. N. Woronow, Panzergeneral A. I. Rodimzew (Kapitän Pawlito), dem Marinekommissar Admiral Kusnezow und den Generälen P. I. Batow, Georgi M. Stern und Dimitri G. Pawlow während des Bürgerkriegs in Spanien gewesen. Merezkow war in seiner Rolle als ›Genosse Petrowitsch‹ maßgeblich am großen Sieg der Loyalisten bei Guadalajara beteiligt gewesen.

Merezkow war eine imponierende Erscheinung, ein schwerer, blonder Mann mit breitem slawischen Gesicht. Er sah aus wie ein Bär, und mit dem spanischen Barett und weiten Mantel hatte er damals fast komisch gewirkt. Auf den Schlachtfeldern Spaniens hatte er gelernt, das militärische Können der Deutschen und die Schlagkraft der deutschen Panzerwaffe zu respektieren.

Niemand kannte die Stärken und Schwächen der Sowjetarmee besser als er. Wie jeder Offizier der Roten Armee wußte er, welche erschreckenden Verluste das Offizierkorps in den Säuberungen der Jahre 1937/38 erlitten hatte. Die Zahl der Opfer war unübersehbar. Zu ihnen gehörten drei der damaligen fünf sowjetischen Marschälle, M. N. Tuchatschewski, W. K. Blücher und A. I. Jegorow, alle Kommandeure der Militärbezirke, Männer wie I. P. Uborewitsch und I. E. Jakir, zwei der vier Flottenbefehlshaber sowie die Admiräle W. M. Orlow und M. W. Viktorow. Alle Korpskommandeure wurden damals erschossen, und fast jeder Divisionskommandeur wurde entweder liquidiert oder nach Sibirien verschickt. Die Hälfte der Regimentskommandeure, der Mitglieder der Militärsowjets und der Chefs der politischen Abteilungen der Militärbezirke war verschwunden. Die Mehrzahl der Politkommissare in den Korps, Divisionen und Brigaden war aus ihren Ämtern entfernt worden. Die Regimenter hatten ein Drittel ihrer Kommissare verloren. Wie viele waren es zusammen? Weder Merezkow noch irgendein anderer überlebender höherer Offizier war in der Lage, ihre Zahl auch nur zu schätzen. Sicher war ein Drittel oder sogar die Hälfte der 75 000 Offiziere der Roten Armee 1938 verhaftet worden. In den oberen Rangstufen war dieser Prozentsatz noch viel höher.

Unter den Kameraden Merezkows aus dem Spanischen Bürgerkrieg hatte es schwere Verluste gegeben.[1] Die Folgen waren überall zu spüren. Anfang 1940 wurden mehr als 70 Prozent der Divisionskommandeure, fast 70 Prozent der Regimentskommandeure und 60 Prozent der Politkommissare zu ihren neuen Dienstgraden befördert. Im Herbst 1940 zeigte die Rangliste, daß nicht ein einziger von 225 Regimentskommandeuren einen Kursus auf einer Militärakademie abgeschlossen hatte. Nur 25 hatten die Kriegsschule absolviert. Der Rest von 200 hatte lediglich Leutnantslehrgänge besucht. Die Auswirkungen waren verheerend. Nur 7 Prozent der Offiziere des Heeres hatten eine höhere militärische Ausbildung hinter sich. 37 Prozent hatten nie einen militärischen Lehrgang besucht.

Merezkow wußte genau, jetzt stand die Sowjetarmee vor der schwersten Bewährungsprobe. Es wäre lächerlich, zu behaupten, die tragischen Vorkommnisse der letzten Jahre seien wirkungslos vorübergegangen. Die militärische Elite, die besten und erfahrensten Kommandeure waren ausgeschaltet worden, und die Moral der noch auf ihrem Posten verbliebenen Offiziere war so tief erschüttert worden, daß es Jahre dauern würde, bis

[1] Chruschtschow bezeichnet Merezkow als einen der Offiziere, die von der Säuberung betroffen waren. Ob das jedoch 1937 nach seiner Rückkehr aus Spanien oder später geschah, ist nicht sicher. 1938 war Merezkows Stellung gesichert, und er wurde zum Befehlshaber des Leningrader Militärbezirks ernannt. Robert Conquest irrt sich, wenn er sagt, Merezkow sei 1939 entlassen worden. (Robert Conquest: The Great Terror. New York, 1968, S. 486.)

die Narben verheilt waren – wenn die jetzt lebende Generation sich überhaupt jemals davon erholen würde.
Der russische Schriftsteller Konstantin Simonow, der die Rote Armee so gut kannte wie kaum jemand, hat lange nach diesen erschütternden Ereignissen gesagt, man müsse die Leistungen der Sowjetarmee beim Kampf gegen die Deutschen im Zweiten Weltkrieg durch das »Prisma der tragischen Ereignisse von 1937/38« untersuchen.
Er schreibt: »Wir haben in diesen Jahren nicht nur ein Siebengestirn bedeutender militärischer Führer verloren, sondern auch Hunderte und Tausende ehrlicher Menschen in höheren und mittleren militärischen Rängen sind verfolgt worden.«
»Das Wesentliche ist der Geist der Männer, die sich angesichts des Schlages, der ihnen zugefügt worden war, auch weiter bereitgefunden haben, in der Armee zu dienen. Zu Beginn des Krieges waren diese Aktionen noch nicht abgeschlossen, sondern es ging weiter. Die Armee machte sehr schwierige Zeiten durch, und zwar nicht nur hinsichtlich der mangelhaften Ausrüstung und Bewaffnung, sondern auch insofern, als die ethischen Werte, das Vertrauen und die Disziplin nach den destruktiven Entwicklungen der Jahre 1937/38 noch nicht wiederhergestellt waren.«
Es darf einen nicht überraschen, wenn Merezkow jetzt an seine gefolterten Kameraden dachte und sich vorstellte, wieviel stärker die sowjetische Armee wäre, wenn sie noch lebten.
Aber es gab auch noch anderes für ihn zu bedenken. Sein persönliches Schicksal war eng mit Leningrad verbunden. 1938 war er Befehlshaber des Leningrader Militärbezirks gewesen, und bei Ausbruch des Finnlandkrieges am 30. November 1939 hatte er immer noch die gleiche Stellung bekleidet. Die Aufgabe, die Finnen zu dem gewünschten Frieden zu bringen, hatte zunächst auf seinen Schultern geruht, und die Erfüllung dieser Aufgabe war von der Schlagkraft seiner Siebenten Armee abhängig gewesen.
Der Finnische Feldzug hatte sich zu Anfang für die Russen nicht günstig entwickelt – und auch nicht für Merezkow. Das war nicht seine Schuld.
Der Chef des Generalstabs, Marschall Boris M. Schaposchnikow, hatte die ersten genauen Pläne für den Krieg gegen Finnland entworfen. Sie stützten sich auf eine sorgfältige Beurteilung der sowjetischen Leistungsfähigkeit, sie berücksichtigten die Stärke der Mannerheim-Linie und rechneten mit dem militärischen Potential der Finnen. Schaposchnikow nahm ganz richtig an, die Finnen würden der Roten Armee mit starken Kräften erbitterten Widerstand leisten, und glaubte, es werde notwendig sein, eine größere Offensive vorzubereiten.
Als Schaposchnikow seinen Plan im Oberkommando vorlegte, zog er sich

den Zorn Stalins zu. Er sagte, Schaposchnikow unterschätze die Rote Armee und überschätze die Finnen.

Man verwarf Schaposchnikows Plan und übertrug die Aufgabe dem Leningrader Bezirkskommando unter General Merezkow. Stalin entschloß sich – wahrscheinlich auf den Rat Schdanows –, eine finnische Exilregierung unter dem russisch-finnischen Altkommunisten Otto Kuusinen bilden zu lassen. Er war überzeugt, eine Demonstration russischer Grenztruppen und die Propaganda der finnischen ›Befreiungsbewegung‹ werde die Finnen auf die Knie zwingen.

Wir wissen nicht, was Merezkow darüber dachte. Man ließ ihm zwei oder drei Tage Zeit, einen Offensivplan zu entwerfen, und schickte ihn dann gegen den Feind.

Noch ehe ein Monat vergangen war, zeigte es sich, daß Stalins Vorstellungen falsch gewesen waren. Am 7. Januar 1940 übernahm Marschall Timoschenko den Oberbefehl an der finnischen Front. Merezkow behielt das Kommando der Siebenten Armee. Mit Hilfe Schdanows ließ er ein neues, leistungsfähiges Minensuchgerät entwickeln, um die finnischen Minen unter der Schnee- und Eisdecke auffinden zu können. Außerdem entwickelte er bessere Methoden zur Ausschaltung der finnischen Betonbunker, in erster Linie durch den Einsatz schwerer Geschütze mit dem Kaliber 20,3 cm und 28 cm im direkten Beschuß. Aus dieser Zusammenarbeit entwickelte sich eine enge – und wie sich später herausstellte – dauernde Freundschaft zwischen ihm und Schdanow.

Nachdem Timoschenko das Kommando übernommen hatte, wurden neue Truppen herangeführt, man grub die Pläne Schaposchnikows wieder aus, und am 12. März 1940 ging der Krieg mit der Unterzeichnung eines Vertrags zuende, in dem die sowjetische Grenze an eine Linie etwa 160 Kilometer nördlich von Leningrad verlegt wurde und auch die anderen russischen Forderungen erfüllt wurden. Man schloß einen Pachtvertrag auf dreißig Jahre für die Hangö-Halbinsel (zur Sicherung der Seewege durch den Finnischen Meerbusen nach Leningrad), und Finnland mußte geringfügige weitere Grenzkorrekturen akzeptieren.

Merezkow konnte sich glücklich schätzen. In der scharfen Kritik des Zentralkomitees der Kommunistischen Partei an den Operationen gegen Finnland im März 1940 kam er verhältnismäßig glimpflich davon. Vielen anderen ging es schlechter, besonders dem Verteidigungskommissar Marschall Klement Woroschilow. L. S. Mechlis, Berijas Vertrauter in der Geheimpolizei, den Stalin als politischen Ratgeber zur 9. sowjetischen Armee schickte, verhaftete viele Kommandeure. Aber auch er wurde scharf kritisiert.

Die im Frühjahr erfolgte Auswertung des Feldzugs hatte manche nützliche und vernünftige Entscheidung zur Folge. Junge Truppenführer, die in Spanien, im mandschurischen Grenzkrieg gegen die Japaner bei Chalkin-Gol und im Finnlandkrieg Erfahrungen gesammelt hatten, wurden befördert und an wichtigen Stellen eingesetzt.[2]

Die Tatsache, daß Merezkow nur drei Tage Zeit hatte, um die Offensive gegen Finnland zu planen, hat ihn wahrscheinlich davor bewahrt, zur Verantwortung gezogen zu werden. Er wurde jedenfalls im Juni zum vollen General befördert und im August 1940 zum Chef des Stabes ernannt.

In den letzten Minuten vor seinem Eintreffen in Leningrad konnte Merezkow, wenn er auf die vergangenen zwei Jahre zurückblickte, in militärischer Hinsicht für manches dankbar sein.

Die Verteidigung Leningrads ließ sich jetzt sehr viel besser durchführen als im Jahr 1939 – zumindest auf dem Papier. Vor 1939 lag die Grenze im Norden nur 30 Kilometer vor der Stadt. Leningrad hätte damals von finnischem Gebiet aus mit schwerer Artillerie beschossen werden können. Auch die Seewege nach Leningrad waren feindlichen Angriffen ausgesetzt gewesen. Finnische Befestigungen beherrschten die Einfahrt in den Finnischen Meerbusen von Hangö und der Küste aus. Sowjetische Kriegsschiffe, die aus Kronstadt ausliefen, waren ständig dieser Bedrohung ausgesetzt.

Auch an der baltischen Küste war die Lage 1939 noch gefährlich gewesen. Nachdem die Sowjetunion sich jetzt die baltischen Staaten einverleibt hatte, waren die Grenzen 600 Kilometer weiter nach Westen gerückt. Es stand ein weiter Raum für militärische Manöver zur Verfügung, und Leningrad konnte nicht mehr von Flugzeugen angegriffen werden, die nur wenige Flugminuten weiter westlich oder nördlich stationiert waren.

Die Baltische Flotte verfügte über neue Basen, die 300 bis 450 Kilometer näher am Feind lagen. Leningrad selbst war damit zu einem militärischen Bollwerk geworden. Das entsprach genau der Absicht Peters des Großen, der hier eine Festung errichten wollte.

Aufgrund der vorausschauenden Politik Stalins und Schdanows – so mußte es ein Soldat wie Merezkow sehen – war Leningrad heute wieder eine mächtige und starke Festung, sogar nach den Maßstäben der modernen Kriegführung.

Immerhin gab es noch ungezählte Probleme zu lösen. Die Arbeit an den Befestigungsanlagen mußte beschleunigt werden, die Truppen mußten an

[2] Nachdem der finnische Feldzug im April ausgewertet worden war, trat Marschall Timoschenko als Verteidigungskommissar an die Stelle von Marschall Woroschilow. Das Zentralkomitee der Kommunistischen Partei ernannte eine Sonderkommission unter Schdanow und dem sowjetischen Planungschef N. A. Wosnesenski, einem engen Mitarbeiter Schdanows, mit dem Auftrag, die Armee zu verstärken, ihre Wachsamkeit und Schlagkraft zu erhöhen und ihr politisches Bewußtsein zu stärken. (*50 Let Sowjetskich Wooružennych Sil SSSR*, S. 244.)

die Front gebracht und die Flugplätze aufgeräumt werden. Es galt, Geschütze in vorderster Linie in Stellung zu bringen, und alles das hatte in fieberhafter Eile zu geschehen, weil die Deutschen jeden Augenblick angreifen konnten. Aber – und das waren die letzten Worte Timoschenkos und Schdanows vor der Abreise Merezkows, als er sich am Samstagabend im Verteidigungskommissariat von ihnen abmeldete – es mußte *jede Anstrengung* unternommen, alles unterlassen werden, was die Deutschen zu einem Angriff herausfordern könnte. Auf keinen Fall durfte die Truppe das Feuer auf deutsche Flugzeuge eröffnen, und vor jeder außerhalb des normalen Rahmens liegenden Entscheidung war Moskau zu konsultieren.
Wie würde Rußland diese Krise überstehen? Was sollte er tun, um den Leningrader Militärbezirk in möglichst kurzer Zeit voll gefechtsbereit zu machen? Welche Maßnahmen waren zu treffen, um die Stadt selbst zu verteidigen – und was war während der langen Bahnfahrt nach Norden durch die helle Nacht an der gefährdeten Grenze geschehen?
Diese Fragen bedrängten Merezkow, während er am offenen Fenster seines Abteils saß und der Zug sich dem Oktoberbahnhof näherte. Er stand auf und ging auf den Gang hinaus. Der Adjutant trug ihm Koffer und Aktentasche nach. Mit einem sanften Ruck hielt der Zug, und Merezkow erschien auf dem Bahnsteig. Die dort versammelten Leningrader Offiziere grüßten militärisch. Merezkow vermißte den Befehlshaber des Leningrader Militärbezirks, General Popow. Das entsprach nicht dem militärischen Protokoll. Aus den ernsten Mienen der Abordnung schloß er, daß etwas geschehen war.
»Nun?« fragte Merezkow.
»Es ist losgegangen«, antwortete einer der Männer.
Mit schnellen Schritten ging die kleine Gruppe durch den Nebeneingang des Bahnhofs auf die mit laufendem Motor wartende Militärlimousine zu. Merezkow setzte sich neben den Fahrer, die anderen drängten sich hinten zusammen, und zwei von ihnen setzten sich auf die Notsitze. In schnellem Tempo fuhr der Wagen durch die Stadt. Niemand beachtete den schwarzen Packard, als er bei Elisejews Lebensmittelgeschäft um die Ecke bog, an den hellen Schaufenstern des Gostiny Dwor, dem Glockenturm des Rathauses, der runden Fassade der Kasaner Kathedrale, der Admiralität und am Schloßplatz vorbeifuhr, um schließlich am Smolny-Institut, dem Sitz der Parteiorganisation, zu halten.
Hier hörten Merezkow und seine Begleiter um die Mittagszeit die Rundfunksendung der Regierung, die das immer noch friedliche Leningrad davon in Kenntnis setzte, daß Rußland sich seit 4.00 Uhr morgens im Krieg befand.
Die beredten Worte Molotows – »Unsere Sache ist gerecht. Der Feind wird geschlagen werden. Wir werden triumphieren.« – hallten noch aus

den Lautsprechern, als Merezkow sich zu den Beratungen mit dem Leningrader Militärsowjet an den Tisch setzte. Andrei Schdanow, der eigentliche Hausherr und Beherrscher des Schicksals der Stadt Leningrad, war nicht zugegen. Ebenso fehlten Generalleutnant Markian M. Popow und die meisten höheren Offiziere der Garnison.[3]

Um die ersten, zur Sicherstellung der Verteidigung Leningrads zu ergreifenden Maßnahmen festzulegen, versammelten sich im Beratungszimmer: General Merezkow, A. A. Kusnezow als Parteisekretär und erster Stellvertreter Schdanows, der stellvertretende Bezirksbefehlshaber General K. P. Pjadyśew, Terenti F. Śtykow, der als Leningrader Parteisekretär für militärische und Sicherheitsfragen verantwortlich war, der Politoffizier des Leningrader Militärbezirks (der Popow zu der Geländebesprechung begleitet hatte, aber vor ihm zurückgekehrt war), N. N. Klementjew, und General D. N. Nikiśew, der als Chef des Stabes bis zu diesem Zeitpunkt alle Maßnahmen für die Verteidigung Leningrads eingeleitet hatte.

Der Militärsowjet traf an diesem Nachmittag vier wichtige Entscheidungen; jede hatte für die Verteidigung Leningrads wesentliche Auswirkungen.

Erstens sollten die Befestigungen im Raum Pskow–Ostrow, 225 Kilometer südwestlich der Stadt, sofort fertiggestellt werden. Zweitens beschloß man, eine befestigte Linie entlang des Flusses Luga, etwa 130 Kilometer südwestlich von Leningrad zwischen Ilmensee und Kingisepp, auszubauen. Drittens sollten die Befestigungen nördlich von Leningrad entlang der alten (nicht der neuen) Grenze gegen Finnland abwehrbereit gemacht werden. Viertens war eine neue Verteidigungslinie am Wolchow im Südosten einzurichten.

Diese Beschlüsse entsprachen einer besonderen Erkenntnis. Die Stadt Leningrad sollte ein in die Tiefe gegliedertes Abwehrsystem erhalten und gegen einen umfassenden Angriff geschützt werden, bei dem die halbfertigen Befestigungen entlang der neuen Grenzen im Westen und Norden überrannt werden könnten.

Die verantwortlichen Truppenkommandeure an der Leningrader Front bemühten sich damit schon am ersten Tage, die ihnen plötzlich klargewordenen Schwächen des neuen Verteidigungskonzepts von Leningrad auszuschalten. Viele Jahre war die Grenze 30 Kilometer vor Leningrad

[3] Der Pionierführer von Leningrad, Oberst B. W. Byćewski, berichtet, Popow sei am Sonntagvormittag gegen 10.00 Uhr von einer Geländebesprechung kommend in sein Hauptquartier zurückgekehrt. An anderer Stelle sagte er, er habe nach der Rückkehr des Generals am 23. Juni Befehle von Popow erhalten. Wäre Popow in Leningrad gewesen, hätte er sicherlich an der Ratssitzung teilgenommen, die erst gegen 13.00 Uhr begann. Die Leningrader Parteigeschichte sagt, er sei nicht dabeigewesen, und General Pjadyśew habe an seiner Stelle den Vorsitz geführt. (Na Saśćitje Newskoi Twerdyni, S. 16.)

verlaufen, und weil während dieser ganzen Zeit die Gefahr bestanden hatte, daß ein von Norden angreifender Gegner die Stadt im Handstreich eroberte, hatten sich alle Verteidigungsmaßnahmen auf den nördlichen Frontabschnitt konzentriert.

Daß man dem Befehlsbereich Leningrad die direkte Verantwortung für die Verteidigung der Ostseeküste abgenommen hatte, um einen Baltischen Militärischen Sonderbezirk zu schaffen, zeigt, für wie wichtig man in Leningrad die Verteidigungsanlagen im Norden hielt. Der Baltische Militärbezirk sollte die Staatsgrenzen 600 Kilometer westlich der Stadt schützen und jeden Angriff gegen die neuen Sowjetstaaten Litauen, Lettland und Estland abwehren. Der Angreifer sollte daran gehindert werden, entlang der Küste vorzustoßen und in das russische Kernland einzudringen.

Am Nachmittag des 22. Juni war an der finnischen Grenze, so gefährdet sie auch sein mochte, noch alles ruhig. Dort fanden noch keine Kampfhandlungen statt. Im Südwesten jedoch dröhnte bereits Gefechtslärm, und deutsche Panzerverbände rollten heran.

Nicht eine Division, nicht ein Regiment, keine einzige aktive Truppe der Garnison Leningrad war für einen Einsatz südlich oder südwestlich der Stadt vorgesehen. Was aber geschah, wenn die Deutschen die weit im Westen gelegene Front durchbrachen?

Die Entscheidungen des in aller Eile zusammengetretenen Militärsowjets sollten dieser neuen und unvorhergesehenen Gefahr begegnen. Von nun an vereinigten sich alle Vollmachten für die Verteidigung, die soziale Ordnung und die Staatssicherheit in den Händen des Militärsowjets. Der Militärsowjet bildete eine Junta, die innerhalb Leningrad über Leben und Tod bestimmen konnte.

Die Auswirkungen der in den ersten Stunden gefaßten Beschlüsse haben später weitgehend die deutschen Anstrengungen zur Einnahme Leningrads bestimmt.

12. Und auch die Toten

Gegen Mittag hörten die Menschen auf den Straßen, in den Parks, in den Läden und in den Fabriken voller Entsetzen Molotows Rundfunkansprache, in der er den Kriegsausbruch bekanntgab. Wie gewöhnlich klang seine Stimme ganz ruhig, und nur gelegentlich konnte man an einem leichten Beben die Spannung heraushören, die ihn ergriffen hatte. Er begann:

»Bürger und Bürgerinnen der Sowjetunion, die Sowjetregierung und an ihrer Spitze Genosse Stalin haben mich beauftragt, die folgende Erklärung abzugeben: Um 4.00 Uhr morgens haben deutsche Truppen, ohne Kriegserklärung und ohne irgendwelche Forderungen an die Sowjetunion gestellt zu haben, unser Land angegriffen. Sie haben an vielen Stellen unsere Grenze angegriffen und Schitomir, Kiew, Sewastopol, Kowno und andere Städte bombardiert [...] Dieser Angriff erfolgte, obwohl zwischen der Sowjetunion und Deutschland ein Nichtangriffspakt besteht, ein Pakt, dessen Bedingungen von der Sowjetunion peinlich befolgt worden sind. Wir sind angegriffen worden, obwohl die deutsche Regierung während der Laufzeit dieses Vertrags nicht die geringste Beschwerde darüber vorgebracht hat, daß die UdSSR ihren Verpflichtungen nicht nachgekommen wäre [...]

Die Regierung fordert Sie, Bürger und Bürgerinnen der Sowjetunion, auf, sich noch enger um die ruhmreiche bolschewistische Partei zu scharen, um die Sowjetregierung und um unseren großen Führer, den Genossen Stalin. Unsere Sache ist gerecht. Der Feind wird vernichtet werden. Der Sieg wird unser sein.«

Nur wenige machten sich Gedanken darüber- daß Molotow und nicht Stalin die Erklärung abgab. Bestimmt vermutete auch niemand außerhalb des engsten und vertrautesten Kreises der Regierungsspitze im Kreml die Wahrheit – daß Stalin in eine traumatische Depression geraten war, von der er sich viele Tage und Wochen nicht erholen konnte.

Doch jedem war es klar, daß der Krieg ausgebrochen war. Gegen 13.00 Uhr, wenige Minuten nach der Ansprache Molotows, bildeten sich, besonders vor den Lebensmittelläden, aber auch an den Eingängen der staatlichen Banken, lange Schlangen von Wartenden. Die Kontoinhaber versuchten, ihre Ersparnisse abzuheben. Die Hausfrauen kauften besinnungslos die Lebensmittelgeschäfte leer. Sie hamsterten Konserven (die in Rußland wenig beliebt sind), Butter, Zucker, Speck, Mehl, Grütze, Wurst, Streichhölzer und Salz. Während der vergangenen zwanzig Jahre, in denen Stalin an der Macht war, hatten die Einwohner Leningrads aus bitterer Erfahrung gelernt, womit man in Krisenzeiten rechnen mußte. Sie drängten in die Läden, um alles zu kaufen, dessen sie habhaft werden konnten. Sie waren nicht wählerisch. Eine Hausfrau erstand fünf Kilo Kaviar. In den Banken warteten die Leute mit abgegriffenen, fettigen Personalausweisen in den Händen. Sie hoben den letzten Rubel ab, und viele gingen mit dem Geld sofort in die Leihhäuser. Dort tauschten sie dicke Bündel Papiergeld gegen Diamantringe, goldene Uhren, Smaragdringe, Orientteppiche und Messingsamowars ein.

Die Leute vor den Banken wurden sehr bald unruhig. Niemand wollte warten, jeder verlangte sein Geld ›*sseičas*‹, sofort. Nun erschien die Polizei. Gegen 15.00 Uhr mußten die Banken schließen, weil ihnen das Bargeld ausgegangen war. Erst am Dienstag öffneten sie wieder, denn der Montag war Bankruhetag. Inzwischen hatte die Regierung den Betrag, den ein Kontoinhaber monatlich abheben durfte, auf 200 Rubel begrenzt.

Die Lebensmittelläden und Kaufhäuser blieben geöffnet, ebenso auch die Leihhäuser. Viele Menschen hatten größere Rubelbeträge zu Hause gehortet. Jetzt wollten sie dieses Geld wertbeständig anlegen.

Am Sonntagnachmittag wurden viele kleinere Läden von den Leningrader Hausfrauen leergekauft. Wie Heuschreckenschwärme waren sie schon während des Winterkrieges gegen Finnland über die Lebensmittelgeschäfte hergefallen. Das Hamstern war eine alte russische Gewohnheit. Niemand, der seit dem Ersten Weltkrieg in Leningrad lebte, verließ sich darauf, daß die Regierung eine normale Lebensmittelversorgung aufrechterhalten würde. In jedem Kriege und auch oft in Friedenszeiten hatte es Mangel und Entbehrungen gegeben.

In den Fabriken und Büros rief man die Arbeiter und Angestellten zu Massenversammlungen zusammen. An diesem Sonntag wurde in vielen großen Fabriken gearbeitet, unter anderem auch in der Elektrosila, der Krasny Wiborźets und der Skorochod, denn es gab in der Stadt nicht genügend Strom, und die Sonntagsarbeit war angeordnet worden, um den Stromverbrauch gleichmäßig auf die Woche zu verteilen. Schon um 9.00 Uhr morgens waren die Parteisekretäre in diesen Fabriken vom Smolny aus vorgewarnt worden, und noch vor 11.00 Uhr hielten die Parteifunktionäre in manchen dieser Werke Geheimbesprechungen ab.

An diesem Sonntagnachmittag saß Olga Berggolz in ihrer Wohnung in Leningrad. Sie lebte in einer sonderbaren Behausung, die Anfang der dreißiger Jahre als Gemeinschaftswohnung von einer Gruppe junger (jetzt würde man sagen sehr junger) Ingenieure und Künstler gebaut worden war. Die offizielle Bezeichnung des Gebäudes an der Uliza Rubinstein Nr. 9 war ›Gemeinschaftshaus der Künstler und Ingenieure‹. Aber in ganz Leningrad hieß es von eh und je ›Tränen des Sozialismus‹. Es war ein ungewöhnliches Haus, ein Denkmal für die glühende Leidenschaft der Schriftsteller und Ingenieure zu Beginn der Revolution, die sich darum bemüht hatten, die ihnen unerträglich erscheinenden Formen der bürgerlichen Existenz abzustreifen. Nichts im Hause der ›Tränen des Sozialismus‹ erinnerte an die alten, überlebten Formen des Zusammenlebens. Es gab keine Küchen und keine Scheuerlappen und nicht einen einzigen Raum, der dafür bestimmt gewesen wäre, Mahlzeiten für Einzelpersonen herzustellen. Es gab auch keine Flurgarderoben, sondern nur eine Gemeinschaftsgarderobe. Das Haus war zum Zweck des kollektiven Zusammenlebens gebaut worden, und zwar des kollektiven Zusammenlebens in seiner extremsten Form. Die Architektur erinnerte an Le Corbusier. Die Leningrader erzählten sich scherzend, im ›Gemeinschaftshaus an der Rubinsteinstraße‹ seien Familien unerwünscht.

Diese Witze hatten sich längst überlebt, ebenso wie die Theorien über das Zusammenleben in Kommunen. Aber Olga Berggolz und die meisten Bewohner des Gebäudes hielten verzweifelt daran fest, so verschroben diese Ideen auch sein mochten. In gewissem Sinne stellten sie ein Verbindungsglied zu ihrer Jugend dar, zu einer Zeit der Begeisterung, die heute einem anderen Zeitalter, ja einer anderen Generation und einem anderen Volk anzugehören schien.

Das Zusammenleben in einer Kommune hatte sich nicht nur als eine über alles Erwarten deprimierende Modelaune erwiesen. Es spiegelte auch alle die Ereignisse wider, welche die dreißiger Jahre besonders kennzeichneten. Olga Berggolz war Dichterin. Sie war ein Kind der Revolution, eine talentierte und mutige Frau, deren klare blaue Augen die Welt mit jener melancholischen Ehrlichkeit betrachteten, die das harte Leben in Rußland sie gelehrt hatte. Sie war eine Frau, auf deren breiter russischer Stirn das Leiden seine Zeichen hinterlassen hatte, eine Frau, deren Sanftmut und Zartgefühl durch Kummer und Ungerechtigkeit geprägt worden waren. Am Tage der Beisetzung Lenins, Sonntag den 27. Januar 1924, um 4.00 Uhr nachmittags, stand das Schulmädchen Olga Berggolz mit einer Freundin vor dem alten Haus am Narwator, in dem sie wohnte. Sie hörte das Heulen der Fabriksirenen, das Pfeifen der Dampflokomotiven, die Glocken und die Sirenen, die in diesem Augenblick in ganz Rußland zu Lenins Ehren ertönten. Als es wieder still geworden war und die Luft noch von dem Echo widerhallte, wandte sie sich an ihre Freundin und erklärte: »Ich werde mich den jungen Kommunisten anschließen und Berufsrevolutionärin werden. Ich will dem Beispiel Lenins folgen.«

In den dreißiger Jahren wurde dieser tapfere Entschluß hart auf die Probe gestellt. Sie verlor zwei Töchter, die kurz nacheinander starben. Dann folgte das »schwere Erlebnis« – wie sie es nannte – von 1937–39. Während dieser Jahre war sie als eines der unzähligen Opfer der nicht endenwollenden Säuberungen Stalins in Gefängnissen und Arbeitslagern inhaftiert gewesen.

Vor der Gefangenschaft hatte sie als Dichterin Verse und Kindergeschichten geschrieben. Aber im Gefängnis reifte sie als Frau und als Künstlerin.

An diesem schönen 22. Juni brachte Olga Berggolz ihre Gedanken zu Papier. Sie schrieb ein Gedicht, das viele Jahre nicht veröffentlicht wurde und auch nicht veröffentlicht werden konnte. Sie versuchte, darin ihre Gefühle für ihr Vaterland auszudrücken:

> Die bittren Jahre der Bedrückung und des Bösen
> Sind auch noch heute nicht vergessen,
> Doch blitzartig leuchtete es in mir auf:
> Nicht ich habe gelitten und gewartet, sondern du.
> Ich habe nichts vergessen, nein,
> Und auch die Toten und die Opfer
> Werden aus ihren Gräbern steigen, wenn du rufst.
> Wir alle werden uns erheben, nicht nur ich allein.
> Ich liebe dich mit einer neuen Liebe,
> Mit einer bittren, hellen, verzeihenden Liebe –
> Mein Mutterland, du trägst die Dornenkrone.
> Ein dunkler Regenbogen spannt sich über deinem Haupt ...
> Ich liebe dich – nie kann es anders sein –
> Und du und ich, wir sind vereint wie einst.

In diesen Stunden, nachdem der deutsche Angriff bekanntgeworden war, haben viele Leningrader ihr Gewissen erforscht und versucht, ihre Gefühle zu analysieren.

Nicht alle kamen zu dem gleichen Ergebnis wie Olga Berggolz. Nicht alle waren fähig, die Grausamkeiten, das Leiden, die Brutalität, die vernichteten Träume und die zerbrochenen Illusionen des vergangenen Jahrzehnts hinter sich zu lassen. Nicht alle waren fähig, in dieser schicksalschweren Stunde zu erkennen, daß Vaterlandsliebe und die Pflichten gegenüber der Heimat an erster Stelle stehen mußten. Es gab auch Menschen, die ganz privat und manchmal sogar nicht nur privat glaubten, der deutsche Angriff sei ein Anlaß zur Freude. Sie nahmen an, die Deutschen würden Leningrad und Rußland von der Herrschaft der verhaßten Bolschewiken befreien.

Wahrscheinlich wird man nie genau wissen, wie viele solcher Dissidenten es gegeben hat. Im ersten Augenblick haben aber sicher Tausende den deutschen Überfall nicht als eine reine Tragödie angesehen. Dimitri Konstantinow, der später als Kommandeur in der Roten Armee in den erbitterten Schlachten um Leningrad kämpfte, gehörte zu denen, die an jenem Sonntagnachmittag von gemischten Gefühlen bewegt wurden.

Der Gedanke an einen Krieg war furchtbar, aber die schlimmen Ereignisse des letzten Jahrzehnts ließen ihn nicht los. Er dachte an die Hinrichtungen, die Verbannungen, die Verhaftungen, den Terror, die Denunzianten, die Furcht und das mitternächtliche Klopfen an die Türen. Wie viele mochten jetzt noch in Stalins Gefängnissen und Lagern schmachten? Er nahm an, es seien vielleicht zwanzig Millionen. Würde der Krieg ihnen nicht vielleicht die Freiheit bringen? Wäre es nicht möglich, daß diese neuen Schrecken auch manches Gute im Gefolge haben könnten? Vielleicht würden sie Rußland von der fürchterlichen Bürde des Bolschewismus befreien und der Nation die Chance geben, ein neues, normales, menschenwürdiges Leben zu beginnen?

Die Antwort ließ sich jetzt noch nicht finden. Er wußte um die Schrecken eines modernen Krieges und kannte auch die Bestialität Hitlers, seine Rassentheorien und die wahnsinnigen Hirngespinste, die Hitler in seinem Buch ›Mein Kampf‹ dargelegt hatte. Wer würde Rußland mehr schaden, Stalin oder Hitler? Niemand konnte das sagen.

Die Gemeinschaftswohnung, in der Jelena Skrjabina lebte, konnte als kleines Leningrad gelten. Auf der gegenüberliegenden Seite der Halle wohnte Ljubow Nikolajewna Kurakina. Während der vergangenen zwei Jahre hatte Ljubows Ehemann, ein überzeugter Kommunist und Parteifunktionär, nachdem er als ›Volksfeind‹ verurteilt worden war, im Gefängnis gesessen. Man hatte ihn bis heute nicht freigelassen. Seine Frau war eine überzeugte Kommunistin, aber nach der Verhaftung ihres Mannes war sie in ihrer Überzeugung wankend geworden. Am Sonntagabend belebten sich ihre kommunistischen Gefühle wieder. Sie vergaß, was sie gelitten hatte, und versuchte, ihre Nachbarn durch lange Reden von der Unbesiegbarkeit Sowjetrußlands zu überzeugen.

Ihre Nachbarin Anastasia Wladimirowna saß auf einer hohen Kommode und hörte zu. Sie lächelte sarkastisch über den Redeschwall der Ljubow. Sie hatte sich nie die Mühe gemacht, ihren Haß gegen das sowjetische Regime zu verbergen. Mit Kriegsbeginn schöpfte sie zum erstenmal Hoffnung auf eine Rettung vom Bolschewismus.

Jelena Skrjabina stimmte in mancher Hinsicht mit der Wladimirowna überein, sie war aber klug und erfahren genug, um zu wissen, daß es nicht einfach und nicht leicht sein werde, sich zu entscheiden. Wie die meisten Russinnen liebte sie ihr Vaterland. Sie konnte nicht wünschen, daß der Erbfeind Rußland besiegte. Dennoch wußte sie, daß eine solche

Niederlage die einzige Möglichkeit bot, ein Regime zu stürzen, das sich als grausam, überspannt und böse erwiesen hatte.
Der Schriftsteller Dimitri A. Schtscheglow war ein treues Parteimitglied, und für ihn sah das Problem anders aus. Am Samstag war er aus Petrosawodsk in Karelischfinnland zurückgekehrt, wo er der Premiere des neuen Schauspiels ›Der Schatz von Sampo‹ beigewohnt hatte. Im Eisenbahnabteil unterhielten sich ein Oberst und ein Major der Roten Armee über die starken in Finnland stationierten deutschen Truppenverbände. Das Gespräch beunruhigte ihn noch jetzt. Er war nicht überrascht, als seine Frau, die in das Theater gegangen war, an dem sie arbeitete, ihn am Sonntag anrief und erzählte, der Krieg sei ausgebrochen. Sie stand eben im Begriff, zu einer Parteiversammlung zu gehen.
Schtscheglow setzte sich eine Weile hin und versuchte, einen Entschluß zu fassen. Es war still im Zimmer. Er hörte das eintönige Ticken der Uhr. Er dachte, wahrscheinlich ist dies für lange Zeit der letzte ruhige Augenblick. Seine Tochter kam herein. »Was werden wir tun?« fragte sie.
Seine Gedanken waren ganz klar. »Wir werden weiterleben wie bisher,« sagte er mit fester Stimme und wußte nicht, daß er sich schon in zehn Tagen als ›Volksfreiwilliger‹ zur Front gemeldet haben würde.
Auch für junge Leute wie Iwan Kanaschin und Andrei Piwen aus Grjady, einer Stadt im Leningrader Bezirk, lag die Sache anders. Am frühen Nachmittag trafen sie sich mit ihren Kameraden aus der Abschlußklasse in den Anlagen der Stadt. Auch die übrige Bevölkerung hatte sich dort versammelt. Der Abgeordnete des Stadtbezirks, Grigori Wassiljewitsch Wolchonski, hielt eine patriotische Rede.
Als er geendet hatte, diskutierten die Jugendlichen lebhaft. Was sollten sie tun? Wohin sollten sie sich wenden? Sie waren siebzehn Jahre alt, zu jung für die Rote Armee. Es mußte aber irgendeine Stelle geben, an der sie gebraucht wurden. Sie machten sich nach Malaja Wischera, der nächsten größeren Stadt, auf den Weg. Sie waren überzeugt, sich freiwillig melden zu können. Sie gingen zum Büro der kommunistischen Jugendorganisation. Dutzende junger Leute warteten schon. Nur Siebzehnjährige wurden angenommen. Niemand konnte ihnen sagen, wie sie eingesetzt werden würden, aber Andrei Piwen, Kolja Grischin, der beste Fußballspieler der Schule, Mischa Wassiljew und Iwan Kanaschin meldeten sich ebenfalls. Man befahl ihnen, nach Hause zu gehen, die notwendigste Bekleidung einzupacken, sich zu verabschieden und sich am Dienstag wieder zu melden. Ihre Eltern weinten, aber die jungen Leute wurden von keinerlei Zweifeln bedrängt. Sie wollten ihrem Lande dienen.
Die Gründe für die quälenden Zweifel, das Zögern und die gemischten Gefühle so vieler Leningrader saßen tief und hatten tief tragische Wurzeln. Seit Peter der Große am 16. Mai 1703 die Stadt Leningrad, Petrograd

oder St. Petersburg – welches auch immer ihr Name gewesen sei – gegründet hatte, war es eine besondere Stadt und waren seine Bewohner besondere Menschen gewesen. Der Charakter der Hauptstadt im Norden hatte sich schon lange vor der Revolution von 1917 gebildet, und ihre Eigenart hatte der Revolution den geistigen Stempel aufgedrückt.

Schon hundert Jahre vor 1917 hatte in St. Petersburg eine Revolution gegärt. Das tragische Mißlingen des Versuchs hochherziger junger Offiziere, die 1825 im Zarenreich eine aufgeklärte Regierung errichten und den europäischen Parlamentarismus einführen wollten – die unglückliche Dekabristenbewegung –, war der erste Schritt gewesen, den die Hauptstadt im Norden getan hatte, um der Tyrannei der Romanows ein Ende zu setzen.

Nachdem der Versuch der Dekabristen gescheitert war und sie entweder hingerichtet oder mit ihren jungen Ehefrauen in die entferntesten und rauhesten Gebiete des Zarenreichs östlich von Irkutsk in die trostlosen Petrowsker Bergwerke verbannt worden waren, lebte ihr Beispiel als Inspiration für viele Generationen Petersburger Jugendlicher weiter.

Dazu kam noch die Legende von Puschkin, dem Dichter, der ähnlich wie Byron zur Idealgestalt der russischen Jugend wurde. Puschkin war ein Märtyrer für das gleiche Ideal. Es gab kaum einen jungen Menschen in ›Piter‹ (wie der Volksmund die Hauptstadt im Norden nannte), der nicht glaubte, Zar Nikolaus I. habe seine Hand im Spiel gehabt, als der Streit entstand, der zu Puschkins schicksalhaftem Duell und zu seinem Tode führte.

Jedes folgende Jahrzehnt im neunzehnten Jahrhundert brachte neue Märtyrer, neue Revolutionäre und neue Idole in St. Petersburg hervor. Es waren zu viele, um sie alle zu nennen – Alexander Herzen, Belinsky, Dobroljubow, Tschernischewski und die jungen Männer und Frauen der Narodnija Wolja – des Volkswillens, die Anarchisten, Bakunin, die Attentäter, der junge Alexander Uljanow, Lenins älterer Bruder, die Schriftsteller Dostojewski, Turgenjew, Tschechow und Tolstoi. Nicht alle lebten und arbeiteten in ›Piter‹, aber sie waren die Mitgestalter des Petersburger Geistes.

Die Stadt wuchs, sie war Rußlands Fenster zum Westen, der Mittelpunkt der fortschrittlichsten, reichsten, kultiviertesten und revolutionärsten Kreise im Land, und ein blühendes Industriezentrum. Hier wurde die Industriearistokratie des neuen Rußland geboren. Hier erhoben sich die Schornsteine der Putilow-Stahlwerke, und hier siedelten sich die ausländischen Unternehmer an, Siemens und Halske, Thornton, Langesiepen, Laferme, Grapp, James Beck, Stieglitz, Maxwell, Frank, Singer Nähmaschinen, International Harvester und McCormick.

Hier hatte Peter die Akademie der Wissenschaften gegründet, und Katharina hatte sie weiterentwickelt. Die besten russischen Wissenschaftler und Gelehrten, Lomonossow, Mendelejew, Setschenow und der große Pawlow hatten hier gelebt und gewirkt.

St. Petersburg war eine kaiserliche Stadt, *die* kaiserliche Stadt. Es war in kaiserlichen Dimensionen geplant und gebaut worden. Seine Architektur entsprach diesen Ansprüchen. Peter, Katharina und ihre Nachfolger bemühten sich mit allen Mitteln darum, an der Newa eine Hauptstadt zu errichten, die großartiger sein sollte als irgendeine andere in der Welt. Das ist ihnen weitgehend gelungen. Die großzügigen Gebäudegruppen, die langen Promenaden vor den Palais am Newaufer, das aus Kanälen und kleineren Flüssen bestehende Netz von Wasserstraßen. Die Fontanka, die Moika, der Katharinenkanal, der Newski-Prospekt und die Paläste der Stroganows und Anitschkows, die Pioniersfestung, das Tauridenpalais, das Marsfeld, die Sommergärten, das außerhalb gelegene großartige Peterhof, der Katharinenpalast in Zarskoje Ssjelo – all das machte ›Piter‹ zu einer magischen und bemerkenswerten Metropole.

Und doch, diese Hauptstadt war nicht nur auf einem elenden Sumpfgelände erbaut und hatte Tausenden von Arbeitern, die Peter dazu gepreßt hatte, das Leben gekostet. Sie war auf dem brüchigen, erbärmlichen und grausamen Fundament des zaristischen Despotismus und der schlimmsten Ausbeutermethoden des frühen Industriezeitalters errichtet worden. Armut, Hunger, Bettelei, Prostitution, alle möglichen, durch Unterernährung verursachten Krankheiten und die schlimmen Folgen des Analphabetentums kennzeichneten die Elendsquartiere der Arbeiter auf der Petrograder Seite und im Stadtteil Wyborg.

Aus dieser Brutstätte und aus der unglaublichen Dekadenz am Hof Nikolaus' II. in seinen letzten Phasen zur Zeit Rasputins und des Ersten Weltkriegs war die Russische Revolution geboren worden.

Wie jeder Bewohner Leningrads wußte (und jeder war stolz darauf), war das in Petrograd geschehen. Die Revolution war aus den Leiden Petrograds, dem Geist Petrograds und dem Milieu Petrograds hervorgegangen, und sie war spontan erfolgt. Niemand hatte sie organisiert, niemand hatte sie geplant. Obwohl Generationen von Russen viele Jahre lang Revolutionen geplant hatten, war in diesem Fall nichts vorbereitet worden. Die Revolution war entstanden aus der Verzweiflung und dem Widerstand der Frauen, die Tag um Tag vor den Brotläden Schlange stehen mußten, um schließlich doch kein Brot zu bekommen. Endlich, im März 1917 (nach dem alten russischen Kalender am 26. Februar), kochte die Stimmung über. Innerhalb von drei Tagen fiel das ganze Gebäude der zaristischen Herrschaft in Rußland in sich zusammen wie ein angestochener Luftballon. Alles, was davon übrigblieb, war ein wenig schmutziger Staub auf der Handfläche.

Petrograd wurde zur Bühne der zweiten Revolution, der Bolschewistischen Revolution. Nach Petrograd kehrte Lenin zurück und verkündete nach seiner Ankunft auf dem Finnländischen Bahnhof an jenem Apriltag des Jahres 1917 seine Maximalforderungen – Revolution, kein Platz für die provisorische Regierung, alle Macht den Räten –, Forderungen, die seine in der Heimat großgewordenen Anhänger wie Stalin und Molotow so sehr verwirrten, erschreckten und überraschten. Sie waren damals die jungen Männer der bolschewistischen Bewegung, die gar nicht wußten, was der Bolschewismus war, bevor Lenin ihn mit seinen schnellen, dunklen Pinselstrichen für sie dargestellt hatte.

Hier bereitete Lenin seinen Staatsstreich vor und stieg nach dem Sieg über Kerenski und seine gemäßigte provisorische Regierung, die beinahe ebenso leicht stürzte wie das Zarenregime, zur Macht auf.

Bis heute empfanden es die Bürger des damaligen Petrograd als eine Tragödie, daß Lenin den Sitz der Sowjetregierung im März 1918 angesichts der gefährlichen Bedrohung durch die Deutschen ›vorübergehend‹ nach Moskau verlegte.

Am 22. Juni 1941 waren seitdem mehr als zwanzig Jahre vergangen, und immer noch war Moskau die sowjetische Hauptstadt. Für Leningrad waren es schwere Jahre gewesen. Schon bevor Lenin 1924 starb, hatte sich manches verändert. Mit Moskau als Mittelpunkt nahm die Revolution ein anderes Gesicht und einen anderen Inhalt an. Vielleicht war das unvermeidbar. Vielleicht wäre es auch geschehen, hätte man Moskau nicht zur Hauptstadt gemacht. Aber niemand in ›Piter‹ war sich dessen ganz sicher. Mit der Verlegung des Regierungssitzes nach Moskau machten sich in Leningrad Veränderungen fühlbar, und das erzeugte gewisse Befürchtungen. Zweihundert Jahre war ›Piter‹ Moskau überlegen gewesen. Nun war Moskau an der Reihe. Und Moskau rächte sich. Es war die Rache eines wahnsinnigen und diktatorischen Herrschers, wie Rußland ihn seit Iwan dem Schrecklichen nicht mehr hervorgebracht hatte.

Ein oder zwei Jahre nach Lenins Tod machten sich die ersten Anzeichen bemerkbar. Das Ringen zwischen Stalin und der alten Garde, zu der auch Grigori Sinowjew, der höchste Parteifunktionär in Leningrad, einer der engsten Mitarbeiter Lenins und der zweit- oder dritteinflußreichste Mann in Rußland gehörte, verschärfte sich.

Sinowjew stürzte 1927, und in Leningrad erkannte man, daß die Furcht vor Moskau nicht grundlos gewesen war. Zunächst waren die Veränderungen nicht allzu bedeutend. Stalin war damit beschäftigt, den ersten Fünfjahresplan anlaufen zu lassen und begann, die Bauern mit blutigem Terror in die Kolchosen zu zwingen. Leningrad stand abseits dieser Massenkonflikte. Aus Leningrad war außerdem ein neuer und glänzender Führer hervorgegangen, Sergei Kirow, ein Anhänger Stalins, aber ein sympathischer und fähiger Mann, der die Zuneigung der Bevölkerung von Leningrad gewann und von den Mitgliedern des Zentralkomitees unterstützt wurde, das über die grausame Rücksichtslosigkeit Stalins zutiefst erschrocken war und sich davon abgestoßen fühlte. Es ging sogar das Gerücht, daß Kirow auf dem großen ›Kongreß der Sieger‹, dem Parteitag vom Januar 1934, auf dem die schlimmsten Sorgen hinsichtlich der Industrialisierung und Kollektivierung ausgeräumt zu sein schienen, in den Wahlen zum Zentralkomitee mehr Stimmen erhalten habe als Stalin. Am 1. Dezember 1934 kam es jedoch dann zu einem Ereignis, welches das Leben in Leningrad für viele Jahre lähmen sollte. An diesem Tage betrat ein junger Mann namens Leonid W. Nikolajew das Büro Kirows im Smolny und erschoß Kirow.

Das Attentat löste in Leningrad einen Terror aus, wie ihn die Welt seit den Tagen der Pariser Kommune und selbst damals kaum erlebt hatte. Tausende wurden verhaftet und entweder erschossen oder in Konzentrationslager, Arbeitslager und sogenannte ›Isolationsgefängnisse‹ verschickt. Es waren so viele, daß man später die Sammelbezeichnung ›Kirows Attentäter‹ für sie erfand. In Leningrad wurden in erster Linie junge Leute, Intellektuelle und Personen festgenommen, die irgendwann in den Verdacht geraten waren, gegen das Regime eingestellt zu sein. In das Netz der Säuberungen geriet natürlich auch Sinowjew, und mit ihm verschwanden die meisten Mitglieder der alten bolschewistischen Garde, die gegen Stalin in Opposition standen.

Das Kirow-Attentat hat also den Terror der dreißiger Jahre ausgelöst. Noch am gleichen Tage erhielt die Geheimpolizei Sondervollmachten. Danach durfte sie jeden beliebigen Menschen in der Sowjetunion auf dem Verwaltungswege verurteilen und hinrichten.

Dem Attentat folgte ein Terrorregime, das Rußland in den folgenden Jahren von einem Ende zum anderen in Blut tauchte, und das bis zum Beginn des Zweiten Weltkrieges andauerte. Nirgends waren die Schrecken größer als in Leningrad. In den Jahren 1937/38 kam es in Leningrad zu den grausamsten Unterdrückungsmaßnahmen. Hunderte von Parteifunktionären und höheren Beamten wurden liquidiert, unter ihnen vier Sekretäre der Parteikomitees der Stadt und des Bezirks, vier Vorsitzende der Stadtverwaltung, der Führer der jungen Komsomols und Dutzende anderer höherer Parteileute.

Die Geschichte einer Leningrader Fabrik, der großen Roten Putilow-Stahlwerke, während der Zeit der Säuberungen, ist bis in alle Einzelheiten rekonstruiert worden. Die ersten Schläge richteten sich gegen alle, die irgendwelche Beziehungen zur alten Sinowjew-Gruppe hatten. Kaum war das Werk auf den Namen Kirows umgetauft worden, als auch schon der stellvertretende Direktor, der Chef des Parteikomitees und die Vorarbeiter in zwölf Werkstätten gleichzeitig aus der Partei und aus ihren Ämtern entfernt wurden. Im Januar 1935 kam es zur Entlassung von mehr als 140 Personen, die anschließend verhaftet wurden, weil sie angeblich früher Beziehungen zum Zarenregime, zu ehemaligen Industriellen, Geschäftsleuten, Ladenbesitzern oder wohlhabenden Bauern unterhalten hatten. Sehr bald darauf verhaftete man 700 weitere Personen als ›Klassenfeinde‹.

Die Produktion ging zurück. Wurde der Plan nicht erfüllt oder irgendein Fehler entdeckt, dann schob man die Schuld den ›Staatsfeinden‹ in die Schuhe, die entweder schon demaskiert worden waren oder sehr bald demaskiert werden sollten.

Der Werksdirektor, Karl Martinowitsch Ots, ein ehrenhafter Mann und hervorragender Industrieführer, versuchte, eine gewisse Ordnung aufrechtzuerhalten und sein Personal vor Festnahmen und Verleumdungen zu schützen. Aber das war ein hoffnungsloses Unternehmen. Eines Tages stellte sich heraus, daß an einem T-28-Panzer, der vor der Auslieferung an die Armee überprüft wurde, eine Schraube fehlte. Man forderte die Feststellung der ›feindlichen Saboteure‹. Ots wußte, daß ein gewisser Mechaniker vergessen hatte, diese Schraube einzuschrauben. Auf sein persönliches Risiko weigerte Ots sich, eine Hexenverfolgung zuzulassen, aber er hätte ebensogut einer Sturmflut mit einem Eimer Sand entgegentreten können. Es folgte eine Säuberungsaktion, in deren Verlauf Hunderte von Parteimitgliedern aus der Fabrik verschwanden.

1936 ebbte die Verhaftungswelle etwas ab, aber 1937 wurde es dafür umso schlimmer. Auch Ots befand sich jetzt unter den Opfern, obwohl er gerade erst zum Leiter der großen Iźorsk-Werke ernannt worden war und man im Empfangsraum der Kirow-Werke eine Ehrenplakette für ihn angebracht hatte. Mit ihm verschwand sein Nachfolger in den Kirow-Werken, M. J. Ter-Asaturow, und es gingen die Leiter der Buchhaltung, der Panzerwerkstätten, der Personalabteilung, der Werkzeugmaschinenfabrik und Dutzende anderer. Auch ehemalige Mitarbeiter der Kirow-Werke, die inzwischen zu hohen Stellungen in der Regierung und der Partei aufgestiegen waren, wurden liquidiert. Zu ihnen gehörten der Bürgermeister von Leningrad, Alexei Petrowski, der Sekretär des Parteibezirks Newa und der Parteisekretär von Nowosibirsk, Iwan Alexejew.

Die meisten Leiter der großen Industriewerke wurden erschossen, unter anderen Ots, Ter-Asaturow und I. F. Antjuchin, der Leiter des Elektrokombinats. Fast jedes Industrieunternehmen in Leningrad verlor den Direktor und das leitende Personal. Mit der Hinrichtung des Distriktbefehlshabers, General P. J. Dybenko, und des Befehlshabers der Baltischen Flotte, Admiral A. K. Šiwkow, wurden die höchsten militärischen Spitzen in Leningrad liquidiert.

Die Partei erhielt eine neue Führungsspitze, und zu diesem Zweck erschien Schdanow aus Nischni Nowgorod, dem jetzigen Gorki. Schdanow, ein mächtiger und ehrgeiziger Mann, hat die Zuneigung der Bevölkerung in Leningrad nicht gewinnen können, aber bei Kriegsausbruch drückte er der Stadt seinen Stempel auf, und sein Einfluß wurde immer stärker, je länger der Krieg dauerte.

Diese Säuberungen begannen nicht nur in Leningrad, sondern hier entstand auch ihr charakteristisches Leitmotiv, und hier entwickelten sie sich zu einer makabren Wahnsinnsorgie; denn wie man schon damals erkennen konnte und wie die Bewohner von Leningrad es lange vermutet hatten – nach Stalins Tod wurde es bestätigt –, war das Attentat auf Kirow nicht die Tat eines einzelnen unzufriedenen oder geistesgestörten Menschen. Dieser Mord war unter sehr eigenartigen Begleitumständen begangen worden. Tatsächlich hatte Stalin selbst die Anregung dazu gegeben, oder die Tat sogar geplant. Stalins Polizei hatte den Mord arrangiert, und die Polizeioffiziere, die an der Inszenierung der Ermordung Kirows beteiligt waren, gehörten zu den ersten Opfern der dem Attentat folgenden Säuberung.

Aufgrund der Tatsache, daß Moskau jetzt anstelle Leningrads die absolute Herrschaft gewonnen hatte, weil es deutliche Anzeichen dafür gab, daß Stalin Leningrad fürchtete, wenn nicht sogar haßte, und infolge der durch Terror, Banalität und Vulgarität gekennzeichneten allgemeinen Atmosphäre, die Stalins Herrschaft in das Sowjetreich gebracht hatte, entstand in Leningrad bei Kriegsausbruch eine Stimmung, in der man hier mehr als anderswo sein Gewissen erforschte und Überlegungen über die Motive des eigenen Handelns anstellte.

Es gab nur wenige Intellektuelle in Leningrad, die einen Sturz Stalins nicht mit grimmiger Genugtuung oder rückhaltloser Freude begrüßt hätten. Aber wenige waren primitiv genug zu glauben, sie würden anschließend vor einer einfachen Wahl stehen. Obgleich man die Schrekken des Nationalsozialismus noch nicht am eigenen Leibe erfahren hatte, sah man in Hitler keine vernünftige Alternative zu den Schrecknissen Stalins.

Am 22. Juni konnte man deshalb voraussagen, daß Leningrad und seine Einwohner mit einigen Ausnahmen sich zusammenschließen würden, um die große Stadt mit dem Patriotismus und der Liebe zu verteidigen, die von jeher ihre stärksten Merkmale gewesen waren.

Trotz allem war es ihre Stadt und ihr Rußland, und für die von revolutionärem Geist erfüllten Menschen war es *ihre* Revolution und nicht die Revolution Stalins. Leningrad blieb fest. Die größte Leningrader Dichterin, Anna Achmatowa, hatte das noch vor einem Jahr, zur Zeit unglaublich tragischer Vorgänge, so ausgedrückt:

Nein, ich lebte niemals unter fremdem Himmel
Und unter fremden Flügeln fand ich keinen Schutz:
Ich blieb bei meinem Volk, ich blieb ihm treu,
Dort, wo mein Volk im Unglück leiden mußte.

Schließlich würde Leningrad dennoch kämpfen. Es würde in diesem Kampf sein Bestes hergeben und hoffen, daß mit dem Sieg bessere Tage kämen.

Das war auch die Grundstimmung bei Josef Orbeli, dem Direktor der Eremitage, an jenem Sonntagnachmittag. Er schlug die Bürotür zu und eilte die Treppe zu dem langen Korridor hinauf, der die Galerien flankierte. Er blickte weder nach rechts noch nach links. Er hatte es nicht eilig, er mußte nur seinen Zorn abreagieren. Während der letzten zwei Stunden hatte er mehrmals versucht, das Komitee für Bildende Kunst in Moskau anzurufen, um die Erlaubnis zu erwirken, die Eremitage zu räumen und die Kunstschätze in Sicherheit zu bringen.

Deutsche Bombenflugzeuge hatten bereits viele russische Städte angegriffen. Sie konnten jeden Augenblick über Leningrad erscheinen. Orbeli blieb einen Augenblick stehen und blickte aus dem Fenster über die Newa. Jenseits des Turms der Peter und Pauls-Festung sah er ein dickes, graues, wurstähnliches Gebilde in den Himmel aufsteigen, einen der ersten Sperrballons. Orbeli faßte einen Entschluß. Er befahl den Wachen, die Museumssäle zu schließen und keine Besucher mehr einzulassen. Dann kehrte er in sein Arbeitszimmer zurück und rief seine Mitarbeiter zusammen. Die Fernsprechverbindung nach Moskau war noch immer nicht hergestellt. Nun gut, er würde auch ohne Anweisung aus Moskau handeln. Vierzig der wertvollsten Kunstwerke, die Bilder von Leonardo da Vinci, Raphael, Rembrandt und Rubens sollten von den Wänden genommen und in den bombensicheren Keller eingelagert werden. Die übrige Evakuierung mußte vorbereitet werden.

Er blickte auf den Kalender. Hier hing noch das Blatt vom Samstag. Mechanisch riß er es ab. Das neue Datum erschien: 22. Juni. Orbeli stutzte. »Wenn ich nicht irre, hat auch Napoleon seinen Angriff gegen Rußland im Juni begonnen – war es am 24. Juni?«

Mit dem Gedanken an Napoleon veränderte sich Orbelis Stimmung. Er lächelte mephistophelisch. Zuerst Napoleon, und jetzt Hitler – das dürfte kein schlechter Vergleich sein.

Zweiter Teil Der Sommerkrieg

Schlage, mein Herz!
Poche weiter, mein müdes Herz.
Höre!
Die Stadt hat geschworen, den Feind niemals einzulassen.

13. Die dunklen Tage

Die ersten Kriegstage leiteten für den Kreml eine tödliche Folge von Ereignissen ein. Zwei Männer waren in erster Linie für die Katastrophe verantwortlich, die über Rußland hereinbrach, Josef Stalin und sein Leningrader Vertrauter, Andrei Schdanow, von dem die meisten glaubten, Stalin habe ihn zu seinem Nachfolger ausersehen.

Es war Stalin gewesen, der von seinem Land die Zusammenarbeit mit den Deutschen verlangt hatte, der sich geweigert hatte, kurz vor Kriegsausbruch an einen Betrug Hitlers zu glauben, und der bis zur letzten Stunde darauf vertraute, daß, selbst wenn Deutschland entschlossen war, den Krieg zu beginnen, ein Ausweg gefunden werden könne, auch wenn man einen hohen Preis dafür bezahlen müsse.

Schdanow war der Architekt der Politik Stalins gegenüber Deutschland gewesen, von ihm stammte die Idee, man müsse in der Deutschlandpolitik die diplomatische Initiative ergreifen, und er hatte 1939 nach Kriegsausbruch immer wieder behauptet, daß Deutschland »nicht an zwei Fronten kämpfen kann oder will.«

Nun erlebte Stalin nach dem nationalsozialistischen Überfall einen psychischen Kollaps, der einem völligen Nervenzusammenbruch nahekam. Er blieb in seinem Zimmer, unfähig, an den Regierungsgeschäften teilzunehmen, und er weigerte sich auch, das zu tun. Schdanow war während dieser Zeit weder in Leningrad noch in Moskau. Er verbrachte einen Urlaub auf der Krim. Tagelang war das große Sowjetreich praktisch führerlos und trieb angesichts tödlicher Gefahren hilflos wie ein ruderloses Schlachtschiff ohne Steuermann auf den Wellen.

Schdanow war für den Ausbruch der Krise weitgehend verantwortlich. Kurz vor Kriegsausbruch 1939 hatte er als erster öffentlich Zweifel an der Möglichkeit eines Übereinkommens zwischen Rußland einerseits und England und Frankreich andererseits geäußert. Am 29. Juni 1939 hatte er einen in der *›Prawda‹* veröffentlichten Artikel geschrieben, in dem er seine »persönlichen Ansichten« äußerte, nach denen England und Frankreich ein Bündnis mit Rußland nicht ernstlich in Erwägung zogen, sondern versuchten, Rußland in einen Krieg gegen Hitler hineinzumanövrieren.

Er gab zu, einige seiner Freunde beurteilten die Lage anders, behauptete jedoch, die Richtigkeit seiner These beweisen zu wollen.
Die Tatsache, daß Schdanow von Stalin zum Vorsitzenden der Abteilung für Propaganda und Agitation im Zentralkomitee der Partei ernannt worden war und außerdem als Nachfolger Stalins angesehen wurde, ließ keinen Zweifel daran, daß diesem Artikel besondere Bedeutung zukam. Er sollte den Westen davor warnen, daß Rußland sich anderweitig nach Garantien für seine Sicherheit umsehen werde, und die Deutschen, die schon seit einiger Zeit Vorbesprechungen mit den Russen führten, interpretierten ihn ebenso. Mit der Unterzeichnung des deutsch-russischen Nichtangriffspakts am 23. August 1939 wurde es klar, daß Schdanow der Initiator der sowjetisch-deutschen Bündnispolitik war. Diplomaten in Moskau bezeichneten ihn als den ›Architekten‹ und Molotow als den ›Baumeister‹ des deutsch-russischen Vertrags.
Welche Meinungsverschiedenheiten es in Stalins Politbüro über den Nichtangriffspakt gegeben hat, ist niemals bekanntgeworden. Daß solche Meinungsverschiedenheiten bestanden, war klar und ging aus dem Wortlaut des am 29. Juni 1939 erschienenen Artikels von Schdanow hervor.
Das Politbüro ist unter Stalin und auch nach ihm die Bühne der akuten Rivalitäten, Spannungen und ehrgeizigen Bestrebungen unter seinen Mitgliedern gewesen. Schdanow war der am Horizont aufgehende neue Stern, aber es gab auch noch andere mächtige, geschickte und intrigante Persönlichkeiten. Da war zum Beispiel der Polizeichef Berija, der sich damit beschäftigte, die Parteiverfahren gegen die Initiatoren der großen Säuberung durchzuführen. Das bedeutete die Liquidierung des Polizeiapparats, der die Schlußphase der wahnsinnigen Unterdrückungsmaßnahmen Stalins in den dreißiger Jahren geleitet hatte, der sogenannten *›Jeśowśćina‹*. Berija war im Dezember 1938 aus Stalins Heimat Georgien nach Moskau gekommen, nachdem er zehn Jahre politischer Leiter und Polizeichef im Kaukasus gewesen war, von wo er stammte. Jetzt strebte er nach weitreichenderen Machtbefugnissen, nachdem er sich schon eingehend mit außenpolitischen Fragen beschäftigt hatte. Einer seiner engsten Mitarbeiter, Dekanosow, war als erster stellvertretender Kommissar für Auswärtige Angelegenheiten unter Molotow eingesetzt worden, und im November 1940 wurde Dekanosow als sowjetischer Botschafter nach Berlin geschickt, um dort bis Kriegsausbruch zu bleiben. Eine weitere Kreatur Berijas, Andrei J. Wyschinski, der während der Säuberung die infame Rolle des Anklägers gespielt hatte, war ebenfalls als Stellvertreter Molotows ins Außenkommissariat versetzt worden.
Der jüngste Sekretär Stalins, Georgi M. Malenkow, bemühte sich ebenfalls um eine Machtstellung innerhalb des Politbüros. Er war ein wagemutiger junger Mann, und Stalin ermöglichte ihm eine schnelle Karriere.

Auch Malenkow hat an der Gestaltung der Deutschlandpolitik aktiven Anteil genommen.
Die politische Stellung Schdanows war derjenigen Berijas und Malenkows in mancher Hinsicht überlegen. Seit Dezember 1934, als er nach Kirows Ermordung von seinem verhältnismäßig unbedeutenden Posten in der Provinz aus Nischni Nowgorod an der Wolga nach Leningrad versetzt wurde, um dort die Parteiführung zu übernehmen, hatte er eine hohe Parteistellung inne. Stalin hatte Schdanow dazu ausersehen, Ordnung und Sicherheit in der Stadt wiederherzustellen, in der die Revolution geboren war, in einer Stadt und in einem Milieu, die Stalin als schwierig, fremdartig und gefährlich empfand.
Stalins Beziehungen zu Leningrad waren nicht normal. Er hatte zwar als Angehöriger des bolschewistischen Untergrunds und kurze Zeit als ganz junger Redakteur der ›*Prawda*‹ vor dem Ersten Weltkrieg in Petrograd und St. Petersburg gelebt, doch in der Zeit zwischen Lenins Tod 1924 und Kirows Ermordung 1934 besuchte er Leningrad nicht wieder. Er verließ Moskau überhaupt nur selten, es sei denn zu Erholungsreisen auf die Krim oder nach Sotschi. In den zwanziger Jahren unternahm er eine Reise nach Sibirien. Zwei- oder dreimal besuchte er seine Heimat Georgien, vor allem, um seine Mutter wiederzusehen. Im übrigen beschränkte er sich darauf, zwischen dem Kreml und seiner Datscha an der Moschaisker Chaussee hin- und herzufahren.
Viele glaubten, Stalin fürchte, die Stadt im Norden könne seine Machtposition herausfordern oder gefährde sie bereits. Vielleicht hat auch ein unterbewußter Minderwertigkeitskomplex gegenüber der überlegenen Kultur Leningrads und seiner lebendigen revolutionären Tradition in Stalins Haltung zu dieser Stadt eine Rolle gespielt.
Schdanow hatte im Verlauf von sechs oder sieben Jahren, die er in Leningrad herrschte, Stalins Vertrauen gewonnen. Er verfügte nicht nur in Leningrad über die absolute Macht, sondern stand auch Stalin ungewöhnlich nahe. Oft blieb er wochenlang in Moskau oder begleitete Stalin bei längeren Aufenthalten zur Krim oder nach Sotschi. Stalin schien Schdanow und seine Familie gern zu haben und machte sich sogar Hoffnungen auf noch engere Verbindungen, die in Erfüllung gingen, als seine Tochter Swetlana Schdanows Sohn Juri heiratete.
Während der Säuberungen in den dreißiger Jahren spielte Schdanow im Leben Stalins eine besondere Rolle. In seiner geheimen Rede von 1956 gab Chruschtschow ein Telegramm bekannt, das im Namen Stalins und Schdanows am 25. September 1936 an die übrigen Mitglieder des Politbüros nach Moskau gegangen war.
In diesem Telegramm heißt es:
Wir halten es für absolut notwendig und dringend, daß Genosse

Jeschow zum Volkskommissar für Innere Angelegenheiten ernannt wird. Jagoda (der Polizeichef, der die Anfangsphasen der Säuberungsaktion geleitet hatte) hat sich entschieden als unfähig erwiesen, die Gruppe Trotzki-Sinowjew zu entlarven. Die OGPU ist schon vier Jahre mit dieser Angelegenheit beschäftigt. Alle Parteifunktionäre und die Mehrheit der Angehörigen der NKWD wissen das.

Für Chruschtschow war es klar, was dies bedeutete: Schdanow teilte mit Stalin die volle Verantwortung für die schlimmste Säuberungsaktion, die ›*Jeśowścina*‹.

Schdanow hatte dunkles Haar und braune Augen und sah als junger Mann sehr gut aus. Aber es ging ihm wie vielen sowjetischen Funktionären. Er mußte unaufhörlich arbeiten (oft nachts, weil Stalin die Gewohnheit hatte, sehr lange aufzubleiben), es fehlte ihm an körperlicher Bewegung, und die zahlreichen offiziellen Essen, an denen er teilnehmen mußte, hinterließen ihre Spuren. Bei Kriegsbeginn war Schdanow zu dick, hatte ein aufgeschwemmtes Gesicht und litt unter schweren asthmatischen Anfällen. Er war Kettenraucher, zündete eine Bjelomor an der nächsten an, bis die Zigarettenstummel über den Rand seiner *pepelniza* auf den Schreibtisch fielen. Er war jetzt 45 Jahre alt und hatte einen weiten Weg zurückgelegt, seit er den Schauplatz seiner Knabenjahre, das heimatliche Mariupol, verlassen hatte, Wie viele Vorkriegsbolschewiken stammte er aus einer bürgerlichen Familie. Sein Vater war Schulinspektor gewesen und gehörte wahrscheinlich zum ›schwarzen‹ oder weltlichen orthodoxen Klerus.

Schdanow hatte sich 1938 der Außenpolitik zugewendet. Damals übernahm er die Leitung der Parlamentarischen Kommission für Außenpolitik. Mit zunehmender Sorge hatte er die weltpolitische Entwicklung der dreißiger Jahre beobachtet. Er erkannte deutlich die von Hitler drohenden Gefahren, war aber überzeugt, man könne auf politischem Wege diese Bedrohung zumindest vorübergehend ausschalten.

In einem Gespräch mit Admiral Kusnezow auf einer langen Reise in die fernöstlichen Teile der Sowjetunion zwischen dem 28. März und dem 26. April 1939 – als Hitlers Einmarsch in die Tschechoslowakei und die Besetzung des Memelgebiets ein weltweites Echo ausgelöst hatten – gab Schdanow der Überzeugung Ausdruck, Europa steuere auf einen Krieg zu. Er sagte, er bezweifle, daß »eine so verhängnisvolle Entwicklung« sich vermeiden ließe.

Admiral Kusnezow, der seine Meinung teilte, war alarmiert. In der Sowjetunion begann man gerade mit einem langfristigen Programm zum Ausbau der Kriegsflotte. Würde man Zeit haben, diese Vorhaben zu Ende zu führen, wenn die politische Lage sich so schnell auf eine Katastrophe hin entwickelte?

»Das Vorhaben wird beendet werden«, sagte Schdanow bestimmt. Kusnezow, der nicht wußte, daß Schdanow ihn bei dieser Gelegenheit auf Herz und Nieren prüfte, um ihn dann Stalin für die Ernennung zum Flottenkommissar vorzuschlagen, gewann auf der langen Eisenbahnfahrt einen günstigen Eindruck von Schdanow. Die beiden Männer saßen viele Stunden in ihrem Abteil zusammen, blickten aus dem Fenster, während die sibirische Taiga an ihren Augen vorüberzog, und besprachen politische und persönliche Probleme. Kusnezow hatte während des Spanischen Bürgerkriegs die sowjetische Marinemission bei den Republikanern geleitet. Man sprach über Spanien und die Männer, die Kusnezow damals gut gekannt hatte: Marschall Kirill Merezkow, Marschall N. N. Woronow, General D. G. Pawlow und andere. Schdanow interessierte sich besonders für die höheren Marineoffiziere und Kusnezow äußerte freimütig seine Meinung. Es freute beide, daß sie in den meisten Fragen übereinstimmten. Gelegentlich wurde die Unterhaltung jedoch frostig, jedenfalls hatte Kusnezow 25 Jahre später noch diesen Eindruck. Bei einer Gelegenheit bemerkte Schdanow nebenbei, er habe es sich niemals träumen lassen, daß der frühere Flottenbefehlshaber in der Ostsee und im Pazifik, Admiral M. W. Viktorow, ›ein Volksfeind‹ sein könnte. Er erwähnte die Namen anderer Marineoffiziere, die er als ›Volksfeinde‹ bezeichnete. Nach Kusnezows Erinnerung machte Schdanow den Eindruck, die Feststellung dieser Zusammenhänge habe ihn überrascht. Jedenfalls ließ er sich Skepsis oder Zweifel hinsichtlich dieser Behauptungen nicht anmerken.
Von sich selbst sprach Schdanow kaum. Als der Zug die lange Brücke bei Perm über die Kama passierte, erzählte er, er habe während des Bürgerkriegs in dieser Gegend gekämpft und hier mit seiner Arbeit für die Partei begonnen.
»Ich bin eher ein Mensch der Flüsse als ein Seemann«, sagte er, »aber ich liebe Schiffe und interessiere mich für alles, was die Flotte betrifft.«
Ende Juli 1939, kurz vor Kriegsausbruch und vor Abschluß des sowjetisch-deutschen Vertrags, nahm Schdanow eine Einladung Admiral Kusnezows an, mit ihm eine kurze Kreuzfahrt in der Ostsee zu unternehmen. In Kronstadt gingen sie an Bord eines Kreuzers und fuhren hinaus. Kusnezow machte Schdanow darauf aufmerksam, daß sie keine hundert Meilen fahren könnten, ohne an den zu Finnland gehörenden Ostseeinseln Seiskari, Lavansaari und Gogland vorüberzukommen. Im Kriegsfall konnte der Feind hier Basen errichten, die jede Bewegung der vor Leningrad stationierten Flotte beobachten würden. Am nächsten Tag kamen sie an Reval und Helsinki vorbei. Diese beiden großen Häfen waren eng mit der Geschichte der ruhmreichen russischen Kriegsflotte verbunden, befanden sich aber jetzt in den Händen der Esten und Finnen. Zwei höhere Marineoffiziere, die im Ersten Weltkrieg in der kaiserlichen Flotte gedient hat-

ten, L. M. Galler und N. N. Neswizky, zeigten Schdanow das Seegebiet, in dem 1914 von der Insel Naissar vor der estnischen Küste und von der finnischen Halbinsel Porkala aus Minenfelder angelegt worden waren, um den Deutschen den Zugang zu der russischen Flottenbasis in Kronstadt zu verwehren.

Im Gespräch mit Schdanow wurden weiter zurückliegende geschichtliche Ereignisse nicht erwähnt, sondern nur die Probleme, mit denen eine Ostseeflotte im Kriegsfall konfrontiert sein würde. Die Baltische Flotte war der stärkste russische Flottenverband, doch wie sollte sie die offene See gewinnen? Selbst wenn die Schiffe vor Kronstadt auf der Reede lagen, konnte man sie von der finnischen Küste bei Sestrorezk direkt beobachten. Mit einem Fernglas konnte jeder genau feststellen, welche Einheiten im Hafen lagen, wann sie sich zum Auslaufen vorbereiteten und wann und ob sie zurückkehrten. Was würde geschehen, wenn es zum Kriege käme?

Die Admiräle und Schdanow mögen auch über die Möglichkeit gesprochen haben, Finnland durch militärische Drohungen oder diplomatische Manöver zu Zugeständnissen zu zwingen, die die Sicherheit der wichtigsten russischen Flottenbasis in Kronstadt und der wichtigsten russischen Flotte, der Baltischen, erhöhen würden.

Es gibt keinen Bericht über ein Gespräch diesen Inhalts. Man muß jedoch an diese Zusammenhänge gedacht haben. Die Admiräle zeigten Schdanow, welche Schutzbarrieren die kaiserliche Marine besessen hatte. Man kann sich kaum vorstellen, daß sie nicht auch angedeutet hätten, jetzt sei es an der Zeit für die Sowjetunion, in ähnlicher Weise für die Sicherheit der sowjetischen Flotte zu sorgen. Es mag nicht falsch sein, wenn man annimmt, daß die Pläne für einen Winterkrieg gegen Finnland, der schon wenige Monate später ausbrach, auf dieser angenehmen Kreuzfahrt vor den bewaldeten Inseln und auf dem blauen Wasser des Finnischen Meerbusens ausgelöst worden sind. Schdanow hat in diesem Krieg die führende Rolle gespielt. Wenn er nicht der Inspirator der Politik gewesen ist, die zu den Feindseligkeiten gegen Finnland geführt hat, dann war er doch der geeignete Mann, dieses wenig glückliche Unternehmen zu leiten, und zwar unter Verwendung der in Leningrad stationierten Streitkräfte.

Vielen seiner Mitarbeiter erschien Schdanow als schwieriger und herrschsüchtiger Mensch. Sie fanden nichts Anziehendes an ihm und hatten nur selten Gelegenheit, ein vertrauliches persönliches Gespräch mit ihm zu führen. In den Erinnerungen der Männer, die mit Schdanow während der langen, anstrengenden Jahre des Zweiten Weltkriegs zusammengearbeitet haben, finden sich kaum irgendwelche Anekdoten, und man vermißt jede menschliche Wärme. Aber jeder bezeugt seine Achtung vor der unglaublichen Arbeitskapazität Schdanows und seiner Bereitschaft, schwere Verantwortung auf sich zu nehmen. Wahrscheinlich haben sich die höheren

Funktionäre in Regierung und Partei gescheut, ihm zu nahe zu kommen, weil sie seine Macht fürchteten und wußten, welche Rolle er in den fürchterlichen und selbstzerstörerischen Säuberungen gespielt hatte. Admiral Kusnezow befand sich in einer etwas anderen Lage. Er hatte häufiger die Gelegenheit, Schdanows Ansichten zu hören. In gewisser Weise war er Schdanows Günstling, und in Flottenfragen wurde er oft von ihm konsultiert.
1940 glaubte Schdanow, die Gegner im Westen seien so stark von der Kriegführung in Anspruch genommen, daß nichts von ihnen zu befürchten sei. Die Sowjetunion könne sich in aller Ruhe mit ihren eigenen Problemen beschäftigen.
Während der im Dezember 1940 abgehaltenen militärischen Seminare im Verteidigungskommissariat war jedes Mitglied des Politbüros bei einigen Sitzungen zugegen, aber Schdanow fehlte fast nie. Die Mitglieder des Stabes berichten in ihren Erinnerungen, Schdanow habe nahezu an allen Besprechungen teilgenommen.
Im Februar 1941 begann Admiral Kusnezow, sich um die sowjetische Außenpolitik, die Haltbarkeit des deutsch-sowjetischen Nichtangriffspakts und die drohende Gefahr eines nationalsozialistischen Überfalls Sorgen zu machen. Er bat Schdanow um eine Aussprache und fragte ihn ausdrücklich, aus welchem Grund die Deutschen nach seiner Ansicht Truppen an ihre Ostgrenze verlegten und ob sie nicht einen Krieg vorbereiteten. Schdanow hielt an seiner früher geäußerten Meinung fest. Er behauptete immer noch, die Deutschen könnten nicht an zwei Fronten Krieg führen. Er sprach von den Erfahrungen der deutschen Armee im Ersten Weltkrieg und meinte, daraus folgern zu können, die Deutschen seien nicht stark genug, zugleich im Westen und im Osten zu kämpfen. Er bezog sich auf die bekannte Anschauung Bismarcks und stützte damit seine Beurteilung der Lage. Hinsichtlich der deutschen Aufklärungsflüge und Truppenbewegungen meinte er, das seien entweder Vorsichtsmaßnahmen oder eine Art psychologischer Kriegführung, nichts weiter.
Doch Kusnezow ließ nicht locker. Er wies darauf hin, daß die Deutschen einen Teil ihrer Truppen nach Rumänien und Finnland verlegten und Flüge über Hangö und Poljarny durchführten. Aber Schdanow blieb bei seiner Meinung. Kusnezow konnte den Leningrader Parteichef nicht verstehen. Vielleicht gründete Schdanow seine Zuversicht auf private Informationen über die starken Verteidigungsanlagen, die an den westlichen Grenzen errichtet wurden[1]. Vielleicht hatte Stalin ihm irgendwelche streng

[1] Hier waren allerdings sehr umfangreiche Maßnahmen geplant. Im Frühjahr 1941 waren 135 714 Arbeiter, einschließlich 84 besondere Baubataillone, 25 Bauregimenter, 301 Pionierbataillone usw., hierfür eingesetzt. Bei Kriegsausbruch waren jedoch weniger als 1 000 von 2 300 Artilleriestellungen fertig ausgebaut oder bestückt. (Aufsatz von N. A. Anfilow: Načalo Welikoi Otečestwennoi Woiny. In: ›*Wojenno-Istoričeskii Žurnal*‹ Nr. 8, August 1963, S. 84.)

geheimen Informationen zukommen lassen. Viele sowjetische Generale glaubten, Stalin sei überzeugt, Hitler werde Rußland nicht angreifen, bevor er England besiegt habe. Schdanow hat seine Auffassung niemals näher erläutert und nicht gesagt, worauf er sie gründete. Jedenfalls hat Kusnezow nie verstehen können, aufgrund welcher Umstände Schdanow zu seiner Lagebeurteilung gelangt ist. Daß er bis Kriegsbeginn nicht von seinen Auffassungen abgewichen war, zeigt sich deutlich darin, daß Schdanow am 19. Juni Leningrad verließ. Unter keinen Umständen hätte er die Hauptstadt im Norden im Stich gelassen, wenn er mit einem unmittelbar bevorstehenden deutschen Angriff gerechnet hätte.

Schdanows Machtstellung in Leningrad war fast ebenso absolut wie diejenige Stalins in Moskau – aber natürlich blieb er dabei immer der Autorität Stalins unterstellt. Das bedeutete in der Praxis, daß in der Verwaltung Leningrads auch die geringste Kleinigkeit der Zustimmung Schdanows bedurfte. Er verfügte über mehrere fähige Mitarbeiter, die seinem ersten Stellvertreter, dem Parteisekretär A. A. Kusnezow, unterstanden. Kusnezow, ein junger, vitaler und energischer Mann, hatte alle Fäden in der Hand. Er war der geeignete zweite Mann, aber er war dazu erzogen, nichts ohne Zustimmung von oben zu unternehmen.

Was diese Unselbständigkeit bedeutete, wurde erst in der kritischen Situation am Vorabend des Krieges deutlich. In der Abwesenheit Schdanows fühlte sich der Parteisekretär Kusnezow buchstäblich unfähig, die normalen Entscheidungen zu treffen, die in diesem Fall Sache eines Stellvertreters gewesen wären.

In seiner absoluten Abhängigkeit von Schdanow wiederholte er im kleinen die völlige Abhängigkeit der Mitglieder des Politbüros von Stalins Diktat. In Leningrad wagte niemand, Schdanows Autorität infrage zu stellen, und dieser mittelalterlich anmutende Absolutismus war dann auch die Grundursache der jetzt beginnenden Tragödie der schweren militärischen Rückschläge in Rußland.

Wer sollte in Stalins Abwesenheit die Führung übernehmen? Das Verteidigungskommissariat war so sehr ein Werkzeug Stalins, daß man es von Timoschenko und Schukow kaum erwarten durfte, ein so komplexes militärisches Unternehmen zu planen und in Bewegung zu setzen. Am 23. Juni wurde eine neue Stafka, ein neues Oberkommando, gebildet, das in Wirklichkeit nur eine Umgruppierung des alten Oberkommandos war. Die Mobilmachung der verfügbaren Mannschaftsreserven war zwar eine verhältnismäßig einfache Sache und schon in großen Zügen vorbereitet worden, aber Strategie, Taktik und Diplomatie waren etwas ganz anderes. Es war dringend erforderlich, Umgruppierungen vorzunehmen und neue Verträge abzuschließen. Doch die russischen Diplomaten erhielten mindestens eine Woche lang keine Anweisungen. Das zeigt deutlich, daß

der für politische Entscheidungen zuständige Apparat funktionsunfähig war.
Admiral Kusnezow gehörte der Stafka an und schildert anschaulich ihre ›Arbeit‹ während der ersten Tage des Krieges. Stalin nahm im Juni an ihren Besprechungen nicht teil und hat das auch wahrscheinlich bis Mitte Juli nicht getan.[2] Der Verteidigungskommissar, Marschall Timoschenko, hatte den Vorsitz in der Stafka, aber eigentlich nur auf dem Papier. Kusnezow schreibt: »Es war nicht schwierig, festzustellen, daß der Verteidigungskommissar für die Aufgabe, die er übernommen hatte, nicht vorbereitet war, aber auch die Mitglieder der Stafka waren es nicht.«
Erst am 27., 29. und 30. Juni erließ der Kreml bestimmte Anweisungen. Bei den Befehlen vom 27. und 29. Juni handelte es sich um allgemeine Direktiven für die Mobilmachung der Reserven des Landes. Ihr Wortlaut zeigt, in welchen Schwierigkeiten die Führungsspitze sich befand. In den Anweisungen wurde darauf hingewiesen, daß eine ganze Anzahl von Parteiorganisationen, Regierungsstellen und sozialen Organisationen den Ernst der Lage noch nicht erkannt hätten.
Am folgenden Tage, dem 30. Juni, kam eine Direktive heraus, nach der ein Verteidigungskomitee unter dem Vorsitz Stalins gebildet worden war. Die Mitglieder des Komitees waren Molotow, Marschall Woroschilow, Georgi Malenkow und Lawrenti Berija. Nichts deutet darauf hin, daß Stalin an den Beschlüssen dieses Komitees beteiligt gewesen ist. Am 27. Juni kehrte der britische Botschafter Sir Stafford Cripps zusammen mit Generalleutnant F. N. Mason-Macfarlane und anderen Militärexperten zu Besprechungen auf höchster Ebene von London nach Moskau zurück.
Zu seiner Überraschung wurden er und seine Begleitung von Molotow und nicht von Stalin empfangen.[3]
Das Komitee für die Landesverteidigung war seinem Wesen nach eine

[2] Während der ersten zwölf Kriegstage gehörte Marschall Andrei Gretschko zum Generalstab. Seine Aufgabe war es, die Lagekarten auf dem laufenden zu halten, und das war nicht leicht. Er berichtet, der Chef des Stabes, General Georgi K. Schukow, sei häufig ins Lagezimmer gekommen, habe die Karten studiert und sie dann zum Oberkommando mitgenommen, »um J. W. Stalin eine Meldung zu machen«. Wahrscheinlich hat Stalin während dieser Zeit nicht in die Entscheidungen des Oberkommandos eingegriffen. (Gretschko. In: ›*Wojenno-Istoričeskii Žurnal*‹ Nr. 6, Juni 1966, S. 12.) So unglaublich das klingen mag, Admiral Kusnezow behauptet in einer neuen Version seiner Memoiren, die 1968 veröffentlicht wurde, Stalin habe am 22. und 23. Juni »energisch« gearbeitet, und er habe ihn am 24. Juni bei einer Besprechung im Kreml gesehen. (›*Oktjabr*‹ Nr. 8, August 1968, S. 138.)

[3] Das erste halboffizielle Auftreten Stalins fand am 6. Juli anläßlich einer zu ungewöhnlicher Stunde, um 6.30 Uhr morgens, gesendeten Rundfunkansprache statt. Am 12. Juli empfing er die britischen Vertreter, und das war nach Kriegsausbruch seine erste Zusammenkunft mit Männern, die nicht zu seiner unmittelbaren Umgebung gehörten. (Cassidy, a.a.O., S. 57–66.)

Junta. Ihm waren alle staatlichen Vollmachten übertragen worden, und zieht man den Zustand in Betracht, in dem Stalin sich damals befand, dann hat es den Anschein, als habe diese Junta die Aufgabe gehabt, die Staatsführung mit und gegebenenfalls auch ohne Stalin zu übernehmen. Die Liste ihrer Mitglieder läßt erkennen, was innerhalb des Kremls geschehen war, wer die Macht in der Hand hatte und wer nicht.

Daß auch Woroschilow dem Komitee angehörte, dürfte belanglos sein. Woroschilow hat während seiner ganzen langen Karriere niemals politische Initiative gezeigt. Er war Stalins Vertrauter und Stalins Kreatur. Im Juli wurde er nach Leningrad geschickt, um dort das militärische Kommando zu übernehmen. Die aktiven Mitglieder der Junta waren Molotow, Malenkow und Berija. Molotow hat vielleicht eine zweideutige Rolle gespielt. Bei Berija und Malenkow lagen die Dinge anders. Diese beiden Männer waren nicht einmal vollgültige Mitglieder des Politbüros, des höchsten politischen Organs der Kommunistischen Partei. Sie standen in einem verhältnismäßig niedrigen Rang. Sie gehörten zu den jüngsten Anwärtern auf die Mitgliedschaft im Politbüro, und damit standen sie auf sehr niedriger Stufe innerhalb der Parteihierarchie. Berija war erst zwei Jahre zuvor dahin aufgerückt, als Stalin ihn aus Georgien nach Moskau berief, um ihm die Leitung der Politischen Polizei zu übertragen. Malenkow war erst vor knappen vier Monaten, im Februar 1941, Anwärter auf die Mitgliedschaft im Politbüro geworden. Der Kern der Junta bestand aus Molotow, Berija und Malenkow, aber die zwei jüngeren Mitglieder konnten den ranghöheren Molotow überstimmen.

Wie diese beiden jüngeren Männer es fertiggebracht haben, in eine so einflußreiche Stellung zu kommen, ist nicht ganz klar, doch trotz seines verhältnismäßig niedrigen Ranges war Berija als Leiter der Politischen Polizei ein ganz besonders mächtiger Mann. Die Polizei hatte die Rote Armee unterwandert und spielte im Auswärtigen Amt, im Nachrichtendienst und in der Partei eine wichtige Rolle. Wahrscheinlich hatten sich Berija und Malenkow schon verbündet, wenn diese Tatsache auch erst nach Stalins Tod bekannt wurde. In Krisenzeiten wächst der Einfluß des Sicherheitsdienstes in jedem Land. Nachdem Rußland in den Krieg eingetreten war und einer tödlichen Gefahr gegenüberstand, und während Stalin unfähig war, die Zügel in die Hand zu nehmen, nutzten Berija und Malenkow die Situation zu ihrem persönlichen Vorteil aus.

Wenn es auch nicht klar ist, wie sich diese Machenschaften genau vollzogen haben, so steht doch eines fest: während die deutschen Panzer das Land zerrissen und Stalin, in seinem Zimmer eingeschlossen, kurz vor dem Nervenzusammenbruch stand, kam es innerhalb des Kreml zu Intrigen, Verschwörungen und politischen Manövern. Als der florentinische Zwischenakt vorüber war, hatte Schdanow seine Anwartschaft auf Stalins

Erbe verloren. Er wurde nach Leningrad zurückgeschickt, um sein Schicksal mit dem der Hauptstadt im Norden zu verbinden, zu schwimmen oder unterzugehen.[4]

Höchstwahrscheinlich ist Schdanow von seinen Genossen für das unglaubliche Versagen der sowjetischen Außenpolitik verantwortlich gemacht worden, deren Architekt er gewesen war. Für die gigantischen Irrtümer in der Beurteilung Hitlers mußte er jetzt gradestehen. Man könnte sogar fragen, ob Malenkow und Berija, die sich beide der Mobilisierung sowjetischer Streitkräfte widersetzt hatten und die, ebenso wie Molotow, alle Warnungen des Geheimdienstes vor dem deutschen Angriff kannten, nicht absichtlich ihr Land in den Krieg gegen Deutschland hineintreiben ließen, und zwar veranlaßt durch ihre Intriganz und ihren Ehrgeiz. In der Politik des Kreml ist alles möglich – es gibt keine denkbaren politischen Ziele oder Mittel, diese Ziele zu erreichen, die man hier ausschließen dürfte. Malenkow und Berija haben vielleicht eine Chance gesehen, die Regierungsgewalt an sich zu reißen und möglicherweise hinter Stalins Rücken den Deutschen Friedensangebote gemacht, um Rußland aus dem Krieg herauszuhalten. Der Preis wäre ungeheuerlich gewesen, aber sie wären die Erben der Macht geworden.

Welches Spiel auch gespielt worden ist, und welche Motive auch dahintergestanden haben mögen, mit der Schaffung der Junta wurden die rangälteren Mitglieder des Politbüros bewußt aus dem inneren Kreis ausgeschlossen. L. M. Kaganowitsch, A. A. Andrejew (der inzwischen längst vergessen ist, aber von dem man damals oft als möglichem Nachfolger Stalins sprach), Anastas Mikojan, Kalinin, Chruschtschow und die Anwärter auf Mitgliedschaft, N. M. Schwernik, Nikolai Wosnesenski und Alexander Schtscherbakow – sie alle gehörten nicht dazu.

Am auffallendsten war die Tatsache, daß auch Schdanow ausgeschlossen wurde. Später sollte sich alles ändern. Stalin gewann die Herrschaft zurück. Mikojan, Kaganowitsch, Bulganin und Wosnesenski wurden in das Komitee für die Landesverteidigung aufgenommen, und dieses Gremium hörte auf, eine Junta zu sein. Aber Schdanow blieb außerhalb des magischen Zirkels.

[4] Zweifellos sind Schdanow während seiner Abwesenheit von Moskau und Leningrad die Zügel aus der Hand geglitten. Als er von der Krim zurückkehrte, waren die grundsätzlichen Entscheidungen wahrscheinlich schon getroffen.

14. Schdanow in Aktion

Auf den Straßen von Leningrad sprachen alle Anzeichen dafür, daß die Bevölkerung sich in patriotischem Zorn erhoben hatte, um der Bedrohung durch die Deutschen entgegenzutreten. Über den Newskiprospekt marschierten sowjetische Soldaten und sangen, wie nur russische Soldaten singen können:

> Erhebe dich, mächtiges Land,
> Stehe auf zum Kampf auf Leben und Tod ...
> Laß den gerechten Zorn aufschäumen
> Wie den Gischt einer Welle.
> In den Volkskrieg marschieren wir,
> In den heiligen Krieg ...

Tausende meldeten sich freiwillig – 100 000 am ersten Tage, 212 000 innerhalb einer Woche.[1] In jeder Spalte der *›Leningradskaja Prawda‹* erschienen patriotische Schlagworte. Am Montag, den 23. Juni, wurden die führenden Parteifunktionäre ins Smolny befohlen. Parteisekretär Alexei Kusnezow forderte sie auf, innerhalb einer Stunde zu melden, wie viele Arbeiter schätzungsweise für die Umstellung der Industrie auf Kriegsproduktion gebraucht würden. Der zweite Parteisekreätr J. F. Kapustin ordnete für die gesamte Industrie den Elfstundentag an.
Schon am ersten Tag gingen die wildesten Gerüchte um. Die ungenauen Heeresberichte verschleierten die Katastrophe an der Front, aber gerade durch diese Ungenauigkeit wurden die beunruhigendsten Gerüchte genährt. Während der ersten Kriegstage schickten Tausende ihre Kinder von Leningrad in Sommerlager westlich und südwestlich der Stadt, nach Luga, Tolmaćewo und Gaćina; diese Orte lagen direkt am Vormarschweg der deutschen Truppen. Niemand glaubte, der Feind könne so weit ins Land eindringen. Man fürchtete in erster Linie Luftangriffe, wie London sie er-

[1] Nach den ersten Plänen sollte die Mobilmachung nicht vor Mitternacht am 22./23. Juni beginnen. Es erschienen jedoch so viele Freiwillige bei den Meldestellen, daß man sofort mit ihrer Registrierung begann, vielerorts schon am Abend des 22. Juni. Die Partei kommandierte 14 000 Komsomolzen ab, die helfen mußten, die Menge der Wartenden zu organisieren. (Na Saśćitje Njewskoi Twerdyni, S. 17–18.)

lebt hatte. Die meisten Kinder fuhren in großen Gruppen ohne ihre Eltern ab, und dieser Umstand komplizierte eine zweite Verlegung, als diese Maßnahme notwendig wurde. In wenigen Wochen gingen Tausende dieser Kinder (und auch viele ihrer Eltern) während des deutschen Vormarschs verloren. Viele starben auf dem Transport. Ein Zug mit mehr als 2000 Kindern wurde bei Jedrowo bombardiert, und es gab schwere Verluste. Ein ähnlicher Zwischenfall ereignete sich bei Lyćkowo. Als die Eltern Gerüchte über diese Angriffe hörten, bedrängten sie die Behörden und verlangten Auskunft über das Schicksal ihrer Kinder, die viele von ihnen nie mehr wiedersehen sollten.

Ende Juni entschloß sich die Stadtverwaltung von Leningrad, 392 000 Kinder abzutransportieren. Es gelang, in der Woche vom 29. Juni bis zum 5. Juli 212 209 fortzuschaffen. 162 439 von ihnen wurden in der Nähe auf dem Lande und der Rest hauptsächlich in Jaroslawl untergebracht. Schätzungsweise evakuierte man außerdem 115 000 Kinder aus den Gebieten, durch die deutsche Truppen vorrückten, aber Tausende fielen trotzdem dem Gegner in die Hände.[2]

Während der ersten Wochen konnte niemand sich vorstellen, was der Krieg bringen werde. In vielen Dörfern des Leningrader Bezirks ergriffen die Parteifunktionäre keine Maßnahmen für die Verteidigung oder eine eventuell notwendig werdende Evakuierung.

Der große deutsche Luftblitzkrieg gegen London war für die meisten Leningrader die schrecklichste Vorstellung, und zwar sowohl für die Verwaltung als auch für die Zivilbevölkerung. Man rechnete jeden Augenblick mit dem Beginn starker Fliegerangriffe. Anfang des Krieges blieben die Nächte allerdings ruhig. Die Deutschen versuchten zunächst nicht, die Stadt anzugreifen, aber jeder war sich der Gefahr bewußt. Man hatte schon oft deutsche Flugzeuge im Luftraum über Leningrad beobachtet, und am 23. Juni um 1.45 Uhr wurde der erste Fliegeralarm gegeben. Zwölf deutsche Ju-88 überflogen Leningrad, fünf von ihnen wurden angeblich abgeschossen.

Beim Einbruch der Nacht am 22. Juni waren 14 000 Luftschutzhelfer auf ihren Posten. Der Stadtsowjet von Leningrad befahl in aller Eile die Bildung von 10 000 kleinen Feuerwehreinheiten in Fabriken, Behörden, Geschäften und Wohnhäusern. Auf den meisten Hausdächern setzte man einen 24stündigen Luftwarndienst ein. Die Feuerwehr baute neue Wasserbehälter aus Beton mit einer Gesamtkapazität von 220 000 Kubikmetern und installierte 500 zusätzliche Hydranten. 156 Gerüste zur Bekämpfung

[2] Diese Zahlenangaben variieren. Nach einer Schätzung sind insgesamt 235 000 Kinder aus Leningrad evakuiert worden; 164 000 von ihnen wurden in der Nähe auf dem Lande untergebracht. (Na Saśćite Newskoi Twerdyni, S. 25 u. S. 49.)

von Bränden und 142 stationäre Wasserbehälter wurden errichtet. Mit diesen Mitteln gelang es später, als die Luftwaffe ihre Offensive im September begann, die Stadt vor der Zerstörung zu bewahren.
Leningrad war eine große Industriestadt und erzeugte einen bedeutenden Teil des sowjetischen Kriegsmaterials. In der Stadt lagen 520 Fabriken mit 780 000 Arbeitern. Es erzeugte 91 Prozent der in der Sowjetunion hergestellten Wasserturbinen, 82 Prozent der Turbinengeneratoren, 58 Prozent der Dampfturbinen, 100 Prozent der Dampfkessel zur Stromerzeugung, ein Fünftel der Werkzeugmaschinen und zehn Prozent der gesamten Industrieproduktion der Sowjetunion. Außerdem gab es hier bedeutende Hersteller für Qualitätspapier, Tuche, Damenschuhe und Textilien. Auf dem Gebiet der Schwerindustrie und des Maschinenbaus – die in Kriegszeiten wichtigsten Industrien – nahm Leningrad einen besonderen Platz ein. Die von der Familie Putilow gegründeten Kirow-Werke waren der größte Maschinenproduzent im Lande. Hier wurden die neuen schweren KW-Panzer hergestellt, die 60 Tonnen schweren Ungeheuer, von deren Existenz die Deutschen noch keine Ahnung hatten. Andere Fabriken stellten Panzerplatten, schwere Geschütze, Nachrichtenmaterial, Funkgeräte und Flugzeuge her. Auf den Ostseewerften wurde die sowjetische Flotte gebaut und versorgt.
Bezeichnenderweise sorgte man sich in Moskau mehr um die Sicherheit dieser Einrichtungen als um die Verteidigung Leningrads. Am Montag, dem 23. Juni, erhielt der Direktor der Kirow-Werke, I. M. Salzman, von Moskau die Anweisung, sofort nach Ćeljabinsk im Ural zu fliegen und festzustellen, ob die Produktion der KW-Panzer in die Traktorenfabrik von Ćeljabinsk verlegt werden könne. Am Dienstagmorgen landeten Salzman und sein Chefingenieur S. J. Kotin in einem Sonderflugzeug auf dem Gelände der Ćeljabinsker Fabrik. Sie inspizierten das Traktorenwerk, sprachen mit den Ingenieuren und schickten nach zwei Tagen ihren Bericht ab.[3]
Der Direktor der Kirow-Werke und sein Chefingenieur meldeten, daß, wenn ihre Facharbeiter und die Spezialmaschinen nach Ćeljabinsk verlegt würden, das dortige Werk innerhalb von zwei oder drei Monaten fünf-

[3] In einem Aufsatz (S. Kostjućenko, Ju. Fedorow, I. Chrenkow. In: ›*Sosdateli Grosnych Tankow, Swjesda*‹, Nr. 5, Mai 1964, S. 168) wird berichtet, Salzman und Kotin seien auf Befehl Stalins in den Ural geflogen, nach zwei Tagen nach Moskau zurückgekehrt, und Stalin habe vorgeschlagen, die Fabrik zu verlegen. Dabei soll Stalin gesagt haben: »Sie werden (in Leningrad) ohnehin nicht weiterarbeiten können, sobald die Luftangriffe und die Beschießungen angefangen haben.« Tatsächlich kann ein Gespräch mit Stalin erst viel später und nicht schon im Juni stattgefunden haben, wahrscheinlich nicht vor Ende Juli oder im August. Salzman und Kotin haben angeblich von einer Verlegung abgeraten, weil sie den Zeitpunkt für verfrüht hielten. Darauf soll Stalin einer Verschiebung zugestimmt haben. Es gibt keine Hinweise darauf, daß Stalin zwischen dem 22. Juni und Anfang Juli an irgendwelchen Entscheidungen beteiligt gewesen ist.

zehn KW-Panzer täglich herstellen könnte. Von einer sofortigen Verlegung rieten sie ab, und Moskau stimmte ihnen zu. Dies war eine der zahlreichen Fehlentscheidungen, die Leningrad und das ganze Land innerhalb weniger Wochen an den Rand der Katastrophe führen sollten.
Statt dessen befahl Moskau den Kirow-Werken am 25. Juni, sofort mit der Serienfertigung der KW-Panzer zu beginnen. Vierzehn weitere Leningrader Fabriken arbeiteten als Zulieferer, und im Juli hatte das Werk, das jetzt durchgehend in Tag- und Nachtschichten arbeitete, die Produktion verdoppelt. Die Zeit, die ein KW-Panzer in der Fertigung auf dem Fließband lief, war auf zehn Stunden herabgesetzt worden.
Erst am 27. Juni nahm Schdanow seine Tätigkeit in Leningrad wieder auf.[4] Sofort wurde im Smolny eine Besprechung angesetzt, die bis in die späten Nachtstunden dauerte. 4000 Parteimitglieder wurden an diesem Tage zu den Truppen geschickt, um dort die Kampfmoral zu stärken.
Am letzten Freitag im Juni befahl Schdanow mehrere Arbeitsgruppen zu sich. Die Parteifunktionäre der Stadt und des Bezirks erhielten die Anweisung, einen umfangreichen Plan für die Zusammenarbeit mit den militärischen Dienststellen zu entwerfen. In jeder Fabrik sollten die Arbeiter zusätzlich zu ihrer elfstündigen Arbeitszeit täglich vier Stunden militärische Übungen abhalten.
Schdanow muß jetzt schon erkannt haben, welche gewaltigen Menschenverluste an der Front vor Leningrad eingetreten waren. Er befahl die Bildung von Volksfreiwilligenkorps, einer aus Zivilisten zusammengestellten Truppe, die eine kurze Grundausbildung erhielt, um an die Front geschickt oder für Sicherheitsaufgaben im rückwärtigen Gebiet eingesetzt zu werden. Später folgten andere russische Städte diesem Beispiel, aber die Idee stammte aus Leningrad.
Diese Aufgabe wurde dem Parteipropagandisten L. M. Antjufejew und dem Vorsitzenden des Freiwilligen Fliegerverbandes, N. N. Nikitin, übertragen. Es wurde beschlossen, 200 000 Freiwillige in den Altersklassen zwischen 18 und 50 Jahren anzuwerben. Diese Truppe erhielt zunächst die Bezeichnungen ›Freiwilligenarmee‹, ›Volksarmee‹ oder ›Armee zur Vernichtung des Faschismus‹. Später hieß sie offiziell ›Die Dienstverpflichteten aus dem Volk‹. Zu ihrem Befehlshaber wurde der Leningrader Parteisekretär Generalmajor A. I. Subbotin ernannt. Die Offiziere und die Bewaffnung stellte die Rote Armee. An eine Uniformierung war nicht gedacht.

[4] Byćewski, der berichtet, Schdanow habe seinen Urlaub am 19. Juni angetreten, gibt für seine Rückkehr kein Datum an, doch aus dem Zusammenhang läßt sich entnehmen, daß es der 27. Juni gewesen ist. In den sowjetischen Standardquellen sind keine Angaben über eine Teilnahme Schdanows an den in Leningrad getroffenen Entscheidungen vor dem 27. Juni enthalten. Na Saśćite Newskoi Twerdyni (im folgenden *N.S.*), ein sehr detaillierter Bericht, erwähnt Schdanows Anwesenheit in Leningrad erst am 27. Juni. (S. 35.)

Nachdem Schdanow einmal an die Arbeit gegangen war, packte er überall schnell zu. Am 1. Juli, einen Tag nachdem das nominell von Stalin geleitete Komitee für die Landesverteidigung gegründet worden war, stellte Schdanow auch in Leningrad ein Verteidigungskomitee zusammen. Er selbst übernahm den Vorsitz. Die übrigen Mitglieder waren die Parteisekretäre Kusnezow und Stykow, der Vorsitzende des Bezirkssowjets N. W. Solowjew und der dem Stadtsowjet angehörende Bürgermeister P. S. Popkow. Das Komitee trug allgemein den Namen ›Die großen Fünf‹. Es war bevollmächtigt, alle operativen Fragen im Bezirk von Leningrad zu entscheiden. Als Oberaufsicht über alle Industriebetriebe im Bezirk und in der Stadt setzte Schdanow aus jeweils vier Männern bestehende sogenannte ›Quartetts‹ ein. In jedem Stadtteil übernahmen ›Troikas‹ die Führung. Eine ›Troika‹ regelte den Einsatz der kommunistischen Jugendorganisation. Zur Beschleunigung der Kriegsanstrengungen ließ Schdanow zahlreiche weitere mit diktatorischen Befugnissen ausgestattete Führungsgremien bilden.
Die Umstellung auf die Rüstungsproduktion ging sehr schnell vonstatten. Anfang Juli begannen fünf Fabriken mit dem Bau von Geschützen, elf stellten Granatwerfer her, zwölf Panzer und Panzerspähwagen und vierzehn Werke produzierten Flammenwerfer. In dreizehn Werkstätten, zu denen eine Spielzeugfabrik und eine Ofenfabrik gehörten, begann man mit der Massenproduktion von Munition. Werkstätten des Instrumentenbaus und der Parfümindustrie erzeugten jetzt Panzerminen. Im August hatten die Leningrader Schnapsfabriken eine Million Molotowcocktails hergestellt und dazu ihre Flaschenvorräte mit Alkohol oder Benzin gefüllt.
Aber die Bereitstellung von Ausrüstung für die kämpfende Truppe wurde immer schwieriger, denn je mehr Fabrikarbeiter in die Armee, zu den Volksfreiwilligen und zu Arbeiten an den Befestigungsanlagen eingezogen wurden, und nachdem einige Fabriken nach Osten verlegt worden waren, erhielt Leningrad nicht mehr genügend Rohmaterial und Halbfertigprodukte.
Die Mobilmachung der regulären Truppen ging in Leningrad ohne Schwierigkeiten vonstatten. Zwei Stunden nach Bekanntgabe des Mobilmachungsbefehls hatten sich 91 Prozent der im Moskauer Bezirk befindlichen Dienstpflichtigen zur Musterung gemeldet, und nach sechs Stunden waren es 98,2 Prozent. Während der ersten Kriegswoche meldeten sich 212 000 Leningrader freiwillig zum Militärdienst, die jetzt nur noch ärztlich untersucht werden mußten, um endgültig eingestellt zu werden. Verschiedene Dienststellen geben unterschiedliche Zahlen an, aber es müssen zwischen 160 000 und 200 000 gewesen sein. Am ersten Tage der Einschreibungen, am 30. Juni, meldeten sich 10 890. Am 4. Juli waren es

bereits 77 413. Außerdem wurden etwa 90 000 Mann (zumeist Jugendliche, die das dienstpflichtige Alter noch nicht erreicht hatten) in die Verbände der Hilfspolizei eingestellt.
Die erste Frage, mit der Schdanow sich nach seiner Rückkehr beschäftigte, galt den Befestigungsanlagen. Bei einer Beratung in seinem Hauptquartier im Smolny sagte er, »drei Viertel unserer Anstrengungen« müssen dem beschleunigten Ausbau eines Befestigungsgürtels um Leningrad gelten.
Der Befehlshaber von Leningrad, General Popow, schloß sich nach der Rückkehr von seiner Besichtigungsreise, die er kurz vor Kriegsausbruch unternommen hatte, dieser Auffassung an. Er befahl den Ausbau einer zweiten Verteidigungsstellung entlang der Luga, etwa 160 Kilometer südwestlich der Stadt. Mit dieser Aufgabe beauftragte er den Oberst Byćewski und ernannte den stellvertretenden Befehlshaber von Leningrad, General Konstantin P. Pjadyśew, zum Kommandeur der Operationsgruppe Luga, einer in Kürze aufzustellenden Sondertruppe zur Verteidigung der neuen Befestigungen. Der Militärsowjet genehmigte dieses Projekt am 25. Juni bei einer Besprechung, an der General Popow, das Mitglied des Militärsowjets N. N. Klementjew und die Parteisekretäre Kusnezow und Śtykow teilnahmen. Byćewski hatte jetzt die Aufgabe, mehr Befestigungen zu bauen, als es die ihm zur Verfügung stehenden Kräfte leisten konnten.
Die Leningrader Bevölkerung wurde zu Arbeiten an den Befestigungsanlagen eingesetzt. Jeder Arbeitslose hatte acht Stunden beim Ausheben von Schützengräben und dem Bau von Unterständen zu arbeiten. Die Fabrikarbeiter mußten, nachdem sie elf Stunden am Fließband gestanden hatten, noch weitere drei Stunden schanzen. Einen normalen Arbeitstag gab es nicht mehr. Jeder Bewohner der Stadt mußte sich 14, 16 oder 18 Stunden an der Industrieproduktion oder den militärischen Maßnahmen beteiligen.
Der Militärsowjet an der Front befahl, daß alle größeren zivilen Bauvorhaben im Leningrader Bezirk eingestellt werden müßten. Die Arbeitskräfte und die Maschinen wurden ab sofort zum Bau der Feldbefestigungen abkommandiert. Die stärkste Arbeitsbrigade war die bisher mit dem Bau der Leningrader Untergrundbahn beschäftigte. Diese Brigade wurde unter Führung ihres Chefingenieurs I. G. Subkow dem General Byćewski zur Verfügung gestellt, um unter seiner Leitung den eisernen Ring um die Stadt zu errichten. Auch die Arbeiten an der hydroelektrischen Station am Oberlauf des Swir, am ENSO-Elektrizitätswerk und an der ENSO-Starkstromleitung wurden eingestellt.
An dem schicksalsschweren Freitag, dem 27. Juni, traf Schdanow noch eine weitere Entscheidung. Ab sofort durfte in Leningrad außer bei Fliegeralarm keine Fabriksirene, keine Lokomotivglocke und keine Kirchen-

glocke mehr ertönen. Schdanow ahnte nicht, daß es nicht mehr lange dauern würde, bis die Sirenen ohnehin verstummen mußten, weil es weder Dampf noch Strom mehr geben würde.

Als daher neun Tage nach Kriegsausbruch ein Zug mit 31 Waggons, von zwei Lokomotiven gezogen, den Güterbahnhof der Oktoberstation im Morgengrauen verließ, der mehr als eine halbe Million wertvoller Kunstgegenstände aus der Eremitage abtransportierte, ertönte keine Sirene und läutete keine Glocke.

Eine einzelne Lokomotive fuhr voraus, um sicherzustellen, daß die Schienen frei waren. Dann folgte der lange Zug: zwei mächtige Loks, ein gepanzerter Güterwagen mit den wertvollsten Gegenständen, vier aneinandergekuppelte Pullmanwagen mit weiteren besonders wertvollen Kunstschätzen, eine offene Pritsche mit einer Fliegerabwehrbatterie, 24 Güterwagen mit Gemälden, Skulpturen und anderen Kunstwerken, zwei Personenwagen – der eine für Angestellte des Museums unter Professor Wladimir T. Lewinson-Lessing und der zweite für die militärische Bewachung – und am Schluß wieder ein offener Pritschenwagen mit einer Fliegerabwehrbatterie.

Ursprünglich war der Zug für die Verlagerung von Teilen der Kirow-Werke vorgesehen. Dann änderte man die Pläne. Die Verlegung der Kirow-Panzerwerkstätten wurde verschoben, und der eindrucksvolle Transportzug dem Professor Orbeli zur Verfügung gestellt.

Seit Dienstag morgen hatte Orbeli in einem blauen Overall das Verladen seiner Schätze überwacht: Rembrandts *Heilige Familie*, die Nikolai Michejew vorsichtig aus dem Rahmen genommen und in eine mit starken Brettern verstärkte und vielen Papierschichten gepolsterte Kiste verpackt hatte, alle Gemälde von Tizian, Giorgione, Rubens, Murillo, van Dyck, Velásquez, El Greco und die Madonnen von Leonardo da Vinci – die *Madonna Litta* und die *Madonna Benois*, dazu die *Madonna Alba* und die kleine *Madonna Conestabile* von Raphael – sie alle in ihren vergoldeten Rahmen, außerdem Rembrandts Gemälde *Heimkehr des verlorenen Sohnes*, das in einer besonderen Kiste verpackt werden mußte.

Auch die große *Athena Pallada* wurde in den Zug verladen, ebenso die reiche Juwelensammlung des Museums; Diamanten, Edelsteine, Kronjuwelen und alte Kunstgegenstände aus Gold. Auch die von Peter dem Großen erworbene Venus aus Marmor – die Bojaren hatten sie die ›weiße Teufelin‹ genannt – ging mit. Dazu kamen die Peter den Großen darstellende Skulptur von Rastelli und seine Wachsfigurensammlung.

Die viele Tonnen schweren Kisten waren zunächst in der großen Halle der zwanzig Säulen, auch Halle des Geldes genannt, in der Eremitage gestapelt worden. Soldaten und Matrosen verluden sie auf Lastwagen, die am 1. Juli in einer langen Kolonne vor dem Winterpalais und der Eremitage auffuhren. In der zwielichtigen Dämmerung rollten sie den Newskiprospekt entlang, denn die Zeit der weißen Nächte war in Leningrad noch nicht zu Ende.

Noch nie zuvor waren so viele wertvolle Kunstschätze in einem einzigen Eisenbahnzug verladen gewesen. Während der Zug langsam aus dem Güterbahnhof rollte, stand Orbeli neben einem Laternenpfahl am Ende des Bahnsteigs. Er hielt den Hut vor die Brust, und Tränen liefen über seine Wangen. Erst nachdem der letzte Wagen verschwunden war, wandte er sich zum Gehen. Eine halbe Million Kunstgegenstände waren auf dem Weg. Eine weitere Million wartete noch auf den Abtransport.

15. Die weißen Schwäne

Sie saßen unter den gestreiften Sonnensegeln vor dem Gloria Hotel und dem Goldenen Schwan: Die Männer trugen helle Sommeranzüge, und auf den Dekolletés der Damen blitzten Diamanten. Ihre Gespräche flossen ruhig dahin, man aß Gefrorenes und trank in kleinen Schlucken farbige Erfrischungsgetränke. Nichts in der Welt schien diese Leute zu beunruhigen. Niemand hatte es eilig. Man saß im Schatten und beobachtete die Umgebung durch dunkle Brillengläser – und man wartete.

Man wartete auf die Deutschen, das glaubte jedenfalls Nikolai Michailowski, ein erst kürzlich nach Reval gekommener Journalist, und niemandem machte es etwas aus, wenn irgend jemand das bemerkte. Auf der gegenüberliegenden Straßenseite wurden Plakate angebracht. Darauf stand zu lesen: »Genossen, vereinigt euch zur Verteidigung unserer Freiheit und unseres Lebens!«

Senffarben gespritzte Militärautos rasten die Straße entlang, Lastwagen polterten vorbei, und die Menge ging auf dem Boulevard hin und her und starrte auf die in den Fenstern angebrachten Bulletins.

Wußten die Männer in den hellen Sommeranzügen, was geschah? Michailowski glaubte es nicht. Er schlenderte durch den Kadriorg-Park. Stolz, mit elegant gebogenen weißen Hälsen segelten die Schwäne über den Teich. Ein Bächlein hüpfte über große Steine, Tauben trippelten auf den frisch geharkten Parkwegen umher, und Eichhörnchen liefen behende die Baumstämme hinauf und herab.

Alles schien so ruhig und friedlich zu sein.

Aber niemand wußte besser als Michailowski, wie trügerisch diese Illusion des Friedens und der Sicherheit war. Während der Monate vor Kriegsausbruch war er längere Zeit in den Baltischen Staaten gewesen. Er kannte die Gefahren, die unter dieser glänzenden Oberfläche lauerten. Tagsüber waren die Läden voll, und die Menschen gingen gemächlich in den Parks spazieren, aber in der Nacht hörte man Schüsse – die Fünfte Kolonne war am Werk. Die Russen riskierten nichts. Der Marineschriftsteller Wsewolod Wiśnewski trug, wie er sagte, immer eine Waffe bei sich – wie ein Cowboy, der stets eine Pistole im Halfter und ein Gewehr auf dem Rücken hat. Der Schriftsteller Anatoli Tarasenkow bewahrte in seiner Gasmaskenbüchse Handgranaten auf und schleppte ein Gewehr mit sich herum. Wiśnewski neckte ihn und sagte, er habe sicher auch noch eine kleine Kanone angefordert.

Die sowjetische Herrschaft war hier alles andere als gesichert. Man hatte strenge Sicherheitsvorkehrungen getroffen. Jeder, der aus Rußland in die Baltischen Staaten kam, mußte ein Visum haben, und das war schwer zu bekommen. Die Kontrollen an den Grenzen zwischen den Baltischen Staaten waren scharf, und jeder Verkehr zwischen Lettland und Estland sowie zwischen Litauen und Lettland wurde überwacht.

Die meisten Russen kamen ungern ins Baltikum, weil sie sich dort unsicher fühlten. Die Ehefrauen einiger Marineoffiziere weigerten sich, ihre Männer nach Riga zu begleiten. Sie hatten zuviel von den lettischen Nationalisten, den Terroristen, den Heckenschützen und den Bombenanschlägen gehört.

Am 13. Juni, zum gleichen Zeitpunkt, als das Tass-Kommuniqué herauskam, das alle Kriegsgerüchte dementierte, wurden Sonderabteilungen der sowjetischen Geheimpolizei in den größeren baltischen Städten zusammengezogen. Schon am gleichen Tage und dann an allen folgenden Tagen nahmen sie Massenverhaftungen vor. In Litauen wurden schätzungsweise 35 000 Personen festgenommen, in Estland und Lettland waren es entsprechend mehr. Die Gesamtzahl der Verhafteten betrug nahezu 100 000.

Die Polizei verhaftete die Mitglieder nichtkommunistischer Parteien, ehemalige Offiziere der Armee und der Polizei, Geistliche, Staatsbeamte, Geschäftsleute und wohlhabende Bauern. Die sofort nach der russischen Besetzung verhafteten Personen wurden aus den Gefängnissen geholt, auf die Eisenbahn verladen und auf die lange Reise in sibirische Gefangenenlager geschickt.

Die Säuberung war bei Kriegsausbruch noch lange nicht beendet. Viele Gefangene blieben in Wilna, Kowno, Riga und Reval und warteten dort auf den Abtransport nach Osten. Außerdem führte die Polizei ihre Verhaftungen recht willkürlich durch. In späteren sowjetischen Veröffentlichungen heißt es vorsichtig: »Unter den während der Periode des Personenkults um Stalin herrschenden Verhältnissen sind nicht wenige Fehler begangen worden.«

Die sowjetischen Behörden klärten die Bevölkerung nicht darüber auf, was geschah. Mit den Gerüchten breitete sich auch die Panikstimmung aus. Die NKWD verschickte eine große Zahl von Anhängern des Sowjetregimes nach Sibirien und ließ viele Gegner ungeschoren. Das fachte den schon vorhandenen Haß vieler Letten, Esten und Litauer gegen ihre sowjetischen Herren noch mehr an. Die Verhaftungswelle zeigte deutlich die Doppelgesichtigkeit der Sowjets gegenüber der Möglichkeit eines Konflikts. Auf der einen Seite bereitete man sich mit fast hysterischer Hast auf den Krieg vor und verbot auf der anderen Seite die Erwähnung des Krieges als Hochverrat.[1]

Die Esten, Letten und Litauer waren über die Einnahme ihrer Staaten durch die Sowjets im Jahr 1940 nicht begeistert gewesen. Die bis dahin genossene Selbständigkeit hatte ihr Nationalgefühl gestärkt. Dazu kam ihr leidenschaftlicher Antikommunismus und ein vielfach vorhandener chauvinistischer Russenhaß.

Seit Jahrhunderten hatte es im Baltikum eine starke deutsche Minorität gegeben. Auf kulturellem, wirtschaftlichem, politischem und militärischem Gebiet hatten die Deutschen die führende Rolle gespielt. Sogar in St. Petersburg war der deutsche Einfluß sehr stark gewesen. Viele Deutsche wurden von Peter dem Großen und Katharina dort angesiedelt. Am Hof der Romanows waren einflußreiche Stellen von Deutschen besetzt, und viele machten diesen Einfluß für den Zusammenbruch der Zarendynastie verantwortlich.

Zur Zeit der Übernahme der Baltischen Staaten durch die Sowjetunion lebten 60 000 Deutsche in Lettland. Die meisten von ihnen waren leidenschaftliche Anhänger Hitlers, und es gab 268 nationalsozialistische Organisationen im Lande. Von Oktober bis Dezember 1939 wurden etwa 52 000 Deutsche repatriiert, aber in Riga und Reval hatte man offizielle deutsche Missionen errichtet, und noch am 7. März 1941 versuchte Berlin, sie zu Konsulaten zu erheben.

In allen Baltischen Staaten blieben nationalistische und antisowjetische Untergrundorganisationen und ein deutsches Spionagenetz zurück. Der sowjetische Geheimdienst bekämpfte diese Kräfte schon seit Monaten. Ein Spion wurde in der Abteilung für Verschlüsselung von Funksprüchen im lettischen Außenministerium entdeckt. Von Juli 1940 bis Mai 1941 hob die NKWD 75 nationalistische Untergrundgruppen in Lettland aus. 1940 und im ersten Vierteljahr 1941 verhaftete die NKWD 66 im Lande ansässige Agenten und 1 596 Zuträger. 1 338 von ihnen hielten sich in den westlichen Gebieten der Baltischen Staaten und der Ukraine auf.[2]

Zur Vorbereitung des Angriffs gegen Rußland stellten die Deutschen 1940 das Regiment Brandenburg 800 als Sondertruppe auf, das hinter den russischen Linien zu Sabotageaktionen eingesetzt werden sollte. Die Auf-

[1] Als der erste Alarmbefehl am 22. Juni nach Mitternacht in Kingisepp eintraf, fragte Major Pawlowski seinen Kommandeur, General Elisejew, ob irgend etwas mit den Deutschen schiefgegangen sei. Elisejew antwortete scharf: »Verstehen Sie überhaupt, was Sie gesagt haben? Nehmen Sie sich zusammen! Worte sind keine Sperlinge.«

[2] Nach Istorija WOWSS, Bd. I, wird für die Jahre 1939–41 die Zahl von 5 000 angegeben. In der Ausgabe der ›*Krasnaja Swjesda*‹ vom 14. Mai 1965 wird die gleiche Zahl für die dem Kriegsausbruch vorausgehenden elf Monate angegeben. (W. W. Platonow: Eto Bylo Na Bugje. Moskau 1966, S. 24.)

träge dieses Verbands waren die Zerstörung von Brücken, die Blockierung von Tunneln, die Einnahme von im rückwärtigen Gebiet liegenden Befestigungen und ähnliches. Das Regiment Brandenburg sollte mit schon in der Sowjetunion vorhandenen nationalistischen und antisowjetischen Agentengruppen zusammenarbeiten.

Der Chef des deutschen Nachrichtendienstes, Admiral Canaris, meldete am 4. Juli 1941:

> Dem Oberkommando des deutschen Heeres stehen zahlreiche Agententrupps innerhalb der einheimischen Bevölkerung zur Verfügung. Das heißt, Russen, Polen, Ukrainer, Finnen, Esten etc. Jeder Trupp besteht aus 25 oder mehr Leuten. Jede Gruppe wird von einem deutschen Offizier geführt. Sie verwenden erbeutete sowjetische Waffen, Militärlastwagen und Motorräder. Sie können 50 bis 300 Kilometer vor den vorrückenden deutschen Armeen in das rückwärtige sowjetische Gebiet eindringen und ihre Beobachtungen durch Funk zurückmelden. Dabei richten sie ihre Aufmerksamkeit besonders auf die Beschaffung von Nachrichten über russische Reserven, den Zustand der Eisenbahnlinien und Straßen und alle Maßnahmen der feindlichen Streitkräfte.

Zu den nationalistischen Gruppen in Litauen gehörten die ›Union der Litauer‹, die ›Front Litauischer Aktivisten‹ und das ›Litauische Befreiungskomitee‹. In Lettland arbeitete die Organisation ›Perkinkrust‹, und in Estland waren es die Untergrundorganisation ›Legion des Ostens‹ und das Befreiungskomitee, die auch die Bezeichnungen ›Ismaeliten‹ und ›Kaitzeliten‹ trugen. Vor Kriegsausbruch stellten die Esten die sogenannten Erna-Bataillone auf, deren Aufgabe es war, hinter der Front der Roten Armee Störaktionen durchzuführen.

In den Wochen kurz vor dem Kriege erhöhte sich die Spannung in Lettland. Die sowjetische Geheimpolizei behauptete, mehrere mysteriöse Waldbrände seien den lettischen Nationalisten zuzuschreiben. In vielen Dörfern rebellierten die Großbauern offen gegen die Sowjetunion. Überall wurde lebhaft gegen das Regime agitiert. Man hatte versucht, die Frühjahrsbestellung zu behindern, und die kleinen Bauern leisteten der Eingliederung in die sowjetischen landwirtschaftlichen Produktionsgenossenschaften passiven Widerstand. Es trafen Meldungen über Sabotageakte in Sägewerken ein. Die Priester und Pastoren machten von den Kanzeln herab abfällige Bemerkungen über das sowjetische Regime.

Am gefährlichsten war die Lage in Litauen. Am 17. November 1939 hatte der frühere litauische Militärattaché in Deutschland, Oberst Kazys Shkirpa, in Berlin die ›Litauische Aktivistenfront‹ gegründet. Er stellte ein Programm für die Befreiung Litauens auf und schmuggelte am 24. März 1941 Anweisungen zur Durchführung einer Erhebung nach Litauen, die zugleich mit dem deutschen Angriff gegen die Sowjetunion beginnen sollte. Aus drei bis fünf Personen bestehende Zellen der LAF erhielten besondere Aufgaben zugewiesen wie etwa Überfälle auf Polizeiposten, Besetzung von Fernsprechvermittlungen.

Kurz vor Kriegsausbruch schätzte die LAF die Zahl ihrer Mitglieder auf 36 000. Am 14. Juni kam es wieder zu Verhaftungen, aber die Organisation wurde dadurch kaum geschwächt. In Wilna und Kowno saßen Befehlsstellen der LAF.

Die rußlandfeindlichen Einwohner der Baltischen Staaten wurden durch die offenen Kriegsvorbereitungen der Deutschen noch ermutigt. Mitte Juni gaben die Deutschen sich kaum mehr Mühe, ihre Tätigkeit entlang der Grenzen der Baltischen Staaten zu tarnen. Ganz offen richteten Pioniere Feuerstellungen und Beobachtungsstellen ein, verstärkten Brücken an Straßen, die zur sowjetischen Grenze führten, und stellten an Flußübergängen Pontons bereit. An einigen Abschnitten wurden neue Minenfelder angelegt, an anderen die Minen aufgenommen. Um den 17. Juni begannen Gruppen von deutschen Offizieren in Kraftwagen an der Grenze das Gelände zu erkunden und den russischen Aufmarsch zu beobachten. Am Abend des 20. Juni kam es zu einem Grenzzwischenfall, als ein deutscher Spähtrupp auf sowjetisches Gebiet vordrang. Drei deutsche Soldaten fielen, zwei gerieten in Gefangenschaft.

Nach Kriegsausbruch kam es in den Baltischen Staaten zu chaotischen Zuständen. Die sowjetischen Behörden vertrauten der einheimischen Bevölkerung so wenig, daß sie sich nicht die Mühe machten, die Mobilmachung anzuordnen, weil sie fürchteten, sie könnten sich auf solche Truppen nicht verlassen. Deshalb hatten auch sowjettreue Verbände keine Waffen und waren außerstande, gegen die deutschen Truppen oder die antisowjetischen lettischen, litauischen und estnischen nationalistischen Banden etwas zu unternehmen.

Die früheren litauischen, lettischen und estnischen Armeen waren in die Rote Armee eingegliedert worden und bildeten hier drei territoriale Armeekorps, das XXIX. (litauische), das XXIV. (lettische) und das XXII. (estnische). Jedes Korps bestand aus zwei Schützendivisionen und verfügte über Korpsartillerie, Nachrichtentruppen und Pioniere. Das Gros dieser Verbände befand sich zu Beginn des Krieges auf Truppenübungsplätzen, und keine dieser Einheiten spielte bei der Verteidigung des baltischen Küstengebiets eine besondere Rolle – wahrscheinlich, weil das sowjetische Oberkommando ernste Zweifel an der Loyalität dieser Truppen hatte.

Weder für die baltischen Armeen unter General F. I. Kusnezow noch für die Baltische Flotte unter Admiral Tribuz gab es Pläne für eine Evakuierung ihrer Streitkräfte oder der Zivilbevölkerung. Auch Operationen im baltischen Raum waren nicht vorgesehen. In allen sowjetischen Kriegsplänen rechnete man damit, die Kampfhandlungen in feindliches Gebiet hineintragen zu können. Für Kämpfe in der Heimat gab es keine Direktiven.

Der Rundfunksender Kowno wurde innerhalb der ersten 24 Stunden von der litauischen Untergrundorganisation besetzt. Um 11.30 Uhr vormittags sendete Radio Kowno eine litauische Unabhängigkeitserklärung und gab die Bildung einer neuen Regierung unter Shkirpa bekannt, in der General Rastikis (der sich ebenfalls in Berlin aufhielt) das Verteidigungsministerium übernommen hatte.[3] Litauische Untergrundverbände besetzten die Polizeistationen, stürmten das Gefängnis, befreiten politische Gefangene und übernahmen die automatischen Fernsprechvermittlungen. Es kam zu heftigen Kämpfen zwischen Litauern und sowjetischen Truppen. In der Schlacht um Kowno fielen etwa 200 Litauer, und ihre Verluste in anderen Städten und Dörfern betrugen zusammen etwa 2 000 Gefallene.

Als Generaloberst Georg von Küchler am 25. Juni an der Spitze der Achtzehnten deutschen Armee in Kowno einmarschierte, hatten die litauischen Rebellen die Stadt schon in der Hand. Nach litauischen Schätzungen nahmen fast 100 000 Personen an dem Aufstand teil.

Nur allzu schnell stellte sich heraus, daß die Sowjets sich falsche Hoffnungen gemacht hatten, wenn sie glaubten, die Baltischen Staaten könnten im Kriegsfall eine gute Verteidigungszone sein und einen Schutzwall für Leningrad bilden. Diese Zone erwies sich als tödliche Falle. Innerhalb dieses Gebiets gab es keine Sicherheit. An der Front sahen die Russen sich durch die schnell vorstoßenden deutschen Panzerverbände überwältigt, die Nachrichtenverbindungen zu ihrem Hauptquartier waren unterbrochen, und sie waren in einem feindlichen Gebiet isoliert, wo sie aus jedem Dorf angegriffen werden konnten und an jeder Straßenecke mit einem gefährlichen Hinterhalt rechnen mußten. Deutsche Fallschirmtruppen sprangen im Hinterland ab, deutsche Agenten, einheimische Patrioten und Sabotagetrupps schienen überall aus dem Boden zu wachsen.

Major M. P. Pawlowski gehörte zum Küstenkommando bei Kingisepp mit dem Operationsgebiet im Moon Sund vor der estnischen Küste und auf den dort gelegenen Inseln. Schon Wochen vor Beginn des Krieges hatte die Haltung der Bevölkerung ihm schwere Sorgen bereitet. Unter den

[3] Shkirpa wurde in der Wilhelmstraße sehr kühl empfangen, als er am Nachmittag des 23. Juni einen Bericht über diese Entwicklungen abgab. Er wurde abgekanzelt, weil er das Außenministerium nicht konsultiert hatte, und der Zorn der Deutschen ließ sich auch nicht besänftigen, als er bescheiden darauf hinwies, er habe am 19. Juni ein Memorandum vorgelegt, in dem der ganze Plan erklärt worden sei. Die Deutschen ließen es schließlich nicht zu, daß in irgendeinem baltischen Land eine Marionettenregierung eingesetzt wurde. (Documents on German Foreign Policy 1918–1945. Serie D, Band XVIII.)

Arbeitern, die für die 315., 317. und 318. Batterie der mit 18-cm-Geschützen ausgerüsteten Küstenartillerie Stellungen ausbauten, war ein deutscher Agent namens Rosenberg verhaftet worden. Deutsche Offiziere waren ganz unerwartet in dem Gelände aufgetaucht, wo die Befestigungen angelegt wurden, und behaupteten, zu einer Gräberkommission zu gehören, die im Ersten Weltkrieg gefallene deutsche Soldaten in die Heimat überführen sollte. Es war sehr schwierig, zuverlässige Leute für den Ausbau der Batteriestellungen zu bekommen. Nachts gab es im Umkreis von Reval Schießereien.

Bei Kriegsausbruch bestätigten sich Pawlowskis schlimmste Befürchtungen hinsichtlich der Haltung der einheimischen Bevölkerung. Am Sonntagabend, 22. Juni, wurde ein junger sowjetischer Truppenkommandeur beim Verlassen eines Lokals in Kingisepp erschossen. Am folgenden Morgen waren die Straßen von Kuressaare mit antisowjetischen Flugblättern bedeckt. Darin wurde die Bevölkerung aufgerufen, die vorrückenden deutschen Armeen zu unterstützen. Bewaffnete Banden erschienen bei Karusen und Leal. Man fing an deutsche Agenten gerichtete verschlüsselte Funksprüche auf. Ein Bataillon deutscher Fallschirmjäger sprang bei Pernau ab. Jede sowjetische Truppe mußte damit rechnen, unerwartet im Rücken angegriffen zu werden.

Die Lage in Riga war noch schlimmer. Schon wenige Stunden nach Angriffsbeginn bombardierten die Deutschen die Stadt, und antisowjetische Aufständische bezogen Stellungen in den Straßen. Es standen praktisch keine Truppen zur Verfügung, um Ruhe und Ordnung aufrechtzuerhalten. Außer einigen Infanterieschülern und einem NKWD-Regiment gehörten die militärischen Dienststellen in der Stadt nicht zur kämpfenden Truppe.

Als deutsche Fallschirmtruppen in Riga eingesetzt wurden, gab es nicht genügend sowjetische Kräfte, um sie zu bekämpfen. Man stellte bewaffnete Arbeitertrupps zusammen, die das Militär unterstützen sollten, und es kam zu Straßenkämpfen.

Dem Befehlshaber der Baltischen Flotte, Admiral Tribuz, war es klar, daß die neuen vorgeschobenen Marinebasen so schlecht zu verteidigen waren, daß sie die gesamte Flotte gefährdeten. Die Vorbehalte, die er gegenüber Stalins Anordnung geltend gemacht hatte, erwiesen sich jetzt als wohlbegründet. Admiral Tribuz vermutete, Riga werde sich ebensowenig halten können wie Libau und Windau, die schon in den ersten zwei oder drei Tagen fielen. Die sowjetischen Behörden in Riga waren aufgrund der feindseligen Haltung der Letten in eine Panikstimmung geraten und konnten ihre Aufgaben nicht mehr erfüllen. Die sogenannten ›Aisargi‹, die lettischen Nationalisten, schossen sporadisch von den Hausdächern auf die Russen. Deutsche Fallschirmtruppen und Saboteure bedrohten die

Flottenbasis in Dünamünde. Darauf befahl Tribuz die Räumung von Riga.
Aber das war sehr schwierig. Die Deutschen hatten die Irben-Straße stark vermint, und Admiral Drosd verfügte nicht über genug Minenräumboote, um eine Durchfahrt für sein Geschwader freizumachen. Die einzige minenfreie Route nach Osten und nach Reval führte durch die schmale und flache Meerenge des Moon Sunds dicht vor der Küste.
Die kleineren Schiffe in Drosds Verband konnten die Fahrrinne ohne weiteres passieren. Zu seinem Geschwader gehörten aber auch schwerbeladene Transportschiffe und der 1936 in Dienst gestellte, von den Sowjets gebaute 7 000-t-Kreuzer ›Kirow‹, Drosds Flaggschiff, der Stolz der Baltischen Flotte.
Seit dem Ersten Weltkrieg, als das russische Schlachtschiff ›Slawa‹ auf der Flucht vor den Deutschen durch diese seichten Gewässer gefahren war, hatten schwerere Schiffe diese Durchfahrt nicht mehr benutzt. Später waren mit Zement gefüllte Lastkähne in der Fahrrinne versenkt worden.
Drosd stand vor einer schwierigen Entscheidung, wollte jedoch die Durchfahrt durch die deutschen Minenfelder nicht riskieren, und entschloß sich daher, die ›Kirow‹ durch den Moon Sund zu führen. Bagger und Schlepper wurden eingesetzt, um die Fahrrinne an den seichtesten Stellen zu vertiefen. Die Ladung wurde auf kleinere Schiffe verteilt. Schließlich gelang es der ›Wtoraja Pjatiletka‹, die in der Nacht vom 21. zum 22. Juni nach Deutschland hatte auslaufen sollen, durchzukommen.
Nur die ›Kirow‹ und der große Eisbrecher ›K. Woldemars‹ blieben in Riga. Drosd durfte nicht mehr länger warten. Am 27. Juni erreichten die Deutschen die Vorstädte von Riga. Am Abend des 29. Juni – die Arbeit im nördlichen Teil der Fahrrinne war noch nicht beendet – führte Drosd den Rest seiner Schiffe unter dem Geleitschutz der Zerstörer ›Stoiki‹, ›Smetliwy‹ und ›Grosjaśći‹ in den gefährlichen Sund.
In einem späteren Bericht hat Drosd diese Fahrt geschildert. Er meinte, sie sei schlimmer gewesen als jede Schlacht, an der er teilgenommen hatte. Zu Anfang ging alles gut. Als die Schiffe aber an die Stelle kamen, an der die im Ersten Weltkrieg versenkten Zementkähne lagen, lief der Kreuzer auf Grund – zuerst auf Sand und dann auf Zement – und saß dann fest.
Drosd schreibt: »Uns, die wir auf der Brücke waren, schauderte es. Aber wir mußten uns beeilen und weiterkommen, solange es noch dunkel war. Wieder befahl ich ›langsame Fahrt voraus‹. Der Kreuzer bewegte sich ein wenig.«
Die ausgebaggerte Fahrrinne war durch schwach beleuchtete Bojen gekennzeichnet. Mit aller Vorsicht steuerte der Kreuzer diese Route entlang.

Um Mitternacht lief er wieder auf. Schlepper zogen ihn ins freie Fahrwasser, aber sofort geriet das Schiff mit dem Bug voran noch einmal auf eine Untiefe. Man brauchte drei Stunden, um es freizubekommen. Am folgenden Tag lief die ›Kirow‹ in den Hafen von Reval ein. Drosd stand immer noch auf der Brücke.[4]

Die Flotte hatte Riga im letzten Augenblick geräumt. Am 29. Juni drang eine Gruppe deutscher Panzer auf der Bausker Chaussee in Riga ein und raste auf die Dünabrücke zu. Zwei Brücken waren schon zerstört, und die Deutschen versuchten, sich in den Besitz der noch intakten Eisenbahnbrücke zu setzen. Unter der Brücke hatten Pioniere eine Tonne Sprengstoff angebracht, doch als sie die Ladung sprengen wollten, versagte die Zündung. Die Russen warfen einige Einheiten der 10. und 120. Schützendivision und das NKWD-Regiment ins Gefecht. Mit Unterstützung eines Panzerzuges gelang es ihnen, drei deutsche Panzer abzuschießen, die schon die Brücke überquert hatten. Dann unternahm Leutnant S. G. Baikow einen zweiten und erfolgreichen Versuch und sprengte mit sieben Pionieren die Brücke, dabei wurde er selbst tödlich verwundet.

Nachdem es den deutschen Truppen nicht gelungen war, auf direktem Weg ihr Ziel zu erreichen, versuchten sie es mit einer Umgehungsbewegung von Osten her. Die angeschlagenen sowjetischen Verbände gaben Riga in aller Eile auf und wichen auf der Straße nach Pleskau bis Sigulda aus. Am 1. Juli marschierte das siegreiche deutsche XXVI. Armeekorps in Riga ein.

Nach zehn Kriegstagen, so berichtete Admiral Pantelejew, hatte die Flotte die gesamte Ostseeküste bis nach Reval verloren und mußte sich nun darauf vorbereiten, vor ihrer Hauptbasis um ihr Leben zu kämpfen. Obwohl sie Tag und Nacht unermüdlich arbeiteten, konnten Pantelejew und seine Offiziere die quälende Frage nicht loswerden: was war an der Front geschehen, und warum hatten die eigenen Truppen sich so schnell und so weit zurückgezogen?

[4] Drosd starb im Winter 1941/42 bei einem ungewöhnlichen Unfall. Er fuhr auf dem Eis von Kronstadt nach Leningrad, sein Wagen geriet in ein von einer Bombe gerissenes Eisloch und er ertrank. (Kusnezow. In: ›*Oktjabr*‹ Nr. 8, August 1968, S. 170.)

16. Die Rote Armee auf dem Rückzug

Für viele, wenn nicht für die meisten Leningrader, die durch die jahrelange Propaganda über die militärische Stärke der Sowjetunion in Sicherheit gewiegt worden waren, gab es keinen Zweifel daran, daß die Rote Armee innerhalb weniger Tage das Schlachtenglück wenden und die nationalsozialistischen Eindringlinge über die Grenzen des Dritten Reichs zurückwerfen würde. Die in der ›*Leningradskaja Prawda*‹ veröffentlichten Berichte unterstützten eine solche Auffassung, wenn sie behaupteten, abgeschossene deutsche Piloten hätten gesagt, die deutschen Soldaten wollten nicht kämpfen, deutsche Arbeiter hätten in Kiel die Depots der Kriegsmarine in Brand gesteckt, und finnische Truppen desertierten lieber, um sich der Roten Armee anzuschließen, als daß sie die Befehle ihrer Kommandeure ausführten.
Sogar die militärischen Dienststellen in Leningrad hatten keine Ahnung vom Ausmaß der ungeheuren Katastrophe, die sich jetzt anbahnte. General Duchanow konnte dies drei Tage nach Kriegsausbruch und nach einem Gespräch mit Oberst G. W. Muchin, dem Chef der Leningrader Infanterieschule, feststellen. Muchin war ein glänzender Offizier und sollte sich sehr bald bei der Verteidigung Leningrads als tapferer Soldat einen Namen machen. Duchanow war erschüttert, festzustellen, daß Muchin glaubte, die militärische Lage an der Front werde sich noch zugunsten der russischen Truppen wenden. Muchin hatte aus den offiziellen Berichten nicht entnehmen können, daß die deutschen Armeen schon 160 Kilometer tief in sowjetisches Gebiet eingedrungen waren. Am Abend des 23. Juni hatte die gefürchtete deutsche Panzergruppe Vier eine 135 Kilometer breite Lücke zwischen die sowjetische Achte und Neunte Armee geschlagen. Am 25. Juni waren deutsche Truppen schon 150 Kilometer in Richtung auf Dünaburg in den Baltischen Militärbezirk eingedrungen (dieser Frontabschnitt trug jetzt die neue Bezeichnung ›Nordwestfront‹), und andere deutsche Verbände befanden sich im Vormarsch auf Wilna und Minsk, 225 Kilometer innerhalb der russischen Grenzen. In Leningrad wußte man nichts davon. Auch das Oberkommando im Generalstabsgebäude war ahnungslos. Die Presse betonte immer wieder, die deutschen Proletarier in der nationalsozialistischen Armee würden sich gegen Hitler erheben

und damit zum sowjetischen Sieg beitragen. Die Kampfmoral der deutschen Armee sei gebrochen. Einige Werkszeitungen behandelten den Krieg sogar als besseren Witz, und noch im Juli druckte das Magazin ›*Leningrad*‹ einen läppischen Fünfzeiler ab, der das ganze Unternehmen als gigantischen Schildbürgerstreich behandelte.

Wenn schon in Leningrad eine unglaubliche Verwirrung herrschte, dann war sie beim Oberkommando in Moskau vollständig. Das war gleich zu Beginn so gewesen. Am Abend des 22. Juni waren um 21.15 Uhr an alle Kommandostellen an der Grenze Befehle für eine sofortige Gegenoffensive ergangen, mit der die deutschen Truppen auf deutsches Territorium zurückgeworfen werden sollten. An der baltischen Front sollten die Verbände der Roten Armee in Zusammenarbeit mit der Westfront die Deutschen innerhalb von 24 Stunden im Raum von Suwalki über die Grenze zurücktreiben. Nur ein absolut von seinen kämpfenden Verbänden abgeschnittenes Oberkommando konnte einen so optimistischen Befehl geben.[1]

Sowenig diese Instruktionen auch der Wirklichkeit entsprachen, General Kusnezow versuchte, ihnen Folge zu leisten – bis auf einen Punkt. Er verlagerte den Schwerpunkt der Operation aus dem Raum um Suwalki nach Tilsit. Erst kürzlich hatte ein Kriegspiel stattgefunden, bei dem eine Offensive gegen Tilsit zugrundegelegt worden war, und deshalb waren seine Truppenkommandeure mit dem Gelände im Raum von Tilsit vertraut. Außerdem hatte er schon zehn Stunden vor Eintreffen des Befehls einen Angriff in Richtung Tilsit angeordnet. Er konnte diesen Befehl nicht mehr zurücknehmen. Die Verlagerung der Operation nach Tilsit bedeutete, daß eine Zusammenarbeit mit den am mittleren Frontabschnitt eingesetzten Streitkräften nicht möglich war; doch daran scheint Kusnezow nicht gedacht zu haben.

Die Operation war zum Scheitern verurteilt. Sie war nicht genügend vorbereitet, wurde kaum aus der Luft unterstützt, der Artillerie fehlte es an Munition und Fahrzeugen, und die Panzer hatten nicht genügend Treibstoff. Die Nachrichtenverbindungen zwischen Kusnezow und seinen Armeen waren nicht gesichert, und ebenso stand es auch mit der Verbindung zwischen den Armeen und ihren Divisionen.

Sobennikows Achte Armee unternahm den heldenhaften Versuch, eine

[1] »Heute erkennt man ohne weiteres, daß die am Abend des ersten Kriegstages vom Oberkommando der Sowjetarmee gefaßten Beschlüsse nicht der tatsächlichen Lage entsprachen. Die Befehle sorgten darüber hinaus nicht für die Bildung von Schwerpunkten und die Koordinierung einer sehr komplexen Operation«, kommentiert Generalmajor P. Korkodinow, ein konservativer und aufmerksamer sowjetischer Militärschriftsteller. (›*Wojenno-Istoričeskii Žurnal*‹. Nr. 10, Oktober 1965, S. 33.) Da die Nachrichtenverbindungen unterbrochen waren, hatte das Oberkommando nur ein ganz unvollständiges Bild von der Lage an der Front. (Štemenko, a. a. O., S. 28–29.)

Gegenoffensive in Gang zu bringen, aber die in aller Eile zusammengerafften Panzerkräfte der Achten Armee stießen frontal auf die deutsche Panzergruppe Vier. Der größte Teil der wertvollen sowjetischen Panzer wurde vernichtet.

An dieser verzweifelten Aktion beteiligte sich auch die sowjetische 28. Panzerdivision unter Oberst (später Armeegeneral) Iwan D. Ćernjakowski, einem begabten Panzerspezialisten. Er erhielt seine Befehle, während seine Division sich schon auf dem Vormarsch befand. Für Aufklärung oder Bereitstellung blieb ihm keine Zeit. Sein Panzerregiment 55 stand schon im Feuergefecht gegen die 1. deutsche Panzerdivision, und Ćernjakowski entschloß sich, mit Unterstützung der Reste der 125. Schützendivision gegen Schaulen vorzustoßen.

Am 23. Juni um 22.00 Uhr griff er an und drängte die Deutschen etwa 5 Kilometer zurück. Eine deutsche Kradkompanie wurde an der Straße Keidany-Rossieny aufgerieben. Hart nördlich davon griff die 2. sowjetische Panzerdivision eine deutsche Panzerkolonne an, die von Tilsit in Richtung auf Schaulen marschierte.

Das Gefecht entwickelte sich sehr bald zur ersten größeren Panzerschlacht im Nordabschnitt auf einer Breite von etwa 60 Kilometern im Raum südlich von Schaulen. Bei Skawdvilje schoß die 2. sowjetische Panzerdivision mehr als vierzig deutsche Panzer ab und vernichtete 18 Geschütze, doch noch bevor der Tag zuende gegangen war, wurde die 2. Division vom deutschen XLI. motorisierten Armeekorps eingeschlossen. Mit Unterstützung des sowjetischen XII. motorisierten Korps gelang es der Division, sich unter schwersten Verlusten aus der Umklammerung zu lösen.

Ćernjakowskis 28. Division begann am 25. Juni mit 84 zumeist veralteten Panzern. Bis zum Einbruch der Dunkelheit hatte sie alle Panzer verloren. Sie hörte auf, eine Panzerdivision zu sein, und verfügte nur noch über wenige, schwer angeschlagene Kampfverbände. In aller Eile befahl Moskau, die in Reserve liegende Panzergruppe 21, eine Elitetruppe, an die Front. Sie erhielt den Auftrag, das Westufer der Düna zu halten (das sich angeblich noch etwa 120 Kilometer rückwärts des Kampfgebiets befand).

Diese Panzergruppe stand unter dem Befehl des Armeegenerals D. D. Leljuschenko, eines harten und erfahrenen Panzeroffiziers. Leljuschenko hatte sein Korps im Frühjahr 1941 aufgestellt und sich dazu sehr gute Offiziere ausgesucht. Die 42. Panzerdivision stand unter dem Kommando von Nikolai I. Woikow, eines sehr guten Militärtheoretikers und erfahrenen Praktikers. Die 46. Panzerdivision wurde von Wasili A. Kopzow geführt, der seine Sporen am Chalkin-Gol gegen die Japaner verdient hatte. Er war einer der besten jungen Truppenkommandeure der Roten Armee. Kommandeur der 185. motorisierten Division war Piotr L. Rudschuk, den Leljuschenko schon aus dem Bürgerkrieg kannte, als beide in Budjonnys berühmter Erster Kavalleriearmee gedient hatten.

Leljuschenkos Verband war gut ausgebildet und verhältnismäßig gut bewaffnet, wenn er auch jetzt anstelle der vorgesehenen 400 neuen KW- und T 34-Panzer nur über 97 Panzer älterer Modelle verfügte.[2]

Am 22. Juni hatte Leljuschenko an Stabsbesprechungen in Moskau teilgenommen. Sofort anschließend kehrte er zu seinem Korps zurück, das im Raum südostwärts von Dünaburg lag, und traf dort am 23. Juni ein. Am gleichen Tage erhielt er 96 Panzerabwehrgeschütze, doch als seine Truppen zweimal von deutschen Bombern angegriffen wurden, konnte er diese Angriffe nicht abwehren, weil ihm keine Fliegerabwehrwaffen zur Verfügung standen. Er mußte schwere Verluste an Munition, Kraftstoff und Mannschaften hinnehmen. Am 24. Juni wurden ihm zwei mit alten BT 7-Panzern ausgerüstete Panzerabteilungen der Panzerschule zugeführt, und er gruppierte seine Kräfte um, so daß jede Panzerdivision jetzt über 45 Panzer, motorisierte Truppenteile und Artillerie verfügte. Am 25. Juni griffen erneut starke Bomberverbände das Korps an, aber am Spätnachmittag trafen einige Fliegerabwehrgeschütze ein. Zwei Ju-87 wurden abgeschossen. Ein deutscher Pilot sagte aus, er habe 15 bis 20 Kilometer südwestlich von Dünaburg eine deutsche Panzerkolonne gesehen.

Von Timoschenko erhielt Leljuschenko jetzt den Befehl, das Korps in den Raum von Dünaburg vorrücken zu lassen, um den Deutschen den Zugang zur Stadt zu verwehren und sie am Überschreiten der Düna zu hindern. Unter schweren deutschen Luftangriffen marschierte Leljuschenko gegen 16.00 Uhr nach Dünaburg.

Erst am 27. Juni erreichte Leljuschenko den Raum um Dünaburg. Seine Truppen hatten in Waldstücken mit dichtem Unterwuchs 30 Kilometer nordostwärts von Dünaburg ihre Bereitstellungsräume bezogen, als Generalleutnant Sergei D. Akimow, der stellvertretende Befehlshaber der Nordwestfront unter Generaloberst F. I. Kusnezow, auftauchte. Akimow war erschöpft, von Staub bedeckt und sonnenverbrannt. Er sah aus, als habe er viele Tage nicht geschlafen. Er brachte niederschmetternde Nachrichten. Man hatte ihm eine in aller Eile zusammengeraffte Truppe unterstellt, die aus Freiwilligen und dem V. Fallschirmjägerkorps bestand. Mit diesen Kräften sollte er Dünaburg halten, bis Leljuschenkos XXI. Korps herangekommen war. Die deutsche 8. Panzerdivision hatte ihn aus der Stadt hinausgeworfen. Seine Meldung an Kusnezow lautete: »Unser Angriff wurde zum Stehen gebracht. Einzelnen Einheiten gelang es, von Norden und Nordwesten in die Stadt einzudringen, doch als der Feind

[2] D. D. Leljuschenko: Sarja Pobjeda. Moskau 1966, S. 4–28. Nach einer anderen Quelle waren es 98 Panzer und 129 Geschütze. (Orlow, a. a. O., S. 90.)

Reserven heranführte, wurden sie wieder hinausgeworfen. Der Grund für das Mißlingen der Operation ist das Fehlen von Panzern, ungenügende Artillerieunterstützung (wir hatten nur 6 Geschütze) und die schwache Unterstützung aus der Luft.«

General Akimow überbrachte Leljuschenko einen Befehl, nach dem sein XXI. Armeekorps der 27. Armee unter Generalmajor Bersarin unterstellt wurde. Bersarin befehligte jetzt einen etwa 80 Kilometer breiten Frontabschnitt an der westlichen Düna zwischen Liwani und Kraslawa.

Akimow stimmte zögernd zu, als Leljuschenko vorschlug, man solle versuchen, die Deutschen aus Dünaburg zu vertreiben und am Nordufer der Düna eine 15 bis 20 Kilometer breite Abwehrfront zu errichten.

Am frühen Morgen des 28. Juni ließ Leljuschenko sein Korps zum Angriff antreten. Um 7.00 Uhr gelang es der Vorhut, in das Dorf Malinowka, etwa 10 Kilometer nördlich von Dünaburg, einzudringen, und 1½ Stunden später war die 46. Division, unterstützt von schwachen Fliegerverbänden, in Dünaburg. Hier kam es in den Straßen zum Nahkampf. Sowjetische Panzer kamen ins Gefecht mit Mansteins LIV. Armeekorps und rammten dabei einige feindliche Panzerwagen.

Die Deutschen kämpften verbissen. Hunderte von Gefallenen lagen auf den Straßen neben den brennenden Panzern und gesprengten Geschützen. Der Kommandeur der deutschen 8. Panzerdivision, General Brandenberger, suchte mit seinem Stab Schutz in einem Fort am südlichen Stadtrand von Dünaburg.

Auch die Sowjets hatten schwere Verluste. Der Kommandeur der sowjetischen 46. Panzerdivision, der begabte junge Wassili Kopzow, wurde bei den Straßenkämpfen im Stadtzentrum verwundet, aber er führte auch weiterhin seine Truppe.

Doch bald hatten die sowjetischen Panzer ihren Treibstoff verbraucht und die Munition verschossen. Die zur Unterstützung der 46. Division dringend benötigte 42. und 185. Division wurden durch deutsche Luftangriffe aufgehalten. Leljuschenko übergab Akimov die Führung des Gefechts bei Dünaburg und raste zur 42. und 185. Division. Er stellte fest, daß die 42. mit den Vorhuten der zum XVII. deutschen Armeekorps gehörenden 121. Division bei Kraslawa an der westlichen Düna, etwa 36 Kilometer ostwärts Dünaburg, ins Gefecht geraten war.

Leljuschenko setzte einen kurzen, auf seine Art verschlüsselten Funkspruch an die 42. Division ab: »Grać (Codename für den Kommandeur) schnellstens nach Dag (für Dünaburg), Lom (für Leljuschenko).«

Es gelang Leljuschenko, die 42. und 185. Division an die westliche Düna heranzuführen und dabei mehrere deutsche Verbände abzuschneiden und einzuschließen. Die deutsche 3. motorisierte Division verlor etwa 400 Gefallene und 285 Gefangene. Eine Abteilung unter Gorjaunow setzte über

die Düna, vernichtete eine feindliche Infanteriekompanie und zerstörte 35 Fahrzeuge des Stabs der 56. deutschen Panzerdivision.
Aber die Deutschen führten starke Reserven heran und begannen am Abend, nach vorbereitenden Luftangriffen, die sowjetischen Verbände methodisch aufzureiben. Leljuschenko entschloß sich zum Rückzug auf die Linie einer Seenkette zwischen Rušoni und Dridsa, etwa 50 Kilometer nordostwärts von Dünaburg.
Die Elfte Armee unter dem tüchtigen Generalleutnant W. I. Morosow erlitt das gleiche Schicksal wie die Achte Armee unter General Sobennikow. General Morosow mußte vielleicht sogar unter noch größeren Schwierigkeiten operieren.
Nachdem Kowno schon wenige Stunden nach Kriegsbeginn verlorengegangen war, verlegte General Morosow sein Hauptquartier 30 Kilometer weiter ostwärts nach Kaisiadoris. Die deutschen Panzertruppen hatten den Njemen überschritten, und jetzt mußte Morosow sich überlegen, wie er sie zum Halten bringen könnte. In der Nacht vom 24. zum 25. Juni berief er seinen Militärsowjet zu einer Lagebesprechung ein. Er sagte, es gäbe zwei Möglichkeiten: Er könne entweder nach Nordwesten vorstoßen, um die auf der Straße nach Dünaburg in nordöstlicher Richtung marschierende deutsche Panzergruppe Vier anzugreifen, oder nach Südwesten angreifen und versuchen, die Verbindung zum Kommando der Westfront wiederherzustellen.
Nachdem er beide Möglichkeiten erläutert hatte, machte er eine Pause.
»Genosse Kommandeur«, fragte einer seiner Untergebenen, »warum haben wir Kowno kampflos geräumt?«
Geduldig erklärte Morosow, er hätte bis zum letzten Mann gekämpft, wenn die Achte Armee das Ostufer des Njemen hätte halten können. Sobald jedoch die Deutschen am diesseitigen Flußufer Brückenköpfe gebildet hätten, wären seine Truppen bei einer längeren Verteidigung Kownos von den deutschen Kräften eingeschlossen worden.
Als er soweit gekommen war, wurde Morosow an den Fernsprecher gerufen, um einen Anruf von General Kusnezow aus dem Hauptquartier der Nordwestfront entgegenzunehmen. Nach wenigen Minuten kam er völlig verstört zurück. Sein Gesicht war wie versteinert. Die tiefliegenden Augen glühten. Er sah niemanden an, sondern ging zur Karte und nahm einen Zeigestab in die Hand. Einen Augenblick zögerte er und zeigte dann auf Kowno.
»Hier«, sagte er und vermied es, die Versammelten anzusehen, »aus dem Raum um Janow werden wir Kowno angreifen und dann weiter in Richtung auf Ostpreußen vorstoßen. Das ist der Befehl des Verteidigungskommissariats.«
»Und was wird aus unserem Plan?« fragte General Šlemin.

»Auf unseren Plan ist man nicht eingegangen«, murmelte Morosow. Dann straffte er sich und sagte: »Genossen, der Befehl aus dem Hauptquartier läßt keine Diskussionen zu. Alle Mitglieder des Militärsowjet kehren sofort zu ihren Truppenteilen zurück.«
Generaloberst Kusnezow hatte den Befehl zum Gegenangriff am 25. Juni um 3.00 Uhr morgens bei einer Lagebesprechung des Militärsowjet der Nordwestfront gegeben.
Generalmajor M. M. Iwanow führte den Gegenangriff mit seinem XIV. Schützenkorps. Er hatte große Schwierigkeiten, Nachrichtenverbindung zu seinen Truppen zu bekommen, sie mit dem Inhalt des Befehls bekanntzumachen und die notwendigsten Nachrichten über die Gliederung der Deutschen zu erhalten. Trotzdem unternahm er den Versuch. Die Reste seiner 23. und 33. Schützendivision gingen entlang der von Janow nach Kowno führenden Straße vor, und die 5. Schützendivision griff von Osten her an. Schwache Teile erreichten die Vorstädte von Kowno. Sie wurden zurückgeworfen und zersprengt, und damit hörte das XII. Armeekorps praktisch auf, zu existieren. Generalmajor W. F. Pawlow von der 23. Division fiel, ebenso der stellvertretende Kommandeur der 33. Schützendivision, Kommissar Silantjew. Aber es sollte noch schlimmer kommen. Die Elfte Armee verlor schon gleich zu Beginn die Verbindung zu General Kusnezow, und sie konnte tagelang nicht wiederhergestellt werden.
Nachdem die Funkschlüssel den Deutschen in die Hände gefallen waren und die Deutschen daraufhin die sowjetischen Frequenzen störten, machte Major Agafonow sich besondere Sorgen um die Sicherheit der Nachrichtenübermittlung. Seine Befürchtungen steigerten sich, da gerade in dem Augenblick, als ein deutsches Flugzeug über dem Hauptquartier in Janow kreiste, ein Anruf über Sprechfunk für General Morosow und Kommissar Sujew eintraf. Agafonow, der glaubte, dies sei eine von den Deutschen gestellte Falle, nahm den Funkspruch nicht an und sagte, Morosow und Sujew hätten ihren Gefechtsstand verlegt. Darauf verschwand das Flugzeug.
Sehr bald traf ein neuer Spruch ein. Er kam von Kusnezows Stabschef, aber Agafonow ließ sich nicht zum zweitenmal irreführen. »Wen rufen Sie?« fragte er zurück. »Sie wissen ganz gut, daß wir hier keinen Sujew haben.«[3]
Die Verbindung wurde unterbrochen – unglücklicherweise –, denn dieser letzte Anruf war echt. Kusnezow hatte den Spruch selbst aufgeben

[3] W. P. Agafonow: Njeman! Njeman! Ja-Dunai! Moskau 1967, S. 36–37. Nach einem anderen Bericht kreisten zur Zeit dieses Anrufs 20 deutsche Flugzeuge über dem Stabsquartier. Sie alle verschwanden, als Agafonow sich weigerte, den Funkspruch in Empfang zu nehmen. (Boris Gusew: Smert Komissara. Moskau 1967, S. 88.)

lassen. Auch der Befehlshaber machte sich Sorgen um die Nachrichtenverbindungen. Er hatte von Morosow einen Funkspruch erhalten, in dem dieser um Verstärkungen gebeten und Kusnezows ›Passivität‹ scharf kritisiert hatte. Das klang ihm nicht nach Morosow. Vielleicht war es ein deutscher Trick. Auch als die Mitglieder seines Stabes meinten, ein Kommandeur, dessen Truppe unter so schwierigen Bedingungen kämpfte wie die Elfte Armee, könne aus der Fassung geraten, bestand Kusnezow darauf, den Funkspruch bestätigen zu lassen. Gerade die Anforderung dieser Bestätigung wurde von Agafonow zurückgewiesen.
Damit hörte jede Verbindung zwischen der Elften Armee und dem Hauptquartier der Nordwestfront auf. Die Reste der Verbände Morosows schlugen sich anschließend in kleinen Gruppen durch das hinter ihnen gelegene Sumpfgebiet und hatten kaum mehr Verbindung zu ihren eigenen Befehlsstellen.
Mit der Vernichtung der Elften Armee waren die Flanken der Achten Sowjetarmee im Norden und der Dritten Sowjetarmee im Süden offen und konnten leicht von den deutschen Panzern durchstoßen werden. Im Raum zwischen Kowno und Wilna gab es keine sowjetischen Truppen mehr, die dem deutschen Angriff hätten entgegentreten können.
In dieser katastrophalen Situation entschloß man sich in Moskau, drei Reservekorps aus dem Inneren des Landes an die Front zu verlegen und zu versuchen, an der Welikaja mit Richtung auf Pleskau über Ostrow bis Opaćka, etwa 190 bis 230 Kilometer südwestlich von Leningrad, eine neue Verteidigungslinie aufzubauen. Doch bevor diese Verbände ihre Stellungen erreichen konnten, waren die zerschlagenen Teile der Siebenundzwanzigsten Armee schon weiter nach Südosten ausgewichen. Am 5. Juli nahmen die Deutschen Ostrow, und am 9. Juli waren sie in Pleskau.
Innerhalb von drei Wochen hatten 22 der 31 an der Nordwestfront eingesetzten Divisionen zum Teil mehr als 50 Prozent ihrer Mannschaftsstärke verloren, viele von ihnen schon in den ersten Tagen. An den anderen Fronten waren vergleichbare Verluste eingetreten. In diesem Zeitraum waren 28 sowjetische Frontdivisionen vernichtet worden. Sie existierten nicht mehr. Mehr als 70 Divisionen waren auf die Hälfte reduziert. Am 28. Juni meldete der Kommandeur des II. Armeekorps in der Dreizehnten Armee an der Westfront, er habe keine Munition, keinen Treibstoff, keine Verpflegung, keine Transportmittel für den Nachschub oder die Rückverlegung der Truppen, keine Nachrichtenverbindungen, keine Feldlazarette und keine Instruktionen, wohin er die Verwundeten abtransportieren solle. Diese Verhältnisse waren typisch. Am 29. Juni waren an der Westfront 60 wichtige Depots verlorengegangen. Zu ihnen gehörten 10 Artilleriedepots, 25 Treibstofflager, 14 Verpflegungslager und

3 Depots für gepanzerte und motorisierte Fahrzeuge.[4] Hier waren mehr als 2 000 Waggons mit Munition (30 Prozent der gesamten Munitionsausstattung), 50 000 Tonnen Kraftstoff (50 Prozent der Reserven), 500 Waggons mit technischem Material für die motorisierten Truppen, 40 000 Tonnen Verpflegung (die Hälfte der Gesamtvorräte) und 85 bis 90 Prozent des Nachschubs für Lazarette und die Pioniertruppe verlorengegangen.

Inzwischen war General Kusnezow des Kommandos enthoben worden. Nur neun Tage war er Befehlshaber an der baltischen Front gewesen. Nach seiner Verwundung erhielt er den Befehl, das Kommando an Generalmajor Sobennikow, den Befehlshaber der Achten Armee, zu übergeben. Die Lage war so chaotisch, daß es vier Tage dauerte, bis die beiden Generäle zusammenkommen konnten, um den Kommandowechsel vorzunehmen.

Welches sind die Gründe für den schnellen Zusammenbruch der Nordwestfront vor Leningrad? Weshalb haben sich Kusnezows Truppen immer wieder zurückgezogen?

»Der Befehlshaber der Truppen an der Nordwestfront, Generaloberst F. I. Kusnezow, hat trotz seiner positiven Eigenschaften nicht die notwendigen operativen und strategischen Vorbereitungen getroffen und nicht die Erfahrung besessen, die nötig ist, um große operative Verbände unter kriegsmäßigen Bedingungen zu führen«, lautet das Urteil der offiziellen sowjetischen Kriegsgeschichte. »Der plötzliche feindliche Angriff brachte ihn in eine sehr kritische Lage, und er war unfähig, die sich daraus entwickelnde Situation richtig zu beurteilen und die notwendige Initiative und Einsicht zu zeigen, um die starken Kräfte in den Kampf zu führen, die ihm zur Verfügung standen.«

Dieses Urteil erscheint milde. Viele Untergebene Kusnezows, die weniger kritisch beurteilt worden sind, wurden erschossen. Zu ihnen gehörte sein Chef des Stabes, Generalleutnant P. S. Klenow.

Die sowjetischen kriegsgeschichtlichen Quellen bezeichnen die überwältigende zahlenmäßige Überlegenheit der Deutschen als den Hauptgrund für die Katastrophe. Sie sprechen aber auch von schlechter Führung, von Fehlern der Kommandostellen, schlechter Verwaltung, dem Mangel an Führereigenschaften und dem Fehlen einer richtigen Koordinierung – kurz gesagt, sie nennen fast alle nur denkbaren Fehler. Die sowjetischen Befehlshaber hatten keine Vorstellung davon, wie man die deutschen Panzerverbände aufhalten könnte. Die sowjetische Infanterie hatte in der

[4] 1940 hatte der Generalstab vorgeschlagen, alle wichtigen Vorratslager aus Weißrußland und anderen Grenzgebieten hinter die Wolga zurückzuverlegen. Stalin legte sein Veto ein und befahl, die Depots in den militärischen Grenzbezirken zusammenzuziehen. (Nekrić, a. a. O., S. 84.)

Zusammenarbeit mit Panzerverbänden keine Erfahrung, und niemand verstand etwas von einer Schocktaktik, mit der die vordringenden deutschen Truppen hätten zurückgeschlagen werden können.
Die Massenangriffe deutscher Panzer und Flugzeuge versetzten die sowjetischen Truppen in Angst und Schrecken. Der Soldat Nikitin von der 163. Infanteriedivision hat versucht, einem Brigadekommissar an der Nordwestfront zu erklären, wie das war: »Wir beginnen unseren Angriff und rufen ›Hurra‹. Die Deutschen laufen – und dann erscheinen irgendwo aus dem Nichts ihre Panzer und Flugzeuge und beschießen uns ... Es ist fürchterlich. Und wir haben keine Flugzeuge, keine Panzer, nur Infanterie. Wie sollen wir uns gegen eine solche Übermacht halten?«
So nahm die direkte militärische Bedrohung Leningrads sehr schnell zu, viel schneller, als irgend jemand in Leningrad es sich vorstellte. Es zeigte sich immer deutlicher, wie klug die Führung in Leningrad gewesen war, als sie bei Kriegsbeginn so großes Gewicht auf die Errichtung neuer Befestigungsanlagen gelegt hatte. Jetzt waren die Arbeiten im Gange. Die ganze Stadt setzte alle ihre Kräfte ein. Aber es war schon reichlich spät.

17. Die ersten Tage

Während der ersten Wochen des Krieges schien das Leben in Leningrad sich kaum zu verändern. Gelegentlich heulten die Luftschutzsirenen, aber es fielen keine Bomben. Als die Luftschutzhelfer in der Eremitage zum erstenmal über den Rundfunk alarmiert wurden, stiegen sie sofort auf das Dach und bezogen ihre Posten an den Eingängen und auf den Höfen.

Das kühle Licht des frühen Junimorgens fiel wie gefiltert auf sie herab und spiegelte sich in der grauen Newa. Vor dem Museum lag der weite Schloßplatz, eine Granitwüste, leer und leblos. Das Museum war immer noch ein leichtes Ziel für deutsche Bombenangriffe, aber zum Glück kamen keine Flugzeuge, und am Vormittag erließ Professor Orbeli die Anweisung Nr. 170 und beglückwünschte darin seine Mitarbeiter zu ihren guten Leistungen als Luftschutzhelfer.

Schon lange vor Kriegsausbruch hatte die Regierung sich große Sorgen über die besondere Bedrohung Leningrads aus der Luft gemacht. Bereits am zweiten Kriegstag, dem 23. Juni, begannen Freiwillige, Luftschutzgräben auf dem Marsfeld, in den Sommergärten und den anderen Parks auszuheben. Ein Spezialverband der Heeresflak und ein ganzes Netz von Jagdflugplätzen mit insgesamt 25 000 Mann sollten die Fliegerabwehr im Raum Leningrad übernehmen. Schon 1940 waren mehr als eine Million Leningrader als Luftschutzhelfer ausgebildet worden. Während dieser ersten Tage flogen die gelegentlich über der Stadt erscheinenden deutschen Flugzeuge sehr hoch und warfen keine Bomben, aber allnächtlich saß das zum Luftschutz eingeteilte Personal auf den Dächern und hielt Sand- und Wassereimer, Schaufeln und Äxte bereit. Ein blondes Mädchen namens Natascha gehörte auch dazu. Sie war siebzehn Jahre alt, hatte graue Augen und nahm ihre Aufgabe sehr ernst.

»Was hast du während des letzten Jahres getan?« fragte man sie später.

»Ich habe auf dem Dach gesessen«, sagte das Mädchen.

»Wie eine Katze«, meinte eine Freundin.

»Ich bin keine Katze«, antwortete Natascha, »es gibt keine Katzen mehr in der Stadt. Das Dach war mein Posten, und ich bin auf meinem Posten geblieben.«

Am Anfang saßen sie und ihre Freunde auf den vom Mond beschienenen Dächern und lasen Gedichte – Byron und Puschkin.
»Es war so ruhig«, erzählte sie. »Auf den Straßen sah man kaum einen Wagen. Seltsam, mir war, als schwebte ich über der Stadt, über einer versilberten Stadt. Jedes Dach und jeder Turm stand silhouettenhaft gegen den Himmel. Und die Sperrballons – von der Erde aus erschienen sie wie Würste, fett und grün. Aber nachts, in der Luft, schwammen sie wie weiße Wale unter den Wolken.«
Erst später kamen das Entsetzen, die Furcht und das Unheil. Die Fenster waren überall mit Papierstreifen beklebt, um zu verhindern, daß die Scheiben bei den Bombardierungen durch die Druckwelle der Detonationen zersplitterten. Mancher hatte sich die eigenartigsten Muster einfallen lassen. In einem Haus an der Fontanka waren die Fenster mit Papierpalmen dekoriert. Unter den Palmen saßen Affen. Andere klebten Kreuze über das Glas, vielleicht weil sie auf göttlichen Schutz hofften.
Die Polizei verschärfte ihre Aufmerksamkeit. Am 28. Juni wurde der Befehl Nr. 1 »zur Sicherung der gesellschaftlichen Ordnung und der staatlichen Belange« für die Garnison Leningrad bekanntgemacht. Darin wurden die Arbeitszeiten für die in der Industrie Beschäftigten und die Öffnungszeiten für die Ämter, Theater, Parks, Kinos und Läden festgesetzt. Nur als Einwohner der Stadt gemeldete oder dort offiziell beschäftigte Personen erhielten die Erlaubnis, nach Leningrad zu kommen. Eine 232 Mann starke Polizeieinheit besetzte 25 Kontrollpunkte, um den Verkehr von und nach Leningrad zu überwachen. Die Bewohner der Vororte, die in Leningrad arbeiteten, erhielten Sonderausweise. Photographieren wurde verboten. Sogenannte ›Troikas‹, aus drei Mann bestehende Streifen, bewachten die Bahnstationen. Alle Übertretungen wurden nach dem Kriegsrecht, das heißt durch Erschießen bestraft. Vertrauenswürdige Parteifunktionäre mußten in allen Fabriken und Ämtern für Ordnung sorgen. Sie waren mit Maschinenpistolen, Revolvern und Handgranaten bewaffnet. Man richtete 42 Auffanglager ein und sammelte dort die Flüchtlinge aus den Baltischen Staaten, um sie dann weiterzuleiten.
Mit Kriegsbeginn nahm die Kriminalität erstaunlich ab. Die Polizei war überrascht, während der ersten Wochen eine Abnahme von 60 Prozent zu registrieren. Raubüberfälle nahmen um 95,6 Prozent und Trunkenheit um 78 Prozent ab.
Aber die Geheimpolizei arbeitete weiter. Am 1. Juli hörte Jelena Skrjabina von der Verhaftung ihrer Kollegin und guten Freundin, Madame Belskaja. Die Polizei war nachts in ihre Wohnung gekommen, hatte sie durchsucht und die Frau ohne weitere Erklärungen mitgenommen. Warum? Wahrscheinlich, weil der Vater ihrer unehelichen Tochter ein französischer Ingenieur war, der einige Zeit in Leningrad gelebt hatte.

Madame Skrjabina besuchte die Familie ihrer Freundin, eine an Tuberkulose erkrankte Schwester, die alte Mutter, die dreijährige Tochter und den schon für die Rote Armee gemusterten Bruder. Als sie sich auf dem Heimweg verspätete, glaubten ihre Angehörigen schon, auch sie sei festgenommen worden.

Wie von einer Krankheit wurde Leningrad von der Spionenfurcht ergriffen. Eine Gruppe Jugendlicher stellte in einer Straßenbahn einen bekannten Akademiker. Ein junger Mann zupfte ihn am Bart, und ein anderer rief: »Das ist ein Spion!« Nur unter Schwierigkeiten gelang es dem Gelehrten, sich und seinen Bart zu retten.

Überall patrouillierten Streifen der Sicherheitspolizei durch die Straßen. Der Leningrader Journalist Alexei Brusnički ging den Newski-Prospekt entlang. Er lahmte etwas und hatte ein braunes Hemd an. Eine Streife nahm ihn fest. Sicher war er ein deutscher Fallschirmspringer, der sich beim Absprung verletzt hatte. Der Kameramann Georgi Šuljatin sollte für die ›Wochenschau des Nordens‹ nach Pleskau fahren. Er trug eine englische Tweedjacke, eine ausländisch aussehende Mütze, und hatte eine Filmkamera bei sich. Als er einen Passanten fragte, wo das Stabsquartier sei, wurde er festgenommen. Zum Glück brachte die Polizei ihn ins Stabsquartier, wo es ihm gelang, wieder freizukommen. Hier gab man ihm dann auch die Uniform eines Kriegsberichterstatters.

Daniil Charms, ein exzentrischer Dichter, wohnte in der Majakowskistraße Nr. 11, nahe der Anitschkowbrücke. Er war groß und hager und trug einen breitrandigen, altmodischen Hut. Eine Kette, an der aus Schildpatt und Elfenbein geschnitzte Amulette hingen, trug er um den Hals. Angeblich lebte er fast ausschließlich von Milch. Man wußte, daß er aus Mangel an Geld hungerte. Er brachte sich kümmerlich als Verfasser von Kinderreimen durchs Leben. Zu seinen Lebenszeiten sind nur zwei seiner Gedichte für Erwachsene gedruckt worden, aber in seiner Schreibtischschublade häuften sich, wie die Russen sagen, die Manuskripte. Er war ein brillanter Satiriker, vertrat eine etwas düstere Philosophie, und als Dichter war er ein echter Vertreter der Poesie des Absurden, lange bevor diese Art der Dichtkunst in Mode kam. Während der dreißiger Jahre war das Leben in Leningrad für solch einen Sonderling nicht einfach gewesen. Doch im Gegensatz zu vielen seiner Kollegen war es ihm gelungen, am Leben zu bleiben.

Nicht lange nachdem der Krieg begonnen hatte, verbrachte der Schriftsteller Leonid Pantelejew einen Abend mit Charms, den er seit vielen Jahren als talentierten Mann kannte, dessen Absonderlichkeit eine bloße Maske war, einen Mann, dessen wahrer Charakter kaum etwas mit dem Clown zu tun hatte, den er spielte.

Die beiden Freunde tranken billigen Rotwein, aßen Weißbrot – man konnte noch immer in jeder Leningrader Bäckerei Weißbrot bekommen – und sprachen vom Kriege. Charms war sehr zuversichtlich. Er liebte seine Heimat und war sich der von den Deutschen drohenden Gefahr bewußt, vertraute jedoch darauf, daß Leningrad – und gerade Leningrad – den Ausgang des Krieges entscheiden werde. Die Tapferkeit und Standhaftigkeit der Leningrader würden sich als der Fels erweisen, an dem die nationalsozialistische Kriegsmaschine zerschellen mußte.

Wenige Tage später klopfte der Hausportier an Charms' Tür. Irgend jemand wolle ihn sofort im Hof unten sprechen. Er solle unverzüglich kommen. Halb angezogen, ein Fuß steckte in einer Sandale, der andere war bloß, lief Charms hinunter. Die ›schwarze Krähe‹, der Gefangenentransportwagen der Geheimpolizei, wartete auf ihn. So fuhr er in die Gefangenschaft, um dort im arktischen Winter 1941/42 elend zugrunde zu gehen. Niemand in Leningrad kannte die Gründe, niemand kennt sie heute. Vielleicht, weil er einen komischen Hut zu tragen pflegte.

Es kam aber nicht nur zu Verhaftungen, sondern auch zu unerwarteten Entlassungen aus dem Gefängnis. Kurakin, der Ehemann von Madame Skrjabinas Nachbarin Ljubow Nikolajewna, kam ganz unerwartet nach Hause zurück, nachdem er zwei Jahre in einem Arbeitslager verbracht hatte. Zuerst war Ljubow im siebenten Himmel, aber ihr Mann war so alt, so müde, so teilnahmslos und so krank – er hatte sich eine Rippe gebrochen und war taub auf einem Ohr –, daß die Wiedersehensfreude bald verblaßte. Da war auch noch der Schwager von Alexander Stein, ein Oberst und ein Soldat, hart wie ein Felsblock, der am Schluß des Krieges mit ordensgeschmückter Brust eine Panzerabwehrbrigade in Berlin kommandieren sollte. Bei Kriegsbeginn trug er noch Handschellen, nachdem er als ›Volksfeind‹ vier Jahre im Gefängnis gesessen hatte. Er wurde in das Militärkommissariat entlassen und von dort zur kämpfenden Truppe versetzt.

Es gab natürlich auch Leute, die beobachtet hatten, wie Gefangenentrupps aus den Arbeitslagern direkt an die Front geschickt worden waren, um ins Gefecht getrieben zu werden, während ihre NKWD-Bewacher sie von rückwärts mit Maschinengewehren bedrohten. Andere Gefangene arbeiteten an den Befestigungsanlagen. Als die Rote Armee sich geschlagen aus dem baltischen Raum zurückzog, wurden einige NKWD-Gefangene freigelassen, andere flohen, wieder andere wurden erschossen.

Das gleiche Problem, das Schdanow bei seiner Rückkehr aus Moskau in Angriff genommen hatte, bewegte nun ganz Leningrad. Wie stand es um den Befestigungsgürtel zum Schutz der Stadt, um die Feldbefestigungen an der Luga?

Vom ersten Kriegstag an hatte Oberst Byćewski Tag und Nacht am Ausbau der Befestigungen an der Luga, 60 bis 115 Kilometer südwestlich von

Leningrad, gearbeitet. Mit jedem Tag konnte man deutlicher erkennen, daß der deutsche Ansturm auf Leningrad nur an der Lugalinie aufzuhalten war.
Die übrigen Verteidigungsstellungen zerbrachen, eine nach der anderen. Man hatte die Hoffnung aufgeben müssen, die Deutschen an der Welikaja an einer Linie zum Halten zu bringen, die von Ostrow über Pleskau zum Pleskauer See und weiter zum Peipus-See, etwa 230 Kilometer südwestlich von Leningrad, verlief. Im Sommer 1939 hatte Oberst Byćewski im Raum von Ostrow bei Kolotilowski, Olchowski, Gilewski und Sorinski ein mit Artillerie bestücktes Stellungssystem bauen lassen. Die Bunker deckten Ostrow gegen Angriffe von allen Seiten. Ein ähnliches Befestigungssystem schützte Pleskau. Byćewski konnte es kaum glauben, als er hörte, diese Stellungen seien den Deutschen in die Hände gefallen. Jetzt wußte er – wenn er es nicht schon vorher gewußt hatte –, daß die Verteidigungsstellung an der Luga die letzte Hoffnung Leningrads war.
Byćewski hatte Grund zu der Annahme, daß Schdanow ähnlich dachte. Vielleicht glaubte Schdanow sogar, nichts werde die Deutschen auf ihrem Vormarsch nach Leningrad aufhalten können. Schon am 28. Juni hatte Schdanow Byćewski befohlen, Munitionslager zur Versorgung von Partisanengruppen in den Wäldern und Sümpfen nordostwärts von Pleskau und zwischen Pleskau und Gdow anzulegen, um für den Fall gerüstet zu sein, daß die Deutschen bis hierher vordrangen. Schdanow bezeichnete bei einer Besprechung mit Byćewski persönlich die für diese Depots vorgesehenen Punkte auf der Karte. Auf seinen Befehl ließ Byćewski durch Funk zu zündende Minen an vielen Schlüsselpunkten verlegen, die von den Deutschen in Besitz genommen werden könnten. Die Minen sollten von transportablen Funkgeräten ausgelöst werden. Das war eine der geheimsten Waffen im Leningrader Militärbezirk.
Mehr als 30 000 Leningrader arbeiteten an der Luga beim Ausheben von Schützengräben, Verlegen von Minenfeldern und Einrichten von Geschützstellungen, Unterständen und Panzerfallen. Heerespioniere überwachten die Arbeiten, die in erster Linie von Frauen ausgeführt wurden. Nachdem Ostrow gefallen war, schickte man weitere 15 000 Arbeitskräfte an die Luga. Mit Lastwagen brachte man Betonpanzersperren von der Karelischen Landenge an die Lugalinie. Drei Fabriken, die Werke Newgwosd, Barrikade und die Baubrigade Nr. 189, stellten Eisenbahnschienen für Panzersperren zur Verfügung.
Diese Arbeit wurde großenteils von Parteisekretären und Funktionären geleitet. Aber nicht alle Parteichefs in den kleineren Städten und Dörfern haben sich dabei sehr ehrenhaft betragen. Im Raum um Wolosowo brach unter den Parteifunktionären eine Panik aus, und sie flohen ins rückwärtige Gebiet. Sie wurden als Deserteure angeklagt und aus der Partei

ausgestoßen. Junge Leute aus den Universitäten und Lehrinstituten wurden zu den Befestigungsarbeiten herangezogen. Anders als die übrigen Bürger von Leningrad, die ohne Bezahlung dienstverpflichtet wurden, erhielten die Jugendlichen neun Rubel pro Tag. Das war mehr als die normalen Stipendien.

Eines Morgens wurde Byćewski von seiner ältesten Tochter, die das erste Jahr an der Universität Leningrad studierte, angerufen.

»Auf Wiedersehen, Papa«, sagte sie, »Ich habe mich zur Arbeit verpflichtet.«

»Wohin?«

»Ich glaube, du weißt, wohin. Wir fahren im Auto. Ich muß mich beeilen.«

»Was wirst du mitnehmen?«

»Was brauche ich schon?« antwortete das Mädchen. »Ein Handtuch, etwas Seife, mehr brauche ich nicht.«

»Warte einen Augenblick«, sagte der Vater, »warte einen Moment! Hast du einen Mantel, einen Kessel oder einen Rucksack? Und du mußt auch etwas Brot, Zucker und Wäsche mitnehmen.«

»Du scherzt, Papa«, antwortete das Mädchen fröhlich. »Niemand nimmt etwas mit. Wir werden nicht lange bleiben. Wir werden in einem Heuschober schlafen. Sage Mama, sie soll sich keine Sorgen machen. Auf baldiges Wiedersehen!«

Aber Byćewski stellte fest, daß die Mädchen nicht so bald zurückkamen. Sie kamen auch nicht alle zurück, und auch nicht im Auto, sondern zu Fuß, vollkommen erschöpft, mit zerrissenen Kleidern, am ganzen Körper wie zerschlagen, mit rauhen Händen, Blasen an den Füßen, vor Schmutz starrend und schweißverklebt. Über die bei diesen Arbeiten beschäftigten Menschen wurde nicht genau Buch geführt, und es ließ sich nicht mehr feststellen, wer zurückkehrte und wer nicht.

Es wurde Tag und Nacht gearbeitet, ohne Rücksicht auf Luftangriffe, ohne Rücksicht auf Verluste, ohne Rücksicht auf die Erschöpfung der Frauen, der alten Männer und der jungen Leute, aus denen die Arbeitsbrigaden größtenteils zusammengesetzt waren.

So gewann die Lugalinie allmählich Gestalt. Die Stellungen erstreckten sich über nahezu 320 Kilometer von Narwa und Kingisepp an der Küste nach Südosten entlang der Luga, durch die Stadt Luga und weiter nach Medwjed und Schimsk am Ilmensee. Südlich von Kingisepp waren sie etwa 100 Kilometer von Leningrad entfernt. Am Ilmensee betrug die Entfernung etwa 160 Kilometer. Zwar waren es starke Befestigungsanlagen, aber sie konnten in der Flanke umgangen werden, wenn es den Deutschen gelang, ostwärts des Ilmensees bis nach Nowgorod vorzustoßen.

Die Luga war an diesem Abschnitt 40 bis 80 Meter breit, und ihre Ufer waren streckenweise versumpft und dann wieder für motorisierte Fahrzeuge befahrbar. Zum Schutz der Verteidigungsstellung ließ Byćewski Minenfelder und Panzersperren anlegen, die bis zu einer Tiefe von 3 1/2 bis 4 1/2 Kilometern durch teilweise festeingebaute Geschützstellungen gedeckt wurden. Sehr bald mußte Byćewski zu seinem Schrecken feststellen, daß einige Minenfelder der schweren Panzerung der deutschen Panzerwagen nichts anhaben konnten. Die leichten sowjetischen Minen detonierten, aber die Panzer rollten unbeschädigt weiter.

Schdanow und die Offiziere im Hauptquartier von Leningrad wußten, daß die schnell zurückflutenden, zerschlagenen Armeen die Stellung an der Luga kaum würden halten können. Der Rückzug ging zu schnell und in zu großer Unordnung vor sich. Auch der Rückmarsch begegnete großen Schwierigkeiten. Die Straßen, die aus dem baltischen Raum nach Osten führten, waren von Flüchtlingen verstopft. Etwa 80 000 Arbeiter, die zum Ausbau der Befestigungen in den Baltischen Staaten abkommandiert worden waren, versuchten, nach Osten zu entkommen. Unter die Flüchtlinge mischten sich versprengte Einheiten der Armee, einzelne Soldaten, Bauern, die versuchten, ihr Vieh in Sicherheit zu bringen, deutsche Agenten, sowjetfeindliche Großbauern, Deserteure und gewöhnliche Zivilisten – sie alle erfüllt von Angst und Panikstimmung.

Der Befehlshaber im Lugaabschnitt – er hieß jetzt ›Operationsgruppe Luga‹ – war Generalmajor K. P. Pjadyśew, ein glänzender, sehr kritisch eingestellter Offizier, der über reiche militärische Erfahrungen verfügte und sich kaum Illusionen machte. Wie jedermann wußte auch er, daß Leningrad keine ausgebildeten Truppen mehr stellen konnte, die man in die entstandene Lücke hätte werfen können.

Die auf dem Rückzug befindlichen Armeen der Leningrader Nordwestfront waren fürchterlich zerschlagen. Am 10. Juli lag ein Rückzug über 450 bis 500 Kilometer hinter ihnen, auf dem sie 18 Tage ununterbrochen gekämpft hatten. Sie verfügten nur noch über 1 442 Haubitzen, Kanonen und Granatwerfer. Alle Flugzeuge waren verlorengegangen, die meisten in den ersten vier Stunden des Krieges. Die Panzerdivisionen und die motorisierten Divisionen hatten so viele Fahrzeuge verloren, daß es in Wirklichkeit nur noch Schützendivisionen waren. Auf dem Papier bestanden die drei Armeen – die Achte, die Elfte und die Siebenundzwanzigste – aus 31 Divisionen und zwei Brigaden. Aber die Wirklichkeit sah anders aus. Bei 22 Divisionen betrugen die Verluste mehr als 50 Prozent. Sechs Divisionen, die 33., die 126., die 181., die 183., die 188. Schützendivision und die 220. motorisierte Division waren durchschnittlich jeweils nur noch 2 000 Mann stark. Einige Divisionen hatten weniger als 30 Prozent ihrer Mannschaften behalten. Alle drei Armeen zusammen bestanden jetzt vielleicht noch aus 150 000 Mann. Der Achten Armee fehlte es an

Waffen. Für jeden Granatwerfer waren noch 1,7 Granaten und für jedes Geschütz noch 0,5 Granaten vorhanden. Die 10. Schützendivision bestand aus 2 577 Mann mit 89 Maschinengewehren, 1 Flugabwehrgeschütz und 27 Geschützen und Granatwerfern. Die 125. hatte 3 145 Mann mit 53 Maschinengewehren, 7 Flugabwehrgeschützen und 22 sonstigen Geschützen.

Man durfte nur noch hoffen, die Lugastellung mit den Volksfreiwilligen zu halten. Am 30. Juni erging der Aufruf an die Bevölkerung, sich freiwillig zu melden. An diesem Tage ließen sich 10 890 Mann registrieren. Am 6. Juli standen 100 000 Freiwillige zur Verfügung. Am 7. Juli waren es insgesamt 160 000, darunter 32 000 Frauen, 20 000 Angehörige der Kommunistischen Partei und 18 000 Junge Kommunisten.[1] Der Komponist Dimitri Schostakowitsch gehörte zu ihnen. In seiner schriftlichen Meldung heißt es: »Bisher habe ich nur friedliche Arbeit geleistet. Jetzt bin ich bereit, zur Waffe zu greifen. Nur kämpfend können wir die Menschheit vor dem Untergang bewahren.« Schostakowitsch wurde nicht angenommen. Man teilte ihn für den Luftschutz ein. Der Schauspieler Nikolai Tscherkasow meldete sich ebenfalls. Das tat auch der sechsundvierzigjährige Dichter Wsewolod Roschdjesdwenski. Er diente vier Jahre, zumeist als Korrespondent für Armeezeitungen, an der Leningrader Front, am Wolchow und in Karelien. Daneben schrieb er Gedichte und brachte es sogar fertig, mit Unterbrechungen an seinen Memoiren zu arbeiten und das Buch zu beenden.

Jewgeny Schwarz, ein nervöser, weichherziger, halbkranker Satiriker und Verfasser von Kindermärchen, versuchte, sich freiwillig zu melden, obwohl seine Hände so sehr zitterten (er litt an der Parkinsonschen Krankheit), daß er seinen Antrag kaum unterschreiben konnte.

»Wie wollen Sie ein Gewehr halten?« fragte man ihn.

»Darauf kommt es nicht an«, antwortete Schwarz. »Es gibt auch noch anderes zu tun.«

Nachdem Schwarz abgewiesen worden war, arbeiteten er und der Humorist Michail Soschtschenko eine Woche lang Tag und Nacht an der Satire ›Unter den Linden in Berlin‹. Sie wurde auf das Programm der Komödie gesetzt. Als die Komödie im August evakuiert wurde, weigerten sich Schwarz und seine Frau, die Stadt zu verlassen. Sie blieben und schlossen sich der Verteidigungsbrigade ihres Hauses am Gribojedowkanal 9 an.

[1] Nach verschiedenen sowjetischen Quellen variieren die Zahlen geringfügig. Karasew gibt z. B. an, nach einem Monat hätten sich 27 000 Frauen freiwillig gemeldet. Eine zweite Quelle berichtet, am 7. Juli hätten sich insgesamt 200 000 Freiwillige gemeldet, und damit sind vielleicht die Meldungen, nicht aber die tatsächlichen Annahmen gemeint (B. Malkin und M. Lichomarow. In: ›*Wojenno-Istoričeskii Žurnal*‹ Nr. 1, Januar 1964, S. 17); das Buch Leningrad w Welikoi Otečestwennoi Woine (S. 51) behauptet, am 7. Juli seien es insgesamt 110 000 gewesen.

In jedem Stadtviertel wurden Freiwilligenmeldestellen eingerichtet. In einer engen Gasse am Narwator hatte man ein solches Büro in einer neuen Schule eröffnet. Leonid Pantelejew kam gerade vorüber, als sich eine Gruppe von Neugierigen um einen komisch aussehenden, kleinen, engbrüstigen Mann mittleren Alters drängte, der die Armbinde der Volksfreiwilligen trug. Mit weinerlicher Stimme rief er, während er sich an die Brust schlug: »Bürger, bitte überlegen Sie, ich habe drei Söhne, Wladimir, Pjotr und Wassili. Alle drei sind an der Front. Ich bitte Sie, bedenken Sie das! Und morgen werde ich selbst an die Front gehen und für alle Bürger der Sowjetunion ohne Ausnahme kämpfen.«
Pantelejew war sich nicht klar darüber, ob dieser Mann betrunken oder einfach nur aufgeregt war.
Am Gostiny Dwor hieß es auf den Reklameplakaten immer noch: »Kauft Eskimotorte«, »Heiße Schokolade« und »Fleischpasteten, 25 Kopeken das Stück«. Aber die Denkmäler verschwanden. Um Katharinas berühmtes bronzenes Reiterstandbild von Peter I. baute man einen großen mit Sand ausgefüllten Bretterverschlag. Zunächst hatte man das Denkmal in der Newa versenken wollen. Die gleiche Absicht hatte auch bestanden, als Napoleon die Stadt bedrohte. Die Denkmäler für General Kutusow und General Suworow, die Sieger in den napoleonischen Kriegen, blieben an Ort und Stelle auf der Newskibrücke und an der Kirowbrücke. Das verlangte das militärische Prestige. Aber sie wurden mit Sandsäcken geschützt. Die zwei riesigen Stiere des Bildhauers W. I. Demut-Malinowski vor der Leningrader Fleischkonservenfabrik wurden auf Rollen gestellt und zum Friedhof Alexander Newski Lawra gebracht. Man wollte sie eigentlich in einem unterirdischen Bunker sicherstellen, aber dieser Plan wurde nicht ausgeführt. Während des ganzen Krieges blieben sie zwischen den Grabsteinen stehen.
Jeder stellte sich für irgend etwas zur Verfügung. 15 000 Arbeiter der Kirow-Werke meldeten sich zu den Volksfreiwilligen – genug für eine ganze Division. Mehr als 2 500 Leningrader Studenten, unter ihnen 200 Parteimitglieder und 500 Komsomolzen, traten ins Heer und in die Freiwilligenverbände ein. Die Universität allein stellte sieben Freiwilligenbataillone auf. Es meldeten sich 900 Mann von der Eisenbahn-Ingenieurschule, 960 vom Bergwerksinstitut, 450 aus der Werftindustrie und 1 200 Elektrotechniker. Fast alle Studenten des Lesgaft-Instituts stellten sich mit ihren Professoren zum Militärdienst. 150 der 400 Mitglieder der Künstlergewerkschaft stellten sich am ersten Tag zur Verfügung. Am 7. Juli waren fünf Bataillone des Ordnungsdienstes mit einer Mannschaftsstärke von 17 167 – zumeist Jugendliche und alte Männer – aufgestellt worden, die den Auftrag hatten, die Ordnung im Inneren zu gewährleisten. Zusätzliche sechs Regimenter mit jeweils etwa 6 000 Mann, denen sich je

2 500 Parteimitglieder und Komsomolzen anschlossen, wurden am 15. Juli aufgestellt. Es entstanden etwa 200 Partisanengruppen, zusammen vielleicht 15 000 Männer und Frauen, die hinter den deutschen Linien operieren sollten.

Zunächst sollten 15 Freiwilligendivisionen aufgestellt werden. Sehr bald wurde man sich jedoch darüber klar, daß damit die Reserve an Arbeitskräften in Leningrad erschöpft sein würde. Bei einer Besprechung des Militärsowjet am 4. Juli einigte man sich auf sieben Divisionen.

Am 4. Juli um 6.00 Uhr morgens zogen die ersten drei Divisionen in die Kasernen ein, und am 7. Juli (!) sollten sie zur Lugastellung in Marsch gesetzt werden. Als Freiwillige wurden Männer im Alter zwischen 18 und 50 Jahren angenommen. Das Durchschnittsalter lag im allgemeinen höher als in der regulären Armee. Es gab, besonders in der Infanterie, nur wenige Offiziere mit militärischer Vorbildung. Viele Reserveoffiziere waren Ingenieure und Wissenschaftler, und andere hatten keine oder nur eine sehr oberflächliche militärische Ausbildung hinter sich. Die Hälfte der Freiwilligen war überhaupt nicht ausgebildet. Die Züge und Kompanien bestanden aus Mannschaften, die aus der gleichen Fabrik oder der gleichen Organisation kamen. Sie kannten einander. Man vermied den militärischen Befehlston und sagte statt dessen: »Bitte tun Sie dies oder das«, »Ich bitte Sie...«. Die *›Leningradskaja Prawda‹* brachte eine Photographie, auf der ein Freiwilliger aufrecht stehend einen Molotowcocktail auf einen heranrollenden Panzer warf. Marschall Woroschilow war wütend. Er veranlaßte die Zeitung, neue Bilder und Artikel zu veröffentlichen, in denen darauf hingewiesen wurde, daß Freiwillige, die versuchen sollten, so mit Benzinflaschen oder Handgranaten umzugehen, niedergemäht werden würden, bevor sie dazu kämen, einen Arm zu heben.

Die zu schnell und zu nachlässig erfolgte Aufstellung der Freiwilligenverbände hatte zur Folge, daß schwere Verluste eintraten, als diese Truppen ins Gefecht kamen. Viele erreichten nicht einmal das Gefechtsfeld. Ein Truppenbefehlshaber meldete, 200 seiner 1 000 Mann seien wegen Krankheit, Übermüdung, hohen Alters und physischer Erschöpfung auf dem Marsch zur Front ausgefallen.

Die meisten Offiziere waren fast ebenso schlecht ausgebildet wie ihre Mannschaften. Von den 1824 Offizieren der 1. Division gehörten nur zehn dem aktiven Heer an. Nur 50 Prozent der Offiziere der 2. Division waren an irgendeiner Waffe ausgebildet. Kaum jemand hatte Erfahrung im Ausbau von Feldstellungen oder wußte etwas von Tarnung, Taktik und Befehlstechnik. Im Artillerieregiment der 2. Division wurden die Einheitsführer zwischen Juli und Oktober fünfmal ausgewechselt, da sich keine geeigneten Leute finden ließen. Keiner von ihnen führte seine Einheit län-

ger als 19 Tage. Die Einheitsführer der 1. Division und der 2. Gardedivision mußten abgelöst werden, als die Truppe ins Gefecht ging.
Die ersten drei Divisionen bestanden großenteils aus Parteimitgliedern (zu 20 bis 46 Prozent) und ungelernten Arbeitern (bis zu 61 Prozent). Die 1. Division war vom regionalen Parteisekretär der Kirow-Werke, W. S. Jefremow, aufgestellt worden. Die Ausbildung begann in der Nacht vom 3. zum 4. Juli und fand auf dem Schulhof der 5. Schule am Staćekprospekt statt. Die Division bestand aus 10 000 bis 11 000 Mann, ein Drittel davon gehörte entweder der Kommunistischen Partei oder der Kommunistischen Jugend an.
Ebenso wie bei den Volksfreiwilligen war auch in der regulären Armee der Prozentsatz der Parteimitglieder verhältnismäßig hoch. Von den 10 403 Mitgliedern der Partei im Leningrader Stadtbezirk Newski gingen 4 215 in die reguläre Armee. Im Sommer 1941 gingen fast 90 000 Leningrader Parteimitglieder und junge Kommunisten an die Front.
Am 1. Juli gehörten in der Stadt und im Bezirk Leningrad 201 721 Personen zur Kommunistischen Partei. Etwa 70 Prozent der Parteimitglieder und 90 Prozent der Komsomolzen gingen zum Militärdienst.
Am Morgen des 10. Juli stand die 1. (Kirow-) Division der Volksfreiwilligen unter Generalmajor F. P. Rodin zum Abmarsch an die Front bereit. Jeder Mann hatte Handgranaten und Molotowcocktails empfangen. Nicht alle konnten mit Gewehren ausgerüstet werden. Nur 35 Prozent der Ausstattung mit Maschinengewehren, 13 Prozent der Artillerie und 8 Prozent der Granatwerfer standen zur Verfügung. Viele waren nur mit Picken, Schaufeln, Äxten oder Jagdmessern bewaffnet. Einige Gewehre stammten noch aus dem Jahr 1918. Mit ihnen waren die Bolschewiken bewaffnet gewesen, die den Angriff des Generals Judenitsch gegen Petrograd abgewehrt hatten. Ein großer Teil der Mannschaften hatte nichts als leere Hände und ein tapferes Herz.
Mancher, der den Aufmarsch der Leningrader Divisionen beobachtete, mußte unwillkürlich an den Juli vor 27 Jahren denken. Damals sammelten sich die Millionenarmeen des Zaren, um nach Westen gegen die Streitkräfte Wilhelms II. und Franz Josephs zu marschieren. Auch damals hatte es in vielen Marschkolonnen an Gewehren gefehlt. Diese Soldaten mußten sich mit den Gewehren ihrer gefallenen Kameraden bewaffnen. Die Geschichte wiederholte sich auf den russischen Schlachtfeldern.
Doch niemand sprach so düstere Gedanken aus. An der Spitze der Freiwilligenverbände wehte ein von den Arbeitern der Kirow-Werke gestiftetes rot-goldenes Banner. Eine Stunde später wurden die Männer auf dem Witebsker Güterbahnhof in Viehwagen verladen. Bei der Ausladung an ihrem Bestimmungsort Batjez, hart ostwärts von Luga, griffen deutsche Jagdbomber die Division an. Als erster fiel der Militäringenieur

Nikolai Safranow, und man begrub ihn auf einem nahegelegenen grünen Feld. Die Freiwilligen verteilten sich schnell und übernahmen einen 27 Kilometer breiten Frontabschnitt von Unomer über Lubinez, Schtschepino und Oschogin Wolotschek bis Kosizkoje.

Die 2. Freiwilligendivision richtete ihr Stabsquartier im Institut für Flugzeugmechanik ein. Am Abend des 13. Juli wurde sie in Güterwagen verladen und fuhr unter Führung des Leutnants N. I. Ugrjumow nach Weimarn, ostwärts von Kingisepp. Bei der Ausladung wurde die Truppe von deutschen Fliegern angegriffen und marschierte anschließend in ihre Stellungen bei Iwanowskoje, vorbei an brennenden *isbas* (Bauernhütten), durchgehenden Pferden, brüllenden Viehherden, bellenden Hunden und wild flatternden Hühnern. Die Straßen waren von Flüchtlingen verstopft.

In den Befestigungsanlagen arbeiteten noch fast 60 000 Männer und Frauen, obwohl die Schlacht schon ganz in die Nähe gerückt war. Die sich hier bietende Szene war chaotisch.

Die Volksfreiwilligen, die aus den Viehwagen herausstolperten, sich schützend die Hand vor den Mund hielten, um den beißenden Rauch nicht einatmen zu müssen, der von den brennenden Dörfern herüberwehte, und die sich dann den Weg zu den im ungewissen liegenden Schützengräben suchten, wußten nicht, daß die methodischen Deutschen, als die Heeresgruppe Nord noch im Raum Schaulen kämpfte, schon den Plan für die Siegesparade in Leningrad fertig hatten. SS-General Knut sollte Kommandant von Leningrad werden. Die deutschen Truppen sollten in langen Kolonnen im Triumph über den Schloßplatz marschieren, am Generalstabsgebäude und am Winterpalais vorbei. Dort, so glaubten sie, würde der siegesfrohe Führer die Parade seiner siegreichen Armeen abnehmen.[2]

[2] Man hatte sogar einen Führer mit den Sehenswürdigkeiten Leningrads drucken und an Soldaten und Offiziere verteilen lassen. Sowjetische Autoren behaupten, es seien sogar schon Einladungen für ein großes Bankett im Hotel Astoria gegenüber der St. Isaakskathedrale gedruckt worden. Auch das Datum, der 21. Juli, stand schon fest. Bis dahin war es jetzt nur noch eine Woche. Die ersten Berichte über das geplante Bankett und die Einladungen erschienen im Frühjahr 1942, aber keine der Quellen kann diese Behauptung belegen. Die Deutschen haben aber Sondererlaubnisscheine für Fahrten von Kraftfahrzeugen nach Leningrad drucken lassen. Einige Exemplare werden im Zentralmuseum der Roten Armee aufbewahrt. (Karasew, a. a. O., S. 102.)

18. Die Lugastellung

Der Kriegsberichterstatter der ›*Leningradskaja Prawda*‹, Wsewolod Kočetow verließ mit seinem Kollegen Michail Michalew Leningrad am 14. Juli kurz nach Mitternacht in seinem Dienstwagen, einem Ford, den man mit einer schmutzigbraunen Tarnfarbe angestrichen hatte.
Kočetow war in gehobener Stimmung, denn es war ihm gelungen, nicht nur einen Wagen mit dem ukrainischen Fahrer Serafim Boiko zu bekommen, sondern das Militärkommissariat in der Angleterrestraße hatte ihm eine fabrikneue, gut gefettete TT-Pistole mit 24 Patronen ausgehändigt. Sein Waffenschein berechtigte ihn, die Waffe bis zum 1. September zu behalten, und dann war – glücklicher Gedanke! – der Krieg vielleicht schon vorbei. In einer Pappschachtel hatte er einen großen Geburtstagskuchen, Bonbons und einen Brief mitgenommen. Sie waren für den Genossen Molwo, den Chefredakteur der neuen Soldatenzeitung ›*Für den Sieg*‹ bestimmt. Diese Zeitung wurde von der 2. Volksfreiwilligendivision herausgegeben.
Besonders stolz war Kočetow darauf, daß es ihm unter Schwierigkeiten gelungen war, als Kriegsberichterstatter angenommen zu werden. Wegen eines Herzfehlers hatte man ihn vom Militärdienst befreit, und deshalb sollte er zunächst auch nicht für die ›*Leningradskaja Prawda*‹ an die Front gehen. Seine Kommandierung dorthin setzte er durch, nachdem er eines Tages auf der Straße mit Michalew und drei anderen Berichterstattern zusammengetroffen war. Sie alle trugen nagelneue Uniformen, nur Kočetow hatte einen dunkelblauen Zivilanzug und helle Schuhe an. Der magere, melancholische Mann bat seine Kollegen: »Nehmt mich doch mit, Genossen!« Sie setzten sich bei dem Redakteur P. W. Solotuchin für ihn ein, und jetzt fuhr er mit Michalew zur Front, um zum erstenmal die bei Opolje, Weimarn oder Iwanowskoje liegenden Truppen der 2. Division zu besuchen. Niemand wußte genau, wo sie zu finden seien. Auf der Fahrt durch die warme Sommernacht begegneten ihnen kaum andere Fahrzeuge. Sie kamen durch das in der Dunkelheit still daliegende Dorf Krasnoje Ssjelo und bogen nach Ropša ab. Kočetow kannte die Gegend gut. Bei Ropša hatte das Jagdrevier der Zaren gelegen. In dem Palais, wo Katharinas Gatte, Peter III., vom Grafen Orlow, dem Liebhaber

Katharinas, nach einem Trinkgelage ermordet worden war, hatten Kočetow und seine Mitschüler an der Landwirtschaftsschule gewohnt.
Man konnte es sich in diesem Augenblick gar nicht vorstellen, daß der Krieg ausgebrochen war, aber an einer Straßenkreuzung sahen sie einen zerschossenen Lastwagen. Die Kirche im nächsten Dorf war von Bomben zerstört. Opolje war ein großer Ort mit fest gebauten, sauber gestrichenen und mit Blech gedeckten Häusern. Das Dorf lag etwa 105 Kilometer außerhalb von Leningrad. Durch einen Torbogen fuhren sie auf den ehemaligen Pferdemarkt. Sie stellten fest, daß Genosse Molwo zu Bett gegangen war. Kočetow würde ihm den Geburtstagskuchen erst am nächsten Morgen überreichen. Über dem Dorfladen fand er ein leeres Zimmer und legte sich dort bis zur Weiterfahrt an die Front zur Ruhe. Am Morgen war Kočetow enttäuscht, keine Zeichen irgendwelcher Aktivität zu sehen. Er betrat eine Scheune; hier war es kühl und ruhig. Mit dem angenehmen Gefühl, eine neue Pistole in der glänzenden braunen Ledertasche an der Hüfte zu tragen, setzte er sich hin und entwarf seinen ersten Bericht, den er etwas zu optimistisch »Von der Kampffront« überschrieb.
Aber die ländliche Ruhe in Opolje täuschte. Der Verteidigungsring um Leningrad war aufs äußerste gefährdet. Wieder hatte der schnelle Vorstoß der Panzerverbände von Leebs die verzweifelten sowjetischen Anstrengungen, eine starke Abwehrfront zu errichten, zunichte gemacht. Von Pleskau aus war das XLI. Armeekorps entlang der Straße nach Luga vorgestoßen. Die Reste der 118. sowjetischen Schützendivision waren dabei hinweggefegt und die 90. Infanteriedivision vernichtet worden.
Während Kočetow harmlos und fröhlich durch die Nacht an die ›Front‹ gefahren war, hatte das XLI. deutsche Armeekorps seine Angriffsrichtung verändert und stieß jetzt nach Norden vor, um gerade gegen den Frontabschnitt einen vernichtenden Schlag zu führen, den Kočetow besuchen wollte.
Beim Oberkommando in Leningrad herrschte zu dieser Zeit eine heillose Verwirrung. Marschall Woroschilow war am 10. Juli zum Oberbefehlshaber ernannt worden. Drei Tage später – warum die Verzögerung? – wurde Schdanow zum Mitglied seines Militärsowjet und zum zweiten Befehlshaber ernannt.
Drakonische Maßnahmen wurden eingeleitet. Die gesamte sowjetische Kommandostruktur wurde in dem verzweifelten Versuch, zu retten, was zu retten war, völlig durcheinandergebracht. Nicht nur General Kusnezow mußte den Befehl an der Nordwestfront an General Sobennikow abgeben, auch Generalleutnant P. S. Klenow, sein Generalstabschef, wurde wegen Unfähigkeit und ›schwächlicher Führung‹ abgelöst. Die Lage an der Westfront war ähnlich. Marschall (damals General) A. I. Jeremenko,

der sowjetische Befehlshaber im Fernen Osten, erhielt die Anweisung, nach Moskau zu kommen. Am 22. Juni reiste er ab und traf am 29. Juni ein. Marschall Timoschenko sagte ihm, an der Westfront herrschten chaotische Zustände, und die Regierung habe beschlossen, General Dimitri Pawlow und seinen Stabschef Generalmajor W. J. Klimowski abzulösen, um an ihrer Stelle Jeremenko und Leutnant G. K. Malandin mit dem Kommando zu beauftragen. Am nächsten Morgen in aller Frühe fand Jeremenko Pawlow in einem kleinen Zelt in seinem Stabsquartier außerhalb von Mogilew beim Frühstück.

Pawlow war als Teilnehmer am Spanischen Bürgerkrieg einer der erfahrensten russischen Offiziere. Er begrüßte Jeremenko mit der ihm eigenen jovialen Herzlichkeit.

»Wie viele Jahre sind vergangen?« sagte er lächelnd. »Was führt Sie her? Werden Sie lange bleiben?«

Ohne ein Wort zu sagen überreichte Jeremenko dem General den Ablösungsbefehl. Erschüttert las Pawlow ihn durch und fragte: »Und wohin soll ich gehen?«

»Der Kommissar befiehlt Sie nach Moskau«, sagte Jeremenko.

Pawlow zuckte zusammen. Dann straffte er sich und bat Jeremenko, mit ihm zu frühstücken. Aber Jeremenko lehnte ab. Dafür habe er keine Zeit. Er bäte um den Lagebericht.

Einen Augenblick zögerte Pawlow, dann begann er: »Was kann ich Ihnen über die Lage sagen? Der Feind hat unsere Truppen mit seinen schweren Schlägen überrascht. Wir waren nicht gefechtsbereit. Auf Übungsplätzen und Schießplätzen hielten wir friedensmäßig unsere Übungen ab. Aus diesem Grund mußten wir schwere Verluste an Flugzeugen, Geschützen, Panzern und besonders auch an Mannschaften hinnehmen. Der Feind ist tief in unser Gebiet eingedrungen und hat Bobruisk und Minsk genommen.«

Pawlow betonte ausdrücklich, er habe erst viel zu spät den Mobilmachungsbefehl erhalten. Noch während Pawlow und Jeremenko miteinander sprachen, trafen die Marschälle Woroschilow und B. M. Schaposchnikow in einer großen schwarzen Packardlimousine auf dem Gefechtsstand ein. Sie bestätigten das düstere Bild, das Pawlow gezeichnet hatte.

»Es ist eine schlimme Sache«, sagte Woroschilow. »Es gibt keine feste Front. Unsere Truppen halten noch einzelne Stützpunkte gegen überlegene Feindkräfte. Die Nachrichtenverbindungen zu ihnen sind unsicher.«

Am gleichen Nachmittag flogen die Generäle Pawlow und Klimowski nach Moskau ab. Jeremenko hat sie nie wiedergesehen. Sie wurden sofort erschossen. Nach Auffassung von Marschall S. S. Birjusow, der sie gut kannte, lag ihre Schuld darin, daß sie bis zum allerletzten Augenblick die

von Marschall Timoschenko und auf Stalins persönlichen Befehl vom Generalstab gegebenen Anordnungen gewissenhaft ausgeführt hatten.
Die Schaffung eines neuen Kommandos in Leningrad bedeutete noch nicht die Bereitstellung von Truppen für die Lugastellung.
Den angeschlagenen sowjetischen Armeen konnte Leeb schätzungsweise 21 bis 23 Elitedivisionen der Heeresgruppe Nord entgegenstellen, an ihrer Spitze die gefürchtete Panzergruppe Vier. Das waren zusammen vielleicht 340 000 Mann. Er verfügte über 326 Panzer und 6 000 Geschütze. Nach sowjetischen Quellen sah das Kräfteverhältnis zwischen deutschen und sowjetischen Truppen wie folgt aus: Die Deutschen waren ihren Gegnern am 10. Juli an Infanterie um das 2,4fache, an Artillerie um das 4fache, an Granatwerfen um das 5,8fache und an Panzern um das 1,2fache überlegen. Der russischen Nordwestfront standen an diesem Tage 102 Flugzeuge zur Verfügung. Die deutsche Heeresgruppe Nord wurde von etwa 1 000 Flugzeugen unterstützt.
Nach der Einnahme von Pleskau stieß die deutsche Panzergruppe Vier auf der Straße nach Luga vor und kämpfte den Weg für etwa zwölf deutsche Divisionen frei. Sechs deutsche Divisionen gingen gegen den Abschnitt Narwa-Kingisepp vor.
In dieser verzweifelten Lage entschloß sich das Oberkommando in Leningrad dazu, von der Nordfront (die Finnen in Karelien hielten sich verhältnismäßig ruhig) Truppen abzuziehen, um mit ihnen die Lugastellung zu verstärken.
Das X. motorisierte Armeekorps und die 70. und 237. Schützendivision erhielten den Befehl, nach Süden zu marschieren. Aber noch ehe diese Eliteverbände in ihre Stellungen eingerückt waren, ließ Woroschilow sie nach Südosten abschwenken, um der drohenden Flankierung der Lugastellung durch deutsche Truppen entgegenzutreten, die ostwärts des Ilmensees bei Nowgorod zu erwarten war.
Was war jetzt zu tun? Das Oberkommando in Leningrad hatte kaum noch Reserven. Schließlich unterstellte man dem General Pjadyšew die 191. Schützendivision zum Schutz der rechten Flanke bei Kingisepp und die 2. Freiwilligendivision zum Einsatz südlich davon. Oberst G. W. Muchin mit den Kadetten der Leningrader Infanterieschule hielt die Schlüsselstellung im Mittelabschnitt der Lugafront besetzt. Links von Muchin schloß sich die 3. Freiwilligendivision an. Die 177. Schützendivision verteidigte die Anmarschwege zur Stadt Luga und das Gelände südlich davon. In dem Abschnitt zwischen der Stadt Luga und dem Ilmensee lagen die 70. Schützendivision, die 1. Freiwilligendivision und die 1. Gebirgsbrigade. Die Verbände waren auseinandergezogen wie Perlen auf einer Schnur. Die 191. Division mußte einen 80 Kilometer breiten Frontabschnitt verteidigen. Der Abschnitt der 2. Freiwilligendivision war 50 Kilo-

meter breit. Das Vorfeld von Kingisepp wurde nur noch durch die auf dem Rückzug befindliche 118. Division gedeckt. An vielen Stellen waren von jeder Verteidigung entblößte, bis zu 25 Kilometer breite Lücken entstanden.

Zur artilleristischen Unterstützung dieser behelfsmäßig zusammengeflickten Front hatte Pjadyśew starke Artillerieverbände unter dem glänzenden jungen Oberst G. F. Odinzow zur Verfügung, der sich später bei der Verteidigung von Leningrad noch besonders auszeichnen sollte.

Die Artillerie bestand aus einem Offiziersregiment von der Höheren Artillerieschule der Roten Armee, einer Abteilung des 28. Korpsregiments, den Artillerieregimentern der 1., 2. und 3. Leningrader Artillerieschulen und einer Fliegerabwehrabteilung von der technischen Artillerieschule in Leningrad. Später trat das 51. Korpsregiment, das sich aus dem baltischen Raum zurückgezogen hatte, hinzu.

Zur Hälfte wurde die Lugastellung also von Volksfreiwilligen verteidigt. Damit hing das Schicksal Leningrads von den Leistungen dieser in aller Eile ausgehobenen, unausgebildeten und schlecht bewaffneten Arbeiterbataillone ab, die sich den Hammerschlägen der besten, beweglichsten und hervorragend bewaffneten Panzerverbände Hitlers stellen mußten.

Am 11. Juli war Oberst Byćewski in der Lugastellung. Hier installierte er durch Funk zu zündende schwere Minen in einigen großen Gebäuden in Strugi Krasnije, Gorodiśće und Nikolajewo, wo man jeden Augenblick mit dem Erscheinen deutscher Panzer rechnen mußte. Im großen Park von Gaćina postierte er in einem Versteck das Funkgerät, das die Minen in dem Augenblick zünden sollte, in dem die Deutschen die verminten Gebäude erreichten.

Den ganzen Tag über stieß Byćewski auf lange Flüchtlingskolonnen, tieffliegende Messerschmitt-Jäger, gesprengte Brücken, neben den Straßen liegende Gefallene, fliehende Soldaten und Offiziere, die versuchten, die Flüchtenden wieder zum Stehen zu bringen.

Am Abend des 11. Juli wurde er mit den höheren Truppenführern zu einer Besprechung mit Woroschilow und Schdanow in den Smolny befohlen. Woroschilow machte einen nervösen und unruhigen Eindruck.

Der Befehlshaber der Leningrader Feldtruppen, General Popow, ein großer, gut aussehender Mann, der sich in geschlossenen Räumen nicht wohlzufühlen schien, gab einen Lagebericht. Die von der Front eintreffenden Meldungen waren unklar und widersprachen sich oft. Bald kam es zu Meinungsverschiedenheiten über die Hauptstoßrichtung der Deutschen. Der stellvertretende Befehlshaber Pjadyśew, der die Truppen an der Luga kommandierte, glaubte, die Deutschen hätten den Abschnitt vor dem Regiment 483 der 177. Division erreicht und kämpften an der Pljussa. Aber der Befehlshaber der Luftstreitkräfte in diesem Frontabschnitt, Generalmajor A. A. Nowikow, behauptete, seine Aufklärung habe die deutschen Hauptkräfte mit etwa 200 Panzern bei Strugi Krasnije festgestellt.

»Was sind solche Nachrichten schon wert?« fragte Woroschilow. »Sie haben nicht einen Gefangenen gemacht und nicht ein einziges Schriftstück erbeutet. Wieviele Panzer haben sich bei Strugi Krasnije versammelt? Wer stößt gegen Gdow vor?«

Der Chef des Nachrichtendienstes, General Pjotr Jestignejew, wußte es nicht.

»Welche feindlichen Truppenteile gehen gegen die Luga vor?« fragte Woroschilow.

Auch das konnte Jestignejew nicht beantworten.

Alles schien darauf hinzudeuten, daß die Deutschen den Schwerpunkt ihres Angriffs gegen die Stadt Luga mit der Stoßrichtung entlang der Straße nach Leningrad richten würden.

Aber was sollte geschehen, wenn der Gegner südlich von Kingisepp angriff? In diesem Fall mußten die Vorausabteilungen der 2. Freiwilligendivision schon am folgenden Tag in Weimarn, wenige Kilometer vor der Lugastellung, eintreffen. Die Elitetruppen der Infanterieschule unter Oberst Muchin hielten schon die Stellungen bei Sabsk in der Nähe von Weimarn besetzt. Nachdem Woroschilow und Schdanow sich nach der Karte über die Befestigungen an der Luga orientiert hatten, fuhren sie zum Stabsquartier der Nordwestfront nach Nowgorod. Dort blieben sie am 12. Juli und genehmigten den Plan für einen Gegenangriff der Elften Armee gegen das schnell herankommende LVI. deutsche motorisierte Armeekorps. Sie führten der Elften Armee noch eine Panzerdivision und zwei Infanteriedivisionen als Verstärkungen zu und befahlen den Angriffsbeginn für den frühen Morgen des 14.[1]

Am 12. und 13. arbeitete Byćewski weiter an den Befestigungsanlagen und Verminungen. Am 13. Juli, bald nach Morgengrauen, ließ er die drei starken Ladungen, die er in den Gebäuden in Strugi Krasnije verlegt hatte, durch Funk zünden. Deutsche motorisierte Truppen hatten dort Quartier bezogen und erlitten schwere Verluste. Am Abend kehrten Woroschilow und Schdanow zum Smolny zurück und befahlen die Kommandeure und Politkommissare von vier neu aufgestellten Partisanenbataillonen zu sich. Jedes dieser Bataillone bestand aus zehn Einheiten zu jeweils 80 bis 100 Mann. Sie erhielten den Befehl, sich sofort hinter die deutschen Linien durchzuschlagen und mit allen verfügbaren Mitteln den Vormarsch der Deutschen aufzuhalten. Sie sollten einzelne Truppenteile der deutschen motorisierten Infanterie angreifen, Brücken sprengen, Nachrichtenverbin-

[1] *N. S.*, S. 63. A. N. Zamumali (Na Beregach Wolkowo. Leningrad 1967, S. 7) gibt fälschlicherweise den 14. Juli als das Datum für den Besuch Woroschilows und Schdanows an.

dungen zerstören, Material- und Verpflegungslager, die die russischen Truppen zurückgelassen hatten, in Brand stecken, und andere ›Sonderaufgaben‹ durchführen. Noch vor dem Morgengrauen wurden die von den Russen so bezeichneten ›Zerstörerbataillone‹ in den Raum Gdow-Slanzki gebracht, um von hier aus ihr Einsatzgebiet hinter den deutschen Linien zu erreichen.

Jede Maßnahme des Oberkommandos sah wie ein Verzweiflungsakt aus. Wenige Stunden nach dem Abmarsch der Sabotagegruppen am frühen Morgen des 14. Juli erhielt Byćewski einen dringenden Anruf aus Leningrad. Das deutsche XLI. Armeekorps war bei Porećje in die russische Stellung eingebrochen, hatte die Luga überschritten, die Feldstellungen überwunden und sich jetzt bei Iwanowskoje in den sowjetischen Befestigungen festgesetzt. Ein ähnlicher Versuch bei Sabsk war von den Truppen der Infanterieschule gerade noch abgewehrt worden.

Porećje war der Schlüsselpunkt im Abschnitt der 2. Freiwilligendivision. Wieder waren die Deutschen den Russen zuvorgekommen. Zwanzig deutsche Panzer stürmten durch Porećje und in das dahinterliegende Iwanowskoje, während die ersten Einheiten der 2. Freiwilligendivision eben aus den Viehwagen kletterten, die sie von Leningrad an die Front gebracht hatten.[2] Während sie sich in aller Eile formierten, um nach Iwanowskoje zu marschieren, wurden sie von den Deutschen angegriffen.

Wenn es den Deutschen gelang, hier durchzubrechen, lag eine 100 Kilometer lange, glatte Straße bis zum Winterpalais vor ihnen. Zwischen hier und Leningrad gab es nicht eine einzige militärische Einheit, nicht eine bemannte Verteidigungsstellung, die sie hätte aufhalten können.

Mit dem telefonischen Anruf aus Leningrad erhielt Byćewski den Befehl, sich sofort beim Oberbefehlshaber zu melden und eine Kompanie Pioniere mitzubringen. Man sagte ihm, 1 000 Minen seien auf Lastwagen unterwegs zu ihm. Byćewski alarmierte das Pionierbataillon 106, machte einen Umweg, um den deutschen Tieffliegern auszuweichen, und erreichte nach fünf Stunden das Stabsquartier. Hier traf er alle Offiziere des Leningrader Oberkommandos an, einschließlich General Popow und Marschall Woroschilow.

Die beiden Generäle standen auf einer unbewachsenen Höhe, etwa 500 Meter vor Iwanowskoje, und beobachteten, wie die 2. Freiwilligendivision nach einem vergeblichen Gegenangriff zurückwich.

Sowjetische Artillerie beschoß die Ortsmitte von Iwanowskoje. Die Bauernhütten gingen in Rauch und Flammen auf. Byćewski sah durchs Fern-

[2] Die Freiwilligen hatten geglaubt, in einen ruhigen Abschnitt zu kommen, wo sie vor dem Einsatz in aller Ruhe ihre Ausbildung beenden könnten. Viele von ihnen hatten bisher noch nie ein Gewehr abgefeuert oder eine Handgranate geworfen. (Wissarion Sajanow: Leningradskii Dnewnik. Leningrad 1958, S. 25.)

glas die deutschen Panzer durch den Rauch bis an den Dorfrand vorrollen und erkannte das Mündungsfeuer ihrer Geschütze.
Woroschilow begrüßte Byćewski sehr unfreundlich: »Pioniere kommen immer zu spät.« Dann wandte er sich um, und ohne sich um die in der Nähe krepierenden Artilleriegeschosse zu kümmern, beobachtete er weiter das Gefechtsfeld.
Woroschilow war nicht entzückt von dem, was er sah. Er wollte wissen, weshalb die Artillerie ein leeres Dorf beschoß, während die deutschen Panzer schon am Dorfrand standen. Popow begann zu erklären, die Artillerie habe keine Gelegenheit zur Aufklärung gehabt, unterbrach sich aber sofort. Ehe Woroschilow etwas sagen konnte, kletterte Popow in einen Panzer und fuhr selbst auf das Dorf zu.
»Was, zum Teufel, ist hier los?« brüllte Woroschilow und schlug die Hände zusammen.
Aber schon wurde der Panzer von einer Granate getroffen und rumpelte schwerfällig zurück. Benommen stieg Popow aus.
»Was soll das heißen?« schrie Woroschilow. »Sind Sie nicht bei Sinnen? Wenn Sie die Stellungen erkunden, wer soll dann die Truppen führen?«
So scharf Woroschilow auch General Popow wegen seines unvorsichtigen Verhaltens zurechtgewiesen haben mochte, er selbst konnte sich kaum besser beherrschen. Im gleichen Frontabschnitt bei dem Dorf Sredneje, wenige Kilometer von Iwanowskoje entfernt, waren Teile der 2. Freiwilligendivision gerade in dem Augenblick, als Woroschilow dort erschien, unter einem deutschen Angriff auseinandergebrochen. In kleinen Gruppen zu zweit und zu dritt zogen sie sich zurück. Woroschilow sprang aus seinem Wagen und hielt die flüchtenden Soldaten auf. Eben erschienen auch eine Panzereinheit und infanteristische Verstärkungen. Der sechzigjährige Held des bolschewistischen Bürgerkriegs zog die Pistole und stürmte seinen Truppen voran über das freie Feld den Deutschen entgegen. Hurrarufe ertönten. Der deutsche Angriff kam zum Stehen, die Freiwilligen besetzten ihre Stellungen, und durch das persönliche Beispiel und die Tapferkeit des alten Kavalleristen war die Kampfmoral wieder hergestellt.
Am 14. Juli trafen aus allen Richtungen alarmierende Meldungen ein. Im Frontabschnitt bei Sabsk, der von den Infanterieschülern verteidigt wurde, überschritten die Deutschen die Luga, konnten aber wegen der starken Gegenwehr der Verteidiger nicht weit vorankommen. Aber auch den Russen gelang es trotz äußerster Anstrengungen nicht, den Feind aus den Stellungen bei Porećje zu werfen.
Das Oberkommando in Moskau führte nun den stark angeschlagenen Freiwilligenverbänden pro Infanteriedivision drei bis fünf Panzerwagen zu. Das waren entweder die riesigen KW-Panzer oder die normalen T 34.

Bevor der Tag zu Ende ging, gab Schdanow in seinem und im Namen Woroschilows einen Tagesbefehl oder *Prikas* heraus, den ersten einer ganzen Reihe von dramatischen Aufrufen an die Truppe.
»Genossen Rotarmisten, Kommandeure und Politkommissare! Über der Stadt Lenins, der Wiege der proletarischen Revolution, schwebt die unmittelbare Gefahr der Einnahme durch den Feind ...«
Der Aufruf beschäftigte sich mit Tatsachen, mit der Verwirrung und Panikstimmung, die an der ganzen Front Platz gegriffen hatten. In dem *Prikas* hieß es: »Einzelne Panikmacher und Feiglinge verlassen nicht nur ohne Befehl die vorderste Linie, sondern sie bringen Verwirrung in die Reihen ehrlicher und tapferer Soldaten. Kommandeure und Politkommissare stehen der Panik nicht nur untätig gegenüber, sondern sie organisieren und führen ihre Einheiten nicht im Gefecht. Durch ihr schändliches Verhalten vermehren sie die Auflösungserscheinungen und das Gefühl der Furcht in der vordersten Linie.«
Der Aufruf bestimmte, daß jeder, der die kämpfende Truppe verließ, ohne Rücksicht auf Rang oder Stellung vor ein Feldgericht gestellt und auf der Stelle erschossen würde.
Die Schnelligkeit, mit der die Deutschen die Lugastellung durchbrachen, veranlaßte Schdanow, mit doppeltem Eifer an die Errichtung von Befestigungsanlagen im näheren Umkreis von Leningrad zu gehen. Mit dieser Aufgabe betraute er seinen ersten Stellvertreter, den Parteisekretär Alexei A. Kusnezow, und unterstellte ihm Byćewski als wichtigsten Mitarbeiter.
Sofort ließ Kusnezow alle Gefangenen in den Arbeitslagern der NKWD mobilisieren. Zuerst schickte man die Gefangenen in den Raum von Kingisepp, wo man bald mit einem deutschen Durchbruch rechnen mußte. Wegen der ständigen deutschen Luftangriffe brachte man die Frauen, die bisher dort gearbeitet hatten, in die Nähe der Stadt.
Der unermüdliche Pionieroberst Byćewski mochte Kusnezow gern und nannte ihn wegen seiner Energie und seines unerschütterlichen Gleichmuts ›die menschliche Stahlfeder‹. Kusnezow war noch nicht 40 Jahre alt, sehr mager und sehr blaß. Sein scharfgeschnittenes Gesicht und die spitze Nase verliehen ihm einen strengen Ausdruck, aber Kusnezow war weichherzig, hilfsbereit und fast immer taktvoll. Er erhob selten die Stimme und wies niemanden ohne Grund zurecht. In dieser Hinsicht unterschied er sich von vielen anderen Parteileuten und auch von seinem Vorgesetzten Andrei Schdanow.
Eines Nachts, als Byćewski noch um 4.00 Uhr an seinem Schreibtisch saß, läutete das Telefon. Kusnezow war am Apparat und bat ihn, sofort zum Mariinskytheater zu kommen. Byćewski konnte sich nicht vorstellen, was den Alarm ausgelöst haben könnte. Er machte sich sofort auf den

Weg und fand Kusnezow ganz aufgeregt im Theater. Der Parteisekretär zeigte ihm eine Sammlung von Geschützen und Panzern aus Papiermaché aus der Requisitenkammer und schlug vor, diese ›Waffen‹ hinter der Front in Scheinstellungen aufbauen zu lassen.

Der Druck der deutschen Armeen ließ vorübergehend etwas nach. Die angeschlagene sowjetische Elfte Armee, welche die Anmarschwege nach Schimsk und damit die Schlüsselstellung an der Luga am Ilmensee deckte, war durch Truppen von der karelischen Front, die 21. Panzerdivision, die 70. Gardedivision und die 237. Schützendivision, verstärkt worden. Dieser sowjetische Verband nutzte die Situation, als Mansteins LVI. motorisiertes Armeekorps sich in einer ungünstigen Lage befand, griff den Gegner mit einer Zangenbewegung an und drängte die Deutschen in der Zeit vom 14. bis zum 18. Juli fast 45 Kilometer zurück.

Manstein bemerkte dazu trocken, man könne unmöglich sagen, die Lage des Korps sei jetzt sehr beneidenswert. Die letzten Tage seien kritisch gewesen, und der Feind habe mit starken Kräften versucht, den Umfassungsring zu schließen. Die deutsche 8. Panzerdivision mußte zur Auffüllung aus der Front genommen werden. Das LVI. Korps hatte etwa 400 Fahrzeuge verloren. Die unmittelbare Bedrohung Nowgorods war ausgeschaltet. Leningrad konnte wieder etwas aufatmen.

Hitler zeigte sich über die Lage besorgt. In einer Direktive vom 19. Juli führte er aus, der weitere Vorstoß gegen Leningrad könne nur erfolgen, wenn die Ostflanke der Heeresgruppe Nord durch die Sechzehnte Armee gedeckt würde. Die Panzergruppe Drei der Heeresgruppe Mitte wurde nach Nordosten abgedreht, um die Verbindungen zwischen Leningrad und Moskau abzuschneiden und die rechte Flanke der Verbände Leebs zu schützen. Nach Erlaß dieser Anordnungen stattete Hitler am 21. Juli dem Stabsquartier Leebs einen Besuch ab und forderte, Leningrad müsse »schnellstens erledigt« werden.

Die Berichterstatter Nikolai Tichonow und Wissarion Sajanow besuchten den Kommandeur der 70. Gardedivison, Generalmajor Andrei E. Fedjunin, nach seinem erfolgreichen Angriff gegen Mansteins LVI. Korps. Fedjunin hatte seinen Gefechtsstand bei Schelony in einer Waldlichtung in der Nähe des großen Dorfes Medwjed eingerichtet. Tichonow hatte Fedjunin während des Winterkrieges gegen Finnland kennengelernt.

In den letzten zehn Tagen war es in seinem Abschnitt ruhig geblieben, aber General Fedjunin war weder sorglos noch optimistisch. »Diese Ruhe täuscht«, sagte er. »Es wird wieder losgehen – und zwar bald. Wir haben die Truppen in der Lugastellung entlastet, aber der Feind hat sich inzwischen umgruppiert. Er wird hier angreifen. Vielleicht nicht gerade unsere Division, denn er hat uns kennengelernt. Wir haben ihn geschlagen. Aber er wird den Angriff gegen die 1. Freiwilligendivision richten und weiter nach Nowgorod vorstoßen . . . Es werden harte Kämpfe werden, aber es bleibt uns keine Wahl. Wir müssen kämpfen bis zum letzten Mann.«

Die Berichterstatter fuhren weiter. Am nächsten Tag, am 13. August, war Tichonow in Nowgorod, der ältesten Stadt Rußlands. Die alten Mauern dröhnten unter den Detonationen der Artillerieeinschläge. Viele Menschen strömten über den Stadtplatz. Wieder loderte der Kriegsbrand um Nowgorod.

Tichonow fragte einen Offizier nach der 70. Gardedivison. Sie zog sich nordwestlich der Stadt zurück. Frische deutsche Divisionen waren eingetroffen und griffen sie an.

»Um welche Zeit haben Sie den Gefechtsstand der 70. Division verlassen?« fragte der Offizier.

Tichonow sagte es ihm.

»Sie haben Glück gehabt. Eine Stunde später begann der deutsche Angriff. General Fedjunin ist gefallen.«[3]

Aber die Deutschen waren nicht die einzigen Feinde.

Byćewski arbeitete die ganze Zeit eng mit Generalleutnant K. P. Pjadyśew, dem Befehlshaber der Operationsgruppe Luga, zusammen. Am 23. Juli erhielt Byćewski den Durchschlag eines Befehls, nach dem die Lugastellung in drei Abschnitte aufgeteilt wurde. In jedem dieser Abschnitte übernahm ein Offizier mit einem Stab das Kommando. Das mochte ganz vernünftig sein, dachte Byćewski. Schon am 15. Juli hatte das Oberkommando empfohlen, die Truppenteile zu verkleinern, da es sich gezeigt hatte, daß viele sowjetische Frontoffiziere nicht fähig waren, große Verbände zu führen. Aber durch eine Aufteilung der Front in mehrere Abschnitte vergrößerte sich die Gefahr, daß offene Flanken entstanden; die Nachrichtenübermittlung wurde schwieriger, und es bestand eher die Möglichkeit, daß deutsche Panzer durch die zwischen den Abschnitten entstehenden Lücken in die Stellung einbrachen. Die bisherigen deutschen Erfolge waren auf solche Umstände zurückzuführen. Weshalb also mußte die Lugastellung aufgeteilt werden, und welches war jetzt die Aufgabe Pjadyśews? In dem Befehl wurde er mit keinem Wort erwähnt. Byćewski schreibt: »Pjadyśew verschwand ganz einfach von der Bildfläche.« Man hörte gerüchtweise, Pjadyśew sei verhaftet worden.

Die Gründe und Umstände der Verhaftung Pjadyśews sind nie bekanntgegeben worden. Bis heute gibt es keine offizielle Erklärung dafür.[4]

[3] General Fedjunin hatte sich das Leben genommen. Er erschoß sich, um nicht in Gefangenschaft zu geraten. Aber ein Teil seiner Leute konnte entkommen, und sie nahmen seine Leiche mit. (Sajanow, a. a. O., S. 36.)

[4] Nach dem 20. Parteitag der KPdSU 1956 ist Pjadyśew öffentlich ›rehabilitiert‹ worden.

Als die sowjetischen Kriegsgeschichtler nach dem Kriege begannen, die Schlacht um Leningrad zu erforschen, kamen sie immer mehr zu der Überzeugung, die Lugastellung habe entscheidend dazu beigetragen, die Stadt vor dem endgültigen Untergang zu retten. Die Deutschen sind vom 9. Juli bis zum 8. August vor der Luga zum Halten gebracht worden. Das war fast ein Monat. Der Blitzkrieg geriet dadurch aus dem Gleichgewicht. Der deutsche Zeitplan konnte nicht mehr eingehalten werden. Hitlers Siegesparade mußte mehrmals verschoben werden. Während dieses Monats konnten die Deutschen trotz schwerster Angriffe und trotz unvorstellbar hoher russischer Verluste von Kingisepp aus nur geringe Fortschritte in Richtung auf den Ilmensee und die alte Stadt Nowgorod erzielen. Die Stellung hielt. Sie hielt trotz der Verluste, durch die die Freiwilligenformationen beinahe ausgelöscht wurden; Verluste, die ein erfahrener Offizier wie Dimitri Konstantinow als skandalös bezeichnet hat.

Aber nicht nur die Freiwilligen wurden sinnlos geopfert. General Duchanow konnte nicht darüber hinwegkommen, daß die Kadetten der Infanterieschule mit einem Linienregiment gemeinsam eingesetzt wurden. Dieses Regiment bestand aus 1 500 Infanterieoffizieren, die alle am Krieg gegen Finnland teilgenommen hatten und bei Kriegsausbruch zu einem Fortbildungslehrgang eingezogen worden waren. Fast alle hatten Kampferfahrung und hatten sich als Truppenführer bewährt. Nichts – wirklich nichts brauchten die Truppen des Leningrader Militärbezirks dringender als kampferprobte Führungskräfte. Solche Leute als Kanonenfutter dem deutschen Angriff mit bloßem Bajonett entgegenzustellen war militärischer Wahnsinn.

Auf die Dauer konnte die Stellung dennoch nicht gehalten werden.

Daß sie so lange gehalten hatte, erschien ohnehin wie ein Wunder, als Duchanow am 19. Juli auf höheren Befehl den Abschnitt zwischen Sabsk und Iwanowskoje übernahm und feststellte, wie es dort aussah. Dieser Teil der Lugastellung war von den Infanterieschülern und Teilen der 2. Freiwilligendivision besetzt. Als Duchanow in Wolosowo eintraf, wo er die ihm neu unterstellten Truppen übernehmen sollte, fand er dort nur den Kommandanten (den heutigen Generaloberst) A. D. Zirlin von der Pionierakademie, einen Adjutanten, einen Fahrer und eine Gruppe Pioniere vor. Alle anderen Einheiten lagen in den Stellungen. Es gab keine Nachrichtenverbindungen zu ihnen.

»Die Zustände hier sind märchenhaft«, sagte Zirlin. »Es fehlt an allem. Unser Stab besteht aus drei Mann und einem beweglichen Gefechtsstand. Unsere Nachrichtenmittel sind wir selbst, und unsere Einheiten sind über das Gelände verstreut wie Samenkörner über den Acker.«

Auf der Suche nach dem Gefechtsstand des Kadettenregiments stieß Duchanow auf eine Nachrichteneinheit. Er fragte den Führer, zu welchem Truppenteil er gehöre.

»Wir sind General Duchanow zugeteilt«, antwortete der Offizier.

»Wo kann man ihn finden?« fragte Duchanow.

»Wer kann das sagen?« sagte der Einheitsführer. »Man hat mir befohlen, nach Sabsk zu kommen. Dort soll er sein. Wir sind eben auf dem Wege dorthin.«

Duchanow sagte ihm, er habe sein Ziel erreicht. Er selbst mußte jetzt nur noch den Gefechtsstand der Kirow-Division finden. Als Artilleriefeuer in der Nähe einschlug, ließ er das Tempo seines Wagens beschleunigen. Ein mit Soldaten besetzter Lastwagen kam ihnen entgegen. Der Fahrer winkte sie heran, und sie hielten.

»Was ist los?« fragte der General.

»Panzer, deutsche Panzer haben die Stellung bei den Infanterieschülern durchbrochen.« Der Soldat sprach hastig; die Panik saß ihm im Nacken. Duchanow fuhr nach vorn und stellte fest, daß tatsächlich zwei Panzer durchgebrochen waren, aber beide waren abgeschossen worden. Sie lagen brennend in einem Panzergraben.

Der Schriftsteller Dimitri Śceglow nahm während dieser Zeit immer noch an dem Kurzlehrgang für Offiziere der Volksfreiwilligen teil. Am 30. Juli wurden die Freiwilligen zum Appell befohlen. Am nächsten Tag sollten sie an die Front gehen.

Śceglow hielt eine Ansprache.

»Genossen«, sagte er, »viele von uns sind Väter. Jeder muß an die Zukunft denken, an unsere Kinder, denen wir Rede und Antwort stehen müssen. Unsere Söhne und Töchter werden eines Tages fragen, ›was hast du getan, um den Feind zu schlagen?‹ und nicht nur unsere Kinder werden fragen. Auch ihre Mütter, unsere Frauen, werden die Frage an uns richten: ›Was hast du getan, um die Eindringlinge zu vernichten?‹ Bald werden wir die Antwort wissen.«

Die Männer applaudierten. Am folgenden Tag gingen die meisten zu ihren Feldtruppenteilen, aber Śceglow mußte in Leningrad bleiben. Er war noch in der Stadt, als seine Tochter vier Tage später aus Kingisepp zurückkehrte, wo sie Schützengräben ausgehoben hatte. Etwa 50 Kilometer war sie zu Fuß gegangen und hatte in Ischorsk den letzten Zug bekommen. Im letzten Moment war es ihr gelungen, auf das Trittbrett zu springen und sich mit einer Hand am Türgriff festzuhalten.

»Der Feind ist nahe«, notierte Śceglow in seinem Tagebuch.

Der Feind war nicht mehr weit und würde sehr bald noch viel näher sein.

19. Die Lugastellung bricht auseinander

Unermüdlich arbeitete Oberst Byćewski daran, eine Barriere zu errichten, die den deutschen Vormarsch aufhalten konnte, aber er wurde niemals damit fertig. In der Nacht vom 7. zum 8. August war er bei Oberst G. W. Muchin und dem schwer angeschlagenen Kadettenregiment. Um 8.00 Uhr morgens wurde der Unterstand, in dem er mit Muchin saß, wie von einem Erdbeben erschüttert. Jeder Stützbalken bebte, und wie Wasser rann der Sand zwischen den Brettern auf sie herab. Die Deutschen hatten die Offensive gegen die Lugastellung begonnen.

Feldmarschall von Leeb hatte seine Verbände umgruppiert. Mit der Direktive Nr. 34 vom 30. Juli hatte das deutsche Oberkommando seinen beiden AOKs und der Panzergruppe Vier die Schlachtflieger des VIII. Fliegerkorps zugeteilt. Von Leeb hatte den Auftrag, die sowjetischen Stellungen an der Luga zu durchbrechen, Leningrad einzuschließen und die Verbindung mit den finnischen Truppen auf der Karelischen Halbinsel herzustellen.

Dazu standen ihm 29 bis zu 80 und 90 Prozent aufgefüllte Divisionen zur Verfügung. 15 schwache sowjetische Divisionen standen ihm gegenüber. Angesichts dieses Kräfteverhältnisses schrieb Halder am 8. August in sein Kriegstagebuch: »Es bestätigt sich also mein altes Urteil, daß *Nord* für die Durchführung seiner Aufgabe stark genug ist.«

Leeb hatte die Heeresgruppe Nord in drei Angriffsverbände aufgeteilt. Das XLI. motorisierte Armeekorps und das zur Panzergruppe Vier gehörende XXXVIII. Armeekorps sollten gegen Iwanowskoje und Sabsk vorstoßen, um über das Koporski-Plateau hinweg weiter in Richtung auf Leningrad vorzugehen. Nordwestlich davon hatte Leeb die 58. Infanteriedivision eingesetzt, um den Abschnitt zwischen der Pljussaquelle und dem Peipussee zu decken.

Im Süden anschließend operierte die von Leeb so bezeichnete Gruppe Luga, bestehend aus drei Divisionen und dem LVI. motorisierten Armeekorps der Panzergruppe Vier. Dieser Angriffsverband sollte über die Stadt Luga hinweg und weiter an der Straße Luga–Leningrad in Richtung auf Leningrad angreifen. Dahinter staffelte sich die 8. Panzerdivision als Reserve. Die südlichste Gruppe, das XXVIII. und das I. Armee-

korps, ging mit der Stoßrichtung auf die von der 48. Sowjetarmee gehaltene Stellung bei Nowgorod und Tschudowo vor.
Leeb hoffte, bald auch die fünf Divisionen seiner Achtzehnten Armee, die noch vor Reval gebunden waren, freizubekommen, um der Offensive mehr Schwung zu verleihen. Weiter im Süden stieß seine Sechzehnte Armee um den Ilmensee herum gegen die sowjetische Elfte und Siebenundzwanzigste Armee vor.
Der artilleristische Feuerschlag, den Byćewski und Muchin in ihrem Unterstand hörten, signalisierte den Angriffsbeginn der Truppen Leebs.
Muchin und Byćewski krochen durch einen schlüpfrigen Verbindungsgraben bis zu einem Beobachtungspunkt in vorderster Linie. 30 Ju-88 flogen im Tiefflug über die Stellungen. Neun lösten sich aus dem Verband und warfen ihre Bomben ab, während die Offiziere in einen durch Sandsäcke geschützten Unterstand sprangen.
Nach einer halben Stunde hörte das deutsche Artilleriefeuer auf. Muchin sprach am Feldfernsprecher mit dem Kommandeur seines II. Bataillons, Kapitän Wolchow. 25 Panzer rollten auf Wolchows Stellung zu. Nach fünf Minuten meldete Wolchow, drei Panzer seien in Brand geschossen worden, und die deutsche Infanterie griffe an. Etwas später rief Muchin wieder an. Der Angriff war abgeschlagen worden.
Der junge Kriegsberichterstatter Wsewolod Koćetow und sein Kollege Michalew verbrachten die Nacht vom 7. zum 8. August im Freien zwischen den Grabsteinen eines Friedhofs in Opolje. Es war eine trockene und warme Nacht. Koćetow hatte sich zu seinem TT-Revolver jetzt auch ein Gewehr besorgt. Seine Taschen waren mit Handgranaten vollgestopft, und als Kissen benutzte er den Tornister. Darin hatte er seine abgegriffenen Notizbücher, Handtücher, Seife und ein Rasiermesser verstaut.
Später erzählte Koćetow, er habe sich in dieser Nacht kampfbereit gemacht, weil er einen deutschen Angriff erwartete.
Er wachte durch eine starke Detonation auf, die ihm wie ein Vulkanausbruch klang. Ein blendendweißes Licht blitzte über dem Horizont auf. Die Erde bebte. Koćetow vermutete, auch Eisenbahnartillerie sei an dem Feuerüberfall beteiligt.
Er versuchte, die 2. Freiwilligendivision zu finden, aber die Straßen dorthin waren mit Krankenwagen, Meldefahrzeugen, Kradfahrern, viehtreibenden Flüchtlingen, Ziegen, Schweinen und Bauern verstopft, die auf Handkarren ihren Hausrat hinter sich herzogen. Koćetow entschloß sich, lieber das Kadettenregiment aufzusuchen. Im Dorf Jablonitzki stießen er und Michalew auf zurückflutende Soldaten – Lastwagen der Roten Armee, schwere Geschütze, Funkwagen, Gruppen von erschöpften Soldaten mit schmutzverschmierten Gesichtern, starren Augen, blutigen Verbänden,

viele von ihnen ohne Waffen. Hinter ihnen hörte man die Einschläge von schweren Granaten.

Kočetow hatte noch keinen Rückzug erlebt. Es war ein furchtbarer Anblick; Soldaten, Soldaten und wieder Soldaten, die sich mutlos auf der Straße zurückschleppten. Nirgends war ein Vorgesetzter zu sehen. Niemand war da, um diese Männer zu führen, und es schien keine Möglichkeit zu geben, die hoffnungslose Menschenflut aufzuhalten. Endlich fragte Kočetow einen Leutnant, wo das Kadettenregiment läge.

»Sie sind immer noch dort«, sagte der Leutnant und deutete zurück auf das Schlachtfeld.

Kočetow sprach mit einigen der zurückgehenden Männer. Sie erzählten von dem überwältigenden deutschen Artilleriefeuer, den schrecklichen Panzern, den Fallschirmspringern und den Umfassungsangriffen. Die Deutschen waren allmächtig, mitleidlos und unbesiegbar. Ihre Armee war wie eine Maschine, gegen die es keinen Widerstand gab. Sie hatten Flugblätter abgeworfen, in denen die (falsche) Behauptung aufgestellt wurde, Leningrad und Kiew seien gefallen.

Die Lage war nicht ganz so verzweifelt, wie sie sich dem unerfahrenen Kočetow darstellte, aber sie war ernst genug. Er entschloß sich, die Suche nach dem Kadettenregiment aufzugeben.

So böse die Situation von russischer Seite aus auch erscheinen mochte, auch für die Deutschen war sie nicht gerade günstig. Halder notierte am 10. August in seinem Kriegstagebuch: »Der Angriff schreitet langsam fort.«

Für den 11. August findet sich folgende Eintragung: »Das, was wir jetzt machen, sind die letzten verzweifelten Versuche, die Erstarrung im Stellungskrieg zu vermeiden ... In der gesamten Lage hebt sich immer deutlicher ab, daß der Koloß Rußland ... von uns unterschätzt worden ist.«

Die Kämpfe verschlangen ungeheure russische Menschenreserven. Am 23. Juli befahl Schdanow die Aushebung von 105 000 Personen zur Arbeit an den Befestigungen in der Lugalinie und 87 000 für Arbeiten an den Befestigungen bei Gatschina. Kurz vor dem Mittag erhielten die örtlichen Parteisekretäre den Befehl, die Arbeitsbrigaden bis 5.00 Uhr nachmittags mit ihrer Ausrüstung, Schaufeln, Picken und Verpflegung bereitzustellen.

Obwohl man zwischen 500 000 und 1 Million Leningrader Bürger für die Schanzarbeiten eingesetzt hatte[1] – sogar 14- und 15jährige Kinder waren darunter –, reichten die Arbeitskräfte nicht aus. 30 000 wurden auf das Koporskiplateau zwischen Kingisepp und Leningrad geschickt, fast 100 000 arbeiteten im Raum Gatschina.

[1] Ende Juli oder Anfang August waren es »bis zu 500 000« (*N. S.*, S. 80).

General Popow und Parteisekretär Kusnezow waren ständig unterwegs, um die Front zu versteifen. Einmal waren sie bei Muchin und dem Kadettenregiment, dann wieder bei der 2. Freiwilligendivision oder bei Generalmajor W. W. Semaschko, dem Befehlshaber des Abschnitts bei Kingisepp. Sie führten der Lugastellung eine weitere Volksfreiwilligendivision, die 4., zu und versuchten, mit ihr und den Arbeiterbataillonen der Kirow-Werke einen Gegenangriff in Gang zu bringen. Die 4. Freiwilligendivision war 10 815 Mann stark, 2 850 Parteimitglieder und Junge Kommunisten einbegriffen. Ihre Bewaffnung bestand aus nur 270 Maschinengewehren, 32 Geschützen und 78 Granatwerfen. Nur zehn Prozent der Offiziere waren in der regulären Armee ausgebildet worden.[2]

Aber alle Anstrengungen waren vergebens. Die sowjetischen Truppen rannten gegen fünf deutsche Divisionen an. Zwei davon waren Panzerdivisionen. Der Angriff fiel auseinander und verlor die Richtung, und die Nachrichtenverbindungen wurden zerschossen.

Am Abend des 11. August, nach der häßlichen Abschlußbesprechung, kam Byćewski zum Gefechtsstand von Semaschko. Kusnezow tadelte Semaschko, weil er die 4. Freiwilligendivision nicht richtig geführt habe. In scharfem Ton sagte er: »Denken Sie daran, das sind Arbeiter aus Leningrad!«

Semaschko versuchte, sich zu rechtfertigen: »Alexei Alexandrowitsch, ich will den Arbeitern nicht den geringsten Vorwurf machen, aber diese Division ist erst vor drei Tagen aufgestellt worden. Sie hat keine Kampferfahrung, die Männer haben noch nie ein Gewehr in der Hand gehabt, sie sind 40 Kilometer bis in ihre Bereitstellungsräume marschiert, und schon erhielt ich den Befehl zum Gegenangriff. Dabei sind sie sofort auf Panzer gestoßen ...«

»Unausgebildet, noch nie im Feuer ...« erwiderte Kusnezow bissig. »Und wer hat den Feind einen ganzen Monat an der Lugastellung aufgehalten, wenn nicht die Volksfreiwilligen? Wer hat erst heute 50 Panzer in Brand geschossen? Die Brüder Iwanow und andere Arbeiter des Fleischkombinats! Auch sie waren noch nicht im Feuer, aber sie haben sich mit Molotowcocktails gewehrt ... Genosse Semaschko, wir können Ihnen keine anderen Divisionen geben. Sie müssen mit den Leuten auskommen, die Sie haben.«

[2] Am 25. Juli hatte der Militärsowjet die Aufstellung von vier weiteren Freiwilligendivisionen angeordnet, die aus den 430 000 schon registrierten Personen gebildet werden sollten. Die offizielle Bezeichnung dieser Verbände sollte ›Garde-Freiwilligendivisionen‹ sein. Die 1. Division ging am 11. August bei Wolosowo an die Front, die 2. am 17. bei Gatschina, die 3. bei Ropscha. Die 4. wurde, bevor sie an die Front ging, als 5. Garde-Freiwilligendivision umorganisiert. Am 12. und 13. September kam sie bei Pulkowo in die vorderste Linie. Die 6. kam am 16. September bei der Fleischfabrik von Rybazkoje und die 7. am 30. September bei Awtowo zum Einsatz.

»Und die Straße von Kingisepp nach Wolosowo darf vom Gegner nicht abgeschnitten werden. Das ist der ausdrückliche Befehl des Militärsowjet.«
»Zu Befehl«, sagte Semaschko und sah auf seine Uhr. »Es ist kurz vor Morgengrauen.« Er verließ den Unterstand, um sein Möglichstes zu tun. General Popow blieb zurück und ging wie ein eingesperrter Tiger von einer Ecke zur anderen durch den Raum. Nervös zog er sich an den Fingern und ließ die Gelenke knacken. »Die ganze Panzergruppe Vier greift hier an, die verdammten Hunde«, sagte er. »Bald werden hier mehr als zweimal 200 Panzer stehen.«
Semaschko hatte weniger als 50 Panzer übrig. Seine Truppen konnten die Stellung nicht halten, trotz des ausdrücklichen Befehls des Militärsowjet, trotz der kämpferischen Qualitäten der Leningrader Arbeiter und trotz der Drohungen Kusnezows. Die Stellung im Abschnitt zwischen Kingisepp und Wolosowo wurde durchbrochen, und zwar schon innerhalb von vierundzwanzig Stunden. Weder Befehle noch Heldentaten noch auch die blutigsten Verluste hielten die deutschen Panzer auf. Tausende von Männern und Frauen arbeiteten an Panzerfallen und Schützengräben. Sie schaufelten, schaufelten und schaufelten. Aber die Front brach auseinander. Leeb setzte seine Reserve, die 8. Panzerdivision, ein. Am 12. August unterbrach sie die Eisenbahnlinie und eroberte Weimarn. Das Schicksal von Kingisepp war besiegelt, aber die Rote Armee kämpfte weiter. Am 13. August wurden die Russen fast ganz aus der Stadt vertrieben, drangen aber wieder ein. Am 16. August verließen die erschöpften, verdreckten und verwundeten Verteidiger Kingisepp und zogen sich in die befestigten Stellungen bei Gatschina zurück. Aber die Schlacht war noch nicht zuende. Am 20. stürmte die 11. sowjetische Schützendivision Kingisepp von Westen her und befreite es vorübergehend. Nach weniger als vierundzwanzig Stunden wurde die Division wieder hinausgeworfen.
Kaum war die Stellung an einem Punkt durchbrochen, als sie auch fast überall zu zerbröckeln begann. Sie zerbrach an der Front vor Luga und etwa gleichzeitig vor Nowgorod. Am 13. August fiel Nowgorod trotz tapferer Gegenangriffe der Achtundvierzigsten und Elften Sowjetarmeen. Die verzweifelten sowjetischen Anstrengungen, die Stadt zu verteidigen, wurden durch Fehler beim Stab der Vierunddreißigsten Sowjetarmee, die sich eigentlich an der Operation beteiligen sollte, zunichte gemacht. Die Deutschen nahmen die ganze Stellung zwischen Ilmensee und Staraja Russa und vertrieben die Russen am 25. August aus der Verteidigungslinie am Fluß Lowat.
Welche Verluste die Russen bei diesen Kämpfen hinnehmen mußten, zeigt sich aus den Stärkemeldungen der Achtundvierzigsten Sowjetarmee unter Generalmajor S. D. Akimow nach dem Rückzug nach Norden, wo sie versuchte, eine 45 Kilometer breite Front am Ilmensee zu halten. Am

24. August hatte diese sogenannte Armee eine Gesamtstärke von 6 235 Mann. Sie verfügte über 5 043 Gewehre, das heißt, fünf Gewehre kamen auf sechs Mann. An schweren Waffen hatte sie noch drei 4,5-cm-Geschütze, zehn 7,6-cm-Geschütze, zwölf 7,6-cm-Fliegerabwehrgeschütze, vier 12-cm-Haubitzen und zwei 15,2-cm-Haubitzen. Das waren zusammen 31 schwere Waffen. Dazu kamen 104 Maschinengewehre und 75 Maschinenpistolen.

Damit war die Achtundvierzigste Armee an Mannschaften, aber nicht an Waffen, halb so stark wie eine sowjetische Friedensdivision. Die Achtundvierzigste Armee hatte höhere Verluste gehabt als andere bei Leningrad eingesetzte Verbände, aber der Unterschied war unbedeutend. Auch die Deutschen hatten schwere Verluste. Ein deutscher Offizier bezeichnete die Lugaoffensive als ›Straße des Todes‹. Der Befehlshaber der deutschen Panzergruppe Vier, General Hoepner, berichtete, seine Truppen hätten 1 236 befestigte Feldstellungen und 26 588 Minen überwinden müssen.

Der Tagesbefehl, den Feldmarschall von Leeb vor dem Angriff gegen die Lugastellung an seine Truppen richtete, entsprach fast der Wirklichkeit: »Soldaten! Vor euch liegen nicht nur die Reste der bolschewistischen Armee, sondern auch die letzten Einwohner Leningrads. Die Stadt ist leer. Ein letzter Stoß, und die Heeresgruppe Nord wird den Sieg errungen haben. Bald wird der Rußlandfeldzug beendet sein.«

Aber während Leeb seine Soldaten mit so hochtönenden Worten anfeuerte, klangen seine an das deutsche Oberkommando gerichteten verzweifelten Bitten um Verstärkungen und Hilfe ganz anders. Am 15. August notierte Halder in seinem Tagebuch im Hinblick auf die feindlichen Gegenangriffe: »Die Befehle wegen Abgabe eines motorisierten Korps an Nord ergehen also. Ich halte sie für einen schweren Fehler, der sich rächen wird.« Weiter heißt es dort: »Wilde Forderungen der Heeresgruppe Nord auf Pioniere, Artillerie, Flak, Pak (außer den drei schnellen Divisionen) werden abgelehnt.«

Tag um Tag, Stunde um Stunde verringerte sich die Handlungsfreiheit des Militärbefehlshabers in Leningrad.

Die baltische Flottenbasis in Reval war im Rücken der Kampffront zurückgeblieben und vom Feind eingeschlossen. Es war fraglich, wie lange die Besatzung sich würde halten können. Die karelische Front zerbrach, weil Woroschilow und Schdanow sie von Truppen entblößten, um die Stellungen unmittelbar vor Leningrad zu verstärken. Jeden Augenblick konnten Finnen und Deutsche nördlich der Stadt durchbrechen.

Es gab keine Reserven mehr. Der Leningrader Stabschef, General Nikischew, meldete am 13. August dem Generalstabschef des Oberkommandos, Marschall B. M. Schaposchnikow: »Die Schwierigkeit der gegenwärtigen Lage liegt darin, daß weder die Divisionskommandeure noch die Armee-

befehlshaber noch auch die Truppenkommandeure über irgendwelche Reserven verfügen. Selbst der kleinste feindliche Einbruch kann nur durch schnelle Improvisationen einzelner Einheiten bereinigt werden.«
Nikischew meldete an Schaposchnikow, im Leningrader Befehlsbereich gäbe es außer den unausgebildeten Volksfreiwilligen und den aus Litauen und Lettland zurückgewichenen angeschlagenen Verbänden kaum irgendwelche Truppen, die man der Heeresgruppe Leeb entgegenstellen könne. Seine Forderungen an den Generalstab waren erstaunlich hoch, ›ein Minimum‹ von 12 Divisionen, 400 Flugzeugen und 250 Panzern. Nikischew teilte Byćewski den Inhalt seines Berichts an den Generalstab am Morgen des 14. August zwischen 5.00 und 6.00 Uhr mit, als Byćewski zu ihm kam, um sich über die Lage zu informieren.
Müde und verbittert fragte Nikischew, ob Byćewski glaube, der Generalstab werde Truppen bereitstellen, um Leningrad zu retten. Nikischew blickte auf die Karte an der Wand, wo die tief in russisches Gebiet eingedrungenen deutschen Angriffskeile mit Blaustift eingezeichnet waren. Er wartete nicht auf die Antwort.
»Natürlich«, sagte er, »sie werden uns keine Verstärkungen geben, aber wir mußten sie zumindest darum bitten.«
Nikischew war schlecht auf den Oberbefehlshaber Marschall Woroschilow zu sprechen, weil dieser Truppen aus dem Nordabschnitt abgezogen und an der Nordwestfront des Leningrader Bezirks eingesetzt hatte.
Nach drei Tagen kam als Antwort auf Nikischews Anforderung ein Befehl aus Moskau. Drei Divisionen wurden von der Nordwestfront abgezogen, um an der Nordfront (dem wichtigsten Frontabschnitt bei Leningrad) verwendet zu werden, und am 19. wurde die Achtundvierzigste Armee von der Nordwestfront an die Nordfront verlegt.
Es war fraglich, welchen militärischen Wert diese Verschiebung haben würde. Vielleicht öffnete sie den Deutschen sogar den Weg zur Einschließung Leningrads. Vor der Nordwestfront hatte man bei Staraja Russa einen recht erfolgreichen Gegenangriff begonnen, und die Deutschen hatten 40 bis 45 Kilometer ausweichen müssen. Um diesen Schlag aufzufangen, hatte von Leeb sich gezwungen gesehen, sein LVI. motorisiertes Armeekorps und die SS-Totenkopfdivision in den Raum Staraja Russa zu führen. Außerdem war das XXXIX. motorisierte Korps von Smolensk herangebracht worden. Die Deutschen sprachen von einer ›vorübergehenden Krise‹.
Gerade in diesem Augenblick waren die Armeen durch die von Nikischew beantragte Verschiebung nicht voll kampfbereit. Er selbst kommentierte bitter: »Jetzt können wir sie haben, zusammen mit einem ganzen deutschen Armeekorps, das ihnen auf den Fersen folgt!«
Die Verlegung der Achtundvierzigsten Armee war ein folgenschwerer

Fehler. Dieser geschwächte und schwerfällige Verband war nur noch ein Torso und dabei die einzige Truppe, die noch zwischen den deutschen schnellen Divisionen und der von Moskau nach Leningrad führenden Eisenbahnlinie stand.

Die deutschen Divisionen stießen direkt auf die Naht zwischen den beiden Frontabschnitten vor Leningrad. Dabei warfen sie die Reste der Achtundvierzigsten Armee nach Osten zurück. General Duchanow nahm an diesen Kämpfen teil. Als er erfuhr, daß die Achtundvierzigste Armee zusammen mit Verbänden der Nordwestfront auf dem Rückzug nach Osten war, sagte er, das Ganze käme ihm vor wie »ein grauenhafter, dummer Traum«. Mit dem Ausweichen der sowjetischen Streitkräfte nach Osten (anstatt nach Norden) öffneten sie den Deutschen den Zugang nach Leningrad.

Nach Duchanows Auffassung ermöglichte dieser Fehler es den Deutschen, Leningrad einzuschließen. Wohl hätten die im Bezirk Leningrad vorhandenen Truppen die Einschließung der Stadt vielleicht nicht verhindern können, aber durch den Rückzug nach Osten öffneten die zurückgehenden Truppen dem Gegner eine Lücke von etwa 20 Kilometern.

Generalleutnant A. W. Sucholmin, der Stabschef der Vierundfünfzigsten Armee, berichtet: »Während dieser Zeit war die ganze Armee auf Rädern in Bewegung.« In Moskau bemühte man sich verzweifelt, aus den ostwärts von Moskau liegenden Reserven neue Truppen nach Leningrad zu bringen. Andere wurden von der Karelischen Landenge in den Raum südlich und westlich von Leningrad verlegt. Tag und Nacht wurden sie zwischen Westen, Südwesten und Osten hin und her dirigiert.

Das Manöver schien nie aufhören zu wollen. Es war, als wolle man ein Sieb mit Wasser füllen. Sobald die Truppen aus dem Norden herausgezogen worden waren, um die Front im Süden oder Südwesten zu verstärken, kam es zu kritischen Situationen im Südosten.

Durch nichts konnte man in Leningrad während jener schicksalsschweren Augusttage das Zusammenschmelzen der Menschenreserven aufhalten, und nichts konnte der Sturmflut widerstehen, die die deutschen Panzer den Toren Leningrads stündlich näherbrachte.

20. Der Feind steht vor den Toren

Die zentrale Leitstelle für die Verteidigung von Leningrad war im Smolny, dem großen Gebäudekomplex an der Newa, wo seit Lenin das Hauptquartier der Kommunistischen Partei seinen Sitz hatte, nur etwa drei Kilometer vom Winterpalais entfernt. Schon lange wurden die Entscheidungen in der Schlacht um Leningrad nicht mehr im Generalstabsgebäude, sondern im Smolny getroffen. Hier lebte und arbeitete Schdanow rund um die Uhr, und je mehr schlaflose Nächte und endlose Tage sich aneinanderreihten, desto mehr vernachlässigte er sein Äußeres. Er wurde zum Kettenraucher, und die Belomor- und Pamirschachteln auf seinem Schreibtisch häuften sich, bis ein Adjutant wieder Ordnung schaffte und sie forträumte.

In einem Unterstand im Smolny hatte man eine große Kommandozentrale eingerichtet. An einem langen Tisch war die Nachrichtenvermittlung installiert, uniformierte Männer und Frauen saßen an den Funktelegraphen und ließen Befehle und Anweisungen in alle Richtungen zur Front hinausgehen. Hier war auch der Fernsprecher, der Leningrad und Moskau über eine geheime Leitung miteinander verband, und hier arbeiteten Schdanow, die höchsten Partei- und Regierungsspitzen und die militärische Führung der Leningrader Front, wenn Fliegeralarm gegeben war.

Der Smolny war durch starke Befestigungsanlagen geschützt. Auf benachbarten Gebäuden und in den Parks der Umgebung hatte man Fliegerabwehrbatterien in Stellung gebracht. Das Hauptgebäude war von einem Netz von Schützengräben und Maschinengewehrnestern umgeben. Vier Panzer hielten die Wache am Hauptportal, und ein Kanonenboot lag ganz in der Nähe am Newakai.

Während der schweren Luftangriffe, die mit dem 8. September einsetzten, wurde der Smolny nicht getroffen, aber zahlreiche 500- und 1 000-Pfund-Bomben fielen ganz in der Nähe. Die nur etwa 100 Meter von hier gelegene Pumpstation im ›Haus der Bauern‹ erhielt einen direkten Treffer.

Meist arbeitete Schdanow in seinem Büro im dritten Stock des rechten Flügels im Hauptgebäude. Das erleichterte die Zusammenarbeit mit seinen Parteigenossen, den anderen Parteisekretären in Leningrad, A. A. Kusnezow, J. F. Kapustin, M. N. Nikitin und T. F. Schtykow, deren Arbeitszimmer im gleichen Stockwerk lagen. Darunter war das Hauptquartier des Leningrader Militärbezirks untergebracht, und neben der Haupttreppe lagen die Räume des Oberbefehlshabers. Hier versammelte sich auch der Militärsowjet.

Hinter Schdanows Schreibtisch hing ein Porträt von Stalin, links davon Bilder von Marx und Engels. Im übrigen waren die Wände kahl. Ein langer Tisch, der an seinen Schreibtisch anschloß, war mit rotem Tuch bedeckt. Darauf lagen ganze Stapel von Karten und sogenannten *papki.* Das waren mit breiten, hellvioletten Bändern zusammengehaltene gelbe und braune Aktendeckel. Sie enthielten die übliche Tagesarbeit eines russischen Bürokraten.

Auf Schdanows Schreibtisch standen nur wenige Gegenstände; eine in Stahl gefaßte Schreibtischgarnitur aus seifenfarbigem Uralgestein, ein Geschenk der Arbeiter der Kirow-Werke. Neben dem Schreibtisch stand ein mit grünem Tuch bedeckter Bücherschrank mit Glastüren. Darin stapelten sich weitere *papki.*

Hier arbeitete er stundenlang, tagelang, keuchend und hustend, denn sein Asthma quälte ihn immer heftiger, je mehr er rauchte. Obwohl er, wie alle hohen Parteifunktionäre, den militärischen Rang eines Generalleutnants innehatte, trug er keine Uniform, sondern die traditionelle schmutzigolivgrüne Bluse der Kommunistischen Partei aus der Revolutionszeit, und um den immer umfangreicher werdenden Leib einen breiten Ledergurt.

Seine dunklen Augen lagen in tiefen Höhlen und glühten wie Kohlen. Die Sorgenfalten in seinem Gesicht verschärften sich, wenn er bis tief in die Nacht über seiner Arbeit saß. Er verließ das Gebäude nur sehr selten und unternahm auch kaum einen Spaziergang in der wenig einladenden unmittelbaren Umgebung. Hier wimmelte es jetzt von allen möglichen militärischen Einrichtungen: Fliegerabwehrbatterien, Feldfunkstationen, Militärlastwagen, Zeltlager, Scheinwerferbatterien und lange Reihen von Kurierfahrzeugen und Befehlswagen.

Sein braunes, mit rötlichen Strähnen durchsetztes Haar zeigte noch keine grauen Stellen. Die dicken Finger waren von Nikotin verfärbt, obwohl Schdanow die russischen Papirossi mit dem langen Pappmundstück den herkömmlichen Zigaretten vorzog.

Es gab im Smolny auch Küchen und Speiseräume, aber Schdanow aß meist in seinem Arbeitszimmer. Man brachte ihm das Essen auf einem Tablett, und er schlang die Mahlzeiten während der Arbeit in sich hinein. Manchmal aßen auch einige seiner Mitarbeiter mit ihm, wenn das Mittagessen gegen 15.00 Uhr serviert wurde. Zu jeder Tages- und Nachtzeit trank er Tee. Er schlürfte ihn nach russischer Art aus einem Glas, das in einem sil-

bernen deutschen Teeglasständer stand, über ein Stück Zucker, das er im Munde hielt. Im Tee schwamm möglichst eine Scheibe Zitrone.
Im Smolny arbeiteten Schdanow und Woroschilow die Pläne für die Verteidigung Leningrads aus. Hier fanden die Besprechungen zwischen Schdanow und den höheren Truppenführern und mit den Beamten der Stadtverwaltung statt, die für die Durchführung zahlreicher Verteidigungsmaßnahmen verantwortlich waren. Hier hielt Schdanow auch seine feierlichen Ansprachen an die Vertreter der kommunistischen Jugendorganisation, auf deren schmale Schultern immer schwerere Lasten gelegt wurden, und hier besprach er sich mit den aktiven Parteimitgliedern, denen es am Ende zufallen sollte, Leningrad zu verteidigen und es vor der Eroberung durch die Deutschen zu bewahren.
Ganze Nächte hindurch saßen Schdanow und Woroschilow zusammen und versuchten, militärische Probleme zu lösen. Tagsüber und bis zum Abend gab es Versammlungen, Besprechungen und Ansprachen an die Bevölkerung. Auf äußere Formen legte man meist keinen Wert. Truppenkommandeure, Parteifunktionäre, Ingenieure und Spezialisten nahmen je nach Umständen oder Laune an den Besprechungen des Militärsowjet teil oder nicht.
Schdanow und Woroschilow befahlen die Redakteure der *›Leningradskaja Prawda‹* zu sich, um strengere Richtlinien für die Propaganda festzulegen. Sie ließen einige erfahrene Berichterstatter vom Militärdienst freistellen, von denen man realistischere Frontberichte erwarten konnte als von so jungen Reportern wie Wsewolod Kočetow und seinem Freund Michalew. Da die Öffentlichkeit ihre Informationen über die militärische Lage vor allem aus Gerüchten und Falschmeldungen bezog, bemühte man sich jetzt, besonders über die Kämpfe an der Front vor Leningrad genauere Berichte zu veröffentlichen.
Am 21. Juli versammelten sich im Smolny die höchsten Militärs und Parteiführer. Schdanow und Woroschilow wiesen darauf hin, daß es keinen Grund gebe, mit den eigenen Leistungen zufrieden zu sein. Jeder Sprecher betonte, wie wichtig es sei, die Arbeit an den Verteidigungsanlagen voranzutreiben. Man besprach die bei den Bauarbeiten aufgetretenen Mängel und die zwischen den Fachleuten entstandenen Meinungsverschiedenheiten. Es wurde beschlossen, eine zentrale Verwaltungsstelle für den Bau aller Befestigungsanlagen verantwortlich zu machen, deren Leitung Parteisekretär Kusnezow übernahm.
Am 24. Juli fand eine weitere Versammlung des kommunistischen Parteiaktivs im Smolny statt. Sekretär Kusnezow führte den Vorsitz. Als erster sprach Woroschilow. Er sagte: »Die oberste Aufgabe besteht darin, dem Gegner den Zugang in die Stadt zu verwehren.« Dann ergriff Schdanow das Wort: »Der Feind will unsere Heimstätten zerstören, unsere Fabriken

in Besitz nehmen, unsere Errungenschaften zunichte machen, unsere Straßen und Plätze mit dem Blut ungezählter Opfer überfluten und die freien Söhne unseres Mutterlandes versklaven. Das wird ihm nicht gelingen!«
Schdanow forderte nun die Anwesenden auf, sich zu erheben, und in dem Raum, in dem Lenin den Beginn der bolschewistischen Revolution verkündet hatte, gelobte das Leningrader Parteiaktiv feierlich, »eher zu sterben als die Stadt Lenins dem Feinde zu übergeben.« Dann sangen sie die Internationale. Man beschloß, in der Parteizentrale einen Tag und Nacht durchlaufenden Dienst einzurichten, an dem sich alle aktiven Parteimitglieder und alle Parteianwärter beteiligen sollten. Zum Schluß arbeitete man einen Plan aus, nach dem Parteifunktionäre, Komsomolzen und Arbeiterbrigaden das Stadtgebiet Block um Block und Haus um Haus verteidigen sollten.

In der Aufregung hatte man vergessen, an die Bevorratung mit Verpflegung zu denken. Schon am 22. Juni hatte die Bevölkerung angefangen, Lebensmittel zu horten, aber niemand hatte es unternommen, die Bewirtschaftung der vorhandenen Reserven in die Wege zu leiten. In allen sowjetischen Großstädten wurden am 18. Juli Lebensmittelkarten eingeführt. Die Zuteilungen in Leningrad entsprachen denjenigen im ganzen Lande. Es gab täglich 800 g Brot pro Kopf der arbeitenden Bevölkerung, 600 g für Angestellte, 400 g für Familienangehörige und Kinder. Die monatliche Fleischration für Arbeiter betrug 2 200 g, für Familienangehörige und Kinder 600 g. Nährmittel, Fett und Zucker waren ausreichend vorhanden. Jelena Skrjabina notierte in ihrem Tagebuch: »Bisher ist es nicht schlimm. Wir haben zu leben.«

Mit Einführung des Kartensystems wurden 71 freie Läden im ganzen Stadtgebiet eröffnet. Hier gab es alles ohne Karten zu kaufen. Auch die Mengen waren nicht begrenzt. Es gab Zucker, Butter, Fleisch und Kaviar. Aber die Preise waren hoch. Ein Kilo Zucker kostete 17 Rubel. Die Leute stürmten in die Läden, sahen die Preise und gingen grollend wieder hinaus. Die Mahlzeiten in den Restaurants waren nicht rationiert und schmeckten ebenso gut – oder schlecht – wie immer.

In der Eremitage ging die Arbeit Tag und Nacht weiter. Professor Orbeli hatte keine Ruhe, ehe nicht alle seine Kunstschätze in Sicherheit gebracht waren. Je mehr Arbeitskräfte zu den Schanzarbeiten und zum Militärdienst eingeogen wurden, desto größere Schwierigkeiten bereitete es, die Kunstschätze zu verpacken. Unter großen Anstrengungen gelang es, am 2. Juli eine zweite Ladung auf den Weg zu bringen. Sie füllte 23 Eisenbahnwaggons und war in 422 Kisten mit etwa 700 000 Einzelstücken verladen. Vierzehn Museumsangestellte begleiteten den Zug zu seinem damals unbekannten Bestimmungsort. Heute weiß man, es war Swerdlowsk. Mit einem dritten Zug – so glaubte Orbeli – wäre es geschafft.

Auf Orbelis Schreibtisch häuften sich die fernmündlichen Anfragen aus dem Parteisekretariat, dem Militärsowjet und dem Stadtsowjet:
Sie werden ersucht, 75 arbeitsfähige Männer für Verteidigungsaufgaben zu mobilisieren. Die Arbeitsbrigade muß mit Schaufeln, Picken, Brecheisen, Sägen und Äxten ausgerüstet sein. Jeder hat Verpflegung für fünf Tage, Tasse, Löffel, Wasserkessel, eine Garnitur Unterwäsche, warme Bekleidung und Geld mitzubringen. Teilen Sie dem Kommando mit, daß die Arbeit nicht weniger als zwei Wochen dauern wird.
Die Evakuierung Leningrads war mehrmals in Angriff genommen und dann wieder aufgegeben worden. Meist handelte es sich um Kinder, die zunächst in die nähere Umgebung aufs Land, dann aber in den Ural und andere entfernte Gebiete geschickt wurden. Für die Durchführung dieser Maßnahme hatte der Leningrader Stadtsowjet eine besondere Abteilung geschaffen. Bis zum 11. August verließen 467 648 Personen die Stadt.[1] Aber diese Entlastung der Stadt wurde durch das Einströmen von Flüchtlingen aus den Baltischen Staaten wieder ausgeglichen. Am 10. August wurde beschlossen, noch einmal 400 000 Frauen und Kinder zu evakuieren. Nach vier Tagen erhöhte man diese Zahl auf 700 000, aber in Wirklichkeit kam es dann doch nicht mehr dazu. Als der Belagerungsring sich schloß, waren 216 000 Personen zwar registriert, aber noch nicht aus der Stadt abtransportiert worden. Die Eisenbahn hatte diese zusätzliche Belastung nicht leisten können, denn die Strecken wurden bombardiert. Am 15. August griffen zum Beispiel 105 deutsche Bombenflugzeuge die Eisenbahnstation Tschudowo an, und am 18. August beschädigten Bombentreffer die Brücke über den Wolchow auf der Strecke Leningrad–Moskau und blockierten damit den Verkehr.
Ein Augenzeuge berichtete: »Mit katastrophaler Verspätung haben wir versucht, Frauen und Kinder aus der Stadt abzutransportieren. Wir versammelten sie, setzten sie in die Züge und fuhren sie 8 bis 10 Kilometer weit vom Finnländischen Bahnhof bis nach Rybazkoje oder irgendwo anders hin, wo die Züge zu acht oder zehn nebeneinander auf den Gleisen warteten. Das dauerte drei Tage, fünf Tage, eine Woche, und jeden Augenblick glaubte man, die Fahrt würde weitergehen. Niemand konnte die Familien benachrichtigen, die glaubten, die Reisenden seien längst unterwegs. Die meisten von ihnen hatten kein Geld, und der Reiseproviant mußte schon hier verbraucht werden.«
Bis zuletzt hatten die Leningrader das Gefühl, es sei ungehörig und sogar ein Zeichen von Feigheit, die Stadt zu verlassen. Dafür mußte Leningrad sehr bald einen hohen Preis zahlen. Die Verantwortung lag hier ebenso

[1] Karasew, a. a. O., S. 91. In N. S. ist die Zahl von 477 648 angegeben. Das ist wahrscheinlich ein Druckfehler.

wie für manche andere Maßnahme bei der Parteiorganisation, denn es waren die Parteiführer von Schdanow bis zu den Zellenleitern, die die Leute in ihrem Entschluß bestärkten, in der Stadt zu bleiben, und die jeden streng tadelten (außer Frauen und Kinder), der versuchte, hinauszukommen.

Man gab den Kindern reichlich Lebensmittel mit, um sie im Ural, in Zentralasien und an der Wolga ernähren zu können. Welche Verpflegungsvorräte insgesamt aus Leningrad abtransportiert worden sind, läßt sich nicht mehr feststellen, aber allein am 7. August schickte Leningrad 30 t Zucker, 11 t Butter und große Mengen Mehl und Nährmittel zum Kirow Oblast.

Es wurde immer schwieriger, die Industrieproduktion, besonders die Herstellung von Rüstungsgütern, aufrechtzuerhalten. Beginnend am 11. Juli, wurden aufgrund von Anweisungen des Staatsverteidigungsausschusses die Produktionsstätten allmählich aus der Stadt verlegt. Am 1. August wurde die Maschinenfabrik Newski auf 180 Güterwagen verladen und nach Swerdlowsk geschickt. Die Kirow-Maschinenfabrik (nicht zu verwechseln mit den Kirow-Stahlwerken) hatte 81 Güterwagen mit Maschinenanlagen nach Barnaul geschickt, und das russische Dieselwerk war auf 70 Güterwagen nach Gorki gebracht worden. Wegen der Verlagerung großer Fabriken wie der Kirow-Stahlwerke und der Ischorsk-Werke hatte man schwere Bedenken, aber im August gingen 3 000 Arbeiter der Kirow-Werke und einige Maschinen nach Ćeljabinsk. Auch Maschinen der Ischorsk-Werke wurden abtransportiert. Es herrschte eine unglaubliche Verwirrung. Noch 1943 bemühte sich der Direktor der Schdanow-Werke darum, seinen Maschinenpark wieder aufzustellen. Ein Teil davon war nach Taschkent und der Rest in den Ural geschickt worden. Bis zum 27. August waren insgesamt 59 280 Güterwagen mit Maschinenanlagen beladen und abtransportiert worden, darunter 56 000 Elektromotoren, 22 Kesselanlagen und 23 Wasserturbinen. Bis zum 1. September hatte man fast 100 Fabriken ganz oder teilweise evakuiert.

Einige Werke schickten auch Rohmaterial und Halbfertigprodukte mit. Am 29. Juli erging ein Verbot, Eisen, Stahl und Buntmetalle aus der Stadt abzutransportieren. Etwa eine Woche später rationierte man die Versorgung der Industrie mit Treibstoff und Kohle und installierte große Dampfkessel, die man – wie im Elektrizitätswerk Nr. 5 der Kirow-Werke – mit Torf und Holz heizen konnte.

Es wurde immer schwieriger, die vom staatlichen Verteidigungskomitee als vordringlich bezeichneten Aufträge auszuführen; es hatte z. B. angeordnet, die Kirow-Werke sollten mit der Serienherstellung von Feldgeschützen beginnen. Der Auftrag wurde an 38 Vertragswerkstätten weitergegeben, doch bis Ende Juli wurden nur 133 Geschütze ausgeliefert.

Ein weiterer dringender Auftrag lag für die Herstellung von Raketengeschossen für die berühmte russische Geheimwaffe ›Katjuscha‹ vor. Das war eine Abschußrampe für acht oder zwölf Raketen. Auch dieser Auftrag mußte an 17 Vertragswerkstätten weitergegeben werden, und erst am 27. August gingen die ersten Raketen in die Fertigung.
Mit unwiderstehlicher Gewalt stürmten die Deutschen weiter voran. Ihre Vorausabteilungen drangen schon in die Leningrader Vorstädte ein – wenn man, wie das später geschehen ist, die in der näheren Umgebung der Stadt gelegenen Gebiete dazurechnen will, in denen viele ihre Sommerhäuser hatten oder deren Bewohner nach Leningrad zur Arbeit fuhren.
Am 16. August befahl Schdanow die in Schlüsselpositionen sitzenden höchsten Parteifunktionäre in den Smolny. Das waren die Sekretäre der Bezirke, der *rajons* oder Kreise, die Zellenleiter in der Stadt und den Außenbezirken, die Parteileiter in den Regierungsämtern, die Direktoren der großen Fabriken – kurz das Rückgrat der Leningrader Parteiorganisation, das sogenannte ›engste Parteiaktiv‹.
Die Zeit war gekommen, ein offenes Wort zu sprechen. In den Fabriken machte sich schon eine gewisse Mißstimmung und Sorge bemerkbar. Die Arbeiter konnten nicht verstehen, warum die Rote Armee immer weiter zurückging. Auch die Tatsache, daß die gerüchtweise verlautenden schlechten Nachrichten über den Verlust russischer Städte und weitere Rückzüge erst Tage später durch die offiziellen Nachrichten bestätigt wurden beunruhigte sie. Schdanow sprach ganz offen. Er sagte, man müsse mit einer wesentlichen Verschlimmerung der Lage rechnen.
»Wir müssen jeden Augenblick mit massiven Luftangriffen gegen das Stadtgebiet rechnen. Der Luftschutz, die Feuerwehren und die Erste Hilfe-Stationen müssen sofort inspiziert und auf volle Mannschaftsstärke gebracht werden.«
Der Bürgermeister von Leningrad, Peter S. Popkow, meldete, 400 000 Personen seien aus der Stadt evakuiert worden, und etwa drei Millionen Einwohner befänden sich noch in Leningrad. Popkow, ein fähiger und energischer Mann, kam selten in den Smolny, er war meist unterwegs in Fabriken, Elektrizitätswerken oder anderen Produktionsstätten, um bei der Lösung schwieriger Probleme zu helfen. Er war jähzornig und nervös und konnte sich nicht immer beherrschen. Er meldete, die 5 000 Luftschutzräume böten nur etwa einem Drittel der Bevölkerung Platz. Es müßten sofort neue Luftschutzbunker gebaut werden.
Der in einem Kabelwerk beschäftigte Parteifunktionär A. K. Koslowski, der an der Besprechung teilgenommen hatte, machte sich in seinem Tagebuch die folgenden Notizen über seine Eindrücke:

> Heute nahm ich an der Besprechung des ›engsten Parteiaktivs‹ teil. Bericht von Marschall Woroschilow. Dann sprach Genosse Schdanow.

Ganz offen und direkt erläuterte er die Lage an der Leningrader Front. Die Lage ist alles andere als erfreulich ... Aber die Rote Armee wird dem Feind nicht erlauben, in die Stadt einzudringen. Heute werden wir anfangen, in den Fabriken Arbeiterbrigaden aufzustellen. Die Stadt wird von einem Befestigungsgürtel umgeben werden.

Finster entschlossen verließ Bycewski die Versammlung. Er berichtet: »Als wir auseinandergingen, waren unsere Gedanken darauf gerichtet, die wichtigsten Aufgaben sofort, noch heute abend und morgen zu erledigen. Die Atmosphäre in den Straßen schien gespannter denn je. Der aus dem Dunkel ertönende Pfiff des Polizisten klang besonders schrill. Irgendwo hörte man einen Schuß fallen.«

Es bestand Grund genug für die gespannte Atmosphäre. Die Deutschen meldeten über den Rundfunk und auf Flugblättern, die sie über Leningrad abgeworfen hatten, nur die Wasilewski-Insel hielte sich noch, und Kronstadt stünde in Flammen. SS- und Polizeieinheiten standen für den Einsatz in Leningrad bereit. Sondergenehmigungen des ›Stadtkommandanten‹ für Kraftfahrzeugfahrten nach Leningrad waren schon gedruckt. Auf den Flugblättern konnte man lesen: »Wenn ihr glaubt, Leningrad könne verteidigt werden, dann irrt ihr euch. Wenn ihr den deutschen Truppen Widerstand leistet, werdet ihr in den Trümmern Leningrads unter dem Hagel deutscher Bomben und Granaten umkommen. Wir werden Leningrad dem Erdboden gleichmachen und Kronstadt bis zur Wasserlinie zerstören.« Der Berliner Rundfunk meldete: »Nur noch Stunden trennen uns vom Fall Leningrads, des sowjetischen Bollwerks an der Ostsee.«

Der tödliche Ernst der Lage war jedem klar. Am 20. August beriefen Schdanow und Woroschilow einen besonderen Verteidigungsrat für das Stadtgebiet von Leningrad ein. Den Vorsitz übernahm der Befehlshaber der Freiwilligenverbände, General A. I. Subbotin. Außerdem gehörten dazu: Parteisekretär Kusnezow, Parteisekretär J. F. Kapustin, Bürgermeister Popkow und das Mitglied des Militärsowjet der Volksfreiwilligen L. M. Antjufejew. Der Verteidigungsstab bestand aus Subbotin, dem Chef des Stabes, Oberst Antonow und Antjufejew als Militärkommissar. Seine Aufgabe war es, die Verteidigung der Stadt im Straßenkampf zu leiten. Im Rahmen des Verteidigungsrats wurden für jedes Stadtgebiet mit uneingeschränkten Vollmachten ausgestattete ›Troikas‹ gebildet. Jede Troika bestand aus dem Parteisekretär, dem örtlichen Vorsitzenden der Stadtverwaltung und dem zuständigen NKWD-Kommandanten. Der militärische Befehlshaber des örtlichen Freiwilligentruppenteils war der Troika unterstellt. Für jede Fabrik wurde eine Troika ernannt, die die Verteidigung ihres Werks zu organisieren hatte. Jeder Stadtbezirk war in Sektoren eingeteilt, jeder Sektor in Untersektoren. Zur Verteidigung der

Sektoren stellte man 150 Arbeiterbataillone zu je 600 Männern, Frauen und Jugendlichen auf. Noch am gleichen Tage vor Einbruch der Nacht sollten 77 dieser Bataillone mobilisiert werden. Ihre Bewaffnung bestand aus Gewehren, Schrotflinten, Pistolen, Maschinenpistolen, Molotowcocktails, Säbeln, Dolchen und Piken. Man begann mit dem Bau von Straßensperren, Feuerstellungen, Maschinengewehrnestern und Panzerfallen. In Parks und auf offenen Flächen ließ man zur Bekämpfung von Fallschirmtruppen Maschinengewehre in Stellung gehen. Um Flugzeuge und Lastensegler an der Landung zu hindern, wurden schwere Pfähle eingerammt. Innerhalb von vier bis fünf Tagen sollten diese Verteidigungsvorbereitungen abgeschlossen sein.

Für den 20. August rief Schdanow das große Parteiaktiv zusammen. Das war die zweite Vollversammlung nach Kriegsausbruch. Es gab keine Einlaßkarten, sondern die Nachricht wurde von einer Parteizelle zur anderen mündlich weitergegeben. Nur die Teilnehmer kannten Zeit und Ort. Die Versammlung fand in der Lepnyhalle statt. Es gab keine Formalitäten, keine Wahl des Präsidiums und keine Berichte. Mit rotumränderten Augen, hohlwangig, erschöpft und erregt kamen diese Leute zusammen. Sie brachten ihre Handfeuerwaffen mit. Schdanow und Woroschilow – beide mit der Pistole im Gurt – ergriffen nacheinander das Wort. Zuerst sprach Woroschilow und zeigte mit einem Zeigestab auf der Karte die Linie, an der die Stadt zu verteidigen sei. Er gab bekannt, an welchen Punkten der Gegner schon durchgebrochen war. Bei Gatschina war der Feind Leningrad am nächsten. Er warnte, die Deutschen hätten sich zu einem wütenden Angriff bereitgestellt, versicherte aber, »Leningrad wird ihr Grab werden«.

Schdanow sprach langsam und ernst.

»In möglichst kurzer Zeit müssen wir die Bevölkerung mit den wichtigsten und wirksamsten Kampfmethoden bekanntmachen. Sie müssen lernen, zu schießen, Handgranaten zu werfen, müssen im Straßenkampf ausgebildet werden, Schützengräben ausheben und sich tarnen können ... Der Feind steht vor den Toren. Es geht um Leben oder Tod. Die Arbeiterklasse in Leningrad wird entweder versklavt und ihre schönste Blüte vernichtet werden, oder wir nehmen alle Kraft zusammen, schlagen doppelt hart zurück und graben dem Faschismus vor Leningrad das Grab.«

Die Versammlung dauerte nicht lange. Man hatte keine Zeit für lange Reden. Die Truppen erhielten Befehl, »keinen Schritt zurückzuweichen«. Am folgenden Tag unterzeichneten Woroschilow, Schdanow und Popkow eine Proklamation des gleichen Inhalts an die Bevölkerung. In der ganzen Stadt erschienen Riesenplakate an den Hauswänden, auf denen zu lesen stand: »Der Feind steht vor den Toren!«

Im gleichen Augenblick hatte auch Hitler – ohne daß Leningrad und

seine Führer es wußten – sich zu derselben Frage geäußert: Zunächst müsse Leningrad niedergekämpft und eingenommen werden, und erst dann dürfe die Schlacht um Moskau beginnen.
Am 21. August erließ Hitler eine ›Führerweisung‹, nach der das wichtigste Kriegsziel nicht die Einnahme Moskaus, sondern die Einschließung Leningrads und die Vereinigung mit den Finnen im Norden sei. »Erst die enge Abschließung von Leningrad, die Vereinigung mit den Finnen und die Vernichtung der russischen Fünften Armee schaffen die Voraussetzungen und machen die Kräfte frei, um im Sinne des Ergänzungsbefehls zur Weisung 34 vom 12. August die feindliche Heeresgruppe Timoschenko mit Aussicht auf Erfolg angreifen und schlagen zu können.«
In Leningrad wurden die Sicherheitsmaßnahmen verschärft. Als Kočetow und sein Freund Michalew am 22. August mit ihrem Ford am Stadtrand von Leningrad erschienen, wurden sie von einer Streife der neugeschaffenen Kommandantur angehalten. Der Offizier erklärte ihnen, die Streife habe die Aufgabe, das Eindringen von als Flüchtlinge getarnten deutschen Agenten in die Stadt zu verhindern. »Wir werden es nicht zulassen, daß eine Fünfte Kolonne entsteht«, sagte er und erwähnte auch das Problem der Deserteure.
Die Streifen der Kommandantur sollten natürlich deutsche Truppen daran hindern, in die Stadt einzudringen, aber in erster Linie bestand ihre Aufgabe darin, Spione, Saboteure, sowjetische Deserteure und andere ›feindliche Elemente‹ aufzugreifen. Niemand wurde ohne die notwendigen Ausweispapiere in die Stadt gelassen. Wer sie nicht vorweisen konnte, wurde sofort festgenommen. Damit hörte der unkontrollierte Zustrom von Flüchtlingen in die Stadt auf. Man sammelte die Flüchtlinge in zentralen Lagern, um sie dann gegebenenfalls weiter in das rückwärtige Gebiet abzuschieben.
Ilja Glasunow, der kleine Junge, der an seinem Ferienort an dem Soldatenspiel ›Rot gegen Weiß‹ teilgenommen hatte, gehörte zu diesen Flüchtlingen. Seine Eltern hatten ihren Ferienaufenthalt auf dem Lande bis zum letzten Augenblick ausgenutzt. Jetzt waren Tausende auf den Straßen unterwegs. Die Kinder waren ernst und schweigsam – jedes hatte seine Last zu tragen. Ilja hatte einen kleinen Napoleon aus Porzellan im Rucksack. Er wußte nicht recht, warum er ihn eingepackt hatte. Es war ein Geschenk zu seinem elften Geburtstag. Über dem Menschenstrom dröhnten immer wieder die Motoren deutscher Flugzeuge. Die bei früheren Angriffen entstandenen Bombenkrater waren die einzige Deckung. Die Familie Glasunow erreichte einen der letzten nach Leningrad fahrenden Züge. Der Zug passierte ein Niemandsland, das Vorstadtgebiet, aus dem die Bevölkerung geflohen war, weil man stündlich mit den deutschen Vorhuten rechnete. Überall sah man Feldstellungen und Schützengräben.

Die Reisenden sprachen nur über Saboteure und Spione, über Schießereien und ermordete Kinder. Irgend jemand behauptete, der vorausgefahrene Zug sei von deutschen Flugzeugen angegriffen worden, und niemand sei lebend davongekommen. Iljas Mutter, die glaubte, der Junge schliefe, fragte flüsternd einen neben ihr sitzenden Mann, ob sie das Kind mit ihrem Körper vor deutschen Geschossen schützen könne. Der Mann meinte, das sei nicht möglich. Iljas Vater rauchte seine Pfeife, sah aus dem Fenster und blickte hinauf zum bewölkten Himmel.

In der Stadt war ein Ausgehverbot erlassen worden. Niemand durfte ohne Sondergenehmigung zwischen 22.00 Uhr und 5.00 Uhr auf der Straße sein. Die Polizei wurde verstärkt. In Leningrad lagen 36 Polizeidivisionen mit insgesamt 352 Einheiten zu 2 341 Mann. Dazu komen 1 250 Polizeiposten bei den verschiedenen Ämtern und 80 Beobachtungsposten auf Hausdächern.

Man stellte neue Arbeiterbataillone auf, und am 28. August waren zusätzliche 36 658 Personen eingezogen worden. Im September bildeten sie das Stammpersonal für die 5. und 6. Volksfreiwilligendivision.

Der neue Verteidigungsrat von Leningrad trat am 20. August zusammen. Oberst Antonow erhielt den Antrag, bis zum 21. August um 16.00 Uhr einen Plan für die Verteidigung der Innenstadt einzureichen.

Auf Straßenbahnplattformen montierte man Geschütze mit der dazugehörigen Munition und Molotowcocktails. Ebenso setzte man Geschütze auf Lastwagen, zwanzig schwere Waffen in jedem Sektor, für den beweglichen Einsatz innerhalb der Stadt.

Man überlegte, welche Stadtteile sich für den Einsatz deutscher Luftlandetruppen eigneten. Die besonders gefährdeten Gebiete waren der Heumarkt, der Theaterplatz, der Worowskiplatz, das Marsfeld, der Schloßplatz, der Tauridenpark, der Wolkowfriedhof, der Botanische Garten und der Smolensker Friedhof.

In der Kuppel der St. Isaaks-Kathedrale, die mit 330 Fuß das höchste Gebäude in Leningrad war, richtete man Tag und Nacht besetzte Beobachtungsposten ein, ebenso auf dem Dach der Lenin-Mühle, der Troizki-Kathedrale und der Rotbanner-Werke.

Die ganze Stadt wurde mit ›Drachenzähnen‹ gespickt. Das waren große Zementblöcke für Panzerhindernisse. Am Stadtrand errichtete man überall, wo deutsche Einbrüche zu erwarten waren, Barrikaden aus Eisenbahnschienen.

Das Ausmaß der Arbeiten, die der Bevölkerung Leningrads zugemutet wurden, läßt sich etwa aus der Statistik ersehen. Man baute im ganzen etwa 700 Kilometer Panzergräben, hob 30 000 Kilometer offene Gräben aus, baute 15 000 betonierte Feuerstellungen, 35 Kilometer Barrikaden und 4 600 Luftschutzbunker.

Als Pawel Luknizki am 14. August von der karelischen Front nach Leningrad zurückkehrte, erschienen ihm die Veränderungen in der Stadt nicht allzu groß. Auf den Bahnhöfen drängten sich die Menschen, die noch rechtzeitig aus der Stadt herauskommen wollten. Es verkehrten nur noch wenige Omnibusse, und es fiel auf, wie leer die Regale in den Lebensmittelgeschäften waren.

Aber zehn Tage später schrieb er in sein Tagebuch: »Wie schnell hat sich die Lage in Leningrad während der letzten zehn Tage verändert!«

»Werden wir den Feind vor Leningrad vertreiben?« fragte er sich. »Wird er sich, von unseren Truppen verfolgt und angegriffen, panikartig zurückziehen? Oder ... an die Alternative will ich gar nicht denken ...«

Allmählich wurde die Stadt zur Festung. Die großen Geschäfte und Bürohäuser auf dem Newskiprospekt, die Fabriken auf der Petrograder Seite und die Industriewerke jenseits der Narwatore verwandelten sich in mit Sandsäcken bepackte Feuerstellungen.

In jedem Park, durch die Sommergärten und das Marsfeld, zogen sich kreuz und quer die Luftschutzgräben.

Einige 80 Leningrader Schriftsteller hatten sich zu den Volksfreiwilligen gemeldet, aber es gab auch andere. Es gab Leute, die versuchten, aus der Stadt zu flüchten. Pawel Luknizki nannte sie »die Ratten, die das sinkende Schiff verlassen«.

Der Reporter Kočetow war jetzt von der Lugafront und der Durchbruchsstelle bei Kingisepp zurückgekehrt. Am 22. August am Abend seiner Heimkehr aßen er und sein Freund Michalew wunderbare Lammkoteletts im alten Kwissisana-Café am Newskiprospekt. Kočetow genoß das gute Essen, aber die Bemerkungen des Streifenoffiziers der Kommandantur über die fahnenflüchtigen Soldaten beunruhigten ihn. Er wollte sich einreden, so etwas gäbe es nicht.

Seine Stimmung wurde nicht besser, als er mit dem Redakteur seiner Zeitung zusammentraf. Es kam zu einer heftigen Auseinandersetzung wegen eines Berichts über einen Rotarmisten, den Kočetow in ein Feldlazarett gebracht hatte, weil er von 32 Schrapnellkugeln verwundet worden war. Der Redakteur hielt die Geschichte für zu blutrünstig und meinte, sie wirke demoralisierend. Dann wies er Kočetow zurecht und sagte, er solle nicht so laut mit seinen Militärstiefeln auf den Korridoren herumtrampeln.

In der ersten Erregung beschloß Kočetow, die Stadt zu verlassen und wieder an die Front zu gehen. Er ging zur Redaktion der Zeitung *›Für die Verteidigung von Leningrad‹*, wo man ihn freundlicher empfing. Er ließ sich »für alle Fälle« mit den Mitarbeitern der Zeitung fotografieren. Dann setzte er sich mit ihnen zum Essen – und was für ein Essen das war! Nicht einmal die Mitglieder der Regierung aßen so gut. Das war

mehr nach Kočetows Geschmack, und er hoffte, seine Entlassung von der *›Leningradskaja Prawda‹* und die Versetzung hierher zu erreichen.
Vielleicht hat Pawel Luknizki am selben Tag, dem 25. August, die große Leningrader Dichterin Anna Achmatowa besucht. Er ging in ihre mit Möbeln vollgestopfte Wohnung auf der Karelski Pereulog neben der Fontanka, wo sie schon viele Jahre lebte.
Anna Achmatowa war krank und lag zu Bett, aber sie begrüßte Luknizki mit der ihr eigenen Zuvorkommenheit. Trotz ihrer Krankheit war sie guter Stimmung und ließ sich durch die Gefahr, in der ihr geliebtes Leningrad schwebte, nicht niederdrücken. Sie erzählte Luknizki, man habe sie aufgefordert, am Radio zu sprechen.
Luknizki schrieb in sein Tagebuch: »Sie ist eine Patriotin, und das Bewußtsein, daß jeder ihre Gefühle teilt, erfüllt sie mit Zuversicht.« So näherte sich für Leningrad die Zeit der Prüfungen, für die von drei Millionen Menschen bewohnte Stadt, die Stadt der Feiglinge und der Patrioten, die Stadt der schmierigen Gauner und der sich selbst aufopfernden Männer und Frauen, die Stadt der versagenden Militärs und der sich gegenseitig bekämpfenden Parteiführer.

21. Stalin am Telephon

Stalin pflegte den Parteisekretär Andrei Schdanow und Marschall Woroschilow täglich von Moskau aus in ihrem Hauptquartier im Smolny an der Newa anzurufen. Diese Gespräche konnten zu jeder Tageszeit erwartet werden, kamen aber meist nach Mitternacht.

Ende August hatte Stalin sich augenscheinlich von dem Nervenzusammenbruch erholt, den er zu Beginn des Krieges erlitten hatte. An der Spitze der sogenannten Stafka – des sowjetischen Oberkommandos – hatte er seit dem 10. Juli den Oberbefehl über die sowjetischen Streitkräfte übernommen, eine Woche, nachdem er am 3. Juli eine Rundfunkansprache an die Bevölkerung gehalten hatte. Dabei hatte er einen sehr unsicheren Eindruck gemacht. Immer wieder kamen Pausen, Verzögerungen, hörbare Seufzer, man hörte deutlich, wie er Wasser trank, und man hatte das Gefühl, hier spräche ein Mann, der sich nur mit großer Mühe beherrschen konnte. Am 19. Juli übernahm Stalin das Amt des Verteidigungskommissars, und am 8. August wurde er zum Oberkommandierenden der Sowjetunion oder, wie der später gebräuchliche Titel lautete, zum Generalissimus ernannt.

Bald nach dem 10. Juli – er scheint sich an das genaue Datum nicht erinnern zu können – traf Admiral Kusnezow zum erstenmal seit Kriegsausbruch im Büro des Verteidigungskommissars Timoschenko wieder mit Stalin zusammen, wo er vor einem langen, mit Lagekarten belegten Tisch stand. Kusnezow sah mit einem Blick, daß keine Seekarten vorhanden waren. Stalin erkundigte sich bei Kusnezow über die Lage in der Ostsee und besonders über die Verteidigung Revals und der Inseln Ösel und Dagö. Er wollte die auf den Inseln eingesetzten schweren Geschütze abtransportieren lassen, aber als Kusnezow erklärte, es sei fast unmöglich, Küstenartillerie zu verlegen, ließ er die Frage wieder fallen.[1]

[1] Wenn von der Verteidigung Revals, Dagös und Ösels gesprochen wurde, müßte die Begegnung Ende Juli stattgefunden haben. Erst am 14. Juli befahl das Oberkommando in Leningrad der 8. Armee, Vorbereitungen für die Verteidigung Revals und der beiden Inseln zu treffen, und erst Ende des Monats wurde die Lage dort wirklich ernst. In der 1968 erschienenen neuen Fassung seiner Erinnerungen schreibt Kusnezow, die Begegnung habe »in den letzten Junitagen« stattgefunden (›*Oktjabr*‹ Nr. 8, August 1968, S. 160.).

Ende Juli begannen häufige Besprechungen der Stafka in Stalins Arbeitsräumen im Kreml, die Stalin ganz willkürlich einberief und deren Teilnehmer er selbst bestimmte. Mit anderen Worten, Ende Juli wurden die Regierungsgeschäfte wieder im vertrauten Stil Stalins geführt.

Stalins Arbeitsmethoden belasteten seine Mitarbeiter und besonders den Generalstab ganz ungeheuer. Um während der vielen Stunden zwischen 10.00 Uhr vormittags und 4.00 bis 5.00 Uhr früh abrufbereit zu sein, mußten diese Offiziere ihre Arbeit in Schichten einteilen. Der stellvertretende Chef des Stabes, Marschall Alexei I. Antonow, durfte zwischen 5.00 Uhr früh und Mittag schlafen. Während der übrigen Zeit hatte er jederzeit damit zu rechnen, zu Stalin befohlen zu werden. General Semjon Schtemenko, sein Stellvertreter, hatte eine Ruhepause zwischen 2.00 und 6.00 oder 7.00 Uhr früh.

Vom Generalstab erhielt Stalin drei Meldungen täglich. Die erste telefonische Meldung erstattete Schtemenko zwischen 10.00 und 11.00 Uhr vormittags. Um 16.00 oder 17.00 Uhr meldete Antonow.

Die von der Front eintreffenden Meldungen ließ Stalin sich mündlich vortragen. Gewöhnlich wurden keine Notizen gemacht. Die Militärs saßen auf einer Seite des Zimmers, die Mitglieder des Politbüros auf der anderen.

Unter Assistenz der Chefs der verschiedenen Truppengattungen berichtete der Generalstab über den Verlauf der Kampfhandlungen während der letzten 24 Stunden. Dabei wurden die Fronten und Armeekorps mit den Namen der Befehlshaber bezeichnet. Die Divisionen wurden nach ihren Nummern benannt. So wollte Stalin es haben.

Nach Entgegennahme der Meldungen diktierte Stalin Befehle, die sofort von Schtemenko niedergeschrieben und von Stalin handschriftlich korrigiert wurden. Oft gingen sie sofort, ohne vorher mit der Schreibmaschine ins reine geschrieben zu sein, über Fernschreiber an die Befehlshaber der Frontabschnitte hinaus.

Die Befehlsausgabe war meist nicht vor 3.00 oder 4.00 Uhr morgens beendet. Anschließend kehrten die Befehlshaber in ihre Stabsquartiere zurück, um die notwendigen Ausführungsanweisungen zu geben. Bei Stalin war der gesamte Kommandoapparat bis aufs äußerste zentralisiert. Der Generalstab durfte keine wichtige Entscheidung treffen und kein Schriftstück hinausgehen lassen, das sich auf artilleristische Fragen bezog, ohne es von Woronow gegenzeichnen zu lassen. Stalin nahm keine Meldung entgegen, die Woronow nicht vorher persönlich geprüft hatte, und auch die geringfügigste Sache durfte ohne seine Zustimmung nicht entschieden werden.[2] Da viele sich scheuten, ihm Meldungen zu erstatten, entstanden

[2] Diese Führungsmethoden sind für viele Offiziere so nervenbelastend gewesen, daß sie zusammenbrachen. Viele mußten nach dem Krieg vorzeitig den Abschied nehmen. Oft

in Fragen der Kriegführung unvorhersehbare Verzögerungen und Mißverständnisse.

Auch nach seiner Genesung begann Stalin nicht sofort, wichtige Berichte und Weisungen selbst zu unterschreiben. Er tat es erst, als die sowjetischen Truppen Erfolg hatten, nicht aber angesichts der Katastrophe.[3]

Stalin konnte sich jedoch soweit beherrschen, daß Harry Hopkins Ende Juli den Eindruck gewann, er sei ganz normal. Hopkins war natürlich davon beeindruckt, daß Stalin glaubte, die russischen Armeen würden den deutschen Angriff spätestens 90 bis 110 Kilometer ostwärts des damaligen Frontverlaufs aufhalten können. Am 31. Juli sagte Stalin, die Russen würden bei Beginn des Winters immer noch Moskau, Kiew und Leningrad halten. Als Hopkins Moskau verließ, hatte er keine Ahnung von der traumatischen Depression, die Stalin erst kürzlich durchgemacht hatte. Hopkins war überzeugt, der sowjetische Führer beurteile die militärische Lage richtig.

Mit gewohnter Aufmerksamkeit verfolgte Stalin jetzt die Krise in Leningrad. Besonders interessierte er sich für die Verteidigungsanlagen im Stadtgebiet, das Befestigungssystem, die Barrikaden, die Mobilmachung der Bevölkerung in den Freiwilligenbataillonen und die Aufstellung von Kampfgruppen für den Häuserkampf.

Nicht selten sprach er telefonisch mit Parteisekretär Kusnezow und gab ihm besondere Anweisungen für den Bau von Barrikaden, wo sie zu errichten seien und wie die Bevölkerung auf den Kampf gegen die Deutschen vorbereitet werden müsse.

Es war nicht leicht für Kusnezow, die kategorischen und dabei oft widersprüchlichen Weisungen Stalins zu befolgen, aber er war ungewöhnlich leistungsfähig, diensteifrig, optimistisch und erfüllte Stalins Forderungen in den meisten Fällen.

Als die deutschen Truppen näher kamen, wurden die Vorbereitungen zur Verteidigung der Innenstadt mit wachsender Dringlichkeit vorangetrieben. Die militärischen Befehlsstellen unter Schdanow und Woroschilow hatten keine Zeit und waren nicht energisch genug, diese Aufgabe zufrie-

forderte Stalin die Offiziere seines Stabes auf, nach der Befehlsausgabe zu bleiben und einen Film anzusehen. Manchmal waren auch ausländische Diplomaten oder andere Gäste zugegen. Damit verlängerten sich die Abende um weitere zwei oder drei Stunden, während wichtige Befehle sich verzögerten. (Schtemenko, a. a. O., S. 137.).

[3] Marschall S. S. Birjusow berichtet, zu dieser Zeit seien fast alle Dokumente und Befehle »auf Befehl des Oberkommandos« von Marschall B. M. Schaposchnikow, dem Chef des Generalstabs, unterzeichnet worden (S. S. Birjusow: Kogda Kremeli Puški. Moskau 1963, S. 247.). Nachdem die kriegerischen Ereignisse sich zugunsten Rußlands zu entwickeln begannen, wurden sie vom Obersten Befehlshaber (Stalin) und dem Chef des Stabes oder dessen Stellvertreter unterschrieben. Weniger wichtige Befehle trugen die Unterschrift »im Auftrag des Großen Hauptquartiers«. (Schtemenko. In: ›*Wojenno-Istoričeskii Žurnal*‹ Nr. 9, September 1965.)

denstellend zu lösen. Deshalb war der Verteidigungsrat von Leningrad am 20. August gebildet worden.

Das geschah zur Zeit größter Spannungen. Am 21. erschienen überall auf dem Newski-Prospekt, dem Kirow-Prospekt und am Leutnant-Schmidt-Kai die Plakate mit der Aufschrift »Der Feind steht vor den Toren!«

Am gleichen Tage – oder Abend – wurden Schdanow und Woroschilow zu einem dringenden Gespräch mit Stalin an den Fernsprecher gerufen. Stalin war wütend. Weshalb hatten sie einen Verteidigungsrat für Leningrad eingesetzt, ohne ihn zu fragen, und warum gehörten nicht auch sie persönlich zu diesem Gremium?

Vergeblich versuchte Schdanow zu erklären, daß der Rat mit der Durchführung von Aufgaben betraut sei, für die das Militärkommando von Leningrad keine Zeit habe; für die Ausbildung im Straßenkampf, die Errichtung von Panzerfallen und Sandsackbarrikaden für Maschinengewehrstellungen, die Ausgabe von Molotowcocktails und tausenderlei andere Einzelheiten zur Vorbereitung der großen Stadt zur Abwehr eines eventuellen deutschen Durchbruchs.

Stalin ließ sich nicht besänftigen. Vielleicht glaubte er, Schdanow und Woroschilow wollten die Verantwortung für die Eroberung Leningrads durch den Gegner von sich abwälzen, vielleicht hatte er (oder einer seiner Mitarbeiter im Kreml) den Verdacht, es bestünde eine finstere Verschwörung mit dem Ziel, die Stadt aufzugeben. Vielleicht ärgerte ihn auch die hier gezeigte Selbständigkeit als Vorbote später zu erwartender noch weitgehenderer Eigenmächtigkeiten. Es mag im Kreml auch Leute gegeben haben (vielleicht war es sogar Stalin selbst), die Gründe suchten, Schdanow und Woroschilow dafür verantwortlich zu machen, daß der deutsche Angriff gegen Leningrad nicht zum Stehen gebracht worden war. Schließlich mag Stalin in der Schaffung eines besonderen Verteidigungsrats das Anzeichen für eine Panik gesehen haben. Die Motive für die eigenartige und nervöse Reaktion Stalins lassen sich heute nicht mehr klar erkennen. Jedenfalls war er mit den Maßnahmen seiner Prokonsuln in Leningrad nicht einverstanden.

Je kritischer die Lage wurde, desto mehr hatte Stalin an den Verteidigungsmaßnahmen in Leningrad auszusetzen. Er und sein Stellvertreter, der Chef des Stabes Marschall B. M. Schaposchnikow, kümmerten sich um jede Leningrad betreffende Entscheidung. Wiederholt befahlen Stalin oder Schaposchnikow auf Stalins Befehl, daß bestimmte Maßnahmen hinsichtlich der Verwendung von Truppen oder Waffen widerrufen und statt dessen andere Dispositionen getroffen wurden.

Als die Streitkräfte des Leningrader Militärbezirks sich auf die Hauptstadt im Norden zurückzogen, begann Stalin, Woroschilow und Schdanow in grober Form zurechtzuweisen. Er bezeichnete sie als ›Rückzugsspezialisten‹ und behauptete, Schdanow kümmere sich nur um eines, ›um den Rückzug‹.

Nicht selten wies Stalin Vorschläge brüsk zurück. Er schien das Kräfteverhältnis zwischen den deutschen Angriffsverbänden und den zur Verteidigung Leningrads verfügbaren Truppen nicht zur Kenntnis nehmen zu wollen.

Seine Unzufriedenheit mit den Führern in Leningrad erreichte am 21. August ihren Höhepunkt. Er befahl nicht nur kategorisch, der Verteidigungsrat von Leningrad sei zu ›überprüfen‹ und seine Zusammensetzung sei insofern zu ›revidieren‹, als auch Woroschilow und Schdanow dazugehören sollten, sondern er wies die beiden Männer auch ganz offiziell zurecht. Er wandte sich gegen den angeblichen ›Enthusiasmus‹, mit dem sie Arbeiterbataillone mit ungenügender Bewaffnung aufgestellt hätten. Er befahl, die bisherigen Führer dieser Verbände durch von Moskau bestimmte Leute abzulösen.

Am gleichen Tage wies Stalin den Vorschlag von Admiral Tribuz zurück, mit den in Reval liegenden Flotteneinheiten eine Offensive in Richtung auf Narwa zu unternehmen, um den deutschen Vormarsch gegen Leningrad aufzuhalten.

Die Baltische Flotte kämpfte vor Reval zwar schon um ihre Existenz, aber Admiral Tribuz und sein Militärsowjet unter N. K. Smirnow und A. D. Werbizki schlugen vor, die Flotte solle alle Reserven mobilisieren, und zwar das aus 20 000 bis 25 000 Mann bestehende, zur Verteidigung Revals eingesetzte X. Korps, die Garnisonen der Ostseeinseln und die Besatzungen von Ösel, Dagö und Hangö sowie die gesamte Marineinfanterie. Das wären zusammen etwa 60 000 Mann und drei Artillerieregimenter gewesen. Diese Truppen sollten in einer Überraschungsoffensive von Reval in Richtung auf Narwa in den Rücken der deutschen Heeresgruppe Nord stoßen.

Tribuz meldete, seine Luftaufklärung und Spähtruppmeldungen hätten ergeben, daß die Deutschen hinter ihrer Front keine Reserven mehr hätten. Daher bestünde gute Aussicht, ihnen unter Ausnutzung des Überraschungsmoments eine entscheidende Niederlage beizubringen. Das war ein an Churchill erinnerndes mutiges, einfallsreiches und kühnes Konzept, einer der wenigen schöpferischen Entwürfe, die während des Krieges von einem russischen Militärsowjet geplant worden sind.

Stalin lehnte den Vorschlag sofort ab. Nach offizieller Lesart, weil er den Rigaschen Meerbusen und Finnland den Deutschen öffnen würde und weil es zu schwierig sei, die Verbände rechtzeitig zu versammeln. Tatsächlich mag die Ablehnung politische Gründe gehabt haben und nicht aus militärischen Überlegungen erfolgt sein.

Durch die Einmischung Stalins wurde die Verteidigung Leningrads und wurden die Aufgaben der Männer, die dafür verantwortlich waren, die Stadt vor den Deutschen zu retten, ganz wesentlich erschwert. Die Existenz des Verteidigungsrats ist bis zum Erscheinen des Buchs von Dimitri W. Pawlow, Die Belagerung von Leningrad, bis 1958 verschwiegen worden. Bis 1965 wurde sein Bericht mit keinem Wort kommentiert, als schließlich in einer inoffiziellen Geschichte Leningrads einige Einzelheiten erwähnt wurden.[4] Erst 1966 wurden schriftliche Unterlagen aus Leningrad, dabei der volle Wortlaut der Anweisungen für die Errichtung des Verteidigungsrats, veröffentlicht. Dennoch behandelt jedes sowjetische Geschichtswerk und jede Verlautbarung die Angelegenheit bis heute im Sinne von Pawlow. Mehr als 25 Jahre nach diesen Ereignissen gehören offensichtlich alle den Verteidigungsrat betreffenden Fragen noch zu einem sehr heiklen Themenkreis.

Zweifellos hatte die heftige Auseinandersetzung zwischen Stalin und den Verteidigern Leningrads, Schdanow und Woroschilow, nicht nur militärische, sondern politische Bedeutung. Hier ging der Machtkampf zwischen Stalin und seinen Mitarbeitern weiter, die im Kriege auf jede Weise versuchten, ihren persönlichen Interessen zu dienen, ohne Rücksicht auf die Folgen.

Stalins Mißtrauen gegenüber den Verteidigungsplänen für Leningrad ist höchstwahrscheinlich von Berija geweckt worden, der alles getan zu haben scheint, um die Bildung von Miliztruppen, paramilitärischen oder Partisanenverbänden in Leningrad und anderswo zu verhindern, weil er alle derartigen Funktionen allein der Polizei übertragen wollte.[5]

[4] Noch 1964 hat man in der offiziellen Geschichte der Belagerung von Leningrad diesen kritischen Punkt zu verschleiern gesucht. Die Auseinandersetzung mit Stalin und die Ernennung des ersten Leningrader Verteidigungsrats vom 20. August werden darin nicht erwähnt. Statt dessen wird behauptet, der Rat sei erst am 24. August ernannt worden, und als seine Mitglieder werden die von Stalin dazu bestimmten Männer genannt. Über die am 20. August getroffenen Entscheidungen und die Auflösung des Rats am 30. August bringt die offizielle Geschichte nichts. (I. P. Barbaschin u. a.: Bitwa sa Leningrad, 1941–1944. Moskau 1964, S. 60.)

[5] Der Organisator der sowjetischen Partisanenbewegung, Panteleimon K. Ponomarenko, berichtet, im Juli 1941 sei eine Kommission, der er selbst, L. S. Mechlis und andere angehörten, genehmigt worden, um die Partisanenbewegung ins Leben zu rufen. Im November 1941 wurde ein zentraler Partisanenstab unter Ponomarenko gebildet, aber auf Berijas Veranlassung wieder aufgelöst. Am 30. Mai 1942 befahl das staatliche Verteidigungskomitee wieder, das Komitee einzuberufen, aber Berija beschränkte seine Vollmachten erheblich. Der einzige Leningrader Parteisekretär, der die mörderische ›Leningradaffäre‹ überlebt hat – wahrscheinlich, weil er Ende 1948 und Anfang 1949 zur Zeit des Geschehens in Ostsibirien war –, Terenti Schtykow, gibt Berija die Schuld und deutet an, der ganze Fragenkomplex der paramilitärischen und Partisanenverbände sei von Berija irgendwie mit der ›Leningradaffäre‹ in Verbindung gebracht worden. Offensichtlich war Berija für jede Untergrundtätigkeit verantwortlich, denn man beschuldigte ihn auch, in den Säuberungen der Jahre 1938–1941 jede Basis für die Aufstellung solcher Verbände zerstört zu haben. (Ponomarenko. In: ›*Wojenno-Istoričeskii Žurnal*‹ Nr. 4, April 1965, S. 33; Schtykow: Chrabreišije is Chrabrych. Leningrad 1964, S. 5; WOWSS, S. 108.)

Da alle russischen Autoren sich sorgfältig bemühen, diese Angelegenheit im gleichen Sinn und sogar mit den gleichen Worten zu behandeln, muß man vermuten, daß der ganze Fragenkomplex im Zusammenhang mit der Verteidigung Leningrads – die Bildung der Freiwilligenverbände, die Aufstellung paramilitärischer Streitkräfte, der Versuch, an Ort und Stelle Beamte für die Verteidigung der Innenstadt verantwortlich zu machen – später in den bizarren Anklagen in der sogenannten ›Leningradaffäre‹ eine Rolle gespielt hat. Die Männer, die ihre letzte Energie dafür eingesetzt haben, die Stadt vor der Eroberung durch die Deutschen zu bewahren, sind wenige Jahre später hingerichtet worden, weil sie ihre Pflicht erfüllt haben.

Etwa um die gleiche Zeit – Mitte oder Ende August – erweiterte Stalin die Vollmachten des Kommissariats für Innere Angelegenheiten ganz wesentlich. Das geschah angeblich »zur Aufrechterhaltung der gesellschaftlichen Ordnung«. Diese Vollmachten und die der Polizei durch Moskau zur Verfügung gestellten militärischen Machtmittel wurden von Berija und seinen Kreaturen dafür benutzt, militärische und zivile Kreise der antisowjetischen Aktivität und konterrevolutionärer Einstellung zu beschuldigen.

Berijas Machenschaften waren so erfolgreich, daß er die Bildung einer zentral geleiteten Partisanenbewegung bis zum späten Frühjahr 1942 verhindern konnte. Stalins Unzufriedenheit mit den in Leningrad getroffenen Maßnahmen ist also von Berija genährt worden, der vielleicht mit Malenkow an einem Strick gezogen, vielleicht aber auch nur in der gleichen Richtung wie Malenkow gewirkt hat.

Unter der Leitung Schdanows spielte Leningrad aber eine führende Rolle bei der Aufstellung von Verbänden der Volksfreiwilligen und der Entsendung von Partisanen hinter die feindlichen Linien. In keiner anderen sowjetischen Stadt sind so viele kampffähige Arbeiterbataillone aufgestellt worden wie hier.

22. Die Katastrophe von Reval

Der Marineberichterstatter Nikolai Michailowski hatte sie schon wochenlang beobachtet, die ›goldenen Leute‹ auf dem hellen Sandstreifen bei Pirita, wo die blauen Ostseewellen den weiten Strand bespülten. Sie lagen in der prallen Sonne, das Braun ihrer Haut wurde immer dunkler, die Augen verbargen sie hinter dunklen Brillengläsern, und mit weißen Handtüchern auf den Schultern lagen sie untätig im Sand. Ab und zu gingen sie ans Wasser hinunter. Dann sah er sie langsam zu den grünweiß gestrichenen Umkleidekabinen gehen, in hellen Leinenanzügen wieder der herauskommen und gegen Abend an den Tischen der Strandcafés ihre Plätze einnehmen. Seit Juni hatten sie gewartet. Jetzt war es Mitte August, und wahrscheinlich würden sie nicht mehr sehr viel länger warten müssen, die wohlhabenden Revaler Bürger, die insgeheim oder ganz offen mit den Deutschen sympathisierten. Michailowski kam es vor, als würden sie mit jedem Tage kühner, unverfrorener und selbstbewußter. Kaum ein Tag verging, ohne daß in einer der großen Kirchen eine glanzvolle Hochzeit gefeiert wurde, der sich eine festliche Prozession mit Blumen und Feiertagskleidern anschloß. Es war, als wollten sie der Stadt zeigen ›ja, wir sind hier, wir warten, und bald wird der russische Pöbel verschwunden sein, und wir werden die Zügel wieder in die Hand nehmen‹.
Der Regierungschef des sowjetischen Estland, der alte Johannes Lauristan, bekannt unter dem Namen Juhan Madarik, Verfasser von zwei oder drei Romanen, der die Hälfte seines Lebens in estländischen Gefängnissen zugebracht hatte, bevor die Sowjets ins Land kamen, saß in seinem Amtszimmer in der Altstadt und machte sich Gedanken über die ›Goldenen‹.
»Ja, wissen Sie, es gibt sie«, sagte er traurig, sprach aber dann von den ›Patrioten‹, den Arbeitern in den Docks, im Hafen, in den Fabriken, die auf seiten der sowjetischen Truppen standen.
Reval hatte sich verändert, seit Michailowski am ersten Kriegstag hier angekommen war. Von Woche zu Woche war die Spannung größer geworden. ›Sie‹, die Leute, die mit den Deutschen sympathisierten, waren immer aktiver geworden. Seit dem 9. Juli war es für sowjetische Bürger in den ländlichen Bezirken so gefährlich geworden, daß nur wenige es wagten, hinauszufahren. Am 6. Juli nahmen die Deutschen Haimasch und

sehr bald darauf Pernau. Zwischen Pernau und Reval gab es keine regulären Truppen mehr. Wären die Deutschen auf der Straße nach Reval die knapp 150 Kilometer weitergefahren, sie hätten die Stadt im Handstreich nehmen können. Hier herrschte Panikstimmung. Die wildesten Gerüchte gingen um. Man steckte riesige Öl- und Munitionslager in Brand, damit sie den Deutschen nicht in die Hände fielen. Der Stab der Baltischen Flotte verlegte sein Hauptquartier auf die Paketboote ›Pikker‹ und ›Wirona‹ und hielt sie unter Dampf. Sogar der Chefredakteur der Zeitung der Baltischen Flotte flüchtete, und mit ihm viele andere Russen. Sie fürchteten, unterwegs von estnischen Nationalisten überfallen zu werden.[1]

Nachdem er erfahren hatte, daß die Deutschen durchgebrochen waren, rief Admiral Tribuz in Moskau an: »Wer übernimmt die Verteidigung Revals auf der Landseite? Dazu stehen uns keine Kräfte zur Verfügung.« Man sagte ihm, die Achte Armee werde Reval schützen. Die gleiche Antwort kam aus Leningrad. In Wirklichkeit gab es keinen Plan für die Verteidigung der Stadt auf der Landseite. Niemand hatte damit gerechnet, daß Reval angegriffen würde.

Man hatte von der Achten Armee gesprochen, als die Deutschen die Grenze überschritten, als sie Libau nahmen, als sie Windau nahmen, als sie die westliche Düna überschritten und als sie Riga einnahmen. Admiral Tribuz glaubte nicht mehr an die Achte Armee. Er wandte sich an die estnische Regierung, die 25 000 Männer und Frauen mobilisierte. Sie bauten mit Spaten und Picken eine aus drei hintereinanderliegenden Gräben bestehende Feldstellung vor der Stadt.

Diese Maßnahme rettete Reval für den Augenblick, kam aber fast zu spät. Admiral Pantelejew besuchte den in aller Eile zusammengestellten estnischen Verteidigungsstab etwa 20 Kilometer außerhalb der Stadt und geriet auf dem Wege in eine Schießerei zwischen einer Abteilung estnischer Nationalisten und russischen Soldaten auf einem Feuerwehrauto, aus der er sich gerade noch retten konnte.

Am 9. Juli setzten die Deutschen die beiden estnischen Partisanengruppen Erna I und Erna II mit Fallschirmen und Flugzeugen hinter den russischen Linien ab. Die Lage spitzte sich immer mehr zu.

Michailowski berichtete: »Wir mußten auf der Hut sein und äußerste Vorsicht walten lassen. Die *Kaizeliitowzi*, die estnischen Nationalisten, wurden immer dreister. Sie hatten ihre Waffen in Kellern, Lagerhäusern und Erdlöchern versteckt und warteten nur auf den geeigneten Augenblick, um loszuschlagen. Mancherorts beschossen die Faschisten unsere zurück-

[1] Am 22. Juli kehrte der Stab nach Reval zurück, um die Moral der Bevölkerung positiv zu beeinflussen (Smirnow, a. a. O., S. 31). Tribuz schlug vor, sein Hauptquartier in den Golf von Luga, 180 Kilometer nach Osten, zu verlegen, erhielt aber nicht die Erlaubnis (Kusnezow. In: ›*Oktjabr*‹. Nr. 8, August 1968, S. 154–155).

gehenden Soldaten aus dem Hinterhalt und empfingen die Hitlerstreitkräfte als Befreier mit Blumen.«

Die Achte Armee konnte den bei Reval eingesetzten Truppen kaum irgendwelche Hilfe leisten. Die Flotte stellte einen schwachen Verband aus Marinesoldaten auf, der sich den Deutschen Ende Juli an der Straße Pernau–Reval entgegenstellte. Bei Baltischport, westlich von Reval, gelang es, weitere Kräfte zu versammeln. Dazu gehörten ein Baubataillon und Einheiten des NKWD. Die Achte Armee hatte sich schon weit nach Osten zurückgezogen. Sie ging in Richtung auf Narwa zurück und bat von dort aus um Unterstützung. Die Flotte schickte daraufhin Kriegsschiffe aus Reval und Kronstadt in die Gewässer vor Narwa.

Am 8. August hatten die Deutschen Reval von Osten und Westen umgangen, die Fernsprechverbindung mit Leningrad war unterbrochen, und Admiral Tribuz und seine Mitarbeiter überlegten, wie sie aus der Falle entkommen könnten.

Man erwog mehrere Möglichkeiten. Ein Vorschlag ging dahin, alle verfügbaren Kräfte zu vereinigen und mit ihnen den Durchbruch in Richtung auf Narwa zu versuchen. Diesen Plan wies Stalin am 21. August zurück. Das Mitglied des Militärsowjet der Baltischen Flotte, N. K. Smirnow, schlug vor, die bei Reval versammelten Kräfte zur finnischen Küste überzusetzen und sich durch die finnisch-deutschen Linien nach Leningrad durchzuschlagen. Bei beiden Unternehmen wäre es notwendig gewesen, Mannschaften und Schiffe unter deutschem Artilleriebeschuß, deutscher Beobachtung und deutschen Bombenangriffen durch schwer verminte Gewässer zu bringen. Das sowjetische Oberkommando lehnte daher beide Vorschläge ab.

Mit der Einnahme von Kunda am Finnischen Meerbusen, ostwärts von Reval, am 8. August war der Hafen endgültig eingeschlossen. Es wurde unheimlich still auf den Straßen, und nur die lauten Rufe der Militärstreifen und der schnelle Schritt der Marinesoldaten unterbrachen das Schweigen. Vor den Hauptzugängen hatte man Barrikaden errichtet.

Bald lag schweres Artilleriefeuer auf der Stadt, auf den bunten Häusern am Strand von Pirita und auf den Fischerdörfern.

Die 6-Zoll-Geschütze des im Hafen liegenden Kreuzers ›Kirow‹ und die 4,5-Zoll-Geschütze des Zerstörers ›Leningrad‹ beschossen die deutschen Stellungen. Vom alten Hafen aus konnte man das orangefarbene Mündungsfeuer aus den großkalibrigen Geschützrohren blitzen sehen, wenn sie ihre Granaten zu den Deutschen hinüberschickten. Zuerst kam der Feuerstrahl, dann dauerte es eine Sekunde ... zwei Sekunden ... dann kam der Mündungsknall und etwas später die dumpfe Detonation der Granate weit jenseits der Stadt.

Die Deutschen brachten schwere Artillerie in Stellung und richteten sie gegen die Kriegsschiffe. Allein am 23. August fielen mehr als 600 deutsche Artilleriegeschosse in das Hafenbecken. Weit außerhalb der Reichweite der sowjetischen Abwehrgeschütze fliegende deutsche Flugzeuge bombardierten die Flotte.

Am 17. August übernahm Admiral Tribuz die Verteidigung der Stadt.[2] Die ihm zur Verfügung stehenden Kräfte bildeten das sogenannte X. Korps, aber dieser Ausdruck war ein Euphemismus. Es waren in Wirklichkeit nur etwa 4 000 kampfesmüde und mutlose Männer, die eine etwa 25 Kilometer breite Front außerhalb Revals halten sollten. Man zog einige Revaler Arbeiter ein, brachte alle entbehrlichen Matrosen an Land und setzte sie mit den vorhandenen Polizeikräften und Parteifunktionären zur Verteidigung ein. Marschall Woroschilow stellte außerdem 425 Parteimitglieder und Komsomolzen aus Leningrad zur Verfügung. Für die Aufrechterhaltung der Kampfmoral sorgten 73 Politkommissare der Flotte und 100 Politkommissare der Armee.

Das Rückgrat der Verteidigung von Reval waren die Geschütze des Kreuzers ›Kirow‹, der Zerstörer ›Leningrad‹ und ›Minsk‹ und der 9 Zerstörer und 3 Kanonenboote auf der Reede vor dem Hafen. Die hier eingesetzten Kräfte bestanden insgesamt aus 20 000 Mann. Dazu gehörten etwa 14 000 Matrosen und etwas mehr als 1 000 Polizisten. Sie wurden von 13 T-26-Panzern unterstützt.

Tribuz hatte versucht, alle Verwundeten und das nicht für die Verteidigung der Stadt benötigte Personal so früh wie möglich zu evakuieren. Das turboelektrisch angetriebene Schiff BT-509, die ›Baltika‹, lief mit 3 500 in den letzten Kämpfen verwundeten Soldaten aus. Dabei lief es auf eine Mine, lud seine Passagiere auf ein anderes Schiff um und erreichte am 13. August im Schlepp den Hafen von Kronstadt. Das Schiff ›Sibiria‹, auf dem Tribuz und sein Stab im Juli 1940 nach Reval gekommen waren, wurde bei einem Bombenangriff versenkt. Es hatte 3 000 Verwundete an Bord, aber die meisten wurden gerettet.

Der entscheidende deutsche Angriff auf Reval begann am 19. August zur Abendzeit, während die Admiräle Tribuz und Pantelejew einen Spaziergang auf den menschenleeren Wegen des Kadriorgparks unternahmen. Aus Gefangenenvernehmungen wußten sie, daß die deutschen Truppen den Befehl erhalten hatten, Reval bis zum 24. August zu nehmen.

Der 23. August war ein sonniger Tag. Während des ganzen Monats war das Wetter ausnehmend freundlich gewesen. Den Bühnenschriftsteller und Berichterstatter Wsewolod Wischnewski erinnerte es an Spanien. Am Morgen ging Wischnewski zum Stabsquartier und ließ sich von General-

[2] Nach Auffassung Smirnows kam der Entschluß, die Verteidigung unter Admiral Tribuz zusammenzufassen, viel zu spät (a. a. O., S. 36).

major Saschichin einen Lagebericht geben. Die Deutschen griffen mit starken Kräften an. Ein sowjetisches Regiment hatte örtlich ausweichen müssen, aber General Saschichin glaubte, man werde die Stellung halten können.

Gegen 16.00 Uhr fing es an zu regnen. Wischnewski freute sich, daß die telegrafische Verbindung mit Moskau wiederhergestellt war. Er ging zur Redaktion der Zeitung ›*Sowjetisches Estland*‹. Dort herrschte große Nervosität.

Während die Deutschen sich zum letzten, entscheidenden Angriff gegen Reval versammelten, stürzte Wischnewski sich in seine Arbeit als Berichterstatter und notierte alle seine Eindrücke. Er ging zur politischen Verwaltung der Baltischen Flotte und setzte sich dort am Spätnachmittag an ein Fenster, blickte auf das Meer hinaus und füllte einen Notizblock nach dem anderen mit nervösen, schwer zu entziffernden Kommentaren.

Plötzlich kam der Alarm. Klar zum Gefecht. »Alles fertigmachen, um an Bord der ›Wirona‹ zu gehen. Keine Papiere zurücklassen.«

Er suchte seine Sachen zusammen, stopfte sie in einen Seesack und war schon abmarschbereit. In aller Eile schrieb er noch folgende Stichworte auf: »Augenscheinlich wird die Lage kritischer ... Die Marineinfanterie hat Verluste. Das deutsche Feuer ist sehr stark. Der Kommissar ist verwundet ...«

Die Nacht verbrachte er an Bord der ›Wirona‹. Für die Berichterstatter waren die Kabinen 111 und 112 reserviert. Er lag angezogen in der Koje. Es war kalt. Als er morgens aufwachte, war es immer noch kalt, und er hörte die schweren Granaten des Kreuzers ›Kirow‹ über die Stadt hinwegheulen. Der Schlepper C-103 zog die ›Kirow‹ hin und her, um zu verhindern, daß die Deutschen ihre Position ausmachten. Die Sonne stand hinter grauen Wolken. Es wurde kälter. Wischnewski blieb tagsüber auf der ›Wirona‹ und entwarf den Text für einen Handzettel, der an die Mannschaften der Baltischen Flotte verteilt werden sollte. Er beobachtete Brände in der Stadt und sah, wie zwei schwere deutsche Granaten im Kadriorgpark einschlugen. In den Vorstädten wurden die Kämpfe heftiger. Das Wetter blieb unbeständig. Über dem Hafen erschienen zwei Regenbogen.

Den ganzen Tag notierte Wischnewski seine Eindrücke:

> Schwarzer Rauch ... Zwei Jagdflugzeuge über uns ... Die ›Ziklon‹ (ein sowjetisches Kanonenboot) verläßt die Kaimauer ... Das Feuer auf der Landspitze ist ausgegangen ... 10.00 Uhr, zwei Fischdampfer ... Sonnig ... Schlepper ... Zwei Torpedoboote laufen ein ... Genosse Karjakin sagt, die Matrosen halten die Deutschen an der Straße nach Narwa auf ... Matrosen von der ›Kirow‹ und einem Minenleger –

ab zur Front, Gesang ... Die ›Wirona‹ macht die Anker klar ... Viele Brände ...

Die Deutschen konnten ihren Zeitplan nicht einhalten. In der Nacht durchbrachen sie die von Matrosen verteidigte Stellung bei Baltischport. Die Verteidiger wurden im Nahkampf fast völlig aufgerieben. Admiral Tribuz befahl alle Schiffsbesatzungen an Bord und ließ an Land nur noch Wachen zurück.

Pantelejew berichtete später: »Es war eine aufregende Nacht. Die Deutschen standen zehn Kilometer vor Reval. Alle Truppen waren an der Front, sogar die Polizei. Die Stadt war leer. Sie konnte nur noch durch das Sperrfeuer der Schiffsgeschütze und Küstenbatterien gehalten werden. Sobald die ›Kirow‹ das Feuer einstellte, rief General Nikolajew an und sagte: ›Was ist los? Warum haben die Schiffe das Feuer eingestellt? Die Faschisten greifen an. Unterstützen Sie uns sofort!‹[3]«

Am 25. August wurde der Hafen vernebelt, um die Kriegsschiffe vor deutschen Luftangriffen zu schützen. Die erfreuliche Nachricht, daß ein weiterer Geleitzug von neun Transportschiffen mit Verwundeten nach Kronstadt durchgekommen war, ließ diesen Tag freundlicher erscheinen. Der Transporter ›Daugawa‹ war versenkt worden, aber die ganze Besatzung war gerettet. Nun befahl Admiral Tribuz eine große Minenräumaktion, um eine Fahrrinne für die bevorstehende Evakuierung der Flotte freizumachen. Doch kaum war der Befehl an Vizeadmiral Rall hinausgegangen, als ein heftiger Sturm losbrach. Die Minenräumboote konnten auf hoher See nichts ausrichten.

In der Nacht vom 25. zum 26. August spitzte die Lage sich noch mehr zu. General Nikolajew rief an und bat den Militärsowjet zu sich. Tribuz und der Divisionskommissar machten sich auf den Weg, kehrten aber sofort wieder zurück und befahlen alle Truppenkommandeure zu sich. Es war zur Katastrophe gekommen. Die Deutschen hatten die Stellungen im Osten und Westen der Stadt gleichzeitig durchbrochen. Die Kriegsschiffe erhielten Befehl, die Feuergeschwindigkeit zu verdoppeln.

Das Artilleriefeuer hielt während der ganzen Nacht an. Im Morgengrauen schrieb Pantelejew ins Kriegstagebuch:

26. August, 6.00 Uhr morgens. Nachts starker Feindangriff gegen die Stadt abgewehrt. Feind verändert Taktik; dringt mit kleinen Stoßtrupps ein ... Alle Flugplätze vom Gegner genommen. Unsere Flugzeuge nach Osten abgeflogen. Flotte und Stadtgebiet werden bombardiert und mit Artillerie beschossen. Das schöne Pirita brennt ... Auch

[3] Nur die schwere Artillerie ermöglichte es, Reval so lange zu halten. Von Küsten- und Eisenbahnbatterien wurden 7505, insgesamt 11 488 schwere Granaten verschossen. (J. Perećnew, J. Winogradow: Na Straże Morskich Gorisontow, S. 152.)

andere Vorstädte brennen. Große Brände in der Stadt. Auf den Anmarschwegen zum Hafen Barrikaden und Hindernisse errichtet. Überall Rauch ... Feuerkraft der Schiffe und Küstenbatterien hat nicht nachgelassen. Unser Gefechtsstand im Minna-Hafen liegt ständig unter Feuer.

Das war Pantelejews letzte Eintragung in Reval.

Am Vormittag befahl die Stafka in Moskau die Räumung von Reval.

Wischnewski ging an diesem Morgen an Land. Alle Hauptstraßen waren mit Barrikaden versperrt. Rauchschwaden hingen über der Stadt, und am Flughafen wurde gekämpft. Am Russalkadenkmal hörte er Maschinengewehrfeuer. Sanitätswagen mit Verwundeten fuhren durch die Straßen. Die russischen Truppen wichen allmählich auf den Hafen zurück. Über dem Kadriorgpark zerbarsten Schrapnells.

Baltischport war jetzt von Reval abgeschnitten. Der Redaktionsstab der Zeitung ›*Sowjetisches Estland*‹ ging an Bord eines Eisbrechers. Wischnewski kehrte um 18.00 Uhr zur ›Wirona‹ zurück. Zwei Flugzeuge griffen die ›Kirow‹ an, und sofort vernebelten die Nebelschiffe wieder den Hafen. Wischnewski beobachtete zwei große Brände im Stadtgebiet. Dichte, pechschwarze Rauchwolken verdunkelten den Himmel, als die Sonne unterging. Er nahm an, daß die großen Öltanks brannten. Der erste Geleitzug sollte, wie er gehört hatte, in dieser Nacht auslaufen.

Am nächsten Morgen hielt sich die Stadt immer noch, aber die Deutschen hatten im Kadriorgpark automatische Waffen in Stellung gebracht. Sie warfen Flugblätter ab: »Die große Baltische Flotte ist eingeschlossen.« Die Rauchwolken stiegen immer höher. Ununterbrochen hörte man Detonationen. Bevor sie sich zum Hafen zurückzogen, legten die Russen Feuer an Nachschub- und Munitionslager. Um 12.15 Uhr brannten das Elektrizitätswerk, die Getreidespeicher und das Arsenal. Matrosen mit Benzinkanistern steckten die Lagerhäuser in Brand. Der Rauch war so dicht, daß Wischnewski kaum atmen konnte. Die NKWD-Einheiten und der Stab des Staatsanwalts verließen ihre Stellungen und suchten, so schnell wie möglich auf die Schiffe zu kommen.

In der Narwastraße trug man Verwundete aus einer Schule und legte sie in Sanitätsfahrzeuge. Soldaten kamen die Straße entlang, einige mit zwei oder drei Gewehren, ihrem eigenen und den Waffen gefallener oder verwundeter Kameraden. Es roch nach verbranntem Holz und Sprengstoff. In den Barrikaden waren schmale Durchgänge offen geblieben, damit die letzten zurückgehenden Truppen passieren konnten.

Sie sollten die Stellung halten, bis die Schiffe beladen waren und die Häfen verließen. Immer noch heulten die schweren Granaten der ›Kirow‹ über sie hinweg gegen den Feind. Ganz in der Nähe der Anlegestellen, wo die sowjetischen Truppen auf die Transportschiffe verladen

wurden, brannten Munitionslager, und die großen und kleinen Explosionen klangen wie der Gefechtslärm auf dem Schlachtfeld.
Ein Kranführer fluchte, während er eines der Schiffe mit großen Kisten belud: »Was zum Teufel hat es für einen Sinn, diese Kisten zu verladen? Wir haben nicht einmal Platz genug für die Menschen, und dann überladen wir die Schiffe mit Kisten!«
»Es ist Munition, du Dummkopf«, belehrte ihn ein Soldat.
»Munition! Munition!« rief der Kranführer zurück, »wer braucht sie schon auf See?«
Das Paketboot ›Pikker‹, auf dem der Militärsowjet seinen Gefechtsstand eingerichtet hatte, war jetzt leer. Auf Deck saß nur noch der Koch mit seiner weißen Mütze und beobachtete neugierig, was um ihn vorging.
Ein erschöpfter und mit Dreck beschmierter Infanteriehauptmann kam auf den Vizeadmiral zu. »Darf ich meine Männer an Bord gehen lassen?« fragte er. »Wir haben keine Waffen mehr. Das letzte Geschütz ist gesprengt.«
»Das geht nicht«, sagte der Admiral scharf. »Der Transporter ist überladen. Sie müssen auf den Tanker gehen.«
Michailowski sah einen kleinen grauen Wagen an die Pier kommen. Wischnewski sprang heraus und wandte sich an den Fahrer: »Sie können den Wagen hier vernichten.«
Der Fahrer zögerte. »Vielleicht genügt es, wenn ich den Vergaser ausbaue?«
»Sie haben meinen Befehl gehört«, sagte Wischnewski streng. »Nichts darf dem Feind in die Hände fallen. Führen Sie den Befehl aus.«
Der Fahrer stellte den Wagen in eine schmale Zufahrtstraße, warf eine Handgranate hinein und legte sich flach auf den Boden. Ein scharfer Knall, und das Fahrzeug flog auseinander.
Um 14.40 Uhr gingen Wischnewski und Kommissar Kurjakin an Bord eines Kutters, der sie zum Zerstörer ›Leningrad‹, dem Flaggschiff des Evakuierungsgeschwaders, brachte. Auch hier hörten sie noch die Detonationen in der Stadt und das ohrenbetäubende Krachen der ins Hafenbecken fallenden Bomben.
Tarasenkow, Michailowski und die meisten anderen Journalisten gingen auf die ›Wirona‹. Zu ihnen gesellte sich, mit einem Rucksack auf dem Rücken, der berühmte Dostojewski-Forscher Professor Zechnowizer von der Leningrader Universität. Sein Gesicht war schmal geworden und voller Bartstoppeln, denn er hatte sich tagelang nicht rasiert. Mit zerrissener Uniform und verdreckten Stiefeln kam er an, hatte aber seine Lebhaftigkeit und gute Laune nicht verloren.
»Na schön, wir sind in des Teufels Fleischwolf geraten«, sagte er scherzend. »Durch welches Wunder wir herausgekommen sind, kann ich nicht

sagen. Wir haben drei Tage gekämpft, und ich dachte, hier könne man nur noch im Sarg und von einem Trauermarsch begleitet hinauskommen. Aber ganz unerwartet kam der Befehl, die Stellung zu räumen und zum Hafen zu kommen.«

»Sie sind unter einem glücklichen Stern geboren«, sagte irgend jemand.

»Das stimmt«, sagte Zechnowizer.

Nun erschien auch der Regierungschef der Sowjetrepublik Estland, Johannes Lauristan. Er suchte den Eisbrecher ›Surtyl‹, der ihn mitnehmen sollte. Das Schiff hatte die Mitglieder der Theatertruppe der Baltischen Flotte an Bord und war schon ausgelaufen.

»Das tut nichts«, rief Lauristan, »ich gehe auf den Minenleger ›Wolodarski‹. In Leningrad sehen wir uns wieder.«

Die Beladung der Transportschiffe hatte am 27. August um 16.00 Uhr begonnen. Innerhalb von 24 Stunden hatte man einen Plan für die Verlegung von 190 Schiffen aus dem Hafen von Reval aufgestellt. Zu dieser Flotte gehörten 70 Transportschiffe mit mehr als 6 000 BRT. Um sicher durch die schmalen, minenverseuchten Fahrrinnen zu kommen, hätte man mindestens hundert Minenräumboote gebraucht. Es standen aber nur 10 Minenräumboote der Flotte und 17 leichte Schlepper für diese Aufgabe zur Verfügung. Man schätzte die Anzahl der deutschen Minen auf der Route des Geleitzugs auf 3 000 bis 4 000.[4] Admiral Tribuz forderte 16 leichte Kutter zum Schutz seines Geleitzugs an und bat um vorbereitende Luftangriffe gegen deutsche Küstenbatterien, um eine weitere, seinen Schiffen drohende Gefahr zu verringern. Die Befehle zur Durchführung dieser Vorsichtsmaßnahmen trafen jedoch erst ein, als die Flotte Reval verlassen hatte.

Am Abend erhöhten die Schiffsgeschütze ihre Feuergeschwindigkeit, um das Beladen der Transporter zu decken. Der Löschplatz für Handelsschiffe wurde von den Deutschen unter Feuer genommen, und einige Schiffe mußten in den Bekerowskihafen verlegt werden. Gegen 21.00 Uhr zog sich die Nachhut auf ihre letzten Stellungen zurück. Die endgültige Vernichtung aller zurückgebliebenen Vorräte begann.

Admiral Pantelejew blieb eine Zeitlang auf der Brücke der ›Wirona‹ stehen und beobachtete das Bild. Er sah, wie der Zerstörer ›Minsk‹ das Feuer einstellte und eine scharfe Wendung machte. Der Minenleger ›Skory‹ führte das gleiche Manöver aus. Sie versuchten, Fliegerbomben auszuweichen. Gegen Mitternacht legte die ›Wirona‹ ab, um ihren Platz im Geleitzug zwischen den Inseln Naissaar und Aegna einzunehmen. Das Wetter war nicht besser geworden.

[4] Aćkasow, (›*Wojenno-Istorićeskii Žurnal*‹. Nr. 10, Oktober 1966, S. 19) spricht von mehr als 3000 Minen, und Orlow (a. a. O., S. 134) nennt die Zahl von 4000.

Die Schiffe stampften in der aufgewühlten See. Die großen Truppentransporter rissen an den Tauen, die sie mit den Schleppern verbanden. Regenschauer gingen über dem Hafen nieder. An der Einfahrt zur Fahrrinne lag der alte Minenleger ›Amur‹. Er sollte versenkt werden, um die Durchfahrt für deutsche Schiffe zu sperren. Jetzt war es dunkel im Hafen. Die Kais waren leer. Es blieben nur noch zwei Kutter und das letzte Schiff, die ›Pikker‹, die den Militärsowjet der Flotte zum Kreuzer ›Kirow‹ bringen sollte.

Pantelejew war jetzt an Bord der ›Pikker‹ am Kai. Der Militärsowjet sollte ab 4.00 Uhr staffelweise auf die ›Minsk‹ gebracht werden. Pantelejew gehörte zur zweiten Staffel, die um 7.00 Uhr abgerufen werden sollte. Die letzte würde, geführt von General Moskalenko, um 8.00 Uhr folgen.

Die Zeit zog sich in die Länge. Die Nacht wurde immer kühler, und die Deutschen waren schon ganz in der Nähe des Hafens. Das Artilleriefeuer ließ allmählich nach. Pantelejew überprüfte noch einmal seine Meldungen. Fast 23 000 Menschen und 66 000 Tonnen Fracht[5], vor allem Kriegsmaterial, waren auf die Evakuierungsschiffe verladen worden.

Um 4.00 Uhr morgens ging der Militärsowjet auf die ›Kirow‹. Zwei Kutter blieben zurück, ein Kanonenboot für Pantelejew und ein Torpedoboot für Moskalenko. Der Hafen war leer und ruhig. Die Docks waren verlassen. Allmählich wurde es hell. Um 7.00 Uhr verabschiedete sich Pantelejew von Moskalenko und fuhr in Begleitung seines Stellvertreters, Kapitän N. A. Piterski, und des Kommissars L. W. Sebrennikow ab. Eine frische Brise wehte, und vor dem Kutter schäumte eine hohe Bugwelle auf. Sehr bald war Pantelejew an Bord der ›Minsk‹.

[5] Dies sind die wahrscheinlich zutreffenden Zahlen Pantelejews. Orlow (a. a. O., S. 135) spricht von mehr als 20 000 Personen und 15 000 Tonnen Material.

23. Die letzten Sommertage

Kurz nach dem Hellwerden verlangsamte der Zug, in dem Vera Inber saß, das Tempo und hielt an. Weit und breit keine Station, kein Flugzeug am Himmel, und auch das Geschützfeuer war verstummt. Alles war still. Sogar die Männer im Abteil setzten ihr endloses Preferencespiel schweigend fort. Der Generalleutnant pfiff leise vor sich hin und sagte seine Farbe an. Der neben ihm sitzende Pionier klopfte seine Pfeife so leise an der Tischkante aus, daß es sich anhörte wie das Klopfen eines Spechts tief im Wald. Eine dünne Rauchwolke schwebte zur Tür hinaus, auf den Gang und wurde dort von den durch das Fenster fallenden Strahlen der aufgehenden Sonne eingefangen.
Es war so still, daß Vera Inber das Gefühl hatte, der Zug gleite auf samtenen Schienen dahin. Sie hatte nur selten ein Zeichen des Krieges zu Gesicht bekommen. In Wolchow flogen zwei Jagdflugzeuge über den Zug hin, und eine kleine Abteilung Marinesoldaten mit in der Sonne glänzenden goldenen Ankern auf der Uniform marschierte über den Bahnsteig. Die mit Wasser gefüllten Erdlöcher links und rechts der Schienen wurden vielleicht etwas häufiger. Auch unter den Telegrafenleitungen sah man solche Löcher, aber kleinere. Sie dachte, die Deutschen sind sehr sparsam, sehr deutsch, sogar wenn sie Bomben werfen. Sie vergeuden nichts; große Bomben für die Eisenbahnschienen, kleine für die Telegrafenpfähle. In den Wäldern sah man die Spuren von Granateinschlägen und entwurzelte Bäume. Da lag eine Birke, deren weiße Rinde mit Namen und Worten vollgekritzelt war. Ihre ganze Lebensgeschichte war dort aufgezeichnet. Nun lag sie halbverbrannt, geschwärzt und zersplittert am Boden.
Als der Zug durch den nächsten Bahnhof fuhr, las Vera Inber den Namen der Station. Er stand auf weißgekalkten Steinen inmitten eines mit roten und weißen Petunien bepflanzten Beets: Mga. Vera Inber hatte ihn noch nie gehört. Alle diese Orte hatten verträumte, alte russische Namen, Namen, die nach dem Harz und Honig der Fichten- und Birkenwälder rochen; Mga, Budogoschtsch, Chwoinaja ...
Die Romanschriftstellerin Vera Ketlinskaja hielt sich damals meistens in einem alten Steinhaus in der Uliza Woinowa 18 auf, ganz nah am

Liteinyprospekt und nur einen Steinwurf von der Newa entfernt. Hier befand sich das Büro des Leningrader Schriftstellerverbands, und hier versuchte sie, die Arbeit ihrer Kollegen im Rahmen der Verteidigungsmaßnahmen in Leningrad zu koordinieren. Eine Ewigkeit war vergangen, seit sie an jenem Sonntagmorgen auf dem Lande in Swiriza ihren zehn Monate alten Sohn Sereschka die ersten unsicheren Schritte gelehrt und jemand sie mit der Nachricht unterbrochen hatte: Krieg!
In den letzten Augusttagen hatte sie eine schwierige Aufgabe übernommen. Man überschüttete sie mit Anträgen für Genehmigungen zum Verlassen der Stadt. Die Leute wollten hinaus, bevor die Deutschen kamen. Es herrschten Angst und Nervosität. Vera Ketlinskaja wollte niemandem die Schuld dafür geben. Die Lage war furchterregend. Die Stadt bereitete sich auf Straßenkämpfe vor. Jeder dachte an Madrid und London. Man stellte Kampfgruppen zur Verteidigung einzelner Häuserblocks auf. Weil es nur wenige Gewehre gab, verteilte man finnische Dolche, Jagdmesser mit langen Klingen.
Sie versuchte, einige Schriftsteller, die kaum etwas zur Verteidigung Leningrads beitragen konnten, zur Abreise zu überreden, aber viele weigerten sich, zu gehen; unter ihnen auch Jewgeny Schwarz, der Bühnenschriftsteller, dessen Schauspiel *Der nackte König* mehr als einen Leningrader an das Leben unter Stalin erinnerte. Das mag auch der Grund dafür gewesen sein, daß das Stück bis nach dem Tode von Schwarz in seinem literarischen Nachlaß liegenblieb und erst aufgeführt wurde, nachdem Stalin zehn Jahre und Schwarz acht Jahre tot waren[1].
Schwarz stellte sich Vera Ketlinskaja als Hilfskraft zur Verfügung. Er war bei ihr, als ein Parteisekretär vom Smolny aus anrief. Es handelte sich um einen uniformierten Kriegsberichterstatter. Der Sekretär wünschte, daß der Mann entlassen würde, damit er ihn ins rückwärtige Gebiet schicken könne. Der Parteimann sagte: »Das ist eine militärische Frage und keine literarische.«
»Natürlich«, entgegnete Schwarz trocken, »es ist ein militärische Frage. Es handelt sich um die Befreiung vom Militärdienst.«
Zwei Tage nachdem der Korrespondent sich nach Moskau in Sicherheit gebracht hatte, erschien in der *›Leningradskaja Prawda‹* ein Artikel von ihm, der den Satz enthielt: »Wir werden Leningrad mit entblößter Brust verteidigen!«
Eines Tages, es war am 27. August, öffnete sich die Bürotür, und Vera Ketlinskaja sah eine kleine, graziöse Dame im leichten Mantel mit einem koketten Hütchen auf dem Kopf, unter dem graue Locken hervorschauten, vor sich stehen.
»Guten Tag«, sagte die Dame. »Ich bin Vera Inber.« Ihre hohen Absätze klapperten helltönend über das Parkett, als sie durch das Zimmer

ging. Vera Ketlinskaja kam es vor, als habe sie den Besuch eines Marsmenschen erhalten. Vera Inber war 53 Jahre alt und eine bekannte Moskauer Dichterin. Ihr Mann war der angesehene Arzt Professor Ilja Dawidowitsch Straschun. Was führte sie nach Leningrad?
»Mein Mann und ich sind nach Leningrad umgezogen«, sagte sie einfach. »Ich weiß nicht, wie lange wir bleiben werden, aber sicher bis zum nächsten Frühjahr.«
Sollte diese elegante und selbstbewußte Frau etwa nicht wissen, wo sie hineingeraten war? Wußte sie nicht, daß die Deutschen jeden Augenblick in die Straßen von Leningrad eindringen konnten, daß die Stadt kurz davorstand, eingeschlossen zu werden – oder sogar schon eingeschlossen war?
Vera Ketlinskaja schickte ihre Mitarbeiter aus dem Zimmer, um ein vertrauliches Gespräch mit ihrer Besucherin zu führen.
»Ich weiß das alles«, sagte Vera Inber. »Sehen Sie, mein Mann hatte die Wahl, entweder Chef eines Krankenhauses in Archangelsk oder in Leningrad zu werden. Wir kamen zu dem Schluß, daß – da meine Tochter und Enkeltochter die Stadt verlassen haben, und weil ich Dichterin bin – ich in Kriegszeiten am Brennpunkt des Geschehens sein sollte, und Leningrad wäre in dieser Hinsicht viel interessanter.«
»Aber –«, unterbrach Vera Ketlinskaja.
»Ich weiß, was Sie sagen wollen«, fuhr Vera Inber fort, »aber erstens glaube ich, daß Leningrad den Kampf nicht aufgeben wird, zweitens sind wir nicht mehr jung, und für ältere Leute kann es sehr beschämend sein, im rückwärtigen Gebiet zu sitzen.«
Am selben Abend wurde in Leningrad ein Ausgangsverbot erlassen. Niemand durfte sich zwischen 22.00 Uhr und 5.00 Uhr ohne Sonderausweis auf der Straße aufhalten. An diesem Abend sprach Vera Inber auch zum erstenmal im Leningrader Rundfunk. Sie erinnerte ihre Zuhörer an die Worte des russischen Kritikers Alexander Herzen, eines Demokraten und Patrioten, der im 19. Jahrhundert gelebt hatte: »Die Erzählungen vom Brand von Moskau, von den Schlachten bei Borodino und an der Beresina, von der Einnahme von Paris – das waren die Märchen meiner Kindheit, meine Ilias und meine Odyssee.« Heute, so sagte sie, entstand in Rußland die neue Odyssee und die neue Ilias für kommende Generationen.
Während der zwei Wochen, die den August mit dem September verbanden, schien es, als sei die Stadt nie schöner gewesen. Die Festung Peters des Großen stand grimmig schweigend da. Sie blieb auf ihrem Posten, und trotz schwerer Angriffe verlor sie nicht ihre Standhaftigkeit und ihren kämpferischen Geist. Noch nie hatte es einen solchen August gegeben, heiß, trocken, ein richtiger Sommermonat mit klarblauem Himmel, der

sich wie eine Schale über der Stadt wölbte. Die mächtigen Linden, welche die breiten Avenuen säumten, glühten rotbraun, gold- und purpurfarben, und unter den Bäumen drängten sich ganze Teppiche von Pilzen aus der Erde. Ein böses Omen, sagten die Babuschkas – viele Pilze, viele Tote. Der grüne Rasen und die Blumenrabatten in den Parks waren kreuz und quer von Schützengräben durchzogen, und überall hatte man Geschützstellungen eingerichtet.

Leningrad bereitete sich darauf vor, dem Feind entgegenzutreten. Das von Katharina errichtete Reiterstandbild Peters des Großen erhob sich nicht mehr ehrfurchtgebietend über den Ufern der Newa. Man hatte Sandsäcke um das heroische Monument aufgeschichtet und das Ganze mit einem Bretterverschlag gesichert. Verschwunden waren die Hengste Klodts auf der Anitschkowbrücke, vergraben in den Sommergärten lagen sie sicher unter großen Erdhügeln. Nur die steinernen Sphinxe mit ihren mächtigen Löwenpranken bewachten noch das Newaufer, und die gebeugten Karyathiden am Portal der Eremitage trugen noch immer ihre schweren Lasten. Auch das häßliche Denkmal von Elisabeth II. war in all seiner Häßlichkeit auf dem Ostrowskiplatz stehengeblieben.

Täglich marschierten lange Kolonnen Soldaten durch die Stadt und über die Boulevards. Viele gehörten zerschlagenen Truppenteilen an. Sie waren in einer Schlacht davongekommen und gingen jetzt in die nächste, aus der sie vielleicht nicht mehr zurückkehren würden. Am Karpowka-Ufer standen staubige Wagen und Pferde. Rotarmisten kletterten zum Fluß hinunter und schöpften Wasser in Eimer und Kannen. Eine Gruppe von 40 oder 50 Zuschauern stand schweigend in der Nähe.

Alexander Stein bewohnte ein Zimmer im Hotel Astoria. Hier hatten die Deutschen ihr Siegesmahl mit den Finnen halten wollen. Die Hotelzimmer wurden vom Stadtkommandanten zugeteilt. Stein übergab dem Hoteldirektor Schanikin seinen Quartierschein und erhielt den Schlüssel zu einem Eckzimmer auf dem Zwischenstock, dessen Fenster auf den Platz hinausging, auf dem das schöne Denkmal Nikolaus' I. stand.

Stein blickte durch das Fenster, auf das hinter dem Denkmal liegende, aus rotem Granit gebaute alte deutsche Konsulat. Die Fenster des Gebäudes, das die Deutschen schon seit einigen Jahren nicht mehr benutzten, waren am zweiten Kriegstage von erregten Demonstranten eingeworfen worden, und man hatte sie nicht mehr repariert.

Gegen Abend ging ein Dienstmädchen durch alle Hotelzimmer, um nachzusehen, ob überall die schweren Verdunkelungsvorhänge zugezogen waren. Wenn irgendwo das Licht durchschien, kam sofort Schanikin mit seiner Chefsekretärin Nina.

Von Flugzeugen an Fallschirmen abgeworfene deutsche Flugblätter tauchten in der Stadt auf: »Schlagt die Juden, schlagt die Kommissare! Ihre

Fratzen fordern dazu heraus, eingeschlagen zu werden. Wartet auf den Vollmond! Steckt die Bajonette in die Erde! Ergebt euch!«

Der Leningrader Sportler Wladimir Gankewitsch war als Leutnant in die Rote Armee eingezogen worden und hatte von seinem Kommandeur, Oberst Pawlow, einen verantwortungsvollen Auftrag bekommen. Der Befehl kam von Marschall Woroschilow persönlich. Gankewitsch sollte nach Murmansk gehen, um dort nach Einsetzen der ersten Schneefälle die Skiausbildung der Vierzehnten Armee zu überwachen. Am Morgen des 29. August verabschiedete er sich auf dem Moskauer Bahnhof mit einem Kuß von seiner Freundin Galja. Auf dem Bahnhof herrschte ein unbeschreibliches Durcheinander. Eine Frau rief: »Senuschka, was wird aus dir werden – und aus mir! Gott steh' uns bei! Du verläßt die Heimat und gehst Gott weiß wohin!«

Als der Zug sich in Bewegung setzte, sah Gankewitsch aus dem Fenster. Auf dem Bahnsteig standen fast nur uniformierte Männer. Manche wischten sich mit dem Taschentuch die Tränen ab. Die meisten Passagiere waren Frauen und Kinder. Wieder hatte man in aller Eile eine Räumungsaktion improvisiert und versuchte nun, die Leute aus der Stadt zu bringen, die für die Verteidigung Leningrads nicht gebraucht wurden.

Im selben Abteil saß ein acht oder neun Jahre alter Junge. Seine Mutter weinte. Der Junge sagte: »Weine nicht. Wir werden die Deutschen schlagen und bald wieder bei Papa sein. Hast du nicht sein Gewehr gesehen?«

Gankewitsch wendete sich an eine neben ihm sitzende Frau und fragte, wohin sie fahre.

»Ich weiß es nicht«, sagte sie. »Die Räumung der Stadt hat begonnen. Alle Frauen, die Kinder haben, sollen Leningrad verlassen – es geht wohl irgendwohin in den Ural.«

Gankewitsch blickte aus dem Fenster. Er erschrak, als er deutsche Fallschirmjäger auf einer großen Wiese neben den Bahngleisen landen sah. Dann hörte er die dumpfen Abschüsse der Flugabwehrbatterien und sah, wie die Deutschen sich am Rand der Wiese bereitstellten.

Der Zug beschleunigte die Fahrt und fuhr ohne anzuhalten durch die nächste Station. Im Vorbeifahren konnte Gankewitsch das Stationsschild lesen: Mga.

Ein Hauptmann der Roten Armee beruhigte die Mitreisenden: »Regen Sie sich nicht auf«, sagte er. »Das ist nicht weiter gefährlich. Die Deutschen werden vernichtet sein, bevor wir in Wolchow angekommen sind.«

Er ging von Abteil zu Abteil und scherzte mit den Kindern. Dann setzte er sich neben Gankewitsch.

»Können Sie mir etwas Tabak geben?« fragte er freundlich und flüsterte dann: »Sie verstehen, was geschehen ist? Die Deutschen haben Mga genommen. Die Verbindung nach Leningrad ist damit unterbrochen.«

Der Kriegsberichterstatter Alexander Rosen kam erschöpft nach Leningrad zurück. Er hatte die 70. Division nach Medwjed begleitet, als sie in den aufregenden Julitagen dem LVI. Panzerkorps Mansteins bei Solzy schwer zu schaffen gemacht hatte. Bei einem schweren deutschen Angriff, der die Division zerschlagen hatte, die sich dann in Richtung auf Leningrad zurückziehen mußte, war er verwundet worden. Am gleichen Tage, als Nowgorod von den Deutschen eingenommen wurde, schickte man ihn in die alte Stadt. Dort wanderte er durch den ehrwürdigen Kreml, der älter war als der Kreml in Moskau, durch hallende Korridore, leere Zimmer, durch das verlassene Hauptquartier des sowjetischen Befehlshabers, der mit seinem Stab die Stadt schon verlassen hatte.

Unter großen Strapazen schlug er sich nach Norden durch und suchte Anschluß an die Reste der Division, aber er kam immer wieder zu spät. Endlich erlaubte ihm der Kommandant von Chwoinaja – gegen strengste Anweisungen –, im Lazarettzug nach Leningrad zu fahren. Die alte Lokomotive zog ihre Wagen durch viele Stationen. Sie alle lagen in Schutt und Asche. Zertrümmerte Waggons lagen neben dem Bahnkörper, die Bahnhöfe brannten, und die Dörfer und Städte waren zerstört.

Der Zug passierte auch die kleine Station Mga. Rosen hatte diesen Namen noch nie gehört. Bald war er in Obuchowo und in den Außenbezirken von Leningrad. Einmal hielt der Zug noch, dann fuhr er in den Leningrader Güterbahnhof ein.

Rosen ging die Ingenieurstraße hinunter und bog dann in die Sadowaja ein. Er beeilte sich nicht – er hatte Zeit. Seltsam, seine Stimmung hatte sich gehoben, seit er die Boulevards von Leningrad wieder unter den Füßen spürte. Es kam ihm vor, als habe er das Schlimmste schon überstanden. Leningrad wird sich halten, dachte er, Leningrad wird überleben, Leningrad wird den Tod besiegen.

Er ging in das Büro der Zeitung ›*Auf Wache für das Vaterland*‹, für die er während des Winterkriegs gegen Finnland Berichte geschrieben hatte. Hier besuchte er den Chefredakteur Litwinow und fragte ihn, wie er sich nützlich machen könne. Litwinow überlegte einen Augenblick.

»Vielleicht könnten Sie zum Ladogasee fahren und den Chef der Ladogaflottille interviewen.«

Rosen konnte das nicht verstehen. Warum ausgerechnet zum Ladogasee? Gekämpft wurde bei Puschkin und bei Kolpino.

»Sehen Sie«, sagte Litwinow, »die Eisenbahnverbindung zwischen Leningrad und dem übrigen Rußland ist abgeschnitten.«

Mga: Rosens Lazarettzug war als letzter durch die kleine Station gefahren.

Die öffentliche Bibliothek von Leningrad hatte 360 000 ihrer wertvollsten Bücher verlagert. Sie umfaßte insgesamt 9 Millionen Werke. Voltaires

Bibliothek, das Puschkinarchiv und die Inkunabeln waren schon im Juli abtransportiert worden.
Zweiundfünfzig Kisten mit wertvollem Material aus dem großen Puschkinpalais Katharinas und Alexanders waren schon in Sicherheit gebracht worden, ehe die Deutschen in die Nähe der Stadt kamen. Die Wertgegenstände aus dem Russischen Museum wurden zunächst nach Gorki und dann, zum Entsetzen des Direktors P. K. Baltun, auf einen Lastkahn verladen und nach Perm geschickt.
In der zweiten Julihälfte verließen die meisten Tiere des Zoologischen Gartens die Stadt. Auch die Studios der Lenfilm, die Institute der Akademie der Wissenschaft und andere Institute – zusammen 92 – wurden abtransportiert.
Die meisten großen Schauspiel- und Opernensembles hatten Leningrad verlassen. Die Philharmonie und das Puschkintheater gingen nach Nowosibirsk, das Konservatorium nach Taschkent, die Mariinski-Oper und das Ballett nach Perm, die kleine Oper nach Orenburg. Am 1. und am 20. Juli hatten zwei lange Güterzüge die Schätze der Eremitage hinausgebracht. Ein dritter Zug sollte folgen.
Dann aber kam der Befehl, die Arbeit einzustellen. Augenscheinlich hatten die Deutschen Mga, eine kleine Eisenbahnstation an der aus Leningrad hinausführenden Strecke genommen. Vielleicht gelang es, sie zurückzuerobern. Bis dahin mußte das Packen eingestellt werden. Die Kisten blieben eine Zeitlang im Vestibül der Eremitage stehen. Die Blätter an den Linden vor dem Eingang begannen, sich zu verfärben, aber sie fielen noch nicht ab. Die Tage waren sonnig. Es war immer noch hochsommerlich warm, und die mondhellen Nächte waren still und klar.

24. Soll Leningrad kapitulieren?

Admiral Kusnezow kam kurz vor der Einnahme von Mga am 28. August nach Leningrad. Kusnezow schreibt, er habe zunächst schon früher reisen wollen, aber »Stalin befahl mich Ende August zu einer Besprechung zu sich«. Dann wurde er mit – wie er sich ausdrückt – »verantwortlichen Vertretern der Stafka« als Mitglied einer Sonderkommission des Zentralkomitees der Partei und des staatlichen Verteidigungskomitees nach Leningrad geschickt. In seinen sonst sehr ausführlichen Aufzeichnungen nennt Kusnezow nirgends die Namen dieser »verantwortlichen Vertreter«. Er erwähnt darin nur Marschall Woronow, der schon eine Woche vor ihm abgereist war.

Das ist kein Zufall. Die »verantwortlichen Vertreter« waren niemand anderes als die beiden Mitglieder des staatlichen Verteidigungskomitees Wjatscheslaw M. Molotow und Georgi M. Malenkow.

Die Kommission setzte sich im übrigen aus dem stellvertretenden Vorsitzenden des Evakuierungsausschusses A. N. Kossygin (dem späteren Ministerpräsidenten der Sowjetunion), dem sowjetischen Befehlshaber der Luftstreitkräfte, Marschall P. F. Schigarew, General Woronow und Admiral Kusnezow zusammen. Eigentlich gehörten Woroschilow und Schdanow auch dazu.[1]

Die Kommission sollte eine Beurteilung »der komplizierten Lage« erstellen und den Militärbefehlshaber, die Stadtverwaltung und die örtlichen Parteiorganisationen an Ort und Stelle unterstützen. Man hatte sie mit sehr weitgehenden Vollmachten ausgestattet. Das Schicksal Leningrads lag in den Händen dieser Männer, besonders im Hinblick auf die Frage, ob die Stadt weiter gehalten werden sollte oder nicht.

Kusnezow flog nicht direkt nach Leningrad, sondern mit den anderen Mitgliedern der Kommission zunächst nach Tscherepowjez, wo ein Sonderzug bereitstand. Die Reiseroute zeigt, wie pessimistisch man in Moskau die Lage um Leningrad beurteilte. Tscherepowjez liegt etwa 300 Kilometer

[1] Kusnezows Erinnerungen sind ein politisches Dokument, und der Admiral versteht es meisterhaft, die halbe Wahrheit zu sagen. Oft verschleiert er absichtlich das Bild. In einer Version aus dem Jahr 1968 erwähnt er Molotow und Kossygin, nicht aber Malenkow. Kossygin befand sich schon seit Mitte Juli in Leningrad.

ostwärts von Leningrad an der von Leningrad nach Wologda führenden Eisenbahnstrecke, nicht an der direkten Nordsüdstrecke Moskau–Leningrad.

Die hohen Funktionäre bestiegen den Sonderzug auf dem Bahnhof der kleinen Provinzstadt Tscherepowjez und fuhren über Tichwin und Wolchow nach Westen bis Mga, etwa 38 Kilometer südostwärts von Leningrad. Hier stand das Signal aus für Kusnezow zunächst nicht ersichtlichen Gründen auf Rot. Es hatte eben ein Luftangriff stattgefunden. Man hörte noch das Motorengeräusch der abfliegenden deutschen Bomber. Fliegerabwehrgeschütze schossen. Man hörte Detonationen, und nicht weit von der Bahnlinie fing es an verschiedenen Stellen an zu brennen.

Kusnezow hielt es nicht für richtig, bis zum Morgen zu warten. Aber was sollte geschehen? Einige Bomben waren auf die Schienen gefallen, und der Zug konnte nicht weiterfahren. Die Reisenden stiegen aus und suchten sich ihren Weg entlang der Bahnstrecke, bestiegen einen Wagen der Leningrader Stadtbahn und fuhren mit ihm einem von Woroschilow vorsorglich nach Mga befohlenen Panzerzug entgegen.

Malenkow und Molotow sind bei ihrer Ankunft in Leningrad wahrscheinlich hinsichtlich der militärischen Lage nicht sehr zuversichtlich gewesen.

Kusnezow bemerkt dazu: »In einer militärischen Lage kommt es manchmal zu Überraschungen, doch die Situation, in die die Vertreter der Stafka jetzt geraten waren, zeigt, wie ungenügend das Informationssystem funktionierte und wie wenig man selbst in dringenden Fällen noch Herr der Lage war.«

Aber erst nach ihrer Ankunft in Leningrad begriffen Malenkow und Molotow, daß die Bombardierung von Mga, deren Zeugen sie geworden waren, den deutschen Angriff gegen die Station vorbereitet hatte, der am 30. August die letzte Bahnverbindung – an der nördlichen Strecke – zwischen Leningrad und dem übrigen Rußland unterbrechen würde.

Die Kommission blieb zehn Tage in Leningrad. Aus keinem sowjetischen Bericht geht klar hervor, welche Entscheidungen sie getroffen hat. Ein Protokoll der Besprechungen zwischen Malenkow, Molotow und Schdanow ist nie veröffentlicht worden. In keinem Frontbericht und in keinem von einem Offizier geschriebenen Erinnerungsbuch wird erwähnt, daß Malenkow oder Molotow während dieses Aufenthalts die kämpfende Truppe besucht hätten. Kusnezow hat sich angeblich nur um Marinefragen gekümmert und an den Besprechungen nicht teilgenommen.

Marschall Schigarew soll auf eine bessere Koordinierung der Luftverteidigung hingewirkt haben (die Stadt war bisher noch nicht bombardiert worden, aber schwere deutsche Luftangriffe standen kurz bevor). Woronow kümmerte sich um die Panzerabwehr, Kusnezow arbeitete als Vertreter

der Kriegsmarine die Pläne zur artilleristischen Unterstützung der Leningrader Front durch die Baltische Flotte aus. Außerdem befaßte sich die Kommission mit der Frage der Verteidigung des Stadtkerns. Man besprach alle Einzelheiten. Die Hauptkampflinie sollte am Finnischen Golf beginnen und vom Bahnhof Predportowaja der ›Oktober‹-Eisenbahnlinie durch das Dorf Rybazkoje folgen und über die Utkinwerke, die Kolchose Kudrowo und Rschewka nach Udelnoje, Kolomjagi und Staraja Derewna weiterführen. Wenn die Deutschen in die Stadt einbrachen, standen ihnen 26 Schützendivisionen und 6 Panzerabteilungen mit 1 205 Geschützen gegenüber, das heißt, pro Kilometer Frontbreite waren zwanzig Geschütze in Stellung.
Besonders eingehend erörterte man das Problem der Evakuierung von Menschen, Fabriken und wissenschaftlichen Instituten und beschäftigte sich mit der Frage der Lebensmittelversorgung, obwohl inzwischen alle Eisenbahnverbindungen unterbrochen waren.
Damals befahl Woroschilow auch den Admiral Pantelejew ins Smolny. Eine wichtige Besprechung war schon im Gange. Eine große Zahl von Funktionären hatte sich in dem Konferenzsaal versammelt. Die meisten waren Soldaten, aber auch einige Zivilisten und sogar Frauen waren darunter. Woroschilow saß mit dem Rücken zur Wand an einem langen, mit einem dunklen Tuch bedeckten Tisch. Er sah müde, finster und mutlos aus. Seine Stimme klang ruhig und sanft, ganz anders als sonst. Die Verdunkelungsvorhänge waren zugezogen, der Raum war nur schwach erleuchtet, und die Stimmung war trübe.
Pantelejew erkannte niemanden außer Marschall Woroschilow, obwohl viele hohe Beamte zugegen waren. Er nennt keine Namen. Waren auch die Mitglieder des staatlichen Verteidigungskomitees darunter?
Die Besprechung bestand in der Aufzählung einer langen Reihe von Katastrophen. Man sprach von den Menschen, die sich weigerten, die Stadt zu verlassen, von denen (besonders Kindern), die in die Hände der Deutschen gefallen waren, von Sonderzügen, die tagelang an gefährdeten Stellen warten mußten, wo sie deutschen Fliegerangriffen ausgesetzt waren, von Kindern, die viele tausend Kilometer weit nach Osten abtransportiert worden waren, ohne daß man den Familien ihren Bestimmungsort mitgeteilt hatte.
Immer wieder hörte man die Meinung: »Aber wer hätte geglaubt, daß der Gegner so nahe an Leningrad herankommen würde?«
Woroschilow fragte in strengem Ton, weshalb der Regierungsbefehl, die Zivilbevölkerung zu evakuieren, nicht befolgt worden sei.
Die Besprechung dauerte nicht lange. Entmutigt fuhr Pantelejew wieder fort. Am nächsten Tage wurde befohlen, die Verschickung von Zivilpersonen fortzusetzen. Mindestens eine halbe Million Menschen sollten Lenin-

grad über Schlüsselburg verlassen, aber drei Tage später fiel auch Schlüsselburg.

In der heutigen sowjetischen Geschichtsschreibung wird der Besuch Malenkows und Molotows in Leningrad nicht erwähnt. Vorher allerdings war es ein wichtiges Ereignis gewesen. In der 1952 erschienenen Bolśaja Sowjetskaja Enziklopedija berichtet Malenkow stolz in seiner Selbstbiographie, man habe ihn »im August 1941 an der Leningrader Front finden können«. Die bis 1952 verfaßten Standardwerke erwähnen noch den Besuch. Nach der damals offiziellen Version sind »unter ihrer (Malenkows und Molotows) entschlossenen Führung die Pläne ausgearbeitet und die Maßnahmen ergriffen worden, die dazu geführt haben, den Feind zu schlagen«. Ein anderer Historiker schreibt: »In der entscheidenden Phase des Ringens um Leningrad im September sandte das Zentralkomitee W. M. Molotow und G. M. Malenkow in die belagerte Stadt, um die Verteidigung zu organisieren.«

Vielleicht hat die Kommission den hartbedrängten Verteidigern von Leningrad wirklich helfen sollen. Vielleicht sollte aber auch – und Kusnezow deutet diese Möglichkeit an – entschieden werden, ob man Leningrad dem Feind überlassen solle oder nicht.

Als erster erschien Woronow auf dem Plan, ein hochgewachsener, intelligenter Mann, dessen ruhige Art Vertrauen einflößte. Er traf schon am 22. August ein, und was er sah, gab ihm Anlaß zur Sorge.

Er berichtet: »Zu meiner Überraschung war das Leben in der Stadt noch sehr friedlich. Man hätte glauben können, die Schlacht werde vor Berlin und nicht unter den Mauern von Leningrad ausgefochten.«

Er war entsetzt, festzustellen, daß für die Evakuierung der Zivilbevölkerung noch nichts vorbereitet war. Darin erblickte er den klaren Beweis für eine Unterschätzung der tatsächlich sehr bedrohlichen Lage, und damit hatte er recht.

Das Staatliche Verteidigungskomitee forderte, wie Woronow schreibt, den sofortigen Abtransport von Kindern, Frauen und alten Menschen, ebenso die Verlegung aller nicht kriegswichtigen wissenschaftlich-industriellen Einrichtungen und Betriebe. Das Leben in der Stadt sollte sofort nach militärischen Gesichtspunkten umgestaltet werden.

So gerecht die Kritik Woronows gewesen sein mag, es war viel zu spät, die fatalen Folgen eines wochenlangen falschen Optimismus zu vermeiden.

Am 26. August sprachen Schdanow, Woroschilow und wahrscheinlich auch Woronow über die geheime Fernsprechverbindung mit Stalin in Moskau. Sie meldeten, welche verzweifelte Lage dadurch entstanden war, daß die Deutschen die Eisenbahnstation Ljuban, etwa 80 Kilometer ostwärts der Stadt, genommen und die ›Oktober-Bahnlinie‹ zwischen Moskau und

Leningrad, den wichtigsten Versorgungsweg für die Stadt, unterbrochen hatten. Um die Stadt zu halten, brauchten sie unbedingt weitere militärische Verstärkungen.

Stalin ging auf diese dringenden Forderungen ein. Er genehmigte, daß Leningrad die während der nächsten vier Tage fertiggestellten Panzer aus den Leningrader Fabriken (es handelte sich vor allem um die 60 Tonnen schweren KW-Panzer, die in den Kirow-Werken und der Ischorskfabrik hergestellt wurden) zu seiner Verteidigung behalten durfte. Diese Fabriken waren die größten Hersteller von Panzern in der Sowjetunion, und so verzweifelt die Lage in Leningrad selbst sein mochte, ihre Produktion war auch weiter fast ausschließlich der zentralen strategischen Reserve bei Moskau zur Verfügung gestellt worden.[2]

Nach diesem Befehl Stalins konnte Leningrad jetzt über 25 bis 30 weitere Panzer verfügen. Viele gingen aus der Fabrik direkt ins Gefecht. Der blanke Stahl war noch nicht mit Tarnfarbe gestrichen. Dazu versprach Stalin, vier Luftlanderegimenter und zehn Infanteriebataillone nach Leningrad zu schicken. Damit wären Leningrad seit Kriegsausbruch im ganzen siebzig Bataillone aus der Heeresreserve zugeführt worden.

In drohendem Ton befahl Stalin, der Befehlshaber von Leningrad solle die Achtundvierzigste Armee »in Ordnung bringen«. Nach der letzten Katastrophe war diese Armee kaum mehr als eine Zahl auf einem Stück Papier. Außerdem sollten die von Moskau nach Leningrad führende Straße und alle anderen Anmarschwege nach Leningrad vermint werden. Die Deutschen hatten allerdings die Straße Leningrad-Moskau schon unterbrochen.

Jedes der zehn Bataillone, die Stalin nach Leningrad schicken wollte, bestand aus 1 000 Mann oder mehr. Aber diese Mannschaften waren weder alle ausgebildet noch ausreichend bewaffnet.

»Beeilen Sie sich nicht damit, sie ins Gefecht zu werfen«, warnte Schdanow das Mitglied des Militärsowjet der Achtundvierzigsten Armee, G. Ch. Bumagin. »Die neuen Rekruten müssen zuerst noch etwas für das Gefecht vorbereitet werden.«

Aber die Warnung war umsonst. Das deutsche XXXIX. Panzerkorps der Panzergruppe Drei stieß von Ljuban gegen Tosno und Mga und die Außenbezirke Leningrads vor. Der Befehlshaber der glücklosen Achtundvierzigsten Armee warf jeden erreichbaren Verband in die Schlacht, um

[2] Am 4. August hatte das Staatsverteidigungskomitee einen Plan genehmigt, nach dem die Kirow-Werke so viele KW-Panzer wie möglich über das festgesetzte Plansoll hinaus bauen und daß diese Panzer der Front in Leningrad zur Verfügung gestellt werden sollten. Das Soll für August waren 180 Panzer. Es wurden 207 hergestellt. Die 27 über den Plan hinaus produzierten Panzer wurden zur Verteidigung Leningrads eingesetzt (N. S., S. 126).

den deutschen Vormarsch aufzuhalten, aber nichts half. Unaufhaltsam drangen die Deutschen weiter vor.

Stalin hatte die Aufgabe des Befehlshabers von Leningrad wie folgt umrissen: Er sollte die Stadt gegen Angriffe von Westen, Südwesten und Südosten schützen, die Deutschen daran hindern, die Oktober-Bahnlinie, die Petschorabahnstrecke und die nördliche Bahnstrecke zu unterbrechen, er sollte das Koporskiplateau fest in der Hand behalten, um die Verteidigung Leningrads von See her sicherzustellen, die finnische Offensive am Fluß Vuoksi zum Stehen bringen und die Finnen daran hindern, die Kirow-Eisenbahnlinie abzuschneiden.

Die zur Verteidigung Leningrads eingesetzten Kräfte waren für diese große Aufgabe zu schwach, und auch die Verstärkungen, mit denen man rechnete, reichten nicht aus. Gerade in dem Augenblick, als diese finsteren Aspekte ganz deutlich geworden waren, erschienen Malenkow und Molotow auf der Bildfläche.

Malenkow war Schdanows schärfster Rivale, und man betrachtete auch ihn als möglichen Nachfolger Stalins und dessen besonderen Günstling. Die Rolle Molotows war nicht klar zu durchschauen, aber wahrscheinlich stand er auf seiten Malenkows und nicht Schdanows. Beide Männer hatten zu der dreiköpfigen Junta gehört, die im Juni, als Stalin handlungsunfähig gewesen war, die Macht in Händen gehabt hatte. Sie gehörten zu den drei Männern, die Schdanow nach Leningrad geschickt hatten, um es als sein persönliches Lehen zu verteidigen, und die ihn daran gehindert hatten, an den Entscheidungen und dem Spiel um die Macht in Moskau teilzunehmen. Schdanow war jetzt schon zwei Monate in Leningrad mit dieser neuen Aufgabe beschäftigt. Seine Leistungen waren alles andere als glänzend. Jetzt mußten wichtigste Entschlüsse gefaßt werden. Ließ die Stadt sich halten? Gab es eine Möglichkeit, die deutsche Offensive zum Stehen zu bringen?

Die Berichte der Überlebenden vermitteln nur ein Echo der eisigen Gespräche, die mit einem brutalen Unterton der Furcht und Erregung zwischen den hohen sowjetischen Funktionären geführt worden sind. Nachdem Malenkow und Molotow 1957 bei dem Versuch, Nikita Chruschtschow zu stürzen, schmählich unterlegen sind, hat die sowjetische Presse ihre Namen in diesem Zusammenhang nicht mehr erwähnt. Schdanow hat vor seinem frühzeitigen Tod am 31. August 1948 keine schriftlichen Aufzeichnungen hinterlassen. Im folgenden Jahr wurden die meisten engen Mitarbeiter Schdanows erschossen.[3]

[3] Es ist erstaunlich, wie wenig Quellenmaterial es über und von Schdanow gibt. In den sowjetischen Geschichtswerken über die Belagerung von Leningrad wird er nur ganz selten erwähnt. Zum Beispiel hat die offizielle Sammlung von Dokumenten über Leningrad (900 Geroićeskii Dnei – im folgenden als ›900‹ bezeichnet) aus Schdanows persönlichem Nach-

Aber sicher ist die entscheidende Frage gestellt worden, ob Leningrad aufgegeben werden solle. Wenn es bei diesen Gesprächen zu Meinungsverschiedenheiten gekommen ist, dann wohl zu den folgenden: Schdanow hat dafür gestimmt, Leningrad zu halten, und Malenkow und Molotow waren dafür, es aufzugeben.

Es kam zu den üblichen Umbesetzungen in den Kommandostellen, die immer ein sicheres Anzeichen für eine Krise an der betreffenden Front waren. Am 23. August war Karelien aus dem Befehlsbereich des Militärbezirks Leningrad herausgenommen worden. Am 29. ernannte das Staatsverteidigungskomitee (haben Malenkow und Molotow das veranlaßt?) Woroschilow zum Befehlshaber der Leningrader Front, Schdanow und Kusnezow zu Mitgliedern seines Militärsowjet und General Popow zu seinem Chef des Stabes. Diese Entscheidung war vernünftig. Dennoch bedeutete sie die Degradierung von Woroschilow und Schdanow. Bis dahin hatte ihnen der gesamte Komplex der Fronten und Armeen im Bezirk Leningrad unterstanden. Jetzt befehligten sie nur noch eine Front, den Schutzwall um die Stadt selbst. Am folgenden Tage wurde der Rat für die Verteidigung Leningrads aufgelöst, und das Frontkommando unter Schdanow und Woroschilow übernahm seine Funktionen.

Am 1. September erhielten Schdanow und Woroschilow eine förmliche Zurechtweisung von Stalin. In einem Schreiben der Stafka an das Frontkommando von Leningrad wurde festgestellt, daß schlechte Organisation und ein Mangel an Festigkeit die Verteidigung der Anmarschwege nach Leningrad gekennzeichnet hätten. Stalin forderte ›aktive Maßnahmen‹ zur Verteidigung der Stadt.[4]

laß im Zentralarchiv der Partei am Institut für den Marxismus-Leninismus in Moskau nur ein einziges Schriftstück veröffentlicht. Das ist eine Meldung an das Staatsverteidigungskomitee vom Oktober 1943 über die Evakuierung von Industriewerken aus Leningrad. In der offiziellen Geschichte der Belagerung Leningrads (Leningrad w WOW) wird weder diese noch irgendeine andere Sammlung von Material von oder über Schdanow erwähnt. Die einzigen verfügbaren Texte (auch sie sind lückenhaft) der vielen Reden Schdanows aus dieser Zeit stammen aus persönlichen Aufzeichnungen von Augenzeugen, besonders von D. W. Pawlow in seinem klassischen Buch Leningrad w Blokadje. In anderen Quellen werden Pawlows Aufzeichnungen häufig zitiert. Im Vergleich damit gibt es nur sehr wenige Zitate von Äußerungen der Mitarbeiter Schdanows in Leningrad. Angesichts der Tatsache, daß es in der Sowjetunion üblich ist, bei allen Versammlungen stenographische Notizen zu machen und dieses Material in die Archive zu nehmen, erscheint das sehr seltsam. Im Gegensatz zu vielen anderen, weniger bedeutenden Zeitgenossen gibt es keine Veröffentlichungen von Schdanows Reden oder Aufzeichnungen. Es besteht der Verdacht, daß das Schdanow-Archiv entweder von seinen Feinden (wahrscheinlich Malenkow und Berija) vernichtet wurde oder, was wahrscheinlicher ist, daß es nach der höchsten Geheimhaltungsstufe noch zurückgehalten wird, weil es mit der ›Affäre Leningrad‹ in Verbindung steht.

[4] Ende August erließ das Staatsverteidigungskomitee Befehle, die nach Aćkasow »den weiteren Verlauf der Schlacht um Leningrad wesentlich beeinflußt haben«. Die Befehle betrafen die Aufstellung neuer Verbände, die Umgruppierung der Truppen, die das süd-

Wahrscheinlich haben Malenkow und Molotow den Anstoß für diese Zurechtweisung gegeben. Der Anlaß ist vielleicht ein hoffnungsloser Täuschungsversuch des Oberkommandos in Leningrad gewesen, das den Verlust von Mga nicht sofort nach Moskau gemeldet hatte. Wahrscheinlich erfolgte diese Meldung nicht, weil man hoffte, Mga wieder zu nehmen und die Lage wiederherzustellen. Aber diese Hoffnung täuschte wie manche andere. Das Militärkommando von Leningrad befahl der Achtundvierzigsten Armee, den Bahnhof von Mga um jeden Preis wieder in Besitz zu nehmen. Man warf die 1. NKWD-Division, die aus der karelischen Front herausgezogen worden war, ins Gefecht. Sie hatte keinen Erfolg. Die Deutschen saßen in Mga und ließen es sich nicht mehr nehmen.

Die Waagschale sank weiter zuungunsten Schdanows und Woroschilows. Zuerst waren sie ›Meister in der Kunst des Rückzugs‹ gewesen, dann hatten sie ein internes Verteidigungskomitee gegründet, das Stalin vielleicht für ein Instrument hielt, mit dessen Hilfe sie kapitulieren wollten. Sie trafen Vorbereitungen für Straßenkämpfe, und das erregte Stalins Verdacht.

Jetzt ertappte man sie bei dem Versuch, eine schlimme Niederlage zu vertuschen. Sollte Leningrad kapitulieren müssen, dann würden Malenkow und Molotow kaum Schwierigkeiten haben, die Schuld Schdanows und Woroschilows nachzuweisen.

In einer Hinsicht würde der Fall Leningrads den Wünschen Malenkows und Molotows entsprochen haben. Es wäre damit ein gefährlicher und fähiger Rivale ein für allemal ausgeschaltet worden. Zwar hatte auch Schdanow Freunde in Moskau. Am 2. September veröffentlichte die *›Iswestia‹* eine wortreiche Erklärung, in der die Überzeugung ausgesprochen wurde, Leningrad und die Leningrader würden, wie es ihrer Ehre und Pflicht entspreche, den deutschen Angriff abwehren und die vor der Stadt stehenden deutschen Truppen vertreiben. Der Artikel war mit N. Petrow gezeichnet, der Verfasser aber war der ehrwürdige Michail I. Kalinin, Präsident der UdSSR und selbst geborener Leningrader. Er sprach den Verteidigern Leningrads damit sein Vertrauen aus. Aber Kalinin verfügte bei weitem nicht über die Macht und Intriganz der Gegner Schdanows. Der Krieg an der Front gegen die Deutschen mochte lebensgefährlich sein, aber der Krieg hinter den Kulissen war es noch mehr.

Kusnezow kam nicht mit den anderen Mitgliedern des Verteidigungs-

östliche und südliche Vorfeld Leningrads verteidigten, die Schaffung einer neuen Hauptkampflinie, die Vorbereitung der Verlagerung eines Teils der öffentlichen Einrichtungen von Leningrad und den Einsatz der verbleibenden Einrichtungen zur Befriedigung der militärischen Bedürfnisse der Front (Krasnosnamennyi Baltiiskii Flot w WOW, S. 99).

komitees nach Moskau zurück. Er wurde durch Marineangelegenheiten aufgehalten, und sein Flugzeug geriet über dem Ladogasee in ein heftiges Gewitter, das die Maschine in der Luft hin- und herwarf.

Am nächsten Tage wurde er um die Mittagszeit in den Kreml befohlen. Das war eine ganz ungewohnte Zeit, denn sonst begannen die Besprechungen dort erst am Abend. Tagsüber arbeitete Stalin in seinem Arbeitszimmer im Kreml, aber nachts, wenn mit Fliegerangriffen gerechnet werden mußte, begab er sich in ein Appartement in der Nähe des Luftschutzbunkers im Kreml. Kusnezow nahm an, daß nur eine sehr dringende Angelegenheit Stalin veranlaßt haben konnte, ihn zu dieser Stunde zu sich zu rufen. Er hatte recht.

Stalin teilte Kusnezow gleich mit, General Georgi Schukow sei beauftragt worden, das Kommando in Leningrad zu übernehmen. Die Entscheidung war in der vergangenen Nacht gefallen, und Schukow befand sich schon in Leningrad oder war auf dem Wege dorthin.[5]

Was Stalin nicht erwähnte – Kusnezow berichtet jedenfalls nichts darüber –, war die Tatsache, daß Woroschilow nach einer weiteren heftigen Auseinandersetzung zwischen Leningrad und Moskau seines Postens enthoben worden war. Wieder hatte man die Führung in Leningrad bei einer dienstlichen Verfehlung ertappt.

Die Deutschen waren in die an der Newa gelegene Festung Schlüsselburg eingebrochen und hatten am 8. September den Ring um Leningrad geschlossen. Das Oberkommando in Leningrad meldete diese Ereignisse jedoch nicht, wie es auch den Verlust von Mga verschwiegen hatte. Es meldete den Verlust von Schlüsselburg weder am 8. September noch am 9. September – aber am 9. September erfuhr Moskau die Tatsache aus einer anderen Quelle, aus dem offiziellen deutschen Wehrmachtsbericht.

Stalin verlangte eine Erklärung.

Die Erklärung war ungenügend. Am 11. September berichteten Woroschilow und Schdanow dem Kreml, daß sie sich zwei Monate darum bemüht hätten, einen starken Angriffsverband aufzustellen, um den Deutschen die Initiative aus der Hand zu nehmen, daß jedoch alle Verstärkungen sofort hätten eingesetzt werden müssen, um Lücken zu schließen. Daher seien ihre Bemühungen, eine starke Gegenoffensive in Gang zu bringen und die Deutschen aus den Einbruchstellen bei Mga und Schlüsselburg hinauszuwerfen, fehlgeschlagen.

Das bestärkte Stalin nur in seiner Überzeugung, die ›Passivität‹ Woroschilows habe die katastrophale Lage in Leningrad verursacht. Er befahl

[5] Der Beschluß der Stafka wurde am 11. September gefaßt. Am 13. September übernahm Schukow das Kommando (A. W. Karasew. In: ›*Istorija SSSR*‹. Nr. 2, 1957, S. 5).

die Absetzung Woroschilows und ernannte Schukow zu seinem Nachfolger.[6]

Augenscheinlich ist Stalin in seinem Gespräch mit Kusnezow nicht auf Einzelheiten eingegangen. Auch Kusnezow hat Stalin wahrscheinlich nichts über den eigenartigen Vorfall berichtet, dessen Zeuge er wurde, als er am 30. August im Amtszimmer des Admirals I. S. Isakow saß und auf die Rückkehr Isakows von einer Besprechung des Militärsowjet wartete. Der Fernsprecher läutete – nicht der militärische, sondern der gewöhnliche Fernsprecher. Kusnezow ging an den Apparat und hörte die Stimme eines jungen Mädchens, das verzweifelt rief: »Die Deutschen sind bei Iwanowskoje bis zur Newa vorgedrungen.«

Das war eine überraschende Meldung. Admiral Kusnezow gab sie sofort an den Befehlshaber von Leningrad, General Popow, weiter, der zunächst glaubte, die Meldung sei eine Ausgeburt der Phantasie und Panikstimmung. Das traf aber leider nicht zu. Die Deutschen waren bis zur Newa durchgebrochen und hielten diese Stellung bis 1943.

Diese Dinge wurden in dem Gespräch zwischen Stalin und Kusnezow nicht erwähnt.

Stalin ging nervös auf und ab, setzte sich schließlich auf ein schwarzes Ledersofa und bestürmte Kusnezow mit Fragen. Wie viele Schiffe befanden sich noch in der Ostsee? Wo waren sie? Spielten sie in der Schlacht um Leningrad irgendeine Rolle? Dabei bezeichnete Stalin die Stadt mit ihrem alten Spitznamen ›Piter‹ und nannte sie nicht ›Leningrad‹.

Kusnezow wollte das Gespräch auf allgemeine Fragen der Seekriegführung ausdehnen, aber Stalin ließ das nicht zu. An der Wand hing eine kleine Karte, auf der die bis nach Leningrad reichende deutsche Front eingezeichnet war. Jetzt kam Stalin zu der Frage, um derentwillen er Kusnezow zu sich gerufen hatte. Die Lage in Leningrad war außerordentlich ernst, sagte er.

»Vielleicht muß man es aufgeben«, fügte er hinzu. Dann fragte er Kusnezow noch einmal, über wie viele und welche Kriegsschiffe die Baltische Flotte verfüge, und sagte: »Nicht ein Kriegsschiff darf dem Feind in die Hände fallen, nicht eines.« Schließlich wies er mit allem Ernst darauf hin, daß, wenn seine Befehle nicht befolgt würden, die Schuldigen streng bestraft würden. Das konnte in Stalins Vokabular nur eines bedeuten: die Hinrichtung durch ein Erschießungskommando.

[6] In den Augen Stalins war es ein schweres Vergehen, den Verlust einer Stadt zu verschweigen, weil man hoffte, sie bald zurückzuerobern. Er löste jeden Befehlshaber sofort ab und bestrafte ihn streng, den er bei dem Versuch ertappte, das Oberkommando in Moskau auf diese Weise zu täuschen (Schtemenko, a.a.O., S. 116). Eine Quelle berichtet, Parteisekretär Kusnezow habe bei einer Besprechung im Smolny am Morgen des 9. September den Anwesenden mitgeteilt, daß Leningrad eingeschlossen sei (A. Kostin. In: ›*Swjesda*‹. Nr. 6, Juni 1968).

»Ich wußte, es war nicht der richtige Augenblick, näher auf diese Frage einzugehen«, berichtete Kusnezow später. Er wartete auf weitere Befehle. Diese Befehle waren ganz simpel. Er sollte Anweisungen für die eventuell notwendig werdende Selbstversenkung der Schiffe ausarbeiten und an die Kommandeure der Flotteneinheiten schicken. Zu seiner eigenen Überraschung – und sicher auch zur Überraschung Stalins – entfuhren Kusnezow die Worte: »Diesen Funkspruch kann ich nicht unterschreiben.«
Stalin wollte wissen, warum. Es war Kusnezow plötzlich eingefallen, daß die Flotte dem Befehlshaber des Leningrader Militärbezirks unterstand. Deshalb mußte Stalin als Oberbefehlshaber der Stafka solche Befehle selbst unterschreiben.
Kusnezow wußte zwar nicht genau, weshalb Stalin wünschte, der Marinekommissar solle die Anweisung unterzeichnen, doch lag es nahe, daß er die Verantwortung von sich abwälzen wollte.
Nun schlug Stalin vor, Kusnezow solle zum Chef des Stabes, Marschall Schaposchnikow, gehen und die Funksprüche mit zwei Unterschriften – den Namenszeichen Schaposchnikows und Kusnezows – ausfertigen lassen. Aber auch Schaposchnikow wollte mit der Sache nichts zu tun haben. Er sagte: »Das ist allein Sache der Flotte. Ich werde den Befehl nicht unterschreiben.«
Kusnezow sagte ihm, der Vorschlag käme von Stalin, aber Schaposchnikow weigerte sich trotzdem. Man beschloß, einen Entwurf aufzusetzen und ihn Stalin zur Unterschrift vorzulegen. Stalin stimmte zu, schickte aber den Befehl nicht sofort ab. Irgendwann ging er aber doch an die Flotte hinaus.
Ein Jahr später konnte Kusnezow sich zu seiner Standhaftigkeit beglückwünschen. Polizeichef Berija übergab Stalin einen Bericht, in dem der Befehlshaber der Baltischen Flotte, Admiral W. F. Tribuz, beschuldigt wurde, in Panikstimmung »den voreiligen Befehl« für die Selbstversenkung der Flotte gegeben zu haben. Eine Abschrift dieses Berichts gelangte in die Hände Kusnezows.
»Sofort erinnerte ich sie an den wahren Sachverhalt und wies nach, daß die Befehlshaber der Flotte keine Schuld traf«, berichtete Kusnezow später.[7]
Daß Stalin nur ungern selbst den Befehl unterschreiben wollte, die Beschuldigungen der Geheimpolizei und die Tatsache, daß Stalin augenscheinlich mit dem Fall Leningrads rechnete, zeigt deutlich, daß die Politiker für diese Stadt jede Hoffnung aufgegeben hatten. Höchstwahrscheinlich hat man Stalin zur Aufgabe Leningrads zwingen wollen. Viel-

[7] Kusnezow behauptet auch, die Versenkung der Baltischen Flotte sei schon Ende August vorbereitet worden.

leicht haben Malenkow und Molotow ihn in dieser Richtung beeinflußt. Sie stützten sich dabei auf Berichte über die Unfähigkeit Schdanows und Woroschilows, Leningrad wirksam zu verteidigen, auf die Opfer, die das Unternehmen fordern würde; sie behaupteten, es sei unmöglich, die Stellungen zu halten, und deshalb unbedingt notwendig, alle Reserven für die Verteidigung Moskaus einzusetzen, denn auch hier wurde die Lage immer gefährlicher.

Schdanow kämpfte um seine politische Karriere, um sein Leben und um das Leben der Stadt, mit der sein persönliches Schicksal verbunden war. Auch Stalin muß das Gefühl gehabt haben, um den Bestand seiner Macht zu kämpfen. Am 4. September schickte er eine in sehr düsterem Ton abgefaßte Botschaft an Churchill: »Wir haben mehr als die Hälfte der Ukraine verloren, und der Feind steht vor den Toren von Leningrad.«

Er forderte Großbritannien auf, sofort eine zweite Front zu errichten, um 30 bis 40 deutsche Divisionen zu fesseln, und »bis zum 1. Oktober 30 000 t Aluminium, 400 Flugzeuge und 500 Panzer« nach Rußland zu schicken. Andernfalls würde »die Sowjetunion entweder geschlagen oder so stark geschwächt werden, daß sie für lange Zeit nicht mehr in der Lage sein wird, ihren Verbündeten mit aktiven militärischen Operationen zu helfen.«

Churchill glaubte, aus dem Wortlaut der Note und der Art, wie Botschafter Maiski sie ihm vortrug, entnehmen zu können, daß Moskau Deutschland unter Umständen um einen Separatfrieden bitten würde.[8]

Elf Tage später ersuchte Stalin Großbritannien darum, 25 bis 30 Divisionen über Archangelsk oder den Iran nach Rußland zu schicken. Am 12. September machte Churchill den Vorschlag, Großbritannien wolle, wenn Rußland gezwungen sein sollte, Leningrad aufzugeben und die Baltische Flotte zu versenken, den Verlust an Kriegsschiffen zum Teil zu ersetzen. Stalin antwortete, er werde, wenn dieser Fall eintreten sollte, die Rechnung nach dem Kriege den Deutschen präsentieren.

Aus den auf die Septemberkrise folgenden Ereignissen – die Zurechtweisung Schdanows und Woroschilows, die Ablösung Woroschilows, die Entsendung Schukows nach Leningrad und die Befehle zur Vorbereitung für die Kapitulation der Stadt –, läßt sich entnehmen, daß es zu einem politischen Kompromiß gekommen ist. Für die ernste Lage in Leningrad wurden Woroschilow und Schdanow verantwortlich gemacht, aber den größeren Teil der Schuld mußte Woroschilow auf sich nehmen. Er wurde

[8] Maiski behauptet, von einem Separatfrieden sei bei der Vorlage dieser Note nicht die Rede gewesen, und meint, diese Interpretation sei die Folge des „schlechten Gewissens" gewesen, das Churchill geplagt habe, weil er die zweite Front noch nicht errichtet hatte. Maiski gibt jedoch zu, die russischen Forderungen mit besonderer Leidenschaft vorgetragen zu haben. Er behauptet, er selbst habe Stalin geraten, die Note abzuschicken, und fügt hinzu, die Furcht vor einem Separatfrieden habe ihm geholfen, mehr für Rußland herauszuschlagen (Maiski, a.a.O., S. 172–173).

entlassen und mußte die militärische Verantwortung für die entstandene Situation tragen. Schdanow erhielt eine letzte Chance. Mit Marschall Schukows Hilfe sollte er die Stadt vor der Kapitulation bewahren. Aber die Bedingungen waren hart. Schnelles Handeln war geboten, denn schon wurden die größten Anstrengungen unternommen, den deutschen Vormarsch gegen Moskau zum Halten zu bringen. Vielleicht erhielten Schdanow und Schukow nur deshalb den Befehl, die Stellung zu halten, weil man hoffte, damit deutsche Truppen vor Leningrad zu fesseln. Sollte es aber Schdanow und Schukow nicht gelingen, das Kriegsglück in kürzester Zeit zu wenden, dann war Stalin sicher bereit, Leningrad aufzugeben, um Moskau zu retten. Wenn Leningrad kapitulieren sollte, dann würde allein Schdanow als Parteiführer und nicht der im allerletzten Augenblick dorthin befohlene Marschall Schukow als militärischer Fachmann dafür verantwortlich gemacht werden.
Ein wesentlicher Aspekt in dem selbstmörderischen Ringen, das in Leningrad hinter den Kulissen stattfand, war die schwere Belastung der Energie und Kampfmoral der in Leningrad eingesetzten Offiziere des Heeres und der Flotte. Während sie jede nur denkbare Anstrengung unternahmen, ihre Stadt gegen die Deutschen zu verteidigen, kam plötzlich der Befehl, die großen Schiffe, die Marinedepots und alle militärischen Anlagen zur Sprengung vorzubereiten. Das bedeutete eine übermäßige Belastung und einen erschütternden Schlag. Noch Jahre später hat diese bittere Erfahrung bei den damaligen Truppenführern nachgewirkt. In vielen haben diese Befehle einen unauslöschlichen Haß gegen Moskau und Stalin geweckt. Sie waren überzeugt, daß Stalin im allerkritischsten Augenblick bereit war, sie zu verraten.
Von diesem Zeitpunkt an wandelte sich die Einstellung der Bevölkerung gegenüber Schdanow, obwohl nur wenige in die politischen Hintergründe eingeweiht waren. Bisher hatte zwischen der Stadt mit ihren Bewohnern und diesem dynamischen, humorlosen Mann, der ganz seinen persönlichen Zielen und seinem Ehrgeiz lebte, eine tiefe Kluft bestanden. Nun wurde er immer mehr zum Symbol eines isolierten Leningrad, das verzweifelt um seine Existenz kämpfte. Das Porträt Schdanows erschien in den folgenden Wochen und Monaten überall in den Büros und an den Straßenecken.
Fast nirgendwo fand man zwei Jahre später ein Stalinbild, außer vielleicht in dieser oder jener amtlichen Dienststelle. Überall blickte Schdanow von den Wänden. Die Leute waren zu der Überzeugung gekommen, Stalin sei kein Freund Leningrads. Vielleicht war auch Schdanow nicht gerade ein Freund, aber er hatte persönlich an den Prüfungen und Schrecknissen teilgenommen, durch die Leningrad gegangen war. Er war jetzt einer von ihnen.

Dritter Teil

Leningrad ist eingeschlossen

Die Füße werden schwerer mit jedem Schritt,
Doch hüte dich, zu rasten, denn vielleicht
Sitzt auch der Tod am Straßenrand
Und ruht sich aus . . .

25. Der Ring schließt sich

Niemand hatte damit gerechnet, daß bei Mga gekämpft werden würde. Die kleine Eisenbahnstation war auf keiner deutschen oder russischen Generalstabskarte eingezeichnet. Das Gefecht bei Mga kam eigentlich nur durch Zufall zustande, aber die Folgen waren weitreichend.

Nachdem die Deutschen Mga besetzt hatten, waren alle Landverbindungen zwischen Leningrad und dem übrigen Rußland unterbrochen. Daraus ergab sich die große Bedeutung dieses Ortes.

Die Gefahr begann sich abzuzeichnen, als die angeschlagene sowjetische Achtundvierzigste Armee, welche die Hauptstrecke zwischen Leningrad und Moskau bei Uschaki und Tosno, etwa 55 Kilometer südostwärts von Leningrad, verteidigte, unter den Schlägen deutscher Panzerangriffe zerbrach. Statt sich nach Norden auf Leningrad zurückzuziehen, wichen die geschlagenen Regimenter nach Osten aus und öffneten eine Lücke, in welche die Deutschen sofort nachstießen.

Mit dem Rücken zur Wand versuchte das Oberkommando in Leningrad, die deutsche Flutwelle an vielen kritischen Punkten aufzuhalten, erkannte aber nicht sofort, was geschehen war.

Der Leningrader Pionierführer Bućewski, pausenlos darauf bedacht, Minenfelder anzulegen, Brücken zu sprengen und den Deutschen Hindernisse in den Weg zu legen, hatte zum Beispiel keine Ahnung von dieser neuen Gefahr. Der 28. August begann für ihn wie alle anderen Tage am Ende dieses Monats, und erst später wurde ihm klar, welche Katastrophe sich damals vorbereitet hatte.

An jenem Morgen war es etwas anderes, das Bućewski Sorgen bereitete. Mitten aus dem Gefecht war der bissige Chef des Stabes, General D. N. Nikischew, der seine Skepsis über die Bereitschaft oder Fähigkeit Moskaus, die Verteidigung Leningrads ausreichend zu unterstützen, niemals verheimlicht hatte, plötzlich verschwunden.[1] Mit ihm war auch sein Stellvertreter, N. G. Tichomirow, abgesetzt worden. Warum? Bućewski konnte das ebensowenig erklären wie alle anderen geheimnisvollen Absetzungen

[1] General Nikischew hatte Glück. Er wurde nicht, wie andere, erschossen. Er konnte sogar noch an der Schlacht um Stalingrad teilnehmen. (N.S., S. 444.)

höhere Offiziere. Vielleicht war es zwischen Nikischew und Woroschilow zu Meinungsverschiedenheiten gekommen – aber das war nur eine Vermutung. An Nikischews Stelle trat Oberst N. W. Gorodezki von der Dreiundzwanzigsten Armee, ein guter, energischer Offizier. Aber es war nicht leicht, jetzt die Zügel aufzunehmen, während an allen Fronten die unübersichtlichsten Kampfhandlungen im Gange waren. Gorodezki beging Fehler, die Leningrad zum Teil teuer bezahlen mußte.

Die Luft war erfüllt vom schweren Duft des Buchweizens und der an den Feldrainen blühenden Goldrauten, als der neue Stabschef Byćewski an diesem hellen Augustmorgen mitteilte, daß die Achtundvierzigste Armee in heftigen Kämpfen die von Moskau nach Leningrad führende Bahnlinie verteidigte und dringend Hilfe brauchte. Er befahl Byćewski, Pioniere nach Tosno zu schicken, um dort Minen zu legen und alle von den Deutschen bedrohten Brücken zu zerstören. Tosno lag etwa 23 Kilometer südwestlich von Mga.

Byćewski schickte eine kleine Abteilung des 2. Ponton-Reservebataillons auf den Weg, und er selbst fuhr mit Kommissar Nikolai Mucha nach Tosno, um sich einen Überblick über die Lage zu verschaffen.

Sie benutzten die fast schnurgerade, nach Moskau führende Straße, die parallel zur Eisenbahnlinie verlief. Als sie in das etwa 20 Kilometer außerhalb der Stadt gelegene große Dorf Krasny Bor kamen, hörten sie im Wald Schüsse. Sie stiegen aus dem Wagen und gingen vorsichtig in Richtung auf den Gefechtslärm weiter. Sie waren hier weniger als 8 Kilometer südlich der befestigten Stellungen bei Kolpino, die man entlang des kleinen Flusses Ischora angelegt hatte. Erst kürzlich hatten Arbeiterbataillone aus Ischorsk mit Artillerie und Maschinengewehren die Stellungen besetzt. Das waren Freiwillige, die noch nicht in der Bedienung von Festungsartillerie ausgebildet worden waren. Hinter dieser schwachen Einheit gab es nichts, nur die breite, leere Moskauer Straße, die direkt in die Vorstädte im Südosten von Leningrad führte.

Was wird geschehen, dachte Byćewski, wenn die Deutschen hier durchbrechen? Die beiden Offiziere kamen an eine hölzerne Straßensperre. Daneben stand ein Panzerspähwagen mit zwei Generälen, A. I. Tscherepanow und P. A. Saizew. Sie leiteten das Feuer eines Schützenregiments und der kleinen Pionierabteilung, die Byćewski nach Tosno geschickt hatte und die hier im Kampf gegen deutsche Truppen standen. Die Infanteristen hatten nur noch 15 Patronen für jedes Gewehr und drei Maschinenpistolen. Die Deutschen hatten augenscheinlich die von den Resten der Achtundvierzigsten Armee besetzten Stellungen durchbrochen und waren über Tosno hinaus vorgestoßen. Hier hatte man es jetzt mit einer gepanzerten Aufklärungsabteilung zu tun.

General Saizew begab sich zurück zu den Stellungen an der Ischora, um

dort eine Abwehrfront aufzubauen. Die anderen Offiziere blieben an der Straße, um die Deutschen so lange wie möglich aufzuhalten.
Das deutsche Feuer wurde immer stärker. Nachdem die Pioniere hölzerne Barrikaden auf der Straße errichtet und sie mit Panzerminen bestückt hatten, zogen die Russen sich wenige hundert Meter weit zurück, aber das Schützenregiment hatte schon fast die Munition verschossen. Sicher wäre der russische Widerstand gebrochen worden, wenn nicht im letzten Augenblick fünf schwere russische Panzer aufgetaucht wären, die der Infanterie Feuerschutz gaben. Zwei deutsche Panzer erschienen auf der Straße. Der erste fuhr auf eine Mine und ging in Flammen auf, der zweite wurde durch die eigene Artillerie abgeschossen. Die Deutschen setzten schwere Granatwerfer ein, und zwei Messerschmitt-Flugzeuge griffen entlang der Straße im Tiefflug mit Maschinengewehren an.
Die Russen hatten keine Wahl. Sie zogen sich auf die Feldstellungen bei Jam-Ischorsk zurück, und Byćewskis Pioniere verminten die Brücke über die Ischora. Als die Deutschen an die Brücke kamen, wurde sie gesprengt und der feindliche Angriff dadurch vorübergehend aufgehalten. Es war eine deutsche Vorausabteilung des XXXIX. Armeekorps der Sechzehnten Armee, das aus der 12. Panzerdivision, der 121. und der 96. Infanteriedivision bestand. Die 122. Infanteriedivision folgte als Reserve.
Es begann dunkel zu werden; Byćewski und Mucha mußten sich wieder im Smolny melden. Ein Artilleriegefecht zwischen den russischen und deutschen Batterien bei Ischorsk hatte begonnen. Die Offiziere hielten einen Augenblick an, um dem von dem Ischorsker Ingenieur I. F. Tschernenko geführten Arbeiterbataillon Mut zu machen. Tschernenko war an diesem Nachmittag von Leningrad nach Kolpino zurückgekehrt.
Auf dem Bahnhof hatte er nur eine Karte bis Pontonny bekommen können. Die Fahrkartenverkäuferin sagte ihm, die Eisenbahnlinie läge unter Feuer, und ein Zug sei von Granaten getroffen worden. Tschernenko fuhr bis Pontonny und ging zu Fuß nach Kolpino weiter. Etwa eine Stunde später wurde er schon nach vorn geschickt. Obwohl es ein heißer Nachmittag war, nahm er seine Lederjacke mit. Die Nacht im Schützengraben würde kühl werden. Er hatte recht.
Die Ischorsk-Werke, in denen Tschernenko arbeitete, waren eines der bedeutendsten Industrieunternehmen in Rußland. Peter der Große hatte sie 1722 gegründet. Damals verarbeiteten sie Bauholz für die Flotte. Mitte des 18. Jahrhunderts begann man hier mit der Herstellung von Ankern und Kupferblechen, und im 19. Jahrhundert war diese Fabrik eine der ersten, die Maschinen, Dampfkessel, Motoren, Turbinen, Panzerplatten und schwere Rüstungsgüter produzierten. Hier wurde die Panzerung für die ersten großen russischen Panzerschiffe, die ›Petropawlowsk‹, die ›Sewastopol‹, die ›Gangut‹ und die ›Poltawa‹ hergestellt.

Die Sowjets vergrößerten den Betrieb erheblich. Es entstanden neue Walzstraßen und eine Reihe von Spezialwerkstätten. Dazu gehörten eine Geschützfabrik, eine Munitionsfabrik und – was jetzt besonders wichtig war – eine Fabrik für schwere Panzerwagen, die sowohl den zuverlässigen T-34 als auch den schweren KW-Panzer herstellte, dessen Wert die Deutschen in diesen Tagen zu spüren bekamen.

Der Gegner stand jetzt nicht nur dicht vor Leningrad; ein für die Verteidigung Leningrads und die gesamten Kriegsanstrengungen der Sowjetunion höchst wichtiger Rüstungsbetrieb befand sich nun im Feuerbereich der deutschen Artillerie.

In den Feldstellungen an dem Flüßchen Ischora waren im Augenblick etwa 1 000 Freiwillige aus den Ischorsker Arbeiterbataillonen eingesetzt. Sie waren mit Übungsgewehren, Karabinern, Handgranaten und Pistolen bewaffnet. Kaum einer war länger als einen oder zwei Tage ausgebildet worden. An gepanzerten Fahrzeugen standen ihnen 1½- und 3-t-Lastwagen zur Verfügung, die sie behelfsgemäß mit leichten Panzerplatten armiert hatten. Es war sehr fraglich, ob sie den Angriff der überlegenen deutschen Kräfte des XXXIX. Armeekorps würden abwehren können.

Am frühen Abend verbreitete sich in den roten Backsteingebäuden der Ischorsk-Werke die Nachricht, daß die Deutschen sich der Stadt näherten. In der Ferne hörte man das wie ein Sommergewitter grollende Artilleriefeuer. Es war stockdunkle Nacht, die Sterne blieben hinter den Wolken verborgen, und am Horizont sah man den Widerschein mehrerer Brände.

Der Vorsitzende des Parteikomitees der Fabrik, G. L. Simin, rief die Parteifunktionäre zu einer Besprechung zusammen.

»Wir brauchen keine Angsthasen«, sagte er geradeheraus. »Wer ein Mann ist, nimmt sein Gewehr, und los geht's! Wir haben keine Zeit zu verlieren. Wenn wir die Deutschen nicht aufhalten, werden sie bis zur Newa und bis zur Obuchowofabrik vorstoßen.«

Er sagte, deutsche Vorausabteilungen stünden schon dicht vor der Stadt am Stadion. Die Straße nach Moskau sei abgeschnitten, und Jam-Ischorsk sei genommen.

Er musterte die Versammlung. Es waren auch alte Arbeiter darunter, und einige von ihnen schon jetzt am Rand ihrer Kräfte.

»Wer fühlt sich nicht wohl?«

Ein paar hoben die Hand.

»Geht zurück in die Fabrik ... Wer hat noch nicht in der Armee gedient?«

Wieder hoben sich einige Hände.

»Ihr braucht nicht mitzugehen, Genossen«, sagte er.

Manche protestierten, aber Simin schickte sie fort.

»Und gibt es hier irgendwelche Feiglinge?«

Es blieb totenstill.

»Gut«, sagte er, »wir werden heute abend ein Arbeiterbataillon aufstellen und vor Morgengrauen an der Front sein.«
Nur fünf oder sechs der anwesenden Arbeiter schlossen sich dem Bataillon nicht an.
Um 23.00 Uhr standen etwa 60 Parteimitglieder und Komsomolzen mit dem Vorsitzenden des regionalen Exekutivkomitees, Alexander W. Anisimow, an der Spitze, auf der dunklen Straße bereit. Sie trugen ihre blauen Overalls und hatten nicht einmal Zeit gehabt, sich von ihren Frauen und Bräuten zu verabschieden.
Das Bataillon marschierte auf der Straße am Stadion vorbei in Richtung auf die Arbeitersiedlung von Kolpino. In der Stadt hinter ihnen ragte das Denkmal für die in der Revolution von 1917 gefallenen Petrograder Arbeiter auf; eine hohe Säule, auf der ein Fabrikarbeiter mit einem Gewehr in der Hand stand.
Im Morgengrauen besetzten die Arbeiter ihre Stellungen.
»Als wir da mit unseren Gewehren entlangmarschierten, begegnete uns plötzlich ein junger Bursche mit einem blauen Bündel«, erzählte Anisimow später. »Ein guter Junge. Er arbeitete am Martinsofen. Er hieß Ssascha. Als er uns sah, fragte er, wohin wir gingen. Wir sagten es ihm und fragten zurück, ›und du, wohin gehst du mit dem blauen Bündel?‹«
Ssascha war beim Bäcker gewesen und hatte Brot gekauft. Jetzt war er auf dem Rückweg zur Fabrik. Wie sah es dort jetzt aus?
Anisimow sagte, man müsse jetzt nicht die Fabrik verteidigen, sondern die Stadt.
»Wie soll ich das tun?« fragte Ssascha, »ich habe kein Gewehr.«
»Komm mit uns«, sagte Anisimow, »wir haben noch ein Gewehr übrig und werden dir auch eine Uniform geben.«
Ssascha zuckte die Achseln, steckte sein blaues Päckchen in die Tasche eines Uniformrocks und marschierte mit seinen Kameraden weiter in den kalten, nebligen Morgen hinein. Zwei Tage später beerdigten sie Ssascha. Er war von einem Granatsplitter getroffen worden. Sie legten ihm das blaue Bündel als Kissen unter den Kopf.
Gegen 6.00 Uhr kamen Anisimow und seine Leute in der vordersten Linie an und verstärkten die dort schon eingesetzten Arbeiter der Ischorsk-Werke. Zwar konnten die Deutschen die Verteidigungsstellung bei Ischorsk zunächst nicht durchbrechen, waren aber jetzt nahe genug, um das große Rüstungswerk unter Artilleriefeuer zu nehmen. Am 30. August um 7.30 Uhr morgens begann die Beschießung und dauerte fast ohne Unterbrechung mehrere Wochen. Einige Werkstätten waren im August verlagert worden, aber der größte Teil war dort geblieben, und die systematische deutsche Beschießung legte praktisch die ganze Produktion still. Es fielen 45 Arbeiter, 235 wurden verwundet. Als die Heftigkeit der Kämpfe im Oktober

etwas nachließ, verbrachten die Arbeiter einen Teil ihrer Zeit in den Stellungen und den Rest bei der Arbeit im Werk. Am 4. Oktober beschloß die Regierung den Abtransport großer Teile der Fabrik in den Ural. Im September war die Produktion im Vergleich zum August auf ein Drittel zurückgegangen. In den folgenden Wochen wurden mehrere große Werkstätten unter erheblichen Schwierigkeiten abgebaut und aus Leningrad hinausgeflogen.

Durch den entschlossenen Widerstand der Arbeiter wurden die Deutschen bei ihrem Vorstoß gegen Leningrad aufgehalten. Aber das hatte alarmierende und unvorhergesehene Folgen. Die Deutschen, die vor Ischorsk nicht weiterkamen, gingen nun nach Osten in die gleiche Richtung weiter vor, in die sich die zerschlagenen Verbände der Achtundvierzigsten Armee zurückzogen. Ohne auf Widerstand zu stoßen, rollten die deutschen Panzerverbände mit der 20. Panzerdivision an der Spitze weiter nach Norden, parallel zum Fluß Tosna. Nur wenige Deutsche waren sich bewußt, daß sie sich hier auf einem berühmten russischen Schlachtfeld befanden. Vor 701 Jahren verdiente sich der legendäre russische Held Alexander Jaroslawowitsch hier an der Mündung der Ischora auf historischem Boden den Namen Alexander Newski. In der Newaniederung führte er seine Ritter aus der großen Stadt Nowgorod gegen die Schweden unter Birger. Dieser hatte vorgehabt, die Newa und den Ladogasee zu überschreiten und Nowgorod, die große Hauptstadt des alten Rußland, über den Wolchow anzugreifen. Strategisch glich sein Plan dem Hitlers. Newski führte einen Überraschungsangriff gegen die Schweden und vernichtete ihre Armee am 15. Juli 1240 in der für viele Jahrhunderte berühmtesten russischen Schlacht.

Jetzt bebte die Erde bei Ischorsk wieder unter dem Schlachtenlärm, und wieder lag das Schicksal Rußlands in der Waagschale. Aber wo war der moderne Newski?

Er blieb aus. Die Achtundvierzigste Armee war zerschlagen. Ihre Reste zogen sich nach Norden und Osten zurück und erlaubten es den deutschen Panzerverbänden, auf dem ausgezeichneten Straßennetz im Vorfeld von Leningrad schnell und ohne Widerstand voranzukommen. Noch am Nachmittag des 28. August näherten sich die Vorausabteilungen der 20. Panzerdivision Mga, dem Städtchen an der nördlichen Bahnlinie. Dies war nicht die Hauptstrecke von Leningrad nach Moskau. Sie war schon unterbrochen. Die nördliche Strecke verband Leningrad mit Wologda und führte von dort nach Moskau.

Nur eine Handvoll sowjetischer Truppen, die rein zufällig im Raum von Mga zusammengezogen worden waren, konnte den Deutschen entgegengestellt werden. Das waren in erster Linie schwache Kräfte unter Major Leschtschew. Er und seine Soldaten hatten sich von Nowgorod bis hierher zurückgezogen. Die deutschen Panzer waren ihnen die ganze Zeit dicht auf den Fersen gewesen und hatten ihnen schon erhebliche Verluste beigebracht. Als sie in Mga eintrafen, hatten sie keine Artillerie mehr und kaum noch Munition.

Als einzige andere sowjetische Einheit stand in Mga noch eine kleine Gruppe Pioniere unter dem Kommando von Oberstleutnant S. I. Lisowski. Eine Woche nach dem Fall von Mga schlug Lisowski sich nach Leningrad durch. Sein Haar war von der Sonne weißgebleicht, und sein ausgemergeltes Gesicht zeigte die Spuren härtester Strapazen. Er berichtete Byćewski, was geschehen war. Er hatte versucht, die Vormarschstraße der Deutschen zu verminen, aber der Gegner war zu schnell da. Es hatte bei Mga kein regelrechtes Gefecht gegeben, nur ein schwaches Geplänkel, bei dem die schlecht bewaffneten und erschöpften sowjetischen Truppen versuchten, die Deutschen aufzuhalten, bis die deutschen Hauptkräfte mit Panzern und motorisierter Artillerie herankamen. Am 30. August hatte der Gegner Mga genommen und die nördliche Eisenbahnlinie abgeschnitten. Anschließend stieß der Feind fächerförmig weiter vor, und seine ersten Spitzen kamen am gleichen Tag an der Newa und im Raum von Iwanowskoje, südwestlich von Otradnoje, an. Das war der Durchbruch, den das aufgeregte junge Mädchen ganz zufällig an Admiral Kusnezow meldete, als er zufällig im Büro Admiral Isakows im Smolny saß.

Viel zu spät erkannte das Oberkommando in Leningrad, was sich anbahnte und was es bedeutete, wenn Mga verlorenging. Es standen kaum noch Truppen zur Verfügung, die man hier hätte einsetzen können. In aller Eile zog man die 1. NKWD-Division unter dem harten Polizeioffizier Oberst S. I. Donskow heran. Sie war als erste zur Stelle. Ihr folgten eine Grenzschutzdivision unter dem tüchtigen General G. A. Stepanow und die 168. Division unter Oberst Andrei L. Bondarew. Aber diese Truppen hatten schon schwere Kämpfe gegen die Finnen hinter sich und waren erst kürzlich aus der karelischen Front genommen worden. Sie waren zu erschöpft, um etwas auszurichten. In aller Eile brachte man noch Teile der 237. Schützendivision, die 1. Freiwilligendivision, Einheiten der Grenzschutzschule, zwei Panzerregimenter – eines mit T-26 und das andere mit KW-Panzern ausgerüstet – und eine Abteilung 15,5-cm-Haubitzen heran.

Diese Truppen gingen schon am 31. August gegen die in Mga stehende deutsche 20. Panzerdivision und die 122. Infanteriedivision ins Gefecht, die Iwanowskoje und Pawlowo an der Mündung des Flusses Mga besetzt hatten. Bei seinem ersten Angriff hatte Donskow mit den NKWD-Truppen Erfolg. Am 1. September warfen sie den Gegner aus Mga hinaus, aber am 2. September führten die Deutschen starke Teile des motorisierten XXXIX. Korps und des I. und XXVIII. Armeekorps der Sechzehnten

Armee heran. Deutschen und Russen war es inzwischen klargeworden, daß Mga ein Schlüsselpunkt für die Einschließung Leningrads war.
Die Deutschen waren den Russen weit überlegen. Für die Sowjets kam es sehr bald nicht mehr darauf an, Mga zu halten oder zurückzuerobern, sondern den Feind am Überschreiten der Newa zu hindern.
Mit diesem Problem beschäftigte sich Byćewski. Die wichtigste Stelle in der Verteidigung der Newalinie war eine Eisenbahnbrücke bei Ostrowki, zwischen den Einmündungen der Flüsse Tosna und Mga. Wenn der Feind diese Brücke nahm, konnte er in kürzester Zeit über der Newa sein, den Russen in den Rücken stoßen und von hier aus die Verbindung zu den nur noch 70 Kilometer weiter im Norden stehenden Finnen herstellen, um damit den Ring um Leningrad ganz zu schließen.
Gelang es den Deutschen, mit stärkeren Kräften über die Brücke oder an anderer Stelle über den Fluß zu setzen, hatten die Verteidiger Leningrads keine Möglichkeit mehr, die enge Einschließung der nördlichen Hauptstadt zu verhindern. Ihre Einnahme ließ sich dann nicht mehr aufhalten, und Hitler würde seinen strategischen Plan, mit überlegenen Kräften von Norden her Moskau im Rücken zu umgehen, durchführen können.
An diese Brücke dachte Oberst Byćewski am Morgen des 30. August. In der Nacht hatte er versucht, genaue Einzelheiten über die Lage an der Front zu erfahren. Das war nicht einfach. Die Lage veränderte sich zu schnell. Die NKWD-Verbände gingen nach Mga, und die 168. Division hatte Befehl, ostwärts von Kolpino bei Ischorsk Verteidigungsstellungen zu beziehen.
Byćewski hatte die ganze Nacht nicht mit dem Befehlshaber von Leningrad, General Popow, sprechen können. Popow führte laufend Besprechungen mit dem Oberkommando und der Sonderkommission des staatlichen Verteidigungskomitees. Erst am Morgen kam Byćewski in Popows Amtszimmer.
Auf dem Schreibtisch des Generals stand ein Glas mit tintenschwarzem Kaffee, und das ganze Zimmer roch nach Baldrian, einem in Rußland sehr beliebten Beruhigungsmittel.
Als Byćewski hereinkam, brummte Popow: »Was wollen Sie, Byćewski? Ich wollte mich gerade rasieren.«
Popow rieb sich die Bartstoppeln und machte ein Gesicht, als habe er Zahnschmerzen.
»Sie kennen die Lage«, sagte er kurz. »Sie kennen die Befehle. Gehen Sie an die Arbeit!«
Byćewski sagte, er werde an die Newa fahren und sich die Eisenbahnbrücke bei Ostrowki–Kusminki ansehen. »Haben wir dort Truppen?« fragte er.
Popow sagte, dieser Abschnitt unterstehe General Stepanow. Am Nord-

ufer der Newa seien angeblich Volksfreiwillige in Stellung, und auf dem Südufer sollten die 168. Division und die NKWD-Truppen unter Oberst Donskow eingesetzt werden.

»Und wie steht es mit der Brücke?« fragte Byćewski bohrend weiter.

»Die müssen Sie natürlich zur Sprengung vorbereiten«, erwiderte Popow. Einen Augenblick schwiegen beide. Dann sagte Popow: »Wissen Sie schon das Neueste? Das staatliche Verteidigungskomitee hat Marschall Woroschilow zum Befehlshaber ernannt, und ich bin sein Chef des Stabes.«

Byćewski und sein Stellvertreter Pilipets fuhren sofort zu der bedrohten Eisenbahnbrücke und nahmen eine Abteilung Pioniere unter Leutnant Rubin mit. Zwischen Porogi am Nordufer der Newa, gegenüber der Tosnamündung und Schlüsselburg, fanden sie bis auf eine Fliegerabwehrbatterie, die von Matrosen der Baltischen Flotte bemannt war und sich vorbereitete, die Geschütze als Feldartillerie einzusetzen, keine sowjetischen Truppen vor.

Soweit Byćewski feststellen konnte, standen am Südufer der Newa keine sowjetischen Verbände, und nur in der Ferne hörte er Gefechtslärm.

Die Eisenbahnbrücke war militärisch nicht gesichert.

Byćewski befahl den Pionieren, die eisernen Brückenträger durchzuschneiden und alle Zufahrtswege zu verminen.

Er berichtet über das Unternehmen: »Es war höchste Zeit. Schon am nächsten Tag erschienen die Hitlersoldaten an der zerstörten Brücke.«

Die Sprengung der Brücke durch die Pioniere Byćewskis hat vielleicht die Stadt Leningrad gerettet. Das deutsche XXXIX. Armeekorps unter General Rudolf Schmidt hatte den Auftrag, die Brücke in die Hand zu nehmen. Schmidt unterstand eine Einheit des Regiments Brandenburg, die hinter den russischen Linien abgesetzt werden und die Brücke sichern sollte, um die Sprengung zu verhindern.

Byćewskis rechtzeitiges Eingreifen machte diesen Plan zunichte. Das XXXIX. Armeekorps hatte keine Pontonbrücken zur Verfügung, und anstatt den Flußübergang zu erzwingen, stieß es entlang der Newa weiter auf Schlüsselburg vor. Aber der Ring um Leningrad war jetzt geschlossen.

W. M. Gankewitsch hatte seinen Auftrag, als Sportoffizier die Skiausrüstung der Vierzehnten Armee in Murmansk zu inspizieren, erledigt, und war auf dem Wege nach Leningrad. Bis Wolchow kam er mit der Eisenbahn. Wer weiter nach Leningrad wollte, mußte sich zu Fuß auf den Weg machen. Das war nur über einen 120 Kilometer weiten Umweg möglich, der zunächst nach Staraja Ladoga und dann parallel zum Seeufer über den alten und den neuen Ladogakanal bis Schlüsselburg und von dort nach Leningrad führte.

Gankewitsch marschierte in der Abenddämmerung ab. Bald holte er den Leutnant zur See Alexander Radschenko ein, der zunächst sehr zurückhaltend war, bis Gankewitsch ihm erzählte, auch er wolle nach Leningrad. So gingen sie Seite an Seite weiter durch die Nacht. Fast ununterbrochen hörten sie in der Ferne Artilleriefeuer. Auf der Straße war es ruhig, und nur ab und zu begegnete ihnen ein Lastwagen. Etwa 16 Kilometer hinter Staraja Ladoga trafen sie auf sowjetische Infanterie und Panzer. Immer wieder gerieten sie unter Beschuß. Als sie den neuen Kanal erreichten, waren sie erschöpft. Gankewitsch war fast zu schwach, um zu schwimmen. Nirgends war ein Boot zu sehen, ja nicht einmal ein Brett, an dem sie sich hätten festhalten können. Radschenko half seinem Kameraden bei der Überquerung beider Kanäle. Mit letzter Kraft erreichten sie Schlüsselburg. Der deutsche Angriff gegen die Stadt hatte schon begonnen. Deutsche Panzer rollten über die bei den letzten Angriffen im Vorfeld gefallenen deutschen Soldaten hinweg gegen die russischen Stellungen. Die Sowjets hatten schwere Verluste durch deutsche Tiefflieger. Russische Pioniere brachten im deutschen Feuer einen Ponton über die Newa. Motorschlepper unterstützten sie dabei. Am Stadtrand von Schlüsselburg fanden die beiden Männer in einem verlassenen Schuppen neben dem Fluß ein Boot ohne Ruder. Mit zwei Brettern paddelten sie in den Strom hinaus, als jemand ihnen zurief, sie sollten zurückkommen. Das Boot wurde von der Strömung ergriffen, aber wild rudernd erreichten sie das andere Ufer. Die Gefahr war noch nicht vorüber. Sie mußten jeden Augenblick damit rechnen, beschossen zu werden, besonders vom Nordufer her. Vielleicht hielten ihre eigenen Kameraden sie sogar für Deserteure.

Als das Boot gegen das Ufer stieß, erschien ein großer, magerer sowjetischer Leutnant mit einer Pistole in der Hand und hielt sie an.

»Wer sind Sie und woher kommen Sie?« fragte er.

Die beiden Offiziere zeigten ihm ihre Papiere. Sie befanden sich hier in einem gut ausgebauten und voll bemannten Grabensystem.

Wenige Stunden später kamen sie nach Leningrad. Gankewitschs Reise von Murmansk bis Leningrad hatte zehn Tage gedauert. Am 8. September kam er an, und am gleichen Tage eroberten die Deutschen Schlüsselburg. Die NKWD-Division unter Oberst Donskow mußte sich aus dem Raum von Mga über die hydroelektrische Station Nr. 8 und die Arbeitersiedlungen Mustolowo und Kelkolowo in Richtung auf Schlüsselburg zurückziehen.

Oberstleutnant S. I. Sisowski meinte in einem Gespräch mit Byćewski, die Deutschen hätten nördlich der Tosnamündung die Newa überschreiten können, aber statt dessen stießen sie gegen Schlüsselburg vor.

Die Russen waren ihrem Gegner weit unterlegen. Am 7. September setzte Leeb noch die 12. Panzerdivision und mehr als 300 Flugzeuge zur Unterstützung der Erdtruppen ein. Die NKWD-Division schmolz zusammen, und die am linken Newaufer entlangführende Straße war frei, so daß die Deutschen ungehindert bis Schlüsselburg vordringen konnten.

Am 31. August war General Akimow als Befehlshaber der Achtundvierzigsten Armee von Generalleutnant M. A. Antonjuk abgelöst worden. Die Armee war noch knapp 10 000 Mann stark. Der Befehlswechsel erfolgte auf Stalins Anweisung, die Armee solle ›in Ordnung‹ gebracht werden. Antonjuk gelang es nicht, die Truppe in die Hand zu bekommen, und am 12. September vereinigte man die Reste der Achtundvierzigsten Armee mit der neu aufgestellten Vierundfünfzigsten Armee. Diese neue Armee sollte, gestützt auf den Wolchow, Leningrad entlasten und – so hoffte man – den Einschließungsring sprengen. Ihr Befehlshaber war jedoch einer der unfähigsten Offiziere der Roten Armee, der Politkommissar und Polizeioffizier Marschall G. I. Kulik, den ein sowjetischer Beobachter als »operativen Analphabeten und verantwortungslosen Zauderer« bezeichnet hat. Bis zum 25. September blieb Kulik Befehlshaber der Armee und wurde dann von dem zuverlässigen Generalleutnant M. S. Chosin abgelöst.

General Duchanow hat die Unfähigkeit der Generäle Kulik und Antonjuk, schlechte Führung der Achtundvierzigsten Armee und die falschen, von Woroschilow gefaßten Entschlüsse an der Nordwestfront für den katastrophalen Durchbruch verantwortlich gemacht, der dem Gegner im Abschnitt zwischen Ljuban, Tosno und Kolpino gelang. Es läßt sich schwer beurteilen, wieweit diese Faktoren zu dem deutschen Erfolg, bis zur Newa vorzustoßen, beigetragen haben. Sowjetische Militärs, die Kulik gehaßt und vielleicht auch gefürchtet haben, geben ihm einen großen Teil der Schuld dafür, daß die Deutschen Leningrad einschließen konnten.

Ohne Zweifel hat es auf sowjetischer Seite Unfähigkeit, Verwirrung, Feigheit, Mangel an Koordination und schlechte Führung gegeben, aber die größten Hindernisse waren der Mangel an ausgebildeten Mannschaften und die ständige Unterschätzung des Gegners durch die höhere Führung.

Vera Ketlinskaja spricht ganz offen über diese Schwierigkeiten. Sie sagt, sie seien durch die »Affäre Leningrad« verursacht worden. Dieser Ausdruck bezeichnet in milder Form den erbitterten Kampf zwischen Schdanow auf der einen und Georgi Malenkow und Lawrenti Berija auf der anderen Seite, der schließlich zahllosen Leningradern das Leben kosten sollte.

Die Schatten, die Mga über die Stadt warf, sollten sehr schnell länger werden. Am 1. September verlief das Leben in Leningrad zum Teil noch ganz friedensmäßig und normal. 2 500 Studenten, 8 Professoren, 60 Dozenten, 47 ältere Lehrkräfte und 109 Assistenten waren in die Streitkräfte eingezogen worden. Trotzdem schrieben sich am 1. September noch 2 000 neue Studenten ein. Ein junges Mädchen beklagte sich darüber, daß eine Vorlesung fünf Stunden gedauert habe. Der Hörsaal war während eines Fliegeralarms in einen Luftschutzraum verlegt worden, und der Professor hatte seine Vorlesung bis zum Ende des Alarms nicht unterbrochen. Am 1. September und während der folgenden vierzehn Tage öffneten vierzig höhere Lehranstalten ihre Tore. Der Lehrbetrieb verlief allerdings nicht in ganz normalen Bahnen. Schulkinder sammelten in zwei Wochen eine Million Flaschen für Molotowcocktails.

Am 1. September sprach Dimitri Schostakowitsch im Leningrader Rundfunk. Er sagte: »Vor einer Stunde habe ich die Partitur für den zweiten Satz meines neuen, großen symphonischen Werks beendet.«

Er sagte, nach Vollendung des dritten und vierten Satzes werde er es die Siebente Symphonie nennen. Seit Juli arbeitete er schon an der Komposition.

»Ungeachtet der Kriegsumstände und ungeachtet der Gefahren, die Leningrad drohen, habe ich schnell arbeiten und die beiden ersten Sätze meiner Symphonie vollenden können. Warum erzähle ich Ihnen das? Ich erzähle es Ihnen, damit die Leningrader, die mir jetzt zuhören, wissen, daß das Leben in unserer Stadt normal weitergeht. Wir alle müssen unseren militärischen Verpflichtungen nachkommen.«

Er sagte, Leningrad sei seine Geburtsstadt, hier sei er zu Hause, und hierher gehöre auch sein Herz.

»Sowjetische Musiker, meine zahlreichen und lieben Kollegen, meine Freunde«, sagte er, »denken Sie daran, daß unsere Kunst schwer bedroht ist. Wir werden unsere Musik verteidigen. Wir werden ehrlich und aufopfernd arbeiten, damit niemand sie vernichten kann.«

Dann fuhr Schostakowitsch in seine Wohnung auf der Skorochodstraße in Petrograd zurück, um weiterzuarbeiten und seinen Pflichten als Luftschutzhelfer zu genügen. Es war ein besonders klarer Tag, und die Luft erschien reiner als sonst. Die Zuhörer meinten, jedes Wort der Ansprache von Schostakowitsch habe geklungen wie ein auf einem Konzertflügel angeschlagener Ton.

Niemals, so gestand er seinen Freunden, habe er entspannter komponieren können. Stundenlang saß er an seinem Schreibtisch in seiner Wohnung im obersten Stock des fünfstöckigen Hauses, in dem er lebte, und arbeitete manchmal zwölf Stunden hintereinander. Außerdem unterrichtete er noch einige Schüler im Konservatorium. Die meisten waren an die Front gegangen, unter ihnen der begabteste von allen, ein junger Mann namens Fleischmann. Er meldete sich zu den Volksfreiwilligen und fiel im Juli.

Schostakowitsch wurde wiederholt aufgefordert, Leningrad zu verlassen, aber er weigerte sich. Erst Anfang Oktober, nachdem er den dritten Satz seiner Symphonie beendet hatte, gehorchte er widerwillig dem Befehl der Regierung. Man brachte ihn und seine Familie nach Moskau und wenige Tage später nach Kubyschew. Dort schrieb er die Symphonie zu Ende. In Kubyschew wurde sie auch zum erstenmal aufgeführt, und am 29. März folgte die offizielle Premiere in der Säulenhalle in Moskau – die Siebente Symphonie von Schostakowitsch, die Leningrader Symphonie, mit ihren weit ausholenden, zornigen Passagen, ihrem leidenschaftlichen Schmerz und ihren militärischen Klängen.

Die handschriftlichen Notizen Schostakowitschs für seine Radioansprache vom 1. September sind noch erhalten. Auf der Rückseite hat der Direktor des Senders ein paar Stichworte aufgeschrieben:

Bemerkungen für die nächsten Sendungen:

1. Diensteinteilung.
2. Straßensendungen.
3. Bau von Barrikaden.
4. Verwendung von Molotowcocktails.
5. Häuserkampf.
6. In allen belehrenden Sendungen muß darauf hingewiesen werden, daß die Schlacht sich dem Stadtkern nähert, und daß eine tödliche Gefahr über uns schwebt.

Olga Berggolz hat dieses Dokument zur Erinnerung aufbewahrt. Sie besitzt noch ein anderes Erinnerungsstück, den aus einem Kontobuch ausgerissenen liniierten Bogen, auf dem sie die Ansprache Anna Achmatowas im Leningrader Rundfunk nach deren Diktat niedergeschrieben hatte. Die Korrekturen darauf stammen von Anna Achmatowa selbst. Die Niederschrift entstand nicht in Anna Achmatowas Wohnung, sondern im sogenannten ›Schriftstellerwolkenkratzer‹ in der Wohnung des Satirikers Michail Soschtschenko. Man war dorthin gegangen, weil die Stadt damals starken Luftangriffen ausgesetzt war und man glaubte, in dem Hochhaus sicherer zu sein.

Anna Achmatowa war Leningrads ›Muse der Tränen‹ – sehr weiblich, eigenwillig und gefühlsbetont. Aber am Radio ließ sich eine ganz andere Stimme vernehmen, die dort zu ihren »lieben Mitbürgern, Müttern, Ehefrauen und Schwestern aus Leningrad« sprach.

Sie sagte, die Deutschen hätten seit Monaten versucht, »die Stadt Peters, die Stadt Lenins, die Stadt Puschkins, Dostojewskis und Bloks, die Stadt großer kultureller Errungenschaften« in die Gefangenschaft zu führen. »Mein ganzes Leben ist mit Leningrad verbunden«, sagte sie. »In Leningrad wurde ich zur Dichterin. Der Geist Leningrads hat meine Lyrik beflügelt. Wie Sie alle lebe auch ich heute in dem unerschütterlichen Glauben, daß Leningrad nie faschistisch werden wird.«

Nach der Sendung gingen sie zurück in Anna Achmatowas Wohnung an

der Fontanka im früheren Scheremetjewpalais. Olga Berggolz hat nie das Bild vergessen können, wie die Dichterin mit steinernem Gesicht, eine Gasmaske über der Schulter hängend, als Luftschutzhelferin neben dem schmiedeeisernen Tor Wache stand. Anna Achmatowa nähte Sandsäcke für die Schützengräben im Park des Palais unter dem großen Ahorn, von dem sie in ihrem »Gedicht ohne einen Helden« schreibt. Den ganzen September hindurch blieb Anna Achmatowa auf ihrem Posten als Wache auf den Dächern, schichtete Sandsäcke auf, schrieb ihre Verse und kämpfte für ihr Land. Erst im Oktober ließ auch sie sich widerwillig nach Taschkent in das ferne Zentralasien bringen.
Damals schrieb Olga Berggolz von ihrer geliebten Heimatstadt:

> Leningrad im September, Leningrad im September,
> Goldenes Zwielicht, königliches Herbstlaub fällt.
> Das Bersten erster Bomben, das Heulen der Sirenen,
> Dunkle, rostige Barrikaden starren in die Luft ...

Der 4. September war nebelig. Der Himmel war bewölkt. Nachts hatte man ununterbrochen Artilleriefeuer gehört, das näherzukommen schien. Um die Mittagszeit liefen im Smolny Meldungen ein: Weitreichende deutsche Artillerie hatte Ziele im Stadtgebiet beschossen. Eine Granate schlug in den Witebsker Güterbahnhof ein, eine zweite traf die Dalolinfabrik. Dann wurde das Krasny-Neftjanik-Werk getroffen, und anschließend das Bolschewiken-Werk und das Elektrizitätswerk Nr. 5. Es gab Verluste. Man stellte fest, daß die feindlichen 24-cm-Belagerungsgeschütze im Raum von Tosno standen.
Die Nachricht von der Beschießung verbreitete sich bald in ganz Leningrad, und man erfuhr, daß Mga von den Deutschen besetzt und die letzte Bahnverbindung nach Moskau unterbrochen war. Die Einnahme von Mga ermöglichte es den Deutschen, die Stadt mit Artillerie zu beschießen. Wissarion Sajanow unternahm an jenem Tage einen Gang durch die Stadt. Am Bahnhof wartete eine lange Menschenschlange. Er erkundigte sich nach den Gründen. Der Schalter war geschlossen. Es wurden keine Fahrkarten ausgestellt. Ob man denn nicht wisse, daß Mga gefallen sei? Eine Frau mit drei kleinen Kindern antwortete: »Vielleicht wird man Mga zurückerobern, und dann wird es Fahrkarten geben, und wer hier ansteht, bekommt die ersten Karten. Darum warten wir.«
Ein weißbeschürztes Mädchen verkaufte im Wartesaal Sodawasser, und die Vorübergehenden aßen Pasteten. Ein kleines Mädchen hatte mit Kreide Quadrate auf den Bürgersteig gemalt und spielte ganz selbstvergessen ihr Hüpfspiel. Auf dem Newskiprospekt begegnete Sajanow einer jungen Frau, die mit zwei Gasmasken über der Schulter und einer Katze auf dem Arm spazierenging.

»Sie sind sehr gut auf einen Gasangriff vorbereitet«, bemerkte er.
»Ja«, sagte sie, »ich übe!«
»Aber wozu zwei Gasmasken?«
»Und was soll aus der Katze werden? Glauben Sie, ich würde sie in einem Gasangriff umkommen lassen?«
Sajanow mußte noch oft an das Mädchen mit der Katze denken, als man sich viele Wochen später in Leningrad den Gürtel enger schnallte.
Die Menschen sprachen jetzt fast nur noch von Mga. Sajanow hörte, wie ein Mann auf der Straße sagte: »Die deutschen Soldaten sagen, sie halten Mga mit so starken Kräften, weil, wenn wir es zurückerobern, sie gleich bis nach Berlin zurückgehen müßten. Sie sagen, es sei unmöglich, ihnen Mga fortzunehmen.«
Eigenartig, dachte Sajanow, daß die Menschen ihre ganze Aufmerksamkeit auf Mga richten – nicht nur die Zivilisten, sondern auch die Soldaten.

26. Die blutroten Wolken

Vera Inber hatte noch nie einen solchen Herbst erlebt. Es regnete nicht, die Luft war warm und trocken, und die purpurnen, bernsteinfarbenen und zitronengelben Blätter raschelten noch an den Bäumen. Ihr Mann, Dr. I. D. Straschun, arbeitete den ganzen Tag im großen Krankenhaus auf der Aptekarski-Insel. Manchmal gab es Fliegeralarm. Dann stand Vera Inber auf dem Balkon ihrer Wohnung in der Pesotschnajastraße und blickte über die schönen Bäume und Spazierwege des Botanischen Gartens hinaus auf das Panorama der großen Stadt.
Am 8. September besuchte sie mit einigen Freunden eine Aufführung der ›Fledermaus‹ in der Operette. Als die Luftschutzsirenen in der Pause zwischen dem ersten und zweiten Akt zu heulen anfingen, forderte der Theaterdirektor das Publikum auf, die Sitze an den Wänden einzunehmen, da es im Theater keinen Luftschutzraum gab. Die Abschüsse der Fliegerabwehrbatterien setzten den Kontrapunkt, während die Vorstellung weiterging.
Als Vera Inber mit ihren Freunden aus dem Theater kam, beleuchtete ein eigenartiges, rötliches Licht den im Dämmerschein liegenden Platz vor ihnen. Plötzlich tauchte ihr Chauffeur auf und sagte: »Ich hielt es für besser, Sie abzuholen. Sie müssen so schnell wie möglich nach Hause.«
Als der Wagen in eine Seitenstraße einbog, sahen sie gewaltige Rauchwolken zum Himmel aufsteigen, die sich, durchzuckt von langen, roten Feuerzungen, weit über die Stadt erhoben.
»Die Deutschen haben die Verpflegungslager bombardiert«, sagte der Chauffeur.
Sie fuhren schnell über den St. Isaaksplatz, an der Admiralität mit dem schlanken Turm vorbei, über den Schloßplatz und überquerten auf der Kirowbrücke die Newa. Hinter sich sahen sie die öligschwarzen und blutroten Wolken höher und höher wirbeln.
Alarm folgte auf Alarm. Zum erstenmal ging Vera Inber in den Luftschutzkeller. Immer noch hörte man deutsche Flugzeuge und die Abschüsse der Flak.
Am Fenster der Wohnung einer Freundin an der Ecke der Borowaja und Rasstanajastraße hatte Pawel Luknizki einen Logenplatz, von dem aus

er den Angriff beobachten konnte. Hier überblickte er die Lokomotivschuppen auf dem Witebsker Bahnhof, die großen Badajew-Lagerhäuser auf dem Güterbahnhof, und sah in der Ferne die Awtowo- und Kirow-Werke liegen.

Die Badajew-Lagerhäuser waren kurz vor dem Ersten Weltkrieg von dem alten Petersburger Kaufmann Rasterajew gebaut worden. Sie waren aus Holz und standen so dicht nebeneinander, daß dazwischen nur schmale, sieben bis zehn Meter breite Gänge freiblieben. Der ganze Komplex nahm einige Hektar im Südwesten der Stadt ein. Luknizki war am frühen Abend mit seiner Freundin Ludmila Fedorowna zu ihrer Wohnung in der Borowaja gegangen. Dort, wo die Glasowskaja auf die Woronajastraße stieß, blieben sie stehen und sahen sich mit anderen Passanten, die sich schon dort versammelt hatten, das Haus an, das von einer deutschen Granate getroffen worden war. Die Beschießung hatte erst am 4. September eingesetzt, und das Haus Glasowskaja 13 wurde als eines der ersten getroffen. Dabei hatte es viele Tote und Verwundete gegeben, vor allem Frauen und Kinder. Das Wetter war an diesem Abend angenehm, und die Luft war klar. Wenige weiße Wolken segelten über den blauen Himmel. Plötzlich gab eine Fabriksirene Fliegeralarm. Fast gleichzeitig sahen sie, wie Hunderte von Brandbomben auf den Witebsker Güterbahnhof herabfielen. Dutzende von Bränden flammten auf und verbreiteten zuerst ein blendend weißes Licht.

Nun stiegen schwarze und rote Rauchsäulen auf. Immer noch fielen die Bomben, und die Fliegerabwehrgeschütze bellten. Im Hof des Gebäudes versammelten sich ein paar Frauen und fragten neugierig, was los sei. Luknizki kletterte auf das Dach. Von hier sah er, daß der von den Bränden bei Ligowo und am Güterbahnhof aufsteigende Rauch sich allmählich über die ganze Stadt hinzog. Zuerst glaubte er, ein Öllager sei getroffen Später erfuhr er, es seien die Badajew-Lagerhäuser gewesen.

Gegen 20.00 Uhr kam die Entwarnung, und Luknizki machte sich auf den Weg nach Petrograd. Aber die Menge, die zu den Bränden strömte, versperrte den Weg für die Straßenbahn. Er mußte zu Fuß weitergehen, bis er endlich eine Elektrische bekommen konnte. Vor einer Hauswand auf der Tschernischewskistraße sah er eine Gruppe junger Leute mit Gitarren und Mandolinen, die ihren Mädchen ein Ständchen brachten. Der blutigrote Rauch breitete sich immer weiter über den Himmel aus, und als er nach 22.00 Uhr zu Hause ankam, gab es schon den nächsten Fliegeralarm. Olga Berggolz fühlte sich durch die fettigen Rauchschwaden beunruhigt. Sie erinnerten sie an eine Sonnenfinsternis, eine rote Sonnenfinsternis. Sie dachte an die deutschen Flugblätter: »Wartet auf den Vollmond!«, und an die mit kleineren Buchstaben darunter gedruckten Worte: »Steckt die Bajonette in die Erde!« Wer abergläubisch war, konnte jetzt in eine Panik geraten. Aber noch ahnte sie nicht, daß die blutroten Wolken Vorboten des Hungers waren.

Am 8. September war Wsewolod Kočetow von der Front zur *›Leningradskaja Prawda‹* zurückgekehrt. Als der Alarm begann, sprach er gerade mit seinen Kollegen. Sie sahen die Flugzeuge hoch am Himmel, hörten die Flak und beobachteten, wie Feuerwehr und Krankenwagen vorüberfuhren. Dann stiegen sie auf das Dach, und jemand rief: »Es sind die Badajew-Lagerhäuser!«

Die hoch aufsteigende Feuer- und Rauchsäule war eine gute Zielmarkierung für die deutschen Flugzeuge, als sie gegen 23.00 Uhr zum zweiten Angriff gegen die Stadt zurückkehrten. Aber Kočetow glaubte, daß auch im Stadtbereich Leuchtzeichen und Raketen abgeschossen würden, um die Ziele für die deutschen Flieger zu markieren. Wer waren diese Verräter? Waren es ehemalige zaristische Bürokraten, ältere Mitglieder der russischen Intelligenz, Kulaken, Offiziere aus der Weißen Garde, Geschäftsleute, die sich darauf vorbereiteten, Hitler auf russische Art mit Salz und Brot zu empfangen? Kočetow, der immer bereit war, das Schlimmste zu glauben, sah sich von Verrätern umgeben.

Kočetow war nicht der einzige, der meinte, daß deutsche Agenten den Flugzeugen von Fenstern und Hausdächern aus Signale gaben. In dieser Nacht und während der folgenden Wochen war die Stadt erfüllt von Gerüchten über die Aktivität deutscher Agenten. Sie fanden ihren Niederschlag in offiziellen Darstellungen, Polizeiberichten, militärischen Meldungen, persönlichen Erinnerungen und in der offiziellen Geschichtsschreibung.

Oberst B. W. Byćewski kehrte am Abend des 8. September von einer langen Frontfahrt zurück, die er diesmal an die Newa unternommen hatte, wo eine Pontonbrücke gebaut werden sollte. Er war tief in Gedanken versunken, als sein Fahrer Pawel Jakowlew plötzlich anhielt und sagte: »Genosse Chef, sehen Sie, was in der Stadt geschieht!«

Byćewski blickte auf. Der ganze Horizont über Leningrad leuchtete in einem tiefen, blutigen Rot. Kreuz und quer über den Himmel tasteten sich die Strahlen der Suchscheinwerfer, und die auflodernden Flammen, deren Schein von den schwarzen Wolken reflektiert wurde, erfüllten Straßen und Plätze mit einem unheimlichen Licht. Die Menschen rannten auf die Brände zu und schleppten Karren mit Sand und Wasser herbei. Unaufhörlich schossen die Fliegerabwehrgeschütze, und immer noch fielen die Bomben. Gegen Mitternacht kam Byćewski im Smolny an. Es gab nur schlechte Nachrichten. Der deutsche Fliegerangriff hatte mehrere Stunden gedauert. Die Offensive an der Front hatte sich verstärkt. Sekretär Kusnezow war im großen Peterhofpalais, dem stolzen russischen Versailles, gewesen. Er befahl, die verbliebenen Kunstschätze in Sicherheit zu bringen, und verbot den Pionieren, die Gebäude zu verminen. Inzwischen waren die Deutschen wahrscheinlich schon dort. Byćewski sprach noch mit dem Mitglied der Leningrader Parteiorganisation M. W. Basow[1], als N. M. Schechowzew vom Stadtsowjet hereinkam. Er war beim Feuer gewesen, und sein breites, zerfurchtes Gesicht war von Ruß verschmiert. Er ließ sich in einen Lehnstuhl gleiten, und seine schweren Hände fielen ihm in den Schoß. Es war jetzt 6.00 Uhr morgens, und immer noch versuchte man vergeblich, das Feuer zu löschen. »Ist alles verbrannt?« fragte Basow. Er meinte die vielen Tonnen Mehl, Zucker, Fleisch und anderer Lebensmittel in den Lagerhäusern.

»Es ist verbrannt«, seufzte Schechowzew. »Wir haben alles in eng nebeneinanderstehenden Holzschuppen gelagert, und jetzt müssen wir den Preis für unsere Unvorsichtigkeit bezahlen. Es ist ein Flammenmeer. Der Zukker ist in die Keller geflossen. Zweieinhalbtausend Tonnen!«

»Gut«, sagte Basow bissig, »die Führer sind schuld – und wir mit ihnen. Die Leute haben allen Grund, uns zu beschimpfen. Was sagen sie?«

»Sie sagen nichts«, antwortete Schechowzew. »Sie versuchen, zu löschen und zu retten, was zu retten ist ...«

Die deutschen Fliegerangriffe gegen Leningrad hatten am 6. September begonnen, aber der erste schwere Angriff erfolgte am 8. September. Es flogen zwei Wellen ein, die erste um 18.55 Uhr mit 27 Junkersmaschinen, die 6 327 Brandbomben abwarfen.[2] 5 000 fielen auf die Moskauer Vorstadt, 1 311 im Gebiet des Smolny und 16 im Vorort ›Rote Garde‹. Es brachen 178 Brände aus.[3] Um 22.35 Uhr warf eine zweite Welle deutscher Flugzeuge 48 Sprengbomben von jeweils 500 bis 1 000 Pfund ab. Sie fielen beim Smolnyinstitut und am Finnländischen Bahnhof. Dabei wurde eine Pumpstation der städtischen Wasserwerke getroffen, 24 Menschen wurden getötet und 122 verwundet.

Fast die gesamte Feuerwehr der Stadt mit 168 Löschzügen wurde eingesetzt, um den Brand der Badajew-Lagerhäuser zu löschen, der sich auf eine Fläche von etwa 1,5 Hektar ausdehnte. Es dauerte die ganze Nacht, bis das Feuer eingedämmt war.

Am Morgen nach dem Brand zweifelte niemand in Leningrad mehr daran, daß die Stadt vor einer der schwersten Prüfungen ihrer Geschichte stand. Die Luft roch nach verbranntem Fleisch, es stank durchdringend nach verkohltem Zucker, verbranntem Fett und Mehl. Jeder wußte, daß in den

[1] Basow wurde als eines der zahlreichen Opfer der ›Affäre Leningrad‹ 1950 hingerichtet (G. Odinzew. In: ›*Wojenno-Istoričeskii Žurnal*‹. Nr. 12, Dez. 1964, S. 61).

[2] Pawlow, a.a.O., 2. Aufl., S. 32. Die offizielle Geschichte spricht von 12 000 Bomben (Leningrad w WOW, S. 172).

[3] Pawlow, a.a.O., S. 32. Im offiziellen Bericht der Fliegerabwehr wird die Zahl 183 genannt (900, S. 139).

Badajew-Lagerhäusern die größten Lebensmittelvorräte aufbewahrt wurden. Jeder wußte, daß hier das Getreide, der Zucker, das Fleisch, das Schmalz und die Butter für die Stadt lagerten. Diese Vorräte waren jetzt verloren. »Badajew ist verbrannt«, sagten die Babuschkas. »Das ist das Ende – Hungersnot!«

Hitler hatte den eisernen Ring geschlossen. Die deutschen Truppen eroberten Schlüsselburg, und zur gleichen Stunde, als Badajew in Flammen aufging, machten sie die Falle zu. Schon ehe diese Vorräte verbrannt waren, hatte es schlimm um die Stadt gestanden.

Wochenlang war das Leben in Leningrad noch einigermaßen normal verlaufen. Die Lebensmittel waren zwar rationiert, aber nicht strenger als in irgendeiner anderen russischen Großstadt.

Noch jetzt konnte Kočetow in der Kantine der *›Leningradskaja Prawda‹* ohne Karten Delikatessen kaufen; Hummer in Dosen und grauen Kaviar. In einem den Generälen vorbehaltenen, der Öffentlichkeit nicht zugänglichen Geschäft bot die Verkäuferin Kočetow Champagner an. »Das ist ein sehr nahrhaftes Getränk«, sagte sie. »Es ist sehr vitaminreich.« Er wollte zunächst nur eine Flasche nehmen, aber sie redete so lange auf ihn ein, bis er mit einem ganzen Karton unter dem Arm aus dem Laden ging. Tausende von Leningradern horteten Lebensmittel. Luknizki besuchte einen Fotografen, mit dem er eine Asienreise unternommen hatte. Der Fotograf zeigte ihm seine Vorratskammer. Die Regale waren mit Konserven und Lebensmitteln vollgestellt. Er war überzeugt, es werde eine Hungersnot ausbrechen. Luknizki verließ ihn mit einem Gefühl des Widerwillens. Er dachte an seinen Freund, den Major Boris Licharew, den Vorsitzenden des Leningrader Schriftstellerverbands. Licharews Frau hatte ›für alle Fälle‹ zehn Pfund Kaviar besorgt. Licharew war nicht damit einverstanden und stellte den Kaviar einem Kinderheim zur Verfügung, weil er kein schlechtes Beispiel geben wollte.[4]

Bis zum 8. September litt niemand in Leningrad unter akutem Lebensmittelmangel. Bis zum 10. September gab es noch Weißbrot. Nur die Grundnahrungsmittel waren am 1. Juli streng rationiert worden. Brot gab es 800 g täglich für Schwerarbeiter und etwa ein Pfund für Familienangehörige und Kinder. Der durchschnittliche Brotverbrauch im Jahr 1940 betrug 531 g pro Person und Tag. Nährmittel gab es 2 000 g pro Monat. Der Durchschnittsverbrauch 1940 war 1 740 g. Fleisch gab es jetzt 2 200 g gegenüber einem Durchschnitt von 3 330 g, Fett und Butter 800 g gegenüber 1 020 g und Zucker und Süßwaren 1 500 g gegenüber 3 630 g.

[4] Fünf Jahre später gestand Licharew, er und seine Frau hätten das sehr bereut. »Der Gedanke an die Dose mit zehn Pfund Kaviar verfolgte uns auf Schritt und Tritt. Sie erschien uns wie ein verlorenes Paradies.« (Alexander Werth: Leningrad. New York 1944, S. 77.)

Niemand hatte sich über die Lebensmittelversorgung in Leningrad Gedanken gemacht, bevor die Sonderkommission des staatlichen Verteidigungskomitees am 27. August feststellte (als die Eisenbahnverbindungen nach Leningrad praktisch unterbrochen waren), daß die Stadt noch über folgende Vorräte verfügte: Mehl (ohne ungemahlenes Getreide) für 17 Tage, Nährmittel für 29 Tage, Fisch für 16 Tage, Fleisch für 25 Tage, Trockenfisch für 22 Tage, Butter für 28 Tage.
Am 29. August ging ein dringendes Telegramm an das staatliche Verteidigungskomitee in Moskau mit der Bitte, sofort Lebensmittelvorräte nach Leningrad zu schicken. Das Komitee beschloß, Leningrad mit einer Lebensmittelreserve für 45 Tage auszustatten und schlug vor, 135 000 t Mehl, 7 800 t Nährmittel, 24 000 t Fleisch und Fisch, 3 500 t Trockenfisch und 3 000 t Butter zu liefern.
Man empfahl der Leningrader Verwaltung, den freien Verkauf von Lebensmitteln zu überhöhten Preisen einzuschränken und Tee, Eier und Streichhölzer zu rationieren. Die Regierung stimmte diesen Empfehlungen zu und wies das Transportministerium an, beginnend mit dem 31. August täglich acht Lebensmittelzüge nach Wolchowstroi und Lodeinoje Pole abzufertigen; von hier aus ging der Inhalt der Züge mit Lastkähnen, Schleppern und Tankschiffen über den Ladogasee und die Newa nach Leningrad.
Am 2. September traten neue Rationierungsbestimmungen in Kraft. Die Brotration wurde auf 600 g täglich für Schwerarbeiter, 400 g für Büroangestellte und 300 g für Familienangehörige und Kinder unter 12 Jahren festgesetzt. Die Fleischrationen verringerten sich auf 3 Pfund monatlich, Nährmittel gab es soviel wie vorher, Fett 1½ Pfund und Zucker und Süßwaren 5 Pfund. Das bedeutete eine wesentliche Einschränkung, aber es ließ sich verantworten, besonders weil man in Lokalen und Kantinen noch ohne Marken essen konnte.
Aber hinter der Fassade der immer noch großzügig gehandhabten Kontrolle begann sich eine tödliche Gefahr abzuzeichnen.
Am 6. September, zwei Tage ehe die Vorräte in den Badajew-Lagerhäusern in Flammen aufgingen, schickte der Bürgermeister von Leningrad, Peter S. Popkow, ein chiffriertes Telegramm an das staatliche Verteidigungskomitee und meldete, Leningrad habe seine Lebensmittelvorräte fast erschöpft. Wenn man eine Hungersnot in der Stadt vermeiden wolle, müsse man sofort Verpflegungszüge auf den Weg bringen.
Popkows Telegramm stützte sich auf die letzte Inventur, nach der folgende Vorräte vorhanden waren: Mehl für 14,1 Tage, Nährmittel für 23 Tage, Fleisch und Fleischprodukte für 18,7 Tage, Fett für 20,8 Tage, Zukker und Süßwaren für 47,9 Tage.
Im Verlauf der acht Tage, die zwischen dem Eintreffen des Telegramms der staatlichen Kommission und der Ankunft des Telegramms von Pop-

kow lagen, waren die Vorräte an Mehl um 3, die Vorräte an Nährmitteln um 6 und die an Fleisch um fast 7 Tage zurückgegangen.
Wenn Leningrad weiter solche Mengen verbrauchte und kein Nachschub eintraf, würden die Reserven in drei Wochen oder noch früher erschöpft sein. Außergewöhnliche Maßnahmen mußten ergriffen werden. Nach zwei Tagen traf Dimitri W. Pawlow aus Moskau in Leningrad ein und brachte Sondervollmachten mit, die es ihm erlaubten, die gesamte Lebensmittelversorgung der Zivilbevölkerung und der in Leningrad eingesetzten Truppen zu regeln.
Pawlow war einer der tüchtigsten und energischsten Versorgungsbeamten der Sowjetunion. Er war 36 Jahre alt, Absolvent der sowjetischen Akademie für Außenhandel und hatte sich während seiner ganzen Laufbahn ausschließlich mit Lebensmittelversorgung und -herstellung beschäftigt. Er war Handelskommissar der UdSSR und hatte eine leitende Stellung in der Hauptverwaltung für Verpflegungsnachschub im Verteidigungskommissariat inne. Offen, ehrlich und energisch, erkannte er sofort nach seiner Ankunft in Leningrad, daß nur mit eiserner Hand durchgesetzte spartanische Maßnahmen das Überleben der Stadt sichern könnten. Zunächst mußte er die harten, nackten Tatsachen wissen und nicht, was durch politische oder propagandistische Rücksichten gefärbt war. Wie stand es wirklich um die Versorgung der Stadt? Verfügte man nur noch über Reserven für drei Wochen? Welche Vorräte hatten Armee und Flotte, und wie hoch war die Einwohnerzahl? Wieviel Nachschub konnte man der Stadt zuführen?
Schon auf dem Flug in der Douglas DC 3, die ihn im Tiefflug über den Ladogasee zum Leningrader Flughafen brachte, begann Pawlow zu arbeiten. Am 10. und 11. September stellte er eine Inventur des Vorhandenen auf. Hier sah es schlecht aus, und das hatte er gewußt, aber doch nicht so böse, wie es nach Popkows Telegramm vom 6. September geklungen hatte. Unter Berücksichtigung des tatsächlichen Verbrauchs für die Streitkräfte und die Zivilbevölkerung verfügte die Stadt über folgende Reserven: Getreide, Mehl und Hülsenfrüchte für 35 Tage, Nährmittel und Nudeln für 30 Tage, Fleisch und Fleischprodukte einschließlich des lebenden Viehs für 33 Tage, Fett für 45 Tage, Zucker und Süßwaren für 60 Tage.
Die einzigen in Pawlows Aufstellung nicht enthaltenen Lebensmittel waren geringe Mengen von ›eisernen Rationen‹ (Hülsenfrüchte und Konserven) in den Armee- und Flottendepots und eine unbedeutende Menge Mehl bei den Nachschubverbänden der Flotte.
Der Hauptunterschied zwischen den Schätzungen Pawlows und Popkows lag darin, daß Pawlow alle in der Stadt vorhandenen Vorräte dazugerechnet hatte, und zwar sowohl die Heeresbestände als auch die in ziviler

Hand befindlichen. Dazu kamen die noch nicht verarbeiteten Mengen an Getreide und lebendem Vieh, sowie in Kühlhäusern untergebrachtes Mehl und Fleisch. Außerdem waren, als Pawlow seine Aufstellung machte (am 12. September), die Rationen wieder gekürzt worden: 500 g Brot am Tag für Schwerarbeiter, 300 g für Büroangestellte, 200 g für Familienangehörige und 300 g für Kinder unter zwölf Jahren.

Pawlow rechnete richtig damit, daß man für lange Zeit nicht auf Nachschub hoffen dürfe. Nur der Weg über den Ladogasee war noch offen, und es gab keine Schiffe, keine Ladeplätze, keine Straßen- und Bahnverbindungen und keine Lagerhäuser, um größere Lieferungen auf den Weg zu bringen. Um diese Möglichkeiten zu schaffen, brauchte man Zeit. Leningrad mußte mit dem auskommen, was es hatte, und niemand wußte, wie lange dieser Zustand dauern würde.

Wie viele Menschen ernährt werden mußten, war nicht leicht zu übersehen.

Aufgrund der ausgegebenen Lebensmittelkarten, der Anzahl der Evakuierten und Flüchtlinge und der bekannten Einwohnerzahl vor dem Krieg schätzte Pawlow, daß die Zivilbevölkerung mit 400 000 Kindern 2 544 000 zählte. In den Vororten innerhalb des Einschließungsrings lebten weitere 343 000. Insgesamt waren es etwa 2 887 000. Dazu kamen die zur Verteidigung der Stadt eingesetzten Truppen. Für sie gab es keine genauen Angaben, es müssen aber 500 000 gewesen sein. Also war es Pawlows Aufgabe, auf unbestimmte Zeit fast 3 400 000 Menschen zu ernähren.[5]

Pawlow suchte sofort festzustellen, welcher Schaden beim Brand der Badajew-Lagerhäuser entstanden war. Die Verluste waren beträchtlich, aber doch nicht so groß, wie die meisten Leningrader glaubten. Allein mit der Vernichtung dieser Vorräte war die Stadt nicht der Hungersnot ausgesetzt.

Nach Pawlow waren dort 3 000 t Mehl und etwa 2 500 t Zucker vernichtet worden. Davon konnten 700 t in dem grimmigen Winter, obwohl der Zucker geschmolzen und geschwärzt war, noch zur Herstellung von Süßwaren verwendet werden.[6]

Obwohl Pawlow überzeugt war, der Brand der Badajew-Lagerhäuser

[5] Im Juli wurden in Leningrad 2 562 000 Lebensmittelkarten ausgegeben. Im August waren es 2 669 000, im September 2 480 400, im Oktober 2 443 400. Zwischen dem 29. Juni und dem 27. August wurden 636 283 Personen aus Leningrad evakuiert. 400 000 davon waren nach Pawlows Schätzung Leningrader, die anderen Flüchtlinge aus den Baltischen Staaten (Pawlow, a.a.O., 1. Aufl., S. 59/60). Nach Karasew betrug die Einwohnerzahl am 6. September »mehr als 2,5 Millionen«. Nach der Volkszählung von 1939 gab es in Leningrad 3 191 300 Einwohner (Karasew, 120, S. 17).

[6] Nach N.S. konnten noch 900 t Zucker und 1 000 t angebranntes Mehl verwendet werden (N.S., S. 195).

habe die zukünftigen Leiden nicht verursacht, glaubten viele Leningrader, unter ihnen auch Pawel Luknizki, daß die Folgen des großen Brandes schlimmer gewesen seien, als es die Stadtverwaltung habe zugeben wollen.[7]

Pawlow macht andere Gründe geltend. Zehn verschiedene amtliche Stellen beschäftigten sich damals mit der Lebensmittelversorgung der Stadt. Jede erhielt Befehle von ihrer vorgesetzten Stelle in Moskau. Solange Moskau den Verkauf und die Verteilung bestimmter Lebensmittel nicht verbot, wurde auch in Leningrad nichts getan. Hierher gehörten auch die Eßlokale. Sie verbrauchten 7 Prozent des gesamten Vorrats: 12 Prozent des Fetts, 10 Prozent der Fleischprodukte und 8 Prozent des Zuckers und der Süßwaren. Das Vieh wurde planlos geschlachtet. Pflanzenfett wurde in zivilen Lagerhäusern, tierische Fette in Militärdepots gelagert. Wegen des Vorurteils der Bevölkerung gegen Krabbenfleisch wurde dieses ohne Marken abgegeben. Die Insassen von Krankenhäusern und Kinderheimen wurden ohne Marken verpflegt, erhielten aber außerdem noch ihre Lebensmittelkarten. Mitte September befahl die Moskauer Zuckerverwaltung ihrer Nebenstelle in Leningrad, mehrere Güterwagen mit Zucker nach Wologda zu schicken, obwohl Leningrad inzwischen keine Eisenbahnverbindung mehr mit dem übrigen Rußland hatte.

Jetzt griff Pawlow ein. Er verbot den freien Verkauf von Lebensmitteln. Er schloß die Speiserestaurants und verbot die Herstellung von Bier, Speiseeis, Piroggen und Kuchen. Er annullierte alle Bestellungen aus Moskau, übernahm alle Vorräte und ließ sie erfassen. Die Lebensmittelkarten aller Insassen von Krankenhäusern und Kinderheimen wurden eingezogen. Damit sparte er 80 000 Karten ein.

Aber er beging auch Fehler, die er später öffentlich eingestand. Trotz der sofort eingeleiteten Sparmaßnahmen verbrauchte die Stadt immer noch mehr als 2 000 t Mehl täglich. Als Ausgleich für die herabgesetzten Fleisch- und Nährmittelrationen ließ er im September mehr Zucker und Fett ausgeben. Das kostete 2 500 t Zucker und 600 t Fett. Hätte man diese Mengen im September und Oktober eingespart, wäre man besser über den fürchterlichen Dezember hinweggekommen.

Pawlow stellte fest, daß Anfang September täglich 2 100 t Mehl verbraucht wurden. Das blieb bis zum 11. September so, als die Mehlausgabe auf 1 300 t gekürzt wurde. Zwischen dem 16. September und dem 1. Oktober kürzte er den Verbrauch noch weiter auf 1 100 t. Im September verbrauchte Leningrad allein für den zivilen Bedarf täglich durchschnittlich 146 t Fleisch, 220 t Nährmittel und 202 t Zucker.

Die in Leningrad stationierte Fliegerabwehr konnte gegen die deutschen

[7] Dimitri Pawlow behauptet auch heute noch, daß sein Bericht zutrifft und alle anderen Versionen ›Phantasien‹ seien (persönliches Gespräch am 30. April 1968).

Flugzeuge nichts ausrichten. Zu Kriegsbeginn verfügte der Militärbefehlshaber von Leningrad über 401 Flugzeuge, aber im September waren es sehr viel weniger. Den Hauptschutz bildeten 160 Flakbatterien mit 600 Geschützen. Etwa 300 Sperrballone schwebten Tag und Nacht über Leningrad, und 124 000 Luftschutzhelfer waren in 3 500 Gruppen organisiert. Aber die deutschen Angriffe gingen weiter.

»Jetzt beginnt das Leben auf den Dächern«, sagte der wissenschaftliche Mitarbeiter an der Eremitage Paul Gubćewski in einem Gespräch mit seinen Kollegen. Man richtete zwei Beobachtungsposten ein, den einen über dem Waffensaal im Winterpalais und den anderen auf dem Dach der neuen Eremitage neben dem Oberlicht über der großen Bildergalerie. Viele Nächte lang wurden weder das Winterpalais noch die Eremitage getroffen, aber die Splitter der Flakgranaten regneten wie kleine Blitze auf das Pflaster des weiten Schloßplatzes herab. Von seinem Beobachtungspunkt aus sah Gubćewski, wie deutsche Bomber auf dem anderen Newaufer Brandbomben über der alten Peter und Pauls-Festung abwarfen, in der viele Generationen russischer Rebellen, Staatsverbrecher und Revolutionäre gefangengehalten worden waren. Die Brandbomben rollten die dicken Festungsmauern herab wie Feuerströme und brannten am sandigen Newaufer aus. Dann erfolgte eine donnernde Explosion, und tausend Flammen züngelten um die *Amerikanskaja Gora*, das Riesenrad, das in dem benachbarten Vergnügungspark die Hauptattraktion gewesen war. Die Nacht wurde zum Tag, als das Holzgerüst gen Himmel aufloderte. Der Wind stand auf das Winterpalais zu, und sehr bald regneten Funken und Ruß, vermischt mit verkohlten Farbteilchen vom bunten Anstrich der Buden im Vergnügungspark auf das Dach der Eremitage herab. Den ganzen Krieg stand das verbogene eiserne Skelett des Riesenrades, ein Wirrwarr aus Draht und Gestänge, als Mahnmal da und erinnerte an die Feuersbrünste jener Nacht.

Der Fliegerangriff am 10. September war fast ebenso stark wie der am 8. Drei weitere Lagerhäuser brannten ab. Zum Glück waren sie leer. Aber die Molkerei Roter Stern wurde getroffen, und viele Tonnen Butter verbrannten. Die Schdanow-Werften wurden schwer beschädigt. Mehr als 700 Leningrader kamen um oder wurden verwundet, und es entstanden über 80 große Brände. Über den Kirow-Werken hörte man ganz unerwartet ein niedrig fliegendes Flugzeug. Einen Augenblick später meldete der Luftschutzwart Leonid Sanin, Fallschirmtruppen sprängen über dem Werk ab, und lief auf einen herabschwebenden Fallschirm zu. Eine gewaltige Detonationswelle schleuderte ihn bewußtlos zu Boden. Die Deutschen hatten nicht Fallschirmjäger abgesetzt, sondern eine Eintonnenbombe mit Verzögerungszünder an einem Fallschirm über der Fabrik abgeworfen.

Im September erlebte Leningrad 23 schwere Luftangriffe und 200 Beschießungen mit Artillerie. Mehr als 675 deutsche Flugzeuge flogen die Angriffe. Sie warfen 987 Sprengbomben und 15 100 Brandbomben ab. Dabei wurden 4 409 Bewohner von Leningrad getötet oder verwundet. Die schwersten Angriffe erfolgten am 19. und 27. September. Am 19. zählte man sechs Einflüge, vier am Tage und zwei in der Nacht. 280 Flugzeuge überflogen die Stadt. Am 27. September wurde die Stadt von 200 Flugzeugen angegriffen.

Der Angriff am 19. war der schlimmste des Krieges. Eine Bombe fiel auf ein Krankenhaus am Suworowprospekt. Unter den 600 hier untergebrachten Verwundeten gab es schwere Verluste. Eine zweite Bombe traf das große Einkaufszentrum im Herzen der Stadt, das Gostiny Dwor. Dabei wurden 98 Menschen getötet und 148 verwundet.[8]

Im Gostiny Dwor waren die Büros des sowjetischen Verlags Pisatel untergebracht. Acht Mitarbeiter starben. Die meisten Opfer im Gostiny Dwor waren Frauen, darunter viele Arbeiterinnen einer Kleiderfabrik. Eine Woche später ging Pawel Luknizki hin und erfuhr, daß unter den Trümmern noch Menschen lebten, die man durch eine schmale Öffnung mit Lebensmitteln versorgte.

In der Nacht, als das Gostiny Dwor getroffen wurde, hatte Dimitri Schostakowitsch seine Freunde, den Musikwissenschaftler Walerian Bogdanow-Beresowski und die Komponisten Gawril Popow und Juri Kočurow in seine Wohnung eingeladen. Sie fanden ihm umgeben von den Partiturbogen seiner Siebenten Symphonie, an der er arbeitete. Er saß am Flügel und begann mit großer Begeisterung zu spielen. Er war so erregt, daß seine Zuhörer den Eindruck hatten, er wolle dem Instrument das Letzte abverlangen.

Plötzlich hörte man die Luftschutzsirenen und die Motoren der Leningrader Jagdflugzeuge. Schostakowitsch spielte weiter. Nachdem er den ersten Satz beendet hatte, bat er Frau und Kinder, in den Luftschutzkeller zu gehen, schlug aber seinen Freunden vor, ihm weiter zuzuhören. Von den Abschüssen der Flakbatterien begleitet, spielte er den zweiten Satz. Der dritte Satz war noch nicht vollendet.

Schostakowitschs Musik, der Geschützdonner, die aufflammenden Brände, die Bomben, die Sirenen, die Flugzeuge, all das verschmolz für Bogdanow-Beresowski zu einer Kakophonie, in der Wirklichkeit und Kunst sich unauflöslich miteinander verbanden.

Am Tag der Bombardierung des Gostiny Dwor schrieb der Tass-Reporter Iwan Bondarenko in sein Tagebuch: »Explosionen, Explosionen und wieder Explosionen. Gelber Staub und schwarzer Rauch über der Sozialistenstraße.«

[8] N.S., S. 166. In: Leningrad w WOW, S. 176 wird versehentlich der 24. September als Datum für diesen Angriff angegeben.

In diesen Tagen kehrte der beste Artillerist des Landes, Armeegeneral (später Marschall) Nikolai N. Woronow, nach Leningrad zurück. Er war in Leningrad geboren, hatte vor der Revolution hier seine Kindheit verlebt und war hier zum jungen Mann herangewachsen. Nun war er zurückgerufen worden, um seiner Geburtsstadt in der Stunde der Gefahr zu dienen. Krieg und Belagerung waren für Woronow nichts Neues. Er hatte im Spanischen Bürgerkrieg gekämpft und hatte Guadalajara, Teruel und Barcelona gesehen. Er hatte bei der Belagerung der Universität mitgekämpft und war während der Bombardierungen in Madrid gewesen.

Eines Tages stieg er auf die Kuppel der St. Isaaks-Kathedrale. Aus einer Höhe von etwa 75 Metern konnte er die ganze Stadt überblicken. Er sah die Luftbeobachtungsposten und Fliegerabwehrgeschütze auf den Dächern der hohen Gebäude, die mächtigen, grauen Kriegsschiffe der Baltischen Flotte in der weiten Newamündung, die dort mit ihren weitreichenden Geschützen vor Anker lagen und das Feuer der deutschen Belagerungsartillerie erwiderten. Er konnte die im Zickzack verlaufenden Stellungen der Roten Armee im Süden und Südwesten erkennen und sah das Mündungsfeuer der deutschen Geschütze, wenn sie ihre Ziele im Stadtgebiet von Leningrad beschossen.

Er berichtet: »Immer wieder kehrten meine Gedanken nach Madrid zurück und zu dem, was diese Stadt durchmachen mußte. Auch dort hatte der Feind den Ring geschlossen, aber hier wiederholte sich alles in einem größeren Maßstab. Die Stadt war größer, das Gefecht war intensiver, und es standen sich stärkere Kräfte gegenüber. Alles war unendlich komplizierter.«

Es war in der Tat kompliziert und wurde immer komplizierter. Eines Tages nahm Jelena Skrjabina eine alte, abgenutzte *sumka*, eine Einkaufstasche, und legte zwei oder drei Flaschen starken Wodka hinein, den sie hatte ergattern können, nachdem sie stundenlang an einer kleinen Holzbude dafür angestanden hatte.

Sie nahm außerdem ein Dutzend Zigarettenschachteln, ein Paar Männerschuhe und Damenstrümpfe mit. Dann machte sie sich auf den Weg ins Land hinaus, um zu sehen, was sie von den Bauern dafür kriegen könnte. Es wurde zu einem schrecklichen Erlebnis. Die Bauern sahen sie ungerührt an. Sie mußte an die Jahre 1918 und 1920 denken, als die Stadtbewohner mit ihren Pelzen, Ringen, Armbändern, Teppichen in die Dörfer gingen, um mit den Bauern um Brotkrusten oder einen Sack Kartoffeln zu feilschen. Das wiederholte sich jetzt. Erschöpft kam sie am Abend zurück und brachte vierzig Pfund Kartoffeln und einen Liter Milch nach Hause. »Ich weiß nicht, wie lange ich diesen Handel werde durchhalten können«, schrieb sie in ihr Tagebuch.

27. Nicht alle waren tapfer

Wsewolod Wischnewski war seit seiner Rückkehr aus der Hölle von Reval nicht mehr in Leningrad gewesen. Er war in Kronstadt geblieben und hatte dort fieberhaft Aufrufe entworfen, Berichte für die *›Prawda‹* und die Armeezeitung *›Roter Stern‹* geschrieben und vor Politkommissaren und Offizieren Vorträge gehalten. Am 11. September, einem sonnigen und warmen Tag, bestieg er einen Kutter und fuhr über die bewegte See bis nach Oranienbaum, um dort einen überfüllten Zug nach Leningrad zu nehmen. Die Luftschutzsirenen heulten, und in der Gegend von Ligowo (Urizk) sah er Brände und Granateinschläge. Ligowo lag hart südlich der Stadt, und die Deutschen wollten die russischen Linien hier durchbrechen, um an die Eisenbahn heranzukommen. Wischnewski freute sich, daß die Leute im Zug trotz der Bomben, Granaten und Brände verhältnismäßig ruhig blieben, daß die Straßenbahnen noch fuhren und die Schuhputzer noch ihre kleinen Stände besetzt hielten.
Aber nicht überall war der Eindruck so günstig. Hier und da kam es sogar zum offenen Ausbruch von Panik. Es zirkulierten die wildesten Gerüchte, denn es gab keine zuverlässigen Frontberichte. Die Nachrichten des sowjetischen Informationsbüros besagten gar nichts. Wer einigermaßen mit den Verhältnissen vertraut war, konnte erraten, was es bedeutete, wenn es hieß, ›Stützpunkt N‹ sei verlorengegangen oder wenn die ›N. Armee‹ (an der Leningrader Front) erwähnt wurde und irgendwo der Name eines Befehlshabers erschien. Damals blühte das Geschäft der Presseagenturen EMS (ein Major sagt) und EBS (eine Baba sagt). »Wie steht es um die Armee im Raum von Wolchow?« fragten die Leute. »Was ist mit der Eisenbahnlinie nach Moskau?« Man wußte, daß die Bahnstrecke unterbrochen war, aber die Regierung hatte das noch nicht offiziell zugegeben. Kein Wort davon erschien in der Presse. Der Leningrader Rundfunk schwieg sich darüber aus. Die Bevölkerung fühlte sich irregeführt und unsicher. Es sollte im Verlauf der nächsten Zeit immer wieder geschehen, daß die Regierung wichtige Ereignisse mit dem Schleier des Geheimnisses umgab, auch wenn sie das Schicksal Leningrads entscheidend beeinflußten. Jeder wußte, daß die Kriegslage sich ungünstig entwickelt

hatte, aber wie ernst stand es in Wirklichkeit? Wieviel schlimmer, als es die offiziellen Frontberichte zugaben?[1]

Wsewolod Kočetow war als chronischer Pessimist davon überzeugt, daß die Deutschen, wenn sie nach Leningrad kommen sollten, mit der Unterstützung zahlreicher Informanten und Verräter würden rechnen können. Er dachte daran, daß der weißrussische General Judenitsch 1919 davon geträumt hatte, an jedem Laternenpfahl in Petrograd einen Bolschewiken aufzuknüpfen. Jetzt verfolgte ihn der fürchterliche Gedanke, die Laternenpfähle würden für die Opfer der nazistischen Terrorjustiz nicht ausreichen. Die Deutschen würden Hunderte, ja vielleicht Tausende von Galgen auf dem Marsfeld, dem Schloßplatz und am Newaufer aufstellen. Eine schreckliche Vorstellung! Kočetow wußte, was die Deutschen in dem von ihnen besetzten Gebiet vor Leningrad getan hatten. Der Kommissar Semenow, dem es gelungen war, sich aus einem schon vom Feind besetzten Dorf nach Leningrad durchzuschlagen, hatte ihm erzählt:

»Dort sehen Sie das wahre Gesicht des deutschen Faschismus: Befehle, Befehle, Befehle – Drohungen, Drohungen und nochmals Drohungen.«

Semenow zeigte ihm einen Aufruf, den er von einem Zaun in diesem Dorf abgerissen hatte. Darin hieß es:

1. Rotarmisten haben sich innerhalb von 24 Stunden beim Ortskommandanten zu melden. Andernfalls werden sie als Partisanen erschossen.
2. Jeder Partisan wird sofort erschossen.
3. Einwohner, die Rotarmisten oder Partisanen Hilfe gewähren, werden sofort erschossen.

So ging es weiter, Punkt für Punkt, und jedesmal schloß es mit den Worten »wird sofort erschossen«.

Kočetow war überzeugt, wenn die Deutschen nach Leningrad kämen, würde es ebenso sein.

Unter den Bewohnern von Leningrad und bei seinen eigenen Kollegen gab es viele, die Kočetow als Feiglinge und Panikmacher ansah, Leute, die keinen Kampfgeist besaßen und mit allen Mitteln versuchten, aus dem eisernen Blockadering hinauszukommen.

In Puschkin lebten sehr viele Schriftsteller und Kriegsberichterstatter. Die Divisionszeitung der 1. Volksfreiwilligendivision wurde in der Druckerei der Lokalzeitung gedruckt, denn ihre Druckereiausrüstung war nach dem

[1] Das war während des ganzes Krieges so. In einem Stimmungsbericht über das Werk ›Pariser Kommune‹ in Leningrad vom 24. Januar 1944, der von Parteipropagandarednern abgegeben wurde, heißt es, die Arbeiter hätten vor allem drei Fragen gestellt: Hatte man in den von der Roten Armee zurückeroberten Gebieten noch die sowjetische Bevölkerung vorgefunden? Wie hoch waren die sowjetischen Verluste? Warum veröffentlichte die ›*Leningradskaja Prawda*‹ keine Lagekarten, aus denen die Erfolge der Roten Armee ersichtlich waren? (900, S. 212.)

Zusammenbruch der Lugafront auf dem Rückzug durch die Sümpfe verlorengegangen. Die Redaktionsbüros waren in der Villa Tolstois auf der Straße der Proletarier Nr. 4 untergebracht. Jedes Zimmer in der Villa war von Zeitungsleuten besetzt. Im Kasernenkomplex Nr. 6 am Stadtrand waren 5 000 Überlebende der 1. Freiwilligendivision in ein paar alten Kasernen zusammengepfercht. Diese Division hatte ihren militärischen Wert verloren, denn sie besaß keine Waffen mehr und war auf ein Drittel ihrer ursprünglichen Stärke zusammengeschrumpft.
Kočetow und sein Freund Michalew verbrachten eine Nacht in der Villa Tolstois. Kočetow konnte sich nicht damit abfinden, daß der adelige Tolstoi mit seinen überspannten westlichen Neigungen in der Sowjetunion lebte und schrieb. Der luxuriöse Stil des Hauses und seiner Einrichtung mißfiel ihm. Kočetow kannte keinen der Schriftsteller und Berichterstatter, die hier zusammengekommen waren, wurde aber eingeladen, sich mit ihnen an einen langen Tisch zu setzen und von dem reichlich vorhandenen Champagner zu trinken, den das örtliche Parteikomitee gestiftet hatte. Irgendwie traute er diesen Leuten nicht. Am Morgen unternahm Kočetow einen Spaziergang durch den schönen Garten. Dann ging er zum Katharinenpalais und sah dort Hunderte mit Kunstgegenständen vollgepackte Kisten zum Abtransport bereitstehen. Er besuchte das Alexandrowskipalais, in dem der letzte Zar Nikolaus II. gelebt hatte. Hier befand sich auch das Arbeitszimmer des Zaren. Kočetow fand, es gliche eher dem Büro eines Geschäftsmannes als dem Schreibzimmer eines Kaisers. Er sah sich auch das Schlafzimmer mit der Ikonenwand an. Dort stand das Telefon, das direkt mit dem Großen Hauptquartier verbunden war, so daß die Zarin Alexandra jederzeit mit ihrem Gatten sprechen konnte, um ihm die neuesten Ratschläge Rasputins mitzuteilen. Kočetow trat ins Freie hinaus und ging durch den Park, in dem die Revolutionshelden beigesetzt waren, vorbei am Chinesischen Theater, am Jagdschloß und am Marmormausoleum. Er sollte die schönen zaristischen Grabdenkmäler nicht mehr wiedersehen. Nach wenigen Stunden waren die Deutschen schon an Ort und Stelle, und die Zerstörung begann. – Kočetow und die anderen Schriftsteller packten ihre Sachen zusammen und verließen Puschkin durch das Ägyptische Tor. Er blieb einen Augenblick stehen und blickte zurück auf das Bronzedenkmal Puschkins. Das melancholischdüstere Gesicht Puschkins sah ihm noch bis zum Dorf Bolschoje Kusmino hinterher.
Jetzt versuchten die Deutschen, ihren Gegner durch allerlei Tricks zu täuschen. Sie verwendeten kreischende und pfeifende Bomben und warfen mit Sprengstoff gefülltes Spielzeug, Füllfederhalter und Feuerzeuge ab. Die Schüler Michail Rubzow, Konstantin Kruglow und Nadeschda Sabelina beobachteten, wie eine große Kugel über dem Narwator auseinander-

barst. Es sah aus, als regneten Flugblätter herab, aber als die jungen Leute hinkamen, war der Boden mit Rubelscheinen und Lebensmittelkarten bedeckt. Es läßt sich schwer sagen, ob diese Aktion Erfolg gehabt hat. Amtlicherseits wurde behauptet, das Falschgeld und die gefälschten Lebensmittelkarten seien eingesammelt und abgeliefert worden.

Aber Dimitri Pawlow, dem die Lebensmittelversorgung der Stadt unterstand und der mit dem Problem gefälschter Karten fertig werden mußte, machte sich Sorgen. Er schreibt:

»Egoisten und Verbrecher versuchten, auf jede mögliche Weise zwei, drei oder mehr Lebensmittelkarten zu ergattern. Sie verschafften sich diese Karten, wenn auch das Leben ihrer nächsten Angehörigen dadurch gefährdet wurde.«

Diese Gauner fälschten Karten und versuchten, sie sich legal oder illegal zu beschaffen. Sie bestachen die Hausverwalter, die ihnen bescheinigten, daß sie in leerstehenden Häusern wohnten, und stellten Anträge auf die Namen verstorbener Verwandter oder nicht existierender Personen. Außerdem stahlen sie Lebensmittelkarten. Wenn die Deutschen große Mengen von Karten abwarfen, konnte daraus ein Chaos entstehen. Das gut organisierte Verteilersystem würde zusammenbrechen. Man mußte sofort Schritte unternehmen, um das zu verhindern, bevor die Deutschen erkannten, welche Möglichkeiten sie hier hatten.

Die Polizei meldete dem Militärkommando von Leningrad, daß die Deutschen immer häufiger versuchten, Agenten in die Stadt einzuschleusen. Immer gefährlichere und furchterregendere Gerüchte machten die Runde. Oft konnte man sie direkt auf deutsche Quellen zurückführen. Ein Mann namens Kolzow wurde festgenommen, als er finnische antisowjetische Flugblätter in einem Lokal verteilte. Er wurde nach einem Standgerichtsverfahren erschossen. Kleine Diebstähle und Betrügereien bei den Verteilungsstellen waren an der Tagesordnung, und der Schwarzhandel mit Lebensmitteln, Petroleum und Seife blühte.

Es war nicht leicht, die Menschen zu erziehen, daß sie fest blieben und sich an den Löscharbeiten beteiligten, wenn nach dem Abwurf deutscher Brandbomben Feuer ausbrach. Sobald sich dort, wo die Phosphorbomben hingefallen waren, auf Hausdächern und in Fabriken, die glühende Feuerströme überallhin verbreiteten, wurden die Leute von Angst ergriffen. Am 11. September wurde die Kabelfabrik Nord von vier Sprengbomben und Hunderten von Brandbomben getroffen. In einer Werkstatt bemühte sich ein einziger Feuerwehrmann darum, den Brand zu löschen, während die Arbeiter sich ängstlich vor einer Wand zusammendrängten. Schließlich erschien der Parteisekretär A. W. Kassirow und veranlaßte die anderen durch sein persönliches Beispiel dazu, sich an den Löscharbeiten zu beteiligen. Die Fabrik war schwer beschädigt. Fenster waren zertrümmert, und die Hallen verwüstet. In seiner Meldung schrieb der Fabrikdirektor: »Dieses Verhalten bedeutet Feigheit.«

In so kritischen Zeiten durfte menschliche Schwäche nicht geduldet werden. Der Dichter Boris Licharew schrieb dazu in der Zeitung *›Auf Wache für das Vaterland‹*: »Wir werden den Sieg um jeden Preis erringen, ob wir nun leben oder sterben – nicht einen Schritt zurück! Feiglinge und Verräter müssen auf der Stelle erschossen werden.«

Die zu Befestigungsarbeiten eingesetzten Schanzkommandos hatten ihre besonderen Schwierigkeiten. Es fehlte an Lebensmitteln und geeigneten Unterkünften. Die Arbeiten wurden durch deutsche Bombenangriffe behindert. Aus Furcht verließen viele die Arbeitsstellen und strömten zurück in die Stadt. Man setzte Propagandaredner ein, die sich gegen Deserteure, Panikmacher und Schwächlinge wandten.

Der Redakteur P. W. Solotuchin von der *›Leningradskaja Prawda‹* ging allabendlich ins Smolny, um den nächsten Leitartikel, das Feuilleton und den Anzeigenteil mit Parteisekretär Schdanow und den anderen hohen Funktionären zu besprechen. Oft rief er erst gegen 2.00 oder 3.00 Uhr morgens im Redaktionsbüro an und teilte seinen erschöpften Mitarbeitern mit, was gedruckt werden dürfe oder welche Änderungen noch vorzunehmen seien. Als die Lage gespannter wurde, begann Schdanow, die Leitartikel selbst zu schreiben. Aus seiner Feder stammte der Leitartikel vom 16. Spetember: »Der Feind steht vor den Toren ... Jeder muß der Gefahr fest ins Auge sehen und sich klarmachen: wenn er heute nicht tapfer und selbstlos für die Verteidigung der Stadt kämpft, werden morgen seine Ehre, seine Freiheit und seine Heimstatt verloren und er selbst zum Sklaven der Deutschen geworden sein.« Als die Lage sich weiter zuspitzte, rief Schdanow die Bevölkerung auf, »die faschistischen Bestien erbarmungslos zu vernichten«.[2]

Der Bühnenschriftsteller Stein kehrte nach einem Aufenthalt von wenigen Tagen in Kronstadt nach Leningrad zurück und stellte fest, daß sich vieles verändert hatte. Seine Ausweispapiere wurden nicht nur an der Stadtgrenze, sondern immer wieder geprüft, wenn er ein paar Häuserblocks weitergekommen war. An jeder Brücke, an großen Straßenkreuzungen und Gebäudeeingängen standen Posten. Mit Gewehren bewaffnete Arbeiterstreifen patrouillierten auf den Straßen. Wer sich nicht ausweisen konnte, wurde festgenommen. Seit der Ring um die Stadt geschlossen war, vagabundierten viele Soldaten in abgetragenen, zerknitterten Uniformen mit und ohne Rangabzeichen in der Stadt herum. Das waren entweder

[2] In dem in der *›Leningradskaja Prawda‹* vom 30. Oktober 1941 veröffentlichten Aufruf Schdanows heißt es: »Nur durch die rücksichtslose Vertilgung der faschistischen Bastarde können wir unser Mutterland retten, können wir unsere Frauen, unsere Mütter und unsere Kinder am Leben erhalten.«

Deserteure, Drückeberger oder Leute, die ihre Einheiten nicht wiederfinden konnten. Manche hatten den Freiwilligenverbänden angehört, andere waren mit ihren Einheiten von den Deutschen eingeschlossen worden und hatten sich durch die Linien der Deutschen nach Leningrad durchgeschlagen. Sie hatten jeden moralischen Halt verloren. Mit gehetztem Blick schlichen sie durch die Stadt. Stein sah sie vor den Hauseingängen hocken, nach Hause zurückgehen, er sah sie in den Trinkstuben und beobachtete, wie sie sich in vor den Geschäften anstehenden Menschenschlangen nach vorn drängten, um als ›Angehörige der Streitkräfte‹ zuerst bedient zu werden.

Jetzt sammelte man dieses menschliche Strandgut ein. Manche endeten vor dem Exekutionskommando, andere wurden in die Baubataillone eingegliedert, wieder andere gingen zurück zu ihrer Truppe, um sich an der Verteidigung der Stadt zu beteiligen.

An der Straßengabelung, wo es in einer Richtung nach Krasnoje Sselo und in der anderen nach Peterhof ging, stand ein Wachhäuschen. Hier hielten Offiziere die zurückflutenden Soldaten auf. Zum Teil waren die Männer noch in Uniform, zum Teil schon in Zivil. Manche hatten Gewehre, andere nicht. Alle waren sie am Rande der Erschöpfung. Ein Sergeant mit zerrissenem Uniformrock, ohne Mütze, mit schmutzigen Händen und bis zu zu den Knien durchweichten Hosen stand auf zitternden Beinen da und schrie: »Sie haben alles überrannt. Die Deutschen werden gleich hier sein. Ich habe sie selbst gesehen, auf Motorrädern ... Schießt nicht! Wenn wir nicht schießen, werden sie uns nichts tun. Sie werden vorbeifahren ...« Neben dem Sergeanten stand eine Gruppe Soldaten. Der Wachoffizier, ein kleiner Hauptmann in Grenzschutzuniform, trat auf ihn zu. »Bringen Sie Ihren Anzug in Ordnung, Sergeant!«

Automatisch hob der Mann die Hände an den Kragen, um ihn zu schließen, ließ sie aber gleich wieder fallen. »Was heißt hier Ordnung? Wo gibt es überhaupt noch eine Ordnung? Die Deutschen sind in der Kirowfabrik ... Und Sie reden von ... Ordnung. Wir müssen uns in Sicherheit bringen. Verstehen Sie das? Verstehen Sie das jetzt?«

Mit schnellem Griff riß der Hauptmann ihm die Rangabzeichen von den Schulterstücken, trat zwei Schritte zurück und sagte, ohne die Stimme zu heben, zu den Soldaten: »Nehmt ihn fest.«

Die Soldaten wollten es nicht verstehen – »Aber er ist einer von uns –«

»Nein«, sagte der Offizier kurz, »er ist nicht einer von uns. Führt den Befehl aus.«

Im nächsten Augenblick hatten die Soldaten den Sergeanten zur Seite geführt. Ein Schuß fiel. Der Hauptmann hörte nicht hin. Er hatte genug damit zu tun, die zurückströmenden Soldaten zum Sammelpunkt zu dirigieren.

Eines Abends spät kam Sajanow ins Smolny. Er brachte den Entwurf eines für die deutschen Truppen bestimmten Flugblatts mit. Die langen Gänge waren von flackernden elektrischen Birnen erleuchtet, und es war verhältnismäßig ruhig im Smolny. Es war nicht das sonst übliche Hasten auf den Korridoren. Sajanow sprach gerade mit dem Kommandanten vom Smolny, Grischin, der schon seit Lenins Zeiten hier war, als ein Generalmajor aus dem Amtszimmer des Chefs des Stabes kam. Er kannte Sajanow flüchtig.

»Wohin wollen Sie jetzt?« fragte er.

»Nach Hause«, sagte Sajanow.

Der General forderte Sajanow auf, ihn »auf einer Fahrt« zu begleiten. Er war in großer Eile. Beide liefen schnell die lange, breite Treppe hinunter und hinaus in die Dunkelheit der Septembernacht.

Erst als sie im Wagen saßen und über die Liteinybrücke fuhren, sagte der General, wohin die Fahrt ging – zu einem »sehr gefährlichen Frontabschnitt«. Bei den Kirow-Werken versammelte sich ein Regiment, das dem General in die vorderste Linie folgen sollte. Sie kamen zu den am südlichen Stadtrand gelegenen Kirow-Werken, wo die Truppen den Befehl erhielten, ihnen zu folgen. Dann fuhren sie weiter auf der Chaussee, die nach Peterhof führt. Sie hörten das Heulen der Luftschutzsirenen, und Suchscheinwerfer tasteten den Himmel ab. Die Fliegerabwehrgeschütze bellten, und über ihnen brummten Flugzeugmotoren. Ihr Ziel war das etwa 20 Kilometer außerhalb der Stadt gelegene Finskoje Koirowo. Bei Kipen hielt der Posten einer Sondereinheit der Kirow-Werke sie an. Er hatte den Auftrag, Deserteure und zurückgehende Soldaten zu sammeln und neu aufgestellten Truppenteilen zuzuführen. Der General sprach ein paar Worte mit dem Arbeiter.

»Was glauben Sie«, sagte er, »werden wir die Stadt halten?« Der Mann sagte, er glaube, die Stadt werde sich halten. Er erinnerte sich noch an die Kämpfe im Jahr 1919. Damals, so erzählte er, habe sein Kommissar ihm gesagt: »Wir können nicht weiter zurückgehen. Hinter uns liegt Petrograd.« Der Arbeiter sagte: »Heute ist es dasselbe.« Die nächtliche Fahrt ging weiter. In Finskoje Koirowo ging der General zum Abschnittskommandeur, besprach sich eine halbe Stunde mit ihm und kam dann zum Wagen zurück. »Ich habe ihm das Nötigste gesagt. Hinter uns liegt Petrograd.«

Sie wendeten den Wagen und fuhren auf der Peterhofer Chaussee zurück. Sajanow schwieg, ebenso der General. Die Straße war leer, nichts kam ihnen entgegen. In der Nähe der Kirow-Werke ließ der General halten, um im Smolny anzurufen. Nach fünf Minuten kam er zurück. »Schnell!« sagte er, »beeilen Sie sich.« Sie fuhren ein kurzes Stück, dann versagte der Wagen. Der Vergaser war verstopft.

»Beeilen Sie sich«, sagte der General. »Wir haben keine Minute zu verlieren. Die Deutschen sind schon in Ligowo.«

»Aber wir sind doch erst vor zehn Minuten durch Ligowo gekommen«, sagte der Fahrer.

»Das hat nichts zu sagen«, erwiderte der General. »Das bedeutet nur, daß unser Wagen als letzter Ligowo passiert hat.«

Der General wendete sich an Sajanow.

»Behalten Sie diese Nacht in Erinnerung«, sagte er. »Denken Sie an meine Worte! Jetzt beginnt das blutige Ringen um die Stadt.«

»Wird es zu einer Belagerung kommen?« fragte Sajanow.

»Ja«, sagte der General, »das wird es. Es wird zu einer Belagerung kommen.«

Die neunhundert Tage hatten begonnen.

28. Eine harte Nuß

In den frühen Morgenstunden des 8. Mai 1887 hörte man im Hof der alten Zitadelle von Oreschek das Hämmern von Zimmerleuten. Oreschek war die ›harte kleine Nuß‹ Peters des Großen, die Festung auf einer Insel am Ausfluß der Newa aus dem Ladogasee. Sie beherrschte die Zufahrt zu den Wasserstraßen nach der großen Stadt Nowgorod und der alten Handelsstraße, die aus dem Land der Waräger bis zum Schwarzen Meer und weiter führte.

Lange vor der Zeit, als Moskau nur eine in dichten Wäldern gelegene Straßenkreuzung war, gab es bei Oreschek schon eine militärische Festung. Wer diesen Punkt beherrschte, hatte auch die Handelsstraßen in den Orient unter Kontrolle, und damit auch den Strom der vielfältigen, reichen Handelsgüter wie Honig, Gewürze, Pelze, Sklaven, Edelsteine, Wohlgerüche und Flachs. Schon im 14. Jahrhundert hatten die in Nowgorod sitzenden Herrscher hier einen mächtigen Kreml, eine Festung, gebaut. Vor Peter dem Großen hielten die Schweden Oreschek hundert Jahre besetzt. Nachdem Peter es zurückerobert hatte, taufte er den Ort ›Schlüsselburg‹, und so heißt er bis heute. Aber vor zweihundert Jahren hatte die Festung ihre Bedeutung als Schlüsselstellung verloren, und ihre düsteren Kasematten dienten jetzt der Regierung als Staatsgefängnis. Hier kerkerte Peter seine erste Frau Jewdotja ein, hier hielt die Zarin Anna Iwanowna ihren Staatsrat Dimitri Golizin und die edlen Brüder Dolgoruki gefangen, hierher schickte Nikolaus I. ein halbes Dutzend Dekabristen, die intelligenten, aber naiven jungen Offiziere, deren Revolte auf dem Senatsplatz 1824 die Fundamente des autokratisch regierten Rußland erschüttert hatte.

Hier also hämmerten an diesem milden Maimorgen des Jahres 1887 Zimmerleute einen mächtigen Galgen zusammen, dessen drei Arme lang und unheilverkündend über die hölzerne Plattform hinausragten. Hinter schweren Eisengittern wartete ein junger Mann in einer dunklen, mit Steinquadern gepflasterten Zelle auf das Morgengrauen und den Tod. Eine halbe Stunde vor Sonnenaufgang öffnete man die Zellen, und Alexander Uljanow wurde mit vier anderen jungen Männern in den Hof hinaufgeführt. Noch einmal wurde der Richterspruch verlesen: Tod durch

Erhängen für den Attentatsversuch gegen Zar Alexander III. Alle fünf nahmen das Urteil ruhig und gefaßt entgegen, wie der Staatsanwalt, Dimitri Tolstoi, gewissenhaft notierte. Sie alle verweigerten den Beistand eines Priesters.

Die Hinrichtung begann. Zuerst bestiegen Wassili Generalow, Pachomii Andrejuschkin und Wassili Osipanow das Gerüst. Nach wenigen Augenblicken hingen sie leblos am Galgen. Alexander Uljanow und Pjotr Schewyrew sahen ihre Kameraden sterben und folgten ihnen dann in den Tod.

Nach der Oktoberrevolution wurde Oreschek zum Nationaldenkmal. Auf einer Marmortafel am Königsturm standen die Namen der für die Revolution gestorbenen Märtyrer, an erster Stelle der von Alexander Uljanow, dem älteren Bruder Wladimir Iljitsch Lenins.

Im September 1941 kam der Geschützdonner näher und näher an die alte Festung heran.

Die Vorausabteilungen der deutschen Sechzehnten Armee, die 122. Infanteriedivision, die 20. motorisierte Division und Einheiten der 12. Panzerdivision drangen nach ihrem Durchbruch zum Newaufer am 31. August immer weiter nach Osten vor. Trotz wiederholter heftiger Gegenangriffe der NKWD-Schützendivision unter Oberst S. I. Donskow setzten sie ihren Vorstoß nördlich von Mga fort und drängten die NKWD-Verbände auf der parallel zum Fluß verlaufenden Straße nach Schlüsselburg zurück. Drei Kriegsschiffe, die Kanonenboote ›Strogy‹ und ›Stroiny‹ und der Kreuzer ›Maxim Gorki‹, fuhren in die Newamündung ein und gaben den schwerbedrängten sowjetischen Truppen Artillerieunterstützung. Aber nichts half.

Am 7. September setzten die Deutschen 300 Flugzeuge ein und griffen die angeschlagenen russischen Truppen mit Tieffliegern an. Die Sowjets wichen zurück. Teilen der NKWD-Verbände gelang es, auf das Nordufer der Newa zu entkommen, zwei Regimenter zogen sich in die Festung Schlüsselburg zurück. Weitere abgesprengte Teile, darunter Einheiten einer Gebirgsbrigade, gingen in den Raum südlich von Sinjawino zurück. Durch diese Ausweichbewegungen wurde die am Fluß nach Schlüsselburg führende Straße frei, und die Deutschen stießen ungehindert bis in die Festung vor.

Am Morgen des 7. September berief Parteisekretär Schdanow eine Versammlung im Smolny ein, um Maßnahmen für die Rettung Schlüsselburgs zu ergreifen und Leningrads Verbindungswege zum übrigen Rußland zu sichern. Er sagte, der Leningrader Militärsowjet habe Sondermaßnahmen angeordnet, um Schlüsselburg zu halten. Er befahl Admiral I. S. Isakow, für Schiffsraum zur Überquerung des Ladogasees zu sorgen, und Inspektor A. T. Karawajew von der politischen Verwaltung der Flotte erhielt den Auftrag, diese Maßnahmen an Ort und Stelle zu überwachen.

Karawajew traf am 8. September kurz nach Mitternacht auf dem am Newaufer gelegenen Schlüsselburger Bahnhof gegenüber der Festung ein. Schlüsselburg und die am südlichen Newaufer liegenden Gebäude standen in Flammen. Funken und Ruß regneten auf die Alexejew-Fabrik und das Elektrizitätswerk Nr. 8 am Nordufer.

Man hörte deutlich das Maschinengewehrfeuer aus Schlüsselburg, wo die bedrängten NKWD-Truppen sich den Deutschen im Straßenkampf stellten. Der Anlegeplatz war gedrängt voll von Menschen. Teils waren es Flüchtlinge aus Schlüsselburg, teils Leute, die Angehörige in der Stadt hatten. Eine alte Frau kam zu Karawajew gelaufen und rief: »Helfen Sie mir! Helfen Sie mir! Mein Sohn ist auf der anderen Seite, und die Deutschen sind schon dort.«

Es herrschte vollkommene Verwirrung. Es gab keine verantwortliche Führung. Nur zwei kleine Schleppdampfer kamen mit einer Handvoll Verwundeter über die Newa.

Es gelang Karawajew mit der Unterstützung einiger Marineoffiziere, wieder einigermaßen Ordnung zu schaffen. Das Kanonenboot ›Selemdscha‹ und die Kutter BKA-99 und BKA-100 unterstützten die NKWD-Truppen mit ihrem Feuer. Sie gaben auch Karawajew Feuerschutz, als er über die Newa fuhr und mehrere Bootsladungen mit Frauen, Kindern und Verwundeten zum Nordufer herüberbrachte.

Die NKWD-Regimenter gingen kämpfend bis ans Wasser zurück und überquerten dann die Newa mit allen verfügbaren Wasserfahrzeugen, um sich auf der Nordseite in Sicherheit zu bringen. Mit der Einnahme von Schlüsselburg war Leningrad vollständig eingeschlossen. Die einzige Verbindung zwischen Leningrad und dem übrigen Rußland war jetzt der Wasserweg über den Ladogasee. Sonst blieb nur noch der Luftweg offen.

Oberst B. W. Byćewski wurde zum Nordufer der Newa befohlen, wo er versuchen sollte, eine Pontonbrücke über den Fluß zu bauen, über die hinweg russische Truppen angreifen konnten, um Schlüsselburg zurückzuerobern. Byćewski blickte auf das Südufer hinüber. Entlang der Straße nach Schlüsselburg brannte ein Feuer neben dem anderen. Über den gotischen Türmen der Festung zogen Rauchschwaden dahin. Durch die Flammen erkannte er lebhafte deutsche Truppenbewegungen. Auf dem von den Sowjets besetzten Nordufer war es totenstill. Die Artilleriebeobachter hatten ihre Posten noch nicht besetzt, und die schweren Haubitzen waren noch auf dem Marsch. Er blickte auf die Newamündung und die alte Festung Oreschek hinaus. Das Fort lag etwa 180 Meter diesseits der Schlüsselburger Anlegestelle, ganz in der Nähe der Newamündung. Dort erhob sich also der düstere steinerne Bau, das seit undenklicher Zeit so bezeichnete ›ewige Gefängnis‹, aus dessen Mauern niemand mehr zurückkehrte. Byćewski hatte keine Ahnung, wie es dort aussah. Wahrscheinlich hatten die Deutschen das Fort genommen. Nichts rührte sich. Über der kleinen Insel kreiste ein deutsches Flugzeug. Oreschek hatte schon lange seinen militärischen Wert verloren. Seit Jahren war es nur noch ein historisches Monument. In den alten Kasematten, wo früher die Gefangenen der Zaren geschmachtet hatten, lagerte die Ladogaflottille einen Teil ihrer Handfeuerwaffen. Aber seit der Zeit Peters des Großen standen keine Geschütze mehr an den Schießscharten der dicken Festungsmauern.

Doch weder Byćewski noch die Deutschen ahnten, daß Oreschek noch besetzt war. Ein Dutzend Matrosen waren in das Depot befohlen worden, um die dort lagernden Vorräte der Ladogaflottille einzupacken. Als die Deutschen bis zu den Anlegeplätzen von Schlüsselburg durchbrachen, waren sie noch dort. Jetzt beobachteten sie, ohne sich zu rühren, was um sie vorging. Sie sahen die deutschen Flugzeuge und Byćewskis Pioniere mit dem Brückengerät auf der anderen Newaseite bei Scheremetjewka. Von dem festen Wachturm aus überblickten sie den Hafen, wo deutsche Truppen sowjetische Vorräte aus den Lagerhäusern verluden und russische Männer und Frauen zu Schanzarbeiten einteilten. Vor ihren Augen errichteten die Deutschen auf dem Platz vor der Kirche ein Gerüst, vertrieben die Bewohner aus der Umgebung und erhängten vier junge Arbeiter.

In ihrem Zorn suchten die Matrosen in dem Arsenal unter dem alten Gerümpel nach brauchbaren Waffen. Sie fanden zwei längst außer Dienst gestellte alte Kanonen, denen die Zieleinrichtungen fehlten. Die eine brachten sie auf dem Turm, der die ganze Stadt beherrschte, in Stellung, die andere stellten sie an der Festungsmauer auf. Der junge Artillerist Nikolai Konuschkin übernahm die Führung. Er richtete die Geschütze auf eine deutsche Feuerstellung am gegenüberliegenden Ufer und kommandierte: »Feuer!«

Die Russen konnten nicht begreifen, weshalb die Deutschen nicht mit ein paar Kuttern zur alten Festung übersetzten und ihre schwache Besatzung überwältigten. Vielleicht glaubten sie, das Kastell sei von starken Kräften besetzt, und es lohne sich nicht, hohe Verluste zu riskieren. Vielleicht hatten sie auch ganz andere Pläne. Jedenfalls unternahmen die Deutschen nichts. Oberst Donskow verstärkte die Besatzung durch eine Abteilung NKWD-Truppen, und einen oder zwei Tage später setzte Kapitän Alexei Morosow eine Gruppe von dreizehn Matrosen der Ladogaflottille bei Oreschek an Land. Sie sollten die 409. Batterie mit sieben 4,5-cm-Kanonen und sechs schweren Maschinengewehren an der äußeren Festungsmauer in Stellung bringen. Andere Punkte wurden mit Scharfschützen besetzt. Indessen begannen die Deutschen, die dicken Mauern mit Artillerie zu beschießen. Aber die Besatzung hielt sich. Während der folgenden Wochen und Monate beschossen die Deutschen Peters ›harte kleine Nuß‹ mit Tausenden von Sprenggranaten. An einem einzigen Septembertag zerbarsten 250 schwere Artilleriegeschosse und Tausende von Granaten kleineren Kalibers an dem dicken, alten Gemäuer. Lange wußte man nicht, ob Oreschek sich würde halten können. Erst am 7. November war das sowjetische Kommando zuversichtlich genug, um über dem Fort die rote Fahne zu hissen, und von diesem Tage an blieb sie oben. 60 000 Granaten regneten auf die Festung herab. Sechsmal wurde die Flagge heruntergeschossen. Aber als die Rote Armee nach 500 Tagen den ersten Versuch unternahm, den Ring um Leningrad zu sprengen, wehte die rote Flagge immer noch über Oreschek.

Die Deutschen standen jetzt in Schlüsselburg und hatten das Newaufer auf einer Länge von 22 Kilometern besetzt. Von den Stromschnellen bei Porogi über die große Flußbiegung und vorbei an Newskaja Dubrowka bis nach Schlüsselburg war das südliche Flußufer in ihrer Hand. Zwischen den deutschen und finnischen Truppen lagen jetzt nur noch der Fluß und ein 45 bis 60 Kilometer tiefer offener und leicht passierbarer Landstreifen. Waren diese Hindernisse überwunden, dann hatten die deutschen Truppen Hitlers erstes Operationsziel im Rahmen des Unternehmens ›Barbarossa‹ erreicht: die Vereinigung mit den Finnen, die Einschließung und Zerstörung von Leningrad und den Vorstoß mit starken Kräften nach Süden, zur Umgehung von Moskau.

Die Deutschen hatten die Newa mit starken Verbänden erreicht. Warum setzten sie nicht über?

Sowjetische Kriegswissenschaftler, welche die Schlacht mit denkbar größter Sorgfalt analysiert haben, wissen keine Antwort auf diese Frage. Der Fluß stellt in der Tat ein starkes Hindernis dar. An seinem Ausfluß aus dem Ladogasee ist er etwa 380 Meter breit, wird 500 Meter breit, und dann nähern sich die Flußufer zunächst auf 250 und an der Einmündung des Flusses Mga auf 160 Meter. Es wäre eine ansehnliche Leistung gewesen, diesen Fluß zu überschreiten, denn als die Deutschen ihn erreichten, hatten sie weder Pontons noch anderes Brückengerät. Oberst Byćewski hatte dafür gesorgt, daß die vorhandenen Newabrücken gesprengt wurden.

Der Leningrader Schriftsteller Dimitri Schtscheglow hatte sich zu den Volksfreiwilligen gemeldet und wurde am 31. August mit seinem Bataillon zum Nordufer der Newa geschickt. Nach einem Marsch durch die regnerische Nacht erreichten sie am 1. September ihre Stellungen zwischen dem kleinen Dorf Kusminki, wo Byćewski die Eisenbahnbrücke gesprengt hatte, Peski und Newskaja Dubrowka. Das Bataillon verteilte sich auf einen etwa 10 Kilometer breiten Abschnitt am Flußufer. In den folgenden Tagen war auf der gegenüberliegenden Seite des Flusses ständig Infanterie- und Artilleriefeuer zu hören.

Am 5. September verstärkten die Reste eines Regiments der 105. Division, die sich der Einschließung bei Wyborg entzogen hatte, die schlecht bewaffneten Freiwilligen. Dieses Regiment war schwer angeschlagen, die Mannschaften waren erschöpft und noch schlechter bewaffnet als die Freiwilligen. Beim Durchbruch durch die deutschen Linien hatten sie ihre schweren Waffen und den größten Teil der Munition verloren. Ihre Uniformen waren zerrissen und verdreckt. Die Männer waren so sehr am Ende ihrer Kräfte, daß sie sich kaum mehr aufrechthalten konnten.
Am 7. September beobachteten Schtscheglow und sein Bataillon aus ihren Schützenlöchern am Newaufer zum erstenmal starke deutsche Kräfte. Die Deutschen gingen mit Mannschaftstransportwagen, schwerem Gerät und Panzern auf der Straße gegen Schlüsselburg vor. Der Gegner war so nah, daß man fast die Gesichter erkennen konnte. Zwischen dem sandigen Flußufer und einer Reihe von Arbeiterhäusern an der Chaussee, die Leningrad mit Schlüsselburg verbindet, fuhren Nachrichteneinheiten und Kradschützen vorüber.
»Warum eröffnen Sie nicht das Feuer?« fragte Schtscheglow einen jungen Leutnant in einer Maschinengewehrstellung.
»Das ist grundsätzlich verboten«, antwortete dieser.
»Aber Sie können den Gegner doch ganz deutlich erkennen!« rief Schtscheglow aus. »Er stellt sich bereit, den Fluß zu überschreiten – hol's der Teufel!«
»Ich habe keine tausend Schuß mehr für mein Maschinengewehr«, erklärte der Leutnant geduldig, »und wir haben keine Gewehrmunition mehr. Ich weiß nicht, wann wir mit Munitionsnachschub rechnen können.«
An diesem Tag versuchten die Deutschen nicht, den Fluß zu überschreiten. Auch am nächsten nicht. Erst am 9. September spät abends führte man den schwachen sowjetischen Truppen an der Newa Artillerie zu. Zwanzig Geschütze kamen direkt aus den Werkstätten der Kirow-Werke mit einer LKW-Kolonne nach vorn. Zwei Tage später warteten Schtscheglow und seine Männer immer noch auf den Gegner. Sie wußten, die Deutschen lagen ihnen am anderen Flußufer gegenüber, aber niemand kannte ihre Pläne. Jede Verbindung zu Oberst Donskow und den NKWD-Truppen in Schlüsselburg war unterbrochen. Niemand kannte die Lage in Schlüsselburg. Am Abend des 11. September ging Schtscheglow mit einem kleinen Spähtrupp vorsichtig über die Newa, um festzustellen, ob die Deutschen sich auf den Übergang vorbereiteten. Deutsche Panzerkolonnen kamen aus Schlüsselburg und rollten in Richtung Leningrad weiter. Das konnte nur eines bedeuten: die Deutschen hatten nicht die Absicht, die Newa hier zu überschreiten. Wahrscheinlich zogen sie starke Kräfte zusammen, um den Übergang in der Nähe Leningrads, rechts von der Stellung Schtscheglows, etwa jenseits von Annenskoje an der Mgamündung zu

erzwingen. Am nächsten Tage war die Verbindung zu Donskow und den NKWD-Truppen wieder hergestellt, die links von Schtscheglows Bataillon in Stellung gingen, nachdem sie sich nach dem Fall von Schlüsselburg gesammelt und die Newa überschritten hatten.

Zu den deutschen Kräften am Südufer der Newa gehörte auch eine SS-Division, die an den Luftlandeoperationen auf Kreta teilgenommen hatte. Sie erhielt von Leeb den Befehl, die Newa zu überschreiten. Leeb soll den Flußübergang für den 9. September festgesetzt haben. Wenn dieser Versuch überhaupt unternommen worden ist, dann nur mit schwachen Kräften. In den Erinnerungen von Offizieren und Soldaten, die damals an der Newa gekämpft haben, gibt es keine Berichte über einen deutschen Versuch, über den Fluß zu gehen, obwohl viele sowjetische Geschichtswerke behaupten, ein deutscher Angriff sei abgeschlagen worden. Bis heute ist es unerklärlich, weshalb die Deutschen keinen entschlossenen Versuch unternommen haben.[1]

Die Lage an der Newa wird noch undurchsichtiger, wenn wir sie von der deutschen Seite her betrachten. Am 31. August notierte Halder in seinem Tagebuch, die Frage eines Angriffs gegen Leningrad, das heißt eines Frontalangriffs gegen die Stadt, sei »immer noch offen«, obwohl Keitels barbarischer Vorschlag, man müsse »die Bevölkerung vertreiben«, da man sie nicht ernähren könne, abgelehnt wird, weil dieser Vorschlag »praktisch undurchführbar und daher wertlos« sei.

Fünf Tage später führte Hitler eine neue Besprechung mit seinem Stab. Jetzt kam er zu dem Schluß, die deutschen Operationsziele seien erreicht,

[1] In einer sowjetischen Quelle wird berichtet, die 115. Division und die Freiwilligen, zu denen auch Schtscheglows Bataillon gehörte, hätten gemeinsam mit den Schülern einer Grenzschutzschule einen deutschen Angriff abgewehrt (Stein. In: ›*Snamaja*‹. Nr. 6, Juni 1964, S. 145 ff., Swiridow, a. a. O., S. 153 ff.). Pawlow (a. a. O., 2. Aufl., S. 23) sagt, am Abend des 9. September hätte der Gegner versucht, den Fluß zu überschreiten, sei aber unter hohen Verlusten durch ›Arbeiterbataillone‹ auf der rechten Newaseite abgewiesen worden. Wahrscheinlich handelt es sich hier um die Truppen, zu denen auch Schtscheglows Bataillon gehörte. Er erwähnt dieses Unternehmen nicht. Der Verteidigungsstab der Flotte in Leningrad meldete, die Deutschen hätten am 8. September versucht, die Newa zwischen Porogi und Scheremetjewka zu überschreiten, seien aber von der 115. Division, der 4. Marineinfanteriebrigade und Arbeiterbataillonen abgewiesen worden, die durch Geschütze von in der Newamündung liegenden Schiffen unterstützt worden seien. Nach dem Angriff hätten Hunderte deutscher Gefallener am Newaufer gelegen (Pantelejew, a.a.O., S. 156, 195). Die offizielle Leningrader Geschichte berichtet, die Deutschen hätten den Übergang versucht, seien aber von auf dem Nordufer eingesetzten sowjetischen Kräften zurückgeschlagen worden. Diese seien von Schiffen bei den Stromschnellen von Iwanowskoje unterstützt worden (Leningrad w WOW, S. 147). Kočetow berichtet, die Deutschen hätten am 9. September versucht, bei Porogi über den Fluß zu gehen (›*Oktjabr*‹. Nr. 6, Juni 1965, S. 163). Die Erklärung der Verfasser von N.S. (S. 152) klingt wahrscheinlicher. Hier wird behauptet, das deutsche XXXIX. Armeekorps habe keine Pontons gehabt, und deshalb hätten die Deutschen zunächst davon Abstand genommen, über die Newa zu gehen. Sie sagen, daß kleine Gruppen, die versuchten, den Fluß zu überqueren, unter schweren Verlusten abgewiesen worden seien.

und Leningrad sei zum ›Nebenkriegsschauplatz‹ geworden. Wichtigstes Ziel war jetzt Schlüsselburg. Damit erklärt sich wahrscheinlich der Vorstoß der Sechzehnten Armee am Südufer der Newa gegen die alte Festung.

Leningrad sollte an der ›äußeren Einschließungslinie‹ eingeschlossen werden. Möglichst starke Infanterie sollte über die Newa gehen, um die Stadt nach Osten abzuriegeln.

Sobald das erreicht war, konnte das Panzerkorps Reinhardt für die bevorstehende Schlacht um Moskau freigemacht werden. Die Vereinigung mit der finnischen Armee sollte am Südostufer des Ladogasees über Lodeinoje Polje erfolgen.

Die Deutschen haben die Gelegenheit, die Newa zu überschreiten und sich mit den Finnen zu vereinigen, ungenutzt vorübergehen lassen. Hätte man das Unternehmen während der ersten zehn Septembertage in Angriff genommen, dann hätte es kaum fehlschlagen können. Am Nordufer der Newa waren so schwache sowjetische Truppen eingesetzt, daß sie nur geringen Widerstand leisten konnten. Die Artillerie war noch nicht in Stellung. Man hatte keine Munition und keine Panzer. Die in leichten Feldbefestigungen eingegrabenen Truppen waren entweder Volksfreiwillige oder Reste von Divisionen, die schon so schwer mitgenommen waren, daß sie keinen nennenswerten Widerstand hätten leisten können.

Später versuchten die Deutschen noch einmal, die Newa zu überschreiten, den Ring zu schließen und den Nachschubweg über den Ladogasee abzuschneiden, aber nie wieder ergab sich für sie eine so günstige Gelegenheit wie während dieser ersten Septembertage.

29. Schukow übernimmt das Kommando

In der zweiten Septemberwoche trat Leebs Heeresgruppe Nord zum entscheidenden Angriff gegen Leningrad an. Leeb hatte seinen Gefechtsstand in Gatschina eingerichtet, und von diesem Punkt in der vordersten Linie konnte er die Stadt gut überblicken. Das ganze Panorama der großartigen, von Peter, Katharina und den späteren Romanows errichteten Prachtbauten lag vor ihm ausgebreitet. Da sah er die St. Isaaks-Kathedrale, den Turm der Admiralität, die Peter und Pauls-Festung. Er konnte die Sturzkampfbomber und die großen Brände beobachten, die durch die Beschießung mit den 24-cm-Belagerungsgeschützen entfacht wurden. Leeb glaubte sich dem Sieg schon nah. Der Führer schien zufrieden und ehrte ihn zu seinem fünfundsechzigsten Geburtstag mit Auszeichnungen und Glückwünschen. Der Feldmarschall hatte jeden Grund, an einen baldigen Erfolg zu glauben, der seine früheren Leistungen, den Durchbruch durch die Maginotlinie und die Besetzung des Sudetenlandes, krönen sollte. War Leningrad genommen, durfte er daran denken, sich auf seine ostpreußischen Güter zurückzuziehen und im Glanz seines Ruhms zu sonnen. Zuvor würde er natürlich noch an der Einschließung und Vernichtung Moskaus teilnehmen. Das dürfte aber nicht mehr lange dauern. Die Rolle der Heeresgruppe Nord bei diesem Unternehmen war klar vorgezeichnet. Sie sollte nach der Einnahme Leningrads nach Süden stoßen und Moskau von Osten her angreifen. War das Schicksal günstig, dann konnte der Krieg spätestens Mitte Oktober beendet sein. Damit wäre der Zeitplan zwar nicht ganz eingehalten, aber doch einigermaßen.

Zunächst hatten die Kräfte, die Mitte August gegen Leningrad eingesetzt worden waren, Leeb nicht genügt. Aber jetzt war er überzeugt, daß er seinen Auftrag mit den allerdings etwas zu spät eingetroffenen Panzer- und Luftwaffenverstärkungen würde ausführen können.

Etwa 20 Divisionen standen ihm zur Verfügung. Das waren die 26., die 28., die 50., die 38. Armee und das XLI. und XXXIX. motorisierte Armeekorps. Diese Verbände standen aber nicht alle für den Hauptschlag gegen Leningrad zur Verfügung. Leeb mußte die tiefen Flanken im Süden und Südosten schützen.

Zum Angriff gegen Leningrad zog er etwa elf Divisionen zusammen, und in der ersten Septemberwoche war er damit beschäftigt, seine Kräfte dafür umzugruppieren. Acht Divisionen – fünf Infanteriedivisionen, zwei Panzerdivisionen und eine motorisierte Division – waren im Raum zwischen Ropscha und Kolpino gegenüber den russischen Befestigungen zwischen Gatschina und Sluzk-Kolpino bereitgestellt. Der Angriffsstreifen jeder Division war etwa 4,5 Kilometer breit. Ostwärts davon, im Raum zwischen Jam-Ischorsk und dem Ladogasee, standen weitere drei Divisionen.

Es war nicht schwierig für das schwer bedrohte Leningrader Militärkommando, Leebs Absichten zu erkennen. Er wollte von Südwesten in den Verteidigungsring von Leningrad einbrechen und über die Vorstädte Krasnoje Sselo und Ligowo gegen die Kirow-Werke vorstoßen. Er hoffte, gleichzeitig von Südosten an der Straße Moskau–Leningrad über Ischorsk und Kolpino einen zweiten Einbruch in die Stadt zu erzwingen.

Wenn es auch leicht war, Leebs Plan zu durchschauen, so war es erheblich schwieriger, ihn an der Ausführung zu hindern. Den acht Angriffsdivisionen Leebs im Südwesten standen vier schwache Divisionen der sowjetischen Achten Armee gegenüber (rückwärts angelehnt an Oranienbaum), dazu kamen zwei stark dezimierte Divisionen der Zweiundvierzigsten Armee, vier Divisionen der Fünfundfünfzigsten Armee und zwei Infanteriedivisionen und eine Marineinfanteriebrigade als Reserven.

Zahlenmäßig waren die Gegner etwa gleich stark, aber die deutschen Divisionen waren in einer viel besseren Verfassung und beinahe vollständig ausgerüstet. Zu ihnen gehörten zwei Panzerdivisionen. Den Sowjets standen keine Panzerdivisionen zur Verfügung. Außerdem waren die Deutschen in der Luft überlegen.

Am 9. September trat Leeb zum Angriff an. Die Achtunddreißigste Armee und das XLI. motorisierte Armeekorps griffen nach starker Artillerie- und Luftwaffenvorbereitung in Richtung auf Krasnoje Sselo an. Ihnen stand die 3. Garde-Freiwilligendivision gegenüber, die in heftigen Kämpfen am ersten Tag in einem etwa neun Kilometer breiten Frontabschnitt bis zu drei Kilometer weit zurückgedrängt wurde. In der Nacht und am nächsten Morgen griff die Artillerie der Baltischen Flotte in die Kämpfe ein und belegte die deutschen Truppen mit schwerem Feuer. Dadurch verlangsamte sich das Tempo des Angriffs. Aber gegen Mittag begannen die sowjetischen Linien auseinanderzubrechen, nachdem Leeb die 1. Panzerdivision des XLI. motorisierten Korps ins Gefecht geworfen hatte.

Woroschilow war der Verzweiflung nahe. Nicht nur die Front bei Krasnoje Sselo brach zusammen, die Deutschen richteten dazu noch schwere Luftangriffe gegen die Stadt. Die Badajew-Lagerhäuser waren in Flammen aufgegangen. Mit der Einnahme von Schlüsselburg war der Umfassungsring geschlossen. Die Stadt war praktisch schon seit zehn Tagen eingeschlossen, nachdem die letzte Eisenbahnverbindung über Mga unterbrochen war. Im Norden kamen die Finnen den Außenbezirken Leningrads immer näher, und in der Stadt hatte die Beschießung mit deutscher Fernartillerie die Moral der Bevölkerung erschüttert.

Aber das war nicht alles. Moskau übte auf Woroschilow und Schdanow immer stärkeren Druck aus. Stalins Ton am Telefon wurde schärfer und schärfer. Er schien zu glauben, Woroschilow bereite sich auf die Kapitulation vor. Schlimmeres folgte.

Woroschilow hatte versucht, den Fall von Mga zu verschweigen. Er hatte gehofft, es zurückerobern zu können, bevor die Deutschen festen Fuß gefaßt hatten. Das war nicht gelungen, und Stalin hatte ihn bei diesem Manöver ertappt. Mit Schlüsselburg hatte Woroschilow den gleichen Versuch unternommen. Er konnte sich einfach nicht dazu überwinden, den Verlust zuzugeben. Aber Stalin erfuhr, was geschehen war, und er forderte Rechenschaft.

Eine Welt schien um den alten Revolutionshelden zusammenzubrechen. Durch nichts konnte er die Deutschen aufhalten, jedenfalls nicht lange. Er hatte praktisch keine Reserven mehr. Der schwankenden Zweiundvierzigsten Armee führte er bei Taizi das Schützenregiment 500 zu, aber das Regiment konnte die ihm zugewiesenen Stellungen nicht erreichen, sondern zog sich in wilder Unordnung unter deutschen Fliegerangriffen zurück, überließ die beherrschenden ›Sperlingshöhen‹ den Deutschen und öffnete ihnen damit den Weg nach Krasnoje Sselo und zu den Höhen bei Pulkowo. In aller Eile befahl Woroschilow die 1. Marineinfanteriebrigade von der Wasilewskiinsel in Leningrad in die Lücke bei Krasnoje Sselo. Ihr Kommandeur war Oberst T. M. Parafilo, der schon bei Reval gekämpft hatte.

Der deutsche Einbruch schuf eine äußerst gefährliche Situation. Am 10. September um 15.00 Uhr stießen 200 deutsche Panzer und eine Anzahl Flammenwerfer gegen das kleine Dorf Pajula vor und räucherten die von der 3. Garde-Freiwilligendivision besetzten Betonbunker aus.

Die Baltische Flotte erhielt Befehl, diesen Raum unter Feuer zu nehmen, während die Marineinfanteristen herangebracht wurden.[1]

Am Morgen des 11. September meldete sich Oberst Byćewski auf dem Gefechtsstand in Krasnoje Sselo bei Marschall Woroschilow. Nur selten hatte Woroschilow ein gutes Wort für Byćewski übrig. So war es auch diesmal. »Sagen Sie mal, Byćewski«, knurrte Woroschilow und blitzte ihn mit seinen hellblauen Augen an, »warum sind die Marineinfanteristen nicht mit Schanzzeug ausgerüstet? Wie sollen sie sich eingraben?«

[1] Karasew (S. 112) irrt, wenn er sagt, es sei die 2. Marineinfanteriebrigade gewesen. Andere Quellen sprechen von der 1. (K. K. Kamalow: Morskaja Pechota w Bojach Za Rodinu. Moskau 1966, S. 35.)

Byćewski wußte, daß die Marineinfanterie in aller Eile an die Front geworfen worden war. Er hatte keine Ahnung, weshalb sie kein Schanzzeug hatte. Vielleicht war kein Schanzzeug an sie ausgegeben worden, oder die Fabrik hatte die Spaten ohne Tragriemen geliefert. Er mußte zugeben, er wisse nicht, was geschehen sei.
»Sie kümmern sich nicht um die Bedürfnisse der Truppe«, schnauzte Woroschilow. »Ich gebe Ihnen eine halbe Stunde. Mir ist es gleich, wo Sie das Zeug herbekommen, aber besorgen Sie es und bringen Sie es persönlich zur Brigade.«
In dieser Stimmung konnte man nicht mit Woroschilow argumentieren. Byćewski besorgte die Spaten, und als er sie zusammen hatte, stand die Marineinfanterie schon in ihrem Bereitstellungsraum. Man hatte die Truppe in einem lichten Birkenwäldchen versammelt, und Byćewski konnte die langen schwarzen Mäntel im dichten Unterholz kaum erkennen. Die Deutschen hatten vor keinem sowjetischen Verband mehr Respekt als vor dem ›Schwarzen Tod‹, den Marineinfanteristen mit ihren schwarzen Umhängen.
Vor den Marineinfanteristen sah Byćewski Woroschilow stehen. Wie ein Denkmal stand er da. Der Wind trug Woroschilows Worte bis in die letzten Reihen der Marinesoldaten, als der alte Befehlshaber sie aufforderte, für das Mutterland, für die Partei und für ihre Seemannsehre zu kämpfen. Viele hatten den Stahlhelm abgenommen. Der Wind fing sich in ihren blonden Haaren. Ruhig und konzentriert nahmen sie seine Worte auf.
Einen kurzen Augenblick blieb der Marschall noch schweigend stehen. Dann sagte er einfach: »Kommt mit!« Langsam aber unaufhaltsam rückten die jungen Leute gegen die deutschen Stellungen vor.
Mit einem kurzen ›Hurra!‹ setzten sie sich in Trab und überholten ihren sechzigjährigen Führer.
Mit Woroschilow an der Spitze stürmten sie voran, überquerten die Straße und vertrieben die Deutschen aus dem Dorf Kolzelewo. Immer wieder traten die Deutschen zum Gegenangriff an. Zehnmal schlugen die Marineinfanteristen sie zurück, aber sie hatten keine Reserven hinter sich und mußten sich schließlich doch wieder zurückziehen. Nach wenigen Stunden war Krasnoje Sselo verloren.
Die Nachricht von Woroschilows persönlichem Einsatz verbreitete sich wie ein Lauffeuer in der Truppe. Am nächsten Tag hörte man bei der 109. Division davon, und auch General Duchanow erfuhr es schon nach 24 Stunden. Die Episode wurde zum Bestandteil der Legende um die Belagerung Leningrads. Aber man sah es nicht nur als heroische Tat des alten Kämpfers. Nicht wenige glaubten, Woroschilow habe sich in seiner Verzweiflung über das unaufhaltsame Vordringen der Deutschen ent-

schlossen, eher zu sterben, als eine Niederlage hinzunehmen – oder die verhängnisvolle Strafe, die Stalin für ihn bereithalten mochte.

Welches auch die Motive des alten Marschalls gewesen sein mögen, der 11. September war noch nicht vergangen, als er seine Stellung als Befehlshaber der Leningrader Front verloren hatte. Die Begründung: Passivität angesichts des Feindes.

Wußte Woroschilow, daß er abgelöst werden würde, als er sich an die Spitze der Marineinfanteristen stellte? Vielleicht nicht – aber er hat vielleicht etwas geahnt.

In seiner letzten Meldung an das Oberkommando vom 11. September beantwortete Woroschilow die Vorwürfe, die man ihm machte, weil er nicht in der Lage gewesen war, den deutschen Angriff abzuwehren, und nicht selbst die Initiative ergriffen hatte. Die Gründe lagen nach seiner Auffassung klar zutage. Schon am 13. August hatte er nach Moskau gemeldet:

»Alle unsere Reserven, einschließlich der Flugplatzbataillone und der Stabskompanien, sind ins Gefecht geschickt worden«, und am 27. August meldete er wieder: »Fast alle unsere Truppen stehen im Gefecht.« Woroschilow schrieb:

> »Seit Monaten haben wir uns mit allen Kräften darum bemüht, einen starken Angriffsverband zusammenzustellen, um damit dem Gegner die Initiative aus der Hand zu nehmen und selbst zur Offensive überzugehen. Das wäre, so glaubten wir, durch die Aufstellung unserer vier Volksfreiwilligendivisionen und mit Hilfe der NKWD-Schützendivision und der vier von der Stafka zur Verfügung gestellten Infanteriedivisionen möglich gewesen.
>
> Leider mußten diese, zu verschiedenen Zeiten aufgestellten, gänzlich unausgebildeten und ungenügend mit automatischen Waffen ausgerüsteten Divisionen an den gefährdetsten Frontabschnitten eingesetzt werden.
>
> Das geschah in der zweiten Julihälfte, als der Feind gleichzeitig gegen Petrosawodsk, Olonez und Iwanowskoje vorging. Mitte August wiederholte sich das gleiche in noch größerem Ausmaß, als der Feind gleichzeitig unsere Front bei Nowgorod zerschlug, die Achte Armee in Estland abschnitt und in Richtung auf Gatschina und auf der Karelischen Landenge zur Offensive antrat.«

Die Lagebeurteilung Woroschilows war richtig. Schdanow und Sekretär Kusnezow bestätigten sie, aber Stalin akzeptierte sie nicht.

Die Vorgänge während der Nacht vom 11. zum 12. September sind niemals im einzelnen bekannt geworden. Vielleicht wurde Woroschilows Schicksal endgültig besiegelt, als er den Verlust von Schlüsselburg verschwieg.

Am 12. September beschloß das Oberkommando, Marschall Schukow nach Leningrad zu schicken.[2]
Schukow brauchte einen Tag, um die Offiziere für seinen Stab auszusuchen. Zu ihnen gehörte Armeegeneral Iwan I. Fedjuninski, ein erstklassiger Offizier, der bei Kriegsbeginn Kommandeur des XV. Schützenkorps in der Westukraine gewesen war. An den verzweifelten Abwehrkämpfen während des Sommers hatte er in Süd- und Mittelrußland teilgenommen. Marschall A. N. Wasilewski, der stellvertretende Chef des Generalstabes, hatte ihn gerade dafür vorgesehen, die neu als Reserve aufzustellende Zweiunddreißigste Armee zu übernehmen. Er war eben in Wiasma eingetroffen, um das Kommando zu übernehmen, als man ihn nach Moskau rief. Am 12. September flog er ab und erhielt die Anweisung, sich bis zum folgenden Morgen für die Abreise nach Leningrad bereitzuhalten.
In der Li-2-Transportmaschine, die von drei zum Schutz gegen deutsche Angriffe mitgegebenen Jagdflugzeugen begleitet am frühen Morgen des 13. September auf dem Moskauer Flugplatz Wnukowo nach Leningrad startete, saßen vier Generäle: Schukow, der härteste Mann in der Roten Armee, wenn es galt, irgendwo Ordnung zu schaffen, der bei Kriegsausbruch Chef des Generalstabs gewesen war, der nach Jelna an die Westfront ging, als die Lage dort kritisch wurde, und der jetzt vor der schwierigsten Aufgabe seiner militärischen Laufbahn stand; General M. S. Chosin, ein solider, aber nicht besonders brillanter Offizier, als Chef des Stabes, General P. I. Kokorew und Fedjuninski.
Chosin kannte die Verhältnisse in Leningrad genau. Bis zum Ausbruch des Winterkriegs gegen Finnland war er Befehlshaber in Leningrad gewesen und dann in die Ukraine versetzt worden. Er kannte nicht nur Leningrad selbst sehr gut, sondern auch die Karelische Landenge. Er hatte die Statur eines Bären, und seine Kameraden sagten, sein Äußeres ließe sich nur als monumental beschreiben. Er hatte langsame Bewegungen und eine sehr präzise Art, sich auszudrücken.
Welchen Aufgabenbereich Fedjuninski in Leningrad übernehmen sollte, wußten weder er noch Schukow genau.
»Vorläufig werden Sie mein Stellvertreter sein«, sagte Schukow. »Dann werden wir weitersehen.«
Der Flug nach Leningrad verlief glatt. Auf der schnellen Fahrt vom Flugplatz zum Smolny sah Fedjuninski sich interessiert um. Es schien eine schöne Stadt zu sein. Das Wetter war immer noch sonnig und warm. Es war, als zögerte der Sommer, die Hauptstadt im Norden zu verlassen. Aber die Zeichen des Krieges ließen sich deutlich erkennen. Auf den gro-

[2] Der Befehl für die Ablösung Woroschilows durch Schukow trug offenbar das Datum des 11. September (Istorija WOWSS. Bd. II, S. 257; Karasew, a.a.O., S. 5.).

ßen Plätzen und breiten Avenuen sah man nur wenige Menschen. Die vergoldete Kuppel der St. Isaaks-Kathedrale war mit schmutziggrauer Tarnfarbe angestrichen. Unter dem roten und orangefarbenen Laub der Bäume in den Parks waren MG- und Flakstellungen eingerichtet. An vielen offenen Plätzen lagen mit Silberfarbe gestrichene Sperrballons auf dem Boden, die am Abend aufstiegen, um die Stadt gegen Tieffliegerangriffe zu schützen. Die Sonnenstrahlen spiegelten sich im grauen Wasser der Newa, und Fedjuninski verstand die besondere Liebe der Leningrader für ihre schöne Stadt. Woroschilow, Schdanow und Parteisekretär Kusnezow erwarteten Schukow und seine Begleitung im Smolny. Die Übergabe ging ohne großes Zeremoniell vonstatten. Nachdem Schukow den Empfang der schriftlichen Unterlagen mit seiner Unterschrift bestätigt hatte, ließ er sich über das Geheimtelefon mit Moskau verbinden. Marschall Wasilewski war am Apparat. Schukow sagte: »Ich habe das Kommando übernommen. Melden Sie dem Oberkommando, daß ich aktiver vorzugehen denke als mein Vorgänger.« Das war alles. Woroschilow sprach nicht mit Moskau. Wortlos verließ er das Zimmer.
Nach einer Stunde waren Woroschilow und die meisten Angehörigen seines Stabes, die seit der Übernahme des Befehls über die Nordwestfront unter ihm gearbeitet hatten, im Flugzeug nach Moskau unterwegs.
Man darf mit Dimitri W. Pawlow annehmen, daß Woroschilow erwartete, nach seiner Ankunft in Moskau erschossen zu werden. Das war das Schicksal, das Stalin den Generälen bestimmte, die ihres Postens enthoben wurden. Pawlow ist der Auffassung, Woroschilow sei für die Katastrophe, die zwischen Juli und September in Leningrad hereingebrochen war, nicht verantwortlich gewesen. Er meint, der Fehler liege anderswo, und fordert dazu auf, diese Phase des Krieges mit größter Aufmerksamkeit zu studieren. Wie fast alle sowjetischen Berichterstatter bezeichnet auch Pawlow den verbrecherisch unfähigen und gemeinen ›Polizeigeneral‹ G. I. Kulik als den Sündenbock. Kulik hatte als Befehlshaber der Vierundfünfzigsten Armee den Auftrag, den Durchbruch bei Mga zu verhindern, und sollte dann Mga wiedererobern. Er versagte kläglich.
Mit dem Eintreffen Schukows und dem Befehlswechsel verringerte sich die Bedrohung Leningrads nicht. Am 12. September hatten die Deutschen Krasnoje Sselo, Peterhof, Strelna und die Höhen bei Duderhof genommen. Am 13. erzielten sie einen Einbruch bei Ligowo und besetzten die Dörfer Konstantinowka, Sosnowka und Finskoje Koirowo am Stadtrand von Leningrad.
Immer wieder griffen die deutschen Truppen die geschwächte Zweiundvierzigste Armee an. Am 15. hatten sie die 1., 58., 291. Infanteriedivision und die 36. motorisierte Division zum Angriff gegen die Stellungen der Zweiundvierzigsten Armee zusammengezogen.

War es möglich, die Stellung zu halten und die Stadt zu retten?
Schukow war nie schlechterer Laune gewesen, und er war als jähzornig bekannt.
Am 14. September befahl er Byćewski zu sich, der ihm einen allgemeinen Bericht über den Zustand der Befestigungsanlagen gab. Schukow hörte bewegungslos zu, unterbrach den Vortrag dann plötzlich und sagte: »Wer sind Sie?«
»Der Chef der an der Front eingesetzten Pioniere, Oberst Byćewski.«
»Ich habe gefragt, wer Sie sind«, fuhr Schukow ihn an. »Woher kommen Sie?« Schukows Stimme klang böse. Er schob das Kinn vor, und der untersetzte, kleine Mann blickte drohend über den Schreibtisch.
Byćewski war wie vom Donner gerührt. Er glaubte, Schukow wolle etwas über seine persönliche Lebensgeschichte wissen, und berichtete kurz von seiner militärischen Laufbahn.
Schukow unterbrach ihn: »Sie sind an Chrenows Stelle getreten – gut, und wo ist General Nasarow? Ich hatte ihn herbefohlen.«
»General Nasarow gehörte zum Stab des Kommandos der Nordwestfront«, erklärte Byćewski, »und regelte die Zusammenarbeit der Pioniere an zwei Fronten. Er ist mit Marschall Woroschilow abgeflogen.«
»Geregelt ... abgeflogen!« sagte Schukow scharf, »zum Teufel mit ihm! Also berichten Sie weiter.«
Als Byćewski seinen Vortrag beendet hatte, warf Schukow absichtlich oder unabsichtlich Byćewskis Papiere auf den Fußboden. Als dieser sie aufgehoben hatte, fiel Schukows Blick auf in die Karten eingezeichnete Panzerstellungen. Byćewski erklärte, das seien keine wirklichen Panzer, sondern Attrappen aus dem Mariinskytheater. Er erklärte, diese Scheinstellungen seien zur Täuschung der deutschen Luftaufklärung angelegt worden.
»Diese Idioten!« sagte Schukow. »Besorgen Sie heute abend noch hundert solche Panzer und bringen Sie sie morgen früh an diesen beiden Punkten bei Srednjaja Rogatka in Stellung.«
Byćewski sagte, die Bühnenarbeiter würden in einer Nacht nicht hundert Panzerattrappen bauen können.
Schukow hob den Kopf und sah Byćewski von oben bis unten an.
»Wenn Sie das nicht zuwege bringen, werde ich Sie vor das Kriegsgericht stellen. Wer ist Ihr Kommissar?«
»Oberst Mucha«, sagte Byćewski (*mucha* bedeutet ›die Fliege‹).
»Mucha«, sagte Schukow verächtlich. »Gut, sagen Sie dieser *mucha*, daß Sie beide vor das Kriegsgericht kommen, wenn der Befehl nicht ausgeführt wird. Ich werde mich morgen früh persönlich davon überzeugen.«
Schukow verkehrte mit allen Truppenkommandeuren in diesem Ton. Oberst Korkodin, der Chef der Operationsabteilung, mußte nach einem

kurzen Gespräch mit Schukow seine Sachen packen und nach Moskau zurückkehren. Zwei Tage nach seiner Ankunft entließ Schukow den Befehlshaber der Zweiundvierzigsten Armee, Generalmajor F. S. Iwanow, und nach einer Woche wurden der Befehlshaber der Achten Armee, Generalmajor W. I. Schtscherbakow und das Mitglied des Militärsowjet der Armee, Kommissar I. F. Tschuchnow, entlassen.

Am Nachmittag des 15. schickte Schukow Fedjuninski zu den Höhen bei Pulkowo, einem Höhenrücken südwestlich von Leningrad. Hier stand das berühmte Pulkowo-Observatorium. Die Höhen waren von der 5. Freiwilligendivision besetzt, und durch den Verlust von Krasnoje Sselo war diese Stellung besonders gefährdet.

Zur Verstärkung waren das Schützenregiment 708 und die 21. NKWD-Division herangeführt worden, aber trotzdem konnte die Stellung nicht gehalten werden.

Fedjuninski kam zum Armeestabsquartier, das in einem Betonunterstand bei Pulkowo untergebracht war. Es lag so dicht hinter der Front, daß Fedjuninski Geschoßgarben über sich hinwegpfeifen hörte, als er durch den zum Bunkereingang führenden Graben lief.

General Iwanow saß, den Kopf in beide Hände gestützt, in seinem Unterstand. Fedjuninski kannte Iwanow aus der Zeit vor dem Kriege, als beide in derselben Klasse an einem Generalstabslehrgang teilgenommen hatten. Iwanow wurde anschließend stellvertretender Befehlshaber des militärischen Sonderbezirks Kiew.

Fedjuninski hatte Iwanow als energischen, lebhaften und begeisterungsfähigen Mann in Erinnerung. Jetzt saß er müde, unrasiert, hohlwangig und teilnahmslos da. Das unerwartete Wiedersehen mit Fedjuninski rührte ihn nicht, obwohl sie seit Jahren nicht mehr zusammengekommen waren. Höflich fragte er: »Was bringt Sie hierher? Ich glaubte, Sie hätten das Kommando eines Armeekorps im Südwesten übernommen.«

Fedjuninski erklärte, er sei jetzt stellvertretender Befehlshaber dieser Front und wolle sich in die Lage einweisen lassen. Er bat Iwanow, ihm auf der Karte zu zeigen, wo seine Truppen standen.

»Ich weiß nicht, wo die vorderste Linie verläuft«, sagte Iwanow verzweifelt. »Ich weiß überhaupt nichts . . .«

»Haben Sie keine Nachrichtenverbindungen zu Ihren Truppen?« fragte Fedjuninski.

»Nein«, antwortete Iwanow. »Wir haben heute schon schwere Gefechte hinter uns. Ich weiß nicht, wo die Truppen jetzt stehen. Die Nachrichtenverbindungen sind abgerissen.«

Fedjuninski erkundigte sich beim Chef des Stabes und beim Chef der Operationsabteilung. Sehr bald erkannte er, daß die Zweiundvierzigste Armee nur noch durch ein Wunder im Gefecht gehalten werden konnte.

Die Deutschen hatten Neu-Panowo und Alt-Panowo genommen und waren mit schwachen Kräften schon in Ligowo. Das Schlimme war, daß zwischen diesen Stellungen und Leningrad keine Truppen mehr lagen.
Was sollte man tun? Noch ehe Fedjuninski einen Entschluß fassen konnte, wurde er zum Smolny zurückbefohlen. Als er den Gefechtsstand verließ, hörte er wieder Maschinengewehrfeuer.
Iwanow sagte: »Ich glaube, ich werde meinen Gefechtsstand wieder verlegen müssen.«
»Nein«, sagte Fedjuninski fest, »Sie dürfen diese Stellung nicht aufgeben. Das ist ein Befehl Ihres stellvertretenden Befehlshabers.«
»Nun gut«, sagte Iwanow resigniert, »wir werden versuchen, die Stellung zu halten.«
Ehe Fedjuninski zu Wort kam, sagte Schukow: »Sie brauchen mir nichts zu melden. Ich weiß schon, was los ist. Während Sie zurückfuhren, hat Iwanow seinen Gefechtsstand wieder nach rückwärts verlegt. Er ist jetzt im Keller einer Schule gegenüber den Kirow-Werken.«
Einen Augenblick schwieg Schukow und sagte dann entschlossen: »Übernehmen Sie die Zweiundvierzigste Armee ... und beeilen Sie sich!«
So ernst die Situation war, Fedjuninski konnte ein Lächeln nicht unterdrücken. Schukow bemerkte das.
»Worüber grinsen Sie?« fragte er.
»Mir scheint«, sagte Fedjuninski, »Sie haben sich nicht ganz korrekt ausgedrückt. Wie kann man unter solchen Umständen eine Armee übernehmen? Ich kann bestenfalls das Kommando übernehmen.«
Parteisekretär Kusnezow fertigte den schriftlichen Ablösungsbefehl aus.[3] Schukow und Schdanow unterzeichneten ihn, und Fedjuninski eilte mit seinem Stabschef, Generalmajor L. S. Beresinski, zurück zur Front. Er fand Iwanow auf dem neuen Gefechtsstand im Keller der Schule. Dicker Tabakqualm hing im Raum, und Iwanow beriet sich mit den Mitgliedern seines Militärsowjet, N. W. Solowjew und N. M. Klementjew, darüber, was jetzt zu tun sei. Da alle Nachrichtenverbindungen unterbrochen waren, konnte diese Beratung zu keinem Ergebnis führen.
Fedjuninski trat an den Tisch.
»Ich bin zum Armeebefehlshaber ernannt worden«, sagte er. »Die Sitzung des Militärsowjet ist geschlossen. Sie, Genosse Iwanow, melden sich im Smolny.«
Es war einfach, die Sitzung zu schließen, dachte Fedjuninski.
Weit schwieriger war es, jetzt die richtigen Entscheidungen zu treffen.

[3] Barbaschin, a.a.O., S. 70 nennt als Datum den 16. September. Nach Istorija WOWSS, Bd. II, S. 90 war es der 21. September.

30. Sprengt die Stadt in die Luft!

Niemand wußte, ob Leningrad gehalten werden könne oder würde. Mancher hielt es für richtig, zu kapitulieren. Aber in den Straßen der Stadt gab es keine Anzeichen für diese Haltung. Hier übermalten junge Leute die Straßenschilder und Hausnummern mit Kalk. Die Stadt bereitete sich auf Straßenkämpfe vor, und wenn die Deutschen einbrachen, sollte ihnen die Orientierung erschwert werden. Sie sollten sich in dem Labyrinth von Avenuen und Häuserblocks verirren. Man hatte die Stadt in sechs Sektoren eingeteilt, und jeder Häuserblock sollte verteidigt werden. Dabei bezog man die durch die Stadt führenden Wasserstraßen und Brücken in das Verteidigungssystem ein. Für die Leitung der Kämpfe im Stadtkern hatte man einen Sonderstab eingesetzt. Man errichtete Straßensperren, und zwar nicht nur aus Steinplatten und Balken, sondern man baute schwere Hindernisse aus Eisenbeton, Bahnschienen und Stahlrohren, die auch Panzern die Durchfahrt verwehren und Luftangriffen widerstehen würden.

Es gab drei Hauptbezirke. Der Nordabschnitt erstreckte sich vom Finnischen Meerbusen bis Murino, Wesely Poselok, dem Rutschi-Bahnhof und den Stahlwerken. Er wurde im Osten durch das Nordufer der Newa und die Kleine Newa begrenzt und schloß die Petrograder Seite und die Aptekarkiinsel ein. Der Ostsektor schloß an den Nordsektor an und reichte bis Rybazkaja. Zu ihm gehörte das Stadtgebiet am Nordufer der Newa. Der Südwestsektor umschloß das Gebiet vom Finnischen Meerbusen bis zum Südufer der Newa.

Der Hauptverteidigungsring um die Stadt verlief entlang der Ringbahn. Eine zweite innere Linie errichtete man entlang der Strecke von den Kohlendocks nach Alexejewka, Awtowo, Slobodka, Alexandrowskoje, zum Dorf Nikolajewo, zum Bahnhof Farworowy, nach Wolodarsky und bis zur Lomonosowfabrik.

Der südliche Verteidigungsbereich bestand aus drei Unterbezirken, dem Stadtteil Kirow, der Moskauer Vorstadt und Wolodarsky. Im Norden waren es der Küstenabschnitt und die Wyborger Vorstadt, im Südwesten Gatschina.

Im Kanalisationssystem legte man durch die ganze Stadt führende unterirdische Versorgungswege an, auf denen man tief unter dem Pflaster und

vor Fliegerangriffen geschützt Munition und Verstärkungen schnell in jedes bedrohte Stadtgebiet bringen konnte.
In die Einsteigelöcher zu den Abwasserkanälen baute man Feuerstellungen ein, um von hier aus angreifende Panzer zu beschießen In den Kellern von Eckgebäuden entstanden Eisenbetonbunker, die auch besetzt bleiben konnten, wenn das Haus darüber zusammengeschossen war.
Man legte Sprengladungen an die Brücken, und Oberst Byćewski erhielt Befehl, sie für den Fall eines deutschen Einbruchs in die Stadt zur Zerstörung vorzubereiten.
Jeder Stadtteil stellte neue, jeweils 600 Mann starke Freiwilligenverbände auf. Im ganzen entstanden 150 solcher ›Arbeiterbataillone‹. Jedes Arbeiterbataillon verfügte über 8 fest eingebaute Maschinengewehre, 46 gewöhnliche Maschinengewehrstellungen, 10 Panzerabwehrstellungen, 2 7,6-cm-Feldgeschütze und 13 Granatwerferstellungen. Die Barrikaden sollten 2,40 m hoch und 3,60 m tief sein. Jeder Sektor baute etwa 17 Kilometer Barrikaden.
Am 29. August übernahm die politische Polizei die Leitung der Verteidigung des Stadtkerns. Die Polizei hatte auch bisher schon einen wesentlichen Anteil am Bau der Befestigungsanlagen mit eigenen Arbeitsbrigaden gehabt. Jetzt trug sie die ganze Verantwortung und mobilisierte nicht nur die Gefangenen, sondern auch eine ganze Armee gewöhnlicher Bürger. In den folgenden Monaten kamen mehr als 475 000 Bürger – ein Drittel der arbeitsfähigen Bevölkerung – hier zum Einsatz. Was diese Menschen geleistet haben, ist erstaunlich. Im September arbeiteten täglich durchschnittlich 99 540 Personen an den Befestigungen. Im Oktober waren es 113 300 und im Januar 1942 immer noch 12 000.[1]
Sogar Schulkinder wurden zu den Arbeiten herangezogen. Mehr als 100 kamen aus dem Stadtbezirk von Smolny, und 350 aus der Moskauer Vorstadt. Die Arbeitsleistung der Kinder, alten Männer und Frauen läßt sich nicht abschätzen. Man baute mehr als 730 Kilometer Panzerhindernisse, etwa 27 800 Kilometer Schützengräben und 640 Kilometer Stacheldrahthindernisse. Mehr als 5 000 mit Holzrahmen verstärkte Erdbunker und Betonbunker wurden errichtet.
Die Jegorowfabrik baute 1 750 sogenannte Stahligel als Panzerhindernisse. Man testete ihre Haltbarkeit, indem man 1½ t schwere Stahlblöcke aus einer Höhe von 75 m aufprallen ließ. Nicht alle Stahligel hielten diesen Test aus. Dieselbe Fabrik spezialisierte sich darauf, zum Empfang der Deutschen sogenannte ›Woroschilowhotels‹ zu bauen. Das waren

[1] 900, S. 82–83. Diese Zahlen mögen etwas übertrieben sein. Nach anderen Quellen waren es am 1. September 38 000, am 10. September 43 000, am 20. September 66 000 und am 1. Oktober 90 000 (Leningrad w WOW, S. 79).

Stahlbetonbunker als Feuerstellungen für Panzerabwehrgeschütze und Feldartillerie.

Die Bewaffnung der Arbeiterbataillone war eine schwieriges Problem. Man holte sogar uralte Gewehre mit Steinschlössern und Vorderlader aus den Museen. Die Arbeiterbataillone im Bezirk Wolodarsky hatten trotzdem nur 772 Gewehre, 3 Maschinengewehre, 16 Maschinenpistolen und 3 Granatwerfer. Der Stadtbezirk Rote Garde verfügte über 992 Gewehre, 15 Maschinengewehre und 2 Granatwerfer.

In jeder Fabrik gab es Kampfgruppen. Das Arbeiterbataillon der Bolschewiken-Werke zählte 584 Mann, das der Lenin-Werke zählte 412. Das Proletarische Lokomotivwerk hatte eine Kampfgruppe von 201 und die Automobilfabrik Oktober eine Kampfgruppe von 356 Mann. Im Stadtteil Wolodarsky gab es fünf Arbeiterbataillone mit einer Gesamtstärke von 3 500 Mann. Am 1. September waren 79 Arbeiterbataillone mit insgesamt 40 000 Mann aufgestellt worden.

Außerdem stellte man für die Verteidigung der Innenstadt zwei Volksfreiwilligendivisionen und drei Granatwerferabteilungen auf. Trotz des akuten Mangels an Feuerwaffen ließen sich für die Ausrüstung eines Fliegerabwehrkorps noch 4 000 Gewehre beschaffen, und auch die Fabriken erhielten Waffen zur Verteidigung ihres Geländes.

Für den Straßenkampf hoffte die Stadtverwaltung 26 Schützendivisionen und 6 Panzerabteilungen zur Verfügung zu haben. Insgesamt befanden sich 1 205 Geschütze – das waren etwa 20 Geschütze pro Kilometer des Verteidigungsrings –, 85 Flakbatterien und 20 Pakbatterien in der Stadt. Die Partei unternahm jede Anstrengung, die Reihen der Verteidiger Leningrads zu verstärken. Am 9. September schickte man 300 erfahrene Parteifunktionäre ›zur Verfügung des Kommandos‹ an die Front. Drei Tage darauf mobilisierte man 3 000 Kommunisten und Konsomolzen als Frontkommissare. Am Tage darauf wurden weitere 500 zum Dienst im Stadtzentrum eingezogen.

Am 14. September fand eine Massenversammlung von 2 500 Jugendlichen im Urizkipalais statt. Alte Arbeiter, die noch gegen die Weißgardisten gekämpft hatten, sprachen zu ihnen. Auch Wsewolod Wischnewski hielt eine Ansprache: »Vorwärts, Genossen! Vorwärts, junge Männer! Vorwärts, Bürger von Leningrad! Wir werden siegen.« Die jungen Leute gelobten feierlich, eher zu sterben als zu kapitulieren. Hunderte marschierten von der Versammlung direkt an die Front. Als sie vor dem Palais antraten, bewaffnete man sie mit Gewehren. Wischnewskis Ansprache wurde auf Band aufgenommen und für die an der Front eingesetzten Truppen durch Lautsprecher übertragen.

Am 15. September gingen 52 höhere Parteifunktionäre zur kämpfenden Truppe. Stündlich wurden die Angehörigen der Kommunistischen Partei aufgefordert, sich zum Frontdienst zu melden. Es blieb ihnen keine Zeit, sich darauf vorzubereiten. Parteisekretär Kusnezow befahl den Funktionär A. A. Trachatschew zu sich und sagte ihm, er brauche innerhalb von 24 Stunden 200 ausgebildete Artilleristen. Am folgenden Morgen gingen die ›Artilleristen‹ ins Gefecht. 500 Parteimitglieder wurden innerhalb einer Stunde an die Front geschickt, um dort politische Aufgaben zu übernehmen.

Die Aufgabe der Baltischen Flotte war es, die in der Stadt kämpfenden Verbände mit Schiffsgeschützen und Küstenbatterien zu unterstützen. Insbesondere sollte sie feindliche Landungen aus dem Finnischen Meerbusen verhindern.

Die Deutschen lagen jetzt im Feuerbereich der Kreuzer ›Gorki‹ und ›Petropawlowsk‹, und auch die ›Marat‹ beteiligte sich am Artilleriegefecht. Als Pantelejew auf seiner Fahrt von Kronstadt bis Awtowo kam, hörte er das tiefe Heulen der 18-cm-Granaten der ›Maxim Gorki‹, die in der Nähe der Getreidespeicher im Handelshafen lag. Er hörte auch die Geschütze der ›Marat‹ an der Einfahrt zum Seekanal, die jetzt mit ihren 12-Zoll-Geschützen in die Schlacht eingriff.

Die Deutschen hatten einen Propagandafeldzug begonnen, der den Eindruck erwecken sollte, Leningrad werde bald kapitulieren müssen. Hitler gratulierte Leeb zu seinem großen Erfolg in der Schlacht um Leningrad. Der Chef des Generalstabes, General Jodl, flog nach Helsinki, um Marschall Mannerheim für die Siege der finnischen Truppen mit dem Eisernen Kreuz zu dekorieren. Er versprach den Finnen 15 000 t Weizen.

Am 6. September sprach der Wehrmachtsbericht von der bevorstehenden Kapitulation Leningrads. Hier hieß es: »Die Einschließung Leningrads schreitet fort.« In Berlin wurden ausländische Berichterstatter zu einer Pressekonferenz gebeten. Man sagte ihnen, alle sowjetischen Truppen im Raum von Leningrad seien eingeschlossen und würden entweder ausgehungert oder vernichtet werden. Man behauptete, die Deutschen hätten beschlossen, die Stadt nicht aus Prestigegründen zu erstürmen. Sie wollten unnötige Verluste vermeiden. Sollte Leningrad nicht kapitulieren, dann müsse es das Schicksal von Warschau und Rotterdam teilen – die totale Zerstörung durch Artilleriebeschuß und Bombenangriffe.

Die Deutschen schienen ihrer eigenen Propaganda zu glauben. Hitler genehmigte die am 6. September entworfene Weisung für den Angriff gegen Moskau. Danach sollte die Heeresgruppe Nord ihre Panzerdivisionen, motorisierten Divisionen und Sturzkampfbomber den vor Moskau stehenden Verbänden zur Verfügung stellen.

Hitler verlangte, Leeb solle den Ring um Leningrad noch fester schließen. Im geheimen ordnete der Führer an, die Kapitulation nicht anzunehmen. Die Bevölkerung sollte mit ihrer Stadt zugrundegehen. Die Beschießung

von zivilen Einrichtungen wurde ausdrücklich genehmigt. Wer aus dem eisernen Ring auszubrechen versuchte, sollte niedergeschossen werden.
Diese Entscheidung wurde nicht öffentlich bekanntgegeben. Zu Tausenden regneten deutsche Flugblätter auf Leningrad herab. Die Bevölkerung wagte es nicht, sie auch nur aufzuheben, um nicht von Sonderkommandos, die für die innere Ordnung in der Stadt zu sorgen hatten, dabei ergriffen und erschossen zu werden. Aber der Inhalt der Flugblätter wurde trotzdem bekannt. Er wendete sich an die Leningrader Frauen: »Nutzt jede Gelegenheit, eure Männer, Söhne und Freunde von der Sinnlosigkeit des Widerstands gegen die deutsche Armee zu überzeugen. Nur wenn ihr den Kampf um Leningrad aufgebt, könnt ihr das Leben retten.« In den für die sowjetischen Truppen bestimmten Flugblättern hieß es: »Schlagt die politischen Kommissare – werft ihnen Ziegelsteine in die Visage!«
Selbst Halder teilte den im Führerhauptquartier herrschenden Optimismus. Am 12. September schrieb er in sein Tagebuch: »Bei Nord sehr gute Fortschritte beim Angriff auf Leningrad. Der Feind beginnt vor dem Korps Reinhardt weichzuwerden. Die Bevölkerung scheint sich an dem Widerstand nicht beteiligen zu wollen. Die Lage beim Korps Schmidt ist gebessert ... OB Nord (Leeb) drängt stürmisch auf Belassung des Korps Reinhardt ...« Am 14. September notiert er: »Ich sage zu, daß Panzerkorps Reinhardt zur Fortsetzung des Angriffs noch belassen bleibt.« Am 15. heißt es: »Der Angriff gegen Leningrad schreitet planmäßig fort ...«
Der Angriff war in der Tat gut vorangekommen. Die Deutschen hatten auch nicht ganz unrecht, wenn sie meinten, nicht alle Leningrader seien bereit, ihre Stadt bis zum Letzten zu verteidigen. Ein sowjetischer Offizier war überzeugt, der Weg nach Leningrad stünde dem Feind offen. Wären die Deutschen einfach weiter vorgestoßen, hätten sie den immer schwächer werdenden Widerstand brechen und die Schlacht für sich entscheiden können. Koćetow, der immer bereit war, das Schlimmste von seinen Mitbürgern zu denken, war sehr pessimistisch. Nach seinem Bericht entlarvte die sowjetische Geheimpolizei nicht nur deutsche Spione, Parteigänger und Agenten, sondern auch Leute, die ›Kampfgruppen‹ bildeten, um zugleich mit dem deutschen Sturm auf die Stadt einen Aufstand in Szene zu setzen.
Wie stand es um die Verteidigung der Stadt, wenn die Deutschen den Verteidigungsring durchbrachen – falls das überhaupt in ihrer Absicht lag?
Wie jeder Bewohner Leningrads konnte auch Koćetow die vielen hundert MG-Stellungen, Panzersperren, Schießscharten und sonstige Befestigungsanlagen wahrnehmen. Er berichtet, man sei allgemein der Ansicht gewesen, es gäbe »nicht zu wenige und nicht zu viele« Bunker. Genügten sie, und konnte die Stadt sich auf ihre Verteidiger verlassen? Das war die Frage. Koćetows Haltung zeigt, daß nicht jeder es tat. Er behauptet

allerdings, er und seine Freunde hätten geglaubt, die Stadt werde sich halten. Andere hatten ihre Zweifel. Zu ihnen gehörte auch Stalin. Das geht aus seinem am 13. September mit Admiral Kusnezow im Kreml geführten Gespräch über die Vorbereitung der Baltischen Flotte zur Selbstversenkung hervor.

Am Abend des 13. September kehrte Admiral Tribuz früher als gewöhnlich von seiner Lagebesprechung im Smolny nach Kronstadt zurück. Er spürte sofort, daß etwas Ernstes geschehen sei. Tribuz hörte sich die Routinemeldungen uninteressiert an und bat dann seinen Chef der Operationsabteilung, den Nachschubführer und Pantelejew zu sich.

»Die Lage an der Front ist kritisch«, sagte Tribuz. »Wir stehen vor einer großen Schlacht. Leningrad wird, soweit es möglich ist, gehalten werden. *Aber alles ist möglich.* Für den Fall, daß die Faschisten in die Stadt einbrechen, sind in allen zivilen und militärischen Dienststellen Troikas gebildet worden, deren Aufgabe es ist, alles zu zerstören, was dem Feind in die Hand fallen könnte. Alle Brücken, Fabriken und öffentlichen Gebäude sollen zur Sprengung vorbereitet werden. Wenn der Gegner in die Stadt eindringt, wird er in ihren Trümmern sterben.«

Es folgte eine lange Pause. Der Admiral wischte sich den Schweiß von der Stirn und fuhr fort: »Die Stafka verlangt, daß kein Schiff, kein Depot und kein Geschütz in Kronstadt dem Feind in die Hand fällt. Wenn die Lage es erfordert, muß alles vernichtet werden. Der Stab und die rückwärtigen Dienste müssen sofort Pläne für die Verminung aller Schiffe, Befestigungsanlagen und Lagerhäuser aufstellen. Vor der Versenkung der Schiffe sind die Besatzungen an Land zu bringen. Dort sollen sie sich sammeln und geschlossen an die Front marschieren.«

Tribuz befahl seinen Mitarbeitern, diese Befehle sofort auszuführen.[2] Pantelejew schreibt, diese Eröffnung habe ihn wie ein Schlag getroffen. »Unwillkürlich gingen mir die unangenehmsten Vorstellungen durch den Kopf.«

Der Verminungen, die Ausarbeitung des Zeitplans für das Verlassen der Schiffe und die Durchführung der Zerstörungen wurden, wie Pantelejew schreibt, besonders zuverlässigen und überzeugten Kommunisten übertragen, denn es gehörte eine feste politische Haltung dazu. Es mußte unbedingt dafür gesorgt werden, daß es nicht zu einer Katastrophe kam, wenn dieses oder jenes Schiff etwa zu früh gesprengt wurde. Pantelejew zweifelte zwar nicht an der Haltung der Parteiorganisation in der Flotte, aber dennoch mußte von jedem Parteimitglied höchste Wachsamkeit verlangt werden.

[2] Der offizielle Befehl des Leningrader Militärkommandos trug wahrscheinlich das Datum des 15. September (Leningrad w WOW, S. 155).

Oberst Byćewski begann erst am Abend des 15. September etwas von der geplanten radikalen Zerstörung des Stadtgebiets zu ahnen, als man ihn ins Smolny befahl. Er hatte den ganzen Tag bei Pulkowo zu tun gehabt, wo die Lage äußerst ernst war. Die Deutschen hatten die Straße zwischen Strelna und Leningrad erreicht und damit die Front der Zweiundvierzigsten Armee auseinandergerissen. Zwei deutsche Divisionen standen im Angriff gegen Strelna und Wolodarsky. Die 21. NKWD-Division unter Oberst M. D. Pantschenko war nach Ligowo zurückgegangen.
Byćewski wurde gleich von General Chosin empfangen, der ihn fragte: »Sind die Brücken in Leningrad zur Sprengung vorbereitet? Wo sind Ihre Pläne und Karten? Kommen Sie morgen früh zum Vortrag.«
Byćewski fand es sonderbar, daß er am Abend zurückbefohlen wurde, wenn er seinen Bericht erst am folgenden Morgen abgeben sollte. Er kannte Chosin gut und glaubte, aus dessen Worten herauszuhören, daß die Lage besonders ernst sei. Er machte sich große Sorgen.
Am Morgen des 16. meldete er sich bei Chosin und legte ihm die für die Sprengung der Brücken im Leningrader Stadtgebiet aufgestellten Pläne vor. Er erklärte, wie die Sprengladungen elektrisch gezündet und wie die Befehle dafür übermittelt werden sollten.
»Wo sind die Sprengladungen?« fragte Chosin.
»Der Militärsowjet hat es nicht für richtig gehalten, sie unter den Brükken zu lagern«, antwortete Byćewski.
Chosin befahl ihm, die Pläne zu ändern und innerhalb von 24 Stunden noch einmal vorzulegen. Die Sprengladungen sollten an die hierfür vorgesehenen Stellen unter den Brücken gebracht werden. Chosin verlangte eine genaue Ausarbeitung des Zeitplans und eine Aufstellung über den Bedarf an Menschen und Material.
Byćewski zweifelte nicht daran, daß der Befehl von höherer Stelle kam. Er hatte den Eindruck, es ginge nicht nur um die Brückensprengungen.
»Was steht uns noch an Sprengmaterial zur Verfügung?« fragte Chosin.
»Weniger als 100 Tonnen«, sagte Byćewski, »aber das Parteikomitee hat eine Produktionssteigerung veranlaßt. Wir haben große Schwierigkeiten, Toluol zu beschaffen, das für die Panzerminen an der Front gebraucht wird.«
»Ich spreche nicht vom Operationsgebiet«, sagte Chosin, »sondern vom rückwärtigen Operationsgebiet.«
Welches rückwärtige Operationsgebiet meinte Chosin? Byćewski entschloß sich, diese Frage zu stellen.
»Sprechen Sie vom Leningrader Stadtgebiet, Genosse General?«
»Ja«, sagte Chosin, »in gewissem Sinne.«
Am folgenden Tag, dem 17. September, wurde es klar, in welchem Sinn

das gemeint war. Der Militärsowjet befahl, daß die Heerespioniere 40 t Sprengstoff an die ›Bezirkstroikas‹ abgaben. Die Leiter der Troikas waren die ersten Parteisekretäre der Parteiorganisationen im Bezirk Kirow, in der Moskauer Vorstadt und in den Bezirken Wolodarsky und Lenin. Noch am gleichen Tag erhielten die Troikas den Sprengstoff. Sie hatten Befehl, jedes wichtige Objekt zu sprengen, falls die Deutschen in die Stadt eindrangen.

Jede Bezirkstroika übergab den ihr untergeordneten Troikas in den großen Industriewerken und wichtigen Gebäuden jeweils ein versiegeltes Paket. Zusammen waren es 141 ›kleine Troikas‹. Keiner dieser Leute kannte den Inhalt der versiegelten Pakete. Sie hatten die Anweisung, sie zu öffnen, wenn die Deutschen in die Stadt eindrangen. Dieser oder jener mag mehr gewußt haben. Es waren die Befehle, die Gebäude zu sprengen und dann an die Front zu marschieren, um die letzte Schlacht gegen die Deutschen zu schlagen.

Überall wurden kleine bewaffnete Gruppen aus zuverlässigen Kommunisten gebildet, die bereit waren, jeden Befehl auszuführen. Diese Gruppen wußten, daß eine ihrer Pflichten darin bestand, die Stadt zu zerstören. Jedes große Haus, jede Brücke, jede Fabrik und jedes wichtige Objekt innerhalb der Stadtgrenzen von Leningrad war zu vernichten.

In den Ischorsk-Werken, die ganz dicht an der Front lagen und unter deutschem Artilleriefeuer weitergearbeitet hatten, brachte man zum Beispiel unter Kränen und Pressen Sprengladungen an. Neben einem großen Petroleumbehälter stellte man eine mit Wasserstoff gefüllte Stahlflasche auf. Leitete man den Wasserstoff in das Petroleum, dann löste das eine gewaltige Explosion aus.

Die Troika der Kirow-Werke wurde von Bezirksparteisekretär Jefremow geleitet. Er veranlaßte, daß Hochöfen, Walzstraßen und die Bahnunterführung, von der aus die großen KW-Panzer entlang der Straßenbahn bis zur siebenten Haltestelle vor der Fabrik an die Front rollten, zur Sprengung vorbereitet wurden.

Das Gebiet südlich der Ringbahn war von allen Industrieanlagen geräumt worden. Man hatte 21 Fabriken in die Stadt zurückverlegt – in die Wyborger Vorstadt, nach Petrograd und auf die Wasilewski-Insel. Auch sie sollten zerstört werden. Die Ischorsk-Werke waren zum großen Teil schon vorher ausgelagert worden. Mehr als 110 000 Bewohner der Narwavorstadt, der Moskauer Vorstadt und des Bezirks an den Newatoren hatten ihre Häuser verlassen. Hier war jetzt ein Niemandsland entstanden.

Würde die Sprengung befohlen werden?

Am kritischsten wurde die Lage in der Nacht vom 16. zum 17. September, besonders im Süden der Stadt, wo die heftigsten Kämpfe tobten.

Um 22.45 Uhr rief der Parteisekretär der Moskauer Vorstadt, G. F. Badajew, die Direktoren aller Fabriken und Industrieanlagen in seinem Bezirk an. Er sagte, man müsse darauf gefaßt sein, daß die Deutschen von Süden her in die Stadt einbrächen. Er befahl die Arbeiterbataillone an die Barrikaden.

Ähnliche Befehle ergingen an die Belegschaften der Fabriken im Bezirk Narwa und im Gebiet bei den Newatoren.

»Eine halbe Stunde nach Mitternacht besetzten wir unsere Stellungen«, notierte der Kommandeur eines Arbeiterbataillons der Kirow-Werke, M. Straschenkow, in seinem Tagebuch. »Sie sind nicht mehr weit von der Fabrik. Zwei Bunker sind fertig, einer ist halbfertig, und die Arbeit an einem vierten hat noch nicht angefangen.«

Alle Kommunisten, Komsomolzen und »nicht zur Partei gehörenden Aktivisten« wurden alarmiert und erhielten Befehl, die Nacht in den Stellungen zu verbringen.

Die Arbeiterbataillone der großen Elektrosila-Fabrik, der Bolschewiken-Werke und der Ischorsk-Werke wurden alarmiert. Das Elektrosila-Werk war besonders gefährdet. Die Deutschen standen vier Kilometer davor. Die Belegschaft räumte das Werk, 1 100 bewaffnete Arbeiter besetzten ein Stellungssystem aus Bunkern und Schützengräben, das die Fabrik im Halbkreis umschloß, und erwarteten den deutschen Einbruch.

Der Leitartikel der *›Leningradskaja Prawda‹* am nächsten Morgen trug die Überschrift: »Leningrad – Sein oder Nichtsein . . .«

Vier Tage später, in der Nacht vom 20. zum 21., wurde Byćewski am frühen Morgen wieder ins Smolny befohlen. Man übergab ihm den dringenden Befehl, alle Eisenbahnanlagen im Stadtzentrum von Leningrad zur Sprengung vorzubereiten. Er war entsetzt. Die Zerstörung der Schienenanlagen bedeutete das Ende. Er bat General Chosin um eine Erklärung. Aber Chosin sagte nur kalt: »Ich habe zu tun. Führen Sie den Befehl aus.« Es beruhigte ihn etwas, daß sein alter Freund General P. P. Jewstignjejew als Chef des Feindnachrichtendienstes glaubte, der Plan werde nicht zur Ausführung kommen müssen.

Trotz aller Bemühungen, die Vorbereitungen geheimzuhalten, gingen die Gerüchte über die beabsichtigte Zerstörung Leningrads wie ein Lauffeuer durch die Stadt. Zu viele wußten davon – und das Vorhaben hatte zu beängstigende Ausmaße. Wären die Deutschen in die Stadt eingedrungen, dann wäre Leningrad dem Erdboden gleichgemacht worden.

Stalins Absicht ist es zweifellos gewesen, die Geburtsstadt der Revolution zu zerstören und die Überlebenden in die letzte Entscheidungsschlacht gegen die Deutschen marschieren zu lassen. Das war sein Plan für den Fall, daß die Stellungen nicht gehalten wurden.

Der Brand von Moskau hatte Napoleons Pläne vereiteln sollen. Auf Hitler wartete ein noch schrecklicheres Inferno, wenn seine Truppen und seine Panzer durch die Narwatore in Leningrad eindringen sollten.

Es sollte keine Siegesparade vor dem Winterpalais, keinen Vorbeimarsch auf dem Schloßplatz und keine Siegesfeier im Astoriahotel geben. Alle die großen Symbole des kaierlichen Rußland, alles, was Peter und Katharina, die Zaren Alexander und Nikolaus geschaffen hatten, alles, was die Arbeiter Lenins und die Sklaven Stalins gebaut hatten, sollte in einer modernen Götterdämmerung zugrundegehen. Nicht Hitler würde die verhaßte Wiege des Marxismus vom Erdboden vertilgen, sondern ihre eigenen Schöpfer würden es tun.[3]

[3] Vielleicht ist nicht das ganze kaiserliche Petersburg zum Untergang bestimmt gewesen. Am 8. September ließ Parteisekretär Kusnezow die Kunstschätze von Peterhof verpacken und verbot kategorisch, die Gebäude zu sprengen (Byćewski, a.a.O., S. 83). Auf dem Dach des Winterpalais gegen Fallschirmtruppen eingesetzte MG wurden Ende September auf Befehl des Leningrader Militärkommandos zurückgezogen. Auch an anderen historischen Gebäuden eingerichtete Feuerstellungen wurden abgebaut, um den Deutschen nicht den Vorwand zu geben, sie zu zerstören (S. Warschawski: Podwig Ermitascha. Leningrad 1965, S. 64).

31. »Sie graben sich ein!«

Die Straßenbahn der Linie 9 brachte sie an die Front. Sie fuhren an den Narwatoren vorbei, wo man Feuerstellungen eingerichtet hatte, die die weite Fläche des Stratschekprospekts beherrschten. Alexander Rosen war vor dem Redaktionsbüro seiner Zeitung *›Auf Wache für das Vaterland‹* zugestiegen. Der Wagen war mit Soldaten besetzt. Auf der vorderen Plattform war ein MG montiert. Die rot angestrichene Elektrische fuhr ein Stück, hielt dann wieder, setzte sich in Bewegung, um noch einmal zu halten. Deutsche Flugzeuge griffen die Stadt an. Hier und dort sah Rosen einen brennenden Wagen auf der Straße liegen.

Der Stratschekprospekt war voller Menschen. Hier lag das weite Fabrikgelände der Kirow-Werke, des größen Industrieunternehmens in Rußland. Jetzt sah es aus, als strömte die ganze Bevölkerung der Stadt, soweit sie fähig war, eine Waffe zu tragen, auf die über eine weite Fläche verstreuten Gebäude zu, die hinter den Holz- und Drahtzäunen beiderseits der breiten Avenue lagen. Eine zweite Prozession kam ihnen entgegen; Frauen und Kinder verließen die zwischen Awtowo und dem Forel-Krankenhaus gelegene befestigte Zone, das Niemandsland der eilig geräumten Fabriken und Mietshäuser, die jetzt in dem verzweifelten Versuch gesprengt werden sollten, den deutschen Panzern die Durchfahrt zu verwehren. Die Frauen, in Tücher gehüllt, mit Bündeln über den Schultern, Milchkannen und Eimern in der Hand, die Kinder mit zusammengebundenem Bettzeug und Wäsche, kamen langsam stadteinwärts, um in den Stadtteilen Petrograd und auf der Wasilewskiinsel neue Unterkünfte und Schutz zu suchen. Jenseits des Fabriktors der Kirow-Werke schlug eine Granate ein. Dann hörte man den dumpfen Abschuß eines sowjetischen Geschützes. Die Straßenbahn hielt am Viadukt. Alle saßen schweigend da und hörten auf das Schimpfen des Schaffners. Rosen sah, wie Männer mit einer Tragbahre vorbeigingen. Unter einer Decke lag ein menschlicher Körper. Man sah nur die hohen Gummistiefel, die jetzt so schwer zu bekommen waren.

Während Rosen am Werkstor darauf wartete, daß seine Papiere ihm von den Kontrollposten zurückgegeben würden, kam ein mächtiger KW-Panzer aus der Fabrikeinfahrt, drehte majestätisch auf den Stratschekprospekt ein und fuhr hinaus zur Stadtgrenze. Die Straßenbahn raste hinter-

her, um den Panzer einzuholen. Die Fahrt ging bis zum Straßenbahndepot von Kotljarow. Der Schaffner rief: »Alles aussteigen! Hier ist die Front – Endstation.« Wer weiter wollte, mußte zu Fuß gehen, vorbei an Militärlastwagen, Barrikaden, Panzerfallen, Unterständen, MG-Nestern und weiter am Krasnensk-Friedhof und Forel-Krankenhaus vorüber zum Scheremetjew-Park. Dort begannen die Schützengräben.
Die Front lag etwa vier Kilometer vor den Kirow-Werken. Das waren sechzehn Kilometer vom Schloßplatz aus gerechnet.
Wie Olga Berggolz schrieb, ging Leningrad an die Front »durch bekannte Straßen, an die jeder sich wie im Traum erinnerte. Hier stand der Zaun und dahinter das Haus, in dem wir als Kinder wohnten, hier der große, rauschende Ahorn ... Auf dem Weg zur Front ging ich durch die Tage meiner Kindheit und über die Straßen, auf denen ich zur Schule gelaufen war.«
Spät abends am 17. September fuhren A. A. Kusnezow und Oberst Byćewski durch die schweigende, verdunkelte Stadt zur Front. Jedes Fenster war verhängt. Hier und da sah man das schwache Licht der blauen Scheinwerfer eines Militärautos. Die ganze Stadt – die ganze dicht bevölkerte Fläche von 120 Quadratkilometern – lag unter einer dunklen Hülle, und ihr Äußeres hatte sich so verändert, daß Byćewski sich kaum zurechtfinden konnte. Tiefschwarz und drohend gähnten die Schatten. Das Wetter war unfreundlich, der goldene September vergangen. Hinter den schwarzen Fenstervorhängen schliefen irgendwelche Menschen, dachte Byćewski, wahrscheinlich Kinder, denn die Erwachsenen standen Wache, hoben Schützengräben aus und arbeiteten fieberhaft die ganze furchterregende Nacht hindurch. Der letzte Fliegerangriff hatte erst vor einer Stunde aufgehört. Von weitem sah man den Feuerschein brennender Häuser.
Nicht weit vom Straßenbahndepot hörte man Granatwerferfeuer. Zwei schwere Lastwagen hatten sich mitten auf der Straße quergestellt und brannten lichterloh. Wie Spinnweben hingen zerrissene elektrische Leitungen über die Straße. Von hier aus ging es auf Fußwegen weiter zum Scheremetjew-Park, und dort hörte man MG-Feuer. Zehn Panzer waren direkt aus den Kirow-Werken in den Park gerollt und hatten dort Feuerstellungen bezogen. Vom Seekanal her tönte das dumpfe Grollen der Schiffsgeschütze, die deutsche Stellungen vor Pulkowo beschossen.
Oberst M. D. Pantschenko, der Kommandeur der 21. NKWD-Division, saß in einem Unterstand, dem Gefechtsstand seines 14. Regiments, am Rand des Scheremetjew-Parks. Das war schon fast am Ortsrand der von den Deutschen besetzten Vorstadt Ligowo. Man erkannte es am Mündungsfeuer der deutschen Waffen.
Pantschenko stand in der wattierten Jacke der Roten Armee, den Stahl-

helm auf dem Kopf, mit umgehängter Maschinenpistole über eine von einer Petroleumlampe beleuchtete Karte gebeugt da. Der Kopf stieß fast an die niedrige Decke.
»Haben Sie Ligowo aufgegeben?« fragte Kusnezow.
»Wir versuchen, die Stellung noch zu halten«, sagte Pantschenko und bemühte sich, gute Miene zum bösen Spiel zu machen. »Rodinow hat noch ein paar starke Abteilungen in der Stadt. Sie kämpfen noch.« »Was heißt das?« fragte Kusnezow und deutete hinaus in die Richtung, aus der lebhaftes Feuer zu hören war. »Das hört sich so an, als seien Ihre ›starken Abteilungen‹ abgeschnitten worden.«
»Sie werden weiterkämpfen«, sagte Pantschenko, »es sind Grenzschutztruppen.«
»Ach ja«, sagte Kusnezow bissig, »aber wo werden sie kämpfen? Hinter uns? In Leningrad?«
Pantschenko schwieg.
»Haben die Deutschen schon den Bahnhof von Ligowo?« fragte Kusnezow. »Ja«, gab Pantschenko zu. »Ich komme gerade von dort. Ich habe versucht, sie hinauszuwerfen, aber vergeblich. Sie haben da drei Panzer und automatische Waffen in Stellung. Wir kamen bis zum Eingang, mußten uns aber dann zurückziehen. Morgen früh werden wir es noch einmal versuchen.«
Kusnezow ließ sich müde auf einen Stuhl fallen.
»Sagen Sie einmal, Oberst«, sagte er grob, »wie kommt es, daß Ihre Division die Deutschen gestern aus Ligowo und Staro-Panowo hinausgeworfen hat? Heute sollten Sie sie weitertreiben, aber statt dessen überlassen Sie Ligowo heute abend den Deutschen?«
Pantschenko erklärte, zwei Regimenter hätten am Morgen von Staro-Panowo aus angegriffen und seien dabei auf 50 deutsche Panzer gestoßen. Ehe sie es verhindern konnten, seien die Panzer schon in Ligowo gewesen. Kusnezow befahl Pantschenko, die Stadt wieder zu nehmen.
»Ich habe diesen Befehl schon von General Fedjuninski von der Zweiundvierzigsten Armee bekommen«, sagte Pantschenko. »Er hat mir sogar gedroht, ›wenn Sie den Befehl nicht ausführen, verlieren Sie Ihren Kopf‹.«
»Und ist Ihnen auch gesagt worden, daß es Ihren Kopf kosten wird, wenn Sie diese Stellung aufgeben?« brüllte Kusnezow ihn an. »Alle Truppenkommandeure wissen das.«
»Ich weiß«, erwiderte Pantschenko düster. Dann zählte er auf, welche Offiziere bei den Gefechten des vergangenen Tages gefallen waren.
Kusnezows Ärger ebbte ab. Er stand auf, um zu gehen. »Denken Sie daran, Genosse Pantschenko, die Arbeiter der Kirow-Werke sind auf die Barrikaden gegangen. Das müssen Sie verstehen.«

Auf der ganzen Rückfahrt saßen Byćewski und Kusnezow schweigend nebeneinander. Byćewski wußte nicht, was Kusnezow dachte, aber das Schicksal der 21. Division beunruhigte ihn sehr. Es war nicht richtig, die Division nach den vorangegangenen Angriffen in Kälte und Schlamm die ganze Nacht in einer unbefestigten Stellung vor einer großen Stadt liegenzulassen. Und hinter der Division lagen die Kirow-Werke. Wer trug die Verantwortung dafür? Pantschenko? Fedjuninski? Eigentlich keiner von beiden, denn das Gebot der Stunde war es, Gegenangriff auf Gegenangriff zu führen. Der Feind durfte nicht zur Ruhe kommen, auch wenn es schwere russische Verluste kostete.

Es hatte schwere Verluste gegeben, und man mußte mit weiteren schweren Verlusten rechnen.

In Ligowo war nur noch das Klinowski-Haus in sowjetischen Händen. Aber auch dieses Gebäude war schwer umkämpft worden und hatte mehrmals den Besitzer gewechselt. Am 18. September um 1.30 Uhr ging eine Abteilung sowjetischer Soldaten unter Führung von Lawrenti Ziganow und Nikolai Tichomirow von einem in der Nähe gelegenen Schützengraben aus vorsichtig gegen das Haus vor. Grüne Leuchtkugeln tauchten das Trümmergelände ringsum in ein fahles Licht. Die oberen Stockwerke des Klinowski-Hauses waren zerstört, aber die Soldaten fanden eine alte Eisentür, die in den Keller führte, der von sowjetischen Truppen besetzt war. Von den Kellerfenstern aus hatte man freies Schußfeld bis zu den deutschen Stellungen. Auf einem langen Tisch lag Brot, Tabak und Infanteriemunition. Auf dem eisernen Ofen summte ein Teekessel. Daneben saßen ein vierzehnjähriger Junge mit einem Hund und ein alter Mann. Sie wohnten hier.

Viele Soldaten im Keller waren Arbeiter der Kirow-Werke und Dockarbeiter. Tagsüber standen sie an ihren Maschinen und bauten die mächtigen KW-Panzer. Nachts kämpften sie auf den Barrikaden.

»Wir sind Soldaten wie ihr«, sagte Wasili Mochow, ein alter Schmied aus den Kirow-Werken. Er berichtete vom Gefechtsstand im zweiten Kellergeschoß seiner Fabrik, von dem aus die Verteidigung des Werks geleitet wurde. Vergangene Nacht hatte der Fernsprecher geläutet. Eine fremd klingende Stimme hatte in schlechtem Russisch gesagt: »Leningrad? – sehr gut! Wir werden morgen kommen und den Winterpalast und die Eremitage besuchen.« »Wer ist dort?« fragte der russische Nachrichtensoldat.

»Hier spricht Ligowo«, antwortete der Deutsche.

Die Deutschen standen in Ligowo, und die Fernsprechleitungen waren noch nicht getrennt. Auch die Wasserleitung war noch intakt. Die Deutschen tranken das Wasser, mit dem Ligowo von Leningrad aus versorgt wurde, bis irgend jemand es absperrte.

Zwischen 3.00 und 4.30 Uhr morgens griffen die Deutschen wieder das Klinowski-Haus an. Die Russen verließen den Keller und besetzten die Schützengräben. Um 6.30 Uhr wurde es hell. Die in den flach aus dem schweren Lehmboden ausgehobenen Gräben liegenden sowjetischen Soldaten sahen auf dem Höhenrücken bei Pulkowo Rauch aufsteigen. Ein Holzhaus brannte. Von diesem etwa 75 Meter über dem Meeresspiegel liegenden Höhenzug aus konnte man ganz Leningrad überblicken.
Alles können die Deutschen jetzt sehen, dachte Ziganow, die Kais am Hafen, die St. Isaaks-Kathedrale, den Admiralitätsturm, die großen Newabrücken, die Häuser, Straßen und Plätze. Das lag jetzt alles im Feuerbereich der deutschen Artillerie. Die Sturmflut des Krieges war bis an die Stadtgrenze von Leningrad vorgedrungen.
Ziganow blickte nach Westen auf die nach Peterhof führende Straße. Er wollte seinen Augen nicht trauen. Deutsche! Sie schossen und warfen sich zu Boden, standen wieder auf, schossen und fielen zu Boden. Immer näher kamen sie dem Klinowski-Haus – ohne Artillerievorbereitung, ein unerwarteter, plötzlicher Überfall. Wie viele waren es?
Das Gefecht tobte den ganzen Vormittag. Die Russen versuchten, die Bahnstation Ligowo im Gegenangriff zu nehmen, aber der Versuch mißlang. Am Abend des 18. September um 23.00 Uhr konnte der erschöpfte Oberst Pantschenko im Smolny General Schukow und dem Leningrader Militärkommando melden, daß der deutsche Angriff abgeschlagen war.
Niemand wußte wirklich, ob die Deutschen nicht mehr weiter vorwärtskommen konnten. Es war besser, daran zu zweifeln. Wenn etwas sie aufgehalten hatte, dann waren es ihre hohen, blutigen Verluste.[1]
Oder war es Schukows eiserner Wille?
In jenen Septembertagen zeigte er sich von seiner grausamsten Seite, anders kann man es nicht bezeichnen. Zahllosen Truppenführern drohte er mit dem Erschießungskommando. Immer wieder löste er Kommandeure von ihren Posten ab. Er verlangte nur eines: angreifen, angreifen, angreifen! Das war der Tenor seines ersten Befehls nach der Übernahme des Kommandos. Gleichgültig, wie schwach ein Truppenteil war, ob er Waffen oder Munition hatte, ob er sich wochenlang hatte zurückziehen müssen – jetzt hieß es angreifen. Das waren seine Befehle. Jeder Ungehorsam bedeutete das Standgericht.
Greife an oder laß dich erschießen – eine einfache Gleichung.
Am 17. September erließ Schukow einen Befehl an alle Truppenkommandeure der Zweiundvierzigsten und Fünfundfünfzigsten Armee. Darin

[1] Der Artillerist Marschall N. N. Woronow meint, massiertes Artilleriefeuer von Feldgeschützen, Küstenbatterien und Schiffsgeschützen habe den deutschen Angriff zum Stehen gebracht (Woronow, *Na Służbe Wojennoi,* Moskau 1963, S. 189).

hieß es, jeder Rückzug aus der Linie Ligowo-Pulkowo-Schuschary-Kolpino werde als schwerstes Verbrechen gegen das Mutterland angesehen und mit Erschießen bestraft werden.

Am frühen Morgen des 18. September war Byćewski damit beschäftigt, die durch die Ringbahn bezeichnete Linie als inneren Verteidigungsring auszubauen. Alle 50 bis 100 Meter richtete er eine Geschützstellung ein und verwendete dabei Material, das aus den befestigten Räumen bei Gatschina und Wyborg zurückgebracht und während der letzten Tage in den Leningrader Fabriken repariert worden war. Artilleristen vermaßen die Feuerräume, man brachte Munition nach vorn, aber bisher gab es noch kein Nachrichtennetz.

Um 4.00 Uhr morgens erschien Schukows Adjutant und befahl ihm, sofort ins Smolny zu kommen. Als Byćewski das Vorzimmer betrat, sah er dort General Fedjuninski und dessen Korpskommissar N. N. Klementjew. Aus ihren Mienen schloß er, daß man böse mit ihnen umgesprungen war.

Naß, mit Schlamm bedeckt und müde schlurrte Byćewski in Schukows Dienstzimmer. Der General und Schdanow saßen über eine Karte gebeugt da. »So«, sagte Schukow, »sind Sie endlich da? Wo haben Sie sich herumgetrieben, daß wir Sie die ganze Nacht suchen mußten? Wahrscheinlich gepennt!«

Byćewski sagte, er habe an den Befestigungen gearbeitet.

»Kennt der Befehlshaber der Zweiundvierzigsten Armee diese Befestigungsanlagen?«

»Ich werde seinem Chef des Stabes, General Beresinsky, heute morgen eine Karte davon geben. General Fedjuninski selbst wird dann bei seiner Truppe sein.«

Schukow schlug seine schwere Faust auf den Tisch.

»Ich habe Sie nicht gefragt, ob Sie Karten gezeichnet haben. Ich habe gefragt, ob der Befehlshaber in die Stellungen eingewiesen worden ist. Verstehen Sie nicht mehr die russische Sprache?«

Byćewski sagte, Fedjuninski sei selbst im Vorzimmer.

Wieder fuhr Schukow auf.

»Denken Sie jemals nach, bevor Sie reden?« sagte er. »Das brauchen Sie mir nicht zu sagen. Kapieren Sie nicht, daß die Deutschen in die Stadt einbrechen werden, wenn Antonows Division nicht heute nacht in die Verteidigungsstellungen an der Ringbahn einrückt? Und wenn das geschieht, werde ich Sie hier vorm Smolny als Verräter erschießen lassen.«

Schdanow schien die Sache unangenehm zu sein. Das war nicht seine Art, mit Menschen umzugehen. Er gebrauchte nie grobe Ausdrücke. Jetzt schaltete er sich ein.

»Genosse Byćewski, wie ist es möglich, daß Sie nicht zu Fedjuninski selbst gegangen sind? Er hat eben erst die Armee übernommen, und An-

tonows Division, die die Stellungen besetzen soll, ist gerade erst aufgestellt worden. Wenn die Division die Stellungen bei Tageslicht besetzt, wird sie Feuer bekommen. Verstehen Sie jetzt, worum es geht?«
Endlich begriff Byćewski. Antonow führte die 6. Freiwilligendivision und mußte noch vor Tagesanbruch in den Stellungen sein. Er hatte nicht einmal gewußt, daß die 6. Freiwilligendivision der Zweiundvierzigsten Armee unterstellt worden war, und ahnte nicht, daß sie noch vor dem Morgengrauen die Stellungen hinter Pulkowo besetzen sollte.
Byćewski bat um die Erlaubnis, Fedjuninski die neuen Stellungen zu zeigen.
»Endlich geht Ihnen ein Licht auf!« sagte Schukow scharf. »Fangen Sie an, ein bißchen nachzudenken. Wenn die Division nicht um 9.00 Uhr in der Stellung ist, werde ich Sie erschießen lassen.«
Byćewski machte, daß er hinauskam und meldete sich im Vorzimmer bei Fedjuninski.
»Haben Sie Sorgen, Pionier?« fragte Fedjuninski.
Byćewski war nicht zum Scherzen aufgelegt.
»Ein wenig, Genosse General«, sagte er kurz, »der Befehlshaber hat mir meine Erschießung in Aussicht gestellt, wenn die 6. Division nicht noch heute morgen in ihren Stellungen an der Ringbahn ist. Wollen wir gehen?«
»Ärgern Sie sich nicht, Pionier«, lächelte Fedjuninski, »wir sind eben auch bei Georgi Konstantinowitsch gewesen, und auch uns hat er ein paar Versprechungen gemacht.«
Die 6. Division kam gerade noch rechtzeitig in den Stellungen an.
Schukow verlangte von allen ihm unterstellten Armeen Angriffe, Gegenangriffe und Gegenoffensiven. Als die Deutschen den Finnischen Meerbusen überquerten und eine Landzunge besetzten, die vom Schloß Peterhof im Westen über Strelna bis zum Abschnitt bei Ligowo am Stadtrand von Leningrad reichte, wurde die Achte Armee von Leningrad abgeschnitten. Ihr Befehlshaber, Generalmajor W. I. Schtscherbakow, erhielt von Schukow den Befehl, seine Truppen, die 5. Marinebrigade, die 191. und 281. Schützendivision und die 2. Freiwilligendivision zusammenzuziehen und einen Gegenangriff mit dem Schwerpunkt beim Dorf Wolodarsky in Richtung auf Krasnoje Sselo durchzuführen. Damit sollten die Deutschen einen Stoß in den Rücken erhalten, während die 21. NKWD-Division sie an der Front bei Pulkowo fesselte. Schukow unterstellte Schtscherbakow die 10. und 11. Schützendivision und die Reste der 3. Freiwilligendivision von der Zweiundvierzigsten Armee. Aus den Reserven kamen noch die 125. und die 268. Schützendivision hinzu.
Aber das Unternehmen überstieg Schtscherbakows Kräfte. Die Divisionen verfügten nur über Bruchteile ihrer Sollstärke. Sie waren ausgeblutet und kämpften bis zur völligen Erschöpfung. Sie hatten kaum Artillerie, keine

Munition für die Geschütze, keine Infanteriemunition, kaum Minen und nur wenige Handgranaten. Schtscherbakow mußte Schukow melden, er könne den Befehl nicht ausführen. Er war nicht stark genug für einen Gegenangriff. Er konnte höchstens die immer schwächer werdende Linie um Oranienbaum halten. Ja selbst das wäre ohne die laufende Unterstützung durch die Artillerie der Baltischen Flotte und der Küstenbatterien bei Krasnaja Gorka und Kronstadt nicht möglich gewesen.

Schukows Reaktion war vorauszusehen. Er enthob Schtscherbakow seines Kommandos und löste das Mitglied des Militärsowjet der Achten Armee, I. F. Tschuchnow ab. Am 24. September übernahm Generalmajor T. I. Schewaldin die Armee.[2]

Schukows Methode war einfach: angreifen! angreifen! angreifen! Die Truppenführer konnten seine Befehle ausführen, sie konnten dabei fallen – oder erschossen werden.

Fedjuninski zitierte gern den Ausspruch eines Infanteristen namens Promitschew, der angeblich zu seinen Kameraden gesagt hatte: »Unsere Methode ist die folgende: Wenn du zurückgehst, werde ich dich erschießen. Wenn ich zurückgehe, erschieße du mich, und Leningrad wird nicht kapitulieren.« Das war Schukows Methode.

Angreifen oder sterben!

Dieses grimmige Schlagwort hallte durch ganz Leningrad. Wsewolod Wischnewski nahm es auf: Tod den Feiglingen! Tod den Panikmachern! Tod den Gerüchtemachern! Vor das Standgericht mit ihnen! Disziplin! Mut! Festigkeit![3]

In den folgenden Jahren hat es endlose Diskussionen über die Frage gegeben, wodurch der deutsche Angriff aufgehalten worden sei und wann das geschah.

Hitler hatte Leeb unter Druck gesetzt und verlangt, er solle Leningrad einschließen, sich mit den Finnen vereinigen und die Baltische Flotte vernichten. Seine Truppen wurden dringend vor Moskau gebraucht, wo die

[2] In der sowjetischen Geschichtsschreibung gibt es widersprüchliche Berichte über den Einsatz der Achten Armee und den Befehl zum Gegenangriff. Die bekannten Flottenhistoriker W. Atschkasow und B. Weiner berichten, der Gegenangriff habe stattgefunden. Das offiziöse Buch von Barbaschin: Bitwa sa Leningrad berichtet ebenfalls von dem Angriff und lobt die Achte Armee dafür, daß sie die Deutschen zum Kampf gestellt und ihnen schwere Verluste beigebracht habe (Barbaschin, a.a.aO., S. 70–71). Jedoch W. P. Swiridow, W. P. Jakutowitsch und W. J. Wasilenko zitieren wörtlich die Weigerung Schtscherbakows, den Angriff auszuführen (Bitwa sa Leningrad, S. 126 ff.). Die offizielle Geschichte von A. Karasew und W. Kowaltschuk stimmt mit der Schilderung Swiridows und seiner Mitautoren überein (›*Wojenno-Istoričeskii Žurnal*‹. Nr. 1, Januar 1964, S. 84). Da Schtscherbakow am 24. September seines Kommandos enthoben wurde, haben Swiridow und seine Mitautoren wahrscheinlich recht.

[3] Ein anderes Schlagwort lautete damals: »Nicht Leningrad fürchtet den Tod – der Tod fürchtet Leningrad.«

Deutschen sich zum letzten, entscheidenden Stoß bereitstellten. Aber wie konnte Hitler den großen strategischen Plan, die Einschließung Moskaus, die weit ausholende Umfassungsbewegung der Heeresgruppe Nord, zugleich mit dem Angriff Rundstedts aus der Frontmitte durchführen, solange Leeb noch vor Leningrad gebunden war? Das ganze Unternehmen mußte zeitlich koordiniert werden, und die Zeit wurde knapp. Die Nervenanspannung steigerte sich von Tag zu Tag. In seinem umfangreichen Tagebuch schildert General Halder die Entwicklungen aus der Sicht des Führerhauptquartiers und wie er selbst sie sah.

Am 5. September erhielt Leeb von Hitler den Befehl, seine Panzerkräfte so schnell wie möglich den vor Moskau kämpfenden Armeen zur Verfügung zu stellen. Da Leeb selbst gut vorankam – oder man diesen Eindruck hatte –, überließ Halder ihm die Panzerdivisionen noch bis zum 12. September. Am 13. schreibt er: »Ich sage zu, daß Panzerkorps Reinhardt zur Fortsetzung des Angriffs noch belassen bleibt . . .« Die Deutschen rechneten jeden Augenblick mit dem Fall von Leningrad. Sie glaubten, es könne nur noch einen oder zwei Tage dauern. Auch noch am 15. September war Halder zuversichtlich. Der Angriff machte gute Fortschritte.

Aber zwei Tage später konnten die vor Moskau stehenden Armeen nicht mehr länger warten. Die 6. Panzerdivision wurde aus der Front gezogen. Man verlegte den Schwerpunkt des Angriffs, der Leeb bis in die Vorstädte Leningrads geführt hatte, in den Abschnitt am Klinowski-Haus. Das XXI. Panzerkorps Hoepners war an die Moskauer Front verlegt worden. Damit hatte Schukow gewonnen, und Leningrad war gerettet. Aber niemand erkannte das sofort. Leeb versuchte verzweifelt, sich den Sieg zu sichern und in die Stadt einzubrechen, obwohl der Marsch seiner Panzerverbände nach Süden schon begonnen hatte. Aber man zweifelte bereits am Erfolg. Halder war düsterer Stimmung. Am 18. September schrieb er in sein Tagebuch:

> »Der Ring um Leningrad ist noch nicht so eng geschlossen, wie es wünschenswert wäre. Ob man nach Herausnehmen der 1. Panzerdivision und der 36. mot. Division noch weitere Fortschritte wird erwarten dürfen, ist fraglich. In Anbetracht des Kräfteverbrauchs vor Leningrad, wo materiell und personell starke Feindkräfte zusammengepreßt sind, wird die Lage bis auf weiteres gespannt bleiben, bis der Hunger als Bundesgenosse wirksam wird.«

Am gleichen Tage schrieb die *›Berliner Börsenzeitung‹*, das Schicksal Leningrads sei entschieden.

Leeb hatte dem deutschen Oberkommando gemeldet, er habe an der Leningrader Front einen entscheidenden Durchbruch erzielt.

Am gleichen Tag schrieben die in Berlin akkreditierten Pressevertreter,

man müsse innerhalb der nächsten zwei Wochen mit dem Fall Leningrads rechnen. Aber schon ließ der Druck etwas nach, wenn man es an der Front auch noch nicht spürte.[4]
Am frühen Morgen des 21. September besuchte Byćewski seinen Freund, den Chef des Nachrichtendienstes an der Leningrader Front, General P. P. Jewstignejew. Wie sah die Lage wirklich aus? Ließ der Druck nach, oder verstärkte er sich? So spannungsgeladen die Atmosphäre auch sein mochte, Jewstignejew war ruhig und gelassen. Er machte einen ganz unbesorgten Eindruck.
»Was glauben Sie, Pjotr Petrowitsch«, fragte Byćewski, »sind die Deutschen am Ende ihrer Kraft?«
Jewstignejew warf einen Blick auf die vor ihm liegende Karte. Dann hob er die Augen. »Seit drei Tagen erreichen mich gewisse Nachrichten aus dem Raum Pleskau«, sagte er. »Starke motorisierte Infanterie wird aus dem Raum Leningrad nach Pleskau verlegt. Von dort gehen die Truppen weiter nach Porchow-Dno.«
»Ist das eine Umgruppierung?«
»Vielleicht – vielleicht ... In der vergangenen Nacht haben sich diese Meldungen bestätigt.«
Jewstignejew kramte in seinen Papieren. Er sah aus wie ein Gelehrter, der geduldig irgendwelche alte russische Manuskripte studiert.
»Ich habe Schukow gemeldet«, fuhr Jewstignejew schließlich fort, »daß alles sehr danach aussieht, daß Truppen von Leningrad abgezogen werden. Auch die Partisanen bei Gatschina melden, daß die Deutschen Panzer auf die Eisenbahn verladen.«
»Das ist ausgezeichnet!« meinte Byćewski.
»So beurteile ich die Lage«, sagte Jewstignejew. »Ich habe eine Meldung für Moskau entworfen, aber Schukow will noch nicht daran glauben. ›Provokationen‹, sagte er, ›das ist es, was hinter Ihren Agentenberichten steckt. Stellen Sie fest, aus welchen Quellen sie kommen.‹«
Jewstignejew sagte, die Achte Armee habe aus dem Abschnitt bei Oranienbaum gemeldet, einige der gefallenen und in Gefangenschaft geratenen deutschen Soldaten gehörten der 291. und der 58. deutschen Division an. Das interessierte Schukow besonders, weil diese Divisionen noch vor zwei Tagen bei Pulkowo gestanden hatten.

[4] Die Angaben sowjetischer Historiker über den Zeitpunkt der Stabilisierung der Lage vor Leningrad gehen weit auseinander. Einige nennen den 18. September, andere den 23., 25., 26. und 29. September und den 13. Oktober (Generalleutnant F. Lagunow. In: ›*Wojenno-Istorićeskii Žurnal*‹. Nr. 12, Dezember 1964, S. 93). Am Abend des 19. September hörte Admiral Pantelejew aus Leningrad, der deutsche Angriff sei abgeschlagen (Pantelejew a.a.O., S. 218). Die offizielle Leningrader Geschichte Leningrad w WOW (S. 157) sagt, am 19. September sei die Front stabilisiert worden.

Jewstignejew schloß daraus, der deutsche Frontalangriff gegen Leningrad habe an Schwung verloren.
Byćewski meinte, Jewstignejew sei aus diesem Grunde so gelassen. »Wie kann man jetzt überhaupt gelassen sein?« sagte Jewstignejew. »Das ist nur die Haltung, die ich von Berufs wegen haben muß.«
Dieses Gespräch fand am 21. September statt. Am Abend des 22. befahl Schukow Jewstignejew zu sich und fragte ihn, ob er seine Feindmeldungen nach Moskau weitergegeben habe. Das war geschehen. Schukow war erleichtert. Moskau hatte gerade berichtet, die deutsche Panzergruppe Vier sei an der Moskauer Nordfront bei Kalinin festgestellt worden. Man wollte wissen, ob Schukow bestätigen könne, daß sie von der Leningrader Front abgezogen worden war.
Die Meldungen stimmten. Alles, was man aus dem rückwärtigen Gebiet und von der Front hörte, bestätigte das. Die Deutschen begannen, ihre Truppen zu verlegen. Gottseidank dachte Oberst Byćewski. Jetzt würde er den Schalthebel zur Betätigung der Höllenmaschine nicht mehr umlegen, und die Kirow-Werke, die Viadukte, die Brücken und die großen Gebäude Leningrads würden nicht gesprengt werden müssen.
Etwa zwei Tage später schickte Jewstignejew einen zweiten Bericht an Schukow. Es waren Meldungen eingelaufen, nach denen die Deutschen die Bevölkerung mobilisierten, um feste Feldstellungen und Unterstände zu bauen. In einigen Fällen waren die russischen Arbeiter nach Beendigung der Arbeiten erschossen worden. In Peterhof und anderen historischen Parkanlagen fällten die Deutschen große Tannen und Fichten, um sie als Brennholz für ihre Unterstände zu verwenden. Sie brachten Öfen, Betten und Möbel in die Feldbefestigungen.
»Was schließen Sie daraus?« fragte Schukow.
»Es zeigt sich, daß die faschistische Offensive an Schwung verliert«, sagte Jewstignejew. »Man darf sogar annehmen, daß die deutsche Armee sich darauf vorbereitet, in den Stellungen vor Leningrad zu überwintern.«
Er unterbrach seinen Vortrag und biß sich auf die Zunge, denn immer noch wollte Schukow die Lage auf keinen Fall zu optimistisch beurteilt sehen.
»Das Dümmste, was wir tun können«, sagte Schukow scharf, »wäre es, dem Feind zu erlauben, sich vor unserer Front dort einzugraben, wo er es will. Meine Befehle hinsichtlich der aktiven Verteidigung durch örtlich begrenzte Gegenangriffe bleiben in Kraft. Mit anderen Worten, wir werden dem Gegner vorschreiben, wo er sich einzugraben hat. Ist das klar?«
Der Befehl ließ an Deutlichkeit nichts zu wünschen übrig, aber daß die Deutschen sich eingruben, stand fest. Die Nachricht verbreitete sich durch

ganz Leningrad. Admiral I. S. Isakow hatte das Gespräch zwischen Schukow und Jewstignejew mit angehört und ging anschließend in sein Hotel zurück. Ein alter Portier mit einem langen, russischen Bart fragte: »Genosse Admiral, ist es wahr, was man sagt – daß die Deutschen sich eingraben?«

»Vielleicht«, antwortete der Admiral, »aber wenn Sie die Wahrheit wissen wollen, müssen Sie Hitlers Großmutter fragen.«

Im Weitergehen hörte er, wie der Portier einem Polizisten sagte: »Es ist alles klar. Er meint, sie graben sich ein, aber es ist noch ein militärisches Geheimnis.«

Aber die erschöpften Bewohner Leningrads konnten es noch kaum fassen.

Am 21. September legte General Warlimont Hitler im Führerhauptquartier eine Denkschrift über die Lage bei Leningrad vor. Die Deutschen wußten, ein Frontalangriff konnte jetzt keinen Erfolg mehr bringen. Es sollte auch nicht mehr dazu kommen. Was war zu tun? Warlimonts Denkschrift trug die Überschrift »Die Blockade von Leningrad«.

Es wurde vorgeschlagen, die Stadt »hermetisch« einzuschließen und sie durch Artillerie und Fliegerbomben möglichst weitgehend zu zerstören. Wenn Terror und Hunger das ihre in der Stadt geleistet hätten, sei vielleicht eine Gasse zu öffnen, durch die unbewaffnete Bewohner herausgelassen werden könnten.

Die übrige Besatzung der »Festungsgarnison« sollte in der Stadt überwintern. Im Frühjahr sollten deutsche Truppen in die Stadt eindringen, doch sei nichts dagegen einzuwenden, wenn die Finnen es täten. Die Überlebenden sollten »in die Weiten Rußlands« geschickt oder gefangengenommen werden. Leningrad selbst sollte dem Erdboden gleichgemacht und das Gebiet nördlich davon zu Finnland geschlagen werden.

Am folgenden Tage erschien die geheime Weisung Nr. Ia 1601/41. Sie trug die Überschrift »Die Zukunft der Stadt Petersburg.« Hier hieß es:

1. Der Führer hat beschlossen, die Stadt Petersburg vom Erdboden zu vertilgen. Nach dem Sieg über Sowjetrußland wird es für das Weiterbestehen dieser großen Stadt nicht mehr den geringsten Anlaß geben. Finnland hat ebenfalls erklärt, es sei an einem Weiterbestehen dieser unmittelbar vor seinen neuen Grenzen gelegenen Stadt nicht interessiert.

2. Der Wunsch der Kriegsmarine, die Werften, den Hafen und die Schiffahrtseinrichtungen zu erhalten, ist dem OKW bekannt. Seine Erfüllung wird jedoch angesichts der allgemeinen, Petersburg betreffenden Gesichtspunkte nicht berücksichtigt werden können.

3. Es ist vorgeschlagen worden, die Stadt mit einem festen Ring zu umschließen und sie durch Artilleriefeuer aller Kaliber und pausenlose

Luftangriffe dem Erdboden gleichzumachen. Wenn das dazu führt, daß die Kapitulation der Stadt angeboten wird, ist diese abzulehnen ...[5]

Was die Truppen an der Front beobachteten, war richtig. Die Deutschen hatten ihren Angriff eingestellt.

Militärisch hatte Schukow die Schlacht um Leningrad gewonnen. Innerhalb einer Woche sollten die ersten russischen Truppen von der Leningrader Front in den Raum vor Moskau verlegt werden, um sich dort dem deutschen Ansturm entgegenzustellen.

Am 9. Oktober läutete das Telefon in Schukows Dienstzimmer im Smolny. Stalin war am Apparat. Wie sah es in Leningrad aus? Schukow berichtete, die Deutschen hätten die Angriffe eingestellt und seien zur Verteidigung übergegangen. Meldungen des Nachrichtendienstes besagten, daß Verschiebungen starker deutscher Verbände aus dem Raum von Leningrad nach Süden, wahrscheinlich in Richtung auf Moskau, beobachtet worden seien.

Stalin nahm die Mitteilung schweigend entgegen und sagte nach einer Pause, die Lage vor Moskau sei ernst, besonders an der Westfront. Dann sagte er: »Übergeben Sie das Kommando an Ihren Stellvertreter und kommen Sie nach Moskau.«

Schukow verabschiedete sich in aller Eile von Schdanow und seinen anderen Leningrader Mitarbeitern, rief General Fedjuninski an und sagte: »Haben Sie vergessen, daß Sie mein Stellvertreter sind? Kommen Sie sofort her!«

Es war schon fast Morgen, als Fedjuninski im Smolny eintraf.

»Übernehmen Sie den Oberbefehl«, sagte Schukow. »Sie kennen die Lage. Ich bin zur Stafka befohlen worden.«[6]

[5] Dieser Befehl wurde in einer Weisung vom 7. Oktober, OKW Nr. 44 – 1675/41 bestätigt, in der wiederholt wird, Leningrad sei dem Erdboden gleichzumachen, und es dürfe weder eine Kapitulation Leningrads noch Moskaus angenommen werden (Barbaschin, a.a.O., S. 77).

[6] Stalins Ferngespräch mit Schukow war durch eine unglaubliche Entwicklung ausgelöst worden. Die Aufmerksamkeit Stalins und des sowjetischen Oberkommandos war auf den schnellen deutschen Vorstoß gegen Tula, südwestlich von Moskau, gerichtet gewesen. Die Nacht vom 4. zum 5. Oktober war die kritischste des ganzen Krieges. Die Nachrichtenverbindungen zwischen der Westfront und dem Kreml waren unterbrochen, und Stalin hatte keine Ahnung, was geschah. Am 5. Oktober gegen 9.00 Uhr kam die Meldung von einem deutschen Durchbruch im Mittelabschnitt, nur etwa 160 Kilometer westlich von Moskau in Richtung auf Moschaisk. Zunächst hielt man diese Nachricht für Panikmacherei. Gegen Mittag stellte jedoch ein sowjetisches Aufklärungsflugzeug eine 24 Kilometer lange deutsche Panzerkolonne in schnellem Vorgehen auf der Straße Spas-Demjansk gegen Juchnow fest. Niemand in Moskau wollte glauben, daß die Deutschen schon so nah waren, und es standen keine sowjetischen Truppen zur Verfügung, um den Vorstoß der deutschen Verbände gegen die Stadt abzufangen. Zwei weitere Aufklärungsflugzeuge stiegen auf. Erst als beide die Meldung bestätigten, wurde sie an Stalin weitergegeben. Er befahl sofort, alle vorhandenen Reserven zusammenzunehmen, um die Deutschen fünf bis sechs Tage aufzuhalten, bis weitere Kräfte herangeführt waren. Dann rief Stalin die Führungsspitze

In den frühen Morgenstunden flog Schukow ab, um in der Schlacht vor Moskau das Kommando zu übernehmen. Jetzt sollte erst das eigentliche Ringen um Leningrad beginnen – das Ringen gegen die neuen Verbündeten der Deutschen: die Generäle Hunger, Kälte und Terror.

einschließlich des Polizeichefs Berija zu sich. Berija bezeichnete die Meldungen als Provokation. Er sagte, seine Agenten an der Front, die sogenannte ›Sonderabteilung‹, hätten nichts von einem Durchbruch gemeldet. Als andere darauf hinwiesen, die Ergebnisse der Luftaufklärung seien bestätigt worden, erwiderte er in unmißverständlichem Ton: »Sehr gut!« Kurz darauf ließ er den verantwortlichen Offizier der Luftwaffe, Oberst N. A. Sbytow, zu sich kommen und durch den Chef der militärischen Gegenspionage, W. S. Abakumow, vernehmen, der drohte, Sbytow und die Aufklärungsflieger einem Feldgericht zur Erschießung zu übergeben. Aber die Meldungen bestätigten sich. In dieser Krise, als die Stellungen vor Moskau nur von Infanterie- und Artilleriekadetten und in aller Eile aus Stabspersonal zusammengestellten Kampfgruppen gehalten wurden, rief Stalin bei Schukow an (K. F. Telegin. In: ›*Woprosy Istorii KPSS*‹. Nr. 9, September 1966, S. 102 ff.). Fedjuninski datiert das Gespräch irrtümlicherweise auf den 10. Oktober (Fedjuninski: Podnjatje po Twewoge. Moskau 1964, S. 60). An drei verschiedenen Stellen behauptet Schukow, er habe das Kommando seinem Chef des Stabes, M. S. Chosin, übergeben. Die formelle Befehlsübergabe von Schukow an Fedjuninski ist mit dem Datum des 10. Oktober versehen, aber Schukow war schon am 7. Oktober in Moskau. Chosin übernahm das Kommando von Fedjuninski am 26. Oktober 1941 (Schukow. In: ›*Wojenno-Istoričeskii Žurnal*‹. Nr. 8, August 1966, S. 56; A. M. Samsonow: Prowal Gitlerowskowo Nastupljenija na Moskwu. Moskau 1966, S. 18; A. A. Dobrodomow: Bitwa sa Moskwu. Moskau 1966, S. 56; Barbaschin, a.a.O., S. 582). Der Politkommissar des Militärbezirks Moskau, K. F. Telegin, behauptet, Schukow sei am Abend des 6. Oktober nach Moskau gerufen worden. Schukow berichtet, er sei am Abend des 7. Oktober in Moskau eingetroffen und habe sofort eine Besprechung mit Stalin gehabt, der, an der Grippe erkrankt, allein in seinem Büro arbeitete. Am 10. Oktober wurde Schukow zum Befehlshaber der Westfront ernannt (K. F. Telegin. In: ›*Woprosy Istorii KPSS*‹. Nr. 9, September 1966, S. 104; Schukow: Bitwa sa Moskwu. 2. Aufl., Moskau 1968, S. 64).

32. Deus Conservat Omnia

Über dem schmiedeeisernen Portal des Scheremetjewpalais an der Fontanka, wo Anna Achmatowa wohnte, stand auf einem alten Wappenschild der Spruch: *»Deus Conservat Omnia«*. Von ihrem Fenster aus konnte sie den Vorhof des Palais überblicken, der von einem großen Ahorn beschattet wurde, dessen Zweige bis zu ihr herüberreichten. In den langen Wintern zitterten sie nervös und raschelten leise im sanften Licht der weißen Nächte. Jetzt waren die roten und goldenen Blätter gefallen und lagen als pastellfarbene Flecke am Boden, um vom Herbstregen aufgeweicht und in Schlamm verwandelt zu werden. Anna Achmatowa hatte das Gefühl, die nackten, schwarzen Zweige streckten sich ihr wie hilfesuchend und fragend entgegen. Sie riefen ihr zu, sie solle bleiben, sie solle Petersburg nicht verlassen.

Anna Achmatowa war die russische Dichterfürstin. Sie war vielleicht die Königin von Leningrad. Keine andere Frau hatte soviel von dieser Stadt in ihr Leben, in ihr Blut und in ihr Wesen aufgenommen – die Schrecken, die Hoffnungen, die tragischen Ereignisse, den Genius Leningrads. Sie war nicht in Petersburg geboren, aber ihre Eltern hatten sie schon in früher Kindheit in die Hauptstadt des Nordens gebracht, in die vornehmen Parks von Zarskoje Sselo, das heute Puschkin heißt. Ihre frühesten Erinnerungen verbanden sich mit »der grünen, feuchten Großartigkeit der Parks, den weiten Rasenflächen, auf denen ich mit meiner Kinderfrau spazierenging, dem Hippodrom, wo kleine, scheckige Pferde galoppierten, und der alten Bahnstation«. Hier wuchs sie auf und atmete die gleiche Luft wie die Dichter Puschkin, Lermontow, Derschawin, Nekrasow und Shelley. Niemand konnte leidenschaftlicher, fröhlicher, weiblicher, temperamentvoller, lyrischer, romantischer und überschwenglicher sein als diese kleine Prinzessin, die künftige Königin – niemand hätte russischer sein können als sie.

Schon mit fünf Jahren sprach sie fließend Französisch. Sie besuchte eine Mädchenschule, studierte Jura und Literaturgeschichte, reiste ganz plötzlich nach Paris und verliebte sich dort in Modigliani. Sie erkannte nicht das Genie in ihm, aber sie wußte, er hatte »einen Kopf wie Antonius und Augen, aus denen goldene Blitze schossen«. Sie erlebte den Triumph des russischen Balletts von Djaghilew in Paris. Sie lernte Venedig, Rom und Florenz kennen. Sie heiratete einen Dichter, ihre Jugendliebe aus der Zeit in Zarskoje Sselo, Nikolai Gumilew, einen dunkelhaarigen, brillanten und schwierigen Mann. Gemeinsam mit ihm begründete sie eine neue Schule der Dichtkunst. Sie nannten ihre neoklassizistische Bewegung ›Acmeismus‹. Nichts war unmöglich – alles mußte man erleben! Ihr Leben war wie ein aus Spiegelbildern zusammengesetztes Gedicht. Da galoppierten Troikaschlitten durch weißen Schnee, da gab es warme Sommerabende in lauschigen Parks, da träumte man von den Boudoirs und Boulevards in Paris und von goldenen Sternen, von Liebesfreud und Liebesleid. In der Erinnerung waren dies die leuchtenden, mit leichtem Herzen erlebten Jugendtage. Sie glichen der Stunde vor Morgengrauen. Anna Achmatowa ahnte nicht, daß an ihrem Fenster bald Schatten vorübergehen würden, Schatten, die sich hinter jedem Laternenpfahl versteckten und die sie schrecken sollten, das Gold in stumpfes Messing verwandeln würden.

Aber schon früh lernte sie die Tragik des Lebens kennen. Im Krieg zwischen Kaiser und Zar erlebte sie, wie das Verhängnis drohend über Petrograd schwebte. Sie sah die »schwarze Wolke über dem trauernden Rußland«. Sie wurde Zeugin der Verwandlung Petrograds. Aus dem nordischen Venedig wurde »eine steinerne Stadt des Ruhmes und des Unglücks«. Die Beziehung zu Gumilew endete am Schluß des Ersten Weltkriegs mit Seelenqualen und Scheidung. Die tragischen Verwicklungen erreichten den Höhepunkt, als er 1921 als weißrussischer Verschwörer von einem bolschewistischen Exekutionskommando erschossen wurde. Die goldenen Jahre von Zarskoje Sselo waren vorbei. Es folgten die eisernen Jahre der »Mühlen der Revolution«, deren Mahlen immer schmerzlicher fühlbar wurde, bis Stalins Geheimpolizei auch an ihre Schwelle kam und ihr den Sohn Lew fortnahm.

Siebzehn Monate stand sie mit anderen Frauen am Tor des Leningrader Gefängnisses regelmäßig Schlange, um ein Wort über das Schicksal des Sohnes zu erfahren oder ihm Lebensmittelpakete zu bringen. Einmal fragte eine andere Frau, eine Frau, deren Lippen vor Angst blau verfärbt waren: »Und das – können Sie auch darüber schreiben?«

»Ja«, antwortete Anna Achmatowa, »das kann ich.« Die Frau lächelte still in sich hinein. – Eines Tages schrieb Anna Achmatowa über diese Zeit:

Willst du dich jetzt sehen, fröhlich lachendes Mädchen?
Liebling deiner Freunde,
Sorglose Sünderin aus Zarskoje Sselo?
Willst du sehen, was aus deinem Leben wurde?
Da stehst du als letzte in der Reihe von dreihundert,
Am Gefängnistor von Kresty,
Und deine heißen Tränen schmelzen das Eis des Neujahrstags.

Als sie diese Zeilen niederschrieb, lebte ihr Sohn schon in der Verbannung, wo er bis zu Stalins Tod 1953 bleiben sollte.
Im September 1941 trat eine entscheidende Veränderung in Anna Achmatowas Leben ein. Sie sollte Petersburg, Petrograd, Leningrad verlassen. Der September ging zu Ende, und sie mußte fort – Befehl der Parteiorganisation der Stadt. Das Flugzeug – eines der wenigen – wartete auf sie. Sie war aus dem Palais an der Fontanka schon in das Haus Nr. 9 auf der Gribojedowstraße umgezogen, wo so viele Schriftsteller lebten. Pawel Luknizky besuchte sie noch zum Abschied. Sie war krank und geschwächt. Sie trat aus dem dunklen, kleinen Portiershaus auf die Straße und setzte sich, in einen dicken Mantel gehüllt, mit ihm auf eine Bank. Anna Achmatowa erzählte ihm, wie sie während eines Fliegerangriffs vor dem Scheremetjewpalais in einem Splittergraben gesessen hatte. Sie hatte ein Kind auf dem Arm, als sie das »Drachenkreischen« fallender Bomben hörte, dem »ein fürchterliches Getöse, ein Krachen und Bersten« folgte. Dreimal bebten die Grabenwände, und dann wurde es wieder still. Wie recht hatten die alten Mythen, meinte sie, die von der Erde als von der Mutter sprachen, die unzerstörbar ist. Nur die Erde kann dem Terror der Bombenangriffe widerstehen. Die erste Bombe fiel neben dem jetzt als Krankenhaus eingerichteten ehemaligen Katharineninstitut. Sie detonierte nicht, aber zwei explodierten im Scheremetjewpark; eine an der Kreuzung der Schukowski- und der Liteinystraße, und eine traf das Wohnhaus des Schriftstellers Nikolai Tschukowski. Zum Glück war er an der Front.
Anna Achmatowa gestand, daß die Bombendetonationen sie erschütterten und nervös machten. Es erschreckte sie, wenn sie im Luftschutzraum die erschöpften Frauen mit ihren Kindern auf dem Schoß warten sah. Sie malte sich das schreckliche Schicksal aus, das ihnen vielleicht bevorstand.
Die Angst um die Kinder Leningrads verließ sie nicht. Aus der Wüstenoase von Taschkent, wohin man sie Anfang Oktober brachte, schrieb sie zum Gedenken an Walja Smirnow, einen kleinen goldhaarigen Jungen, den sie auch hätte im Arm halten können, und der von einer deutschen Bombe getötet worden war:

> Klopfe an meine Tür mit deinen kleinen Fäusten,
> Ich will dir öffnen.
> Ich habe dein Klagen nicht gehört.
> Bring mir ein Ahornzweiglein
> Oder nur eine Handvoll Gras,
> So wie im letzten Frühjahr.
> Bring eine Handvoll kalten, reinen Newawassers,
> Um dir das Blut von deinem goldenen Haar zu waschen.

Deus Conservat Omnia ...
Es wäre Zeit gewesen für Gott, der Stadt an den grauen Wassern der Newa zu Hilfe zu kommen. Aber er schien die Hilferufe nicht zu hören. Er hörte nicht das Bersten der Bomben, das Bellen der Geschütze und nicht die Angstschreie der Kinder.

An einem warmen, sonnigen Tag Ende September stand A. M. Drewing auf dem Dach der Stadtbibliothek von Leningrad neben den anderen Luftschutzhelfern, als die Flak zu schießen begann und die Granatsplitter auf das Dach herabregneten. Er sah ein deutsches Flugzeug von den Sommergärten her auf das Bibliotheksgebäude zukommen. Die ersten Bomben fielen, eine am Zirkus, eine zweite am Newskiprospekt an der Malaja Sadowaja. Das Flugzeug hielt Kurs direkt auf die Bibliothek. Er wußte, gewöhnlich warfen sie drei Bomben. Würde die dritte auf das Bibliotheksgebäude fallen? Nein – sie fiel nicht weit davon in den Katharinenpark. Vielleicht war es eine von denen, die Anna Achmatowa hatte fallen hören, als sie mit dem kleinen Jungen im Arm im Splittergraben saß.

Das große Erisman-Krankenhaus, in dem Vera Inbers Mann als Chefarzt arbeitete, lag – wie die Leningrader sagten – ›weit im rückwärtigen Gebiet‹ auf der Aptekarski-Insel in einem abgelegenen Stadtteil nördlich der Newa.

Zusammen mit den Brandbomben warfen die Deutschen Flugblätter ab, die überschrieben waren: »Für den Häuserwarndienst«. Vera Inber sorgte sich darum, daß in der Grenadierkaserne neben dem Krankenhaus, in der Medizinstudenten untergebracht waren, Granaten und andere Munition gelagert wurden. Wenn dieses Munitionslager in die Luft flog, dann mußte es zu einer fürchterlichen Katastrophe kommen. Die Granaten wurden entweder auf der Straße mit Lastwagen herangebracht und ausgeladen, oder sie kamen auf Lastkähnen über den Karpowka-Kanal. Neben der Verladerampe stand eine Flakbatterie. Das war eine ungemütliche Nachbarschaft für ein großes, mit vielen, zum Teil schwerverwundeten Patienten überbelegtes Krankenhaus.

Die Lage in der Stadt wurde immer ernster. Die privaten Telefonapparate wurden abgeschaltet. Man konnte nur noch von öffentlichen Fernsprechern aus telefonieren. Als Vera Inber angerufen wurde und die frische Stimme eines jungen Mädchens sagte: »Das Telefon wird bis zum Ende des Krieges abgeschaltet«, wollte sie etwas sagen, dagegen protestieren, aber das war zwecklos. Als sie den Hörer aufnahm, blieb er stumm. – Bis zum Ende des Krieges – wer konnte sagen, wann das sein würde.

Gerüchte ... Gerüchte ... Gerüchte ... Mit der Einstellung des Fernsprechdienstes vermehrten sie sich. Die Regierung hatte die Telefonverbindungen unterbrechen lassen, weil sie sich vor der Bevölkerung fürchtete oder weil sie den Gegner daran hindern wollte, noch mehr Gerüchte auszustreuen – das besagte das Gerücht. Aber es gab noch andere: Die Hauslisten seien verbrannt worden, damit sie den Deutschen nicht in die Hände fielen. Die Polizei habe ihre Akten vernichtet, damit sie nicht gegen sie verwendet werden könnten. Die Polizei habe sich mit Zivilkleidung versehen, um untertauchen zu können, wenn es zum Schlimmsten kam.

Es gab aber auch optimistische Gerüchte: Die Finnen seien bei Beloostrow und Sestrorezk zurückgeworfen worden. Mga und Puschkin seien wieder in russischer Hand. Die Truppen am Nordufer der Newa hätten den Belagerungsring durchbrochen und die Verbindung zu einem von Wolchow aus angreifenden Stoßkeil hergestellt. Luknizky, der diese Neuigkeiten von dem Fotografen erfuhr, der die großen Lebensmittelvorräte gestapelt hatte, wußte, daß sie leider nicht zutrafen.

Er wußte, man bemühte sich darum, den Belagerungsring zu sprengen – oder würde es demnächst tun. Aber von einem Erfolg wußte er nichts. Mit Sicherheit wußte er, daß es Spione in der Stadt gab, die falsche Nachrichten verbreiteten. Es gab sogar Leute in Leningrad, die bereit waren, mit den Deutschen zusammenzuarbeiten und sie hier willkommen zu heißen.

Jelena Skrjabina hatte einen Freund, der behauptete, er sei sicher, die Deutschen würden die Stadt einnehmen – wenn nicht heute, dann sicher morgen, »und«, so schloß er, »sollten sich meine Erwartungen nicht erfüllen, dann habe ich dieses.« Damit zog er einen kleinen Revolver aus der Tasche. Madame Skrjabina wußte, daß ihr Freund mit diesen Ansichten nicht alleinstand. Es gab viele, die die Deutschen ungeduldig als ›Retter‹ herbeisehnten.

Nicht nur das Schicksal Leningrads, nicht nur die harten Prüfungen und Entbehrungen wirkten sich auf die Moral der Bevölkerung aus. Es waren auch die Nachrichten von den anderen Fronten. Der Fall Kiews war ein fürchterlicher Schlag gewesen. Kiew war die Mutter der russischen Städte. Es war die erste russische Hauptstadt.

Am Tage des Falls von Kiew saß Vera Inber mit dem Berichterstatter Anatoly Tarasenkow in einem Luftschutzkeller zusammen. Er zog einen Brief aus der Tasche, den er eben von seiner Frau aus Moskau erhalten hatte. Sie berichtete, daß die kranke und schwer leidende Marina Zwetajewa, die von ihrem Sohn getrennt und in ein elendes Dorf im Ural geschickt worden war, sich erhängt hatte. Dem russischen Gott des Schreckens war wieder ein Dichterleben zum Opfer gefallen. Der Brief berichtete auch vom Tode des Mannes ihrer Freundin Margerita Aliger. – Draußen aber fielen die Bomben und schoß die Flak.

Als der Schwung des deutschen Angriffs gegen Leningrad nachließ, erhob sich der Sturm vor Moskau. Moskau kämpfte um sein Leben. Luknizky war sicher, Moskau werde sich ebenso halten wie Leningrad. Er wußte nicht, warum, aber das war sein Gefühl. Dennoch waren die Nachrichten aus Moskau erschütternd. Es war zu Paniken gekommen. Vielleicht war es nicht so schlimm gewesen, wie Kočetow es beschrieb, aber nach seinem Bericht hatten Tausende von kleinen und mittleren Bürokraten versucht, aus der Hauptstadt zu entkommen. Sie verließen Moskau auf der großen, nach Gorki führenden Straße. Arbeitertrupps, die die Zugänge bewachten, hielten sie auf und warfen ihre Autos in die Straßengräben. »Es ist kaum zu glauben«, meinte Kočetow etwas scheinheilig, »denn wir kennen solche Vorkommnisse aus Leningrad nicht.« Wischnewski hörte auch von einer Panik, die angeblich unter den Moskauer Künstlern ausgebrochen war.

Luknizky berichtet, in diesen Tagen hätten die Menschen stundenlang angestanden, um die 300 g Brot zu bekommen, die allen Bewohnern zustanden, soweit sie nicht Schwerarbeiter waren.

Viele gingen aufs Land hinaus, um sich mit Kohl, Kartoffeln oder roten Beeten zu versorgen. Aber es war kaum etwas zu haben. Die Menschen standen auch während der Fliegerangriffe Schlange, wenn sie nicht von der Polizei oder den Luftschutzwarten gezwungen wurden, in Deckung zu gehen. Die meisten Geschäfte und sogar die Kinos blieben während der Fliegerangriffe geöffnet. Es gab aber viele Einrichtungen, die ganz geschlossen wurden. Sogar die Stände, an denen es alkoholfreie Getränke und Fruchtsaft gegeben hatte, waren verschwunden. Die einzigen nicht rationierten Dinge, die es manchmal gab, waren Kaffee und Zichorie.

Eines Tages stand Jewgenija Wasjutina von 10.00 Uhr morgens bis 15.00 Uhr an, um 2 Kilo Zucker zu kaufen. Jelena Skrjabina war dankbar für den glücklichen Umstand, durch den sie noch im August 20 Pfund Kaffee hatte bekommen können. Jetzt konnte sie ihre Familie damit erhalten. Eines Tages erschien ihr früherer tatarischer Diener und brachte vier Tafeln Schokolade mit. Zum Glück nahm er Geld dafür. Sonst tauschte man jetzt Lebensmittel nur gegen Gold, Edelsteine, Schmuck, Pelze oder Wodka.

Zwei Tage darauf notierte Jelena Skrjabina in ihrem Tagebuch den Tod des Mannes einer alten Freundin am 1. Oktober. Er war verhungert. Abends hatte er sich zum Schlafen hingelegt und war am nächsten Morgen tot.

Etwa eine Woche darauf gingen Kočetow und seine Frau Vera in der Nähe seines Redaktionsbüros über den Newskiprospekt. Vor einer Apotheke zwischen den Jussupowgärten und dem Heumarkt sahen sie einen alten Mann mit dem Gesicht nach unten am Boden liegen. Der Hut war ihm vom Kopf gefallen, und das lange Haar lag wie eine Perücke über seinen Schultern. Kočetow drehte den Mann um. Er wehrte sich schwach. »Nicht doch, Brüderchen, ich bitte dich ...« Vergeblich versuchte Kočetow, ihn auf die Füße zu stellen. Dann ging er in die Apotheke und bat die ältliche Apothekerin, ihm zu helfen.

»Was glauben Sie, junger Mann? Dies ist keine Erstehilfestation«, sagte sie säuerlich. »Der Hunger ist etwas Schreckliches. Ihr alter Mann ist vor Hunger zusammengebrochen. Vielleicht breche auch ich eines Tages zusammen. Meine Glieder schwellen täglich mehr an.«

Kočetow sah ihre geschwollenen Beine, und jetzt bemerkte er auch, wie elend sie aussah.

Nun wandte er sich an einen Polizisten. »Da ist nichts zu machen«, sagte dieser. Kočetow sah, daß auch er mager und hungrig war. Er kehrte zu dem alten Mann zurück. Jede Hilfe wäre zu spät gekommen. Er war tot. Das war der erste Hungertod, bei dem Kočetow Zeuge wurde. Es sollte nicht der letzte sein.

Familienangehörige und Kinder bekamen die strengen Rationierungsmaßnahmen Pawlows am bittersten zu spüren. Zunächst erhielten Schwerarbeiter und staatliche Angestellte genug Lebensmittel, um sich bei Kräften zu halten. Das traf aber nicht für die übrige Stadtbevölkerung zu, soweit sie sich nicht direkt an den Kriegsanstrengungen beteiligte.

Nicht arbeitende Menschen und Kinder bekamen vom 1. Oktober an täglich einen Drittellaib Brot schlechter Qualität. Die übrige Monatsration bestand aus 1 Pfund Fleisch, 1½ Pfund Nährmitteln oder Makkaroni, ¾ Pfund Sonnenblumenöl oder Butter und 3 Pfund Kuchen oder Süßwaren. Das war alles. Außer der schmalen Brotration sollte jeder sich mit insgesamt 5¼ Pfund Lebensmitteln im Monat, also etwas mehr als 1 Pfund pro Woche, am Leben erhalten. Dazu kam, daß die Lebensmittelrationen schon fast seit Beginn der Verordnung nicht in vollem Umfang ausgegeben werden konnten. Anstelle von Fleisch gab es Fisch oder Konserven, die ›Kuchen‹ bestanden hauptsächlich aus Ersatzmitteln und hatten kaum einen Nährwert. Bonbons wurden anstelle von Öl oder Fett verteilt. Allmählich kam es dazu, daß oft nur noch die Brotration ausgegeben wurde. Ein Junge von sechzehn Jahren und ein fünfjähriges Kind erhielten die gleichen Rationen. Zu ihrem Schrecken stellten die Leningrader fest, daß Ende September und im Oktober vor allem die Menschen starben, die mit dieser stark reduzierten Ration allein auskommen mußten und über keine Vorräte verfügten.

Der energische junge Zivilbeamte Dimitri W. Pawlow, der am 8. September Leningrads Lebensmitteldiktator geworden war, versuchte rücksichtslos, jedes Gramm an Eßbarem in der Stadt zu erfassen. Das war eine unabsehbare Aufgabe. Obwohl er das wußte, ging er energisch an ihre Ausführung. Am 1. Oktober gab es neue Lebensmittelkarten, und die Bestimmungen wurden verschäft.

Es wurden 2 421 000 Karten ausgegeben, das waren 97 000 weniger als im September, aber immer noch sehr viele. Sonderrationen gab es jetzt nicht mehr. Im September waren noch 70 000 Sonderkarten ausgegeben worden, viele davon an Kinder, die evakuiert worden waren, oder an Personen, die nicht in Leningrad wohnten. Fabriken hatten an ihre Büroangestellten Sonderkarten ausgegeben. Das hörte jetzt alles auf. Jeder Beamte, der gegen die Rationierungsbestimmungen verstieß, wurde vor das Kriegsgericht gestellt. Bei einer Frau, die in der Druckerei arbeitete, in der die Karten gedruckt wurden, fand man hundert Karten. Sie wurde erschossen. Bewaffnete Posten bewachten die Druckerei. Man stellte ein Eisengitter vor der Druckerwerkstatt auf, und nicht einmal der Direktor durfte den streng gesicherten Raum betreten.

Pawlow wußte, jetzt kam es darauf an, durchzugreifen. Die Leute versuchten, auf alle mögliche Weise zusätzliche Lebensmittelkarten zu ergattern. In Fälscherwerkstätten arbeitete man mit in staatlichen Druckereien gestohlenem Papier und Druckerschwärze. Die Verkäufer in den nur schwach mit Petroleumlampen erleuchteten Läden konnten die Fälschungen nicht erkennen.

Pawlow besprach die Sache mit Schdanow, der am 10. Oktober eine Sonderverfügung erließ, nach der alle Lebensmittelkarten zwischen dem 12. und 18. Oktober registriert werden mußten. Er fürchtete, die Deutschen könnten größere Mengen gefälschter Karten in die Stadt schmuggeln.[1] Die Durchführung der Überprüfung war eine gewaltige organisatorische Aufgabe. Dreitausend Parteifunktionäre wurden dafür eingesetzt. Das kostete Tausende von Arbeitsstunden. Jeder Bewohner der Stadt mußte seine Karte vorlegen und nachweisen, daß er der rechtmäßige Inhaber war. Nach dem 18. Oktober waren nur noch Karten mit einem entsprechenden Stempel gültig. Nicht registrierte Karten wurden konfisziert. Das waren harte Maßnahmen, aber die Zahl der Brotkarten verringerte sich um 88 000, die der Fleischkarten um 97 000 und die der Fettkarten um 92 000. Wenn Pawlow mit seiner Versorgungspolitik Erfolg haben wollte, dann mußte er zu solchen Mitteln greifen.

Andererseits konnte Pawlow auch ganz neue Quellen für Lebensmittel erschließen. Bis zum 20. September brachte er 2 352 t Kartoffeln und Gemüse aus den Vorstadtbezirken zusammen, oft unter deutschem Feuer. Weitere 7 300 t wurden eingebracht, bevor der Boden auf den Feldern hart gefror. Aus den inzwischen geschlossenen Brauereien ließ er 8 000 t Malz sicherstellen, die mit Mehl gemischt zu Brot verbacken wurden. In den Militärdepots fanden sich noch 5 000 t Hafer, die auch von den Bäkkereien verbraucht wurden. Die Pferde verhungerten oder wurden ge-

[1] Pawlow meint, die Deutschen hätten keine gefälschten Lebensmittelkarten in die Stadt eingeschleust (persönliches Gespräch mit Pawlow am 30. April 1968).

schlachtet. Ein paar fütterte man weiter mit Ersatzfutter, aufgebrühten Zweigen, die man mit Baumwollsamenkuchen und Salz bestreute. Ein anderes Pferdefutter bestand aus gepreßtem Baumwollsamenkuchen, Torfabfällen, Mehlstaub, Knochenmehl und Salz. Die Pferde nahmen es nicht gern. Eine wissenschaftliche Arbeitsgemeinschaft unter W. I. Scharkow vom Institut für Holzverarbeitung entwickelte ein Verfahren, nach dem aus Fichtensägemehl eßbare Holzzellulose hergestellt wurde. Mitte November wurde sie dem Brot beigegeben, und während der Blockadezeit wurden fast 16 000 t davon verbraucht.

Am 15. September befahl Pawlow, das Brot aus folgenden Bestandteilen herzustellen: 52 Prozent Roggenmehl, 30 Prozent Hafer, 8 Prozent Gerste, 5 Prozent Sojamehl, 5 Prozent Malz. Am 20. Oktober war die Gerste verbraucht. Jetzt waren es 63 Prozent Roggen, 4 Prozent Flachskuchen, 4 Prozent Kleie, 8 Prozent Hafer, 4 Prozent Sojamehl, 12 Prozent Malz, 5 Prozent Mehl aus stockig gewordenem Getreide.

»Der Geschmack des Brots hatte dadurch allerdings gelitten«, mußte Pawlow zugeben, »es roch nach Schimmel und Malz.«

Die Lebensmittellieferungen kamen auf Lastkähnen und Schiffen über den Ladogasee. Schdanow sagte den Schiffsbesatzungen, das Schicksal Leningrads läge in ihrer Hand. Die Versorgungsflotte bestand aus 49 Lastkähnen. Einige wurden, vollbeladen mit Getreide, versenkt, aber es gelang, 2 800 t gequollenes und gekeimtes Getreide vom Seegrund zu heben. Daher rührte der Schimmelgeschmack des Brots.

Leningrad lebte am Rande der Katastrophe. Am 1. Oktober lagerten in der Stadt noch 20 052 t Mehl, ein Vorrat für 15 bis 20 Tage.

Die Suche nach Ersatznahrungsmitteln hörte nicht auf. Im Hafen fand sich ein größerer Vorrat an Baumwollsaatkuchen. Er war zum Verheizen in den Schiffskesseln bestimmt. Bisher hatte man den gepreßten Baumwollsamen noch nicht für den menschlichen Genuß verwendet, weil gewisse Giftstoffe darin enthalten waren. Pawlow stellte nun fest, daß man die Substanz durch Erhitzen entgiften konnte. So nahm er die 4 000 t Baumwollkuchen in die Lebensmittelvorräte auf. Zunächst bestanden nur 3 Prozent des Brots daraus. Das steigerte sich im Lauf der Zeit auf 10 Prozent.

Jewgenija Wasjutina berichtete: »Das Brot, das wir essen, ist so schwer wie Pflastersteine und bitter vom Baumwollkuchen. Man sollte die Baumwollsaat als Viehfutter verwenden.«

Jeder Winkel wurde nach Eßbarem durchstöbert. In den Lagerhäusern von Kronstadt fand man 622 t Roggenmehl, 435 t Weizen, 3,5 t Gerste und 1,2 t Speiseöl. In der Brauerei Stepan Rasin entdeckte man einen ganzen Keller voll Getreide. Man fegte die Lagerhäuser, Silos und Eisenbahnwaggons aus und brachte dabei 500 t Mehl zusammen. Eine neue Inventur

ergab, daß 32 000 t Mehl über die zunächst veranschlagte Menge hinaus vorhanden waren.
Im Oktober wurden die Lebensmittel immer knapper. Manchen Tag kam Jewgenija Wasjutina nach Hause und weinte den ganzen Abend. Sie war hungrig und fror, und die Nachrichten waren schlecht. Überall in der Stadt wurde fieberhaft gehandelt. Das wichtigste Tauschobjekt war Wodka. Dann folgten Brot, Zigaretten, Zucker und Butter. Gerüchte über bevorstehende Lebensmittelkürzungen mehrten sich. Dann wieder wurde behauptet, die Rationierung werde aufgehoben, da große Mengen von Lebensmitteln über den Ladogasee kommen sollten.
Die Stimmung wurde immer düsterer. Luknizky war nervös und sorgte sich um seinen alten Vater, seine Kusinen und seine Freundin Ljudmila, die alle mehr oder weniger von ihm abhängig waren. Er besuchte das Haus der Schriftsteller an der Newa auf der Uliza Woinowa. Als er zuletzt vor drei Wochen mit Vera Ketlinskaja hier zusammengetroffen war, hatte er nur wenige Menschen vorgefunden. Jetzt war es Ende Oktober, und es wimmelte von Besuchern. Im Restaurant konnten nur 130 Portionen ausgegeben werden, mehr war nicht da. Viele Schriftsteller mußten hungrig wieder gehen. Eine alte Übersetzerin schrie hysterisch, sie werde sich auf der Stelle die Kehle mit einem Rasiermesser durchschneiden, wenn man ihr nicht sofort etwas zu essen gebe. Schließlich konnte man sie beruhigen, aber sie bekam nichts zu essen. Die hier verabreichte Mahlzeit bestand aus einer wässerigen Kohlsuppe, zwei Löffeln Grütze, zwei Stückchen Brot, einem Glas Tee und einem Stück Kandiszucker.
Luknizky ging am Newaufer nach Hause. Die Silhouette der Peter und Pauls-Festung zeichnete sich gegen den Himmel ab. Auf dem Wasser lagen die großen Kriegsschiffe der Baltischen Flotte, die Geschützrohre in Feuerstellung, und die Takelage an den hohen Masten ließ sich deutlich vor den dunklen Wolken erkennen.
Neue Verbündete der Deutschen waren in die Stadt gekommen: die Kälte, der Winter und der Schnee. Am 14. Oktober um 11.00 Uhr vormittags fielen die ersten Flocken. Die Temperatur sank. Der Frost setzte ein. Der ›Tag der Skiläufer‹, das war der Tag, an dem die Schneedecke 10 cm dick wurde, kam am 31. Oktober. Das war unverhältnismäßig früh. Der erste Schnee war bisher in Leningrad immer ein Grund zum Feiern gewesen.
Leningrad war die winterliche Hauptstadt, die Stadt des Schnees und des Eises, die glitzernde Stadt des klirrenden Frosts. Jetzt aber verbanden sich schlimme Vorstellungen mit Schnee und Kälte. Würden die Wasserleitungen einfrieren? Die Häuser waren fast ungeheizt. Im September hatte man pro Person noch 2,5 l Petroleum bekommen können. Die Vorräte waren jetzt verbraucht, und bis zum Februar sollte es kein Petroleum

mehr geben. In den großen Steinhäusern am Newaufer war es kalt und es wurde immer kälter. Am Morgen waren die Bürgersteige vereist.

Der Herbst war zu Ende gegangen, ein Herbst, wie Leningrad ihn noch nie erlebt hatte. Der Winter fing an. Vielleicht, so dachte Luknizky, würde er Rußland zu Hilfe kommen wie damals, im Krieg gegen Napoleon. Er wußte nicht, wie recht er damit hatte. Der Winter würde Rußland helfen, aber Leningrad sollte dabei fast vernichtet werden.

Luknizky stellte in sich selbst eine Veränderung fest. Er war ständig unterwegs zwischen Leningrad und der Front. Vier bis fünf Tage hielt er sich in der Stadt auf, dann wieder eine Woche an der Front. Draußen bekam er die Heeresverpflegung. Die Soldaten bekamen 800 g Brot am Tage, dazu 150 g Fleisch, 140 g Nährmittel, 500 g Gemüse und Kartoffeln. Einen oder zwei Tage nach der Rückkehr von der Front spürte Luknizky kaum den Hunger, aber dann kam es über ihn. Vom frühen Morgen bis zum späten Abend dachte er ans Essen. Die kleine Portion Nudeln oder Makkaroni, die er abends aß, sättigte ihn nicht. Hungrig ging er zu Bett und wachte nach fünf bis sechs Stunden Schlaf hungrig auf.

So ging es allen Bewohnern der Stadt.

Die Menschen magerten zusehends ab, und sie entwickelten tierische Instinkte. Jelena Skrjabina hatte eine Freundin, Irina Kljujewa, eine schöne, elegante und ruhige Frau, die ihren Mann liebte. Jetzt zankte sie sich ständig mit ihm und schlug ihn sogar. Warum? Weil er essen wollte, immer, zu jeder Zeit. Nichts stellte ihn zufrieden. Sobald sie anfing, eine Mahlzeit zuzubereiten, stürzte er sich auf das Essen. Und auch sie selbst war hungrig. Noch im Oktober starb Irina Kljujewas Mann den Hungertod. Sie gab sich nicht einmal den Anschein, um ihn zu trauern.

Jeder versuchte, seine Ration nach Möglichkeit zu verlängern. Jelena Skrjabinas Mutter teilte die tägliche Brotration in drei Portionen ein. Morgens, mittags und abends aß sie je eine. Madame Skrjabina aß die ganze Tagesration am Morgen zum Kaffee. Das gab ihr die Kraft, stundenlang nach Lebensmitteln anzustehen oder in der Stadt herumzurennen, um vielleicht irgendwo etwas aufzutreiben. Nachmittags fühlte sie sich meist so schwach, daß sie sich hinlegen mußte. Sie sorgte sich um ihren Mann. Er bekam die Ration für im rückwärtigen Gebiet eingesetzte Soldaten, aber das war nicht viel mehr, als die Zivilisten bekamen. Morgens gab es für ihn eine Tasse Grütze mit Butter, aber er gab sie dem Sohn Juri.

Die Schlangen vor den Lebensmittelläden wurden so lang, daß es oft nicht möglich war, an die Reihe zu kommen, ehe die Vorräte ausverkauft waren. Endlich gelang es ihrem Mann, die Lebensmittelkarten seiner Familie bei einer militärischen Dienststelle registrieren zu lassen, wo es alle zehn Tage acht Teller Suppe und vier Teller Grütze gab. Auf dem schwarzen

Markt kostete ein kleines Brot jetzt 60 Rubel, ein Sack Kartoffeln 300 Rubel und 1 Kilo Fleisch 1 200 Rubel.

Jewgenija Wasjutina blieb wie eine Höhlenbewohnerin zu Hause. Die Wohnung war ungeheizt. Deshalb behielt sie auch im Zimmer den Wintermantel und die Filzstiefel an, die sie nur auszog, wenn sie zu Bett ging. Aber sie schlief auch im Mantel. Sie deckte sich mit der Matratze und Kissen zu, aber wenn sie aufstand, waren ihre Gelenke steif, und die Glieder schmerzten. Den Tee und das Essen wärmte sie auf einem winzigen, über zwei Ziegelsteine gelegten Rost. Darunter brannten ein paar dünne Späne. Es gab keinen elektrischen Strom. Eine *burschuika,* ein kleiner eiserner Ofen (der Name *burschuika* stammte aus dem Hungerwinter 1919/20, als die ›Früheren‹, die ›Bürgerlichen‹, solche Öfen benutzt hatten), war ein unerfüllbarer Traum. Ihr größter Wunsch war, einmal richtigen Tee trinken zu können, Tee mit Zucker und einem Brötchen dazu. Sie teilte die Brotration in drei Portionen auf, jede etwa so groß wie eine Tafel Schokolade, und auf jede Scheibe strich sie etwas Butter oder Öl. Eine aß sie zum Frühstück, eine zum Mittag, und die dritte versteckte sie unter dem Lampenschirm mit der kleinen Tänzerin. Es machte ihr Spaß, den Lampenschirm wie einen Kreisel in Bewegung zu setzen, so daß die kleine Balletteuse in die Runde wirbelte. Aber jetzt gab es keinen Strom, und niemand würde, so glaubte sie, auf den Gedanken kommen, dort nach etwas Eßbarem zu suchen.

Hunger und Kälte hatten ihr strenges Regiment angetreten. Bomben und Granaten fielen unablässig auf die Stadt. Zwischen dem 12. September und dem 30. November unterbrachen die Deutschen die Beschießung nur an zwei Tagen. Während der übrigen Zeit ging sie pausenlos weiter. Im September schlugen im Stadtbereich 5 364 Granaten, 991 Sprengbomben und 31 398 Brandbomben ein. Im Oktober waren es 7 590 Granaten, 801 Sprengbomben und 59 926 Brandbomben, im November 11 230 Granaten, 1 244 Sprengbomben, 6 544 Brandbomben, im Dezember 5 970 Granaten, 259 Sprengbomben und 1 849 Brandbomben. Die dadurch ausgelösten Brände ließen sich nicht mehr zählen. Im Oktober waren es mehr als 700.

Während dieser düsteren Herbstmonate erlebte Leningrad 79 Prozent der Luftangriffe des ganzen Krieges und hatte 88 Prozent der Gesamtverluste an Menschenleben durch feindliches Feuer zu beklagen.

Im Stadtarchiv häuften sich die Berichte. Aus dem Oktober liegt unter anderem der folgende vor:

> Uliza Marat, Haus Nr. 74, zwei Sprengbomben fielen auf zwei Flügel. Unter den Trümmern des zerstörten Gebäudes fand man die Leichen des Architekten-Ingenieurs Sukow, 35, und von Ogurzowa, 14, Ogurzowa, 17, Tutina, 35, Potechina, W., 17, Zwetkow, 28. Die Leiche von

J. W. Kunenowka, 60, wurde im gegenüberliegenden Trakt gefunden, wohin sie durch die Druckwelle der Detonation aus einem Fenster geschleudert worden war. Unter den Trümmern eines zweistöckigen Hauses fand man Potechina, W. Das Mädchen rief um Hilfe, und ihr Vater, der sich hier an den Aufräumungsarbeiten beteiligte, versuchte, die Trümmer beiseitezuräumen. Darunter hörte man den Ruf: »Vater, rette mich!« Aber als der letzte Balken fortgezogen wurde, war das Mädchen schon an einer Stirnwunde gestorben.

Die deutsche Artillerie hatte die Stadt in Feuerräume aufgeteilt. Zielpunkt 736 war eine Schule auf der Baburin Pereulog, 708 war das Müttergenesungsheim, 192 der Pionierspalast, 89 das Erisman-Krankenhaus, 295 das Gostiny Dwor, 9 die Eremitage, 757 ein Mietshaus auf der Bolschaja Selena Uliza, 99 das Netschajew-Krankenhaus, 187 die Bibliothek der Roten Flotte. Besonders häufig beschossene Ziele waren das Smolny-Institut, das Stabsquartier der NKWD auf der Liteinystraße und die Admiralität. Die Deutschen hatten die schwersten Geschütze Europas vor Leningrad in Stellung gebracht; Kanonen aus den Skodawerken, von Krupp und von Schneider. Darunter waren Eisenbahngeschütze mit Kalibern von 40 und 42 cm, deren Granaten 800 und 900 Kilogramm wogen, und die aus sechs im Umkreis der Stadt angelegten Stellungen über Entfernungen von 15, 28 und sogar 31 Kilometern schossen.

Aber das Leben ging weiter. Am 19. Oktober, 17 Wochen nach Kriegsbeginn, sprach Vera Ketlinskaja im Leningrader Rundfunk:

> Ich war gerade damit beschäftigt, meinen kleinen Sohn bei seinen ersten unsicheren Gehversuchen zu beaufsichtigen, als über den Rundfunk das alles umfassende Wort ›Krieg‹ in unser Leben kam. Jetzt sind seit diesem Tage 17 Wochen vergangen. Der Krieg hat unser aller Leben verändert, im Großen wie im Kleinen. Ich habe das Buch, das ich über das Glück schreiben wollte, beiseite gelegt, um über den Kampf, über die Tapferkeit und über den unnachgiebigen Widerstandswillen zu schreiben. Mein Sohn schläft jetzt im Luftschutzraum. Er kennt das Heulen der Luftschutzsirenen ebenso wie die Worte ›gehen‹ und ›essen‹ ... Es gibt keine guten Nachrichten – noch nicht, aber wir werden warten, wir werden kämpfen ...

Am 25. Oktober fand im großen Konzertsaal ein Konzert der Philharmonie statt. Alexander Kamensky spielte Tschaikowski. Als Zugabe spielte er den Praterwalzer. Das Konzert wurde nachmittags gegeben, und dunkle Schatten erfüllten den großen Saal. Die Zuhörer saßen in Wintermänteln da. Viele von ihnen waren Soldaten.

Der Astronom A. N. Deich versuchte, im Observatorium von Pulkowo zu retten, was von den Objektiven der Fernrohre, der wissenschaftlichen Ausrüstung, den wertvollen Sternkarten, Katalogen, der reichhaltigen Biblio-

thek und dem Archiv noch vorhanden war. Wochenlang hatten die Kämpfe in den Gebäuden des Observatoriums und in der unmittelbaren Nähe gewütet. Die große Kuppel, unter der das größte Fernrohr gestanden hatte, war schwer beschädigt, aber Deich stellte fest, daß die Panzerschränke, in denen das meiste Material aufbewahrt wurde, sich noch unbeschädigt in russischer Hand befanden. Unter seiner Führung begab sich ein Arbeitskommando am späten Abend des 13. Oktober in das Observatorium. Die deutschen Stellungen waren nur wenige 100 Meter von hier entfernt. Im Schutz der Dunkelheit konnte der wertvollste Besitz des Instituts, darunter die Inkunabeln, sichergestellt werden. Das Material mußte 400 Meter weit zu Fuß transportiert werden, da Lastwagen nicht bis auf den Hügel fahren konnten, auf dem das Observatorium stand.
Drei Nächte darauf machte sich Professor N. N. Pawlow mit fünf Lastwagen zum Observatorium auf. Trotz der Dunkelheit wurden sie etwa 1,5 Kilometer vor ihrem Ziel von den Deutschen bemerkt und unter Feuer genommen. Sie nahmen in einem Graben Deckung, aber dann gelang es doch, eine Menge wertvoller Aufzeichnungen und Ausrüstungsgegenstände mitzunehmen. Auf der Rückfahrt gerieten die Lastwagen wieder in deutsches Feuer.
Während eines besonders schweren Luftangriffs im Oktober begegnete der jetzt als Kriegsberichterstatter eingesetzte Dichter Nikolai Tichonow auf einem der unteren Korridore im Smolny einer bekannten Erscheinung, einem gedrungenen, kleinen Mann ohne Hut, mit einer Mähne wie König Lear und einem Bart wie Jupiter. Es war Professor Josif Orbeli, der Direktor der Eremitage.
Orbeli begrüßte Tichonow in seiner überschwenglichen Art.
»Sie haben das Nisami-Jubiläum natürlich nicht vergessen?« sagte Orbeli voller Eifer. Nisami war der Nationaldichter von Aserbeidschan. Am 19. Oktober sollte zum Gedenken an ihn eine 800-Jahr-Feier veranstaltet werden. Schon lange vor Kriegsausbruch hatte die Eremitage dieses Jubiläum geplant. Während Orbeli sprach, hörte Tichonow das Bersten der Bomben und das Bellen der Geschütze.
»Lieber Josif Abramowitsch«, sagte Tichonow, »Sie hören doch, was rings um uns geschieht. Unter diesen Umständen wird es, fürchte ich, nicht zu einer sehr triumphalen Feier kommen.«
Ungeachtet der Bomben und des Krieges war Orbeli entschlossen, die Veranstaltung stattfinden zu lassen. Er überredete Tichonow dazu, eine Ansprache zu halten. Er überredete die militärischen Dienststellen, ein halbes Dutzend Orientologen ›nur für einen Tag‹ freizustellen, die als Soldaten bei Pulkowo oder Kolpino vor dem Feinde lagen. Er versprach, sie noch vor Morgengrauen in die Schützengräben zurückzuschicken.
Die Feier in der Eremitage begann wie geplant am 19. Oktober, pünktlich

um 14.00 Uhr und schloß wenige Minuten vor dem gewohnten Fliegeralarm am Spätnachmittag. Wie Tichonow später feststellte, war es die einzige Feier in ganz Rußland zu Ehren des Gedenktages für diesen großen Dichter. Weder in Moskau noch in Baku hatte man daran gedacht.

»Menschen des Lichts« – so nannte Tichonow damals die Bewohner von Leningrad.

Doch in einigen Fällen verlöschte dieses Licht, zum Beispiel bei einer Gruppe Matrosen, die bei den Docks einen Kapitän erstachen, ein Boot stahlen und versuchten, nach Finnland zu entkommen. Ein Kutter brachte das Boot auf. Man stellte ein Erschießungskommando zusammen und ließ die fünf Männer vor einem offenen Graben antreten. Einer fiel auf die Knie und flehte um sein Leben. Das Kommando ertönte, die Salve krachte, und die fünf fielen langsam rückwärts in den Graben.

Eine andere Gruppe Matrosen besorgte sich von einem Bauern schwarzgebrannten Schnaps und die Soldaten betranken sich im Dienst. Man schickte sie in ein Strafbataillon, wo ein Himmelfahrtskommando nach dem anderen auf sie wartete und sie kaum eine Chance hatten, lebend aus dem Kriege zu kommen.

Hunger ... Kälte ... Geschoßgarben ... Bomben ..., die Verbündeten der Deutschen leisteten harte Arbeit in Leningrad.

Deus Conservat Omnia ...

33. Nur sieben Männer wußten es ...

Die ersten zwei oder drei Tage waren die schlimmsten. So empfand es Nikolai Tschukowski. Wenn man nichts weiter zu essen hatte als eine Scheibe Brot, dann litt man am ersten Tag am schlimmsten unter dem Hungergefühl – und auch am zweiten. Aber allmählich wurde man ruhiger, und an die Stelle des akuten Hungers trat eine stille Verzweiflung, eine düstere Stimmung ohne Ende, eine Schwäche, die erschreckend schnell zunahm. Was man gestern getan hatte, konnte man heute nicht mehr tun. Man sah sich von lauter unüberwindlichen Hindernissen umgeben. Die Treppen wurden zu steil – man kam nicht mehr hinauf. Das Holz wurde zu hart – es ließ sich nicht mehr spalten. Das Regal wurde zu hoch – man langte nicht mehr hinauf. Es kostete zuviel Mühe, das Klosett zu reinigen. Täglich nahm die Schwäche zu, aber das Bewußtsein blieb wach. Man sah sich selbst wie aus der Ferne. Man wußte, was geschah, aber man konnte es nicht aufhalten. Man sah, wie der eigene Körper sich veränderte. Die Beine wurden dünn wie Zahnstocher, das Fleisch an den Armen schwand dahin, die Brüste wurden zu schlaffen, leeren Beuteln, die Röcke rutschten von den Hüften, und die Hosen wollten nicht mehr obenbleiben. Seltsame Knochen kamen zum Vorschein. Oder es geschah das Gegenteil – die Glieder schwollen an. Man kam nicht mehr in die Schuhe. Man konnte nicht mehr ohne fremde Hilfe auf die Beine kommen. Die Wangen wurden zum Platzen dick. Der Hals paßte nicht mehr in den Kragen. Aber das alles war nur Luft und Wasser. Alle Kraft ging verloren. Manche behaupteten, das käme vom vielen Trinken.

Nicht vor dem Tod fürchtete man sich am meisten, so glaubte Tschukowski. Am schlimmsten war es, mitanzusehen, wie die Menschen um einen herum starben. Man fürchtete das unaufhaltsame Fortschreiten eines bestimmten Vorgangs, die Schwäche, die einen ergriff, das Angstgefühl und die Gewißheit, stufenweise sterben zu müssen – alleingelassen im Dunklen, in der Kälte, mit dem Hunger.

Die Parteifunktionärin Maria Rasina schrieb: »Die Lebensumstände der Leningrader Bevölkerung sind so schlecht, daß man sich Schlimmeres nicht vorstellen kann – Hunger, Kälte und Dunkelheit herrschen bei Einbruch der Nacht in jedem Haus.«

Im Oktober herrschte der Hunger, und nach dem 14. wurde es stürmisch und fing an zu schneien. Bomben und Granaten forderten ihre Opfer. Im November begann der Hungertod, Ernte zu halten, und nicht nur der Hungertod. Jede Krankheit konnte nun in kurzer Zeit zum Tode führen. Ein Magengeschwür war tödlich. Die Hälfte dessen, was man aß, war ungenießbar. Die Leute stopften sich mit Ersatznahrung voll. Sie rissen die Tapeten von den Wänden und kratzten den Leim ab, der angeblich aus Kartoffelmehl bestand. Manche aßen das Papier. Sie glaubten, es hätte einen gewissen Nährwert, weil es aus Holz bestand. Dann kauten sie den Gips, nur um sich den Magen zu füllen. Vera Inber besuchte ihre Freundin Marietta, eine Apothekerin im Erisman-Krankenhaus. Sie sah, daß die Käfige der Versuchstiere, der Kaninchen und Meerschweinchen, leer waren. Nur der Geruch war geblieben. Vor dem Luftschutzbunker sah sie den Wachhund Dinka. Wie die meisten Hunde in Leningrad hatte auch dieser sich daran gewöhnt, bei Alarm in den Bunker zu laufen. Aber Hunde waren in der belagerten Stadt schon eine Seltenheit. Die noch vorhandenen fielen einem auf – man dachte über sie nach.

Die Menschen erkrankten an Dystrophie und Durchfällen, verursacht durch die unverdaulichen Bestandteile der Nahrung, des Kaffs im Brot, des zusammengefegten Mehlstaubs, des Gipses, des Leims und anderer unverträglicher Substanzen. Die Lebenskraft verließ die Menschen schnell. In wenigen Stunden waren sie tot. Es stellte sich heraus, daß der Hungertod bestimmten Gesetzen folgte. Nicht die Alten starben zuerst; es waren die Jungen, besonders die zwischen vierzehn und achtzehn, die mit kleinsten Rationen auskommen mußten. Männer starben eher als Frauen. Gesunde, starke Menschen sanken früher dahin als chronisch Kranke. Das war die unmittelbare Folge der ungleichen Verteilung der Lebensmittelrationen. Kinder zwischen zwölf und vierzehn erhielten die Ration für Familienangehörige, die gleichen Mengen wie Kinder bis zu zwölf Jahren. Am 1. Oktober waren das nur 200 g, also 1/3 Brotlaib täglich – die Hälfte der Ration für Arbeiter. Aber kräftige, im Wachstum begriffene Kinder brauchen ebensoviel wie Arbeiter. Die Rationen für Männer und Frauen waren gleich, 400 g Brot für Arbeiter, 200 g für alle anderen Kategorien. Aber Männer verbrauchen mehr Muskelkraft, und ihre Ernährung hätte kräftiger sein sollen. Deshalb starben sie eher als die Frauen. Die monatliche Fleischration für Kinder und junge Leute waren 400 g, ein knappes Drittel der Ration für Arbeiter (1 500 g). Jugendliche erhielten die Hälfte der Fettration, etwas mehr als die Hälfte der Nährmittel und 3/4 der Süßwaren. Die Fronttruppen bekamen die doppelte Arbeiterration. Am 1. Oktober waren das 800 g Brot, 150 g Fleisch, 80 g Fisch, 140 g Nährmittel, 500 g Kartoffeln und Gemüse, 50 g Fett und 35 g Zucker täglich. Jelena Skrjabina schrieb in ihr Tagebuch: »Heute ist es so einfach, zu ster-

ben. Man verliert das Interesse, legt sich aufs Bett und steht nicht wieder auf.«
Sie sorgte sich um ihren sechzehnjährigen Sohn Dima. Im August und September hatte er die ganze Stadt durchstreift, um irgendwo etwas Eßbares zu finden. Er hatte die Kriegesberichte gelesen und mit Freunden gespielt. Jetzt benahm er sich wie ein alter Mann. Mit dunklen Ringen um die Augen saß er, Filzpantoffeln an den Füßen, den ganzen Tag am Ofen. Wenn es nicht gelang, ihn aus seiner Apathie aufzurütteln, würde er sterben. Jelena Skrjabina konnte kaum etwas auftreiben, um ihn zu ernähren. Er bekam nur die Kinderration – 200 g – zwei Scheiben Brot am Tage. Für einen noch wachsenden Jungen war das nichts. Sie erdachte alle möglichen ›Delikatessen‹, um seinen Hunger zu stillen; eine Sülze aus gekochtem Leder, mit Zellulose angedickte Suppe.
Es gab wilde Gerüchte über Fälle von Pest und Cholera. Zum Glück stimmten sie nicht. Aber die Ratten wurden frecher. Auch sie waren hungrig. Ein Matrose wachte auf, weil er das Gefühl hatte, jemand starre ihn an. Es waren die gelben Augen einer Ratte am Fußende seines Betts. Die Ärzte waren erstaunt über die rasche Zunahme der Dystrophie- und Skorbuterkrankungen. Ende November litten 18 Prozent der in den Krankenhäusern untergebrachten Patienten an durch Unterernährung verursachten Krankheiten. Am 20. November registrierte die Klinik der Kirow-Werke 28 Fälle von Dystrophie. Am folgenden Tag waren es 50. Das Standesamt im Wyborger Stadtbezirk wurde nicht mehr damit fertig, die anfallenden Totenscheine auszustellen. Ende November waren mindestens 11 085 Leningrader Bürger den Hungertod gestorben.[1]
Schon jetzt flüsterte man sich zu, die Wurst auf dem Markt sei nicht aus Schweinefleisch, sondern aus Menschenfleisch hergestellt. Es wurde behauptet, die Miliz habe Beweise dafür. Wer wollte sagen, ob das stimmte oder nicht? Man mußte vorsichtig sein. Jelena Skrjabinas Mann sagte, sie dürfe den fünfjährigen Juri nicht mehr abseits des Hauses spielen lassen, auch nicht in Begleitung des Kindermädchens. Man behauptete, Kinder seien verschwunden ...
Der Hunger brachte auch andere Veränderungen mit sich. Die Sexualität hörte praktisch auf. Es war nicht nur so, daß die äußeren Merkmale der Sexualität verschwanden, daß die Menstruation aufhörte, die Brüste der Frauen einschrumpften und ihre Gesichter faltig wurden. Auch der Ge-

[1] Durch Artilleriebeschuß starben dagegen im Herbst 681 Personen, und 2269 wurden verwundet. Durch Fliegerbomben wurden im September 566 Menschen getötet und 3853 verwundet. Im Oktober waren es 304 Tote und 1843 Verwundete, im November 522 Tote und 2505 Verwundete. Die Gesamtzahl der durch Bomben und Granaten Getöteten und Verwundeten während dieser drei Monate betrug 12 533.

schlechtstrieb verflüchtigte sich gewissermaßen. Die Frauen legten keinen Wert mehr darauf sich schön zu machen.

1942 zählte man nur noch halb so viele Geburten wie 1941; 1943 sank die Geburtenziffer noch einmal um 25 Prozent. 1940 betrug die Geburtenziffer 25,1 pro Tausend. 1941 waren es 18,3, 1942 nur noch 6,2.[2]

Nikolai Tschukowski glaubte, man könnte durch Beherrschung des Geschlechtstriebs trotz Hungers körperliche Kräfte bewahren. Bei ausgehungerten Menschen unterschieden sich die Geschlechter kaum voneinander. Sie schliefen nur deshalb eng nebeneinander, um sich warmzuhalten.

Gegen Ende des Winters wollte Tschukowski mit einer Anzahl von Mitarbeitern der Flottenzeitung ein öffentliches Bad besuchen – ein seltener Genuß. Die Leningrader Bäder schlossen im Dezember und blieben dann drei Monate geschlossen. Viele waren wochenlang nicht mehr aus den Kleidern gekommen. Sie arbeiteten und lebten in Räumen, in denen die Temperatur ständig unter dem Gefrierpunkt blieb. Als sie sich mit der sauberen Wäsche in der Hand zusammenfanden, erhob sich die Frage, was mit der Setzerin Soja geschehen sollte. Auch sie war erschienen, um mit den Kollegen zum Baden zu gehen. Tschukowski war die Sache peinlich. Soja hatte sicher das Recht, zu baden, aber was sollte man machen? Sie war die einzige Frau in einer Gruppe von Männern. Man ging gemeinsam los, aber im Badehaus gab es eine Überraschung. An diesem Tage wurden nur Frauen hineingelassen, und Soja war die einzige, die baden durfte. Tschukowski ging zum Leiter der Badeanstalt und erhielt schließlich die Erlaubnis, mit seinen Matrosen zu baden. Die Männer zogen sich aus und badeten zusammen mit den vielen Frauen. Alle fanden das ganz natürlich. Tschukowski stellte sich vor, was einige Monate früher dabei herausgekommen wäre, wenn seine Matrosen zusammen mit einer Schar nackter Frauen gebadet hätten. Aber jetzt standen sie nebeneinander, abgemagert bis auf die Knochen, die Frauen magerer als die Männer, und niemand dachte sich etwas dabei. Anstatt sich von den Kollegen abzusondern und in eine Ecke zugehen, stellte Soja sich zu ihnen, man reichte sich die Seife, schwatzte, brauste sich ab, freute sich an der Wärme und hielt das Ganze für selbstverständlich. Niemand zeigte das geringste erotische Interesse.

Als die Rationen später erhöht wurden und der Hunger allmählich schwand, wurden auch die sexuellen Beziehungen wieder normal. Aber diese Beziehungen nahmen im Krieg neue Formen an. ›Frontliebe‹ nannte man es in Leningrad – die Liebe, die zwischen Männern und Frauen, Mädchen und jungen Burschen entstand, die im Schützengraben nebeneinander kämpften und gemeinsam die Fliegerabwehrgeschütze bedienten. Dazu

[2] Im Dezember 1942 überstieg die Geburtenziffer zum erstenmal seit Beginn der Belagerung wieder die Sterbeziffer.

gehörte auch die Liebe zwischen den Krankenschwestern und den Verwundeten, die sie pflegten. Viele dieser Menschen waren verheiratet, aber sie waren schon lange von ihren Männern oder Ehefrauen getrennt. Sie wußten nicht, ob sie den Krieg, ja ob sie die nächste Woche noch überleben würden. Tschukowski meinte, man müsse die ›Frontliebe‹ als eine warme und notwendige menschliche Beziehung achten, die unter den unnatürlichen Verhältnissen des Krieges und der Belagerung etwas Selbstverständliches war.

Kapitän Iwan W. Trawkin war Kommandant eines U-Bootes, das in der Newa lag. Seine Familie lebte in Leningrad. Als er zu einem Urlaub nach Hause kam, fand er seine Frau stark aufgedunsen, mit tief eingesunkenen Augen und fast bewegungsunfähig vor. Die Tochter saß mit hervorquellenden Augen – das erste Anzeichen der akuten Dystrophie –, in Bettdekken gehüllt, auf dem Bettrand und aß eine Suppe aus Buchbinderleim. Die Schwiegermutter ging, unverständliche Worte murmelnd, lachend und weinend im dunklen, kalten Zimmer auf und ab. Sie war verrückt geworden. Die Fensterscheiben waren bei den Bombardierungen zersprungen, und jetzt hatte man sie durch Sperrholzplatten ersetzt. Die Wände waren durch den Rauch aus einem kleinen eisernen Ofen geschwärzt. Eine Petroleumlampe verbreitete ein schwach flackerndes Licht. Draußen hörte man Granateinschläge. Das war das Leben einer typischen Leningrader Familie an einem typischen Leningrader Belagerungstag.

Die Preise auf dem schwarzen Markt kletterten ständig in die Höhe. Anfang November kostete ein kleines Schwarzbrot – wenn es überhaupt zu bekommen war – 60 Rubel, ein Sack Kartoffeln 300 und 1 Kilo Fleisch 1 200 Rubel.

Niemand wußte besser als Pawlow, daß die Zeit gegen Leningrad arbeitete. Die Versorgung über den Ladogasee funktionierte nicht gerade glänzend. Die kleinen überladenen Boote liefen zu ihrer Fahrt nach Osinowjez gewöhnlich in der Dunkelheit aus; die Überfahrt dauerte sechzehn Stunden. Wie Habichte beobachteten die deutschen Flieger jeden Verkehr auf dem Wasser. Oft wurden die Boote versenkt, entweder auf dem Wege nach Leningrad mit der Lebensmittelladung oder auf dem Rückweg mit Flüchtlingen an Bord.

Schon von Anfang an war die Organisation der Versorgung über den Ladogasee schlecht gewesen. Sie unterstand einem Offizier des Heeres, Generalmajor Afanasy M. Schilow, der gegen den Rat der Marineleute befahl, die mit Getreide und Munition überladenen Lastkähne auch bei Sturm über den See zu schicken. Dabei gab es empfindliche Verluste. Andrei Schdanow befahl Schilow zu sich und drohte ihm mit dem Kriegsgericht (und der Erschießung), wenn er weiter die Schiffe gegen den Willen ihrer Kapitäne auslaufen ließe.

Admiral A. T. Karawajew war Zeuge dieser stürmischen Sitzung. Er fand, daß Schdanow sehr schlecht aussah. Er war blaß und müde, hustete und keuchte, aber rauchte trotzdem die ganze Zeit.

Die Nachschublage in Leningrad war im höchsten Grade kritisch. Zwei oder drei Tage nach dieser Besprechung schickte Schdanow ein Telegramm nach Ladoga: »Das Brot in Leningrad geht aus. Wenn die Lieferungen 24 Stunden unterbrochen werden, kostet es Tausenden von Leningradern das Leben.«

Im Oktober waren in Leningrad täglich 1 100 t Mehl verbraucht worden, aber in den ersten 30 Tagen kamen nur 9 800 t Lebensmittel über den Ladogasee. Riesige Vorräte türmten sich bei Wolchow und Gostinopolje. Deutsche Flugzeuge versenkten zahlreiche Lastkähne und Schiffe, obwohl Schdanow um wirksameren Jagdschutz gebeten hatte.

Die Lage wurde so kritisch, daß Bürgermeister Popkow am 13. Oktober nach Ladoga fuhr, um zu versuchen, dort Ordnung zu schaffen. Bei seiner Ankunft wurden Docks und Lagerhäuser gerade von deutschen Flugzeugen angegriffen. Auf einer sofort einberufenen Versammlung richtete Popkow einen dringenden Appell an das hier arbeitende Personal:

»Sie wissen, daß die Rationen in Leningrad zum drittenmal gekürzt worden sind. Arbeiter bekommen jetzt 400 g, Angestellte und Kinder 200 g Brot täglich. Das ist nicht viel. Bedenken Sie, daß ein Arbeiter täglich 2 000 Kalorien braucht. 400 g Brot enthalten etwas mehr als 500 Kalorien ... Ich will Ihnen nichts vormachen, aber das ist die Lage: Wenn das Getreide nur wenige Tage ausbleibt, werden die Leningrader kein Gramm Brot mehr bekommen können. Die Militärsowjets der Front und der Flotte, das Parteikomitee und der Stadtsowjet haben mich angewiesen, Ihnen zu sagen, daß das Leben der Leningrader Bevölkerung in Ihren Händen liegt.«

Dieser Appell hatte Erfolg. Unter heroischen Anstrengungen gelang es, 5 000 t Lebensmittel über den See nach Osinowjez zu bringen. Gleichzeitig schaffte man 12 000 t Mehl, 1 500 t Nährmittel und 1 000 t Fleisch von Gostinopolje nach Nowaja Ladoga, die von dort aus auf dem Wasserweg nach Leningrad weitertransportiert werden sollten. Dann setzten die Herbststürme ein.

Die Schiffahrt auf dem See mußte am 15. November eingestellt werden, als das Eis sich zu bilden begann. Nur einigen Kanonenbooten gelang es, bis zum 30. November 800 t Mehl über den See zu bringen.

In 65 Tagen waren 24 097 t Getreide und Mehl und 1 131 t Fleisch- und Milchprodukte per Schiff nach Osinowjez gebracht worden. Das waren Vorräte für zwanzig Tage. Insgesamt wurden 51 324 t verladen, aber dazu gehörte auch die Munition. Während der gleichen Zeit evakuierte man etwa 10 000 t wertvollen Materials und 33 479 Personen aus Leningrad und brachte sie über den See. Immer wieder griffen die deutschen Bomber die Schiffahrt auf dem See an. Als die Fahrten eingestellt wurden, war die Transportflotte bis auf sieben Lastkähne versenkt worden. Sechs kleine Dampfschiffe und 24 Lastkähne lagen auf dem Grund des Ladogasees.[3]

Am 1. November hatte die Stadt für 15 Tage Mehl, für 16 Tage Nährmittel, für 30 Tage Zucker, für 22 Tage Fett und fast kein Fleisch. Was an Fleisch zur Verfügung stand, wurde eingeflogen, und das war nicht viel.

Pawlow schreibt: »Jeder wußte, daß Lebensmittel knapp waren, denn die Rationen wurden wieder gekürzt. Aber nur sieben Männer wußten wirklich, wie es um die Stadt stand.«

Zwei zuverlässige Parteifunktionäre führten über die in Leningrad eintreffenden Lebensmitteltransporte Buch. Nur der innere Kreis der Militärkommandos und Pawlow kannten die Zahlen.

Der Jahrestag der Bolschewistischen Revolution, der als großer sowjetischer Feiertag am 7. November begangen wurde, rückte immer näher. An diesem Tag pflegte man sonst in ganz Rußland große Feste zu feiern – mit Wein, Wodka, fetten Truthähnen, Spanferkeln, Stör in Aspik, gekochtem Schinken, Bratgänsen und Wurst. Überall herrschte die ausgelassenste Stimmung, man setzte sich zu einem reichlichen Festmahl an die Familientafel, und es wurde viel getrunken. Nicht so 1941.

Die Deutschen hatten sich auf den 7. November vorbereitet. Tagelang warfen sie Flugblätter über der Stadt ab: »Geht zu den Bädern. Zieht eure weißen Kleider an. Eßt das Totenmahl. Legt euch in eure Särge und macht euch bereit zu sterben. Am 7. November wird der Himmel blau sein – blau von den Detonationen deutscher Bomben.«

Nicht zum erstenmal forderten die Deutschen die Leningrader Frauen auf, sich weiß zu kleiden. In den schlimmen Augusttagen, als Tausende an den Befestigungen vor der Stadt arbeiteten, hatten die Deutschen die Frauen durch den Rundfunk aufgefordert, etwas Weißes anzuziehen, damit die Flieger sie aus der Luft erkennen konnten, um sie nicht versehentlich zu treffen. Hunderte leichtgläubiger Babuschkas legten weiße Kopftücher und

[3] Einige Leningrader Quellen wie auch die offiziöse N. S. geben an, 45 000 t Lebensmittel seien auf dem Wasserweg nach Leningrad gebracht worden. D. W. Pawlow erklärt, darin seien alle Lieferungen zwischen dem 1. September und dem 7. Dezember enthalten. Außerdem schlösse diese Zahl Frachten ein, die nach dem Eintreffen der Deutschen an der Newa bei Iwanowskoje am 29. August aus Schlüsselburg herausgebracht wurden. Nach Leningrad wurden außer Lebensmitteln 6600 t Benzin, 508 000 Granaten und Minen, 114 000 Handgranaten und 3 Millionen Schuß Infanteriemunition gebracht (N. S., S. 207; Pawlow, a. a. O., 3. Aufl., S. 124). Auf dem Luftweg erhielt Leningrad vom 10. Oktober bis zum 25. Dezember 6186 t lebenswichtige Güter und 47,3 t Post. Per Flugzeug verließen 5099 Personen die Stadt, und 47,2 t Post und 1016,7 t Fracht wurden ausgeflogen (Leningrad w WOW, S. 225).

Schals an und wurden dann Schießscheiben für die tieffliegenden deutschen Flugzeuge.

Das Militärkommando in Leningrad nahm mit Sicherheit an, die Deutschen würden sich am 7. November etwas Besonderes einfallen lassen.

Am Abend des 6. November zur Zeit der Rundfunkübertragung der Feierlichkeiten in Moskau ertönten die Luftschutzsirenen.

Das Oberkommando von Leningrad saß im Smolny im Luftschutzbunker. Hier wurde ein großer Teil der Dienstgeschäfte erledigt. Die meisten hohen Offiziere und Parteifunktionäre übernachteten hier in einem Schlafraum.

Jetzt hörten sie die Rundfunkübertragung von der festlichen Versammlung in Moskau, die, wie sie wußten, auf dem Untergrundbahnhof unter dem Majakowskiplatz, etwa 30 Meter unter der Erde, abgehalten wurde, wo die Teilnehmer vor Bombenangriffen sicher waren. Der Empfang war sehr schlecht.

Marschall Woronow rief in Moskau an und sprach mit General N. D. Jakowlew, dem Inspekteur der Artillerie, der gerade von der Feier am Majakowskiplatz zurückgekommen war.

»Ich habe eine wichtige Mitteilung für Sie«, rief Jakowlew laut ins Telefon, aber die Verständigung war so schlecht, daß Woronow nicht verstehen konnte, um was es sich handelte. Er bat Jakowlew, das Wort zu buchstabieren: »P-A-R-A-D-E«! Nun begriff Woronow: morgen würde die traditionelle Parade auf dem Roten Platz stattfinden – ohne Rücksicht auf den Krieg, ohne Rücksicht auf den deutschen Angriff gegen Moskau und ungeachtet möglicher Fliegerangriffe.

Auf dem Finnländischen Bahnhof arbeitete Iwan Kanaschin mit einem starken Arbeitskommando Komsomolzen, um die hier entstandene heillose Verstopfung auf den Gleisanlagen zu entwirren. Auf diesem Bahnhof trafen die über den Ladogasee gebrachten Nachschubgüter ein. Außerdem war hier der Sammelpunkt für Flüchtlinge, die aus Leningrad evakuiert werden sollten. An diesem Abend waren die Wartesäle überfüllt mit Frauen, Kindern und älteren Leuten, die auf einen Zug warteten, der sie aus Leningrad herausbringen sollte, aus dem eisernen Ring des Hungers, der Kälte, der Furcht und der Gefahr.

Der Abend hatte schon schlimm genug angefangen. Die Eisenbahnbrücke bei Kuschelewka war von einer Bombe getroffen worden, und solange die Reparaturen andauerten, war der Zugverkehr in beiden Richtungen unterbrochen. Die Stauungen wurden immer unentwirrbarer.

Jetzt ertönten auch noch die Luftschutzsirenen. Rings um den Bahnhof standen viele Flakbatterien. Sie begannen zu schießen. Dann erschien plötzlich ein blendend weißes Licht am Himmel. Die Deutschen warfen riesige Leuchtbomben an Fallschirmen ab, die die ganze Umgebung taghell erleuchteten. Frauen und Kinder drängten sich angsterfüllt näher zusammen. Dann fielen die Bomben.

Es waren nicht die gewöhnlichen Sprengbomben. Sie waren schwerer als alles, was der Gegner bisher über Leningrad abgeworfen hatte; an Fallschirmen hängende magnetische Seeminen, mehr als 1 t schwer, mit einem Durchmesser von etwa 3 Metern. Zum Teil hatten sie Verzögerungszünder. Die Pionierkommandos zum Entschärfen der Bomben kannten diesen Typ noch nicht. Sie wußten nicht, daß die Minen explodierten, wenn man versuchte, die Zünder mit Schraubenschlüsseln oder Metallhämmern zu entfernen.

Die schweren Bomben schlugen mitten unter den Zügen auf dem Verschiebebahnhof ein, hoben vollbeladene Waggons aus den Schienen und zerschmetterten mit Frauen und Kindern vollbesetzte Personenwagen. Dann warfen die deutschen Flieger Brandbomben auf den rauchenden Trümmerhaufen. Kanaschin saß in einem Eisenbahnwagen, der neben einem großen Flüssigkeitsbehälter stand. Der Tank explodierte und warf den Wagen um. Nur der feste Metallrahmen des Wagens rettete Kanaschin und seinen Mitarbeitern das Leben. Der Luftangriff ging die ganze Nacht weiter. Von den Waggons war nichts übriggeblieben als ein Gewirr verbogener Eisenstangen. Zwei Lazarettzüge mit Verwundeten hatten hier auf die Abfertigung gewartet. Sie waren restlos vernichtet worden. In den zerstörten Waggons und daneben türmten sich die Leichen.

Plötzlich hörte Kanaschin ein lautes Stimmengewirr. Eine Horde Frauen kam näher. Sie schleppten einen jungen deutschen Piloten heran, der in der Nacht abgeschossen worden war. Sie zerrten ihn vor den Leichenberg am Lazarettzug und schrien: »Siehst du, was du getan hast, du Mörder? Siehst du es?«

Der Journalist Sergei Jeserski von der ›*Leningradskaja Prawda*‹ *schreibt* über seine Eindrücke in jener Nacht:

> Mitternacht. Die Stadt ist still und leer. Die großen Straßen und Plätze sind ausgestorben. Kein Licht – nur Dunkelheit. Kalte Windstöße wirbeln den Schnee auf. Man hört Artilleriefeuer. An den tiefliegenden Wolken sieht man den Widerschein des Mündungsfeuers. Ganz nah eine Explosion. Die Deutschen beschießen die Stadt. An den Straßenkreuzungen und Brücken Polizeistreifen. Sie rufen scharf: »Halt, wer da?«

Es gab keine offiziellen Feiern zum 7. November, keine Paraden, keinen Vorbeimarsch auf dem Schloßplatz, keine große Versammlung im Smolny oder im Tauridenpalais. Nur wenige rote Fahnen hingen aus den Fenstern der Häuser und wehten über dem Winterpalais. Keine großen Plakate verkündeten den 24. Jahrestag der Bolschewistischen Revolution. Über die Lautsprecher an den Straßen hörte man Leo Tolstois Erzählungen aus

Sewastopol – Berichte über die heroische Verteidigung Sewastopols im Krimkrieg. Wischnewki, der sich ständig darum bemühte, zur Hebung der Moral beizutragen, war begeistert. Schdanow sprach nicht. Dagegen hielten Bürgermeister Popkow, der Befehlshaber der Leningrader Front, Generalleutnent M. S. Chosin, der Schriftsteller Nikolai Tichonow und einige andere Persönlichkeiten Ansprachen. Der Leitartikel in der ›*Leningradskaja Prawda*‹ gab den Ton an: »Wir werden frieren – aber wir werden überleben. Wir werden hungrig sein – aber wir werden den Gürtel enger schnallen. Es wird hart sein – aber wir werden aushalten. Wir werden durchhalten, bis wir gesiegt haben.«

Kalt und dunkel, das waren die für die Schilderung der Zustände in der belagerten Stadt am 24. Jahrestag der Revolution am häufigsten verwendeten Worte.

In dieser grauen, steinernen Stadt war der Wind jetzt König. Manchmal fanden sich seltsame Botschaften in den Hausbriefkästen. Sie waren mit großen Buchstaben geschrieben: »Nur Gott kann Leningrad retten. Betet zum Himmel. Das Jüngste Gericht ist angebrochen. Christus steht auf den Gipfeln des Kaukasus.« Es gab in Leningrad immer noch die Altgläubigen und Molokans, Angehörige von Sekten, die früher in den russischen Wäldern gelebt hatten. Dies war ihre Botschaft an ihre russischen Landsleute.

Am 8. November nahm das deutsche XXXIX. Panzerkorps unter General Schmidt die Stadt Tichwin, etwa 60 Kilometer ostwärts von Wolchow, und unterbrach damit die Eisenbahnlinie zwischen dem Gebiet um Moskau und der Versorgungsstrecke nach Ladoga. Am gleichen Tag hielt Hitler in München eine Rede. Er sagte, Leningrad stehe mit erhobenen Händen da. Früher oder später werde es fallen. Niemand könne es befreien, niemand könne den Ring zerbrechen. Leningrad sei zum Hungertod verdammt.

Das war die Wahrheit – oder doch fast die Wahrheit. Leningrad hatte nicht kapituliert, aber sein Schicksal schien besiegelt zu sein. Die deutschen Rundfunkstationen sendeten Marschmusik. Die deutschen Sprecher sagten in den für Leningrad bestimmten Sendungen immer wieder: »Leningrad wird zur Kapitulation gezwungen werden, ohne daß deutsche Soldaten ihr Blut vergießen müssen.«

Das stimmte offensichtlich. Wie sollte man die Stadt ernähren? Es kam zu Paniken und Auflösungserscheinungen. Schnell wie der schneidende Wind am Newskiprospekt verbreitete sich die Nachricht vom Fall Tichwins. Wieviel Lebensmittelvorräte waren noch in der Stadt? Sehr wenig, viel weniger als die Leningrader wußten, aber sieben Männer wußten es. Am 9. November machten sie eine neue Aufstellung. Es gab noch Mehl für 7 Tage, Nährmittel für 8, Fett für 14, Zucker für 22 Tage. Die Fleischvorräte waren verbraucht. Am anderen Ufer des Ladogasees, über den jetzt die Stürme fegten und der so vereist war, daß kaum ein Schiff hinüberkam, lagerten die folgenden Vorräte: Mehl für 17 Tage, Nährmittel für 10 Tage, Fett für 3 Tage und Fleisch für 9 Tage.

Versorgungszüge kamen jetzt nur noch bis zu dem kleinen Haltepunkt Saborje, etwa 180 Kilometer diesseits von Wolchow. Die Entfernung von Saborje bis Ladoga betrug 340 Kilometer, aber hier gab es keine Verbindungswege, auf denen Lastwagen den Transport hätten übernehmen können. Wie lange würde es dauern, eine Straße zu bauen? Würde die Stadt nicht inzwischen ausgehungert sein?

Die Antworten auf diese Fragen ließen das Schlimmste befürchten. Aber nur sieben Männer in Leningrad kannten die schreckenerregende Antwort. Pawlow kannte sie am besten.

Es war keine Zeit zu verlieren, wenn man die Stadt retten wollte – *wenn die Stadt überhaupt gerettet werden konnte.*

Notstandsverordnungen ...

Die Rationen für die kämpfende Truppe wurden mit sofortiger Wirkung gekürzt. Bisher hatten die Soldaten täglich 800 g Brot, eine heiße Suppe und einen Eintopf bekommen. Für Fronttruppen gab es jetzt nur noch 600 g Brot und 125 g Fleisch. Rückwärts eingesetzte Soldaten bekamen 400 g Brot und 50 g Fleisch.

Pawlow wußte, daß man die ganze Stadt dem Hungertod ausliefern würde, wenn man die Rationen für die Zivilbevölkerung noch weiter kürzte. Schon so konnten die Menschen sich kaum mehr am Leben erhalten. Man durfte nur hoffen, daß der Ladogasee schnell zufror, damit man die Lebensmittel über das Eis heranschaffen konnte. Der Wetterdienst sagte niedrige Temperaturen voraus.

Schdanow und der Leningrader Verteidigungsrat ließen sich auf ein Glücksspiel ein. Sie beschlossen, die Rationen für die Zivilbevölkerung nicht zu kürzen. Wenn der See zufror, konnte man bei dieser Regelung bleiben. Jeden Morgen galt der erste Blick dem Thermometer. Die Temperatur sank, aber der See blieb offen. Fünf Tage vergingen. Die Vorräte waren fast erschöpft. Es gab keine andere Möglichkeit mehr: Am 13. November wurden die Rationen wieder gekürzt. Jetzt gab es pro Tag 300 g Brot für Fabrikarbeiter. Alle anderen bekamen nur noch 150 g.

Damit wurde der tägliche Mehlverbrauch auf 622 t gesenkt, aber Pawlow wußte, auch das konnte man nur noch wenige Tage durchhalten. Er wartete, er wartete auf das Eis. Es fror nicht genug; das Eis war noch zu dünn. Am 20. November würde das Mehl verbraucht sein. Wieder ein drastischer Schnitt – 200 g Brot für Fabrikarbeiter, 125 g (zwei Scheiben) für alle anderen. Für die Fronttruppe gab es 500 g, für die rückwärtigen Dienste 300 g.

An diesem Tag kam der Chefredakteur der ›*Leningradskaja Prawda*‹, Solotuchin zu Sergei Jeserski und bat ihn, den Leitartikel zu schreiben, der die schreckliche Nachricht in Leningrad bekanntmachte.

Jeserski erinnert sich: »Es war immer eine besondere Ehre, den Leitartikel schreiben zu dürfen, aber wie schwer ist es mir diesmal gefallen!«
Er setzte sich an seinen Tisch im Keller des Zeitungsgebäudes, wo die literarische Abteilung untergebracht war. Hier war es eng, weder hell noch dunkel und weder kalt noch warm. Die Mitarbeiter schliefen auf Sofas oder, wenn dort kein Platz war, auf den Tischen. Der Zementfußboden war naß und mit Brettern belegt.
Der Leitartikel begann:

> Die Bolschewiken haben der Bevölkerung noch nie die Wahrheit verschwiegen, so hart sie auch sein mochte. Für die Dauer der Blockade können wir nicht mit einer Verbesserung der Lebensmittelversorgung rechnen. Wir müssen die Rationen kürzen, um durchzuhalten, bis der Feind zurückgeschlagen wird und der Blockadering gesprengt ist. Schwierig? Ja, das ist schwierig. Aber es gibt keine Wahl, und jeder muß das verstehen ...

Jetzt verbrauchte die Stadt täglich 510 t Mehl. Pawlow ernährte die Bevölkerung von etwa 2,5 Millionen mit 30 Waggonladungen Mehl am Tage. Der tägliche Mehlverbrauch war im Lauf der Zeit um 75 Prozent herabgesetzt worden. Dies sind die Zahlen:

Beginn der Blockade bis zum 11. September	2 100 t
11. September bis 16. September	1 300 t
16. September bis 1. Oktober	1 100 t
1. Oktober bis 26. Oktober	1 000 t
26. Oktober bis 1. November	880 t
1. November bis 13. November	735 t
13. November bis 20. November	622 t
20. November bis 25. Dezember	510 t

Diese Rationen bedeuteten für Tausende das Todesurteil. Eine Schätzung besagt, die Hälfte der Leningrader Bevölkerung hätte aufgrund dieser Kürzungen verhungern müssen. Schdanow wußte das, ebenso Pawlow. Sie sahen keinen Ausweg.
Schdanow rief die Führer der kommunistischen Jugend zusammen. Die jungen Leute würden von den neuen Maßnahmen am stärksten betroffen sein. Ihre Aufgabe sollte es jetzt sein, der Stadt dabei zu helfen, die vor ihr liegende kritische Periode zu überstehen.
»Fabriken werden geschlossen«, sagte er. »Wir haben keinen Strom, kein Wasser und keine Lebensmittel. Durch den Fall von Tichwin hat sich ein zweiter Ring um uns geschlossen. Die allerwichtigste Aufgabe besteht darin, das Leben der Arbeiter zu organisieren, sie zu inspirieren, ihnen Mut und Festigkeit angesichts größter Schwierigkeiten zu geben. Das ist eure Aufgabe.«

Am 13. November wurde die Zusammensetzung des Brots wieder verändert. Es enthielt von jetzt an 25 Prozent ›eßbare‹ Zellulose. Man stellte ein Arbeitskommando von 300 Mann zusammen, um ›eßbare‹ Tannen- und Fichtenrinde zu sammeln. Jeder Stadtbezirk sollte täglich 2,5 t ›eßbares‹ Sägemehl herstellen.

Die Menschen lebten wie in einem Alptraum. Vera Inber ging mit ihrem Mann über den Leo-Tolstoi-Platz. Zwei Fliegerangriffe waren vorüber. Jetzt beschossen die Deutschen den Stadtteil mit Artillerie. Es war Abend, und der Bürgersteig war vereist. Vor einem Bäckerladen hörten sie eine zittrige Stimme rufen: »O mein Engelchen, helft mir, helft mir!«

Es war eine alte Frau, die im Dunklen ausgerutscht und hingefallen war. Man hörte über sich das Dröhnen der Flugzeugmotoren. Die Flak schoß. Die alte Frau war allein. Vera Inber und ihr Mann halfen ihr auf die Füße und wollten weitergehen. Aber die alte Frau flehte sie an: »Meine Lieben, ich habe meine Brotkarte verloren. Helft mir doch! Ich kann sie allein nicht finden.«

Zu ihrem Entsetzen hörte Vera Inber sich sagen: »Suchen Sie selbst, wir können Ihnen nicht helfen.«

Aber ihr Mann bückte sich und suchte, ohne ein Wort zu sagen, auf dem vereisten Boden so lange, bis er die Karte gefunden hatte. Dann eilten beide über die Petropawlowskstraße nach Hause, und Vera Inber konnte immer noch nicht verstehen, was über sie gekommen war.

Der Verlust der Lebensmittelkarte kam einem Todesurteil gleich.

Endlich wurde es kälter. Am 11. November fiel die Temperatur auf – 15°, am 14. auf – 20°. Luknizky war überzeugt, der Frost werde die Deutschen besiegen. Aber er dachte nicht daran, daß er vorher vielleicht das ausgehungerte Leningard erwürgen könnte.

Die offizielle Geschichte Leningrads berichtet: »Der November war der kritischste Monat der ganzen Belagerungszeit – nicht nur, weil er die größten Schwierigkeiten brachte, sondern auch wegen der herrschenden Unsicherheit. Krieg ist Krieg, und es war schwierig, vorauszusagen, wie die Lage um Leningrad sich entwickeln würde. Das faschistische Oberkommando hätte eine neue Offensive gegen Swirstroi oder Wologda beginnen können. Mit dieser Möglichkeit mußte man rechnen.«

Am 28. November schrieb Vera Inber in ihr Tagebuch:

> Um die Zukunft Leningrads sieht es schlecht aus. Erst kürzlich erzählte Professor Z. mir: »Meine Tochter hat den ganzen Abend im Keller gesessen und auf eine Katze gewartet.« Ich wollte ihm schon zu soviel Tierliebe gratulieren, als er erklärte: »Wir essen sie.« Ein anderes Mal sagte Z., ein passionierter Jäger: »Mein Leben wird zu Ende sein, wenn ich das letzte Rebhuhn geschossen habe. Jetzt glaube ich, ich habe es wirklich schon geschossen.«

Als Vera Inber am 1. Dezember über die Wolfstraße ging, sah sie etwas, was sie noch nie gesehen hatte, eine Leiche auf einem Kinderschlitten. Der Leichnam lag nicht in einem Sarg, sondern war fest in ein weißes Laken gewickelt, und man erkannte deutlich, wo Brust und Knie sich abzeichneten. Ein eigenartiger Anblick, der ihr biblisch oder altägyptisch vorkam. Sie wußte nicht, daß dieser Anblick sehr bald etwas ganz Alltägliches sein würde, das niemand mehr beachtete.
Der 1. Dezember war der 92. Tag der Belagerung von Leningrad. Seit dem Fall von Mga waren 91 Tage vergangen. Sieben Männer kannten das Geheimnis des Schicksals von Leningrad. Es war so fürchterlich, daß auch sie an die Zukunft nicht glauben wollten, die sich so deutlich aus den schwarzen Ziffern ablesen ließ, die vor ihnen lagen.

Vierter Teil

Der längste Winter

Wir sind zu dritt im Zimmer, aber zwei
Atmen nicht mehr. Sie sind tot.
Ich begreife das alles,
Doch warum breche ich das Brot
In drei Stücke . . .?

34. »Wann wird die Blockade aufgehoben?«

So unglaublich es Admiral Pantelejew erschien, die Leningrader Bevölkerung glaubte während des ganzen Oktober und noch im November, die Einschließung der Stadt könne jeden Tag beendet werden. Sogar als die Lebensmittelrationen immer wieder gekürzt wurden, hörte er von Freunden: »Sagen Sie bitte, Juri Alexandrowitsch, wann hat man vor, die Blokkade aufzuheben?« Für diese Menschen lautete die Frage nicht: kann die Blockade aufgehoben werden? Für sie war das Ganze nur eine Frage der zeitlichen Planung, als wenn es gehießen hätte: wann wird der Expreßzug ›Roter Pfeil‹ aus Moskau eintreffen?

Pantelejew versicherte seinen Freunden, die Belagerung werde bald zu Ende sein, aber er wußte, daß diese Auskunft falsch war. Die Lage verschlechterte sich von Woche zu Woche und wurde nicht besser; jeder Versuch, den Ring zu sprengen, hatte die Situation nur noch verschlimmert. Der erste ernsthafte Versuch von Marschall Schukow, den deutschen Ring Ende September zu zerbrechen, war ein verzweifeltes Glücksspiel gewesen. Er hatte bei Newskaja Dubrowka, nordwestlich von Mga, zwei Divisionen und eine Marinebrigade über die Newa geworfen. Es gelang, am anderen Ufer einen schwachen Brückenkopf zu bilden – mehr nicht. Schukow leitete noch einige andere Unternehmen ein, wie etwa eine amphibische Landung am Peterhofpalais, aber nichts gelang. Die hier eingesetzten Marineinfanteristen wurden fast bis zum letzten Mann aufgerieben.

Aber in Moskau und Leningrad wußte man, es mußte etwas unternommen werden. Am 12. Oktober telegrafierte Stalin und befahl eine Gegenoffensive. Am 15. Oktober erschien Marschall N. N. Woronow auf der Bildfläche, um darüber zu wachen, daß der Befehl ausgeführt wurde.

Woronow hatte seine Geburtsstadt zuvor für zwei Wochen verlassen. In dieser Zeit war er in eine gefährliche Auseinandersetzung mit Stalins Polizeichef Lawrenti P. Berija geraten. Stalin hatte Woronow gefragt, ob es richtig sei, für Berijas Polizeitruppen 50 000 Gewehre zur Verfügung zu stellen. Woronow hatte geantwortet, er wisse nicht, wozu die Waffen gebraucht würden. Berija, der wie Stalin aus Georgien stammte, hatte die Angelegenheit auf Georgisch erläutern wollen. Aber Stalin ärgerte sich. Er unterbrach Berija und setzte die Zahl der Gewehre auf 10 000 herab.

Berija gab Woronow die Schuld und sagte: »Warten Sie nur, wir werden Ihnen noch Knoten in die Gedärme schnüren!« Unter diesen Umständen war Woronow froh, wieder in Leningrad zu sein. Er brachte einen Briefumschlag mit, der die auf Zigarettenpapier geschriebenen Pläne der Stafka für die Zerschlagung des Belagerungsrings enthielt.

Als Marschall Woronow mit den Weisungen des Oberkommandos eintraf, rief General Iwan I. Fedjuninski den Leningrader Militärsowjet zusammen und entschloß sich, sofort am 20. Oktober die Offensive zu beginnen und gleichzeitig mit der Vierundfünfzigsten und Fünfundfünfzigsten Armee und der Operationsgruppe Newa, einem besonderen Angriffsverband, an der Newafront vorzustoßen. Das Oberkommando verlangte den Einsatz fast aller beweglichen Reserven an der Leningrader Front. Das waren acht Schützendivisionen, nicht weniger als hundert 60 t KW-Panzer, schwere Artillerie, alle verfügbaren Raketenwerfer vom Typ ›Katjuscha‹, sowie die vorhandenen Luftstreitkräfte einschließlich der Marineflugzeuge der Baltischen Flotte.

Damit standen Fedjuninski 63 000 Mann, 475 Geschütze und 97 Panzer (davon 59 KW-Panzer) zur Verfügung. Auf deutscher Seite standen ihm schätzungsweise 54 000 Mann und 450 Geschütze gegenüber.

Zur Aufrechterhaltung der Moral befahl das Leningrader Frontkommando den politischen Kommissaren, alles zu tun, um ›leeres und schädliches Gerede‹ zu unterbinden, das sich auf ein angeblich bevorstehendes Eintreffen neuer Armeen aus dem Osten zur Befreiung der Stadt bezog. »Die Stadt Lenins kann sich selbst befreien. Wir haben die Waffen und die Männer, die wir brauchen.«

Das war tapferes, aber törichtes Gerede.

Der ›Befreiungsangriff‹ war von vornherein zum Scheitern verurteilt. Vier Tage vor der geplanten Operation griffen die Deutschen an. Der Kommandeur des XXXIX. Panzerkorps, General Rudolph Schmidt, stieß, unterstützt vom I. Armeekorps, gegen die Naht zwischen der sowjetischen Vierten und Zweiundfünfzigsten Armee vor. Sehr bald zogen sich die geschlagenen russischen Truppen in Unordnung zurück. In wenigen Tagen wehrten sie sich bereits verzweifelt gegen den deutschen Versuch, einen zweiten Belagerungsring um Leningrad zu schließen.

Die sowjetische Vierte und Zweiundfünfzigste Armee standen ostwärts und südostwärts von Leningrad und schützten die Eisenbahnlinie, die von Osten her über den Knotenpunkt Tichwin nach Leningrad führte. Wenn General Schmidt Tichwin einnahm, unterbrach er damit die einzige Strecke, auf der die Russen jetzt Lebensmittel, Kraftstoff und Munition zur Versorgung Leningrads an den Ladogasee bringen konnten. War diese Strecke gesperrt, dann gab es nur noch die Möglichkeit, die Häfen am Ladogasee auf einem 360 Kilometer langen Umweg auf primitiven Wald-

wegen zu erreichen. Selbst unter russischen Verhältnissen würde es unmöglich sein, auf diese Weise die für die Erhaltung von 3 Millionen Zivilisten und Soldaten erforderlichen Nachschubgüter heranzubringen.
Die alte Regel, daß, wenn im Krieg ein Unternehmen mißlingt, die Lage sich auch überall anders verschlechtert, bewahrheitete sich jetzt in Leningrad.
Die versprochene sowjetische Offensive hat gar nicht erst richtig begonnen. Es war den Deutschen gelungen, ihren Gegner aus dem Gleichgewicht zu bringen, und die sowjetische zahlenmäßige Überlegenheit war zu gering, um damit einen Durchbruch zu erzwingen.
Natürlich gab es auch noch andere Probleme. General Fedjuninski war erst kürzlich nach Leningrad gekommen und war dienstjünger als manche seiner Untergebenen. Deshalb bat er den Chef des Generalstabs in Moskau, Marschall A. M. Wasilewski, um seine Ablösung. Er wies darauf hin, daß General Chosin, der Befehlshaber der Vierundfünfzigsten Armee, Generalleutnant sei, während er selbst nur Generalmajor war. Fedjuninski hatte als Bataillonskommandeur unter Chosin gedient, als dieser eine Division kommandierte.
Der Leningrader Parteisekretär Schdanow versuchte, Marschall Woronow zu überreden, an Fedjuninskis Stelle zu treten. Schdanow hatte eng mit Woronow zusammengearbeitet, der aus Leningrad stammte und als erfahrener Soldat großes Ansehen genoß. Aber Woronow konnte sich nicht entschließen. Er kannte die Schwierigkeiten und Gefahren. Er suchte Zeit zu gewinnen und wies darauf hin, daß er stellvertretender Verteidigungskommissar, Inspekteur der Artillerie der Roten Armee und Sonderbeauftragter des Oberkommandos in Leningrad sei. Seine Bewerbung könne in Moskau den Eindruck erwecken, er wolle sich um die ihm auferlegten Verantwortlichkeiten drücken. Das waren keine überzeugenden Argumente, aber Schdanow mußte die Entscheidung Moskau überlassen. Dort tat man das Naheliegendste. Man übertrug Fedjuninski den Oberbefehl über die Vierundfünfzigste Armee und setzte den bisherigen Armeebefehlshaber, General Chosin, an Fedjuninskis Stelle.
Woronow hat in diesen Tagen, wenn man es vorsichtig ausdrücken will, eine zwielichtige Rolle gespielt.
In seinen Erinnerungen schreibt er: »Nie zuvor in der Geschichte hatte Leningrad sich in einer so schwierigen Lage befunden. Die Ehre unserer Generation hing davon ab, die Stadt zu retten.«
Dennoch weigerte er sich, das Oberkommando in Leningrad zu übernehmen, und bemühte sich in erster Linie nicht darum, die Stadt aus dem Würgegriff der Deutschen zu retten, sondern betrachtete es als seine Aufgabe, Geschütze, Munition und Kriegsmaterial zur Verwendung an anderen Fronten, besonders vor Moskau, aus Leningrad herauszuschaffen.

In seinem ersten Gespräch mit Woronow bei dessen Ankunft am 15. Oktober bat Schdanow um mehr Material und mehr Munition. Woronow antwortete, in Leningrad lagerten große Mengen Kriegsmaterial, und meinte, die Stadt solle die Produktion steigern und im November nicht weniger als 1 000 000 Granaten aller Kaliber, im Dezember sogar noch mehr, herstellen. Inzwischen sollte alles, was hier nicht gebraucht werden konnte, aus der Stadt gebracht werden, während er dafür sorgen wolle, daß Sprengpulver und anderes Material, das Leningrad für die Munitionsherstellung brauchte, geliefert würde.

Auf Anregung Woronows wurde ein Produktionsplan für 1 722 000 Granaten und Minen für den Dezember aufgestellt. Er wurde nicht erfüllt. Mitte Dezember sank die Produktionsziffer praktisch auf Null. Woronow ließ tatsächlich 452 7,6 cm-Feldgeschütze, 12 cm-Granatwerfer, 8,2 cm-Geschütze und 560 Maschinengewehre aus Leningrad abtransportieren. Er meldete dem Oberkommando, er habe 50 000 Kartuschen für Panzergranaten vom Kaliber 7,6 cm an der Hand und könne sie zu jeweils 350 bis 370 Stück pro Flugzeug ausfliegen lassen. Für diese Transporte verwendete man die Maschinen vom Typ DC-3 oder TB-3.[1] Zunächst glaubte man in Moskau, diese Zahlen seien falsch. Später fragte man: »Können Sie nicht noch mehr Material aus Leningrad herausschicken? Beladen Sie die Flugzeuge schneller.« Bis Mitte Dezember wurden 30 000 Kartuschen ausgeflogen.

Wahrscheinlich hat Woronow in Wirklichkeit den Auftrag gehabt, die letzten Reserven aus Leningrad herauszuholen, bevor die endgültige Katastrophe eintrat. Dahinter stand eine grimmige Logik. Der Ring um Leningrad zog sich immer fester zu. Im September hatten die Sowjets die große Schlacht um die Stadt gewonnen, aber es war gut möglich, Leningrad in einer kleineren Novemberschlacht zu verlieren.

Wieder zerbrach eine sowjetische Armee unter den Schlägen eines deutschen Angriffs. Die Vierte Armee unter Generalleutnant W. F. Jakowlew lag im Sumpfgebiet am Wolchow und deckte hier die Anmarschwege nach Budogoschtsch und Tichwin an der einzigen zum Ladogasee führenden

[1] Während der letzten 6 Monate des Jahres 1941 wurden in Leningrad 713 Panzer, 480 Panzerspähwagen, 58 Panzerzüge, 2405 Feldgeschütze, 648 Panzerabwehrgeschütze, 10 000 Maschinengewehre, 3 Millionen Granaten und mehr als 80 000 Bomben und Raketen hergestellt (Leningrad w WOW, S. 186). Der (nicht erfüllte) Produktionsplan für Oktober sah 1 425 000 Granaten und 800 000 Minen vor (Karasew, a.a.O., S. 158). Nach Karasews Schätzung sind im Dezember 1941 mehr als tausend Geschütze aus Leningrad zur Verwendung für die von Moskau aus geführte Offensive ausgeflogen worden. (a.a.O., S. 133) Vom 31. Oktober bis zum 31. Dezember wurden 11 614 Kirowarbeiter, 6 000 Arbeiter aus den Ischorsk-Werken und 8590 Offiziere und Mannschaften auf dem Luftwege aus Leningrad abtransportiert (a.a.O.). Schon im Juni wurden drei schwere Küstenbatterien, darunter die K-Batterie aus Kronstadt, an die Front bei Wiasma gebracht (Kusnezow. In: ›*Oktjabr*‹. Nr. 8, August 1968, S. 176).

Bahnlinie. Jakowlew und seine Kommandeure waren es nicht gewohnt, unter solchen Verhältnissen zu kämpfen. Die Straßen waren versumpfte Pfade und führten über ein grundloses Moor. Das Wetter wurde immer unfreundlicher, der Regen verwandelte sich in Schlackschnee, und die Uniformen der Soldaten waren ständig durchnäßt.

Jakowlew mußte ausweichen, aber schon bald lief er Gefahr, mit seiner Armee eingeschlossen zu werden. Am 23. Oktober gab er Budogoschtsch auf in der Hoffnung, Tichwin halten zu können, aber General Schmidt war schneller.

Das besorgte Oberkommando in Moskau befahl, die 191. und 44. Division aus Leningrad im Lufttransport in den Raum Tichwin zu verlegen, um die Stadt gegen den deutschen Angriff zu verteidigen.

Aber General Jakowlew führte die frischen Truppen sofort nach ihrem Eintreffen einzeln ins Gefecht und nahm sich nicht die Zeit, genügend starke Kräfte zu sammeln. Das war ein entscheidender Fehler. Am 6. November war die Lage hoffnungslos. Die Vierte Armee war in drei Teile zerschlagen. Die 44. und 191. Division im mittleren Abschnitt unterstanden noch dem direkten Befehl Jakowlews und zogen sich in Richtung auf Tichwin zurück.

Die verbitterten und erschöpften sowjetischen Truppen dachten nicht daran, den 7. November festlich zu begehen. Bei einigen Truppenteilen gab es einen kurzen Appell, aber die meisten hatten genug damit zu tun, sich durch die endlosen Sümpfe zurückzuschlagen. Am Morgen des 7. November rief General Jakowlew den Artillerieführer, General G. J. Degtjarew, an. »Er tat es natürlich nicht, um mir zu diesem Feiertag zu gratulieren«, sagte Degtjarew später.

Die Deutschen durchbrachen die sich bereits auflösenden sowjetischen Linien und standen jetzt unmittelbar vor Tichwin. Die 44. Division war zerschlagen. General Jakowlew stellte sich den Offizieren der fluchtartig zurückgehenden Truppe persönlich entgegen, schickte sie nach vorn und befahl ihnen, die Stellung zu halten. Dann versuchte er, die verstreuten Reste der Division zur Verstärkung der Front heranzuführen.

Aber das gelang nicht. In der Nacht kam der Militärsowjet der Vierten Armee in dem Dorf Beresowik hart nördlich von Tichwin zusammen. Kein Zweifel, der Eisenbahnknotenpunkt war verloren. In der Nacht fuhren General Degtjarew und einige andere Offiziere über sumpfige Nebenstraßen nach Tichwin hinein, um den Abtransport dort lagernden Materials zu organisieren. Die Benzinlager brannten schon, und man hörte die Explosionen von Sprengungen, mit denen die Pioniere die Nachschublager zerstörten. Am 8. November drangen die Truppen General Schmidts in Tichwin ein, und die letzte Eisenbahnverbindung zum Ladogasee war unterbrochen. Am 9. November verkündete der Berliner Rundfunk:

»Tichwin ist gefallen!«
Jetzt bildete sich ein zweiter Umfassungsring um Leningrad.
In dieser gefährlichen Lage schickte Parteisekretär Schdanow einen seiner zuverlässigsten Mitarbeiter, den Parteisekretär Terenti F. Schtykow, an die Front bei Tichwin. Schtykow, ein gebürtiger Leningrader, war Spezialist für militärische- und Sicherheitsfragen. Er war zu jung, um an der Revolution teilgenommen zu haben, hatte aber den Jungkommunisten angehört und war als besonders tüchtiger Arbeiter im Proletarierwerk in Leningrad beschäftigt gewesen. Er hatte Abendkurse besucht und begann 1936 im Alter von 29 Jahren seinen Aufstieg in der Parteihierarchie. Zwei Jahre später wurde er Parteisekretär eines Leningrader Stadtbezirks. Seit Kriegsbeginn hatte er sich besonders mit militärischen Fragen beschäftigt. Nach dem Kriege überlebte er als einziger enger Mitarbeiter Schdanows und einziges Mitglied der Leningrader Beamten- und Parteihierarchie die blutige ›Affäre Leningrad‹, eine der sinnlosesten politischen Säuberungen der späten Stalinära.
In dieser kritischen Situation sollte er feststellen, wie es bei Tichwin aussah. Er griff sofort ein. General Jakowlew war offensichtlich nicht mehr Herr der Lage. Schtykow begab sich sofort in das Hauptquartier des Befehlshabers der Siebenten Sonderarmee unter General Merezkow in Swiriza, die einen Frontabschnitt am Swir direkt nördlich und ostwärts von Tichwin verteidigte. Durch den Fall von Tichwin waren die Stellungen Merezkows bedroht. Schtykow und Merezkow riefen am 7. November in Moskau an und sprachen zuerst mit Marschall A. M. Wasilewski und dann mit Stalin, der ihnen sagte, er habe keine Reserven zur Verfügung. Er schlug vor, die den Verbänden Merezkows benachbarten Teile der Vierten Armee Merezkow zu unterstellen. Der Befehl hierfür wurde am 9. November, einen Tag nach dem Fall von Tichwin, ausgestellt. Merezkow ließ seine Reserven sofort in die schon zerbrechenden Linien der Vierten Armee vorrücken, setzte sich selbst in ein leichtes Flugzeug und flog nach Bolschoi Dwor, ostwärts von Tichwin, wo angeblich das Stabsquartier der Vierten Armee untergebracht war. Er landete in der Abenddämmerung, und das Flugzeug kam im aufwirbelnden Schnee auf dem augenscheinlich verlassenen Feldflugplatz zum Halten. Einer seiner Begleiter sagte: »Unsere Truppen scheinen den Flugplatz geräumt zu haben. Ich sehe weder Flugzeuge noch Menschen.« Ein anderer fragte: »Auf welchem Flugplatz sind wir überhaupt gelandet?« Zu Merezkows Erleichterung kam ein sowjetischer Major der Luftwaffe auf das Flugzeug zu und sagte, er habe Befehl, den Flugplatz zu zerstören und zu räumen.
Merezkow versammelte alle hier noch zurückgebliebenen Soldaten in einer Blockhütte am Rande des Flugfelds und versuchte, ihnen Mut zu machen. Er sagte, die Deutschen würden in wenigen Tagen wieder aus

Tichwin hinausgeworfen werden. Aber der Zweifel stand diesen Männern im Gesicht geschrieben. Nach dem langen Rückzug und den vergeblichen und verlustreichen Kämpfen hatten sie jede Hoffnung auf einen Sieg verloren. Der General wendete sich an die Offiziere. Die meisten von ihnen waren auf dem Rückzug durch Tichwin gekommen. Sie hatten keine Erklärung dafür, daß die Stadt so schnell gefallen war, und wußten nicht, warum man sie nicht verteidigt hatte. Wie Merezkow später meinte, waren es die üblichen Gründe gewesen: Die Divisonen waren ausgeblutet, die meisten waren kaum noch tausend Mann stark. Sie waren von den übrigen Truppen abgeschnitten, hatten keine Munition und keine Waffen mehr, und General Jakowlew hatte seine Truppe nicht mehr in der Hand.

Zunächst mußte Merezkow Ordnung und Vertrauen wieder herstellen. Er rief die Truppenkommandeure zusammen, darunter auch den Artillerieführer Jakowlews, General Degtjarew, der eben erschöpft und verdreckt aus Tichwin kam, wo er bis zuletzt versucht hatte, die Vorräte an Kriegsmaterial zu retten. Degtjarew machte sich Sorgen. Er kannte Merezkow als einen strengen Offizier, der hohe Anforderungen an seine Untergebenen stellte, und es war ihm unangenehm, nach dem Fall von Tichwin, für den er sich verantwortlich fühlte, vor seinem neuen Befehlshaber stehen zu müssen. Merezkow sah ihn lange und durchdringend an. Der General war ein kräftiger, untersetzter Mann von vierzig Jahren mit dicken Lippen und kalten, grauen Augen, die er zu engen Schlitzen zusammenkniff, als er Degtjarew anblickte.

»Ich möchte Sie fragen«, sagte Merezkow, »warum Ihre Artillerie auf dem Rückzug die ihr gestellte Aufgabe nicht erfüllt hat.«

Degtjarew fürchtete das Schlimmste. Er wußte nicht, ob es Merezkow bekannt war, daß er zu den vielen Offizieren der Roten Armee gehörte, die 1938 der Säuberung zum Opfer gefallen und bei Beginn des Zweiten Weltkriegs ›rehabilitiert‹ worden waren. Aber die Frage Merezkows entsprach dem gewohnten Schema, mit dem man die Schuld für ein Versagen nachzuweisen pflegte. Er richtete sich auf und sagte: »Ich bin bereit, die Verantwortung für unser Versagen bei Tichwin zu übernehmen.«

Nach dem in der Roten Armee üblichen Vokabular meinte Degtjarew damit, er sei bereit, erschossen zu werden. Schweigend blieb er stehen. Merezkow stand auf, kam hinter seinem Schreibtisch hervor und ging im Zimmer auf und ab. Dann sah er Degtjarew lange an, setzte sich hin, nahm einen Bleistift in die Hand, legte ihn auf den Tisch zurück und sagte: »Es ist gut, daß Sie bereit sind, die Verantwortung zu übernehmen. Aber das ist nicht die Hauptsache. Jetzt kommt es darauf an, das Richtige zu tun und nicht die alten Fehler zu wiederholen.«

Degtjarew atmete auf. Er würde nicht erschossen werden.

Die nächste Aufgabe war nicht einfach. Die Deutschen schwenkten schon nach Norden gegen den Wolchow ab. Sie standen wenige Kilometer vor Wolchowstroi, wo sich das große Elektrizitätswerk befand, das bis Anfang November Leningrad mit Strom versorgt hatte. Dieses Werk war ein Monument der Revolution; 1926 gebaut, war es die erste in einer Reihe von Anlagen in Lenins großzügigem Plan zur Elektrifizierung ganz Rußlands. Der Verlust der Stellungen am Wolchow würde das Schicksal Leningrads besiegeln – wenn das nicht schon durch den Fall von Tichwin geschehen war. Wolchow wurde von der Vierundfünfzigsten Armee verteidigt, die seit dem 26. Oktober der energische und tüchtige General Iwan Fedjuninski anstelle von General Chosin befehligte. Nach dem Fall von Tichwin hatte er Leningrad um Verstärkungen gebeten und die 3. Gardedivision erhalten. »Das ist alles, was wir Ihnen jetzt oder später geben können«, sagte Chosin.

Fedjuninski war über die Entwicklung an seiner rechten Flanke, wo die Reste der Vierten Armee unter dem Stabschef General Ljapin zurückgingen, sehr besorgt. Nach Fedjuninskis Auffassung war Ljapin unentschlossen und beging Fehler. Er hatte seine rückwärtigen Dienste soweit zurückgenommen, daß die Versorgung der Truppe nicht aufrechterhalten werden konnte.

Am 10. November telegrafierte Fedjuninski an das sowjetische Oberkommando und bat darum, daß ihm die unter dem Kommando Ljapins stehenden Reste der Vierten Armee unterstellt würden. Er fügte hinzu: »Wenn das heute geschieht, läßt sich die Lage vielleicht noch retten. Morgen kann es schon zu spät sein, und Wolchow wird fallen.«

Fedjuninski hatte seinen Gefechtsstand in einem kleinen Unterstand im Wald eingerichtet, in dem nicht mehr als vier bis fünf Menschen Platz hatten. Während er die Antwort auf sein Telegramm erwartete, erschien der Direktor der Leningrader Lebensmittelversorgung, W. Pawlow, zusammen mit Kapitän W. S. Tscherokow, dem Befehlshaber der Ladogaflottille. Pawlow kam sofort zur Sache.

»Was glauben Sie«, fragte er, »können wir damit rechnen, daß Wolchow gehalten wird, oder sollen wir mit der Räumung der Lager beginnen. Beantworten Sie mir meine Frage bitte ganz freimütig.«

Fedjuninski teilte ihm den Inhalt seines Telegramms mit. Dann wurde er an den Telegrafenapparat gerufen. Ein unverschlüsseltes Telegramm traf gerade ein. Sein Ersuchen war genehmigt. Er sollte die Reste der Vierten Armee übernehmen und Wolchow verteidigen. Eine Bestätigung traf am Abend des 11. November ein. Die Übernahme des Kommandos sollte am folgenden Morgen um 6.00 Uhr stattfinden.

Fedjuninski, Pawlow und Tscherokow fuhren sofort zum Hauptquartier Ljapins in das Dorf Plechanowo. Das war eine weit auseinandergezogene, friedliche Siedlung. Das Stabsquartier war an den zu dem Hause führenden Telefonleitungen und an einem Kraftwagen zu erkennen, der, sorgfältig mit Fichtenzweigen getarnt, vor der Tür stand.

»Wo ist General Ljapin?« fragte Fedjuninski den Offizier vom Dienst.

»Der General ruht und wünscht, nicht gestört zu werden«, antwortete der Offizier.

»Wecken Sie ihn!« befahl Fedjuninski.

Nach geraumer Zeit erschien Ljapin. Er hatte sich in aller Ruhe angezogen. Fedjuninski teilte ihm mit, daß er das Kommando übernommen habe. »Ich schlage vor, Sie begeben sich noch heute abend an die Front«, fügte er hinzu.

Die damals für das Schicksal Leningrads verantwortlichen Männer erinnerten sich später an den November als den kritischsten Monat der ganzen Belagerungszeit. Jedes neue Kommuniqué des sowjetischen Informationsbüros klang bedrückender als das vorige. Um Moskau wütete die große Schlacht. Niemand wußte, ob die sowjetische Hauptstadt gehalten werden konnte und ob der zweite eiserne Ring um Leningrad geschlossen bleiben würde, ja es gab noch schlimmere Befürchtungen. Würden die Deutschen noch weiter vorstoßen, um die Ostküste des Ladogasees herumschwenken, sich mit den Finnen vereinigen und dann nach Wologda, dem nordostwärts von Moskau gelegenen Eisenbahnknotenpunkt, vorgehen? Würde nicht Moskau bald ebenso vom übrigen Rußland abgeschnitten sein wie Leningrad? Diese Möglichkeit ließ sich nicht ausschließen.

In dieser kritischen Lage schrieb Michail I. Kalinin, der Präsident der Sowjetunion, selbst ein alter Leningrader, ehemaliger Arbeiter der Putilow-Werke, eine ehrwürdige und geachtete Persönlichkeit – einer der wenigen seiner Art in der sowjetischen Regierung –, einen persönlichen Brief an das Staatliche Verteidigungskomitee, das heißt an Stalin:

> Die Schwierigkeiten und Gefahren der Lage bei Leningrad haben sich offensichtlich vermehrt. Mir scheint es wichtig, daß wir zuverlässige Verbindungswege schaffen, um Leningrad auch im Winter zu versorgen – durch Schlitten, Automobile und Flugzeuge. Augenscheinlich verfolgen die Deutschen weitgesteckte Ziele und wollen Wologda nehmen, um unsere Verbindungen zu Amerika abzuschneiden.

Kalinin schlug vor, ein Mitglied des Staatlichen Verteidigungskomitees oder eine andere verantwortliche Persönlichkeit solle die Maßnahmen zur Vereitelung dieser deutschen Pläne ausarbeiten. Diesmal hörte Stalin auf Kalinin. Er antwortete:

»Ihre Beurteilung der Lage hinsichtlich der Städte Leningrad und Wologda ist vollkommen richtig und kommt zur rechten Zeit. Wir werden alle notwendigen Schritte tun.«

Am 16. November erging der Befehl zur Errichtung einer Luftbrücke, um täglich Nahrungsmittel nach Leningrad einzufliegen. Dafür wurden 135 t konzentrierter Nährmittel und Suppen, 20 t Wurst und Fleischkonserven, 10 t Trockenmilch und Eipulver, 15 t Butter und 20 t Fett bereitgestellt. Die Luftwaffe mußte 24 schwere Transportflugzeuge und 10 schwere Bomber für diese Aufgabe freistellen. Zwar genügte das noch lange nicht, um die Stadt zu retten, und die festgesetzten Mengen wurden nicht immer erreicht. Aber die Maßnahme erleichterte die Lage.[2] Auf Verlangen Stalins befahl das Oberkommando eine sofortige Offensive zur Entlastung der Front am Wolchow und die Zurückeroberung von Tichwin.

Niemand wußte, welchen Erfolg die Offensive haben würde. Leningrad stand am Rande der Katastrophe.

Parteisekretär Schdanow rief den Leningrader Militärsowjet im Smolny zusammen, um festzustellen, wie man von Leningrad aus die bevorstehenden Operationen unterstützen könne.

Man besprach zunächst die Möglichkeit, den Brückenkopf auf dem Südufer der Newa bei Newskaja Dubrowka zu verstärken. Es hatte ungeheure Anstrengungen gekostet, diese Stellung zu halten. In der vergangenen Nacht waren die letzten leichten Panzer der Leningrader Reserve über den Fluß in den Brückenkopf gebracht worden. Acht waren schon wieder von den Deutschen abgeschossen worden. Die verbleibenden sechs waren jetzt in festen Feuerstellungen eingegraben.

Der Panzerführer, General N. A. Bolotnikow, meinte: »Unter solchen Umständen von einer Offensive aus der belagerten Stadt heraus zu sprechen, grenzt an Irrsinn. Wenn man die Vierundfünfzigste Armee unterstützen will, braucht man schwere Panzer. Ohne sie ist die Infanterie hilflos. Fragen Sie Byćewski, ob man KW-Panzer über den Fluß bringen kann. Er hat keine Pontons, und außerdem ist fast der ganze Flußlauf zugefroren.«

Nervös warf Parteisekretär Kusnezow ein: »Wollen Sie damit etwa sagen, wir sollten die belagerte Stadt den Deutschen überlassen?« Kusnezow sah noch elender aus als Schdanow. Sein Gesicht war eingefallen, die Nase bleistiftspitz, und die Augen glühten wie im Fieber.

Die Besprechung zeigte deutlich, wie gefährlich die Lage in Leningrad war. Um die Panzer über das Eis zu schaffen, hätte Byćewski riesige Mengen von Drahtnetzen gebraucht. Er glaubte, sie vielleicht irgendwo in der Stadt auftreiben zu können, aber Pontons mußten erst gebaut werden. Er bat Schdanow um die Zuteilung von 5 000 Kilowatt aus dem städtischen

[2] Vom 13. September bis zum 31. Dezember wurden 6000 t lebenswichtige Güter, und zwar 4 325 t Lebensmittel und 1 660 t Waffen und Munition, nach Leningrad eingeflogen (N. S., S. 256). Vom 21. Oktober bis zum 31. Dezember waren es 3357 t hochwertiger Lebensmittel, etwa 64 Flugzeuge beteiligten sich, aber nur 20 oder 22 waren jeweils startklar. Sie beförderten 40 bis 50 t täglich (Karasew, a.a.O., S. 132/133).

Kraftwerk für die dafür benötigten Maschinen. Schdanow zog ein abgegriffenes Notizbuch aus der Tasche und sagte: »Ich kann Ihnen keine 5 000 Kilowatt geben – höchstens 3 000.« Byćewski seufzte so vernehmlich, daß Schdanow den Blick hob. Die Pioniere, die die Pontons bauen sollten, erhielten nur die 300 g-Brotration für die rückwärtigen Dienste. Byćewski sagte, sie seien zu schwach, um bei dieser Ernährung weiterzuarbeiten. Schdanow sagte ihm die volle Brotration von 500 g täglich für die Dauer dieses Arbeitseinsatzes zu.

Die übermäßige nervliche Belastung machte sich bei Schdanow und den anderen führenden Persönlichkeiten deutlich bemerkbar. Die Zivilbeamten ebenso wie die Militärs arbeiteten gewöhnlich achtzehn, zwanzig oder zweiundzwanzig Stunden am Tage. Die meisten schliefen nur in kurzen Pausen ein paar Minuten mit dem Kopf auf dem Schreibtisch oder legten sich auf eine Couch in ihrem Amtszimmer. Sie aßen etwas besser als der Durchschnitt der Bevölkerung. Schdanow und seine Mitarbeiter erhielten ebenso wie die Frontkommandeure die gleiche Zuteilung wie die Truppe, etwa 1 Pfund Brot täglich, dazu einen Teller Fleisch- oder Fischsuppe und vielleicht etwas Nudeln oder Grütze. Zum Tee gab es ein paar Stückchen Zucker. Sie verloren zwar an Gewicht, magerten aber nicht völlig ab, und kein höherer Offizier oder Parteifunktionär erkrankte an Dystrophie. Aber ihre Kräfte erschöpften sich, die Nerven wurden aufs höchste belastet, und die meisten von ihnen zogen sich chronische Herz- und Kreislauferkrankungen zu.

Am 24. November erließ das Oberkommando eine Direktive, in der die Operationen der Vierundfünfzigsten, Vierten und Zweiundfünfzigsten Armee aufeinander abgestimmt wurden. Die Vierte Armee sollte zuerst losschlagen, dann folgte die Zweiundfünfzigste am 1. Dezember, am 3. Dezember die Vierundfünfzigste.

General Merezkow hatte am 30. November eine Besprechung mit seinem Militärsowjet. Sein Gesicht war aschfahl vor Erschöpfung. Da läutete der an die direkte Leitung nach Moskau angeschlossene Fernsprecher. Merezkow ging an den Apparat. »Hier spricht der Kreml«, sagte eine Stimme. General Degtjarew und die anderen Offiziere blieben stumm sitzen und hörten zu. Ein Mitglied des staatlichen Verteidigungskomitees war am Apparat. Aus den Antworten Merezkows war zu entnehmen, daß über die bedrohliche Lage in Leningrad gesprochen wurde.

»Ich verstehe sehr gut die Lage der Verteidiger Leningrads«, hörten sie Merezkow sagen, »aber auch wir haben es nicht leicht. Bei Tichwin haben die Deutschen eine neue Division herangeführt, die 61. Infanteriedivision. Der Feind ist uns zahlenmäßig weit überlegen.«

Dann hörten sie jemanden sagen: »Warten Sie einen Augenblick.« Merezkow schwieg. Er rieb sich nervös die hohe Stirn. Den anderen war es klar

– er wartete auf Stalin. Die Mitglieder des Militärsowjet erstarrten auf ihren Stühlen.

Merezkow gab keine Erklärungen mehr ab. Er hörte zu und sagte nur zwischendurch: »Ich verstehe ... Ich werde entsprechende Maßnahmen ergreifen ... Das wird geschehen ...« Das Gespräch dauerte nicht lange. Merezkow legte den Hörer auf die Gabel. Wieder strich er sich mit der Hand über die Stirn. Dann ging er schweigend zur Karte, sah sie sich eine ganze Weile an, wendete sich wieder der Versammlung zu und lächelte grimmig.

»Ja, so ist das«, sagte er. »Und Sie nehmen es mir übel, wenn ich Sie auf die Bratpfanne lege!«

Mit langen Schritten ging er im Zimmer auf und ab. Dann sagte er: »In einer Stunde werden wir bei der Truppe sein – wir alle!«

Stalin ließ nicht mit sich scherzen. Nach drei Tagen traf eine Sonderkommission in Merezkows Hauptquartier ein. Sie stand unter der Führung des widerwärtigen Polizeigenerals Kulik, des bevorzugten Schützlings Berijas. Der Polizeigeneral Kulik war selbst zum großen Teil für die gegenwärtig so schwierige Lage verantwortlich. Sowjetische Militärs sind der Ansicht, daß seine nachlässige und feige Führung der Vierundfünfzigsten Armee im September die gefährliche Lage bei Leningrad heraufbeschworen habe. Marschall Woronow behauptet, Kulik sei allein schuld daran, daß Leningrad eingeschlossen wurde. Aber Kulik besaß immer noch das Vertrauen Stalins und Berijas. Jetzt war er an die Front geschickt worden, um die Durchführung der Offensive im Raum Tichwin zu überwachen.

Kulik nahm die Truppenkommandeure Merezkows einzeln ins Verhör. Degtjarew erklärte ihm das artilleristische Kräfteverhältnis und sagte, die Deutschen hätten niemals unter Munitionsmangel gelitten. Er gab zu, daß die Vierte Armee über mehr Geschütze verfügt habe als der Gegner.

Kulik ging gleich zum Angriff über: »Warum haben Sie mit dieser artilleristischen Überlegenheit der Infanterie nicht den Weg nach Tichwin frei gemacht?«

Degtjarew versuchte, Kulik klarzumachen, daß auf einen Kilometer Frontbreite nur fünf oder sechs Geschütze kamen.

»Sie sitzen in Ihrem Stabsquartier und haben keine Ahnung, wie es vorn bei der Truppe aussieht«, schrie Kulik. »Sie hätten schon längst erschossen werden sollen. Ihretwegen ist Tichwin verlorengegangen.«

»Es ist schwer zu sagen, wie die Sache für mich hätte ausgehen können«, berichtete Degtjarew später. Doch Merezkow kam ihm zu Hilfe, und Kulik gab, unbestimmte Drohungen ausstoßend, schließlich nach. Am Morgen des 15. Dezember begann Merezkow unter der strengen Aufsicht Kuliks seine Offensive.

Merezkows Truppen gelang es, im energischen Vorstoß bei winterlichen Temperaturen zwischen – 20° und – 30° durch bis zu zwei Meter hohe Schneewehen immer näher an Tichwin heranzukommen. Fedjuninskis Vierundfünfzigste Armee unterstützte diesen Angriff. Sie kam von Norden her und brachte einige 60 t schwere KW-Panzer ins Gefecht, die man, so unglaublich es klingen mag, über den zugefrorenen Ladogasee geschafft hatte. Um das Gewicht zu vermindern, waren die Türme abmontiert worden.

Am 8. Dezember drang Merezkows Vierte Armee kämpfend in Tichwin ein.

Am 9. Dezember war die Stadt wieder fest in sowjetischen Händen. Die Deutschen hatten sie genau einen Monat gehalten. Die Wiedereroberung Tichwins am siebzigsten Tag der Belagerung Leningrads war das erste handgreifliche Zeichen dafür, daß die Verteidigungsstellungen vor der Stadt gehalten werden konnten, daß kein zweiter Ring um Leningrad geschlossen würde und daß der deutsche Traum, mit einem Vorstoß nach Osten bis Wologda Moskau von Osten her abzuschneiden und die Verbindungen nach Sibirien und Amerika zu unterbrechen, sich nicht erfüllen würde.

Am 8. Dezember unterschrieb Hitler seine Weisung Nr. 59 und befahl darin der Heeresgruppe Nord, die Kontrolle der Eisenbahn- und Straßenverbindungen zwischen Tichwin und Wolchow bis Kolchanowo fester in die Hand zu nehmen, um so die Vereinigung mit den Finnen in Karelien zu ermöglichen.

Die Zurückgewinnung Tichwins war ein echter Sieg. Ob damit Leningrad und seine hungernden Einwohner gerettet waren, die jetzt – zu Skeletten abgemagert – ohne Heizung, ohne Licht und ohne Verkehrsmittel leben mußten, konnte niemand mit Sicherheit sagen.

Am 9. Dezember stellten die Straßenbahnen in Leningrad bis auf einige wenige, für den Munitionstransport eingesetzte Wagen den Verkehr ein; 90 bisher noch auf acht Strecken verkehrende Elektrische wurden stillgelegt. Von jetzt an gingen die Leningrader zu Fuß und schleppten sich müde über die vereisten, tief verschneiten Straßen. »Es gibt fast keinen elektrischen Strom mehr in der Stadt«, schrieb der Direktor der Kabelfabrik Nord, A. K. Koslowski, am 2. Dezember in sein Tagebuch. »Heute fiel auch der Strom in unserer Fabrik aus.«

Am Abend des 8. Dezember kehrte Pawel Luknizky von der Front nach Leningrad zurück. Am 11. Dezember um 23.30 Uhr saß er an seinem Schreibtisch und schrieb in sein Tagebuch:

> Eine dunkle Nacht. In diesem wie in allen anderen Zimmern des Hauses auf der Schtschorstraße und in fast allen anderen Häusern in Leningrad friert es und ist es stockdunkel. Ja ... Tichwin ist in kürzester Zeit

befreit worden. Gestern abend wurden »Veränderungen im Fahrplan für die Straßenbahnen« angekündigt, aber die Straßenbahnen haben den Verkehr fast ganz eingestellt. Die *›Leningradskaja Prawda‹* war heute nicht mehr vier, sondern nur noch zwei Seiten stark. Es gibt viele neue Zerstörungen. Schneewehen auf den Straßen. Menschen mit erschöpften Gesichtern gehen langsam als schwarze Schatten über die Straßen. Und immer mehr Särge, grob gezimmerte Särge, die von den stolpernden, rutschenden, geschwächten Angehörigen der Toten auf Rodelschlitten zum Friedhof gezogen werden. Doch am schlimmsten ist die Dunkelheit ... Hunger und Kälte und Dunkelheit ...

Leningrad hatte einen neuen Sieg zu verzeichnen. Aber würde es diesen Sieg überleben?

Die Deutschen glaubten das nicht. Generaloberst Halder schrieb am 13. Dezember in sein Tagebuch: »Die Neigung der Heeresgruppe, sich schließlich nach allen fruchtlosen Bemühungen mit dem Flaschenhals an der Newa abzufinden und eine Erschöpfung Leningrads abzuwarten, muß bekämpft werden.«

35. Die Lebensader

Am Abend des 19. November arbeiteten Hauptmann Michail Murow und sein Transportregiment am Ausbau der Verteidigungsstellungen auf den Höhen bei Pulkowo vor Leningrad und legten neue Stacheldrahthindernisse vor den Betonbunkern an.
Im November wird es in Leningrad schon gegen 15.00 Uhr dunkel. Die Sonne war schon untergegangen, als Murow den Befehl bekam, sich mit seinen Fahrern auf dem Güterbahnhof zu melden, um an einen nicht genannten Ort abtransportiert zu werden. Er wußte nicht, wohin seine Männer innerhalb des Belagerungsrings mit der Eisenbahn gebracht werden sollten, aber er ließ sie sofort abmarschieren. Die meisten waren Volksfreiwillige, und wer von ihnen seine Familie in der Stadt hatte, durfte noch kurz nach Hause, um sich zu verabschieden.
Die Soldaten marschierten durch die windigen, menschenleeren Straßen. Man hörte nur das ferne Artilleriefeuer. Es gab kein Licht, und auch der Himmel war dunkel, denn es war Neumond. Der Marsch führte sie durch die tiefen Schatten von Ruinen, und manchmal ahnte man hier eine leere Fensterhöhle und dort ein eingestürztes Dach. Unter den festen Filzstiefeln knirschte zerbrochenes Glas. Wie im Frost erstarrte Dinosaurier standen vereinzelte Straßenbahnwagen und Omnibusse dick beschneit am Wege. Die Stadt Leningrad schien von ihren Bewohnern verlassen zu sein. Einigen der Männer gelang es, für einen kurzen, verzweifelten Augenblick von ihren Familien Abschied zu nehmen. Für andere war der Weg zu weit.
Am Güterbahnhof trafen sie mit anderen dort schon versammelten Einheiten zusammen und wurden in ungeheizte Waggons verladen, in denen die zersprungenen Fensterscheiben durch Pappe oder Sperrholz ersetzt waren. Mit einem Ruck setzte sich der Zug in Bewegung und kroch durch die Dunkelheit aus dem Bahnhof hinaus. Als die Soldaten an der von Bombentrichtern zerwühlten Station des Fischerdorfs Kokkorewo am vereisten Ufer des Ladogasees ausstiegen, war es schon Morgen. Ein Offizier teilte Murow als Führer eines Schlittenbataillons ein, das in einer langen Kolonne über den Ladogasee fahren und den ersten Verpflegungsnachschub für Leningrad über das Eis holen sollte. Schon Mitte Oktober hatte

man geplant, eine Nachschubstraße über das Eis anzulegen. Der Leningrader Militärsowjet befahl dem Nachschubführer, Generalleutnant Lagunow, dieses Unternehmen vorzubereiten, als es nach der erfolgreichen deutschen Offensive unter General Schmidt immer unwahrscheinlicher wurde, daß man den Belagerungsring in absehbarer Zeit würde durchbrechen können.

Lagunow hatte schon versucht, die primitiven Hafenanlagen am Ladogasee so weit zu verbessern, daß größere Nachschubmengen für die Ladogaflottille umgeschlagen werden konnten. Etwa 20 000 Arbeiter waren damit beschäftigt, auf der Leningrader Seite bei Osinowjez und Kokkoreno und an der Ostküste bei Kobona, Lawrowo, Nowaja Ladoga und Woibokalo Docks und Lagerhäuser zu bauen.

Niemand wußte, ob es möglich sein werde, eine Straße über das Eis anzulegen. Der Ladogasee oder, wie er früher hieß, der Newosee ist der größte Binnensee in Europa, wenn auch außerhalb Rußlands wenig bekannt. Er ist etwa 240 Kilometer lang und an der breitesten Stelle etwa 125 Kilometer breit. Am tiefsten Punkt ist er mehr als 230 Meter tief, aber im Süden zwischen Schlüsselburg und Wolchow ist er seichter – nur 39 bis 50 Meter tief.

Das Wetter ist hier, besonders im Herbst, tagelang sehr stürmisch. Lagunow konnte kaum zuverlässige Angaben über die Tragfähigkeit des Eises bekommen. Ein Leuchtturmwärter, der 30 Jahre auf der Insel Sucho zugebracht hatte, berichtete, er sei gewöhnlich vom 20. Oktober bis zum 20. Januar vom Festland abgeschnitten gewesen, weil das Eis während dieser Zeit abwechselnd zufror und dann wieder aufbrach oder taute. Dann verschob sich das Eis so oft, daß es zu gefährlich gewesen wäre, hinüberzugehen. Ein Leningrader Wissenschaftler stellte eine Statistik auf. Danach bildete sich bei einer Temperatur von – 5° Celsius in 64 Stunden eine 10 cm dicke Eisschicht. Bei – 10° entstand in 34 Stunden eine Eisschicht von 10 cm. Bei – 15° entstand in 23 Stunden eine 10 cm dicke Eisschicht. Bei – 5° entstand in 24 Tagen eine 33 cm starke Eisschicht. Bei – 15° dauerte es 8 Tage, bis das Eis 30 cm stark war.

Eine 10 cm dicke Eisschicht trug ein unbeladenes Pferd. Ein Pferd mit einem Schlitten, der mit 1 t Fracht beladen war, brauchte eine 18 cm starke Eisschicht. Ein Lastwagen mit 1 t Fracht brauchte 20 cm dickes Eis.

Um also größere Mengen von Nachschub über den See zu bringen, mußte das Eis mindestens 20 cm stark sein. Die unzulänglichen Statistiken zeigten an, daß der See bei Schlüsselburg frühestens am 19. November zufror, oft aber erst im Januar. Sobald das Eis sich gebildet hatte, wurde es jedoch meist 1 m bis 1,70 m dick. Das genügte praktisch allen Anforderungen.

Am Ladogasee herrschen in mancher Beziehung außergewöhnliche Verhältnisse. Je nach Windrichtung und -stärke veränderte sich das Niveau des Wasserspiegels erheblich, und zwar innerhalb weniger Stunden um 30 cm bis zu 1,20 m. Das geschah sogar auch im Winter.

Die Straße über das Eis würde 30 bis 45 Kilometer lang werden. Auf der Leningrader Seite sollte sie auf eine schlecht ausgebaute Bahnlinie treffen, die vor dem Krieg fast nur dem Ausflugsverkehr gedient hatte. Diese Bahnlinie war etwas mehr als 50 Kilometer lang und hatte Anschluß an fünf Leningrader Bahnhöfe.

Am 3. November beschloß der Leningrader Militärsowjet, den Verkehr auf der Eisstraße aufzunehmen, sobald das Eis stark genug war. Wenn der Ausbau der Versorgungsstraße über das Eis schon vor dem Fall von Tichwin am 8. November ein sehr wichtiges Projekt gewesen war, so wurde dieses Unternehmen jetzt zu einem ganz entscheidenden Faktor. Es gab keine andere Möglichkeit mehr, Leningrad zu versorgen und am Leben zu erhalten. Einige Tonnen wurden zwar täglich eingeflogen, aber das genügte nicht einmal für die Versorgung der Streitkräfte, und die Zivilbevölkerung von über 2,5 Millionen würde in wenigen Wochen verhungert sein.

Solange der See noch nicht hielt, konnte man nichts unternehmen. Aber nach dem Fall von Tichwin am 8. November befahl der Leningrader Militärsowjet, eine neue Straße nach Ladoga zu bauen. Die Straße sollte von Nowaja Ladoga durch eine Reihe unbekannter Dörfer führen, und zwar über Karpino, Jamskoje, Nowinka, Jeremina Gora, Schugosero, Nikulskoje, Lachta, Weliki Dwor und Serebrjanskaja nach Saborje. Diese kleinen Bauerndörfer waren nur auf den Regionalkarten verzeichnet. Die Straße sollte innerhalb von 15 Tagen fertig sein, und man wollte täglich 2 000 t Nachschub darauf befördern.[1]

Sie führte etwa 350 Kilometer entlang der Landstraße nach Jaroslawl. Das war eine der Waldstraßen, die durch das alte Rußland geführt hatten. Sie schlängelte sich durch Lärchensümpfe, mit Moosbeeren bestandene Hochmoore, an Seen vorüber und durch dichten Hochwald. Ein großer Teil des Gebiets war kaum besiedelt und noch Urwald. Es gehörte eine gute Portion Optimismus dazu, wenn man meinte, mitten im russischen Winter große Nachschubmengen durch ein so unwegsames Gebiet bringen zu können. Aber es gab keine Wahl; entweder wurde die Straße gebaut, oder Leningrad verhungerte.

[1] Pawlow, a.a.O., 3. Aufl., S. 135; Sacharow, a.a.O., S. 43; Charitonow. In: ›*Wojenno-Istoričeskii Žurnal*‹. Nr. 11, Nov. 1966, S. 120. Die Berichte gehen hinsichtlich des Zeitpunkts, an dem der Befehl zum Bau der Straße nach Saborje erging, auseinander. Einmal heißt es, der Befehl sei nicht vor dem 24. November genehmigt und erst am 30. Nov. aufgestellt worden (F. Lagunow. In: ›*Wojenno-Istoričeskii Žurnal*‹. Nr. 12, Dezember 1964, S. 95).

Bauern, landwirtschaftliche Arbeiter, rückwärtige Dienste der Roten Armee und alles, was an Arbeitskräften zur Verfügung stand, beteiligte sich am Straßenbau. Inzwischen beobachtete man von Flugzeugen aus die Vereisung des Ladogasees, der in diesem Jahr verhältnismäßig früh zufror. Die Flieger meldeten, daß der ganze südliche Teil des Sees bis auf eine weite offene Stelle, durch die die Straße führen sollte, zugefroren sei. Am 15. setzte starker Nordwind ein. Die Beobachtungen ergaben, daß die Eisdecke im Süden schnell stärker wurde.

Der 17. November war ein grauer, dunkler und bitterkalter Tag. Die Sonne ging erst nach 9.00 Uhr morgens auf. Eine Stunde vor Sonnenaufgang waren zwei Erkundungstrupps aufgebrochen, um festzustellen, ob das Eis schon trug. Die erste Gruppe unter A. N. Stafejew erkundete die Eisfläche bei Osinowjez und Kokkorewo, den beiden Häfen auf der Leningrader Seite. Die andere Gruppe unter Leutnant Leonid N. Sokolow mit 30 Mann vom Baubataillon 88 machte sich auf den Weg nach Kokkorewo zur Insel Selenjez und weiter nach Kobona am Ostufer des Ladogasees. Jeder Teilnehmer war mit einem Schneehemd, Waffen und Verpflegung ausgerüstet. Außerdem nahmen die Erkundungstrupps Äxte, Picken und Eisstöcke mit. Die Männer waren mit Seilen aneinandergebunden, und einige hatten Schwimmgürtel angelegt. Sie mußten schwer gegen den eisigen Novemberwind ankämpfen. Alle 100 Meter markierten sie den Weg mit kleinen Fähnchen, um den Rückweg leichter zu finden und die Straße über das Eis festzulegen. Sie stellten fest, daß die Eisdecke mit durchschnittlich 10 cm stark genug war, um einen Menschen zu tragen.

Der Erkundungstrupp stieß auf halbem Wege auf die erste offene Stelle. Vorsichtig umging man das offene Wasser im Norden und kam über eine von Wasser überspülte Eisfläche wieder auf eine fest zugefrorene Strecke. Stunden vergingen. Man kam sehr langsam vorwärts. Am Ufer wartete Major A. S. Moschajew ungeduldig auf die Ankunft des Erkundungskommandos. Smolny rief an. Eine Meldung über die Ergebnisse des Unternehmens war für 18.00 Uhr in Aussicht gestellt worden. Wo blieb die Meldung? Major Moschajew war selbst beunruhigt und sagte, auch er warte bisher vergeblich.

Die Abteilung erreichte Kobona erst lange nach Mitternacht. Um 4.00 Uhr teilte Moschajew dem Parteisekretär Schdanow im Smolny mit, Leutnant Sokolow habe ihm aus Kobona nach einem weiten Umweg gemeldet, der Versorgungsweg über das Eis werde in allernächster Zeit benutzbar sein.

Nun riß dem Major Moschajew die Geduld. Er setzte sich auf seinen Schimmel, ritt auf das Eis hinaus und folgte den Markierungen des Erkundungstrupps. Zur Überraschung seiner Leute traf er nach vier Stunden

in Kobona ein. Das Eis war jetzt 12 bis 25 cm dick, und die große offene Wasserfläche, die *Polynia,* wurde immer kleiner. Das Thermometer zeigte – 12° Celsius an.
Am 19. kam General Lagunow selbst nach Kokkorewo. Mit einem ortskundigen Fischer als Führer setzte er sich in einen leichten Geländewagen und fuhr auf der markierten Route auf den See hinaus. Der Wagen hatte keine Eisreifen, die Räder griffen nicht, und Lagunow mußte sehr langsam fahren und dabei auf Risse und übereinandergeschobene Schollen achten. Aber am Spätnachmittag war er wieder in Leningrad und meldete Schdanow, in wenigen Tagen könne man mit dem Transport der Nachschubgüter über das Eis beginnen. Noch am selben Abend beschloß der Leningrader Militärsowjet nach einer scharfen Auseinandersetzung zwischen Schdanow und Lagunow, den Verkehr sofort aufzunehmen.
Aufgrund dieser Entscheidung waren Hauptmann Murow und seine Männer von den Höhen bei Pulkowo an das Ufer des Ladogasees verlegt worden. Mit einiger Sorge inspizierte Murow jetzt die ihm unterstellten Soldaten, denn nur sehr wenige konnten mit Pferden umgehen. Es waren Gelehrte und Künstler darunter. Die Pferde waren zu Skeletten abgemagert und so schwach, daß sie kaum die leeren Schlitten von der Stelle brachten. Murows einzige Hoffnung war, am anderen Seeufer werde sich Heu und Hafer finden. Allerdings konnte man nicht sagen, ob die Pferde den langen Weg über das Eis durchhalten würden. Viele hatten keine Stollen an den Hufeisen. Zum Glück fanden sich einige Wintereisen, und ein Teil der Pferde konnte beschlagen werden.
Während die Kolonne noch auf den Abmarschbefehl wartete, kam ein Offizier, wahrscheinlich ein Politkommissar, zu Murow und sagte ihm, die Lebensmittelration in Leningrad sei wieder gekürzt worden. Am 20. November wurden die Zuteilungen für Arbeiter auf 250 g Brot täglich, für alle anderen auf 125 g festgesetzt. Die Zuteilung für die Fronttruppe war am 8. November schon von 800 g auf 600 g herabgesetzt worden. Jetzt wurde sie auf 500 g gekürzt. Alle anderen Truppen bekamen nur noch 300 g, etwa ein halbes Brot.
Der Kommissar sagte: »Die Stadt hat jetzt nur noch Vorräte für zwei Tage. Dann ist alles verbraucht. Das Eis ist zwar noch sehr dünn, aber wir können nicht länger warten. Es kommt auf jede Stunde an.« Wenige Augenblicke später setzte die Kolonne sich in Bewegung über das graue Eis. Es waren 350 Schlitten. Der Abstand zwischen den einzelnen Schlitten betrug etwa 30 Meter, und die ganze Kolonne erstreckte sich über 8 Kilometer. Am Ufer stand General Lagunow und überwachte den Abmarsch. An Murow gewendet meinte er, die Männer seien zu leicht angezogen. Das stimmte. Die Temperatur war inzwischen auf etwa – 18° gesunken, und die Leute hatten keine warme Winterbekleidung an. Doch jetzt ließ

sich das nicht mehr ändern. Die Kolonne marschierte weiter. An der Spitze ritt Sokolow auf einem mageren, aber lebhaften Schimmel. Vor ihm breitete sich die endlose, eintönige Fläche des zugefrorenen Sees aus. Bald waren die Pferde mit Reif bedeckt.

Bis zum Kilometer 9 kam man gut vorwärts, aber hier war ein breiter Riß im Eis entstanden. Erkundungstrupps suchten eine Stunde nach einem Umweg und führten die Schlitten dann nach Süden. Manchmal krachte das Eis unter den Pferdehufen. Die Sonne schlich niedrig über den Horizont, und als der Treck die Insel Selenjez erreichte, ging sie gerade unter. Hier wurde zwei Stunden gerastet. Jeder Mann bekam 800 g Brot – das war in Leningrad fast eine Wochenration – und Tee mit Zucker. Aber für die Pferde gab es nichts. Einige Fahrer teilten ihr Brot mit den Pferden. Am Abend erreichte die Kolonne Kobona. Hier belud man die Schlitten mit Mehl und Lebensmitteln, und die Fahrer bekamen eine zweite Mahlzeit – Zwieback, Zucker, Makkaroni und Baumwollkuchen. Aber wieder gab es nichts für die Pferde. Murow war verzweifelt. Das ganze Unternehmen konnte daran scheitern. Er glaubte nicht, daß die Pferde die 30 bis 45 Kilometer weite Rückfahrt über das Eis mit den beladenen Schlitten überstehen würden.

In den frühen Morgenstunden des nächsten Tages – es war noch dunkel – erreichte die Kolonne das Seeufer auf der Leningrader Seite. Der erste Lebensmitteltransport war auf dem Wege über das Eis des Ladogasees in Leningrad eingetroffen. Die militärische Kraftfahrzeugstraße Nr. 101 – die Lebensader – war passierbar! Die Belagerung dauerte jetzt schon 83 Tage.

In den ersten Tagen gingen nur Schlittentransporte über den See. An einigen Stellen war das Eis erst knappe 20 cm dick. General Lagunow brachte ungefähr 1 100 Schlitten und Pferde zusammen. Aber zunächst durfte jeder Schlitten nur mit 100 bis 120 Kilo beladen werden. Das war angesichts der Bedürfnisse Leningrads ein Tropfen auf den heißen Stein.

Am Abend des 22. November erreichte die erste Lastwagenkolonne – 60 Fahrzeuge unter der Führung von Major W. A. Portschunow – das Westufer und lieferte am 23. November 33 t Mehl in Leningrad ab. Am nächsten Tag brachte man nur 19 t über den See.

Auch nach der Inbetriebnahme der Eisstraße sah es nicht aus, als könne man damit die Hungersnot in Leningrad abwenden. Am 25. November kamen 70 t Lebensmittel nach Leningrad, am 26. waren es 154 t, am 27. 126 t, am 28. 196 t und am 29. 128 t. Am 30. November taute es, und nur 62 t kamen über den See. Vom 23. bis 30. November konnten nur 800 t Mehl herangebracht werden. Das entsprach knapp den Hungerrationen für zwei Tage (Leningrad verbrauchte jetzt nur noch 510 t Mehl täglich), und wenn das so weiterging, mußten die Bewohner der Stadt verhungern

– allerdings etwas langsamer. In sieben Tagen waren 40 Lastwagen eingebrochen und im See versunken.
Diese Lieferungen kamen aus Vorräten in Nowaja Ladoga. Erst vom 6. Dezember an gingen die Transporte über die Waldstraße, obwohl Bauern und Soldaten unermüdlich am Ausbau der Rollbahn gearbeitet hatten. Die fertige Straße war stellenweise so eng, daß zwei Lastwagen nicht aneinander vorbeikamen. Die Fahrt von der Endstation der Eisenbahn bis zum Leningrader Seeufer dauerte zehn bis zwanzig Tage. Die Lastwagen brauchten zwei Wochen für die Fahrt von Saborje nach Nowaja Ladoga und zurück und legten dabei niemals mehr als 30 bis 40 Kilometer täglich zurück.
Parteisekretär Schdanow schickte den Sekretär T. F. Schtykow nach Wologda, dem Umschlagplatz für die Nachschubgüter, um hier die Abfertigung zu beschleunigen. Am 25. November traf Schtykow dort ein. Die Parteiorganisation von Wologda stellte umfangreiche Transporte für Leningrad zusammen. Die Schwierigkeit lag jedoch darin, diese Mengen mit der Eisenbahn nach Saborje und dem zweiten Verladeplatz Podborowje zu schaffen.
Nachdem Schtykow ihnen die kritische Lage geschildert hatte, versuchten die Funktionäre in Wologda, die Transporte zu beschleunigen. Sie verzögerten sich, weil nicht genügend Kohle für die Lokomotiven vorhanden war. Die Bewohner der Stadt und umliegender Dörfer gingen in die Wälder und fällten Holz. Sie brachten es auf Schlitten an die Bahn. Der normale Zugverkehr durch Wologda wurde eingeschränkt, um die Güterzüge schneller an ihre Bestimmungsbahnhöfe zu bringen. Die für Leningrad bestimmten Züge erhielten besondere, jeweils mit einer ›97‹ beginnende Nummern. Sobald ein 97er-Zug an einer Station hielt, um Wasser und Heizmaterial aufzunehmen, ließen die Bahnarbeiter jede andere Arbeit liegen, um den Zug beschleunigt abzufertigen.
Zu Anfang fielen sehr viele Lastwagen aus. Die Eisstraße wurde von den Deutschen mit Artillerie beschossen und mit Tieffliegern angegriffen. Der Kilometer 9 war ein besonders gefährlicher Punkt. Hier gab es Risse im Eis und schlecht erkennbare dünne Stellen. Es gingen so viele Fahrzeuge verloren, daß Schdanow den Militärsowjet einberief und Lagunow fragte: »Glauben Sie nicht, daß wir alle Fahrzeuge verlieren und dann ohne Transportmittel dastehen werden?«
Lagunow sagte, er habe schon mit Vizeadmiral F. I. Krylow über die Möglichkeit gesprochen, die eingebrochenen Lastwagen zu heben, sobald das Eis dick genug sei.
Noch mehr Fahrzeuge fielen auf der schlechten Waldstraße nach Saborje aus. In drei Tagen blieben auf der Strecke Ladoga–Jeremina Gora mehr als 350 Lastwagen in Schneewehen stecken. Zwei Transporteinheiten ver-

loren 94 Fahrzeuge, die über den nicht markierten Rand der Waldstraße hinausgeraten waren. Auch die Instandhaltung bereitete Schwierigkeiten; zeitweilig fielen von den 3 500 eingesetzten Lastwagen 1 300 aus, weil sie reparaturbedürftig waren.

Sobald das Eis dicker wurde, fuhr man auf mehreren Fahrbahnen über den See. Als der Winter richtig eingesetzt hatte, gab es 60 Spuren über das Eis, die zusammen etwa 1 600 Kilometer lang waren.

Aber im Dezember rollte der Nachschub noch sehr, sehr langsam. Weder Schdanows Erwartungen noch die Bedürfnisse der Stadt wurden erfüllt. Nach dem 10. Dezember besserte sich die Lage, und zwar nicht, weil die Fahrzeuge schneller fuhren oder die Verhältnisse auf dem Eis günstiger wurden.

Die Lage veränderte sich, weil Tichwin am 9. Dezember zurückerobert worden war.

Dimitri Pawlow schreibt: »Man kann ohne Übertreibung sagen, daß die Niederlage der deutsch-faschistischen Truppen bei Tichwin und die Zurückeroberung der Nordeisenbahnlinie bis zur Station Mga Tausende von Menschen vor dem Hungertod bewahrt hat . . .«

Jetzt konnte die Bahnlinie zwischen Tichwin und Wolchow wieder in Betrieb genommen werden, welche die Verbindung nach Nowaja Ladoga herstellte, und Ende Dezember kam noch die Strecke nach Woibokalo dazu. Am 25. Dezember stellte man den gefährlichen, schwierigen und langwierigen Transport über Saborje ein.[2]

Einen weiteren Fortschritt brachte die Einführung des 1,5-t-Lastwagens GAZ-AA und bald darauf die des 3-t-Fahrzeugs Zis-5 auf dem Ladogasee. Diese Fahrzeuge konnten mit Geschwindigkeiten von 30, 45 und sogar 60 Kilometern in der Stunde über das Eis fahren. Damit dauerte die Überfahrt nur noch etwas mehr als eine Stunde, die Kolonnen waren nicht mehr so stark durch deutsches Feuer gefährdet, und tüchtige Fahrer konnten täglich drei Fahrten machen.

Auf dem Eis richtete man Erste-Hilfe-Stationen, Verkehrskontrollen, Reparaturwerkstätten, Schneeräumkommandos und Brückenkommandos ein, die schwache Stellen auf dem Eis mit Holzplanken bedeckten. Sehr bald arbeiteten 19 000 Menschen an der über das Eis führenden Straße.

Auch Schdanow und Kusnezow besichtigten die Eisstraße und suchten nach Mitteln und Wegen, die Transporte zu beschleunigen. Sie setzten Leistungsnormen fest (2,5 t täglich für GAZ-AA-Lastwagen), führten ein Prämiensystem ein, reorganisierten den ganzen Nachschubapparat und

[2] Nach Ansicht Dimitri W. Pawlows spielte die Straße über Saborje keine entscheidende Rolle für die Versorgung Leningrads (persönliches Gespräch mit Pawlow am 30. April 1968).

steigerten die Kapazität auf 700 t am 22. und auf 800 t am 23. Dezember.

Diese Verbesserungen kamen aber viel zu spät. Der Hungertod hielt reiche Ernte in Leningrad. Das Parteikomitee im zentral gelegenen Kubyschewer Stadtbezirk sah sich vor ein bisher noch nicht dagewesenes Problem gestellt. Wie sollte man die Toten aus den Krankenhäusern auf die Friedhöfe schaffen? Zu Hunderten lagen die Leichen auf den Innenhöfen.

Generalmajor P. A. Saizew beschwerte sich eines Tages bei Parteisekretär Kusnezow darüber, daß er in drei Tagen bei den Kämpfen vor Leningrad 800 Mann verloren hatte, weil man seine Truppe nicht genügend unterstützt habe. Kusnezow erwiderte düster: »Was glauben Sie, weshalb wir die Pioniere aus der Front genommen haben? Sie mußten die gefrorene Erde auf den Friedhöfen für Massengräber sprengen, damit wir die Toten beerdigen konnten.«

Im Dezember starben etwa 53 000 Personen. Das entsprach der Sterblichkeitsquote des ganzen Jahres 1940 und war das Fünffache der Todesfälle im November, als – nach den unvollständigen Statistiken – 11 085 Personen gestorben waren. Parteimitglieder kamen in die Büros gestolpert, legten ihre Mitgliedskarten auf den Tisch, wendeten sich zum Gehen und murmelten: »Morgen werde ich sterben ...«

Am Abend des 23. Dezember hatte Schdanow eine Besprechung mit Parteisekretär Schtykow, der eben aus Wologda zurückgekehrt war, wo er versucht hatte, die Lebensmitteltransporte zu beschleunigen.

Schdanow sagte: »Wir möchten die Zuteilungen in Leningrad gerne über die täglichen 125 g Brot hinaus erhöhen. Können Sie dafür garantieren, daß die Versorgung mit Lebensmitteln jetzt reibungslos funktionieren wird?«

Das war eine schwierige Frage. Schtykow überlegte und sagte dann ernst und ruhig: »Ja, das kann ich.«

Am 23. Dezember lagerte in Leningrad Mehl für zwei Tage. Seit die Transporte über die Eisstraße gingen, hatte man 16 449 t Lebensmittel, das heißt im Durchschnitt 361 t täglich, nach Leningrad gebracht. Am 24. Dezember abends befahl der Leningrader Militärsowjet auf Schdanows Vorschlag zum erstenmal eine Erhöhung der Rationen. Für Arbeiter gab es 100 g (eine Scheibe Brot), für alle anderen einschließlich der Jugendlichen 75 g mehr.

Das war, wie Pawlow 25 Jahre später erklärt, sehr gewagt, denn es gab keine Reserven für den Fall, daß die Nachschubstraße unterbrochen wurde. Pawlow wollte sich die schrecklichen Folgen nicht vorstellen, die eintreten würden, wenn etwas Unvorhergesehenes geschah und die Rationen wieder gekürzt werden müßten.

Es gab noch einen zweiten Grund für Schdanows Zuversicht. Er war kürzlich zum erstenmal, seit er Ende Juni nach Leningrad gekommen war, in Moskau gewesen.

Im Kreml hatte eine Besprechung stattgefunden. Die Teilnehmer waren: Stalin, Schdanow, der Chef des Generalstabs, Marschall Boris M. Schaposchnikow, der Befehlshaber der erst kürzlich errichteten Front am Wolchow, General Kirill Merezkow, der Leningrader Befehlshaber, General M. S. Chosin, der Befehlshaber der Sechsundzwanzigsten Armee, Generalleutnant G. G. Sokolow (diese Armee wurde sehr bald als Zweite Stoßarmee umgegliedert) und der Befehlshaber der Neunundfünfzigsten Armee, Generalmajor I. W. Galanin.

Die Besprechung fand am 11. Dezember statt, man stand noch unter dem Eindruck der Zurückeroberung von Tichwin und Rostow und der sich schnell entwickelnden erfolgreichen Offensive Marschall Schukows gegen die an der Front vor Moskau zurückweichenden deutschen Truppen. Schaposchnikow trug einen Plan zur Zerschlagung des Belagerungsrings um Leningrad vor, nach dem Merezkow mit der Vierten, Zweiundfünfzigsten, Neunundfünfzigsten und Sechsundzwanzigsten (der Zweiten Stoßarmee) Armee die wichtigsten Aufgaben übernehmen mußte. Die Neunundfünfzigste Armee und die Zweite Stoßarmee wurden gerade neu aufgestellt. Schaposchnikow sagte, Merezkow werde den Auftrag haben, die Deutschen aus dem Gebiet ostwärts des Wolchow hinauszudrängen, den Fluß zu überschreiten und die deutschen Divisionen auf dem Westufer zu zerschlagen. Dann sollte Merezkow nach Nordwesten vorstoßen und im Zusammenwirken mit den Verteidigern Leningrads die deutschen Belagerungstruppen vernichten.

Die Stimmung war optimistisch. Schaposchnikow wies auf die kritische Lage in Leningrad hin und sagte, man habe keine Zeit, mit dem Beginn der Offensive bis zur Zusammenziehung aller beteiligten Truppen zu warten. Schdanow und General Chosin betonten die schweren Verluste der Leningrader Bevölkerung durch Luftangriffe, Artilleriebeschuß, Hunger und Kälte. Schdanow sagte, die Sterblichkeitsziffer sei so hoch, daß alles getan werden müsse, um den Blockadering zu sprengen. Man kam überein, den an der Wolchowfront schon im Gang befindlichen Angriff fortzusetzen, bis Leningrad befreit und die Umklammerung der Stadt durch die Heeresgruppe Nord zerschlagen war. Mit neuem Mut flogen die Teilnehmer von Moskau ab. Zum erstenmal seit den Rückschlägen im Sommer muß Schdanow das Gefühl gehabt haben, das Schicksal wende sich zu seinen Gunsten. Mit ein wenig Glück und nach harten Kämpfen würden die drei Heeresgruppen vor Leningrad, am Wolchow und im Nordwesten Leningrad befreien. Am 17. Dezember erhielten die Befehlshaber der Front vor Leningrad und am Wolchow die Operationspläne für den Angriff. Am 20. sollten sie die Offensive beginnen. Sie hatten kaum Zeit für irgendwelche Vorbereitungen, aber es war auch keine Zeit zu verlieren. Schdanow und Merezkow wollten den Schwung der erfolgreichen Offensive bei Tichwin ausnutzen.

Unter dem Einfluß dieser günstigen Aussichten nahm Schdanow das Risiko auf sich, zu Weihnachten die Lebensmittelzuteilungen in Leningrad zu erhöhen. Die diensttuenden Parteifunktionäre im Smolny erfuhren am Weihnachtsmorgen um 1.00 Uhr von der Entscheidung Schdanows. Es war der 116. Tag der Belagerung. Die Funktionäre schliefen entweder an ihren Schreibtischen oder hatten sich kurz im Gemeinschaftsschlafraum im Keller zur Ruhe gelegt. Man weckte sie, um die Nachricht in allen Stadtteilen bekanntzugeben. Die Außentemperatur betrug fast – 20°, und durch die dick verschneiten Straßen blies ein scharfer Wind. Den Parteileuten ging es körperlich nicht viel besser als der übrigen Bevölkerung. Der Politinstrukteur N. M. Ribkowski erinnert sich: »Auf meinem Weg zur Wasilewskiinsel mußte ich fünfmal stehenbleiben und mich ausruhen.« Noch ehe die Brotläden um 6.00 Uhr morgens öffneten, teilten die Parteifunktionäre ihnen die Anordnung über die Erhöhung der Brotration mit. Einer von ihnen berichtet, er habe gehört, wie die vor einer Bäckerei im Wyborger Bezirk anstehenden Leute ›Hurra‹ gerufen hätten.

Am Abend des 26. Dezember fand im Haus der Schriftsteller eine Versammlung statt. Auf dem Weg dorthin durch die vom Schnee verwehten Straßen sahen die Teilnehmer überall die Leichen erfrorener Menschen liegen, ein Anblick, dem man jetzt immer häufiger begegnete.

Vera Ketlinskaja hielt eine Ansprache. Sowjetische Truppen waren bei Tichwin und Woibokalo in die deutschen Stellungen eingebrochen und hatten hier den Belagerungsring gesprengt. Nur Mga blieb in deutscher Hand. Es würde zu Neujahr zurückerobert werden. Die Erhöhung der Lebensmittelration war die erste Schwalbe, die das neue Frühjahr ankündigte. Riesige Lebensmittelvorräte lagerten im Umkreis von 100 Kilometern vor Leningrad: 50 000 t Teigwaren, 42 000 t Mehl, 300 t Fleisch und vieles mehr. Sobald Mga genommen sei, würden diese Mengen in die Stadt gebracht werden.

Die Schriftsteller, die wie graue Gespenster um den leeren Tisch saßen, applaudierten schwach. Man durfte wieder auf ein Überleben hoffen.

Ja, man hoffte wieder. Auch Schdanow tat es. Man schaffte wirklich große Mengen Lebensmittel heran; Anastas Mikojan hatte angeordnet, daß 50 000 t Mehl und 12 000 t anderer Lebensmittel zur Befriedigung des dringendsten Bedarfs nach Wologda, Tichwin und den wichtigsten Umschlagplätzen für den Transport über die Eisstraße herangeführt wurden. Das Eisenbahnkommissariat war eingeschaltet worden. Mikojan und Schdanow wußten, die Mehlvorräte in Leningrad reichten nicht mehr für fünf Tage. Von Sainsk, Rybinsk und Saratow dampften die Züge durch die Nacht nach Norden. In großen Buchstaben stand auf den Waggons: *›Prodowolstwije dlja Leningrada‹* (Lebensmittel für Leningrad). Die Güterzüge kamen nach Tichwin und wurden dort abgestellt. Sofort verlud man den Inhalt der Waggons auf Lastwagen, die über holperige Straßen nach Ladoga, auf das Eis hinaus und zum Leningrader Ufer rollten.

Die Offensive des Generals Fedjuninski, der Vorstoß der Leningrader Truppen gegen Tosno, machte so gute Fortschritte, daß Schdanow überzeugt war, Mga werde zu Neujahr befreit werden.

Um den hungernden und frierenden Menschen neue Hoffnung zu geben und ihnen zu helfen, bis zum Anbruch des neuen Jahres und der Wiedereroberung von Mga am Leben zu bleiben, veranstaltete man überall in der Stadt und in den eiskalten Fabrikhallen Versammlungen. In kaum einem der Werke wurde noch gearbeitet. Am 19. Dezember hatte man die Arbeitszeit in 184 Fabriken auf einen, zwei oder drei Tage pro Woche herabgesetzt. Die Versammlungen fanden in den fensterlosen Verwaltungsgebäuden und in den Mietshäusern statt, wo die kleinen *burschuiki*, die Behelfsöfchen, brannten. Jeder sollte es wissen: Am 1. Januar wird Leningrad befreit werden. Der Ring wird zerbrechen. Wir werden Mga wieder einnehmen!

Aber Mga blieb in deutscher Hand. Noch vor dem 1. Januar erkannte auch Schdanow, daß sein weihnachtlicher Optimismus unbegründet gewesen war. Er erkannte die grausame Wahrheit, daß die sowjetischen Truppen weder über die physische Kraft noch die Munition verfügten, um die Deutschen aus ihren Stellungen zu werfen.

Die Soldaten der Roten Armee waren erschöpft und krank. Eine Meldung vom 10. Januar besagt, daß den Truppen an der Leningrader Front 45 Prozent und der Fünfundfünfzigsten Armee 63 Prozent der Sollstärke fehlten; 32 Divisionen lagen an der Front, 14 von ihnen waren nur bis zu 30 Prozent aufgefüllt. Einige Infanterieregimeter verfügten nur über 17 bis 21 Prozent ihrer Sollstärke.

Es gab keine Möglichkeit, die Truppenteile aufzufüllen. Im Winter 1941/42 erhielt die Leningrader Front nur 25 000 Mann Ersatz. Vom 1. Oktober bis zum 1. Mai 1942 gingen etwa 17 000 bis 18 000 Mann Schreibstubenpersonal und andere rückwärts eingesetzte Soldaten an die Front; 6 000 wurden aus Bauregimentern herausgezogen, und die Baltische Flotte stellte 30 277 Marinesoldaten. Man zog jetzt auch Frauen ein, hauptsächlich für die rückwärtigen Dienste und die Fliegerabwehr. Aber im Juni 1942 kämpften schon 9 000 Frauen in vorderster Linie. In den letzten drei Monaten des Jahres 1941 schickte die Stadt Leningrad etwa 70 000 Mann Ersatz an die Front – 29 567 im Oktober, 28 249 im November und 12 804 im Dezember. In den folgenden sechs Monaten wurden in Leningrad 30 000 Mann zum aktiven Dienst in der Roten Armee verpflich-

tet, aber von Dezember bis März traten nur 8 000 von ihnen den Dienst an.
Dieser Mannschaftsersatz entsprach bei weitem nicht den Verlusten der Roten Armee. Von Oktober 1941 bis April 1942 wurden 353 424 Mann als krank oder verwundet gemeldet. Das waren durchschnittlich 50 000 im Monat oder 1 700 täglich. Die Hälfte dieser Ausfälle waren an Dystrophie oder anderen Folgen der Unterernährung erkrankt. Von November 1941 bis zum Ende des Frühjahrs erkrankten mehr als 62 000 Soldaten an Dystrophie. Im April 1942 zählte man 20 000 Skorbutkranke.[3] Im Winter 1942 starben 12 416 Mann infolge von Unterernährung, und 20 Prozent des Mannschaftsbestands waren krank.
Schdanows Wagnis war zu groß gewesen. Leningrad stand jetzt noch näher am Rand des Abgrunds. Am 29. Dezember trat der Militärsowjet zu einer Sondersitzung zusammen. Am Tage zuvor waren nur 622 t Nachschub über den See gekommen. 462,2 t davon waren Lebensmittel – kaum die Hälfte des Mindestbedarfs. Zum Entsetzen von Schdanow, General Chosin, Kusnezow und Pawlow waren es am 29. Dezember nur noch 602 t und 431,9 t Lebensmittel. Die Lebensader war, wie es schien, zu einer Straße des Todes geworden.
Am 123. Tag der Belagerung, dem 1. Januar 1942, zeigte es sich, daß die Vorräte erschöpft waren. Nur Schdanow, Kusnezow, Chosin, Pawlow und drei andere wußten es. Die einzigen Reserven waren 980 t Mehl, 3 t Getreide, 82 t Sojamehl, 334 t Teigwaren, 624 t Fleisch und Wurst, 24 t Fisch, 16 t Butter, 187 t Pflanzenöl, 102 t Fett und 337 t Zucker. Das Mehl würde nur noch zwei Tage reichen. Noch nie war Leningrad dem Verhungern so nahe gewesen.
Es begann die Zeit, von der Kusnezow später sagte: »Es hat eine Zeit gegeben, in der niemand mehr Brot bekam – nicht, weil wir es nicht ausgeben wollten, sondern weil wir keines mehr hatten.«
In diesen Tagen geschah es auch, daß der Lastwagenfahrer Filipp Saposchnikow, ein fleißiger Mann, aber ein Pechvogel, wieder einmal zu spät mit einer Ladung Mehl über den Ladogasee kam und in seiner Unterkunft am schwarzen Brett einen Zettel mit der Aufschrift entdeckte: »Fahrer Schaposchnikow. Gestern haben 5 000 Leningrader Frauen und Kinder Ihretwegen keine Brotration bekommen.«[4]
Es kam tatsächlich auf jeden einzelnen Lastwagen an. Wenn einer sich

[3] O. F. Suwenirow. In: Wtoraja Mirowaja Woina. Bd. II, Moskau 1966, S. 159–166. Dimitri W. Pawlow irrt, wenn er schreibt, daß während des ganzen Krieges in der Roten Armee kein Skorbut aufgetreten sei (Pawlow, a.a.O., 3. Aufl., S. 103).
[4] Nach einer Schätzung war ein schwerer Lkw mit 16 000 Brotrationen beladen (Charitonow, a.a.O., S. 37).

verspätete, warteten Tausende vergeblich auf ihre Zuteilung, und Ungezählte mußten sterben.
Die Versorgung über die Eisstraße funktionierte nicht, ja sie war in Gefahr, zusammenzubrechen. Auch der Güterverkehr auf der einspurigen Irinowskibahn zwischen Ladoga und Leningrad ließ sich kaum mehr aufrechterhalten. Die Überbelastung der Schienen, der Mangel an Heizmaterial, die Überbeanspruchung des rollenden Materials, schlechte Organisation, Krankheit und Tod der hier eingesetzten Arbeiter, die vor Kälte und Hunger zugrunde gingen, verzögerten das Eintreffen der Transporte immer mehr. Am 1. Januar mußte der Zugverkehr hier eingestellt werden.
Im Dezember hatte Direktor Kolpakow den Betrieb mit 57 von 252 Lokomotiven angefangen. 27 davon waren Rangierloks. Ende des Monats waren an manchen Tagen nicht mehr als 28 Lokomotiven in Betrieb. Sie liefen zusammen 92 Stunden am Tage, viele nicht einmal drei Stunden. Die Zahl der Beschäftigten schrumpfte zusammen. Zwischen Dezember 1941 und Februar 1942 meldeten sich 10 938 Männer und Frauen krank. Von ihnen starben 2 346. Im Januar allein waren es 1 200 Tote. Der Stadtsowjet verpflichtete 5 000 Personen, um die Strecke schneefrei zu halten. Nur 400 bis 500 waren noch imstande, sich am Arbeitsplatz zu melden, und auch von diesen waren viele zu schwach, um eine Schaufel zu heben. Die Bahnstrecke war 356mal von deutschen Flugzeugen angegriffen worden, und dabei waren Signalanlagen, Weichen, Nebengeleise und Bahnhofsanlagen schwer beschädigt oder unbrauchbar gemacht worden.
Es gab keine Kohle mehr, und die städtische Wasserleitung, die die Reservoirs versorgte, war eingefroren. Mit Picken und Brechstangen versuchten die Heizer, an den unter dem vereisten Schnee liegenden Kohlenstaub heranzukommen, der natürlich stark mit Erde vermischt war. Damit heizten sie zum Teil die Kessel. Im Dezember legte jede Lokomotive durchschnittlich 30 Kilometer am Tage zurück.
Wieder hing das Schicksal Leningrads an einem Faden, und wieder griff Schdanow mit aller Energie durch. Der Eisenbahndirektor wurde beschuldigt, seine Pflichten vernachlässigt zu haben und entlassen. Wahrscheinlich wurde er erschossen.[5] Das Eisenbahnpersonal erhielt ab sofort eine Sonderzuteilung von 125 g Brot. Man kratzte die letzten Kohlenreserven für die Lokomotiven zusammen. Holzfällerkommandos gingen in die Wälder und schlugen Brennholz. Drei hohe Parteifunktionäre überwachten die Durchführung dieser Maßnahmen. Dennoch wurden im Januar

[5] Am 13. Januar wurde Kolpakow in aller Öffentlichkeit von Bürgermeister Peter Popkow beschuldigt und geschmäht (A. Dymschiz: Podwig Leningrada. Moskau 1960, S. 288).

nur 219 Waggons beladen. Das war ein Bruchteil dessen, was benötigt wurde.
Die große Silvesterfeier, die Schdanow den Leningradern versprochen hatte, fand nicht statt. Einige Fahrer brachten allerdings kleine Sondergeschenke mit. Der Fahrer Maxim Twerdochlew fuhr am 31. Dezember zum drittenmal über den Ladogasee. Gewöhnlich belud er sein Fahrzeug mit 30 Fässern Mehl.
An der Verladerampe sah er ein Plakat: »Genossen Fahrer! Wenn Sie 200 Pfund Mehl mehr mitnehmen, werden Sie Tausenden von Leningradern zu ihrer Brotration verhelfen.«
Twerdochlew ließ sich die Sonderfracht aufladen. Es waren 12 Kisten, und er war überrascht, wie leicht sie waren. Zuerst dachte er, sie enthielten Kriegsmaterial, aber dann stellte er einen bekannten, aber sehr typischen Geruch fest – Mandarinen! Ein Geschenk für die Leningrader Kinder aus Georgien.
Schdanow versuchte, seinen Willen mit allen Mitteln durchzusetzen. Er unterstellte die Nachschubstraße über den Ladogasee dem für seine Härte bekannten Generalmajor A. M. Schilow und dem erfahrenen Politkommissar I. W. Schikin, der vor dem Krieg Leiter der Parteiorganisation im Gorki-Automobilwerk gewesen war. Sie hatten den Auftrag, die Lieferungen unter allen Umständen auf 1 200 t täglich zu erhöhen. 700 Komsomolzen wurden zur Eisstraße abkommandiert. Alle 200 bis 300 Meter stellte man Verkehrsposten auf. Alle 1 000 Meter ging ein Fliegerabwehrgeschütz in Stellung. Die 7. Luftflotte und die restlichen Jagdflieger der Baltischen Flotte sollten deutsche Tiefflieger abwehren. Am 1. Januar 1942 um 5.00 Uhr morgens wurde die Strecke Tichwin–Wolchow–Woibokalo wieder freigegeben.
Die Temperatur auf der Eisstraße sank auf – 30° bis – 40°, und dabei wehte fast ununterbrochen ein scharfer Nordwind. Das Eis war jetzt so fest, daß man sogar die 60 t schweren KW-Panzer hinüberbringen und Fedjuninskis hart kämpfende Verbände damit verstärken konnte. Aber in der grimmigen Kälte erfroren die Menschen, und die Lastwagen versagten den Dienst.
Am 5. Januar richtete Schdanow wieder einen dringenden Appell an alle, die an der Eisstraße eingesetzt waren. Er sagte, die Versorgung funktioniere immer noch sehr schlecht. Nur ein Drittel des in Leningrad so dringend benötigten Nachschubs käme herüber.
»Die Versorgung Leningrads und der Front hängt an einem Faden«, sagte Schdanow. »Die Bevölkerung und die Truppe sind unglaublichen Härten ausgesetzt. Wenn die Lage sich schnell bessern soll, wenn die Bedürfnisse Leningrads und der Front befriedigt werden sollen, dann liegt das an Ihnen, den Arbeitern an der Autostraße – ganz allein an Ihnen.«

Mehr konnten Schdanow, die Partei und der Leningrader Militärsowjet nicht tun. Das Schicksal der Stadt lag in den Händen der Arbeiter an der Eisstraße.

Die Menschen in Leningrad lebten wie im Koma. Sie froren, waren bis zum äußersten geschwächt und konnten sich kaum mehr auf den Beinen halten. Sie wußten, sie hatten nur noch eine geringe Chance, zu überleben. Aber sie wußten nicht, wie gering diese Chance war. Sie lebten von der Hoffnung, die durch die Erhöhung der Rationen am 25. Dezember genährt wurde – und vom Glauben an die Zurückeroberung von Mga. Sie glaubten an die Leistungsfähigkeit der Eisstraße, die jetzt ganz allgemein ›die Lebensader‹ hieß.

Die offizielle Leningrader Geschichte berichtet über diesen Zeitabschnitt:

> Nie zuvor hatte Leningrad so tragische Zeiten durchstehen müssen ... Nur selten rauchten die Fabrikschornsteine ... Der Verkehr auf den Straßenbahnen war eingestellt worden, und Tausende gingen jetzt zu Fuß durch die tiefen Schneewehen auf Plätzen und Boulevards ... Wer nicht arbeitete, wärmte sich in der dunklen Wohnung eine knappe Stunde vor einer *burschuika* und legte sich dann in Mantel und Schal gehüllt und möglichst warm zugedeckt zum Schlafen hin ... Ab Abend versank die Stadt in undurchdringliche Dunkelheit. Nur manchmal erhellte ein flackernder Feuerschein oder das Aufblitzen detonierender Artilleriegeschosse die Finsternis, die Fabriken und Wohnblocks umgab. Der große Organismus der Stadt zeigte fast kein Leben mehr, und der Hunger wurde immer schmerzlicher fühlbar.

Leningrad lag im Sterben.

36. Die Totenstadt

Eines Abends spät im November trat ein älterer Mann in Offiziersuniform, im schweren, mit einem Pelzkragen besetzten Tuchmantel, die Pelzmütze auf dem Kopf, erschöpft und müde aus dem Verwaltungsgebäude des Smolny, ging an den mit Sandsäcken verbarrikadierten Bunkern vorüber, zeigte den mit Maschinenpistolen bewaffneten Posten seinen Paß und bog dann in die Twerskaja Uliza ein.

Was er hier sah, erinnerte ihn, wie er später berichtete, an eine Höllenszene aus Dantes Inferno – die mit Schneewehen bedeckte, breite Straße, die durch das dichte Gewölk dringenden, feinen Mondstrahlen und die Stille, die so vollkommen war, daß jeder Schritt, jedes metallische Knirschen des Leders auf dem gefrorenen Schnee, in seinen Ohren hallte.

Er war zu Tode erschöpft, und der Wind stach ihm in die Lungen. Die Schneeflocken fielen auf seine Pelzkappe, auf die Schultern, und die Füße wurden immer schwerer. Plätze und Boulevards hatten sich in eine Eiswüste verwandelt, in der er selbst das einzige Lebewesen war. Das waren keine menschlichen Wohnungen mehr, und hier konnten Menschen auch nicht mehr leben. Kein Laut war zu hören, außer dem Pfeifen des Windes, den Schritten und seinem eigenen schweren Atem.

Langsam und majestätisch senkte sich der Kältetod auf die Stadt herab, wie der Dichter Dimitri Grigorowitsch es beschreibt: ». . . das winterliche Zwielicht von Petersburg versinkt in der Schwärze der Nacht . . . und er ist allein . . . weit, weit von allem, in den tiefen Schatten, in der schneebedeckten Öde, im wirbelnden Wind.«

Jetzt kam er an die Brücke zu den Sommergärten. Manchmal glaubte er, Trugbilder zu sehen, aber es kam ihm vor, als sei er einer Frau begegnet, die einen weiten, schwarzen Umhang trug und deren Gesicht von einer schwarzen Maske verhüllt war, als wolle sie auf einen Maskenball gehen. Aber dann fand er die Erklärung. Sie hatte einen schwarzen Schal um das Gesicht gelegt, wie es jetzt so viele Leningrader taten, um sich vor Frost und Wind zu schützen.

Auf einer Bank im verschneiten Park sah er ein Paar sitzen, Mann und Frau, eng aneinandergeschmiegt, als ruhten sie von einem weiten Spaziergang aus. Er ging auf sie zu, stolperte fast in ein Erdloch. War es ein Graben? Nein! Ein Granattrichter. Er überlegte, wie die beiden auf die Parkbank gekommen sein mochten. Sie schienen zu schlafen. Vielleicht sollte auch er sich einen Augenblick hinsetzen. – Im Weitergehen sah er einen Mann, der ein Bündel trug. Der Mann ging ein paar Schritte, blieb stehen, ruhte sich aus, ging wieder ein paar Schritte, blieb wieder stehen. Die Last auf seiner Schulter schien im Dämmerlicht zu glitzern. Als er näherkam, sah man, daß er einen Leichnam trug – ohne Zweifel eine Frau, vielleicht seine Tochter.

Als der Offizier wieder aufblickte, war der Mann mit der Last verschwunden, als sei er nie dagewesen. Über den Offizier kam ein Gefühl des Grauens, und wie von selbst griff er nach der Pistole. Er konnte nicht sagen, weshalb er es tat. Er schauderte und ging weiter durch die Welt der Schatten, der Kälte, des Schnees und des Windes.

Der nächtliche Wanderer war Nikolai Tichonow, gebürtiger Leningrader und einer der bekanntesten Schriftsteller in Rußland. Bei Kriegsausbruch war er nicht in seiner Geburtsstadt gewesen, sondern erst im Oktober nach Leningrad zurückgekehrt, als hier die weiße Hölle der Hungersnot begann.

Tichonow lebte jetzt im zweiten Stock im Smolny, Zimmer 139, das er mit den Dichtern Wissarion Sajanow, Alexander Prokowjew und Boris Licharew teilte.

Manchmal saßen sie die ganze Nacht im Zimmer 139 zusammen, rezitierten Gedichte, teilten den Tabak und die Rationen miteinander, gingen im Korridor auf und ab und diskutierten. Boris Licharew schreibt:

In den Nächten der Blockade,
Wie lange war es bis zum Morgengrauen!
Wir teilten unseren Tabak,
Wir aßen die Rationen,
Und um Mitternacht
Trafen die Dichter sich
Auf langen Korridoren.
Fern grollten die Geschütze,
Und sie verfaßten Aufrufe für die Truppe.

Nun saßen sie dichtgedrängt um einen rauchenden kleinen Ofen, den sie mit Tischbeinen heizten, und hörten auf das Metronom im Radio, dessen Ticken das Pausenzeichen war. Sie rauchten aus getrockneten Blättern hergestellte Zigaretten der Marke ›Goldener Herbst‹. Sie tranken heißen Tee oder heißes Wasser, lasen Gedichte und sprachen über den Krieg. Oft dauerten die Gespräche und Diskussionen bis zur Morgendämmerung.

An anderen Abenden versammelten sie sich in Tichonows Wohnung auf der Petrograder Seite bei der Tutschkowbrücke oder in Prokowjews Wohnung bei der Boursebrücke. Überall war es kalt und dunkel. Eines Vormittags kam Tichonow ins Smolny zurück und erzählte seinen Kameraden vom Zimmer 139: »Letzte Nacht habe ich ein sehr freimütiges Gedicht geschrieben, es liegt an der Grenze des Möglichen.«

Es war Tichonows großes Kriegsgedicht *Kirow ist unter uns,* ein Gedicht, von dem sein Freund Prokowjew meinte, es sei aus einem neuen Metall gegossen: »In Leningrads eisernen Nächten kam Kirow in die Stadt ...« Das Gedicht beschwor den Geist des Leningrader Führers, dessen Ermordung 1934 Stalins grausamste Säuberungsaktion ausgelöst hatte. Es war eine tiefempfundene, aufwühlende und patriotische Dichtung. Hier war der Geist der um ihren Bestand kämpfenden Stadt spürbar. Ob es Stalins Vorstellungen entsprechen würde, erschien zweifelhaft. Aber während der Zeit des schweren Ringens um Leningrad wurde Tichonows Gedicht zum Ausdruck dessen, was alle empfanden.

Die Schriftsteller und Dichter waren glücklicher als mancher andere Bewohner Leningrads. Sie konnten sich in schöpferische Arbeit stürzen und dabei das Leid vergessen, das sie umgab. Doch gelang ihnen das nur bis zu einem gewissen Grade.

Aus dem Tagebuch des größten Optimisten unter ihnen, Wsewolod Wischnewski, geht hervor, wie schwierig das war. Am 19. November schrieb er:

> Vorige Nacht dachten wir an die jüngste Vergangenheit ... Strela ... Theater ... Restaurants ... Lieblingsgerichte (das macht einem den Mund wässerig) ... Schaschlik à la Corse, georgische Suppe, Gemüse, ... Mandeln, Borschtsch, Kiewer Schnitzel, Erbsen, Champagner ... und die rauhe Wirklichkeit: heute Suppe und Grütze, morgen Suppe und Grütze, wie langweilig.

Am nächsten Tag (20. November):

> Die Militärrationen sind auf 300 g Brot herabgesetzt worden. Eintöniges Essen. Wir erzählen uns Witze: Das ist besser als im Kurort Kislowodsk.

Aber der Humor war so fade wie der Haferschleim zum Frühstück. Am selben Tag heißt es im Tagebuch:

> Irgend jemand rief an: Der Dichter und Seemann Lebedew ist gefallen. Welch ein Talent! Ein Romantiker. Er ging mit seinem U-Boot unter. Zwölf Jahre diente er in der Flotte.

Die Nachricht stimmte. Alexei Lebedew war tot. Vera Petrowna konnte es nicht glauben. Noch als sie das gelbe Stück Papier in der Hand hielt, auf dem das Kommando der Baltischen Flotte ihr mitteilte: »Ihr Ehemann, der Leutnant Alexei Lebedew, ist im November 1941 im Kampf für das sozialistische Vaterland, getreu seiner soldatischen Pflicht heldenhaft und tapfer gefallen«, konnte sie es nicht glauben.

Es war einfach unmöglich. Sie sah Alexei immer noch vor sich, wie er an jenem längst vergangenen 22. Juni am Ostseestrand, den Kopf in ihren

Schoß gelegt, schlief, als ein fremdes Mädchen angelaufen kam und fragte: »Haben Sie nicht gehört, was im Radio gemeldet worden ist? Es ist Krieg!«

Lebedew fuhr als Leutnant auf dem U-Boot L-2 gegen den Feind. Am 18. November ging das Boot in der Ostsee verloren. Alexei Lebedew war 29 Jahre alt. Seine Freunde hielten ihn für einen der begabtesten Leningrader Dichter.

Am 20. November, als die Tagesration in Leningrad auf 125 g Brot gekürzt wurde, schrieb der Komponist Valerian Bogdanow-Beresowski in sein Tagebuch: »Die Verpflegungslage wird immer schwieriger.«

Dann wandte er sich anderen Dingen zu – einem Konzert von Boris Asafjew im Komponistenverband. Der Konzertsaal war mit Metallrolläden verdunkelt und sehr kalt. Es brannten Kerzen, denn der Strom war ausgefallen. Fünfzehn Mitglieder hörten dem Spiel Asafjews zu. Sie behielten Mäntel, Mützen und Überschuhe an.

Asafjew spielte »gefällig, temperamentvoll und war kindlich dankbar für die positive Aufnahme seines Spiels«, notierte Bogdanow-Beresowski. Anschließend kam es zu einer lebhaften Diskussion über das Konzert, und ausnahmsweise gab es, solange die Musik und das Gespräch dauerten, keinen Fliegeralarm.

Der nächste Tagebucheintrag Bogdanow-Beresowskis vom 8. November begann: »Der vierte Tag ohne warmes Essen, und nur eine winzige Brotration.«

Die Bewohner von Leningrad verlangten jetzt zu wissen, was geschah und was sie an den Rand der Katastrophe gebracht hatte. An einem kalten Abend saß Pawel Luknizky im Haus der Schriftsteller und hörte der Diskussion von drei verwundeten Offizieren zu. Ein Panzeroffizier sagte, er und seine Kameraden hätten so gut wie möglich gekämpft, aber die Führung habe Fehler begangen. Rußland sei offensichtlich nicht kriegsbereit gewesen. Ein Pionier war anderer Meinung. Rußland sei weder politisch noch materiell überrascht worden.

»Politisch«, erwiderte der Panzeroffizier scharf, »vielleicht nicht, aber materiell? Was sagen Sie? Glauben Sie wirklich, daß Sie mit T 26-Panzern gegen die Deutschen kämpfen können, oder daß eine mit Spaten bewaffnete Freiwilligendivision die deutschen Panzer aufhalten kann? Nennen Sie eine Benzinflasche eine moderne Waffe? Und wie steht es mit automatischen Gewehren?«

Der Pionier nannte die KW-Panzer. Er hatte fünf bei Ischorsk im Gefecht erlebt.

»Sicher«, erwiderte der Panzermann böse, »fünf KW-Panzer! Und wenn wir fünfhundert gehabt hätten, wo wären die Deutschen dann?«

Ein Flieger mischte sich in die Unterhaltung und beklagte sich darüber,

daß die sowjetischen Flugzeuge leicht brannten, weil sie aus Magnesium und nicht aus Duraluminium hergestellt waren. Das sowjetische Duraluminium, bemerkte er bitter, sei vor dem 22. Juni nach Deutschland geliefert worden.
Offen gesagt, meinte er, sei es einfach unglaublich, daß die Deutschen Minsk genommen hätten, durch Weißrußland und die Ukraine marschiert seien, Pleskau erobert hätten und jetzt vor Leningrad stünden.
Die drei jungen Leute wandten sich an Luknizky und baten ihn um eine Erklärung. Er war tief in Gedanken versunken. So viele seiner Landsleute waren bitter enttäuscht. Jetzt wußten sie die Wahrheit. Niemand konnte sie retten, weder Stalin noch die Rote Armee. Das konnten nur sie selbst; jeder Mann und jede Frau mußte, so gut es ging, kämpfen. Nur die einfachen Männer und Frauen in Rußland, in Leningrad konnten es, die in ihrer zerstörten Stadt kämpften, in beißendem Frost verhungerten und so lange weiterkämpften, wie die Kräfte reichten ...
Das waren die Gedanken, die Luknizky bewegten, als er in seine Wohnung zurückkehrte. Er hörte von einem Vorfall, der sich in der vergangenen Nacht ereignet hatte. Neben dem Haus seines Bruders war ein Pferd auf dem Eis gestürzt. Am Morgen lag nur noch das halbe Pferd auf der Straße. Ein Polizist, der die Spuren im Schnee verfolgte, fand die andere Hälfte in einem Studentenheim. Ein Pferd war unbezahlbar. Ein Soldat erzählte, er habe erlebt, wie eines durch einen Granatsplitter getötet wurde. Von allen Seiten kamen die Leute gelaufen, und in wenigen Minuten war das Pferd zerteilt. Er hatte einem jungen Mädchen geholfen, ein Pferdebein nach Hause zu schleppen. Für sie allein war es zu schwer.[1]
Luknizky hatte ein Gespräch mit seinem Vater. Es ging um den Hund Mischka. Der Vater schlug vor, den Hund einer militärischen Einheit zu schenken, weil sie ihn nicht mehr füttern konnten. Luknizky protestierte: »Überlege doch, vielleicht wäre es besser, wir essen den Hund selbst.« Der Vater war entsetzt. »Unter keinen Umständen würde ich etwas von unserem geliebten Hund essen!« Aber nach wenigen Tagen sagte der Vater: »Ich habe mit einem Mann gesprochen. Er nimmt Kopf und Füße von Hunden und macht gutes Schmorfleisch daraus ...« Dann sahen beide Mischka in die treuen Hundeaugen, und jeder dachte, wieviele köstliche Koteletts das gute Tier hergeben würde.

[1] Anfang Oktober hatte der Stadtsowjet die Ablieferung aller nicht arbeitsfähigen Pferde in den Kolomjagi- und Porochowschlachthäusern befohlen. Einzelschlachtungen von Pferden waren verboten. Die Pferde wurden unter Aufsicht eines Veterinärs geschlachtet, und aus dem Fleisch wurde nach folgendem Rezept Wurst hergestellt: 75 % Pferdefleisch, 12 % Kartoffelmehl, 11 % Schweinefleisch, Salpeter, schwarzer Pfeffer und Knoblauch (Pawlow, a.a.O., 2. Aufl., S. 77–78).

Nach zehn Tagen hatten Luknizkys Bruder und der Hausmeister Mischka geschlachtet. Es gab geschmorte Hundekeule. Der Hausmeister bekam die Innereien und die andere Keule. Luknizky war an der Front gewesen, aber die Zuteilungen für ihn verzögerten sich, weil die Bürokratie zu langsam arbeitete, und er bekam nur zwei Löffel Suppe. Er konnte es kaum erwarten, etwas von dem schmackhaften Hundeschmorbraten abzubekommen.

Am 21. Juni hatte Professor Orbeli noch an die Expedition der Eremitage nach Samarkand gedacht und die Fünfhundertjahrfeier für den Dichter Alischer Nawoi vorbereitet.

Die Gedenkfeier und Nawoi-Lesung fand am 10. Dezember im sogenannten Schulkabinett der Eremitage statt. Es war sehr kalt, und man konnte die Menschen kaum unter ihren dicken Hüllen erkennen. Die Gesichter waren vom Frost gerötet und vom Hunger gezeichnet. Aber Orbeli war, wie immer, energisch. Als er zu sprechen anfing, belebten sich seine großen, dunklen Augen. Er sprach vom tapferen Geist Leningrads, seinem unbesiegbaren Willen, dem Humanismus der sowjetischen Wissenschaft, den Leiden der Stadt und von der Tatsache, daß die Deutschen Leningrad für eine Stadt des Todes hielten. In diesem Augenblick hörte man eine heftige Detonation. Ganz nah war eine Granate eingeschlagen. »Erschrekken Sie nicht«, sagte Orbeli, ohne die Stimme zu heben. »Sollen wir in den Keller gehen?« Niemand stand auf. »Nun gut«, sagte er, »wir werden fortfahren.«

Am Tage nach dem Nawoi-Jubiläum kam der vierundsiebzigjährige Professor Sergei Schebelew zur Eremitage. Er war gekommen, um Orbeli für ›den Feiertag der Wissenschaft‹ zu danken. Schebelew war der letzte überlebende akademische Lehrer Orbelis. »Ich bin so froh«, sagte er seinem früheren Schüler, »daß die Wissenschaft sich bei uns auch unter so schwierigen Verhältnissen weiterentwickelt. Das ist die Art, auf die wir Gelehrte den Faschismus bekämpfen müssen.« Zum Abschied umarmten die beiden Männer sich. Orbeli begleitete Schebelew die Treppe hinunter. Er sah dem alten Mann nach, der langsam das Newaufer hinunterging. Ob er ihn wohl noch lebend wiedersehen würde?

Das Leben in der Eremitage ging jetzt in den unterirdischen Gewölben weiter. Der Mittelpunkt aller Tätigkeit war der Luftschutzraum Nr. 3, einer der zwölf großen Kellerräume unter dem Palais. Hier im Dunklen, unter der niedrigen Decke, lebten, arbeiteten, forschten und starben die Menschen. Hier standen ihre Feldbetten in langen Reihen, hier saßen sie in dicken Mänteln an rohgezimmerten Tischen bei flackernden Nachtlichtern und Kerzenstummeln über den gelehrten Büchern. In diesen Katakomben lebte die Wissenschaft in Leningrad weiter. Hier arbeiteten die Menschen, bis sie starben.

Orbeli fand in Gestalt eines Nebenprodukts der unvollendet gebliebenen Renovierung kurz vor dem Krieg eine Sonderration für seine Schützlinge. Die Eremitage hatte für die Maler Leinöl und Kleister eingekauft. Beides war eßbar. Im Leinöl briet man gefrorene Kartoffeln aus den Schrebergärten am Stadtrand, und aus dem Kleister kochte man ›Fleischgelee‹ und ergänzte damit den kargen Speisezettel.

Der Chefarchitekt Alexander Nikolski führte gewissenhaft sein Tagebuch. Nachdem sie in ihrer Wohnung einen Monat lang den deutschen Luftangriffen ausgesetzt gewesen waren, zogen er und seine Frau in den Luftschutzraum Nr. 3 der Eremitage. Er berichtet, sie hätten in den ersten Nächten »im Schutz der bombensicheren Mauern wie Steine« geschlafen.

Die Bewohner des Luftschutzraums Nr. 3 gingen jeden Morgen zur Arbeit in der Akademie der Wissenschaften, der Kunstakademie oder in den Räumen der Eremitage. Die älteren Männer und Frauen setzten sich, wenn sie nichts anderes zu tun hatten und nicht gerade ein Fliegeralarm war, in das Schulkabinett und sahen aus den hohen Fenstern hinaus auf die zugefrorene Newa und über den Fluß auf den Turm der Peter und Pauls-Festung. Über 2 000 Menschen lebten jetzt in den Kellern der Eremitage.

Eine Eintragung in Nikolskis Tagebuch lautet: »Es ist unmöglich, die Stadt aufzugeben. Besser sterben als kapitulieren. Ich bin überzeugt, die Belagerung wird aufhören, und ich denke schon daran, daß man einen Triumphbogen errichten sollte, um die heldenhaften Truppen würdig zu empfangen, die Leningrad befreien werden.«

Nikolski entwarf den Triumphbogen und einen Siegespark. Nach dem Krieg wurden diese Pläne bei der Anlage eines Siegesstadions und eines Parks am Baltischen Kai verwendet.

Im Tagebuch von W. W. Kalinin findet sich für den 8. Januar, den 130. Tag der Belagerung, die folgende Aufzeichnung:

> Ich war in der Stadt und in der Eremitage. Es ist so melancholisch dort. Sie sind so mager – ihre Gesichter so weiß, Säcke unter den Augen. Sie sitzen an ihren Tischen in der Kälte beim schwachen Licht einer Kerze.
>
> Im Luftschutzraum sind der erste Museumsführer Sergei Reichert und seine Frau Xenia gestorben. Sergei starb am 6. Januar bei seinen geliebten Büchern und bat kurz vor seinem Tode noch um einen der seltenen Bände, den er sanft streichelte. Xenia starb heute.
>
> Ich ging zu Orbeli in sein kleines Büro im Kellergewölbe. Dort roch es muffig und feucht. Eine Altarkerze brannte. Heute machte er einen besonders schwachen und nervösen Eindruck.

Orbelis trübe Stimmung rührte wahrscheinlich daher, daß er an diesem Tage vom Architektenverband und vom Völkerkundemuseum die gleiche

Anfrage bekommen hatte: »Wir bitten darum, daß die Eremitage uns einen Sarg zur Verfügung stellt...«

Die großen Mengen Verpackungsmaterial, die Orbeli zur Verlagerung der Kunstschätze hatte in die Eremitage bringen lassen, dienten jetzt einem anderen Zweck. Hier war die einzige Stelle in der Stadt, wo es noch Kistenholz gab, aus dem man Särge zimmern konnte. Das war im Januar die Hauptaufgabe der Arbeiter in der Eremitage. Sie bauten Särge für ihre Freunde.

An diesem Tage hatte Orbeli die Bitte zum erstenmal abweisen müssen. Der Tischler war gestorben, und niemand war mehr stark genug, diese Arbeit zu tun, nicht einmal für die eigenen Kollegen.

Wenn also jetzt jemand starb – und es starben täglich mehr Menschen –, dann trug man die Leichen in den Wladimirkorridor, wo sie liegenblieben, bis gelegentlich ein Lastwagen vorüberkam und ein Arbeitskommando der Armee die Toten mitnahm.

Leningrad war in der Tat zu einer Totenstadt geworden.

37. Die Kinderschlitten

Im Dezember tauchten sie zum erstenmal auf, die leuchtend roten und gelben Kinderschlitten, Rodelschlitten, mit denen man lustig den Berg hinunterfährt, mit Ohrenschützern aus Pelz und einem hinterherflatternden Wollschal, Schlitten, wie Kinder sie zu Weihnachten geschenkt bekommen, gerade groß genug für einen Jungen, um auf dem Bauch liegend einen steilen Hang hinunterzurutschen, oder für einen Jungen und ein Mädchen, die fest umschlungen hintereinander sitzen und durch eine vereiste, steile Kurve sausen.

Plötzlich sah man die Kinderschlitten überall, auf dem Newskiprospekt, auf den breiten Boulevards, auf dem Wege zur Uliza Marat, zur Newskaja Lawra, nach Piskarewski und zu den Krankenhäusern. Das metallische Knirschen der Kufen war lauter und durchdringender als die Detonationen der Granaten. Es drang schmerzhaft in die Ohren. Auf den Schlitten zog man die Kranken, die Sterbenden und die Toten.

Im Dezember entschloß sich der Maler Wladimir Konaschewitsch, der die Werke Puschkins, Lermontows, Hans Christian Andersens und Mark Twains illustriert hatte, seine Memoiren zu schreiben. Was hätte er sonst tun sollen? Er war dem Verhungern nahe und fror. Malen konnte er nicht mehr. Jetzt wollte er über seine Kindheit schreiben, die er im vorigen Jahrhundert in Moskau verbracht hatte. Vielleicht konnte er damit das Knirschen der Schlittenkufen dämpfen und seine Aufmerksamkeit von der endlosen Prozession der Menschen in schwarzen Wintermänteln ablenken, die Schlitten über vereiste Bürgersteige und durch die Straßen zogen.

Es gab keine Autos mehr in der Stadt, nur noch die Menschen, die ihre Lasten auf Schlitten hinter sich herzogen, die Toten in großen und kleinen, aus rohem Holz gezimmerten Särgen, die Kranken, die sich an den Kufen festklammerten, die Bottiche mit schwappendem Wasser, die man ganz vorsichtig befördern mußte, damit sie nicht umfielen, und Bündel mit Feuerholz. Wenn er durch die verschneiten Straßen ging, dachte Konaschewitsch immer häufiger an seine Kindheit in Moskau, an die winterlichen Straßen, die schneebedeckten Häuser und die Stille, die nur durch vorbeigleitende Pferde- und Rodelschlitten unterbrochen wurde.

Er konnte die Gegenwart allerdings nicht aus seinem Bewußtsein verdrängen. Sosehr er es auch versuchte, er konnte die Rufe der alten Frau, die in derselben Gemeinschaftswohnung hauste wie er und mager, schwarz gekleidet, mit ausgestreckter Hand vor der Haustür saß und mit rauher Stimme flüsterte, »Brot ... Brot ...«, durch nichts aus der Welt schaffen. Jedesmal, wenn er vorüberkam, streckte sich die Hand ihm entgegen, und die Stimme krächzte »Brot ... Brot ...«. Dann starb die Frau.

Nichts war jetzt alltäglicher in Leningrad als der Tod. Nachdem er tagsüber im Smolny gewesen war, kam Luknizky eines Abends zu seinem Vater in die Wohnung zurück. Er war den ganzen Weg zu Fuß gegangen, und hier erfuhr er, daß seine Tante Vera Nikolajewna gestorben war. Sie war am Morgen aufgestanden, hatte über Herzschmerzen geklagt, sich hingesetzt und das Bewußtsein verloren. Es hatte nur wenige Stunden gedauert, dann war sie tot. Sie legten den Leichnam auf den Tisch im Zimmer der Tante und schlossen die Tür. Jetzt kochten sie sich in der Küche das Abendbrot. Sie brieten die letzten Reste, die von dem Hund Mischka übriggeblieben waren.

Am 29. Dezember schrieb Luknizky in sein Tagebuch, man habe ihm vor zehn Tagen gesagt, täglich verhungerten 6 000 Menschen.[1] »Jetzt sind es natürlich noch viel mehr«, schrieb er dazu. Allein in den letzten Tagen waren sechs Mitglieder des Schriftstellerverbands gestorben. Die Tante von M. Kosakowa hatte mehr als zehn Tage tot in ihrer Wohnung gelegen. Kraiski starb im Eßraum des Hauses der Schriftsteller. Er blieb dort sechs Tage liegen, ehe man sich dazu aufraffte, die Leiche hinauszuschaffen.

Luknizky berichtet: »Einen Toten zum Friedhof zu bringen ist so anstrengend, daß die Überlebenden dabei ihre letzten Kräfte verbrauchen und, wenn sie ihre Pflicht gegenüber den Toten erfüllen, selbst an den Rand des Grabes gebracht werden.«

Wie alle, die zu jener Zeit in Leningrad Tagebuch geführt haben, erwähnt auch Luknizky ganz besonders die in der Stadt herrschende Stille. Es war totenstill. Nur selten sah man ein Auto. Nur die zu Skeletten abgemagerten Menschen, die langsam die Rodelschlitten durch die Straßen zogen. Nicht alle Toten lagen in Särgen. Viele waren nur in Laken eingeschlagen, und wenn sie auf dem Friedhof ankamen, war dort niemand, der ein Grab hätte ausschaufeln können, niemand, der ein Gebet sprach. Die Leiche wurde einfach abgeladen.

[1] Nach unvollständigen Aufzeichnungen im Smolny starben im Januar schätzungsweise 3000 bis 4000 Personen täglich (N. S., S. 267). Einige Bewohner Leningrads glauben, in der schlimmsten Zeit seien täglich 10 000 Menschen verhungert (Anatoly Darow: Blokada. New York 1964, S. 145).

Unter diesen Verhältnissen war es schon lange nicht mehr möglich, die Todesfälle zu registrieren, nur noch ihre Anzahl wurde dem Standesamt gemeldet.
Die meisten Leichen lagen in den Wartezimmern der Krankenhäuser. Viele Menschen brachten ihre Toten in die Kliniken, und viele schleppten sich mit letzter Kraft dorthin und starben im Wartezimmer. Auf den Friedhöfen sprengte man lange Gräben mit Dynamit in die Erde, um dort die Toten zu begraben. Ein Einzelgrab zu bekommen war fast unmöglich. Die Totengräber fanden sich nur gegen eine Bezahlung mit Brot, dem wertvollsten Tauschobjekt, bereit, ein Grab auszuheben.
In diesem seit Menschengedenken kältesten Winter war der Boden steinhart gefroren. Die Durchschnittstemperatur im Dezember lag bei – 13°, sieben Grad unter der Normaltemperatur. Im Januar waren es – 20°, zehn Grad niedriger als normal.
Viele Tote wurden in Massengräbern beigesetzt. Das waren von Pionieren gesprengte, lange Gräben auf dem Wolkowo-, Bolschaja Ochta-, Serafimow-, Bogoslowski-, Piskarewski-, Schertwa 9 Janwarja- und Tatarenfriedhof. Andere quadratische Gruben wurden auf der Golodai-Insel, in der Weseli-Siedlung und bei der Glinosemskifabrik ausgehoben. Im Winter 1941/42 wurden mehr als 662 Massengräber mit einer Gesamtlänge von etwa 18 Kilometer angelegt.
Der Direktor der Vulkan-Werke, J. I. Krasnowizki, schreibt: »Ich erinnere mich genau an das Bild. Es war bitterkalt. Die Leichen waren gefroren. Sie wurden auf Lastwagen verladen. Sie waren so hart, daß es einen metallischen Laut gab, wenn sie hinaufgeworfen wurden. Als ich zum erstenmal zum Friedhof ging, standen mir beim Anblick der Leichenberge und der kaum noch lebendigen Menschen, die die Toten mit ausdruckslosen Gesichtern in die Gräben warfen, die Haare zu Berge.«
Wsewolod Kočetow sah eines Abends auf der Rückfahrt vom Ladogasee die Bagger bei der Arbeit. Er glaubte zunächst, hier würden neue Befestigungsanlagen gebaut. Aber sein Fahrer sagte: »Sie heben Gräber aus. Sehen Sie nicht die Leichen?«
Kočetow sah etwas näher hin. Was er für Holzstapel gehalten hatte, waren Leichenhaufen. Einige Tote waren in Decken, Schals oder Laken gewickelt, andere nicht.
»Tausende liegen da«, sagte der Fahrer. »Ich komme jeden Tag vorbei, und jeden Tag heben sie einen neuen Graben aus.«
Im Januar 1942 schrieb ein Bewohner Leningrads in sein Tagebuch:

> Je näher ich dem Piskarewskifriedhof kam, desto mehr Leichen lagen links und rechts der Straße. Als ich aus der Stadt kam, sah ich zuerst kleine, einstöckige Häuser, Gemüse- und Obstgärten, und dann einen riesigen, formlosen Haufen. Ich kam näher. Beiderseits der Straße la-

gen so viele Leichen, daß zwei Wagen nicht mehr aneinander vorbeifahren konnten. Auch wenden konnte man nicht mehr. Durch diese enge Gasse zwischen den Leichen, die in größter Unordnung übereinanderlagen, gelangten wir auf den Friedhof.

Täglich erschienen mehr leere und volle Särge auf den Straßen. Wenn sie leer waren, rutschten sie auf den Schlitten hin und her. Gewöhnlich zogen Frauen die Schlitten. Sie legten den Strick über die Schulter – nicht weil die Toten so schwer waren, sondern die Frauen waren so schwach.

Einmal sah Vera Inber eine weibliche Leiche auf einem Schlitten. Sie war in ein Stück Stoff gewickelt, und man hatte sie dort, wo die Brüste hätten sein sollen, mit Holzwolle ausgestopft, wahrscheinlich zur Verschönerung. Der Anblick ließ Vera Inber schaudern. Vielleicht hatte man irgend jemanden dafür bezahlt – mit Brot –, diesen armseligen Leichnam herzurichten – wozu? Ein anderes Mal sah sie zwei hintereinandergebundene Schlitten. Auf dem einen lag ein Sarg, obenauf ein Spaten und eine Brechstange, auf dem anderen ein Bündel Holz – auf einem Schlitten der Tod, auf dem anderen das Leben.

In der Stadt roch es jetzt ganz anders als sonst. Es roch nicht mehr nach Benzin, Tabak, Pferden, Hunden oder Katzen, auch nicht nach gesunden Menschen. Die Stadt roch auch nicht nach frischgefallenem Schnee und nassen Steinen. Hauseingänge und Flure waren von einer weißen Eisschicht überzogen, und auf der Straße roch man den bitteren, strengen Geruch von Terpentin. Das bedeutete, daß eben ein mit Leichen beladener Lastwagen vorbeigefahren war – oder der Lastwagen war vom Friedhof zurückgekommen. Man übersprühte Fahrzeuge und Leichen mit Terpentin. Dieser durchdringende Geruch hing in der Frostluft wie Totengeruch.

Auf den Straßen spielten sich grauenvolle Szenen ab. Jelena Skrjabinas Freundin Ljudmila kam eines Abends von der Arbeit nach Hause. Eine Frau klammerte sich an ihren Arm und weinte. Sie sagte, sie könne keinen Schritt mehr allein weiterkommen. Sie bat Ljudmila, ihr zu helfen. Aber sie selbst konnte sich kaum mehr auf den Beinen halten. Die Frau hielt sie mit eisernem Griff fest. Die beiden rangen miteinander, bis Ljudmila sich befreite, die Frau in eine Schneewehe warf und davonlief. Leichenblaß, mit vor Grauen weit geöffneten Augen, stoßweise atmend, kam sie zu Hause an und sagte immer und immer wieder: »Sie stirbt, sie stirbt, sie wird heute sterben ...«

Dimitri Moldawski ging jeden Tag auf demselben Weg über die Uliza Marat über den Newskiprospekt und die Brücke zur Universität. Das dauerte drei Stunden. Dabei machte er im Stadtzentrum an der Ecke, wo der Gribojedowkanal auf den Newskiprospekt stößt, in einem in Eis und Schnee steckengebliebenen Omnibus eine Rast. Hier setzte er sich hin, lokkerte seinen Schal und zählte bis fünfundsiebzig. Dann stand er mühsam wieder auf und ging weiter. Er war nie allein in dem Omnibus. Es saßen noch drei Tote darin. Er kannte sie nicht. Vielleicht hatten sie sich auch nur hineingesetzt, um etwas zu rasten, und hatten dann nicht mehr aufstehen können.

Einmal erlebte Moldawski, wie eine Frau, die vor ihm über den Newskiprospekt ging, hinfiel. Sie versuchte aufzustehen, aber es ging nicht mehr. Immer wieder versuchte sie, auf die Füße zu kommen, blieb aber schließlich bewegungslos liegen. Als er herankam, sah er, daß ihr Gesicht ganz schwarz war. Der Mund war eingefallen, und die Augen waren geöffnet. Neben ihr lagen rote Fausthandschuhe. Ihre Finger waren weiß und dünn wie Makkaroni. Moldawski und eine vorüberkommende Fremde versuchten vergeblich, sie aufzustellen. Sie öffnete den Mund und murmelte etwas wie »Suppe«. Ein Rotarmist kam vorbei. Zu dritt hoben sie die Frau auf, aber sie fiel wieder hin und blieb tot liegen.

»Wir haben es wenigstens versucht«, sagte die Fremde.

»Und das genügt«, sagte der Soldat. »Gehen wir weiter.«

Ein anderes Mal sah Moldawski einen Mann vor sich herstolpern, der an einer Brotkruste nagte. Ein zweiter beobachtete den mit dem Brot in der Hand sich dahinschleppenden Menschen. »Das ist sehr gut«, sagte der zweite Mann, »ein Frühstücksbrötchen . . .«

Er blieb stehen und wartete. Vielleicht, dachte Moldawski, wartet er darauf, daß der Mann mit dem Brot hinfällt, und er es ihm wegnehmen kann.

Die Menschen taten alles, wenn es ums Essen ging – um Brot. Anfang Dezember konnte man von den Totengräbern für Brot im Gegenwert von 300 Rubeln einen Sarg bekommen. Jewgenija Wasjutina kaufte am 10. Dezember für drei Tagesrationen Brot einen kleinen Blechofen – das Ofenrohr bekam sie umsonst dazu.

Am Neujahrstag kostete ein Kilo Brot auf dem Schwarzen Markt 600 Rubel. Das war natürlich schwarzes Brot. Es gab ein halbes Dutzend Märkte, auf denen man Zigaretten, Ersatzbrot, Sauerkraut und schmutzige Stückchen Roggenbrot gegen Bekleidung, Uhren, Schmuck oder Kunstgegenstände eintauschen konnte. Aber Brot war so teuer, daß nur wenige Leningrader davon träumen konnten, es zu kaufen. Vera Inber hörte von einer Freundin, sie habe auf einem dieser Märkte 27 Päckchen mit Vitamin-C-Tabletten gegen einen lebendigen Hund eingetauscht. Ihre Freundin Marietta bemerkte sachlich dazu: »Das ist ein guter Tausch gewesen – wenn es ein großer Hund war.«

Selbst dem immer optimistischen Wischnewski fiel es schwer, zuversichtlich in das Neue Jahr zu gehen. Er lag im Krankenhaus und erholte sich von einem Kollaps. Am 1. Dezember fand er sich dort wieder ohne recht zu wissen, wie er hingekommen war. Ende Dezember schrieb er sinnlose

Sätze in sein Tagebuch (»Heute waren 31 Grad Frost, auf dem Lande ist es noch kälter. Wunderbar!«). Er hatte gehört, am Neujahrstag werde es eine Sonderzuteilung Teigwaren und Makkaroni geben, und man werde besondere Speiseräume für wissenschaftliche Arbeiter einrichten (»Wir retten die Intelligenz!« notierte er. Das Ausrufungszeichen steht in Wischnewskis Tagebuch.).

Am Abend des 31. Dezember beschossen die Deutschen Leningrad. Um Mitternacht hörte Wischnewski die Übertragung des Glockengeläuts aus dem Kreml. Dann schossen die Kriegsschiffe auf der Newa ihre Neujahrssalve gegen die deutschen Stellungen. Im Radio hörte man das Spasskiglockenspiel in Moskau die Internationale spielen. Zwei Freunde waren zu Besuch gekommen. Man trank ein kleines Glas Malaga, las ein paar Verse von Majakowski und Jessenin und ging zu Bett.

Vera Inber nahm an zwei Feiern teil. Zuerst gab es im Haus der Schriftsteller um 17.00 Uhr einen ›mündlichen Almanach‹, Lesungen von Schriftstellern und Dichtern. Vera Inber ging den ganzen Weg von der Aptekarskiinsel zum Haus der Schriftsteller auf der Uliza Woinowa zu Fuß. Es war kälter als – 20°. Die Straßen waren leer und vereist. Sie kam an einem Straßenbahndepot vorüber, aus dem jetzt keine Bahnen mehr herausfuhren. Dann führte ihr Weg sie an der Bäckerei vorbei, wo es nur noch so wenig Brot gab; sie sah die von Granaten zerfetzten Omnibusse in den Schneewehen auf der Straße stehen und am Newakai zwei noch nicht fertiggestellte Schiffe.

Im Haus der Schriftsteller war es unglaublich kalt. Beim Licht einiger Kerzen las Vera Inber einige Strophen aus ihrem neuesten Gedicht vor. Es war *Pulkowo Meridian,* ihr großes Kriegsgedicht. Als sie an die Stelle kam, in der sie Hitler und sein Deutschland verfluchte, zog sie den Atem ein. Dreimal setzte sie an, um weiterzusprechen, und dreimal versagte die Stimme, so ergriffen war sie.

Es war schon dunkel, als sie nach Hause ging. Ihr Mann war ausgegangen, um die tägliche Brotration zu holen, und durch einen Fliegeralarm aufgehalten worden. Vera Inber machte sich große Sorgen um ihn.

Um Mitternacht setzten sie sich mit ein paar Ärzten zusammen und tranken die letzte Flasche Wein. Als der Arzt vom Dienst anrief, trennten sie sich. Er meldete, auf den Gängen und in den lange nicht mehr benutzten Badezimmern lägen vierzig Leichen. Was sollte er tun?

Überall in Leningrad sahen die Silvesterfeiern ähnlich aus.

Ilja Glasunow, der kleine Junge, der am 22. Juni auf einem Bauernhof »Rot gegen Weiß« gespielt hatte, lebte jetzt in Leningrad in einer düsteren, großen Wohnung auf dem Bolschoiprospekt auf der Petrograder Seite.

In der Wohnung war es dunkel, dunkel wie in einer Höhle, dachte Ilja.

Draußen schien eine kalte Sonne, aber niemand zog mehr die Vorhänge zurück. Manchmal wurde die kleine *burschuika* geheizt. Sie stand noch seit dem Bürgerkrieg in der Wohnung. Es gab kein Wasser, die Leitung war eingefroren. Man trank geschmolzenen Schnee.
Ilja brachte den Schnee in einem Kochkessel vom Hof. Eines Tages, als er damit in die Wohnung kam, sah er, wie seine Mutter bewegungslos an die Decke starrte. Dieser Anblick erschreckte ihn. Er sah in ihre ausdruckslosen Augen und fragte, »schläfst du?« »Mach dir keine Sorgen«, antwortete sie sanft. »Ich bin nicht tot. Ich denke nur an dich und was du ohne mich anfangen wirst, denn du bist ja erst elf Jahre alt.« Ilja stellte fest, daß der Hunger seinen Kopf klarer machte. Aber er war schwach. Manchmal hörte er ein Läuten in den Ohren. Seine Stimmung wechselte mit erstaunlicher Leichtigkeit.
So schlecht die Verhältnisse auch sein mochten, Iljas Mutter war entschlossen, ihrem Jungen einen Neujahrsbaum zu beschaffen. Irgendwoher kam ein Fichtenzweig. Sie stellte ihn in eine Milchflasche und schmückte ihn mit kleinen Spielsachen aus früherer Zeit. Sie fand noch eine Kerze und zerschnitt sie in vier Stücke. Die Erwachsenen kamen aus dem Nebenzimmer herein mit Schals und Kopftüchern, Masken vor den Gesichtern. Die Kerzenstummel wurden angezündet. Einen Augenblick herrschte Schweigen. Die Kerzen flackerten. Dann brachen alle in Tränen aus. An diesem Abend war die Familie zum letztenmal vollzählig versammelt.
Der Tod war ganz nah, und jeder neue Todesfall erschreckte den Jungen mehr als der vorige. Zuerst starb sein Vater. Er lag mit dem Gesicht nach oben auf dem Bett, hatte den Mantel an, die Pelzkappe in die Stirn gezogen, und schrie ganz hoch und durchdringend »A-a-a-a-a!« Dieser Laut schien nicht aufhören zu wollen und ließ Ilja das Blut in den Adern gefrieren und die Haare zu Berge stehen. Der Vater lag da und schrie mit diesem schrecklichen, ungewohnten, hohen Ton, und Iljas Mutter saß neben ihm, eine kleine Lampe in der Hand, und dunkle Schatten huschten über die Wand. Das Schreien ging endlos weiter, und der Vater lag steif da und starrte, ohne etwas zu sehen, an die Decke. Fünfzehn Minuten bevor er starb verstummte Iljas Vater. Noch viele Nächte danach wachte Ilja angsterfüllt auf, weil er das Schreien gehört hatte, und verbarg sein Gesicht in dem Wollschal, den die Mutter ihm vor dem Zubettgehen um den Kopf gewickelt hatte.
»Hungerpsychose« nannte der Arzt es. Der Arzt konnte selbst kaum mehr auf den Füßen stehen. Dies war sein letzter Besuch in der Wohnung. Kurz darauf starb er.
Die nächste war die Großmutter. Eines Nachts wachte Ilja auf und rief nach ihr. Sie antwortete nicht. Er versuchte, sie im Licht der kleinen, flakkernden Lampe zu sehen. Sie schien ihn anzustarren, aber ihre Stirn war

kalt wie Granit. Er flüchtete in das Bett, in dem die Mutter mit dem alten Wintermantel und Decken zugedeckt lag.
»Sie ist tot«, weinte er.
»Ach«, sagte die Mutter, »sie hat es jetzt leichter als wir, mein Kind. Man kann dem Tode nicht entfliehen. Wir alle werden sterben. Fürchte dich nicht.«
In der Stille hörte der Junge das regelmäßige Ticken des Metronoms im Radio und in der Ferne das Bersten deutscher Granaten. Im Lauf der Zeit starben alle Angehörigen von Ilja. Die geräumige alte Wohnung bestand aus vier Zimmern. In jedem lag ein Toter. In der Wohnung war es so kalt wie auf der Straße – ein großer Eisschrank, dachte der Junge. Und das war gut, denn so rochen die Leichen nicht.
Iljas Mutter und seine Tante Asja beschlossen, die Großmutter beerdigen zu lassen. Sie verhandelten mit der Portiersfrau Schura. Früher war Schura kugelrund gewesen. Jetzt war sie ein Skelett wie alle anderen. Sie boten Schura 250 g Brot und 100 Rubel anstelle der 350 g Brot, die sie verlangte. Schließlich willigte Schura ein. Man wickelte die Großmutter sorgfältig in ein Laken und stickte in eine Ecke ihre Initialen ›E. F.‹ ein. Schura legte die wie eine Mumie aussehende Tote auf Iljas Schlitten und machte sich auf den Weg zum Serafimowfriedhof.
Wenige Tage später war Ilja im Hof mit seinem Kessel, um Schnee zu holen. Vor dem Nachbarhaus stand ein Lastwagen, und Männer luden Leichen darauf. Die meisten Toten waren nur mit grünblauer Haut überzogene Knochengerüste. Einige hatten noch ihre Oberkleidung an, einige nur die weiße Unterwäsche, einige waren noch in Mänteln, mit der Gasmaske über die Schulter (augenscheinlich waren sie auf der Straße tot zusammengebrochen). Auch unter der Treppe lagen viele. Zitternd vor Kälte beobachtete Ilja die Männer und wollte gerade gehen, als sie einen in ein weißes Laken gewickelten Leichnam aufhoben, der auf einem Kinderschlitten lag. Ilja lief näher hin, um genau zu sehen, wer es war. Ja, in einer Ecke des Lakens sah er die Initialen seiner Großmutter ›E. F.‹
Jetzt waren nur noch Ilja und seine Mutter übrig. Eines Tages kam ein Auto an, das Iljas Onkel geschickt hatte, um die Familie in ein Militärlazarett abzuholen. Der Onkel wußte nicht, daß sein Bruder schon tot war.
Iljas Mutter war zu schwach, um aufzustehen. Mit den Augen folgte sie den Männern, die neben Ilja standen. »Ich werde bald gesund sein«, sagte sie. »Dann werde ich nachkommen.«
Ilja konnte nicht verstehen, warum ihre Augen sich mit Tränen füllten.
»Ich weine«, flüsterte sie, »weil wir einen Monat voneinander getrennt sein werden – nicht mehr, nur einen Monat.«
Der fremde Mann nahm Ilja bei der Hand. Die Mutter gab ihm eine

kleine Kupfermünze, die in der Schlacht von Schipka eine türkische Gewehrkugel aufgefangen und dem Großvater das Leben gerettet hatte. »Sie soll dir Glück bringen«, sagte die Mutter. »Bald werden wir uns wiedersehen.«

Immer weniger Menschen machten sich noch die Mühe, ihre Toten zu beerdigen. Sie hatten weder die Mittel noch die Kraft dazu. Wenn sie es fertigbrachten, die Leiche zum Friedhof zu schaffen und zurückzukommen, brachen sie oft selbst zusammen, um nicht wieder aufzustehen. Man ging immer mehr dazu über, die Toten in ein kaltes Zimmer zu bringen und dort auf den Fußboden zu legen. So füllten sich die Häuser in Leningrad allmählich mit Leichen. Niemand verschloß mehr die Haustüren. Es kostete zuviel Mühe, aufzustehen, wenn jemand klopfte. Man konnte ungehindert in fast jedes Haus und jede Wohnung kommen, durch die eisigen Zimmer gehen und die Toten sehen, die auf Fußböden und Betten lagen oder auf Stühlen um den Ofen saßen, in dem das Feuer längst ausgegangen war.

Anfang Januar kam Dimitri Schtscheglow mit einem Lastwagen über den Ladogasee nach Leningrad zurück. Er war entsetzt zu sehen, wie die Menschen in den Hauseingängen und auf eisigen Treppenstufen, den Kopf in die Hände gestützt, dasaßen. Erst als er näherkam, erkannte er, daß sie tot waren – verhungert und steifgefroren. Die noch lebenden gingen an ihnen vorüber und würdigten sie kaum eines Blicks.

Schtscheglow besuchte einen Freund: »Vor mir stand ein Mann mit blau verfärbten, aufgedunsenen Wangen. Er sah aus wie ein Geist aus einem Gruselstück. Nur seine Augen schienen noch zu leben.«

Das war Leningrad im Januar 1942. Der später mit dem Flugzeug bei Welikii Luki abgestürzte Korrespondent der *›Komsomolskaja Prawda‹*, Nikolai Markewitsch, schrieb am 24. Januar 1942 in sein Tagebuch:

> Die Stadt ist tot. Es gibt keinen elektrischen Strom. Warme Zimmer sind ganz selten. Keine Straßenbahnen. Kein Wasser. Außer Schlitten gibt es kaum ein Transportmittel ... Darauf liegen Leichen in rohgezimmerten Särgen, mit Lumpen bedeckt oder halb bekleidet ... Täglich sterben sechs- bis achttausend. Die Stadt stirbt wie sie während des letzten halben Jahres gelebt hat – mit zusammengebissenen Zähnen.

38. Ein neuartiges Verbrechen

Mit dem Einbruch des Winters fing es an, und jede Woche wurde es schlimmer. Die pedantischen Beamten der Leningrader Stadtpolizei und der Miliz nannten es ›ein neuartiges Verbrechen‹, ein Verbrechen, mit dem sich die zahlreichen Spezialabteilungen der sowjetischen Polizei bisher noch nicht hatten beschäftigen müssen.
Es war, kurz gesagt, Raubmord zur Beschaffung von Lebensmitteln. Es kam täglich vor. Ein von hinten geführter Schlag, und eine alte Frau in der Reihe der um Brot Anstehenden fiel tot hin, während ein blasser Jugendlicher mit ihrer *sumka,* ihrer Geldtasche, und der Brotkarte davonlief. Ein Messer blitzte auf, ein Mann, der vom Bäckerladen nach Hause ging, fiel in den Schnee, während eine dunkle Gestalt mit dem Brot verschwand, das der Mann unter dem Arm getragen hatte.
Wie die ganze Polizei Stalins, so war auch die Polizei in Leningrad gut organisiert, und selbst in dieser schlimmen Zeit gab es genug Polizisten. Aber in den meisten Fällen waren es nicht Berufsverbrecher, die dieses neuartige Verbrechen begingen (die Berufsverbrecher waren der Polizei, die über ein dichtes Informantennetz verfügte, im allgemeinen bekannt), nein, die Verbrechen wurden von ganz gewöhnlichen sowjetischen Bürgern verübt, die der Hunger, die Fliegerangriffe, die Kälte und das Leiden zum Raubmord trieben. Viele von ihnen hatten an Dystrophie sterbende Frauen und Kinder zu Hause.
Der Major der Miliz A. D. Skiljagin schreibt: »Es war bezeichnend, daß viele dieser Verbrechen nicht von alten Kriminellen und nicht von asozialen Elementen begangen wurden, sondern von Personen, die durch den Hunger, die Bombardierungen und Beschießungen zur Verzweiflung getrieben worden waren, Personen, die durch die Last dessen, was sie erlebten, psychisch gebrochen waren.«
Im Verlauf des Winters bildeten sich Banden von Räubern und Mördern, die die Straßen unsicher machten. Manchmal waren es Deserteure, ehemalige Rotarmisten und alle möglichen dunklen Existenzen. Sie lauerten den Menschen auf, die um Lebensmittel anstanden, und nahmen ihnen ihre Karten oder das eben gekaufte Brot fort. Sie überfielen einsame Fußgänger am Tage und in der Nacht, ja sie überfielen sogar die Brotläden

und stahlen Lastwagen und Schlitten, die ihre Ware zu den Läden brachten. Sie drangen in Wohnungen ein, raubten Wertgegenstände, und wenn ein Bewohner die Stimme erhob (oft fanden sie nur noch Tote in den Häusern), schlugen sie ihm auf den Kopf und steckten das Haus in Brand, um Spuren zu verwischen.
Schon seit Kriegsbeginn hatten die Leningrader Behörden mit internen Schwierigkeiten gerechnet. Das war seit jeher eine fixe Idee Stalins und seines Polizeichefs Berija gewesen. Sie spielte bei den politischen Manövern, die Leningrads Verteidigung im August und September so sehr behindert hatten, eine wichtige Rolle. Im Winter gab es in Leningrad ein dichtes Netz von Organisationen zur Verteidigung der Stadt im Inneren, die ›Vernichtungstrupps‹ der Arbeiterbataillone und Sonderbrigaden der Komsomolzen zur Aufrechterhaltung von Ruhe und Ordnung. Je undurchdringlicher der Einschließungsring wurde: als die Hungersnot begann und die Fälle dieses ›neuartigen Verbrechens‹ sich mehrten, schien keine dieser Schutzmaßnahmen mehr zu genügen.
Am 15. November, nach dem Fall von Tichwin, erkannten Schdanow und seine Mitarbeiter, daß die Blockade länger dauern würde als erwartet, und die Stadt größeren Leiden ausgesetzt sein werde, als man es sich vorgestellt hatte. Vielleicht würde der Geist Leningrads unter diesen vernichtenden Schlägen zerbrechen. Deshalb unternahm man neue Schritte zur Aufrechterhaltung der inneren Sicherheit.
Der Militärsowjet der Leningrader Front richtete eine besondere Verwaltung für die innere Verteidigung ein. Sie unterschied sich äußerlich von dem im August eingesetzten Leningrader Verteidigungsrat, Schdanows und Marschall Woroschilows mißglücktem Sonderunternehmen. Die neue Organisation für die innere Verteidigung besaß völlige Selbständigkeit und sollte jede Bedrohung Leningrads von innen abwehren.
Man hatte diese Vorsichtsmaßnahmen nicht ohne Grund getroffen. Die reguläre Polizei war durch Einziehungen zur Truppe geschwächt. Die meisten NKWD-Einheiten standen an der Front. Viele Aufgaben der Polizei wurden von Frauen übernommen. Die Stadtpolizisten litten, wie jedermann in Leningrad, unter dem Hunger, der Kälte und körperlicher Erschöpfung. Nach einigen Berichten haben die reguläre Polizei und die Geheimpolizei im Spätherbst und Winter praktisch aufgehört zu funktionieren, weil ihre Angehörigen durch den Hunger zu sehr geschwächt waren. Man hört auch die Auffassung, die verzweifelte Lage der Stadt habe die Polizisten eingeschüchtert, und sie hätten es tunlichst vermieden, sich der Zivilbevölkerung zu zeigen. Als die Lage im September kritisch wurde, kam es bei der Polizei zu Paniken. Polizeibeamte setzten sich im Flugzeug aus Leningrad ab. Tagelang verbrannten Polizeidienststellen ihre Akten, vernichteten Parteilisten, Geheimakten und Einwohnerlisten, damit die

Deutschen keine Exekutionslisten daraus zusammenstellen könnten. Die Panik erreichte nicht die Ausmaße wie in Moskau, wo der Himmel im Oktober tagelang von Rauchschwaden bedeckt war, weil die Geheimpolizei ihre Akten verbrannte, und wo die Bürger manchmal ihre halbverkohlten Personalakten auf der Straße fanden, die, durch die Hitze im Schornstein nach oben getrieben, nun heruntergeflattert waren. Doch nach dem September verloren die Leningrader immer mehr ihre Angst vor der Polizei. Sie sprachen offener miteinander, ohne sich darum zu kümmern, wer mithörte und was denunziert werden könnte.

In den offiziellen Berichten betont man besonders die schlechte körperliche Verfassung der Polizisten. Im Dezember erschienen auf den meisten Polizeirevieren jeweils nur acht bis zehn Mann zum Dienst, und sie mußten 15, 16, 18 oder sogar 20 Stunden Dienst tun. Im Januar starben 166 Leningrader Polizisten an Hunger, 1 600 waren krankgemeldet. Im Februar starben 212.[1]

Die Verbrecher, mit denen die Polizei fertigwerden mußte, waren viel besser bewaffnet als im Frieden. Oft hatten sie Militärgewehre, manchmal Maschinenpistolen und fast immer Revolver.

Als die Zuteilungen wieder und immer wieder gekürzt wurden, »nahmen nicht alle Leningrader diese Anordnung tapfer auf«, wie eine sowjetische Quelle es taktvoll ausdrückt.

An einem Januarabend, es waren draußen etwa – 28°, gingen die politischen Funktionäre Maria Rasina und Peter Jakuschin, in die Wohnung Nr. 5 des Mietshauses, das sie betreuten. Dort lebte eine evakuierte Familie. Die Mutter war gestorben, und drei kleine Kinder hockten um die Leiche. Nirgends waren die Lebensmittelkarten zu finden. Bald erschien der Hauswirt, Mark Schacht, und sagte, er werde die Kinder in ein Kinderheim bringen. Einer Eingebung folgend forderte Jakuschin Schacht auf, ihm die Lebensmittelkarten der Familie auszuhändigen. Er behauptete, sie nicht zu haben. Jakuschin packte ihn an der Kehle und schrie: »Gib mir die Karten, du Bandit, oder ich werde dich auf der Stelle umbringen!«

Jetzt zog Schacht die Karten heraus. Ehe Jakuschin das Standgericht benachrichtigen konnte (eine Abteilung der Roten Armee), um ihn erschießen zu lassen, verschwand der Wirt.

Auch die Leute, die bei den Lebensmittelverteilungsstellen arbeiteten, konnten der Versuchung nicht immer widerstehen. Die Leiterin eines Lebensmittelladens namens Lokschina stahl fast 400 Pfund Butter und 200 Pfund Mehl. Sie wurde erschossen. So ging es jedem, der Lebensmittel

[1] Die Gesamtstärke der Leningrader Polizei läßt sich nur schätzen. Im Sommer 1941 bestand die Leningrader Stadtpolizei ohne die Verkehrspolizei und die Männer auf den Polizeiwachen aus 1200 Mann (Skiljagin: Djela i Ljudi. S. 247).

stahl. Der Leiter eines Bezirksbrotladens im Smolny, Akkonen, und seine Gehilfin Srednewa betrogen ihre Kunden um 4 bis 5 g Brot je Zuteilung. Sie verkauften den Überschuß gegen Pelze, Kunstgegenstände und Goldschmuck. Sie kamen vor das Standgericht und wurden erschossen.

Im Frühjahr 1942 erklärte Parteisekretär Kusnezow: »Ich will Ihnen offen sagen, daß wir Menschen dafür erschossen haben, daß sie einen Laib Brot stahlen.«

Vom November an gab es in der *›Leningradskaja Prawda‹* eine Spalte auf der Rückseite, in der die Urteile des Militärtribunals wegen Verstößen gegen die Rationierungsbestimmungen bekanntgegeben wurden: Drei Mann erschossen für Lebensmitteldiebstahl aus einem Lagerhaus. Zwei Frauen erschossen wegen Profitmacherei auf dem Schwarzen Markt. Fünf Männer erschossen, weil sie Mehl von einem Lastwagen gestohlen haben. Sechs Männer erschossen, die sich verabredet hatten, Lebensmittel aus dem staatlichen Verteilersystem zu unterschlagen. Manchmal wurden die Angeklagten zu 25 Jahren Arbeitslager verurteilt, aber nicht oft. Gewöhnlich lautete das Urteil auf Erschießen. Nur selten kam ein Tag, an dem die *›Leningradskaja Prawda‹* nicht von mindestens einem solchen Fall berichtete.

Auf Befehl des Militärsowjet wurde das Leningrader Stadtgericht in ein Militärgericht umgewandelt, und der Zivilstaatsanwalt wurde zum Militärstaatsanwalt. Damit fielen jetzt alle Vergehen gegen die Rationierungsbestimmungen unter das Militärgesetz. In der Praxis bedeutete es, daß jeder eines solchen Vergehens Überführte direkt vor das Exekutionskommando kam. Dabei gab es kaum noch irgendwelche Formalitäten und nur ein aufs äußerste gekürztes Verfahren. 3 500 Komsomolzen hatten den Auftrag, die Läden und das Verteilersystem zu überwachen. Parteisekretär Schdanow befahl ihnen, nicht einmal ›den Verdacht‹ der Unehrlichkeit bei der Verteilung der Rationen zu dulden. Die Komsomolzen machten unerwartete Stichproben bei allen Einrichtungen des Systems und deckten viele Unregelmäßigkeiten auf. Bei einer Aktion im Wyborger Bezirk entdeckten 23 Komsomolzen ein ganzes Netz von Leuten, die Lebensmittel unterschlugen. Sie wurden nach einem Standgerichtsverfahren erschossen.

Das Schlimmste, was einem Leningrader geschehen konnte, war der Verlust der Lebensmittelkarte. Am 22. Juni hatte Iwan Krutikow in Puschkin auf einem Teich gerudert, als die Nachricht vom Ausbruch des Krieges ihn erreichte. Am 15. Dezember war er in Leningrad, wohin seine Fabrik aus Puschkin verlegt worden war. Durch den Luftdruck einer Bombendetonation hatte er Prellungen davongetragen. Er war durch Hunger ohnehin schon geschwächt. Am 15. Dezember kam ein noch größeres Unglück über ihn. Als er vor einem Brotladen anstand, riß ein Dieb ihm die Karte aus der Hand und lief davon. Krutikow lief hinterher, konnte aber nur ein kurzes Stück mithalten. Er sah den Räuber verschwinden und brach in seiner Hilflosigkeit in Tränen aus. Sein Atem reichte nicht zu dem Ruf »Haltet den Dieb!«

Nach den neuen, strengen, vom Bevollmächtigten D. W. Pawlow erlassenen Bestimmungen war es praktisch unmöglich, eine neue Karte zu bekommen. Vor dem 1. Dezember konnte man beim Bezirksbüro einen Antrag für den Ersatz einer verlorenen Karte stellen. Im Oktober wurden 4 800 Ersatzkarten ausgegeben. Im November waren es schon 13 000. Diese Zahlen betrachtete man augenscheinlich als normal. Aber im Dezember bildeten sich vor den Ausgabestellen lange Schlangen. Ehe der erschreckte Pawlow etwas dagegen tun konnte, waren 24 000 Karten ausgegeben worden. Die Leute behaupteten durchweg, sie hätten die Karten bei Luftangriffen, Artillerieüberfällen oder Bränden verloren. Pawlow wußte, daß diese Angaben oft richtig waren. Er wußte aber auch, daß viele sich so unrechtmäßig eine zweite Karte verschaffen wollten. Ab sofort durften die Bezirksämter keine Ersatzkarten mehr ausgeben. Neue Karten gab es nur im Zentralbüro, und nur, wenn der Verlust hieb- und stichfest nachgewiesen werden konnte. Dazu gehörte die Aussage von Augenzeugen – des Hausverwalters, der örtlichen Parteifunktionäre und der Polizei. Eine Zeitlang durfte nur Schdanow selbst eine verlorene Lebensmittelkarte ersetzen. Der gewöhnliche Bürger war nicht imstande, die erforderlichen Daten zusammenzubringen. Die Anträge gingen praktisch auf Null zurück. Es gab keinen Ersatz mehr. Das Problem war gelöst, aber die Lösung kostete Tausenden, die ihre Karte wirklich verloren hatten, das Leben.

Krutikow stand also jetzt vor der Tatsache, daß er 16 Tage nichts mehr zu essen bekommen würde. Das bedeutete den Tod. Er hatte nur eine Hoffnung. Wegen des Stromausfalls arbeitete seine Fabrik nicht mehr, und er meldete sich zur Front. Am 17. wurde er zur ärztlichen Untersuchung bestellt. Aber der Arzt wies ihn zurück und sagte: »Sie sind schwer an Dystrophie erkrankt. Wir können Sie nicht nehmen, bevor Sie sich nicht etwas herausgefuttert haben. Es tut mir leid, ich kann Ihnen nicht helfen.« Krutikow wog noch 84 Pfund, die Hälfte seines Normalgewichts vor dem Kriege. Vier Tage hungerte er. Schließlich meinte sein Direktor, er solle versuchen, in ein Arbeiterbataillon aufgenommen zu werden, dem er früher angehört hatte.

Krutikow brauchte 16 Stunden dazu, die sechs bis acht Kilometer von seiner Fabrik bis zum Narwator zu gehen, wo das Stabsquartier des Arbeiterbataillons im Gorkihaus der Kultur untergebracht war. Das Thermometer stand auf – 35°. Er war so schwach, daß er sich alle 15 bis 20 Schritte ausruhen mußte. Krutikows alter Kommandeur reihte ihn wieder in seine Einheit ein. Damit bekam er 250 g Brot täglich und dazu 100 bis 150 g Grütze und einen Becher heißes Wasser zum Frühstück. Sein Leben war gerettet.

Die meisten hatten nicht soviel Glück.

Wsewolod Kočetow verlor seine Lebensmittelkarte unter ganz anderen Umständen. Ende Dezember war er mit seiner Frau Vera über den Ladogasee zur Vierundfünfzigsten Armee an die Front gefahren. Etwa am 12. Januar kam er nach Tichwin zurück und fand dort ein dringendes Telegramm seines Chefredakteurs Solotuchin vor, das schon einige Tage auf ihn gewartet hatte und ihn aufforderte, nach Leningrad zurückzukommen. Zwischen dem Eintreffen des Telegramms und Kočetows Rückkehr nach Leningrad verging eine ganze Woche. Als er zurückkam, hatte Solotuchin, mit dem er sich nie gut gestanden hatte, ihn wegen eines Verstoßes gegen die militärische Disziplin unter Anklage stellen lassen. Er wurde von der *›Leningradskaja Prawda‹* entlassen und aus der Kommunistischen Partei ausgestoßen. Zufällig (oder vielleicht auch nicht zufällig) erhielt Kočetows bester Freund Michalew für ein etwas anderes Vergehen die gleiche Strafe. Er hatte ein Auto der Zeitung dazu benutzt, einen kranken Kollegen über den Ladogasee zu bringen.

Nach einigen Bemühungen gelang es Kočetow, den Ausschluß aus der Partei rückgängig zu machen, aber seine Stelle bekam er nicht zurück, auch nicht die mit dieser Stellung verbundene Lebensmittelkarte. Was auch die Ursache sein mochte (in diesem Fall haben wir nur den Bericht Kočetows, der sich selbst immer als Helden darstellt), war es keine Kleinigkeit, während der Winterblockade in Leningrad die Lebensmittelkarte zu verlieren. Schließlich sah er sich gezwungen, 900 g Schmalz, das Gramm für einen Rubel, auf dem Schwarzen Markt zu kaufen. Endlich erhielt er eine Anstellung beim Radiokomitee, aber es vergingen Wochen, bis er eine neue Karte bekam. Täglich legte er auf der Suche nach etwas Eßbarem bis zu 16 Kilometer zurück. Er besuchte ihm bekannte Truppenkommandeure. Manchmal gaben sie ihm einen Teller Suppe, eine Fleischkonserve, ein halbes Schwarzbrot oder etwas Wurst. In der Stadt sah er sich die gelben, blauen und weißen Papierfetzen, die an Bretterverschlägen angehefteten Privatanzeigen, an: »Bringe Tote zum Friedhof – gegen Brot.« »Kaufe und tausche Wertgegenstände gegen Schallplatten von Wertinski und Leschtschenko.« »Zu verkaufen: vollständige Werke von Leonid Andrejew, Edgar Poe, Knut Hamsun.« »Verloren: kleines Mädchen, 7 Jahre alt, trägt rotes Kleid und Pelzmütze. Wer hat die gesehen . . .?«

Was mochte mit dem kleinen Mädchen in rotem Kleid und Pelzmütze geschehen sein? War sie auf dem Weg zum Einkaufen in einen Fliegerangriff geraten und durch eine Bombe getötet worden? War sie das Opfer eines der täglichen Feuerüberfälle der deutschen Artillerie, die einmal die eine, dann die andere Straße unter Feuer nahm? War sie vor Hunger irgendwo zusammengebrochen und gestorben, wie Tausende täglich starben? Oder gab es eine noch grausigere Erklärung? Alles war möglich auf den Straßen des hungernden Leningrad. Es gab unzählige tragische Möglichkeiten. Manches Kind war schon um seiner Lebensmittelkarte willen ermordet worden, obwohl es darauf die geringsten Mengen gab. Schon im November hüteten Eltern sich davor, ihre Kinder auf die Straße zu schicken, weil es Gerüchte gab, die von Kannibalismus sprachen.

Die Entbehrungen ließen Erwachsene und Kinder zu Bestien werden. Eines Tages ging Jelisaweta Scharepina in einen Laden auf der Borodinskistraße. Sie sah dort, wie eine aufgeregte Frau ein zehnjähriges Kind beschimpfte und schlug. Das Kind saß auf dem Boden, biß, ohne auf die Schläge zu achten, gierig in ein Stück Schwarzbrot, und stopfte das Brot so schnell es konnte in den Mund. Um die Frau und das Kind hatten schweigende Zuschauer einen Kreis gebildet.

Die Scharepina faßte die Frau am Arm und sagte, sie solle aufhören.

»Aber er ist ein Dieb! ein Dieb!« schrie die Frau.

Der Verkäufer hatte ihr die tägliche Brotration gegeben, und sie hatte das Brot einen unbewachten Augenblick lang auf dem Ladentisch liegengelassen. Der Junge hatte es heruntergerissen, sich auf den Boden gesetzt und angefangen, es zu verschlingen, ohne auf die Schläge, das Schreien oder sonst etwas zu achten.

Als die Scharepina versuchte, die Frau zu beruhigen, brach diese in Tränen aus und sagte schluchzend, sie habe vor ein paar Wochen ihr einziges Kind zum Friedhof gebracht. Schließlich brachte die Scharepina die im Laden versammelten Menschen dazu, der Frau etwas von ihren eigenen Rationen abzugeben. Dann sprach sie mit dem Zehnjährigen. Er sagte, sein Vater sei irgendwo an der Front. Die Mutter war verhungert und hatte ihn und seinen jüngeren Bruder allein zurückgelassen. Sie lebten im Keller eines zerbombten Hauses. Sie fragte, warum die Kinder nicht in ein Kinderheim gegangen seien. Der Junge antwortete, sie müßten auf den Vater warten. Wenn sie in ein Heim gingen, würde man sie evakuieren, und sie würden den Vater niemals wiedersehen.

Selbst in den festesten Herzen regten sich Zweifel, ob Leningrad diese Prüfungen überstehen werde. Am 4. Januar schrieb Vera Inber in ihr Tagebuch:

> Ich habe das Gefühl, die Stadt wird nicht durchhalten, wenn die Blokkade nicht innerhalb der nächsten zehn Tage aufgehoben wird. Leningrad hat die ganze Härte des Krieges zu spüren bekommen. Jetzt wäre es an der Zeit, daß die Deutschen vor Leningrad ihr Teil bekommen ... Wenn man nur wüßte, wie Leningrad leidet. Der Winter wird noch lange dauern. Die Kälte ist fürchterlich.

Drei Tage später schrieb sie, in Leningrad sei man überall der Ansicht, die Truppen General Merezkows würden am 10. in Leningrad sein. Sie schrieb dazu: »Ob es nun der 10., der 15., der 20. oder Ende Januar sein wird – möge es nur überhaupt geschehen!«

Am 12. Januar[2] berief Bürgermeister Peter Popkow im Smolny eine Pressekonferenz ein. Die Journalisten fanden, daß er sehr müde aussah. Unter seinen geröteten Augen lagen tiefe Schatten. Er war blaß, aber frisch rasiert. Er stand zur Begrüßung nicht auf, sondern bat die Journalisten, an einem langen, mit grünem Tuch bedeckten Tisch Platz zu nehmen. Ohne Umschweife begann er, von der Not der Stadt zu sprechen. Seine Stimme war rauh, und er sprach langsam und ohne Betonung. Die Belagerung dauerte schon fünf Monate. Es gab allergrößte Schwierigkeiten mit der Lebensmittelversorgung. Jetzt, so glaubte er, würde dieses Problem durch die Eisstraße gelöst. »Der Gegner wollte die Stadt aushungern. Das wird ihm nicht gelingen.« Aber zwei Dinge müßten getan werden. Die Lebensmittel müßten in die Stadt gebracht, und innerhalb der Stadt müßten Räuber und Plünderer rücksichtslos verfolgt werden. »Räuber, Spekulanten und Plünderer werden nach dem Kriegsrecht unnachsichtig bestraft«, sagte Popkow. Das Leiden der Bevölkerung verschlimmerte sich.

Am 25. Januar rief das Kraftwerk Nr. 5, das einzige, das noch voll in Betrieb gewesen war, Parteisekretär Kusnezow im Smolny an. Man hatte die Turbinen mit 500 m^3 Holz täglich mühsam in Gang halten können. Das Holz wurde mit der Oktobereisenbahn herangebracht. An diesem Tag war das letzte Brennmaterial verbraucht worden. Die Bahn brachte keinen Nachschub.

»Versuchen Sie, den Betrieb noch ein paar Stunden aufrechtzuerhalten«, bat Kusnezow. Aber das Heizmaterial war verbraucht. Die Turbinen drehten sich immer langsamer und standen dann still. Die Pumpen arbeiteten nicht mehr.

Leningrad bekam jetzt nur noch 3 000 Kilowatt Strom von einer Notturbine des Kraftwerks Nr. 1.

In der Frunse-Bezirksbäckerei, einem der acht noch arbeitenden Betriebe, erhielt man die Wasserversorgung mit zwei Feuerwehrpumpen aufrecht. Im Stadtteil Petrograd froren alle Wasserleitungen ein. Man rief die Komsomolzen auf: »Die Bäckerei braucht bis zum Abend 4 000 Eimer Wasser, oder es wird morgen früh kein Brot geben. Wir brauchen mindestens 2 000 Komsomolzen, weil keiner mehr als zwei Eimer tragen kann. Die jungen Leute sind zu schwach.«

Man mobilisierte die Arbeitskommandos, sie bildeten eine Kette von der

[2] Tschakowski (S. 62–63) nennt versehentlich den 17. Januar. Am 13. Januar wurde der Text von Popkows Erklärung in der ›*Leningradskaja Prawda*‹ veröffentlicht.

Newa bis zur nächsten Bäckerei, versorgten diese mit Wasser und brachten dann das Brot auf Kinderschlitten zu den Bäckerläden.

Als Vera Inber von dem Stromausfall hörte, schrieb sie am 25. Januar in ihr Tagebuch:

> 19.00 Uhr, die Lage ist katastrophal. Die Menschen haben sich auf den Holzzaun des Krankenhauses gestürzt und zerschlagen ihn zu Feuerholz. Es gibt kein Wasser. Was wird geschehen, wenn die Bäckereien morgen ihre Arbeit für einen Tag unterbrechen? Heute hatten wir nicht einmal Suppe, nur Grütze. Am Morgen gab es Kaffee, aber jetzt gibt es nichts mehr zu trinken. Unser Wasservorrat: ein halber Teekessel (er steht auf dem warmen Ofen), eine halbe Schüssel Waschwasser und eine viertel Flasche für morgen. Das ist alles.

Am nächsten Tag schrieb sie:

> Zum erstenmal habe ich aus Kummer und Verbitterung geweint. Ich habe die Grütze in die Glut fallen lassen. Ilja aß ein paar aus der Asche gekratzte Löffel. Noch immer kein Brot ...

Am 27. erfuhr sie von der Aktion der Komsomolzen, die mit Eimern das Wasser aus der Newa geholt hatten. Vor den Brotläden standen lange Schlangen. Gegen Abend gab es endlich Brot, aber praktisch waren Leningrads Bäckereien mitten im Hungerwinter etwa 48 Stunden geschlossen gewesen.

Trotz aller Anstrengungen, die Schdanow, Kusnezow und die anderen Führer unternahmen, gab es immer weniger Brennstoff.

Die Kraftstoffvorräte in Leningrad waren bei Beginn der Blockade reichlicher gewesen als die Lebensmittelvorräte. Am 1. September hatte Leningrad Benzin- und Ölreserven für 18 bis 20 Tage und Kohle für 75 bis 80 Tage. Das Elektrokombinat hatte Holz für 18 Tage, die Bäckereien für 60 Tage. Am 30. September war das Heizöl praktisch verbraucht, und die Fabriken hatten kaum noch Kohle. Am 1. Oktober waren noch 118 851 m^3 Feuerholz in der Stadt. Das reichte etwa für zwei Wochen. Vor einem Monat waren es noch 370 000 m^3 gewesen.

Mitte Oktober war die Stromerzeugung auf ein Drittel der Vorkriegskapazität gesunken. Man schickte Arbeitsbrigaden von Jungkommunisten in die Wälder vor der Stadt zum Holzfällen.

Im Frieden kamen täglich 120 Züge mit Brennmaterial nach Leningrad. Jetzt waren es höchstens 3 bis 4 Züge mit Feuerholz.[3]

In den Häusern gab es keine Heizung mehr, obwohl die Durchschnittstemperatur am 17. November nach offiziellen Berichten angeblich in Wohnungen + 12°, in den Ämtern + 10° und in Fabriken + 8° betrug. Im

[3] Pawlow, a.a.O., 2. Auflage, S. 147. N. A. Manakow spricht von 36 Zügen (›*Woprosy Istorii*‹. Nr. 5, März 1967, S. 17).

Dezember war keine einzige Zentralheizung mehr in Betrieb. Elektrizität zur Beleuchtung gab es nur noch im Smolny, im Generalstabsgebäude, auf den Polizeirevieren, in Parteiämtern, Fliegerabwehrbefehlsstellen, Post- und Telegraphenämtern, bei der Feuerwehr, in den Gerichten und den Büros der Hausverwalter. Sogar die militärischen Dienststellen hatten nicht mehr genügend Kraftstoff. Ende November verfügten sie nur noch über einen Vorrat für 10 bis 11 Tage an Flugbenzin und für 7 Tage an Lastwagentreibstoff.

Am 15. Dezember meldete der Leiter des Kraftwerks Nr. 1, er bekäme täglich nur noch 150 bis 350 t Kohle gegenüber einem Mindestbedarf von etwa 700 bis 800 t. Er war gezwungen, seine eisernen Bestände zu verbrauchen, und stellte dann den Betrieb ein. Im Dezember gab es in den meisten Krankenhäusern keinen elektrischen Strom mehr, und in den elektrisch geheizten Krankenhäusern fielen die Temperaturen auf + 1° bis + 7° Celsius. Die Wäschereien arbeiteten nicht mehr, und die öffentlichen Bäder stellten den Betrieb ein.

Die einzige verbliebene Brennstoffquelle waren die Wälder in den Außenbezirken, etwas Torf unter dem gefrorenen Schnee am Nordufer der Newa und die aus Holz gebauten Häuser und Schuppen in Leningrad. Andrei Schdanow genehmigte den Abriß fast aller Holzgebäude und versprach, Leningrad werde nach dem Krieg in neuer Größe wiedererstehen. Ein paar junge Leute rissen sogar Bretter von der Verkleidung des Bronzestandbildes von Peter dem Großen und schrieben auf ein Brett, das sie drangelassen hatten: »Er friert nicht – wir werden es wärmer haben.«

Als das Kraftwerk Nr. 5 sein Heizmaterial verbraucht hatte, bekam die Pumpstation 36 Stunden keinen Strom mehr. Für die im Süden und in Petrograd gelegenen Pumpstationen fiel der Strom vier Tage aus. Die Außentemperatur lag bei – 34°. Als die Pumpen wieder zu arbeiten begannen, war das Wasserversorgungsnetz in Leningrad ebenso wie die Kanalisation eingefroren.

Die Stadt brannte ab. Im Januar gab es mehr als 250 große Brände und täglich etwa 30 Brände aller Art. Manchmal wurden sie durch die Beschießung verursacht, meist aber durch die *burschuiki.* Jeden Tag brannte es irgendwo.

Selbst ein so wenig empfindsamer Beobachter wie Wsewolod Koćetow war erschüttert beim Anblick der Brände in Leningrad. Er fand es fürchterlich, mit ansehen zu müssen, wie ein großer Wohnblick brannte und das Feuer ein paar Tage später immer noch nicht gelöscht war, eine Wohnung nach der anderen ausbrannte, ohne daß etwas dagegen unternommen wurde. Die Wasserleitungen waren eingefroren, die Feuerwehr hatte kein Benzin für ihre Fahrzeuge, und die meisten Feuerwehrleute waren zu krank oder zu schwach, um auszurücken, wenn sie alarmiert wurden. Im

Dezember waren nur 7 Prozent der Löschzüge einsatzbereit. Im Januar war jede Feuerwache mit nur 8 anstelle von 80 Feuerwehrleuten besetzt.

Um zu verhindern, daß Derserteure nach Leningrad hereinkamen und sich den Lebensmittelräubern anschlossen, bewachten starke Sicherheitskräfte alle Vorortbahnhöfe. Trotzdem dersertierten in fast jedem Truppenteil ein paar Soldaten, und es gelang ihnen, nach Leningrad durchzuschlüpfen.

In dieser Lage trafen beim Leningrader Militärsowjet, dem Parteikomitee der Stadt und dem Stadtsowjet Briefe ein, deren Absender vorschlugen, Leningrad zur offenen Stadt zu erklären. Wie sowjetische Historiker behaupten, bedeutete das, man solle die Front öffnen und die Deutschen hereinlassen. In sowjetischen Geschichtswerken werden diese Vorschläge kaum erwähnt, und wo es geschieht, werden immer wieder die gleichen Quellen aus dem Leningrader staatlichen Archiv zitiert.

Die sowjetischen Historiker sind offensichtlich überzeugt, der Vorschlag, Leningrad zur offenen Stadt zu erklären, sei von deutschen Agenten in der Stadt ausgegangen. Die Idee sei zum erstenmal während der Kämpfe im September an die Behörden herangetragen worden. Man zitiert einen deutschen Agenten, der gesagt haben soll, die Deutschen hätten geplant, zugleich mit dem Sturmangriff gegen die Stadt einen Aufstand im Inneren anzuzetteln. Später habe man den Plan geändert, und die Deutschen hätten beschlossen, den Aufstand zu provozieren, bei dem ein Pogrom gegen Juden und Parteifunktionäre durchgeführt werden sollte, um dann auf Ersuchen der Führer des Aufstandes in die Stadt zu kommen und Ruhe und Ordnung wiederherzustellen.[4]

Ein anderer deutscher Agent (vielleicht war es aber auch derselbe) soll gesagt haben, die Deutschen hätten, zugleich mit der Verschärfung der Blokkade, mit einer Hungerrevolte gerechnet, bei der die Bevölkerung Bäckereien und Lebensmittelgeschäfte stürmen würde. Anschließend würden die Frauen an die Front ziehen und die Truppen auffordern, die Belagerung zu beenden und die Deutschen in die Stadt zu lassen.

Der ›Agentenbericht‹ zeigt auffallende Parallelen zu den Ereignissen vom Februar 1917, als die erschöpften, erzürnten und frierenden Frauen in Petrograd, die Tag für Tag in immer länger werdenden Schlangen vor den Bäckereien anstehen mußten, zu demonstrieren begannen und damit die Revolution auslösten, die zum Sturz des Zaren Nikolaus II. führte.

Die Bemühungen bestimmter Kreise, Leningrad zur ›offenen Stadt‹ erklären zu lassen, haben sich nicht nur in Briefen an die sowjetischen Behörden Ausdruck verschafft. Das Thema ist ganz offen in der sowjeti-

[4] Im September hörte Kočetow ähnliche Gerüchte.

schen Bevölkerung diskutiert worden. Man schickte Agitatoren in viele Stadtbezirke, um diesem Verlangen und der bedrohlichen oder sogar feindlichen Stimmung in der Bevölkerung entgegenzuwirken.
Je schlimmer die Leiden wurden, desto stiller wurde es in der Stadt. Es gab keine Bombenangriffe mehr, und die artilleristischen Feuerüberfälle wurden seltener.
Jelisaweta Scharypina schreibt: »Die Hitleristen sind überzeugt, der Hunger wird den Widerstand der Leningrader brechen. Warum soll man dann noch Bomben und Granaten verschwenden?«
Sie dachte an die Zeilen aus einem Gedicht von Nekrasow:

In der Welt gibt's einen Zaren,
Und der Zar kennt keine Gnade,
Hunger nennt man diesen Zaren ...

39. Die Stadt erstarrt im Eis

Als der Schriftsteller Lew Uspenski eines Tages im Winter zum Radiosender Leningrad kam, sah er im Senderaum ein seltsames hölzernes Gerät, eine Art kurzstielige Harke ohne Zähne, in der Form des großen T. Der Direktor J. L. Babuschkin erklärte ihm, das sei eine Stütze, mit deren Hilfe er sich vor dem Mikrophon aufrecht hielt, wenn er zu schwach war, um sich auf den Füßen zu halten.

»Man muß lesen«, sagte der Direktor. »In vielen tausend Wohnungen warten die Menschen auf die Stimme des Sprechers, und diese Stimme erhält sie vielleicht am Leben.«

Das hölzerne T war kein Spielzeug. Der Dichter Wladimir Wolschenin war im Senderaum vor Hunger zusammengebrochen, nachdem er den Leningradern seine Verse vorgetragen hatte. Er wurde nach Jaroslawl evakuiert, starb aber wenige Tage später. Alexander Jankewitsch las mit schwarzem Gesicht und schweratmend Makarenkos *Pädagogisches Gedicht* vor dem Mikrophon, obwohl er so geschwächt war, daß Babuschkin sich bereithalten mußte, für ihn einzuspringen.

Der Mittelpunkt des Lebens im Rundfunkhaus war im Januar ein langes Zimmer auf dem vierten Stock, das dem Zwischendeck auf einem Auswandererschiff glich oder, wie Alexander Kron meinte, einem Zigeunerzelt. Hier standen Feldbetten und Liegen, Schreibtische und Kisten, lagen Zeitungsstapel und Aktendeckel. Das Zimmer war ständig von vielen Menschen besetzt. Ein junger Mann mit einer in die Stirn fallenden Haarlocke saß an einem Tisch über ein Stück Papier gebeugt und schrieb eifrig. Eine ältere Frau mit verweinten Augen hämmerte auf der Schreibmaschine. Andere lagen und schliefen, wo sie erschöpft zusammengesunken waren. Ein fünfjähriges Mädchen war mit einer Puppe in der Hand fest eingeschlafen. Zwei kleine Behelfsöfen standen im Raum. Hier kochten die Leute ihre Mahlzeiten und bereiteten heißes Wasser. Ein mageres Mädchen in weißem Mieder und wattierter Uniformjacke wusch sich die langen Haare. Neben ihr las eine gebleichte Blondine sentimentale Verse. Als es mit der Kälte, dem Hunger und den Fliegerangriffen am schlimmsten war, brachte man die Mikrophone in diesen Raum, um den geschwächten Sprechern die Anstrengung des Treppensteigens zu ersparen. Man unternahm alles, um den Betrieb im Sender aufrechtzuerhalten. Der Pulsschlag der Stadt mußte weitergehen, das Ticken des Metronoms, das aus den Lautsprechern auf den Straßen, in den Wohnungen und Büros zu hören war.[1] Das Rundfunkhaus blieb von Fliegerbomben verschont, obwohl einige Gebäude in der Nähe im September schwer beschädigt wurden.

Am 8. Januar 1942 verstummten die Sendungen in den meisten Stadtteilen. Der elektrische Strom war ausgefallen. Von überall her kamen die Leute zum Rundfunkhaus und fragten, was geschehen sei und wann die Sendungen weitergehen würden. Ein alter Mann schleppte sich an zwei Stöcken von der Wasilewski-Insel bis hierher und sagte: »Sehen Sie, solange es sich nur darum handelt, mutig zu sein, ist alles gut. Auch eine Kürzung der Lebensmittelrationen läßt sich ertragen. Aber lassen Sie das Radio sprechen. Wenn das aufhört, ist das Leben zu fürchterlich. Dann ist es, als läge man im Grab. Genauso ist es.«

Zwei Tage später, am 10. Januar, saß Olga Berggolz im Zimmer des Radiokomitees (sie fand, es glich einem langen Eisenbahnwagen). Wie immer waren viele Menschen da. Einige arbeiteten, andere schliefen, und der Journalist Prawditsch lag bewegungslos und scheinbar ohne zu atmen da. Wie man schon vor ein paar Stunden vermutet hatte, stellte man am Morgen fest, daß er tot war.

Olga Berggolz denkt an diesen Abend als an einen der glücklichsten ihres Lebens zurück. Sie und einige Kollegen, darunter der künstlerische Leiter des Radiokomitees, J. L. Babuschkin, und der Leiter der Literaturabteilung, G. Makogonenko, arbeiteten in dieser Nacht an dem Plan für ein Buch mit dem Titel *Hier spricht Leningrad . . .*, das sie herausgeben wollten. Es sollte eine Darstellung Leningrads, seiner Menschen und seiner Intelligenz im Ringen gegen den deutschen Angriff werden und den ganzen Verlauf der Ereignisse schildern, den deutschen Angriff, die Entbehrungen in der Stadt, die Opfer und den Endsieg. Als sie an der kleinen, flackernden Lampe, die sie mit einer Zeitung abgeblendet hatten, um die schlafenden Kollegen nicht zu stören, beisammensaßen, zweifelte keiner von ihnen am Endsieg.

»Werden wir diesen Tag auch noch erleben?« fragte Babuschkin. »Wissen Sie, ich habe das leidenschaftliche Verlangen, am Leben zu bleiben und zu sehen, wie alles ausgeht.«

Er lachte, und seine Augen blitzten vor Ungeduld. Olga Berggolz erwiderte schnell: »Natürlich werden Sie am Leben bleiben, Jascha, selbstverständlich. Wir alle werden am Leben bleiben.«

[1] In Leningrad gab es nur eine Drahtverbindung zwischen dem Sender und den einzelnen Lautsprechern. Gewöhnliche Rundfunkempfänger waren am zweiten Kriegstag konfisziert worden. Der Besitz eines Radiogeräts und das Abhören ausländischer Sender war mit der Todesstrafe bedroht.

Aber sie sah, daß Babuschkin sehr schwach war. Schon lange war er aufgeschwemmt und grün im Gesicht und konnte nur schwer die Treppen steigen. Er schlief immer weniger und arbeitete immer mehr. Man konnte ihn nicht dazu bewegen, mit seinen Kräften hauszuhalten. Er lächelte auf ihre Antwort, schloß die Augen und sah plötzlich sehr, sehr alt aus. Seine Freunde glaubten, er werde den Winter nicht mehr überleben, aber er schaffte es – nur um 1944 bei Narwa in den letzten Kämpfen um die Befreiung Leningrads als Infanterist zu fallen.

Aber in jener Januarnacht wußte noch niemand, was die Zukunft bringen würde. Das Buch sollte alles Wesentliche enthalten: die neu anzulegenden Gärten, die Aufführung der 7. Symphonie von Schostakowitsch (niemand wußte, daß die Symphonie schon fertig war – das Radiosymphonieorchester bestand praktisch nicht mehr).

Etwas später diktierte Jascha Babuschkin eines Morgens Olga Berggolz den wöchentlichen Bericht über den Zustand des Orchesters (»Die erste Violine liegt im Sterben, der Pauker starb auf dem Weg zur Arbeit, das Waldhorn ist todkrank.«).

Jeder, der am Rundfunk arbeitete, und alle Überlebenden der Blockade glaubten, der Leningrader Sender habe die Stadt am Leben erhalten, als es nichts zu essen, keine Heizung, kein Licht und praktisch keine Hoffnung mehr gab.

Olga Berggolz erinnert sich: »Kein Theater und kein Kino war mehr offen. Die meisten Leningrader hatten nicht einmal mehr die Kraft, zu Hause zu lesen. Ich glaube, noch nie haben Menschen Gedichte so aufgenommen wie die Bewohner Leningrads in jenem Winter, als sie hungrig, mit geschwollenen Gliedern und halbtot unsere Lesungen hörten, und das wird wohl auch nie wieder so sein.«

Der Marineschriftsteller Alexander Kron hatte die Empfindung, das geistige Leben sei im Winter 1941/42 in erstaunlichem Maß aufgeblüht. Nie zuvor hatten die Menschen so viel und so offen miteinander gesprochen. Nie hatten sie so leidenschaftliche Diskussionen geführt wie während der langen Abende, an denen sie bei Kerzenschein um die kleinen Behelfsöfchen saßen. Sogar in der Flotte studierten die Matrosen Kunstgeschichte, Musik und Philosophie. Viele tausend Soldaten lasen *Krieg und Frieden.* Auf einem im Eis der Newa liegenden U-Boot las die ganze Besatzung im Verlauf des Winter die Werke Dostojewskis.

Das Buch *Hier spricht Leningrad ...* ist niemals erschienen, aber es hielt die Menschen im Rundfunkhaus am Leben. Es beflügelte ihre Phantasie und ließ die schweren Tage schneller vorübergehen. Aber es durfte nicht erscheinen. Olga Berggolz und ihre Kollegen vom Radiokomitee geben keine Erklärung dafür. Wahrscheinlich scheiterte das Projekt an der gleichen Zensur, der gleichen bedrückenden Bürokratie, die so viele freudig und hoffnungsvoll im belagerten Leningrad in Angriff genommene Unternehmen scheitern ließ.

Vera Ketlinskaja und ihre Freunde im Schriftstellerverband wollten ein Buch mit dem Titel *Ein Tag* schreiben, die Schilderung eines Tages im belagerten Leningrad. Die Schriftsteller Leonid Rachmanow, W. Orlow und Jewgeny Ryss gehörten zu den Autoren. Sie folgten einer Idee von Maxim Gorki, der in den dreißiger Jahren ein Buch geplant hatte, das 24 Stunden im Leben der Sowjetunion schildern sollte. Vera Ketlinskaja kam auf den Gedanken, 24 Stunden im Leben Leningrads zu beschreiben, in allen Stadtbezirken, an der Front, im rückwärtigen Gebiet, in den Fabriken, bei der Fliegerabwehr, der Feuerwehr, den Bäckern, den wissenschaftlichen Instituten und bei den Künstlern. Ein Abschnitt sollte das Leben im Oberkommando behandeln und ein anderer die Arbeit in den Textilfabriken, in denen die wattierten Uniformjacken hergestellt wurden.

Täglich kamen die Schriftsteller mit vor Hunger und Schlaflosigkeit geschwollenen Gesichtern zum Büro des Schriftstellerverbands im alten Steinhaus auf der Uliza Woinowa und fragten: »Wann werden wir mit der Arbeit an dem Buch *Ein Tag* beginnen? Benachrichtigen Sie mich, denn ich bin bereit, jeden Gang dafür zu tun.« Aber die Ketlinskaja konnte die höheren Stellen nicht dazu bewegen, das Projekt zu genehmigen. Jewgeny Schwarz war gerade im Büro, als sie am Telephon mit einem der führenden Männer darüber sprach. Er konnte nicht länger schweigend zuhören und sagte: »Erklären Sie ihm, daß die Schriftsteller ohne diese Arbeit sterben werden, daß wir ohne Arbeit nicht weiterleben können.« Die Ketlinskaja wußte das. Wer hungernd in der dunklen, kalten Stadt lebte, erhielt sich durch das Bewußtsein am Leben, gebraucht zu werden. Wer nichts mehr zu tun hatte, starb. Untätig sein zu müssen war schlimmer als ein Fliegerangriff.

Doch trotz aller Bemühungen konnte sie die Genehmigung für die Arbeit an dem Buch nicht erwirken. Sie glaubte, niemand sei wirklich dagegen, aber niemand wollte die Verantwortung übernehmen. Es war das alte russische Problem: Bürokratie. Ende Dezember traf endlich die Genehmigung ein. Aber inzwischen waren viele Mitarbeiter gestorben, die Stadt war im Eis erstarrt, und die noch lebenden Schriftsteller waren zu schwach, um zu schreiben. Das Projekt konnte nicht verwirklicht werden.

Rachmanow bezeichnete das Scheitern dieses Vorhabens, für das nach seiner Ansicht »Bürokraten und Rückversicherer« verantwortlich waren, als eine echte Tragödie – nicht, weil das Buch nicht herauskam, sondern weil das Mißlingen des Plans so vielen Schriftstellern das Leben kostete, die sich jeder Hoffnung beraubt sahen, noch etwas Positives leisten zu können. Rachmanow hatte seine ganze Zeit und Energie in das Werk *Ein Tag im Leben Leningrads* gesteckt. Vielleicht wäre er gestorben, hätte er sich nicht mit einem zweiten Vorhaben beschäftigen können, als das erste gescheitert war. Es handelte sich um eine neue Zeitschrift mit dem Titel *›Zeitgenössische Literatur‹*. Die Idee zur Gründung dieser Zeitschrift entstand im Sommer 1941, aber Filipp Knjasew, der als Herausgeber vorgesehen war, fiel vor Reval. Jetzt sollte Rachmanow die Redaktion übernehmen, und Mitte Januar hatte er das Material für die ersten beiden Ausgaben zusammen. Die dritte Ausgabe wurde schon vorbereitet. Doch einen Monat später zerrann auch dieser Traum. Zu einer Zeit, da die *›Leningradskaja Prawda‹* nur noch aus einem einzigen grauen Blatt bestand und so bewährte alte Zeitschriften wie *›Krasnaja Now‹* in Moskau das Erscheinen eingestellt hatten, würde kein Bürokrat die Gründung eines neuen, noch nicht erprobten Journals genehmigen. Aber es bedurfte stärkerer Kräfte als der Zensur, der Bürokratie und des Papiermangels, um den Geist Leningrads zu besiegen. Es erschienen Plakate in der Stadt:

Erstes Halbjahr des Großen Vaterländischen Krieges
Sonntag, den 11. Januar 1942
Literarisch-künstlerische Matinee
Beginn 13.30 Uhr
Schriftsteller, Wissenschaftler, Komponisten, Künstler –
zum Thema des Vaterländischen Krieges.
Sammlung für den Verteidigungsfonds.

Der 11. Januar war ein sonniger, aber sehr kalter Sonntag. Die Veranstaltung fand in der akademischen Kapelle an der Pewtschinskibrücke in der Nähe des Winterpalais statt. In dem in Weiß, Gold und mit rotem Samt ausgestatteten Raum war es ebenso kalt wie draußen. Allmählich versammelte sich das Publikum in schweren Wintermänteln mit Pelzkragen und Pelzstiefeln. Wahrscheinlich erinnerte sich niemand mehr daran, wie Wladimir Majakowski vor Jahren hier eine Lesung gehalten hatte. Damals war es so heiß gewesen, daß Majakowski seine Jacke ausgezogen und über den Stuhl gehängt hatte.

Ein älterer Mann mit einem bis fast zu den Knöcheln reichenden Mantel ging langsam zum Podium. Er sprach zuerst so leise, daß man ihn kaum verstehen konnte. Allmählich wurde die Stimme kräftiger. Der Sprecher war Professor L. A. Ilin, der Chefarchitekt von Leningrad. Er entschuldigte sich dafür, daß er zu spät gekommen war. Er sagte, er habe seine Kräfte schonen wollen und sei an diesem kalten Sonntag auf dem kürzesten Weg zur Kapelle gekommen, aber Leningrad habe in Schnee und Sonnenschein allzu schön ausgesehen. Er habe sich von dem Anblick der herrlichen Boulevards und der großartigen Bauten nicht losreißen können. Während Ilin weitersprach, dachte Rachmanow, Leningrad müsse in der Tat unsterblich sein, wenn seine Schönheit solche Gefühle wecken konnte. Die Stadt war sicher unsterblich, aber wie stand es um ihre Bewohner?

Wsewolod Wischnewski schrieb bezeichnenderweise: »Eine schöne Stadt. Ich bin glücklich, in Leningrad auf meinem Posten zu sein und meine Pflicht zu tun.«
An einem Tag im Februar ging Wissarion Sajanow wieder über den Newskiprospekt. Er hatte nichts mehr von der zauberhaften Atmosphäre, über die Puschkin schreibt: »Die Schlitten glitten rasch über den breiten Newski ... die Gesichter der jungen Mädchen glühten wie Rosen.« Aus einem Eisloch der Fontanka, wo Frauen Wasser schöpften, dampfte es.
Die Bäume im Park des Jussupowpalais waren ganz bereift von diesem Dampf. Frauen und alte Männer mit Teekesseln und Kannen standen in einer langen Reihe vor dem Wasserloch. Ein Soldat holte das Wasser in einem an einen Strick gebundenen Eimer herauf.
An der Anitschkowbrücke begegnete Sajanow einem seltsam gekleideten Mann. Über die Schultern hatte er einen sehr weiten, wie für einen Riesen geschneiderten Pelzumhang geworfen. An den Füßen trug er *walenki*, russische Filzstiefel, und darüber mit Lumpen umwickelte Überschuhe. Er hatte einen Pinsel in der Hand, und vor ihm stand eine Staffelei. Sajanow blieb stehen und sah ihm zu. Es war kalt, aber die Sonne schien. Er mußte an Professor Ilins Worte denken, »ich bin glücklich, die beschneite Stadt im Sonnenschein sehen zu können, wie stark ist mein Lebenswille in diesen schweren Tagen ...« Der Künstler blies sich in die Finger und sagte ruhig: »Sie sollten Ihren alten Bekannten wiedererkennen, Genosse Soldat!«
Die Stimme klang vertraut, aber Sajanow erkannte den seltsamen Maler nicht.
»Sie erkennen mich nicht«, sagte der Mann.
»Wjatscheslaw!« rief Sajanow plötzlich. »Ich habe nicht erwartet, Ihnen heute zu begegnen.«
Es war Wjatscheslaw Pakulin, mit dem Sajanow Anfang der zwanziger Jahre oft heftig über den Sinn des Lebens und darüber diskutiert hatte, wie Malerei und Dichtkunst ihn ausdrücken sollten. Damals, so dachte Sajanow bitter, glaubte jeder, er könne der Wahrheit mit seinen Mitteln Ausdruck verleihen. Wie naiv! Wie groß war die Distanz zwischen damals und heute, auf dem im Frost erstarrten Newskiprospekt!
»Man muß mehr malen und weniger über Kunst reden«, sagte Pakulin, der Sajanows Gedanken erraten hatte. »Schließlich wird der Künstler nur nach seinen Bildern beurteilt.«
»Das ist eine einseitige Auffassung«, antwortete Sajanow. »Man kann die Persönlichkeit des Künstlers nicht von seinem Werk trennen.«
Pakulin seufzte. »Ich fürchte, ich werde niemals etwas Bedeutendes in der Kunst leisten. Es ist sehr schwer.«

Eine Frau kam vorüber. Sie blickte auf das Bild, dann auf Pakulin und sagte: »Auch ich gehöre zu Ihren Bewunderern.«
»Gefällt Ihnen das?« sagte Pakulin zu Sajanow. »Ich glaube, ich habe meine Seele in dieses Bild gelegt.«
Sajanow sah noch einmal auf die Leinwand – den eigenartig weißen Himmel, die sanft violetten Wolken, die menschlichen Figuren auf dem Newski, die Anitschkowbrücke ohne die Pferde von Klodt.
»Verstehen Sie«, sagte Pakulin, »es ist alles fremd, es ist alles beängstigend, aber der Himmel ist ruhig wie immer.«
»Ich verstehe«, sagte Sajanow. Im Fortgehen sah er sich noch einmal nach Pakulin um. Er würde das Frühjahr wahrscheinlich nicht mehr erleben. Das war unmöglich. Aber Sajanow irrte sich. Pakulin starb erst einige Jahre nach Kriegsende, und als Sajanow zur Beerdigung ging und in das Atelier kam, sah er viele gute Bilder, aber keines der im Krieg gemalten. Die offiziellen Hüter der sowjetischen Kultur wollten die fremdartigen Werke Pakulins aus der Zeit der Belagerung Leningrads nicht in der Öffentlichkeit zeigen, und das blieb auch noch viele Jahre so. Sie waren zu schrecklich, zu erschütternd.
Das Vorhaben, einen Film über das kämpfende Leningrad zu machen, scheiterte ebenso wie die Pläne für Bücher und Zeitschriften. Im März 1942 sollte Wsewolod Wischnewski ein Drehbuch schreiben. Sowjetische Kameraleute, darunter Jefin Utschitel, Andrei Pogorely und Jewgenij Schapiro, hatten viele tausend Meter Film aufgenommen. Zu Regisseuren bestimmte man Roman Karmen und Nikolai Komarewzew.
Wischnewki war so ergriffen von einzelnen Szenen, daß er weinte wie ein kleines Kind, als er sie zum erstenmal sah – das zerstörte Observatorium in Pulkowo, der Architekt Nikolski in den Kellern der Eremitage am Zeichentisch, eine alte Frau, die hinfiel und eine Schüssel Suppe verschüttete, eine Winterszene in den Sommergärten, Hände, die sich an einem Eisengitter festhielten und allmählich hinunterglitten, bis der Körper in eine Schneewehe fiel, die Plakate an den Friedhofstoren ›Leichensammelpunkt‹, der Komponist Asajew am Flügel, wie er mit vor Kälte steifen Fingern spielte, das tote Elefantenweibchen Betty in einer Blutlache im Zoo. Er schrieb sieben Versionen für das Drehbuch, keine ist veröffentlicht worden. Am 9. Juli 1942 kam der Film *Das kämpfende Leningrad* endlich heraus. Er wurde mit dem Stalinpreis ausgezeichnet, aber viele tausend Meter mit den besten Szenen waren herausgeschnitten. Sie sind bis heute nicht gezeigt worden. Sie liegen in einem Archiv, in dem Abertausende von Filmmetern aufbewahrt werden, die der Welt vielleicht einmal zeigen werden, welche Leiden der Krieg über Rußland gebracht hat. Man plante eine Fortsetzung des Films, in der die Ereignisse vom Mai 1942 bis zur Befreiung der Stadt im Januar 1944 gezeigt werden sollten. Der Lenin-

grader Dichter und Schriftsteller Nikolai Tichonow bekam vom Leningrader Militärsowjet den Auftrag, das Drehbuch zu schreiben. Später sagte er: »Es ist ein großer Jammer, daß dieser Film nicht fertig geworden ist. Hätte man ihn freigegeben, dann hätten Millionen von Zuschauern manches gesehen, was sie nicht erwarteten, Tragisches und Heroisches.«

Vera Ketlinskaja war eine der besten Freundinnen von Olga Berggolz. Ihre Bekanntschaft reichte zwanzig Jahre vor den Krieg zurück. Vera Ketlinskaja hatte ›Olinka‹ schon als Kind kennengelernt, als ihr einmal wegen einer Kinderkrankheit der Kopf kahlgeschoren worden war. In mancher Hinsicht waren die beiden Frauen gänzlich verschieden. Olga Berggolz hatte das Gefühl, jede Bombe sei für sie persönlich gemeint. Sie fühlte jeden Schlag, der ihre Freunde und Nachbarn traf, oft noch intensiver als diese selbst. Vera Ketlinskaja ging auch während der Fliegerangriffe und Beschießungen zu Fuß durch Leningrad in der festen Überzeugung, daß keine Bombe und keine Granate sie treffen werde. Je länger die Belagerung dauerte, desto enger wurde die Freundschaft.

Manchmal tauschten sie kleine Geschenke aus – ein Stück gefrorenes Pferdefleisch von der Front, ein Päckchen echten Kaffee oder einen Topf Buchbinderleim, aus dem sich ein köstlicher Gelee herstellen ließ. Dann luden sie einander ein und teilten diese Kostbarkeiten.

Eines Abends rief die Ketlinskaja Olga an und sagte ihr, sie habe eine Flasche Lebertran bekommen und wolle ›phantastische Pfannkuchen‹ backen. Der Teig bestand hauptsächlich aus Kaffeesatz.

»Ich komme gleich hinüber«, sagte Olga Berggolz.

Die Wohnung von Vera Ketlinskaja lag nur zwei Häuserblocks vom Rundfunkhaus entfernt. Vera wartete lange, aber Olga erschien nicht. Schließlich kam sie und konnte vor Erschütterung kaum sprechen. Sie war in der eisigen Kälte in die völlige Dunkelheit hinausgekommen und hatte sich zwischen hohen Schneewehen den Weg gesucht. Vor der Philharmonie war sie ausgerutscht und schwer auf etwas gefallen. Das ›Etwas‹ war eine halb mit Schnee bedeckte Leiche. Sie lag dort wie betäubt, schwach, angsterfüllt und unfähig, aufzustehen. Plötzlich hörte sie ihre eigene Stimme ein Gedicht vortragen. Die Stimme kam aus dem Äther. Sie sprach ruhig und einfach. Olga Berggolz lag von Grauen gepackt da. Lag sie nun auf einem im Eis erstarrten Toten, oder war es ihr eigener gefrorener Körper, den sie fühlte? War sie tot? Hatte sie den Verstand verloren? Sie spürte eine Angst, wie sie sie noch nie gekannt hatte. An der Peripherie ihres Bewußtseins registrierte sie, daß ihre Stimme verstummte und eine andere zu sprechen begann. Es war der Ansager der Rundfunkstation Leningrad. Sie hatte den Lautsprecher an der Ecke vor dem Europahotel gehört, der ein Programm ausstrahlte, das am Tage zuvor aufgenommen worden war.

Allmählich faßte Olga Berggolz sich wieder. Sie saß neben Vera Ketlinskaja, hielt ein altes Buch in der Hand und verbrannte Seite um Seite in der *burschuika.* Dann aßen sie die ›phantastischen Pfannkuchen‹ und wunderten sich darüber, daß sie früher keinen Lebertran gemocht hatten.

Während einer späteren Periode der Belagerung kam der englische Journalist Alexander Werth nach Leningrad. Er fragte Vera Ketlinskaja und einige ihrer Freunde, *was* es ihnen ermöglicht habe, zu überleben, und *wie* sie überlebt hätten. Das war die große Frage, und je mehr Jahre darüber vergingen, desto schwieriger ließ sie sich beantworten.

Rückblickend erschien es Vera Ketlinskaja ganz unglaublich, daß sie im Januar 1942 bei einer solchen Kälte in ihrer Wohnung gesessen hatte, als die Tinte im Tintenfaß gefror und sie die ihr ungewohnte Schreibmaschine benutzen mußte. Sie arbeitete damals an den ersten Seiten ihres Buchs *Die Blockade* und schilderte den Tod der Romanfigur Anna Konstantinowa. Ihr anderthalbjähriger Sohn Serescha schlief neben ihr unter einem ganzen Berg von Kleidern, und im Nebenzimmer lag ihre an Hunger gestorbene Mutter, die sie vor drei Tagen dort auf den Fußboden gelegt hatte, weil es keine Möglichkeit gab, sie zu beerdigen. Vera Ketlinskaja weinte nicht während sie schrieb. Sie mußte darauf achten, daß ihre Finger die richtigen Tasten trafen.

Am 31. Januar besuchte Pawel Luknizky sie. Immer noch lag der steifgefrorene Körper der Mutter unbeerdigt im Nebenzimmer. Dennoch denkt sie gern an diesen Abend zurück. Das Gespräch kam, wie man in Rußland sagt, ›aus der Seele‹. Man sprach vom Krieg, von der Stadt, vom Leiden, von der Schönheit und dem Heroismus dieser Zeit. Sie wärmten sich an dem kleinen eisernen Öfchen, und Vera las einige Abschnitte aus ihrem neuen Buch vor.

Ende Januar kam Nikolai Tschukowski von einem kurzen Besuch auf einem Feldflugplatz zurück. Er ging am Newakai entlang, als er etwas sah, das ihn erschütterte. Man hatte eine ganze Reihe von Löchern in das Eis der Newa geschlagen, und Hunderte von Frauen gingen mit Eimern in der Hand zu diesen Löchern. Um jedes Eisloch sah er Dutzende, halb vom Schnee zugedeckte Leichen liegen. Die Wasserholerinnen mußten den Toten ausweichen. Die Granitstufen, die zum Fluß hinabführten, waren dick vereist und kaum passierbar. Die Frauen glitten aus und fielen hin. Manche standen nicht wieder auf. Überall, am Schloßplatz, auf dem Newskiprospekt, auf der Gorochowaja, sah man diese langen Reihen von Frauen mit Eimern in der Hand, und auf der durch das verschüttete Wasser ganz vereisten Gorochowaja dachte Tschukowski plötzlich, wie unangenehm es wäre, hier einen Bekannten zu treffen. Er wollte nicht, daß das Entsetzen, das ihm im Gesicht stand, einen anderen erschreckte. In diesem

Augenblick kam Olga Berggolz ihm entgegen. Sie hatte Kopf und Schultern in einen dicken Schal gehüllt, und ihr Gesicht war vom Frost fast schwarz. In seiner Überraschung überlegte Tschukowski, was er Unschuldiges sagen könnte. »Ach«, meinte er, »wie gut Sie aussehen, Oletschka.« Olga Berggolz zog einen leeren Kinderschlitten hinter sich her.
»Ich komme eben vom Friedhof«, sagte sie. »Ich habe meinen Mann hingebracht.«
Noch Jahre später wußte Tschukowski nicht, ob Olga Berggolz ihm die törichte Bemerkung verziehen habe.
Der Mann von Olga Berggolz, Nikolai Moltschanow, starb am 29. Januar 1942. Sein Tod kam nicht überraschend. Olgas Vater, der Arzt Feodor Berggolz, hatte seine Tochter gewarnt und ihr gesagt, ihr Mann werde sterben, wenn sie die Stadt nicht verließen. Nikolai war Literaturwissenschaftler. Er war als zu schwach vom Militärdienst befreit worden und durfte seine literarische Arbeit fortsetzen. Nach dem Kriege wollte er eine vergleichende Studie über die Dichter Puschkin, Lermontow, Nekrasow, Blok und Majakowski veröffentlichen.
Der Vater hatte gesagt: »Ihr müßt unbedingt sehen, daß ihr hinauskommt, unter allen Umständen. In einem alten Buch heißt es: ›Wehe denen, die in einer belagerten Stadt gefangen sind‹.«
Das war im Oktober gewesen. Kurz vor dem Tod ihrer Großmutter war Olga Berggolz noch einmal bei ihrem Vater. Sie konnte nicht vergessen, wie die Großmutter sich an sie gewendet hatte, als das Haus gerade von einer Detonation erschüttert wurde (die Stadt wurde eben von Fliegern angegriffen), und sagte: »Ljaletschka, mein erstes Enkelkind ... du bist eine Gottlose, eine junge Kommunistin, aber ich werde dich doch segnen, du bist doch nicht böse?«
»Nein, Großmama«, sagte Olga Berggolz.
Die alte Dame gab ihr den Segen, und Olga küßte ihr die schon kaltwerdende Hand. Dann fragte die Großmutter nach ihrer zweiten Enkeltochter Maria, die in Moskau lebte.
»In welcher Richtung liegt Moskau?« fragte sie. »Auf welcher Seite?«
Man zeigte auf eine Wand im Zimmer. Die alte Dame wendete sich um, hob unter großer Anstrengung die Hand und machte ein kleines Kreuzeszeichen.
»Ich bitte dich, Gott«, sagte sie, »bewahre deine Dienerin Maria, und deine schöne Hauptstadt Moskau.« Dann sank sie sterbend zurück.
Nun hatte sich die Prognose von Olgas Vater, daß Nikolai Moltschanow die Blockade nicht überleben werde, bewahrheitet. Olga Berggolz weinte um ihren Mann. Es war das einzige Mal in der ganzen Belagerungszeit, daß sie weinte. Sie hat einmal geschrieben: »Die Tränen der Leningrader sind gefroren.« Sie weinte, als sie Nikolais Leiche auf dem Rodelschlitten

hinausfuhr und bei dem Leichenberg auf dem Pisarewskifriedhof zurücklassen mußte.
Während der ganzen Belagerungszeit besaß Olga Berggolz eine Karte, etwas kleiner als eine Postkarte. Darauf stand: »Propusk Nr. 23 637. Der Inhaber hat die Erlaubnis, sich zu Fuß oder mit einem Fahrzeug im Stadtgebiet von Leningrad frei zu bewegen.«
Das war ihr Passierschein, und damit konnte sie Tag und Nacht von einem Ende der Stadt zum anderen kommen.
Ende Februar unternahm sie den längsten Fußmarsch ihres Lebens. Sie wollte ihren Vater besuchen, der als Werksarzt in einer Fabrik arbeitete, die jenseits der Newatore, 16 oder 20 Kilometer vom Rundfunkhaus entfernt lag. Die Kollegen gaben Olga Berggolz etwas Proviant mit; eine Babyflasche mit einem an gesüßten Tee erinnernden Getränk und zwei Zigaretten. Dazu kam ihre eigene Brotration für diesen Tag, 250 g. Sie tat alles in ihre Gasmaskentasche.
Das Brot wollte sie auf dem Wege essen, um sich bei Kräften zu halten. Der Himmel war bewölkt, und es war bitterkalt, als sie sich langsam auf den Weg machte. Die Leute, die ihr begegneten, trugen rote, schwarze, grüne oder blaue Wollmasken vor den Gesichtern, um sich vor der Kälte zu schützen.
Der Weg führte Olga Berggolz an der Lenin-Fabrik vorbei und dann hinaus auf die Chaussee nach Schlüsselburg. Sie mußte die Newa überqueren. Sie war nicht sicher, ob sie es schaffen würde, und nahm sich vor, den Marsch in Abschnitte einzuteilen und immer nur an den nächsten Zielpunkt zu denken. Zuerst mußte sie zum Moskauer Bahnhof. Sie ging den Newskiprospekt hinunter und zählte die Laternenpfähle, die so oft als letzte Stütze für die an Dystrophie erkrankten Menschen dienten, die sich daran festhielten, dann zu Boden sanken und in den Schnee fielen. Ein Laternenpfahl folgte dem anderen. Endlich kam sie am Moskauer Bahnhof an. Jetzt konnte sie eine kleine Pause machen. Dann ging es wieder weiter, den Staro Newski hinaus – von einem Laternenpfahl zum nächsten, weiter zur Alexander Newski Lawra. Hier lagen die Toten auf der Straße. Leere Omnibusse standen seitwärts im Schnee. Ihr schien, sie sei aus einem anderen Leben, aus einem anderen Jahrhundert hierhergekommen. Der Fußweg führte auf der Straßenmitte entlang, ein breiter Pfad, und hinter sich hörte Olga Berggolz das Knirschen von Schlittenkufen. Eine Frau zog einen in eine Decke eingeschlagenen Mann hinter sich her. Der Mann lebte noch. Wer weiß, wohin die Frau ihn brachte? Olga Berggolz kam an großen Lagerschuppen vorüber, in denen man früher Getreide eingelagert hatte. Sie erinnerte sich daran, wie sie das letzte Mal hier gewesen war, als ihre Großmutter starb. Damals waren die Schuppen noch mit Korn gefüllt, und sogar auf dem Boden davor lagen noch ganze

Haufen Roggen und Weizen. Sie dachte daran, wie sie als Kind beim Dreschen die Hände voll Getreidekörner genommen hatte, und roch den Duft der reifen Roggenfelder. Sie fühlte das Verlangen, nur ein einziges Körnchen in den Mund zu nehmen und den nußartigen Geschmack zu schmekken. Der Hunger wurde so stark, daß sie fast in die Gasmaskentasche gegriffen und das Brot herausgezogen hätte, aber sie beherrschte sich. »Nein, erst wenn ich bei der Lenin-Fabrik bin, werde ich mich hinsetzen, einen kleinen Schluck Tee trinken und etwas Brot essen.«
Sie ging weiter, und jetzt schien ihr die Straße plötzlich ganz kurz und still. Irgendwie fühlte sie sich bereit zum Sterben, und wenn nicht zum Sterben, dann doch bereit, in den Schnee, in die mächtigen Schneewehen hinzusinken. Alles erschien so weich und sanft. Das war die Stimmung, die, wie sie später erkannte, kurz vor dem Sterben über einen kommt, die Stimmung, in der die Menschen ganz ruhig und ganz sanft zu sprechen anfangen und an alle Substantive das diminutive ›tschka‹ oder ›za‹ anhängen. Sie sagen dann ›ein Brotchen‹ oder ›ein liebes, kleines Tröpfchen Wasser‹.
Jetzt kam sie an eine Wegkreuzung, und gerade an dieser Stelle begegnete ihr eine Frau, die einen Schlitten zog, auf dem in einer Kiste ein Toter lag. Jede wollte der anderen Platz machen. Olga Berggolz stieg über den Schlitten, und dann setzten beide sich in den Schnee, um ein wenig auszuruhen.
»Kommen Sie aus der Stadt?« fragte die Frau.
»Ja.«
»Weit her?«
»Ich glaube, ich bin schon drei Stunden unterwegs.«
Olga Berggolz nahm eine Zigarette heraus und zündete sie an. Zuerst hatte sie vorgehabt, nicht vor der Lenin-Fabrik zu rauchen, aber jetzt nahm sie ein paar Züge und ließ auch die andere Frau einen Zug tun. Dann stand sie auf und nahm sich vor, ohne anzuhalten bis zur Lenin-Fabrik zu gehen.
Auf dem Wege begegneten ihr noch mehr Frauen mit Schlitten und Toten darauf, die in Laken oder Decken eingewickelt waren. Bei der Lenin-Fabrik setzte sie sich in einem im Stil Le Corbusiers gebauten Wächterhäuschen auf eine Betonbank und brach ein Stück von ihrem Brot ab. Sie aß es auf und ging dann auf der Schlüsselburger Chaussee weiter, ohne nach rechts zu sehen, wo ihre Großmutter vor fünf Monaten in Palewski gestorben war, und wo ihr Vater ihr gesagt hatte, Nikolai werde die Belagerung nicht überleben. Sie dachte sogar nicht mehr daran. Sie fühlte nur noch die Kälte, den Hunger und die Müdigkeit.
Jetzt war sie am Newaufer, wo sie den Fluß auf dem Eis überqueren mußte. Es wurde schon dämmerig, und über dem Eis hing ein violetter

Nebel. Die Entfernung zur Fabrik ihres Vaters schien weiter denn je, obwohl sie die Gebäude weit in der beschneiten Landschaft schon erkennen konnte und wußte, daß das alte Holzhaus links neben den großen Werkhallen seine Klinik war.

In der Gasmaskentasche hatte sie noch ein kleines Stück Brot, vielleicht 100 g. »Wenn ich bei Papa angekommen bin«, sagte sie sich, »werden wir eine Tasse heißes Wasser trinken und das Brot dazu essen.«

Sie ging auf das Eis der Newa hinaus. Der Fußweg war sehr schmal, und ihre Schritte wurden unsicher. Als sie ans andere Ufer kam, verzweifelte sie. Wie ein Eisberg türmte es sich vor ihr auf, und die obere Kante verschwamm in rosig blauen Schatten. Eine Frau mit einem Krug Wasser, den sie in einem Eisloch gefüllt hatte, schickte sich an, den vereisten Hang auf allen vieren hinaufzukriechen.

»Ich werde das nicht schaffen«, hörte Olga Berggolz sich sagen. Der ganze fürchterliche Marsch war umsonst gewesen. Als sie an das Steilufer kam, sah sie, daß Stufen in das Eis geschlagen waren. Die Frau mit dem Wasserkrug wandte sich an sie und sagte: »Wollen wir es versuchen?«

Gemeinsam, sich gegenseitig stützend, auf Händen und Knien kriechend, kamen sie Stufe um Stufe höher hinauf und hielten alle zwei oder drei Stufen an, um sich auszuruhen.

»Der Doktor hat diese Treppe in das Eis geschlagen«, sagte die Frau, als sie sich zum viertenmal ausruhten. »Gott sei Dank! So ist das Wasserholen etwas leichter.«

Sie kamen oben an und gingen auf die Fabrik zu, aber kurz davor blieb Olga Berggolz verwirrt stehen. Alles schien fremd, als sei sie hier noch niemals gewesen. Die Landschaft hatte sich durch die Schneewehen ganz verändert. Endlich kam sie zu dem Gebäude, in dem die Klinik ihres Vaters untergebracht sein mußte. Das kleine Wartezimmer wurde von einem flackernden Licht aus dem Nebenzimmer schwach erleuchtet. Auf einer Holzpritsche lag eine Frau in einer wattierten Jacke. Es sah aus, als schlummere sie und warte auf den nächsten Zug. Aber sie schlief nicht. Sie war tot.

Olga Berggolz ging in das nächste Zimmer. Am Schreibtisch saß ein Mann. Sein grünlich-blau verfärbtes Gesicht war von einer dicken Altarkerze beleuchtet. Das graue Haar stand ihm wirr um den Kopf, und die großen blauen Augen sahen im Kerzenlicht noch größer und blauer aus. Als sie schweigend vor ihm stand, hob er den Blick und fragte höflich, sehr höflich: »Wen suchen Sie, Genossin?«

Sie hörte sich mit hölzerner Stimme sagen: »Ich suche Doktor Berggolz.«

»Zu Ihren Diensten«, antwortete er. »Wo fehlt es denn?«

Sie sah ihn an. Ein eigenartiges Gefühl überkam sie – nicht Angst, sondern eine Art Todesahnung, etwas Dumpfes.

Er sagte noch einmal: »Wo fehlt es denn?«
Endlich fand sie ihre Stimme wieder: »Papa, ich bin es, Ljalja.«
Einen kurzen Augenblick schwieg der Vater. Er wußte gleich, warum sie gekommen war. Er hatte erfahren, daß Nikolai ins Krankenhaus gebracht worden war, und er hatte gewußt, daß Nikolai sterben würde. Aber er sagte nichts darüber. Er stand auf, legte den Arm um sie und sagte: »Komm mit, Töchterchen, wir werden Tee trinken und etwas essen.«
Der alte Doktor führte seine Tochter in das nächste Zimmer. Dort setzten sie sich beim Licht von zwei Kerzen neben einen kleinen Ofen, tranken heißen Tee und aßen Pfannkuchen aus Getreide, das man in den Kellern einer Brauerei zusammengefegt hatte. Zwei ältere, mütterliche Frauen, Matrjuscha und Alexandra, halfen dem Doktor. Sie boten Olga ein heißes Bad an. Zunächst wehrte sie ab, konnte aber der freundlichen Aufforderung Matrjuschas schließlich nicht widerstehen, die ihr die schweren Filzstiefel auszog und die kalten, müden Füße in warmem Wasser badete. Sie gab dem Vater den letzten ›Sargnagel‹. Er sog den Rauch begierig ein und rief freudig: »Das ist ein Genuß!«
Der Vater legte sie auf ein Feldbett, deckte sie zu und setzte sich daneben auf ein zweites. Sie sprachen über vergangene Zeiten, die Gräfin Warwara, die im Ersten Weltkrieg als Krankenschwester im selben Lazarettzug gearbeitet hatte wie der Doktor, die ihm das Leben gerettet hatte und in Rußland geblieben war, eine romantische Figur aus fernen Tagen. Olga fragte, wo sie jetzt sei. Er wußte es nicht. Wie ging es den Verwandten in Palewski? Tante Warja, dem alten Dienstmädchen Dunja?
»Sie sind alle verhungert«, sagte er langsam, ohne den Blick von der Kerze zu wenden. »Tante Warja starb auf dem Weg zum Krankenhaus, Awdotja in der Fabrik bei der Arbeit. Und das Haus ist von einer Fliegerbombe zerstört worden.«
»Also lebt jetzt niemand mehr dort?«
»Nein«, antwortete er, »niemand, jetzt ist es nur noch eine Schneewehe.«
Sie schwieg. Nach einer Weile sagte sie: »Papa, ich selbst bin nicht mehr am Leben.«
»Unsinn«, sagte er scharf. »Natürlich lebst du. Wenn du nicht lebtest, würdest du hier nicht liegen und hättest nicht herkommen können.«
Aber sie glaubte, es sei wirklich nicht wahr. Sie wollte nicht mehr leben.
»Was sind das für Narrheiten«, sagte der Vater. »Sieh mich an, ich will sehr gerne leben. Ich habe sogar angefangen, etwas zu sammeln.«
Er sagte, es sei eine Psychose. Zuerst habe er Postkarten, Knöpfe und Rosensamen gesammelt. Irgend jemand habe ihm die Saat einer besonders wertvollen Rose versprochen, der Rose ›Friedenspracht‹. Das war eine stark duftende, lange blühende Rose mit goldenen, am Rand tief orange-

farbenen Blütenblättern. Leider hatte man den Holzzaun um das Krankenhausgelände zu Feuerholz zerhackt, aber im Frühjahr würde er einen neuen Zaun errichten lassen und daneben die Rosen pflanzen. In zwei bis drei Jahren würden sie blühen. Dann müßte Olga kommen und die Rosen anschauen. Sie hörte sich sagen, ja, das werde sie tun.

»Nun mußt du schlafen«, sagte der Vater. »Schlaf ist das Allerbeste, und dann wirst du an meinem Zaun die neuen Rosen ›Friedenspracht‹ sehen.«

Bevor Olga Berggolz die Augen schloß, sah sie im flackernden Kerzenlicht auf die Hände ihres Vaters – die Hände eines russischen Arztes, der Tausenden von Soldaten und russischen Menschen das Leben gerettet hatte, Hände, die in den vereisten Hang eine Treppe geschlagen hatten, die jetzt neue Blumen pflanzen wollten, die es bisher auf dieser Erde noch nicht gegeben hatte.

»Ja«, dachte sie, »ich werde Papas Rosen sehen. Es wird geradeso sein, wie er es sagt.«

40. Die Leningrad-Apokalypse

Die Sennaja, der Heumarkt, lag im Herzen Leningrads. Vor ein paar Jahren hatte man den Heumarkt in Friedensplatz umbenannt, aber niemand nannte ihn so. Seit der Zeit ›Piters‹ war es der Heumarkt gewesen, und das blieb er auch in diesem apokalyptischen Leningrader Winter. Aber gelegentlich nannten die Leute ihn auch den Hungermarkt.

An einem Ende des Heumarkts stand eine alte, bescheidene Kirche und ihr gegenüber eine kleine Kaserne aus dem Anfang des 19. Jahrhunderts. Der Heumarkt war ein quadratischer Platz, der auf die gewundene Sadowaja hinausführte, einen Boulevard mit Grünanlagen, der vor der Revolution die belebteste Geschäftsstraße in Petersburg gewesen war. Zweihundert Jahre hatten hier die fliegenden Händler ihre Stände und Buden, hier standen die Iswoschtschiki, die Droschkenkutscher und Troikas, hier verkauften Blumenmädchen ihre Blumen und Dirnen ihre Liebe. Zwischen dem Heumarkt und den prächtigen Fassaden des St. Issaksplatzes gab es ein Gewirr enger Nebenstraßen, den Stadtteil, dem Wsewolod Krestowski in seinem Buch *Petersburger Elendsviertel* ein Denkmal gesetzt hat. Hier lebte Fedor Dostojewski, hier stand das Haus der Brüder Karamasow. Zwischen Spasski und der Demidowgasse erhob sich das alte Haus, das früher das ›Himbeerhaus‹ geheißen hatte. An der Ecke der Tairowstraße stand noch das Robertihaus. Im alten Petersburg war es gefährlich hier, und mancher Besucher der in diesen Häusern untergebrachten Etablissements war nicht mehr lebend herausgekommen. Ganz in der Nähe lag die sogenannte Wjasemskaja Lawra, im 19. Jahrhundert der Unterschlupf von Dieben und Verbrechern. Auf der Stoljarnygasse am Gribojedowkanal stand noch das Haus, in dem Dostojewski seinen Roman *Schuld und Sühne* geschrieben hatte. Dieser Stadtteil glich den von Maxim Gorki geschilderten Elendsquartieren. Das Menschenleben kostete hier nicht viel. Es roch nach billigem Wodka, billiger Machorka, billigem Parfüm, billigen Huren, kleinen Dieben, Schurkereien, Erpressung und Mord.

Das alles hatte sich seit der Revolution geändert. Angeblich gab es jetzt keine Prostitution, keinen Diebstahl und keine Verbrecher mehr. Es ist schwer zu sagen, ob es in der Zeit vor dem Krieg, vor Hitlers Einfall in Rußland und vor der Belagerung Leningrads wirklich so war. Jetzt aber war der Heumarkt wieder das, was sein Ruf ihm nachsagte: der Mittelpunkt aller verbrecherischen Umtriebe, die es in einer belagerten Stadt geben kann.

Vor dem Krieg war auf dem Heumarkt regelmäßig ein Bauernmarkt abgehalten worden. Das hatte jetzt schon lange aufgehört, aber mit Einsetzen der Hungersnot etablierte sich hier ein Tauschmarkt für Lebensmittel. Im Winter war dies der lebendigste Stadtteil von Leningrad. Einen solchen Markt gab es auf der ganzen Welt nicht wieder. Es wurde nur getauscht. Papiergeld besaß praktisch keinen Wert. Die Währung war Brot. An zweiter Stelle stand Wodka. Für Brot konnte man alles haben; den Körper einer Frau oder das Leben eines Mannes. Wie die Menschen, die mit einer goldenen Uhr, einem Diamantring oder einer Pelzboa zum Heumarkt kamen, sehr bald feststellten, übertraf nichts den Wert des Brotes. Sie konnten für ihre Wertsachen eine Brotkruste bekommen, aber nicht viel mehr – lange nicht soviel, wie sie erwarteten. Doch was nützten Wertsachen, wenn man kurz vor dem Verhungern stand?

Der normale Bürger hatte mit den Händlern, die plötzlich auf dem Heumarkt auftauchten, nichts gemeinsam. Das waren Gestalten, wie Dostojewski oder Kuprin sie geschildert hatten. Es waren die Räuber, die Diebe, die Mörder, die zu den Banden gehörten, die die Straßen unsicher machten und die Stadt zu beherrschen schienen, sobald es dunkel geworden war.

Es waren die Kannibalen und ihre Helfershelfer, fett, ölig, mit stahlhartem Blick, berechnend – die abscheulichsten Kreaturen, die man sich vorstellen kann.

Es gab in Leningrad Leute, die Menschenfleisch aßen. In den mit amtlicher Genehmigung geschriebenen und veröffentlichten Büchern wird man vergeblich nach Berichten über den Handel mit Menschenfleisch suchen. Doch hier und dort findet man eine Andeutung, eine kurze Bemerkung in den persönlichen Erinnerungen und in Romanen, wenn von den Verbrechen die Rede ist, die begangen wurden, um etwas zu essen zu bekommen.

Auf dem Heumarkt gab es alles zu kaufen. Hier verkauften Männer mit steinernen Gesichtern ›Badajewerde‹ in Gläsern – Erde, die man unter den Trümmern der Badajewschuppen herausgekratzt hatte, nachdem viele Tonnen geschmolzenen Zuckers hineingeflossen waren. Nachdem der große Brand gelöscht war, pumpten Arbeitskommandos auf Befehl des Lebensmittelbevollmächtigten Pawlow tagelang geschmolzenen Zucker aus den Kellern. Aber viele tausend Tonnen ergossen sich in die Asche und vermischten sich mit der Erde unter den Lagerhäusern. Neben den amtlichen Aufräumungsarbeiten wurde auch, wie man in Rußland sagt, ›linker Hand‹ gegraben. Bei Winteranfang grub man noch intensiver. Männer und Frauen kamen mit Picken und Äxten nach Badajew und hackten den gefrorenen Boden auf. Die Erde aus der obersten, einen Meter dicken Schicht kostete 100 Rubel das Glas, die aus den tieferen Schichten 50 Rubel. Man schmolz den Zucker und filterte das Ganze durch ein Tuch. Oft war es nur eine gummiartige Mischung aus Mehl, Erde, Ersatzmehl und gebranntem Zucker. Man nannte es ›Konfekt‹, ›Gelee‹ oder ›Creme‹, je nach Geschmack der Hausfrau, die diese Substanz verwendete.

Auf dem Heumarkt bewegten sich die Menschen wie im Traum in der Menge. Sie waren geisterbleich und mager wie Schatten. Nur hier und dort sah man einen Mann oder eine Frau mit vollem, rosigem, weichem, aber doch ledernem Gesicht. Die anderen grauste es vor diesen Leuten. Man sagte, es seien die Kannibalen. Dimitri Moldawski begegnete einem solchen Mann auf der Treppe zu seiner Wohnung. Der Mann war bei Moldawskis Mutter gewesen und hatte ihr für ein paar Kleidungsstücke vier Gläser Mehl und ein Pfund Gelatinepulver gegeben. Er hatte ein rosiges Gesicht und glänzende, weit auseinanderstehende blaue Augen. Moldawski konnte dieses Gesicht nicht wieder vergessen. Er spürte das instinktive Verlangen, diesen Menschen mit den zarten Wangen und den allzu leuchtenden Augen umzubringen. Er wußte, was für eine Art Mensch das war.

Wer waren diese Kannibalen? Wieviele gab es? Die Überlebenden sprechen nicht gern über dieses Thema. Ein Professor behauptet, es habe keine Kannibalen gegeben, oder vielmehr, es gab Kannibalismus, aber nur, wenn die Menschen den Verstand verloren. Er habe von einer Mutter gehört, die verrückt wurde, ihre Tochter schlachtete und das Fleisch aß. Sie machte Frikadellen daraus. Aber das war nicht typisch. Es geschah in geistiger Umnachtung, und so etwas gäbe es überall. Der Professor meint, er habe auch schon vor dem Krieg von solchen Fällen gelesen.

Aber Ratten und Katzen, Mäuse und Vögel, das war etwas anderes. Es ließ sich nicht beweisen, daß die Ratten Leningrad im Winter 1941/42 verlassen haben. Viele Leningrader behaupten, Mitte Januar seien die Ratten plötzlich verschwunden. Vielleicht waren sie erfroren. Aber die Soldaten an der Leningrader Front glaubten das nicht. Sie glaubten, die Ratten in Leningrad seien aus den eisigen Kellern, den verlassenen, zerbombten Häusern herausgekommen und zu Zehntausenden in die Schützengräben gewandert. Dort gab es mehr für sie zu fressen; nicht sehr viel mehr, aber doch mehr als in der Stadt. An der Front gab es viele Ratten. Der einzige Trost für die russischen Truppen war, daß es bei den Deutschen noch mehr Ratten gab, denn dort war das Futter reichlicher.

Nicht alle Ratten waren verschwunden. Wsewolod Wischnewski kannte eine Leningrader Dichterin, früher eine bekannte Schönheit. Jetzt lebte sie allein in Leningrad. Sie saß mit schweren Stiefeln an den Füßen, in einen

Karakulmantel und dicken Schal gehüllt in ihrer Wohnung. Das Zimmer war groß, angefüllt mit Bildern und Nippsachen – und kalt. Abends saß sie vor einem kleinen eisernen Ofen. Um sie bildete sich ein Kreis ganz zahmer Ratten. Sie ließ es zu, weil sie die Anwesenheit eines lebenden Wesens brauchte. Auch die Ratten wollten sich wärmen. So saß sie Abend für Abend im Kreis ihrer Ratten. Vielleicht warteten sie darauf, daß die Frau schwächer wurde.

Die Gerüchte über den Kannibalismus verstummten nicht. Seit dem Herbst wurde Leningrad von Gerüchten überschwemmt. Damals fing es an, daß die Leute ihre Kinder nicht mehr auf die Straße hinausließen. Man erzählte sich, Kinder seien verschwunden. Sie waren jung, ließen sich leicht fangen, und ihr Fleisch war angeblich zarter.

Niemand wußte, ob die Gerüchte wirklich zutrafen. In solchen Zeiten konnte alles geschehen. Es gab auch andere Gerüchte: Die Offiziere an der Front lebten im Überfluß, erhielten Sonderzuteilungen und Sekt, während die Stadtbevölkerung verhungerte. Das stimmte nicht. An der Front hungerte man ebenso wie in der Stadt. Aber im Winter gab es oft keine Informationen über den Rundfunk, weil der Strom ausfiel. Die *›Leningradskaja Prawda‹* erschien weiter. Nur an einem einzigen Tag konnte sie nicht gedruckt werden. Das war der 25. Januar, als es keinen Strom gab und die Druckerschwärze in den Rotationsmaschinen gefror. Aber oft war die Auflage sehr klein, und niemand konnte die Zeitungen austragen. Niemand war stark genug, die schweren Bündel zu heben. Die Zeitung *›Smena‹* stellte zwischen dem 9. Januar und dem 5. Februar das Erscheinen ein. Alle Druckereien in Leningrad bis auf die Wolodarskidruckerei, wo die *›Leningradskaja Prawda‹* hergestellt wurde, – und die Lebensmittelkarten –, stellten im Dezember den Betrieb ein, um Strom zu sparen. Häufig trafen die Matrizen für die *›Prawda‹* nicht in der Druckerei ein. Sie wurden täglich von Moskau eingeflogen. Manchmal gingen die Flugzeuge verloren, oder die Matrizen verschwanden, und niemand wußte, wo sie geblieben waren. Kein Wunder, daß man im Januar und Februar alles für möglich hielt. Das Leben eines jeden Leningraders war so fürchterlich, daß auch das Grauenvollste glaubhaft wurde.

Ende Dezember gab es in Leningrad kaum mehr eine Katze oder einen Hund. Die Tiere waren aufgegessen worden.[1] Aber es bedeutete einen großen Schmerz für den Besitzer, das Tier, mit dem er jahrelang zusammengelebt hatte, schlachten zu müssen. Ein älterer Maler erwürgte, wie Wsewolod Wischnewski erzählt, seine Katze und aß sie auf. Dann versuchte er, sich selbst aufzuhängen, aber der Strick riß. Er fiel, brach sich das Bein und erfror. Die kleinen Kinder in Leningrad wuchsen auf, ohne

[1] Im Februar lebten bei der Polizei noch fünf Polizeihunde (Djela i Ljudi, S. 275).

eine Katze oder einen Hund gesehen zu haben. Eine Leningrader Arbeiterin schrieb Anna Achmatowa einen entrüsteten Brief und sagte, die Dichterin kenne Leningrad nicht, denn sie habe behauptet, während der Belagerung Tauben auf dem Platz vor der Kasaner Kathedrale gesehen zu haben. Tauben habe es dort nicht mehr gegeben. Sie seien längst alle gegessen worden. Am 1. Januar kam ein junger Mann zu Jelena Skrjabina und fragte, ob die große graue Katze einer gewissen Schauspielerin noch in ihrer Wohnung lebe. Er erklärte, die Schauspielerin hinge sehr an ihrer Katze. Jelena Skrjabina mußte den jungen Mann enttäuschen. Außer den Menschen lebte nichts mehr im Hause. Alle Katzen, Hunde und andere Haustiere waren aufgegessen worden. Der Sohn der Schauspielerin hatte intensiv auf streunende Hunde und Katzen Jagd gemacht und viele Tauben und andere Vögel geschossen.
Besondere Militärstreifen patrouillierten auf den Straßen der Stadt, um dort, wo es nötig war, einzugreifen. Der Leningrader Polizeioberst B. Bytschkow führte ein Tagebuch über die täglichen Vorkommnisse. Mit das Schlimmste waren die Diebstähle von Lebensmittelkarten zu Monatsanfang. Wer seine Karte zu Anfang des Monats verlor, mußte damit rechnen, zu verhungern, ehe er eine neue bekommen konnte. Die Militärstreifen griffen bei solchen Verbrechen auf der Stelle durch und ließen es nicht zu einem Gerichtsverfahren kommen. Sie hielten den Verdächtigen an, durchsuchten ihn, und wenn fremde Lebensmittelkarten oder unrechtmäßig erworbene Lebensmittel bei ihm gefunden wurden, erschossen sie ihn auf der Stelle. Bytschkow unterrichtete seine Männer allerdings über die Grenzen ihrer Befugnisse, aber das änderte kaum etwas. Wahrscheinlich hatte er auch nichts dagegen. Die aus Frontsoldaten zusammengestellten Streifen waren das einzige Mittel, Ruhe und Ordnung einigermaßen aufrecht zu erhalten.
Aber man unternahm kaum etwas, um die finsteren Geschäfte auf dem Heumarkt zu unterbinden. Schon im November gab es dort nach einigen Berichten Fleischklöße aus Menschenfleisch, obwohl viele Leningrader nicht glauben wollten, daß es Menschenfleisch war. Sie behaupteten, es sei Pferdefleisch, Hundefleisch oder Katzenfleisch.
Vieles deutete darauf hin, daß Menschenfleisch gegessen wurde. So manche Leningrader Frau, die ihren toten Mann auf einem Schlitten zum Friedhof brachte, war entsetzt zu sehen, daß die fleischigen Teile der dort wie Klafterholz aufgeschichtet liegenden Leichen herausgeschnitten waren. Ein Überlebender schreibt: »Während der schlimmsten Zeit der Belagerung herrschten in Leningrad die Kannibalen. Gott allein weiß, welch grausige Szenen sich hinter den Hausmauern in den Wohnungen abspielten.«
Er behauptet, Fälle zu kennen, in denen Männer ihre Frauen, Frauen ihre Männer und Eltern ihre Kinder geschlachtet hätten. In dem Mietshaus, in

dem er wohnte, ermordete der Hausmeister seine Frau und verbrannte ihren abgeschnittenen Kopf im Ofen.
Zahlreiche Soldaten kamen gelegentlich ohne Urlaub in die Stadt, um ihren Familien etwas zu essen zu bringen. Kamen sie spätabends, wenn kaum eine Streife sich auf der Straße sehen ließ, nach Leningrad hinein, dann fielen diese Soldaten nicht selten den Kannibalen in die Hände. Sie waren besser genährt und wurden deshalb von den Menschenfressern bevorzugt. Der Hauptumschlagplatz für Fleisch war ebenso wie für alle anderen Lebensmittel der Heumarkt. Hungernde Männer und Frauen fragten nicht viel danach, woher die Fleischklöße kamen, die sie kauften. Das hatte keinen Sinn. Sie wußten, daß sie bestenfalls aus Pferdefleisch, das man wahrscheinlich mit Katzen- oder Hundefleisch, vielleicht auch mit Rattenfleisch vermischt hatte, hergestellt waren. Den Gedanken an Menschenfleisch wies jeder natürlich weit von sich. Zudem würde es niemand gewagt haben, den mit steinernem Blick in ihren schweren Stiefeln und dicken Mänteln unerschütterlich dastehenden Frauen und Männern eine solche Frage zu stellen. Sie zuckten nur die Achseln. Wer nicht kaufen konnte oder wollte, sollte es bleiben lassen. Die Preise waren phantastisch, 300 oder 400 Rubel für ein paar Fleischklößchen. Aus irgendeinem Grund waren es fast nur Fleischklößchen, die angeboten wurden, selten Wurst.
Auf dem Heumarkt gab es auch Holzalkohol zu kaufen, den man angeblich dadurch genießbar machte, daß man ihn durch sechs Schichten Leinwand goß. Es gab Leinöl, in dem sich Blinis oder Pfannkuchen backen ließen, manchmal ein Stück Speck oder etwas Schmalz aus Heeresbeständen, Zahnpulver, aus dem man Pudding herstellen konnte, wenn man es mit Stärke oder Kartoffelmehl (ein Päckchen kostete 100 Rubel) vermischte, und Buchbinderleim in Tafeln wie Schokolade.
Gewöhnlich gab es auf dem Schwarzen Markt auch Brot zu kaufen. Manchmal waren es ganze Laibe. Aber die Verkäufer gingen sehr behutsam damit um und verbargen die Brotlaibe unter dem Mantel. Sie fürchteten nicht die Polizei, sondern die Diebe und hungrigen Räuber, die jeden Augenblick ein finnisches Messer zücken oder ihnen einfach über den Kopf schlagen konnten, um dann mit dem Brot davonzulaufen.
Es gab verschiedene Möglichkeiten für die Toten, den Lebenden zu helfen, am Leben zu bleiben. Immer wieder stellten die Pionierkommandos auf dem Piskarewski- und Serafimowfriedhof und an den anderen großen Begräbnisstätten fest, daß den Toten aus dem Gesäß, den Armen oder Schultern das Fleisch herausgeschnitten worden war, wenn sie kamen, um die Massengräber mit Dynamit aus der gefrorenen Erde zu sprengen, und die Leichen in die Gruben warfen. So ekelhaft die Leichenschlächterei auch sein mochte, es gab kein Gesetz, das Leichenschändung unter Strafe stellte oder das Essen von Menschenfleisch verbot.

Die Toten halfen den Lebenden auch durch ihre Lebensmittelkarten. Sobald jemand gestorben war, verfiel an sich die Karte. Einen Todesfall nicht zu melden und die Karte nicht zurückzugeben, war strafbar. In der Praxis gab niemand diese Karten zurück. Man verwendete sie bis zum Ende des Monats. Eine neue Karte gab es nicht, denn jeder mußte sie persönlich abholen.

Im Winter 1941/42 erzählte man sich grausige Geschichten über bestimmte ›Kreise‹ oder Bruderschaften, die Menschenfleisch aßen. Angeblich versammelten sich diese Leute zu Festmählern, bei denen nur Mitglieder zugelassen waren. Sie gehörten zum Abschaum der Hölle, zu der Leningrad jetzt geworden war. Die gemeinsten unter ihnen aßen angeblich nur ›frisches Menschenfleisch‹ und nichts, was von Leichen stammte. Ob diese Geschichten wirklich der Wahrheit entsprachen, war nicht so wichtig. Das Erschütternde war, daß die Leningrader an sie glaubten, und diese Tatsache vermehrte noch die Schrecken ihres Daseins.

Ein junger Mann und seine Freundin, Dimitri und Tamara, mit denen Anatoly Darow befreundet war, gingen im Januar 1942 auf den Heumarkt. Sie wollten für eine Freundin ein Paar Walenki, warme Filzstiefel, kaufen. Tamara hatte sich 600 g Brot vom Munde abgespart, um sie gegen die Stiefel einzutauschen.

Sie machten sich gemeinsam auf den Weg zum Heumarkt, den beide noch nicht kannten. Zunächst fanden sie nichts als Männerstiefel für Polizisten oder Straßenbahnschaffner. Sie waren zu groß und zu plump. Endlich sahen sie einen sehr großen Mann, der für die damaligen Verhältnisse sehr gut angezogen war. Er hatte eine elegante Pelzmütze auf, trug einen dikken Schafspelz und sehr schöne graue Stiefel. Er hatte einen gepflegten, langen Vollbart, und trotz der Hungersnot schien er wohlgenährt und stark. Er hielt einen einzelnen Damenstiefel in der Hand, der genau den Vorstellungen der jungen Leute entsprach.

Sie handelten um die Stiefel. Der Mann verlangte ein Kilo Brot, Dimitri bot ihm 600 g. Der Riese untersuchte das Brot und erklärte sich schließlich bereit, es zu nehmen. Der andere Stiefel sei in seiner Wohnung, in dem Gewirr von engen Gassen neben dem Heumarkt. Etwas ängstlich folgte der junge Mann dem großen Händler. Tamara mahnte den Freund zur Vorsicht. »Besser ohne Walenki als ohne Kopf«, sagte sie halb im Scherz.

Die beiden Männer bogen in eine stille Seitengasse ein und kamen bald zu einem großen und noch ganz unbeschädigten Haus. Dimitri folgte dem Mann, der mühelos die Stufen nahm und sich ab und zu nach ihm umsah, die Treppe nach oben. Als sie sich dem obersten Stockwerk näherten, wurde es Dimitri ungemütlich. Er dachte daran, was er von den Kannibalen gehört hatte, und wie sie angeblich ihre Opfer anlockten. Der große Mann sah erstaunlich gut genährt aus. Dimitri folgte ihm auch

weiter, aber nahm sich vor, beim geringsten Anzeichen einer Gefahr zu fliehen.
Oben angekommen wendete der Mann sich um und sagte: »Warten Sie hier auf mich.« Dann klopfte er an die Wohnungstür. Drinnen fragte jemand: »Wer ist da?« »Ich bin es«, sagte der Mann, »mit einem Lebendigen.«
Bei diesen Worten gefror Dimitri das Blut in den Adern. Die Tür öffnete sich, und er sah eine rote, behaarte Hand und ein fratzenhaftes Gesicht im Türspalt erscheinen. Aus dem Zimmer drang ein seltsam warmer, schwerer Dunst. Ein Windzug ließ die Tür aufschlagen, und einen Augenblick lang sah Dimitri mehrere weiße, große Fleischstücke von der Decke hängen. An einem erkannte er eine Menschenhand mit langen Fingern und blauen Adern.
In diesem Augenblick stürzten die beiden Männer auf Dimitri los, der zurückwich, so schnell wie möglich die Treppe hinuntersprang und vor seinen Verfolgern unten ankam. Zu seinem Glück fuhr gerade ein Militärlastwagen durch die Gasse.
»Kannibalen!« rief Dimitri. Zwei Soldaten sprangen von dem Fahrzeug und liefen in das Haus. Wenige Sekunden darauf hörte man zwei Schüsse. Nach einiger Zeit kamen die Soldaten herunter. Der eine mit einem dicken Wintermantel, der andere mit einem Laib Brot. Der Soldat mit dem Mantel beklagte sich darüber, daß der Mantel einen Riß hatte. Der andere sagte: »Ich habe ein Stück Brot gefunden. Wollen Sie es haben?«
Dimitri dankte dem Soldaten. Es war sein Brot, die 600 g, die er für die Walenki hatte eintauschen wollen. Die Soldaten sagten ihm, sie hätten gesehen, daß in der Wohnung Fleischstücke von fünf Menschen hingen. Dann bestiegen sie ihr Fahrzeug, um zum Ladogasee zu fahren, wo sie an der Eisstraße eingesetzt waren.
Für die Bewohner Leningrads verwandelte sich das Bild der Stadt immer mehr in eine weiße Apokalypse, wo Menschen sich von Menschen nährten und sogar das Wasser, das sie tranken, den süßlichen Leichengeruch hatte. Man verwendete jetzt fast ausschließlich das Wasser aus den in das Eis der Newa, der Fontanka und anderer Kanäle geschlagenen Löchern.
Aber um die Eislöcher lagen die Leichen derjenigen, die dort beim Wasserholen zusammengebrochen und erfroren waren. Außerdem verschwanden Hunderte von Toten im Fluß und in den Kanälen. Niemand, der das Wasser aus den Eislöchern trank, konnte den eigenartigen Geschmack loswerden. Gleichgültig, ob man es kochte oder nicht (oft gab es nicht genug Heizmaterial, und man trank das Wasser ungekocht), der Leichengeschmack blieb. Auch wenn man Ersatztee oder Kaffee damit kochte, schmeckte man ihn heraus; leicht süßlich, sumpfig, erinnerte er an die Allgegenwart des Todes.

Ende Januar ging Pawel Luknizky eines Tages durch die Eiswüste der Leningrader Apokalypse. Er war so schwach, daß der sich kaum auf den Füßen halten konnte.
Zum erstenmal, seit das Gebäude im Spätherbst von einer Bombe getroffen worden war, hatte Luknizky jetzt seine alte Wohnung auf der Borowaja Uliza besucht. Er hatte einen kleinen Schlitten mitgenommen, um seine Papiere und Manuskripte mitzunehmen und in der Wohnung in Sicherheit zu bringen, in der er jetzt auf der Petrograder Seite lebte. Er war aber so schwach, daß er nur bis zum Schriftstellerhaus auf der Woinowa Uliza 18 kam.
Während er langsam durch die Straßen ging, dachte er an die Menschen, die durch ihren Heldenmut Leningrad am Leben erhielten, die Komsomolzen, die das Newawasser zu den Bäckereien brachten und Sterbende auf Schlitten in die Krankenhäuser schafften, an die Lastwagenfahrer, die die Stadt über den Ladogasee mit Lebensmitteln versorgten, an die Menschen im Rundfunkhaus, die dafür sorgten, daß die Sendungen weitergingen, an die jungen Leute in den Fabriken, die in den eisigen Hallen Granaten und Infanteriemunition herstellten, und an die Tausende, die, jeder auf seine Weise, etwas dazu beitrugen, daß die Stadt am Leben blieb. Er dachte aber auch an die gefährlichen Verbrecher, die ihren Mitbürgern die Lebensmittelkarten raubten, an die Mörderbanden, die die Straßen unsicher machten, und an die Menschen, die in dieser Hungerzeit durch die einsamen Straßen zur Arbeit gingen und damit rechnen mußten, den Leichenfledderern in die Hände zu fallen, die an jeder Straßenecke ihren Opfern auflauerten.
Jeder, der angesichts dieser Gefahren seine Pflicht tat, hatte nur die eine Frage: »Werden die Deutschen bald vertrieben, wird der Blockadering zerbrochen?«
Das waren seine Gedanken, als er die Papiere auf den Schlitten lud, der ihm jetzt auf einmal zu schwer vorkam, um ihn von der Stelle zu bewegen. Auf der Borowaja begegnete ihm ein hoch mit erstarrten Leichen beladener, großer Schlitten. Die Toten waren unglaublich mager und sahen mit ihrer blauen Haut schreckenerregend aus – nur Haut und Knochen mit roten und violetten Totenflecken. Auf der Swenigorod sah er vor einem Haus acht mit Lumpen oder alten Kleidern bedeckte Leichen. Sie waren auf einen Schlitten geschnürt und standen bereit zum Abtransport auf den Friedhof. Auf der Uliza Marat lag die Leiche eines ganz mageren Mannes mit ausgebreiteten Armen auf dem Rücken. Die Pelzmütze war ihm vom Kopf gerutscht. Zwei Frauen kamen aus einem Haus. Die eine rief mit entsetztem Gesicht: »Lena! Meine Lena!« Eine dritte sagte leise: »Leonid Abramowitsch ist tot und liegt auf dem Pflaster.«
Auf dem Nachimsonprospekt stieß Luknizkys Schlitten mit anderen zu-

sammen, auf denen Tote lagen. Auf einem sah er zwei Leichen; die einer Frau mit langen, im Schnee hinterherschleifenden Haaren, und die eines kleinen, vielleicht zehnjährigen Mädchens. Er mußte achtgeben, mit den Kufen seines Schlittens nicht über die gelblichweißen, langen Haare der Toten zu fahren.

Auf der Wolodarskistraße bei der Liteinybrücke begegnete ihm ein Fünftonner-Lkw, auf dem ein Leichenberg lag. Ein Stück weiter kamen ihm zwei alte Frauen entgegen, die ihre Toten in aller Form zum Friedhof brachten. Sie hatten ihre Rodelschlitten hinter einen Militärschlitten gebunden, den zwei verhungerte Pferde im Schritt durch die Straßen zogen. Dann sah er den Schatten eines Mannes, der einen dürren kleinen Hund an die Brust gedrückt hielt. Das war ein ganz seltener Anblick. Die Augen des Hundes und die des Mannes waren vor Hunger und Angst weit geöffnet. Der Hund spürte vielleicht, was ihm bevorstand, und der Mann mochte fürchten, daß irgend jemand ihm den Hund rauben und er nicht stark genug sein könnte, seinen kostbaren Besitz zu verteidigen.

So kamen Luknizky auf seinem Gang durch die Stadt Hunderte von Menschen entgegen, die darum kämpften, am Leben zu bleiben, die ihre Toten und Todkranken zum Friedhof oder zum Krankenhaus brachten oder auf ihren Schlitten das kostbare Wasser in Eimern nach Hause zu schaffen suchten.

Unter Hunderten traf er auch eine andere Sorte von Menschen; zum Beispiel einen Mann mit dickem, selbstzufriedenem Gesicht, wohlgenährt, mit gierigen Augen. Wer war dieser Mann? Vielleicht jemand, der in einem Lebensmittelgeschäft arbeitete, ein Spekulant, ein Hausverwalter, der die Lebensmittelkarten der Verstorbenen stahl und gemeinsam mit seiner Geliebten für die kümmerlichen Brotrationen auf dem Heumarkt goldene Uhren, edle Seidenstoffe, Diamanten oder alte Silber- und Goldrubelmünzen eintauschte. Er und seine Geliebte sprachen wahrscheinlich nicht davon, wie man überleben könne oder wie diese fürchterliche Zeit zu überstehen sei. Darauf konnten sie spucken. Wer war dieser Mann? Ein Spekulant, ein Mörder, ein Kannibale? Das war gleichgültig. Sie alle lebten auf Kosten der hungernden, sterbenden Mitmenschen, sie nährten sich vom Fleisch der anderen.

Gegen solche Leute gab es nur ein Mittel: erschießen.

Luknizky sah auch Soldaten. Sie waren ebenso mager und geschwächt wie die Zivilisten. Er kam an zwei Rotarmisten vorbei, die einen dritten halbwegs trugen, aber die meisten versuchten trotz ihrer Schwäche, festen Schrittes und aufrecht zu gehen.

»Das war das Bild, das meine unglückliche, stolze, belagerte Heimatstadt bot«, schrieb Luknizky. »Ich bin froh, daß ich nicht fortgelaufen bin, daß ich ihr Schicksal teile, daß ich Zeuge werde all ihres Unglücks in dieser

unglaublich schweren Zeit. Und wenn ich am Leben bleibe, werde ich mich an alles erinnern. Ich werde mein geliebtes Leningrad im Winter 1941/42 niemals vergessen.«
Der Sohn des großen Leonid Andrejew, Daniel Leonidowitsch Andrejew, lebte während der Blockade in Leningrad. Er schreibt über die Leningrader Apokalypse:

> Nichts ist uns fremd geblieben ...
> Doch in der russischen Sprache gibt es keine Worte
> Für jenen wahnsinnigen Kriegswinter,
> Als die Eremitage im Bombenhagel bebte ...
> Häuser im Frost erstarrten, das Eis die Leitungen sprengte ...
> Die Ration – einhundert Gramm ... Leichen auf dem Newski,
> Als Menschen sich von Menschenleichen nährten ...
> Nichts ist uns fremd geblieben ...

41. ›T‹ wie Tanja

Im Historischen Museum von Leningrad werden wenige, aus einem Kindernotizbuch herausgerissene Seiten aufbewahrt, Seiten, die je einen Buchstaben des russischen Alphabets zeigen: A, B, W, G, D usw.
Mit ungelenker Kinderschrift sind hier unter einzelnen Buchstaben ganz simple Fakten eingetragen:

Ž – Žen ja, gestorben 28. Dezember 1941, 12.30 Uhr morgens.
B – Babuschka, gestorben 25. Januar 1942, 3.00 Uhr.
L – Leka, gestorben 17. März 1942, 5.00 Uhr morgens.
D – Dedja Wasja, gestorben 13. April 1942, 2.00 Uhr nachts.
D – Dedja Lescha, 10. Mai 1942, 4.00 Uhr nachmittags.
M – Mama, 13. Mai 1942, 7.30 Uhr vorm.
S – die Sawitschews sind gestorben. Alle sind tot. Nur Tanja bleibt übrig.

Die Eintragungen stammen von dem elfjährigen Schulmädchen Tanja Sawitschewa. Sie berichten über das Schicksal ihrer Familie während der Belagerung von Leningrad. Die Sawitschews lebten auf der Wasilewskiinsel im Haus Nr. 13 in der Zweiten Reihe. Das Haus steht noch. An seiner glatten Fassade lassen sich keine Spuren des Krieges mehr feststellen. Auch das Haus gegenüber, das 1941 von Bomben getroffen wurde, zeigt heute keine Schäden mehr. Alle Wunden sind verheilt.
Jahrelang nahm man an, die ganze Familie Sawitschew sei verhungert, und auch Tanja sei gestorben, nachdem sie die letzte Eintragung in ihr Notizbuch schrieb. Das stimmte nicht ganz. Wie viele Leningrader Kinder wurde auch Tanja im Frühjahr 1942 evakuiert. Sie kam in das Kinderheim Nr. 48 nach Schachty bei Gorki. Sie war an Ruhr erkrankt, und es gelang den Ärzten nicht, sie zu retten. Sie starb im Sommer 1943.
Zwei Mitglieder der Familie Sawitschew haben den Krieg überlebt. Beide waren während der Belagerung nicht in Leningrad. Die ältere Schwester, Nina Nikolajewna Pawlowa, kam 1944 nach Leningrad zurück. Tanja hatte die Aufzeichnungen in ihr Notizbuch geschrieben. Die Schwester fand es bei der Rückkehr in die Wohnung auf der Wasilewskiinsel in einer Schachtel, in der auch das Hochzeitskleid ihrer Mutter lag. Auch der

Bruder Michail überlebte. Bei Kriegsausbruch war er in der Nähe auf dem Lande, in Gdow, und kämpfte mit den Partisanen.
Daß eine ganze Familie wie die Sawitschews ausgelöscht wurde, war nichts Außergewöhnliches. Im Winter 1941/42 ist das oft geschehen. Nicht alle starben noch im selben Winter, sondern die Entbehrungen der Belagerungszeit forderten auch Monate und Jahre danach ihre Opfer.
Die offizielle Geschichte Leningrads berichtet sachlich:

> Die Tragödie der furchtbaren Hungersnot in Leningrad läßt sich mit keinem anderen Ereignis der Weltgeschichte vergleichen. Jeder Tag, den man in der belagerten Stadt überlebte, entsprach vielen Monaten eines normalen Lebens. Es war schrecklich, mit ansehen zu müssen, wie die Kräfte der einem nahestehenden Menschen von Stunde zu Stunde dahinschwanden. Söhne und Töchter starben vor den Augen ihrer Mütter, Kinder verloren ihre Eltern, und zahlreiche Familien wurden vollständig ausgelöscht.

Parteisekretär Schdanow und seine Mitarbeiter wußten jetzt, welche Opfer die Belagerung fordern werde. Leningrad konnte nur mit Hilfe radikalster Maßnahmen durch den Winter gebracht werden, und niemand wußte, wie viele bis zum Frühjahr überleben würden. Die Hoffnung auf eine Befreiung der Stadt durch die in Moskau von Stalin, Schdanow und den Generälen Anfang Dezember so kühn geplante Offensive schwand dahin. Die Angriffe der Fünfundfünfzigsten Armee unter General W. P. Swiridow an der Leningrader Front gegen Tosno mit dem Ziel, die Deutschen aus Mga zu vertreiben, brachten nur geringe Erfolge und schwere Verluste. Am 13. Januar griffen General Merezkow an der Wolchowfront und General Fedjuninski mit der Vierundfünfzigsten Armee an der Leningrader Front gleichzeitig an, um die Bahnverbindung zwischen Moskau und Leningrad wiederherzustellen. Die Kämpfe zogen sich durch den ganzen Winter.
General Merezkow schreibt: »Ich werde die unendlichen Wälder, die Sümpfe, die nassen Torfmoore und die grundlosen Straßen nie wieder vergessen. Neben den schweren Kämpfen gegen den Feind gab es ein ebenso schweres Ringen gegen die Kräfte der Natur.«
General Fedjuninski, dessen Vierundfünfzigste Armee im Winter an diesen Operationen teilnahm, berichtet ähnlich darüber: »Auf die Frage, welches die schwierigsten Zeiten für mich gewesen seien, würde ich ohne zu zögern antworten: Die schlimmste Zeit war der Winter 1942 in Pogost. Mit Schrecken erinnere ich mich an die vier Monate, in denen wir unter verlustreichen und, was das Schlimmste war, vergeblichen Kämpfen in den Wäldern und Sümpfen zwischen Mga und Tichwin dem Feind gegenüberstanden.«
Der russische Angriff entwickelte sich langsam. Man durfte nicht damit

rechnen, die Deutschen zu überraschen. Sie hatten sich in festen Stellungen eingegraben, und der energischere Generaloberst von Küchler war Anfang Januar an die Stelle von Leeb getreten. Das dick verschneite Gelände zu überwinden, bereitete schon an sich große körperliche Anstrengungen. Ende Januar errang die sowjetische Zweite Stoßarmee einen geringen Erfolg, erzielte einen Einbruch in die deutsche Verteidigungsstellung und nahm im Vorstoß gegen die Bahnlinie Tschudowo-Nowgorod die Ortschaft Mjasny Bor.

Man bemühte sich fieberhaft um den Erfolg der Winteroffensive. Moskau hatte alles getan, nur nicht für die notwendigen Mannschaften und Waffen gesorgt. Stalin, dem Merezkow nicht schnell genug vorankam, schickte den Polizeigeneral L. S. Mechlis am 24. Dezember an die Wolchowfront.

Er sollte die Operation vorantreiben. Die Neunundfünfzigste und die Zweite Stoßarmee sollten nach dem Zeitplan des Generalstabs am 25. Dezember angriffsbereit sein. Tatsächlich war nur eine Division in ihren Bereitstellungsräumen eingetroffen.

Der Angriffsbeginn verzögerte sich immer wieder. Er wurde zunächst auf den 7. Januar verlegt, aber bis dahin waren nur fünf der acht Divisionen der Neunundfünfzigsten Armee eingetroffen, und die Zweite Armee war erst zur Hälfte in ihren Stellungen. Es gab keine Unterstützung aus der Luft, und die Neunundfünfzigste Armee hatte keine optischen Geräte und Nachrichtenverbindungen, um das Artilleriefeuer zu lenken. Merezkow schickte einen dringenden Funkspruch nach Moskau, und Marschall N. N. Woronow kam zum Hauptquartier am Wolchow. Bezeichnend für die schlechten Beziehungen zwischen Polizeigenerälen und Offizieren der regulären Armee waren die bissigen Worte, mit denen Mechlis Marschall Woronow begrüßte: »Na, jetzt ist der Hauptübeltäter erschienen, der uns Artillerie geschickt hat, die nicht schießen kann. Wollen wir sehen, wie er versuchen wird, sich herauszureden.« Woronow konnte die Versorgungslage geringfügig verbessern, aber am 7. Januar fehlte es Merezkow immer noch an Artillerie, Mannschaftsersatz, Treibstoff, Pferdefutter und allem nur denkbaren Material. Die ersten Angriffe brachten trotzdem ansehnliche Erfolge. Dann aber verloren die Kommandeure die Fühlung zu ihren Truppen, die Deutschen brachten den Infanterieangriff mit Leichtigkeit zum Stehen, und das Unternehmen endete mit einer Katastrophe. Merezkow suchte in Moskau um die Genehmigung nach, die Operation drei Tage zu verschieben. Am 10. Januar sprachen Stalin und Marschall Wasilewski telefonisch mit ihm. Sie sagten ihm offen, das Unternehmen werde auch am 11. Januar noch nicht genügend vorbereitet sein und solle daher besser um weitere zwei oder drei Tage aufgeschoben werden. »Es gibt ein russisches Sprichwort«, sagte Stalin, »wer sich übereilt, verschwendet. Sie werden das erleben. Wenn Sie voreilig angreifen und den Angriff nicht vorbereiten, werden Sie Menschen verschwenden.«

Merezkow empfand das als ernsten Vorwurf, schrieb aber viele Jahre später, Moskau habe ihn ständig gedrängt, sich mit dem Angriff zu beeilen. Die Stafka hatte ihn telefonisch immer wieder aufgefordert, die Operation möglichst früh einzuleiten. Mechlis war zu ihm geschickt worden, um ihn in diesem Sinne unter Druck zu setzen.

Das ganze Unternehmen hätte eigentlich eine Vorbereitungszeit von 15 bis 20 Tagen gebraucht, aber diese Zeit stand nicht zur Verfügung.

Es gab ein weiteres schwieriges Problem. Die Operationen bei Leningrad sollten Teil einer dreifachen Winteroffensive sein, die gleichzeitig den Belagerungsring um Leningrad sprengen, die Heeresgruppe Nord vernichten, die Heeresgruppe Mitte vor Moskau einschließen und vernichten und die im Südabschnitt stehenden deutschen Armeen schlagen sollte, um das Donbecken und die Krim zu befreien.

Merezkow, Fedjuninski und die Befehlshaber in Leningrad erhielten einen vom 10. Januar datierten Funkspruch der Stafka in Moskau, in dem das Operationsziel wie folgt definiert wurde: »Sie (die Deutschen) sollen ohne Pause nach Westen getrieben und gezwungen werden, ihre Reserven noch vor dem Frühjahr zu erschöpfen. Dann werden wir neue und größere Reserven haben, die Deutschen werden über keine starken Reserven mehr verfügen, und damit wird die vollständige Niederlage der Truppen Hitlers im Jahr 1942 sichergestellt.«

Diese Anforderungen überschritten weit die Fähigkeiten der sowjetischen Streitkräfte. Sie waren das Ergebnis einer fast ebenso verhängnisvoll falschen Beurteilung der gegenwärtigen Lage durch Stalin wie zu Kriegsbeginn.

Es gab noch ein zweites Problem. Der Befehlshaber der Zweiten Stoßarmee, Generalleutnant G. G. Sokolow, war Polizeioffizier und früher stellvertretender Kommissar für Innere Angelegenheiten. Er stürzte sich energisch und begeistert in seine militärischen Aufgaben, bereit, alles zu versprechen. Aber er hatte keine Ahnung von militärischen Angelegenheiten und setzte an die Stelle militärischer Entscheidungen Klischeevorstellungen und Lehrsätze. Nach Merezkows Meinung behandelte er operative Fragen »in origineller Weise«. Seine Befehle an die Truppe beschäftigten sich mit den Essenzeiten (Frühstück vor Morgengrauen, Abendessen nach Sonnenuntergang), der Länge des Marschschritts (ein Arschin – etwas weniger als 90 cm), den Tageszeiten, zu denen marschiert werden sollte (Einheiten unter Kompaniestärke sollten am Tage nicht marschieren, alle Truppenbewegungen sollten grundsätzlich nachts erfolgen), dem Verhalten des Soldaten gegenüber der Kälte (er dürfe sie nicht fürchten. Wenn Ohren oder Hände erfroren, sollte er sie mit Schnee einreiben).

Es gelang Merezkow, Sokolow am Vorabend der Offensive ablösen zu lassen. An seine Stelle trat Generalleutnant N. K. Krykow.
Aber alle diese Maßnahmen nützten der Winteroffensive nichts. Sie blieb stecken. Am 17. Januar warnte der Chef des Generalstabs, Marschall A. M. Wasilewski, Merezkow und teilte ihm mit, »die Lage in Leningrad ist sehr ernst, und es ist notwendig, so schnell wie möglich etwas zu unternehmen«.
Wasilewskis Hinweise änderten nichts. Trotz wiederholter Anforderungen bekam Merezkow nicht das notwendige Pferdefutter, den Treibstoff, die Verpflegung und die Munition, die er brauchte. Am 28. Januar erschien der stellvertretende Verteidigungskommissar, General A. W. Chrulew, und versuchte, den Nachschub schneller heranzubringen.[1]
Das half etwas, aber nicht viel. Die Zweite Stoßarmee kam nicht voran und mußte zur Defensive übergehen. Die Stafka bombardierte Merezkow mit Funksprüchen und beschuldigte ihn des Zauderns und der Unentschlossenheit. Merezkow seinerseits beschwerte sich über das Fehlen von Panzern, Flugzeugen und Artilleriemunition, zu geringe Truppenstärke und darüber, daß es ihm nicht möglich sei, seinen Männern nach den unglaublich anstrengenden Kämpfen in der Kälte und in den grundlosen Sümpfen eine Ruhepause zu verschaffen.
Es war Mitte Februar geworden. Überall herrschte Mißstimmung, und jeder gab dem anderen die Schuld. Stalin schickte Marschall Woroschilow an die Wolchowfront und verlangte, es solle sofort etwas unternommen werden. Merezkow versammelte seinen Militärsowjet und schlug vor, der Truppe zunächst eine Ruhepause zu gönnen, sie dann umzugruppieren, Reserven heranzuführen und die Zweite Stoßarmee neu auszustatten, besonders mit Artillerie. Woroschilow bereiste alle Truppenteile und versuchte, die Stimmung zu heben. Auch das nützte kaum etwas. Die Männer waren einfach zu erschöpft. Dies war der anstrengendste Winter gewesen, den sie je erlebt hatten. Es hatte schwere Verluste und praktisch keine Erfolge gegeben.

[1] Der verantwortungsbewußte, tüchtige und energische Armeegeneral A. W. Chrulew war fast den ganzen Krieg über Chef der rückwärtigen Dienste der Roten Armee, aber jede Besprechnung mit Stalin war für ihn eine schwere Prüfung, denn die Befehlshaber und die Mitglieder des Staatlichen Verteidigungskomitees (Berija, Malenkow und andere) versuchten, ihm die Verantwortung für alle Irrtümer, Fehler und Mängel zuzuschieben. Stalin wußte genau, was Chrulew leistete. Das hinderte ihn nicht daran, eines Tages am Telephon zu explodieren: »Sie sind schlimmer als ein Feind! Sie arbeiten für Hitler!« Damit warf er den Hörer auf die Gabel. Sehr bald wurde Chrulews Frau als Mitglied einer »verschwörerischen Organisation« verhaftet. Stalin lud Chrulew auch weiter in seine Datscha ein. Der General nahm 1944 an einer feuchtfröhlichen Silvesterfeier in Blischny (dem »Ort in der Nähe«, wie Stalins Villa auf der Moschaisker Chaussee im Volksmund hieß) teil. Er wurde aber bald entlassen – wahrscheinlich auf Veranlassung Berijas(N. A. Antipenko. In: ›*Nowy Mir*‹. Nr. 8, August 1965, S. 154–155).

Unter diesen Umständen konnte die Frage, die jedem Leningrader auf den Lippen lag, »wann wird der Belagerungsring gesprengt werden?« nicht beantwortet werden, und niemand konnte die Gerüchte bestätigen, nach denen die Armeen Merezkows und Fedjuninskis kurz davorstanden, die Stadt zu befreien.

Parteisekretär Schdanow mußte mit dem auskommen, was er hatte. Zu seinen wichtigsten Hilfskräften gehörten die Komsomolzen. Ebenso wie die aktiven Parteimitglieder waren auch sie stark zusammengeschmolzen.[2] Im Juni 1941 gab es in Leningrad 235 000 Komsomolzen. Im Januar 1942 waren es nur noch 48 000. Die anderen waren an die Front gegangen, gefallen oder evakuiert worden, um anderswo in der Industrie zu arbeiten. Die 48 000 waren jetzt praktisch die letzte Mannschaftsreserve in der Stadt.

Man teilte die Komsomolzen in Arbeitskommandos ein. Sie mußten von Wohnung zu Wohnung gehen, den Überlebenden helfen und nach Möglichkeit die Toten zum Friedhof schaffen. Die ersten Arbeitskommandos übernahmen diese Aufgaben im Dezember, aber erst im Januar wurde die Arbeit straffer organisiert.

Die jungen Leute waren kaum kräftiger als die übrige Bevölkerung. Am 30. Januar berief der Sekretär der kommunistischen Jugendorganisation, W. N. Iwanow, im Smolny eine Versammlung ein.

Ein Teilnehmer erinnert sich: »Es gab keine Straßenbahnen, und die Versammlung war für die Mittagszeit angesetzt. Die Teilnehmer brachen schon um 8.00 Uhr morgens auf.«

Es war ein langer Marsch, und sie mußten sich zwischendurch immer wieder ausruhen.

Iwanow sprach zu ihnen und sagte: »Die Partei und unser Land stellen uns auf eine harte Probe. Wir sehen vertrauensvoll in die Zukunft. Hinter den Schwierigkeiten und Entbehrungen, die wir heute als Folge der Belagerung in Leningrad erleben, liegt der Sieg. Für ihn kämpfen wir und werden wir bis zum letzten Blutstropfen kämpfen.«

Es lebten noch etwa 5 000 Arbeiter der großen Kirow-Werke. Sie wurden noch auf den Lohnlisten geführt und wohnten in den eiskalten, von Granaten schwer beschädigten Gebäuden auf dem Fabrikgelände; zu schwach, um zu arbeiten, ja fast zu schwach, um zu leben.

Nach Beendigung der Blockade erzählte die junge Arbeiterin Anna Wasilejewa, ein pausbäckiges, rotwangiges junges Mädchen, aus ihrem Leben. Sie war ein ›Putilowmädchen‹, das heißt, ihre Familie arbeitete schon seit mindestens zwei Generationen in den Putilow-Werken, den jetzigen Ki-

[2] Im ersten Halbjahr 1942 verhungerten 15 Prozent der Parteimitglieder in Leningrad (Leningrad w WOW, S. 202).

row-Werken. Ihr Vater und zwei Brüder gehörten zur Belegschaft. Die Familie lebte in einem Vorstadthaus, nicht weit von der Fabrik, so daß sie zu Fuß zur Arbeit gehen konnten.

Bei Kriegsbeginn war Anna erst fünfzehn Jahre alt und fing gerade an, in den Kirow-Werken zu arbeiten. Als die Deutschen im September 1941 bis fast vor die Tore der Fabrik kamen, mußte Annas Familie ihre Wohnung räumen. Sie lag in dem von den Deutschen besetzten Gebiet. Ihr Vater und ein Bruder fielen durch deutschen Artilleriebeschuß. Der zweite Bruder ging zur Roten Armee. Anna und die Mutter zogen in eine Stadtwohnung. Eines Tages kam sie nach Hause und fand die Mutter schwer verwundet vor. Die Splitter eines bei einer Bombendetonation zersprungenen Fensters hatten ihr die Augen zerschnitten. Sie war jetzt blind.

Im Januar gab es keine Arbeit mehr in den Kirow-Werken. Niemand konnte arbeiten. Es gab keinen Strom, keine Heizung, kein Licht. Eine Gruppe kräftiger junger Mädchen, Anna unter ihnen, bildete eine Brigade. Täglich machten sie sich einzeln oder zu zweit mit einem Rodelschlitten auf den Weg. Sie besuchten drei oder vier Wohnungen, in denen Verwandte lebten, um festzustellen, wer noch am Leben war, die Toten fortzuschaffen, etwas Lebensmittel mitzubringen, zu heizen, Wasser zu wärmen oder sonst irgendwie zu helfen. Am Spätnachmittag versammelten sie sich wieder in einem kleinen Raum um einen winzigen Blechofen.

»So war das«, sagte sie. »Zuerst sah man sich um und stellte fest, ob alle da waren, ob alle Freundinnen noch lebten.«

Jeden Morgen war es das gleiche. Wenn man aus dem unruhigen, hungrigen Schlaf in der Kälte erwachte, sah man sich im Kreise um.

»Dann«, sagte sie, »stellte man fest, daß irgend jemand neben dem Ofen saß. Zuerst sah er ganz normal aus. Dann sah man näher hin und erkannte, daß er tot war. So war das damals.«

Anna Wasilejewa war siebzehn Jahre alt. Sie überlebte als einzige der ganzen Familie.

Jelisaweta Scharypina besuchte eine Wohnung auf dem Newskiprospekt, in der der Arbeiter Pruschan leben sollte. Er war nicht zur Arbeit gekommen. Sie ging über einen langen, dunklen Korridor. Vor der ersten Tür hing ein Schloß. Die zweite ging nicht auf. Schließlich fand sie eine unverschlossene Tür, die in ein dunkles Zimmer führte. In der Mitte standen ein Ofen und zwei eiserne Betten. Ein Mann lag mit dem Gesicht zur Wand auf einem Bett, auf dem anderen eine ganz schwache Frau, die aber noch sprechen konnte. Sie sagte, Pruschan sei tot. Seine Frau sei ein paar Tage vor ihm gestorben. Eine Tochter war zum Brotholen gegangen. Sie selbst – die Frau auf dem Bett – war nicht krank, nur schwach. Sie hatte ihre Brotkarte verloren. »Das ist das Ende«, sagte sie ruhig. Die Scharypina benachrichtigte ein Hilfskommando der Komsomolzen, das versuchen sollte, das Leben dieser Frau zu retten.

In einer Wohnung auf der Borodinskistraße fand die Scharypina die sterbende Familie Stepanow. Der Vater hatte seit drei Monaten keine Arbeit mehr. Vor ein paar Tagen schien es ihm etwas besser zu gehen. Er hatte am Fenster in der Sonne gesessen. »Jetzt wird alles gut werden«, hatte er gesagt. »Wir werden am Leben bleiben.« Wenige Augenblicke später fiel er tot vornüber. Mit Hilfe eines Gepäckträgers hatte der zwölfjährige Boris Stepanow die Leiche seines Vaters zum Leichenhaus gebracht. Die Mutter lag im dicken Wintermantel auf ihrem Bett und starrte ins Leere. Seit dem Tod ihres Mannes hatte sie kein Wort mehr gesprochen. Auf einem zweiten Bett lag der sechzehnjährige Wolodja. Auch er sprach nicht; er kaute.

»Was ißt er?« fragte die Scharypina.

»Er ißt nicht. Es ist nichts in seinem Mund«, sagte der Bruder. »Er kaut nur, er kaut. Er sagt, er will nichts zu essen.«

Obwohl die Scharypina sich alle erdenkliche Mühe gab, waren Boris und Wolodja nach ein paar Tagen tot. Nur die innerlich gebrochene Mutter blieb am Leben.

Eines Tages im Februar ging die Scharypina langsam über den Sagorodnyprospekt, als ihr ein Kind mit einem Stock in der Hand begegnete, dessen Kopf mit den Fetzen einer Wolldecke umwickelt war. Das Kind lief auf den nächsten Hinterhof und fing an, in einem gefrorenen Abfallhaufen herumzustochern.

»Was machst du hier?« fragte sie. Der etwa siebenjährige Junge sah sie mit mißtrauischen Augen an und antwortete, er suche für seine Schwester Lena etwas zu essen. Am vorigen Abend habe er ein paar Kohlstrünke gefunden. Sehr gut! Sie waren natürlich gefroren. Lena hatte sie gegessen und ihm auch ein Stück abgegeben.

Das war ein für Leningrad typischer Fall. Der Vater war an der Front. Niemand wußte, ob er noch lebte. Die Mutter lag schon lange im Krankenhaus. Niemand wußte, ob lebendig oder tot. Die Kinder ernährten sich von gefrorenem Abfall.

Die Lehrerin A. N. Mironowa rettete im Winter 1941/42 mehr als hundert Kindern das Leben. Am 28. Januar schrieb sie in ihr Tagebuch:

> Zur 17. Linie, Haus 38, Wohnung Nr. 2 (auf der Wasilewski-Insel), um Juri Stepanow, 9 Jahre alt, abzuholen. Die Mutter war tot. Der Junge schlief Tag und Nacht neben seiner toten Mutter. (»Wie kalt Mama mich machte«, sagte er.) Juri wollte nicht mitkommen. Er weinte und schrie. Rührender Abschied von der Mutter (»Mama, was wird ohne dich aus mir werden?«).

Eine zweite Tagebucheintragung aus dem Januar lautet:

Mussorgskiprospekt 68, Wohnung 30. Nahm ein Mädchen mit, Schura Sokolowa, geboren 1931, Vater an der Front, Mutter tot, Leiche der Mutter in der Küche. Das kleine Mädchen schmutzig. Krätze an den Händen. Fand sie unter einem Haufen schmutziger Wäsche unter der Matratze.

Der Komsomolzensekretär W. N. Iwanow berichtet über den Winter 1942: »Ich muß Ihnen sagen, man kann sich nichts Grauenhafteres und Schwierigeres vorstellen. Ich arbeitete unter der Last eines psychischen Traumas. Ich konnte es nicht mehr mit ansehen, wie die Menschen um mich her umfielen. Sie glitten einfach hin. Sie konnten nicht mehr aufrecht stehen.«

Die Komsomolzen stellten Hilfsbrigaden aus 983 Mitgliedern zusammen. Dazu kamen 500 bis 600 weitere junge Leute in jedem Stadtbezirk. Sie besuchten 29 800 Wohnungen, ließen 8 450 Personen ärztlich versorgen und besuchten 10 350 verhungernde Menschen. So steht es in ihrem offiziellen Bericht.

Der Tod begann das Leben in Leningrad zu verändern. Die Zahlen sind nicht sehr genau. Alle sowjetischen Stellen geben das zu. Im November verhungerten wahrscheinlich 11 085 Menschen, im Dezember waren es fast fünfmal soviele, 52 881. Die Zahlen für Januar und Februar lassen sich nicht so genau angeben. A. W. Karasew, einer der gewissenhaftesten Berichterstatter, schätzt, daß im Januar 3 500 bis 4 000 Menschen täglich starben. Das sind zusammen 98 500 bis 124 000. Dimitri W. Pawlow, dessen Aufgabe es war, die Überlebenden zu ernähren, meint, im Januar und Februar seien 199 187 Personen gestorben. Diese Zahl ist wahrscheinlich zu niedrig. Das überbelastete Leningrader Beerdigungskombinat bestattete im November 9 219 Tote, im Dezember 27 463. Für Januar und Februar gibt es keine Angaben.

Fast alle Todesfälle waren die Folge des Hungers. 70 Prozent aller Kranken in Kliniken und Krankenhäusern litten im Dezember an Dystrophie. Im Januar waren es 85 Prozent. Die meisten von ihnen waren Männer. Die Sterblichkeitsziffer bei ihnen betrug etwa 85 Prozent. Im Februar und März waren die meisten Kranken Frauen. Nach einem offiziellen Bericht starben 30 bis 35 Prozent aller in die Krankenhäuser eingelieferten Personen. Eine genauere Schätzung für das erste Vierteljahr 1942 spricht von 40,7 Prozent Sterblichkeit in Fällen von Ruhrerkrankungen.

Die Statistik über Krankheits- und Todesfälle kennt in der modernen Geschichte keine Parallele.[8] Die Sterblichkeitsziffer in Leningrad lag 1941

[8] Ansteckende Krankheiten gingen wesentlich zurück. Im Dezember 1941 gab es nur 114 Fälle von Unterleibstyphus gegenüber 143 im Jahr vorher, 42 Flecktyphusfälle gegenüber 118, 93 Scharlacherkrankungen gegenüber 1056 Scharlachfällen 1940, 211 Fälle von Diphtherie gegenüber 728 Fällen und 818 Keuchhustenfälle gegenüber 1844 Fällen im Jahr 1940 (Pawlow, a.a.O., 3. Aufl., S. 145).

um 32 Prozent über der des Jahres 1940, aber 1942 war sie fünfzehnmal höher als 1940. In den Jahren vor dem Kriege betrug die Sterblichkeitsziffer in den Leningrader Krankenhäusern 6 bis 8 Prozent. Im zweiten Vierteljahr 1941 stieg sie auf 28 Prozent, und im ersten Vierteljahr 1942 auf 44,3 Prozent.

Unter diesen Verhältnissen verringerte sich die Anzahl der zu ernährenden Menschen in Leningrad täglich beträchtlich. Es gab aber immer noch viel mehr Esser, als man mit den vorhandenen Mitteln ausreichend ernähren konnte.

Um wenigstens einen Teil der Bevölkerung zu retten, befahl Schdanow am 27. Dezember die Einrichtung der sogenannten *stazjonari*, der Rekonvaleszentensammelpunkte, wo es eine etwas bessere Ernährung und eine gewisse Pflege gab. Viele Menschen kamen an diesen Sammelpunkten an und waren durch den Hunger schon so krank und schwach, daß sie bald nach ihrem Eintreffen starben. Einer Schätzung zufolge wurden am 9. Januar etwa 9 000 Personen auf diese Weise versorgt. Jetzt befahl Schdanow, diese Fürsorgemaßnahme wesentlich zu erweitern. Am 13. Januar organisierte die Stadtverwaltung insgesamt 16 450 Betten.

Eine der wichtigsten Sammelstellen war das Astoria-Hotel. Hier standen 200 Betten zur Verfügung, hauptsächlich für Wissenschaftler, Schriftsteller und Angehörige der Intelligenz.

Der Korrespondent der Zeitung ›*Rote Flotte*‹, Nikolai Markewitsch, erhielt am 30. Januar ein Zimmer im Astoria-Hotel. Er schreibt: »Das Hotel ist tot. Wie in der ganzen Stadt gibt es weder Wasser noch Licht. Auf den dunklen Gängen sieht man manchmal eine Gestalt, die sich mit einem Nachtlicht, einer kleinen Taschenlampe mit handbetriebenem Dynamo oder einem Streichholz den Weg sucht. Die Zimmer sind kalt. Es wird nie wärmer als + 5° Celsius. Während ich diese Zeilen schreibe, ist meine Hand vor Kälte erstarrt.«

Die *stazjonari* waren nur ein Tropfen auf den heißen Stein. Das zeigt ein Appell des Schriftstellerverbands vom 16. Januar an den Leningrader Frontsowjet:

> Die Lage der Leningrader Schriftsteller und ihrer Familien ist außerordentlich kritisch geworden. In letzter Zeit sind 12 Schriftsteller verhungert. Mehr als 15 Schriftsteller liegen im Krankenhaus, und viele warten darauf, daß ein Platz frei wird. Die Witwe des gefallenen Schriftstellers Jewgeni Panfilow ist trotz unserer Bemühungen, sie zu retten, verhungert (unsere Möglichkeiten sind sehr begrenzt). Sie hinterläßt drei Kinder. In den letzten Tagen mußten wir den Dichter Ilja Awramenko dringend von der Front zurückrufen, da seine Frau und sein neugeborenes Kind sich in einem sehr kritischen Zustand befinden. Die Sterblichkeit in den Schriftstellerfamilien ist sehr hoch. Es genügt,

wenn wir sagen, daß allein in der Familie des bedeutenden sowjetischen Dichters Nikolai Tichonow, der jetzt als Korrespondent an der Leningrader Front arbeitet, sechs Personen gestorben sind. Im Haus der Schriftsteller liegen gegenwärtig mehrere halbverhungerte Menschen, die nicht mehr gehen können, und denen zu helfen uns die Kraft fehlt.

Insgesamt wurden 109 *stazjonari* eingerichtet, und 63 740 Personen wurden dort auf diese oder jene Weise versorgt.

Nur an einer Stelle wurde die Lage allmählich etwas günstiger. Die Transporte über den Ladogasee kamen jetzt schneller heran. Die dringenden Maßnahmen zur Verbesserung der Bahnverbindungen zwischen dem See und Leningrad wirkten sich aus, und am 11. Januar befahl das Staatliche Verteidigungskomitee den Bau einer Bahnlinie von Woibokalo zur Eisstraße. Mit Hilfe von Bautruppen war die Verbindung zwischen Woibokalo, Kobona und Kosa bis zum 10. Februar hergestellt, und damit verkürzte sich die von den am Ladogasee eingesetzten Lastwagen zu bewältigende Strecke um 32 Kilometer.

Der Lebensmittelbevollmächtigte Pawlow atmete auf. Am 20. Januar verfügte er über Lebensmittelreserven für fast drei Wochen, die sich entweder schon in Leningrad befanden, über die Eisstraße herangebracht wurden, oder in den Lagern auf den Abtransport warteten. Seine Lagerliste über die vorhandenen Tonnagen wiesen aus:

	Mehl	Grütze	Fleisch	Fett	Zucker
In Leningrad	2106	326	243	94	226
Auf der Station Ladogasee	2553	690	855	130	740
Zwischen Ladogasee und Leningrad	1020	210	220	108	90
Im Raum Woibokalo–Schicharewo	6196	846	1347	368	608
Insgesamt:	11 875	2072	2665	700	1664
Tagesvorräte nach den damals geltenden Normen:	21	9	20	9	13

In Leningrad selbst gab es allerdings nur Mehl für drei bis vier Tage, aber die Aussichten waren besser geworden. Am 24. Januar setzte Pawlow die Rationen zum drittenmal herauf. Arbeiter bekamen jetzt 400 g Brot täglich, Angestellte 300 g, Angehörige und Kinder 250 g. Am 11. Februar kam eine weitere Erhöhung – 500 g für Arbeiter, 400 für Angestellte und 300 für Familienangehörige und Kinder.

Diese Maßnahmen wurden angesichts einer wichtigen Entscheidung Schdanows und des Staatlichen Verteidigungskomitees getroffen. Mindestens ein

Viertel der Stadtbevölkerung – 500 000 Personen – sollte über die Eisstraße aus Leningrad evakuiert werden. Am 22. Januar wurde der offizielle Befehl dafür erlassen, und der spätere Ministerpräsident der Sowjetunion, Alexei Kossygin, übernahm diese Aufgabe.[4]
Die Evakuierung von Bewohnern Leningrads über die Eisstraße war schon am 6. Dezember angeordnet worden. Danach sollten bis zum 20. Dezember täglich 5 000 Personen die Stadt verlassen. In der Zeit von August 1941 bis zum 22. Januar 1942 gelang es jedoch nur, 105 000 Personen aus der Stadt zu bringen. Von ihnen waren nur 36 738 Bürger Leningrads. Die anderen waren Flüchtlinge aus den Baltischen Staaten.
Die Verhältnisse auf der Eisstraße waren im Dezember und Anfang Januar so chaotisch, daß die meisten Menschen, die die Stadt verließen, selbst für ihr Weiterkommen sorgen mußten. Tausende gingen auf dem Eis zugrunde. Zwischen Kobona und Sjasstroi konnte man im Dezember und Anfang Januar steckengebliebene Fahrzeuge sehen, in denen ältere Leute und kleine Kinder erfroren waren. Für die Unterbringung und Ernährung der Flüchtlinge war nicht gesorgt. Die Evakuierungskommission war so schlecht organisiert, daß die Menschen tagelang an den Sammelpunkten warteten und dann nach Hause zurückkehrten. Oft starben sie unterwegs.
Der Direktor der Zweiten Handwerkerschule versuchte, seine Schüler aus der Stadt zu bringen. Man brachte sie in einem eiskalten Schuppen in Ladoga unter, wo sie zehn Tage warten mußten, bis der Direktor die Überlebenden nach Leningrad zurückbrachte.
36 118 Personen waren schätzungsweise bis zum 22. Januar unter solchen Bedingungen über die Eisstraße gebracht worden.
Jetzt hoffte man, besser mit dem Problem fertigwerden zu können. Einige hundert Omnibusse wurden von Moskau nach Woibokalo geschickt. Die Ausreisenden versammelten sich zunächst auf dem Finnländischen Bahnhof. Dort sollten sie eine warme Mahlzeit und 500 g Brot bekommen. Wenn sie in den ungeheizten Zügen zur Fahrt nach Borisowa Griwa am Ladogasee ihre Plätze einnahmen, sollten sie ein weiteres Kilo Brot erhalten. Am Ladogasee angekommen, wurden sie in Omnibusse oder offene Lastwagen verladen und über den See nach Schicharewo, Lawrowo und Kobona gebracht, um von hier mit der Bahn zu den Bestimmungsorten zu fahren. Die Überquerung des Ladogasees sollte nicht länger als zwei Stunden dauern. Entlang der Strecke hatte man zahlreiche Warnposten und Erstehilfe-Stationen eingerichtet.

[4] Man brachte die Evakuierten hauptsächlich in den Ural oder nach Zentralasien. Einige wurden jedoch in den Kaukasus geschickt und fielen den Deutschen in die Hand, als sie im Sommer 1942 nach Maikop durchbrachen.

In Wirklichkeit dauerte es allerdings Wochen, ehe die geplanten Einrichtungen funktionierten. Die Flüchtlinge waren so schwach, daß es Stunden dauerte, sie zu verladen. Ein Transport, der am 23. Januar Borisowa Griwa erreichte, hatte für die Verladung 1½ Tage gebraucht, so schwach waren die Menschen. Nicht viele überlebten die Strapazen. Aber auch in der Stadt wären sie nicht am Leben geblieben.[5]

[5] Selbst im Winter 1941/42 brachte man Menschen aus der Umgebung Leningrads in die Stadt. Das waren im ganzen Winter schätzungsweise 55 000 Personen, die meisten ungenügend bekleidet, halbverhungert, ohne Unterkunft und ohne Mittel zum Überleben (Karasew, a.a.O., S. 186).

42. Die Eisstraße

Am 2. Februar um 3.00 Uhr morgens saß Pawel Luknizky in seiner eiskalten Wohnung am Gribojedowkanal Nr. 9 vor der Schreibmaschine und vervollständigte sein Tagebuch. Er fürchtete, einzuschlafen und das Läuten des Telefons oder das Klopfen an der Tür zu überhören, denn er wartete auf einen Mann namens Schulgin vom Leningrader Tass-Büro, der ihn über den Ladogasee zum Hauptquartier der Vierundfünfzigsten Armee General Fedjuninskis, der er zugeteilt worden war, mitnehmen sollte.

Luknizkys Kollegen im Schriftstellerverband hatten seine Versetzung dorthin ohne sein Wissen arrangiert, weil sie fürchteten, er werde, wenn er länger in Leningrad blieb, verhungern.[1]

In den letzten Wochen hatte Luknizky seine Kräfte damit verbraucht, den Kollegen zu helfen. Als Kriegsberichterstatter durfte er zwischen Leningrad und der Front so oft hin- und herfahren wie er wollte, und deshalb hatte er sich darum bemüht, einen Lastwagen zu bekommen, um über den Ladogasee zu fahren und Lebensmittel für die Leningrader Schriftsteller zu besorgen. Dabei stieß er auf ungeheure Schwierigkeiten. Er brauchte die Genehmigung von einem halben Dutzend Ämtern und mußte eine geeignete Persönlichkeit finden, die ihm helfen konnte, die gewünschten Waren einzukaufen. Schließlich mußte er einsehen, daß sein Unternehmen sich auf ehrlichem Wege nicht durchführen ließ, und er scheute sich, die Hilfe eines unehrlichen Menschen in Anspruch zu nehmen. Er hatte sich im Smolny dafür verwendet, einige hungernde Schriftsteller aus Leningrad zu evakuieren. Besonders bemühte er sich um die Rettung seiner todkranken Freundin Ljudmila Fedorowna.

Am 20. Januar erfuhr er im Smolny von den Plänen für die Massenevakuierung und erreichte es unter Schwierigkeiten, daß sich zwölf Schriftsteller dem ersten Schub am 22. Januar anschließen durften. Ljudmila Fedorowna gehörte zu diesen zwölf. Er selbst war an Grippe erkrankt und so

[1] Die Sekretärin des Schriftstellerverbands, Vera Ketlinskaja, und der Parteifunktionär im Smolny, N. D. Schumilow, hatten die Sache in die Wege geleitet. Luknizky erfuhr davon erst 18 Jahre später, als er in den unveröffentlichten Papieren von Vera Ketlinskaja eine entsprechende Notiz fand (Luknizky, a.a.O., S. 700).

schwach, daß er kaum gehen konnte. Er mußte aber zwischen dem Haus der Schriftsteller, seiner Wohnung und dem Smolny hin- und hergehen, um die Erlaubnisscheine für die Evakuierung zu besorgen. Sie sollten am 21. Januar um 18.00 Uhr ausgegeben werden. Schon seit 2.00 Uhr morgens standen die Leute im Smolny dafür an. Um 19.00 Uhr hatte man mit der Ausgabe noch nicht begonnen, weil die Druckerei die Formulare noch nicht geliefert hatte. Um 19.30 Uhr wurde bekanntgegeben, daß nicht fünfzig, sondern nur fünfundzwanzig Omnibusse fahren würden. Nur die Hälfte der aufgerufenen Personen konnte mitfahren.

Luknizky führte unzählige Telefongespräche mit Bürgermeister Popkow und anderen Beamten und erreichte es schließlich, daß die Schriftsteller mit dem ersten Schub fahren durften. Dann ging er bei einer Temperatur von – 35° die zehn Kilometer nach Hause, um die 50 Pfund Gepäck für Ljudmila Fedorowna zu packen. Nach 2½ Stunden Schlaf brachte er sie und das Gepäck auf einem Schlitten zum Sammelpunkt auf dem Platz gegenüber dem Smolny-Institut.

Nach stundenlangem Warten fuhren die Schriftsteller um 16.00 Uhr ab. Luknizky schreibt, elf der evakuierten Schriftsteller, unter ihnen N. Wagner, S. Spasski und seine Frau, W. S. Waldman und ihr Mann, seien »in einem solchen Zustand gewesen, daß das Lebenslicht in ihren Körpern kaum noch flackerte.« Der Mann von Frau Waldman starb im Omnibus. Der zwölfte Mitreisende erschien im Führerhaus eines mit seinem Gepäck überladenen Lastwagens. Er war gesund, unverschämt, und nagte schamlos an einem Hühnerbein. Er drängte sich in den Omnibus und verstaute seine Koffer und Kisten rücksichtslos über den Köpfen der schwachen Kollegen. 150 bis 200 verzweifelte Menschen sahen die Kolonne abfahren. Man hatte ihnen versprochen, sie könnten mitfahren, aber die Plätze reichten nicht.

Luknizky war so erschöpft, daß er am 23. Januar kaum aufstehen konnte. Aber wieder mußte er bis ans andere Ende der Stadt gehen, stundenlang auf militärischen Dienststellen warten, eine neue Lebensmittelkarte besorgen, in einem ungeheizten Dienstgebäude Schlange stehen, wo die Schreiber ohne Licht arbeiteten, und auf dem Nachhauseweg einen riesigen, halbzugefrorenen See überqueren (ein Wasserleitungsrohr war geplatzt), der das Gelände am Dobroljubowprospekt gegenüber dem Dynamostadion bedeckte. Hier standen schon jetzt einige festgefrorene Lastwagen, die bis zum Ende des Winters nicht mehr freikamen. Am folgenden Tag hatte Luknizky 40° Fieber und wäre wahrscheinlich gestorben, wenn nicht sein alter Freund Korolew, Chef einer in Leningrad stationierten Fliegereinheit, ihn in einem warmen Zimmer zu Bett gebracht und ihm ein Bad, 150 g Wodka und eine gute Mahlzeit gegeben hätte. Er blieb drei Tage auf dem Flugplatz, und als er zum Haus der Schriftsteller zurückkehrte, hatten seine Kollegen die Versetzung zur Vierundfünfzigsten Armee erwirkt.

Aus diesem Grunde saß er in seinem eiskalten Zimmer im fünften Stock an der Schreibmaschine und hielt sich wach. Er saß und saß, aber niemand kam. Um 8.30 Uhr versuchte er zu telefonieren, aber das Telefon war nicht in Ordnung. Er heftete einen Zettel an die Tür, »laut klopfen!« wikkelte sich in seine Decken und sank auf das Bett. Kaum hatte er die Augen geschlossen, als der Tass-Reporter Schulgin erschien. Nachdem er die Schreibmaschine hinter seinen Büchern im Arbeitszimmer versteckt, den Rucksack, die zusammengerollte Decke, einen Teekessel, Handgranaten und einen Kerzenstummel ergriffen hatte, verschloß Luknizky die Wohnung und eilte die vereiste Treppe hinunter auf die Straße.

Es war 9.00 Uhr morgens. Auf der anderen Seite des Kanals stand ein mit einer weißen Tarnplane zugedeckter AMO-Lastwagen. Er war vollbeladen mit Menschen und Gepäck. Augenscheinlich brachte Schulgin unter dem Vorwand, einen Berichterstatter zur Front zu befördern, seine nahen – und wohl auch entfernten – Verwandten, darunter drei halbverrückte alte Tanten, aus Leningrad hinaus. Vierzehn Personen saßen auf dem Lastwagen. Zwei oder drei waren Angehörige anderer Tass-Journalisten.

Es stellte sich heraus, daß der LKW einer Tabakfabrik gehörte, in der der Fahrer, Alexander Jakowlewitsch, arbeitete. Schulgin hatte sich mit Zigaretten und Wodka versehen und rechnete damit, unterwegs von über den See kommenden Tankwagenfahrern Benzin zu bekommen. Er wollte die Verwandten aus der Stadt schaffen und auf der Rückfahrt eine Wagenladung Waren für den Schwarzen Markt mitbringen.

Um 9.30 Uhr ging die Fahrt los. Zuerst mußte Kühlwasser beschafft werden. Der Gribojedowkanal war bis auf den Grund zugefroren, deshalb fuhren sie zur Fontanka. Während der Fahrer den Kühler mit Wasser füllte, lief Schulgin in ein nahegelegenes Haus, um einen weiteren Verwandten abzuholen.

Der LKW fuhr durch die schneeverwehten Straßen, vorüber an den Schlitten mit den Leichen, den langen Schlangen vor den Bäckereien, an Frauen, die schwere Wasserkessel und Eimer hinter sich herzogen, überquerte die Newa auf der Ochtabrücke und begegnete in Richtung Wsewoloschsky immer häufiger Militärfahrzeugen. Am Wege lagen zahlreiche ausgebrannte Lastwagenwracks. Alle zum Ladogasee fahrenden LKW beförderten Flüchtlinge, meist Leute, die die Fahrer bestochen hatten. Es gab mit *burschuiki* geheizte Omnibusse, aus deren Dächern die Ofenrohre ragten, und offene Lastwagen, auf denen sich erschöpfte Menschen zusammendrängten und hintereinander vor dem Fahrtwind Deckung suchten. Alles hing von den LKW-Fahrern ab. Die waren die Herren der Eisstraße,

die Götter. Sie brachten Lebensmittel und Treibstoff nach Leningrad. Die Gesetze waren streng. Sie konnten für jede Art Schwarzhandel oder Schwindel erschossen werden, aber sie fürchteten sich nicht. Sie verlangten von den halbverhungerten Flüchtlingen Zigaretten, Brot oder eine Handvoll Mehl.
Die Straße war eng, die Fahrzeuge konnten kaum aneinander vorbeikommen. Wenn ein Wagen aus der Spur geriet, konnte er leicht umkippen und in den Graben fallen. Dann mußten die Insassen mit ihren schwachen Kräften zu Fuß weiterkommen. Luknizkys LKW kam langsam vorwärts, mußte aber dann wegen einer vorn entstandenen Stockung halten. Nach einiger Zeit ging es weiter, und sie kamen auf der Station Borisowa Griwa an. Auf der Station stapelten sich Tausende von Kisten mit Mehl, und Hunderte, ja vielleicht Tausende von Lastwagen brachten, wie ein Förderband, die Ladungen zum Umschlagplatz. Nach dem Abladen wendeten sie und fuhren über den See zurück nach Schicharewo. Rechts der Straße stand ein Wegzeichen: »Bor. Griwa, von Leningrad 50 km, vom See 18.« Luknizkys LKW hielt fast zwei Stunden in Borisowa Griwa, bis eine Verkehrsstauung entwirrt war. Luknizky hatte fürchterlichen Hunger. Ein Verkehrspolizist nahm einen Viertellaib Brot aus der Tasche und hielt ihn ostentativ in der Hand. Er wollte das Brot wahrscheinlich gegen Zigaretten eintauschen. Schulgin gab ihm zwanzig Zigaretten und nahm das Brot. Einem vor Hunger weinenden dreijährigen Mädchen gab er ein Stück. Luknizky bekam ein Bröckchen, den Rest aß Schulgin selbst. Schulgin hatte auch eine Flasche Wodka, die er sich mit dem Fahrer und einem Freund teilte. Luknizky bot er nichts an, aber Luknizky hatte seine eigene Flasche und nahm einen Schluck, ohne den anderen etwas abzugeben.
Schließlich setzte sich die Kolonne wieder in Bewegung, und Schulgin ging zum Kommissar einer LKW-Kompanie, um ihm ein Schreiben vorzuweisen, das ihn zum Empfang von Kraftstoff und einer Mahlzeit für die Mitfahrenden berechtigte. Der Kommissar gab ihm Zigaretten, weigerte sich aber, eine Mahlzeit auszugeben. Statt dessen bot er ihm vier Stücke Brot, etwa 350 g, an. Schulgin nahm ein Stück und gab das andere Luknizky, dem Fahrer und seinem Freund. Eine von Schulgins Tanten tauschte 20 Zigaretten gegen einen halben Topf heiße Grütze ein. Der LKW fuhr weiter. In Ladoga angekommen, sahen sie eine endlose Reihe von LKW vor sich. Neben der Straße standen aus Eisblöcken gebaute Bunker mit Flakbatterien. Um 17.12 Uhr fuhren sie mit Höchstgeschwindigkeit auf das Eis hinaus. Die Fahrbahn war breit genug. Die Lastwagen konnten auf beiden Seiten aneinander vorüberfahren. Die Straße ging in die weiße Unendlichkeit hinaus und glich, wie es Luknizky vorkam, etwas den Steppen von Kasachstan. Auf beiden Seiten hatten Schneepflüge hohe Wälle auf-

geworfen. Alle 1 000 Meter stand ein Verkehrsposten im weißen Tarnmantel mit weißen und roten Signalflaggen. Die Posten schützten sich hinter den aus Eisblöcken aufgebauten halbrunden Schirmen vor dem Wind. Einige hatten in ihren Eishütten Feuer angezündet, und es lagen Stapel von Feuerholz und Benzinfässer darin. In größeren Abständen gab es Reparaturwerkstätten, Kontrollpunkte und weiß getarnte Flakstellungen. Hier und dort lag, halb mit Eis und Schnee zugedeckt, ein ausgebrannter, verlassener Lastwagen.

Als es dunkel wurde, gaben die Verkehrsposten mit kleinen grünen und weißen Lampen Signale. Viele Lastwagen blendeten nicht ab, und das Scheinwerferlicht leuchtete weit über Eis und Schnee. Luknizkys LKW fuhr schnell und ohne Beleuchtung. In anderthalb Stunden kamen sie am anderen Seeufer an. Der Kühler kochte, und Schulgins Freund besorgte Wasser, um ihn aufzufüllen. Stolz zeigte er Schulgin ein kleines Paket. »Süße Butter!« sagte er. »Ich habe sie für fünf Zigaretten bekommen.« Aber es stellte sich heraus, daß es ein Stück Kernseife war.

Sie befanden sich jetzt in Lawrowo, ihr Ziel aber war Schicharewo. Sie hofften, in Schicharewo ein warmes Zimmer, etwas Essen und Ruhe zu finden. Was sie vorfanden, war ein Chaos. Tausende von Menschen wanderten durch das winzige, vom Krieg arg mitgenommene Dorf. Niemand wußte, wo es einen Eßraum gab, wo man Erlaubnisscheine für die Benutzung der Evakuierungszüge bekam, wann der nächste Zug abfuhr, wo man übernachten oder wo man sich aufwärmen konnte. Luknizky fand das Evakuierungsbüro endlich in einem verfallenen Schuppen. Die Menschen warteten in langer Reihe, während drei Männer die Papiere prüften und Verpflegungskarten ausgaben.

Luknizky mußte zu seinem Kummer feststellen, daß es diese Coupons nur für die regulär Evakuierten gab. Für Personen, die auf militärischen Befehl reisten wie er, für Schulgin, den Fahrer oder Schulgins Verwandte gab es nichts zu essen. Irgendwie verschaffte sich Schulgin eine Verpflegungskarte und ging mit seinen Verwandten zur Bahnstation. Hier wurde gerade ein Zug beladen, aber für die Verwandten war kein Platz mehr frei, und sie wurden hysterisch. Sie wußten nicht, wo sie über Nacht bleiben sollten. Der Mond schien, und das Thermometer stand auf – 30°. Luknizky suchte den Kommandanten auf und bekam von ihm Trockenverpflegung für zwei Tage, 750 g Schiffszwieback, 70 g Zucker und ein Päckchen Erbsensuppe. Aber er brauchte etwas Warmes. Endlich tauschte er an einer Küche gegen einen Teil der Trockenration einen Teller heiße Grütze ein. Aber es gab keinen Raum, in dem er sich hätte zum Essen hinsetzen können. Die Grütze wurde an einer Bude im Freien ausgegeben. So setzte er sich auf die eisigen Treppenstufen vor einem Stall und aß halberfroren seine Mahlzeit. Mit abgestorbenen Fingern hielt er den Löffel und

schluckte mit der heißen Kascha den eisigen Wind. Wenn es nur irgendwo einen Schluck Tee gäbe!
Irgendwie beschaffte Schulgin seinen Verwandten etwas zu essen, und mit den Essenskarten von zwei Verstorbenen besorgte er sich Brot und ein Abendessen. Inzwischen war es fast 1.00 Uhr geworden, und Luknizky wußte nicht, wo er schlafen oder sich aufwärmen sollte. Hunderten ging es wie ihm. Sie wanderten auf den vereisten, glatten, zerfahrenen Straßen des Dorfs herum, Frauen und Kinder, am Rande ihrer Kräfte, kurz vor dem Erfrieren.
Wie Luknizky feststellte, waren zwei Männer für die Flüchtlinge verantwortlich – Semenow, der Kommandant des Evakuierungszentrums, und der Chef der Transportabteilung, Strelzow. Die Parteiorganisation in Leningrad hatte sie hierher geschickt, und sie wohnten in einer Baracke im Zimmer Nr. 6. Luknizky übernachtete in diesem Zimmer und schlief auf einem Stück Sperrholz auf dem Fußboden. Die beiden Männer arbeiteten sich hier fast zu Tode. Nachts schliefen sie zwei oder drei Stunden auf einer Holzpritsche in den Kleidern. Sie zogen sich nie aus. Sie mußten mit dem Tag und Nacht eintreffenden Flüchtlingsstrom fertigwerden. Es war ausgeschlossen, für die Flüchtlinge zu sorgen. Es gab kein heißes Wasser für Tee, keine Pritschen, keine Matratzen, kein Licht, nichts als leere Baracken mit schmutzigen Fußböden; keine Ärzte, keine Frauen zum Saubermachen, überhaupt kein Personal. Man setzte die Leute einfach auf Lastwagen und fuhr sie nach Schicharewo.
Das dreijährige Mädchen, das mit Luknizky im LKW hierhergekommen war, starb in dieser Nacht. Das Jammern der Mutter erfüllte die Baracke. Dann starb ein Ingenieur, und seine Frau kam ruhig und gefaßt in das Zimmer Nr. 6, um zu fragen, welche Formalitäten zu erledigen seien. Keine, sagte Semenow. Die Leiche solle aus der Baracke ins Freie gebracht und zu den anderen gelegt werden. Die Frau meinte, sie sei zu schwach, um ihren Mann zu tragen. Semenow riet ihr, die anderen in der Baracke um Hilfe zu bitten. Wenn sie es wünsche, werde er den Todesfall der Polizei melden und Namen, Datum und Adresse angeben. Die Frau ging zu ihrer Baracke zurück, weckte einige Schlafende und brachte die Leiche hinaus. Dann starb ein anderer Mann auf dem Korridor. Die Menschen stiegen im Dunklen einfach über den Toten hinweg.
Schulgin setzte seine Verwandten in einen geheizten, sauberen Zug, und Luknizkys Fahrt zum Stabsquartier der Vierundfünfzigsten Armee ging weiter. Sie fuhren durch Woibokalo und Schum und stellten fest, daß General Fedjuninskis Stabsquartier in das 35 Kilometer entfernte Gorochowjez verlegt worden war. Schulgin weigerte sich, weiterzufahren. Nach langem Hin und Her brachte er Luknizky doch bis in das Dorf Wloja im Raum der Vierundfünfzigsten Armee. Hier trennten sich seine Wege von

denen Schulgins, der es sehr eilig hatte, nach Wolchow zu kommen, um dort seinen ›Geschäften‹ nachzugehen, ehe er nach Leningrad zurückfuhr.

Er erzählte Luknizky, er sei während der Belagerungszeit nie hungrig gewesen, habe immer seine Verwandten ernähren können und erwarte, daß die Regierung nach dem Kriege »ihre Haltung im Hinblick auf das Privateigentum und den privaten Handel« revidieren werde. Den ganzen Krieg über lernte Luknizky keinen zweiten Schulgin kennen.

Luknizkys Fahrt über den Ladogasee war an sich nichts Besonderes. Auch Schulgin war keine Ausnahmeerscheinung. Die Eisstraße war ein besonderer Anziehungspunkt für Profitmacher und Schwarzhändler. Manchmal boten Spekulanten aus Leningrad bis zu 25 000 Rubel für eine Kiste Mehl. Im allgemeinen weigerten sich die Fahrer empört, auf solche Angebote einzugehen, manchmal wurden die Spekulanten festgenommen und erschossen. Es gab aber Fahrer, die sich auf dunkle Geschäfte einließen. Der Fahrer Sergei Loginow überraschte seinen Freund, einen jungen Kommunisten, dabei, wie er sein Fahrzeug an die Seite fuhr und neben der Eisstraße Kisten mit Lebensmitteln im Schnee vergrub. Nach einer heftigen Auseinandersetzung erschoß Loginow den Mann.

Im Februar besserten sich allmählich die Zustände auf den Flüchtlingstransporten. Die Fahrt von Leningrad nach Borisowa Griwa dauerte jetzt nur noch fünf oder sechs Stunden, das Umsteigen von der Bahn auf LKW und Omnibusse nur noch anderthalb bis zwei Stunden, das Überqueren des Ladogasees zwei bis zweieinhalb Stunden (obwohl die Fahrt über den See bei Schneesturm manchmal noch sieben Stunden dauerte). Vom 22. Januar bis zum 15. April wurden 554 186 Personen über den Ladogasee hinausgebracht, darunter 35 713 verwundete Soldaten.

Ende Februar fuhr Vera Inber mit einer Abordnung über den Ladogasee zum Stabsquartier General Fedjuninskis. Die Delegation reiste in einem mit Bretterwänden versehenen, mit einer Plane verdeckten, aber hinten offenen Lastwagen. Man saß auf Holzbänken, die Fahrt war sehr unbequem, es war sehr kalt und sehr anstrengend. Vera Inber kam mehr tot als lebendig an.

Die Fahrt über den Ladogasee dauerte anderthalb Stunden, aber die ganze Reise bis zu Fedjuninskis Stabsquartier in Gorochowjez nahm 13 Stunden in Anspruch. Am Ostufer des Sees sah Vera Inber zum erstenmal seit Monaten Ziegen, Hunde und lebende Hühner. Es war wie ein Wunder. Und sie hörte Menschen singen. Seit Einbruch des Winters sang niemand mehr in Leningrad.

Der Nachschub über den Ladogasee kam jetzt laufend heran. Lebensmittel und Treibstoff flossen nach Leningrad herein, und die Menschen strömten hinaus.

Vera Inber saß mit einem Divisionskommandeur in dessen Unterstand. Hier war es so warm, daß neben dem kleinen eisernen Ofen zwei Birkenschößlinge aus der Wand herausgekommen waren und jetzt ein paar winzige grüne Blättchen trieben. Man trank auf die Befreiung Leningrads, und der Divisionskommissar sagte: »Hier heißt es nicht mehr, leben oder nicht leben. Unser Leben gehört Leningrad.«

43. Tod – Tod – Tod

Körperlich und geistig erfrischt, kehrte Pawel Luknizky am 5. März von der Vierundfünfzigsten Armee nach Leningrad zurück. Er fuhr sofort nach Hause, und als er in die Tschebokarski Pereulog kam, tönte ihm der Klageruf einer Frau entgegen: »Tod – Tod – Tod!«

Im Vorübergehen starrte sie Luknizky mit blinden Augen an und fuhr in ihrem Monolog fort: »Der Hungertod wird uns alle holen. Die Soldaten werden etwas länger leben, aber wir werden sterben – wir werden sterben – wir werden sterben.«

Wie ein Schreckgespenst schlich die Frau weiter.

Das war kein gutes Omen. Aber Luknizky schulterte seine beiden mit Lebensmitteln und anderen Vorräten vollgepackten Rucksäcke und stieg die Treppe zu seiner Wohnung hinauf. Alles war in Ordnung, nur das Dach war von einem Granateinschlag abgedeckt woden.

Der Winter ging zu Ende, und der Tod hielt immer noch reiche Ernte in Leningrad.

Tausende von Leichen lagen überall auf den Straßen, im Eis, in den Schneewehen, auf den Hinterhöfen und in den Kellern der großen Wohnblocks. Die städtischen Behörden und die Parteiämter bereiteten sich auf eine große Frühjahrsreinigung vor. Der Sekretär der Komsomolzen, W. N. Iwanow, machte sich Sorgen um die psychischen Auswirkungen, die eine Gegenüberstellung seiner jungen Burschen und Mädchen mit den Bergen gefrorener und verwester Leichen haben könnte.

In einer Nacht im März fuhr eine Arbeitsbrigade des Gesundheitsamts zum ›Leichenhof‹ der Eremitage und schaffte 64 Tote zum Piskarewskifriedhof. Leichen lagen im Park des Anitschkowpalais, des jetzigen Pionierspalastes, an der Fontanka und in den Kellergewölben des Alexandrinskitheaters. In der Nikolskikathedrale warteten 24 Tote auf die Beisetzung; einer in einem Sarg, 23 in Laken und Lumpen eingewickelt. In den Krankenhäusern türmten sich die Leichen. Oft waren Ärzte und Pflegepersonal zu krank und zu schwach, um die Patienten zu pflegen. Bei Kriegsbeginn hatte es 6 500 Ärzte in Leningrad gegeben. Am 1. Januar 1942 waren es nur noch 3 379, am 1. April 3 288. Vom 1. Januar bis zum 15. März verlor Leningrad 195 Ärzte.

Der Gesundheitszustand der Bevölkerung entsprach den hohen Sterbeziffern. In einer großen Fabrik waren im Januar 55 Prozent der Arbeiter krankgeschrieben (die meisten litten an den Folgen des Hungers). Im Februar waren es 61, im März 59 Prozent. Von den 10 424 Arbeitern der Kirow-Werke erschienen am 20. Februar nur 2 416, das sind 23 Prozent, zur Arbeit; 1942 starben 3 063 Kirowarbeiter. Von den im März und April in den Listen der Kirow-Werke geführten 6 000 Arbeitern starben 2 300.

Sehr viele Menschen litten unter Skorbut. Professor A. D. Bessubow erfand ein Verfahren zur Herstellung von C-Vitamin aus Tannennadeln. Acht Fabriken erhielten den Auftrag, Tannennadelextrakt zu erzeugen, und 1942 wurden 16 200 000 Packungen hergestellt.

Es gab aber noch gefährlichere Krankheiten. In einem Kinderheim an der Ecke Moschaiskistraße–Sagorodnyprospekt brach Ende Februar Flecktyphus aus. Das Haus wurde isoliert. Nur Personen mit ärztlicher Erlaubnis durften es betreten oder verlassen. Zum Glück gelang es, die Krankheit einzudämmen. Im Studentenwohnheim des Erismankrankenhauses stellte man eine typhusverdächtige Person fest.

Man setzte eine epidemiologische Sonderkommission unter Bürgermeister Popkow ein und leitete eine Massenimpfaktion für die ganze Stadtbevölkerung in die Wege. Mitte März waren eine halbe Million Leningrader gegen Flecktyphus, Paratyphus und Pest geimpft. Bis zum 10. April hatte man 400 Desinfektionsstellen eingerichtet, und in verschiedenen Kinderheimen stellte man 2 000 Betten für an Infektionskrankheiten leidende Patienten bereit.

Die Stadt erstickte im Schmutz. Die Speisehäuser und Cafés, in denen viele Leningrader aßen, waren so schmutzig, daß es jeder Beschreibung spottete. Geschirr und Bestecke wurden wochenlang nicht gewaschen. Oft servierte man das Essen in Blechbüchsen und stellte den Leuten die Mahlzeiten ohne Löffel oder Gabeln hin. Sie aßen entweder mit den Fingern oder leckten die Teller aus wie Hunde. Aus Furcht vor Epidemien ordnete das Parteikomitee der Stadt besondere Maßnahmen für die Reinigung aller Lebensmittelausgabestellen an.

Die Menschen selbst waren ebenso schmutzig wie die Eßräume. Seit Ende Dezember waren alle Badeanstalten, Duschen und Wäschereien geschlossen. Jetzt wurden diese Einrichtungen wieder in Betrieb genommen, und Ende März arbeiteten 25 Badeanstalten (zumindest auf dem Papier); im zweiten Vierteljahr 1942 wurden weitere 32 öffentliche Bäder und 100 Wäschereien geöffnet.

Aber die große Aufgabe bestand darin, die Stadt selbst zu reinigen. Gelang es nicht, die Leichen, den Schmutz und die Abfälle zu beseitigen, dann mußte Leningrad im Frühjahr unter Epidemien zugrunde gehen. Am

8. März, dem internationalen Frauentag, einem traditionellen Feiertag, fingen die Aufräumungsarbeiten an. An diesem Tag erwartet jede Frau in Rußland, von jedem ihr nahestehenden Mann – dem Ehemann, Bruder, Sohn, Geliebten, Vater oder Freund – ein Geschenk zu bekommen.
Am 8. März 1942 war es anders. Mehrere tausend mit Spaten und Picken bewaffnete Frauen gingen daran, die vom Eis überzogenen Straßen Leningrads aufzuräumen. Wsewolod Wischnewski schrieb bezeichnenderweise in sein Tagebuch: »Die Stadt erlebte ein Großreinemachen. Die Straßen, die Straßenbahngleise und die Höfe wurden vom Schnee befreit. Die Menschen arbeiteten begeistert. Der Glaube an den Sieg beflügelt sie!«
Erst am 15. März kamen die Aufräumungsarbeiten richtig in Schwung. Mehr als 100 000 Leningrader beteiligten sich daran. Am 26. März rief der Stadtsowjet alle arbeitsfähigen Leningrader auf, mitzumachen. Der Aufruf wurde durch Plakate und über den Rundfunk bekanntgegeben. Am ersten Tag kamen 143 000 vom Hunger geschwächte Männer und Frauen (meist Frauen) auf die Straße. Am folgenden Tag waren es schon 244 000, am 31. März 304 000, am 4. April 318 000. In der Zeit vom 27. März bis zum 15. April wurden 12 000 Hinterhöfe aufgeräumt, fast 3 Millionen Quadratmeter Straßenfläche gereinigt und 1 Million t Abfälle beseitigt.
Jeder arbeitete mit – alte Frauen, Männer, die kaum eine Schaufel halten konnten, und Kinder. Auch Hilma Stepanowna Hannalainen war unter ihnen. Im Winter hatte sie in der Leningrader Stadtbibliothek gearbeitet. Die Bibliothek blieb die ganze Zeit geöffnet. Neben einem kleinen Leseraum im Keller lag der Hauptkatalog aus. Fast täglich kamen hundert bis zweihundert Besucher dorthin und saßen in Pelzmützen und Mänteln über den Büchern, um beim Licht kleiner Öllampen zu lesen. Man verschickte Bücher an die Krankenhäuser, Tausende von Anfragen wurden beantwortet, die militärische und zivile Dienststellen an die Bücherei richteten: Woraus könnte man Streichhölzer herstellen – oder Feuerzeuge? Was brauchte man für die Herstellung von Kerzen? Gab es eine Möglichkeit, Hefe, eßbares Holz oder künstliche Vitamine zu produzieren? Wie stellt man Seife her? Ein Rezept für die Fabrikation von Kerzen fand sich in einem Buch aus dem 18. Jahrhundert.
Am 26. Januar wurde der Strom in der Bibliothek abgeschaltet, und der letzte Leseraum mußte geschlossen werden. Aber die Besucher durften das Zimmer des Direktors und ein paar andere kleinere Räume benutzen, in denen man Behelfsöfen aufgestellt hatte. Im Mai wurde der große Lesesaal wieder geöffnet.
Den ganzen Winter kam Hilma Stepanowna gewissenhaft zur Arbeit und brachte ihren fünfjährigen Sohn Edik mit. Edik war ein ernstes, kräftiges, schweigsames Kind. Mit seinem breiten Gesicht glich er seiner Mut-

ter. Er begleitete sie jeden Tag. Wenn die Mutter mit dem Katalog zwischen den langen Regalen verschwand, blieb Edik auf einem Schemel sitzen im dicken Wintermantel, Filzstiefel an den Füßen und eine Pelzkappe auf dem Kopf. Er sagte nie ein Wort und verfolgte jede Bewegung der Mutter mit den Augen. Wenn man wissen wollte, wo Hilma war, brauchte man nur Edik anzusehen. Seine Augen waren auf die Stelle gerichtet, an der sie verschwunden war, und er blickte unverwandt dorthin, bis sie wieder auftauchte.

Hilma und die Bibliotheksangestellten beteiligten sich sofort an den Aufräumungsarbeiten. Sie versammelten sich in der Stremjannygasse. Hier lag ein Riesenhaufen Abfall und darunter die noch sehr gut erhaltene Leiche eines jungen Mannes. Sie war so hart gefroren, daß ein Brecheisen kaum etwas helfen konnte.

Edik stand neben seiner Mutter, ohne sie aus den Augen zu lassen. Trotz der Kälte stand er unbeweglich da.

Wenige Tage, nachdem der Abfallhaufen in der Stremjannygasse fortgeräumt war, verschwanden Hilma und Edik. Man glaubte, sie seien evakuiert worden. Dann sickerte die Wahrheit durch.

Sie waren als ›Volksfeinde‹ verhaftet worden. Diese starke, schlichte Frau mit ihrem fünfjährigen Sohn – trotz der Blockade, trotz aller Not, hatte die Geheimpolizei sie nicht aus den Augen verloren. Man schickte Mutter und Sohn in die Verbannung nach Sibirien. Der Anlaß war in Rußland ganz alltäglich. Ihr Mann war als Herausgeber einer karelo-finnischen Zeitung während des Winterkrieges gegen Finnland hingerichtet worden. Frau und Sohn lebten in Leningrad weiter. Aus nur der Polizei bekannten Gründen wurden Hilma Stepanowna und ihr Junge am Ende des grauenvollen Winters 1941/42 in die Verbannung geschickt. Damit begann eine mehr als zwanzig Jahre dauernde Wanderung. 1945 versuchte Hilma, nach Leningrad zurückzukehren, sie mußte die Stadt aber innerhalb von 24 Stunden wieder verlassen. Eine Zeitlang durfte sie in Estland und dann in Petrosawodsk leben. Erst 1964, fast 24 Jahre nach seiner Hinrichtung, wurde der Mann offiziell ›rehabilitiert‹. Wieder versuchte Hilma, nach Leningrad zu kommen, und wieder verweigerte man ihr die Aufenthaltserlaubnis. Sie hatte bei einer Bombenexplosion zur Zeit der Belagerung das Gehör verloren. Unter diesen Umständen war das Leben nicht einfach für sie.[1]

Aber der Abfall auf den Straßen war nicht das einzige Problem. Das Leben in der Stadt war zum Stillstand gekommen. Wochenlang waren we-

[1] 1965 beschäftigte sich die Komsomolzenzeitschrift ›*Junost*‹ mit ihrem Fall. Nachdem sie einen Bericht veröffentlicht hatte, appelierte die Zeitschrift an die Leningrader Behörden und bat um Verständnis für Hilma Stepanowna. Es ist nicht bekannt, welches Ergebnis dieser Appell hatte. (›*Junost*‹. Nr. 5, Mai 1965, S. 97–99).

der Briefe noch Telegramme ausgetragen worden. Eines Tages gingen Nikolai Michailowski und Anatoly Tarasenkow zur Hauptpost, um nachzusehen, ob Briefe für die Flottenzeitung eingegangen seien. Am Eingang hielt ein bewaffneter Posten sie an.
»Was wollen Sie?« fuhr der Posten sie barsch an.
»Wir wollen unsere Post abholen«, sagten sie.
»Was für Post?« fragte der Posten erstaunt.
»Gewöhnliche Post.«
»Einer kann mitkommen und nachsehen.«
Tarasenkow kam erschüttert zurück. In der großen Halle lagen Tausende von Kisten mit Briefen. Die Postsäcke stapelten sich bis zur Decke. Nichts war geordnet. Das Gebäude war ungeheizt. Es gab kein Licht. Und niemand war da, die Sendungen zu sortieren.
Im März war das Gebäude zum Bersten voll. 280 000 Kartons mit unsortierten Postsendungen standen in den Gängen und Hallen übereinander. Man schickte Komsomolzenbrigaden in das Postamt, die versuchen sollten, Ordnung in das Chaos zu bringen. Am 8. März wurden die ersten Briefe und Telegramme ausgetragen, etwa 6 000, aber es dauerte ein Jahr, bis alles ausgeliefert war. Eine junge Kommunistin wollte einen Brief austragen. In der Wohnung des Empfängers fand sie die ganze Familie tot. Sie ging zum Postamt zurück. Es war geschlossen, und niemand war da, der ihr hätte sagen können, was sie tun solle.
Eine Frau, die ein ganzes Jahr keine Post bekommen hatte, fand, als sie eines Abends nach Hause kam, den Briefkasten voll mit Briefen. Sie öffnete den ersten Brief ihres Mannes und las einen Brief nach dem anderen. Als sie den letzten aufgemacht hatte, fiel sie in Ohnmacht. Es war die Mitteilung des Kommandeurs ihres Mannes, daß dieser gefallen sei.
Am 11. April ordnete Bürgermeister Popkow die Wiederaufnahme des Straßenbahnverkehrs auf den Linien 3, 7, 9, 10 und 12 am 15. April um 6.30 Uhr morgens an. Die Linien 3 und 9 fuhren an die Front. Bei der Straßenbahnverwaltung wußte man nicht, ob das zu schaffen sei, aber unter großen Anstrengungen gelang es, am 15. April um 6.00 Uhr 116 Wagen aus den Depots abfahren zu lassen. Das Läuten der Elektrischen, das Rattern der Räder auf den Schienen und das Knistern der Funken an den Stromabnehmern begeisterte ganz Leningrad. Die Menschen auf dem Newskiprospekt weinten bei dem Anblick. Einer rief: »Tatsächlich! Ich bin mit der Elektrischen gefahren! Ich konnte es nicht glauben. Mir war, als hätte ich zehn Jahre nicht mehr in der Straßenbahn gesessen.«
Ein deutscher Kriegsgefangener, der Gefreite Falkenhorst, sagte, er habe seinen Glauben an Hitler verloren, als er am Morgen des 15. April die Straßenbahnen in Leningrad hörte.
Wischnewski schrieb: »Die Stadt lebt auf. Eine Einheit der Roten Armee,

wahrscheinlich Rekonvaleszenten, kam mit einer Musikkapelle vorbei. So überraschend, so ungewohnt nach der Stille in Leningrad. Vollbesetzte Straßenbahnen fahren vorüber. Auf dem Bolschoiprospekt wird gehandelt. Die Waren sind jetzt billiger als im Winter. Viele verkaufen Kleidungsstücke – von den Toten.«

In Wirklichkeit hatten die Preise auf dem Schwarzen Markt etwas angezogen. Für ein Päckchen Zigaretten bekam man jetzt nur noch 150 g Brot, vorher waren es 200 g gewesen; 100 g Brot kosteten 60 Rubel. Die Spekulanten rechneten damit, daß der Ladogasee bald auftauen und ein Mangel an Lebensmitteln eintreten werde. Immer noch hefteten die Leute ihre Tauschangebote an die Wände und boten Mahagonibettstellen und Klaviere gegen Brot.

Die Lage war gespannt, und Wischnewski registrierte dieses Gefühl der Unsicherheit und nannte als Ursachen dafür »Intrigen und Mangel an Verständnis«.

In dieser gespannten Atmosphäre versuchte man, das Leben in Leningrad wieder zu normalisieren. Parteisekretär Kusnezow rief die leitenden Parteifunktionäre der Stadtbezirke, die Leiter der Werksbrigaden und die Direktoren der öffentlichen Einrichtungen am 9. März im Smolny zusammen. Er erklärte, die Stadt müsse sofort mit der Herstellung von Kriegsmaterial – Granaten, Infanteriemunition und Minen – beginnen. Jetzt arbeiteten auch die Kraftwerke wieder. Am 5. März liefen die neuen Generatoren im Kraftwerk Nr. 1 an. Mit dem 20. März erhielt die Stadt 550 000 Kilowattstunden – mehr als das Dreifache der Stromerzeugung im Februar.

Die Partei nahm die Verbindung zur Außenwelt wieder auf. Eine Abordnung der in den Sümpfen und Wäldern um Leningrad kämpfenden Partisanen kam nach Kobona am Ostufer des Ladogasees und traf dort mit Alexei Kossygin, der die Evakuierung leitete, Parteisekretär Kusnezow und anderen Beamten aus Leningrad zusammen. Dann kamen die Partisanen nach Leningrad zu einer Besprechung mit Schdanow und dem Leningrader Militärkommando. Delegationen aus anderen sowjetischen Städten trafen ein. Unter ihnen befand sich eine Gruppe Komsomolzen aus Moskau mit dem Leiter der Moskauer Jungkommunisten Scheljepin, dem heutigen Mitglied des sowjetischen Politbüros.

Gegen Ende des Winters 1942 war der Leiter des Kunstreferats der Stadt Leningrad, B. I. Sagurski, in seinem winzigen Zimmer im Bolschoitheater noch ans Bett gefesselt. Er bat den Direktor des Rundfunkorchesters, Karl I. Eliasberg, zu sich. Eliasberg und seine Frau litten an Dystrophie und wurden in dem *stazjonar* im siebenten Stock des Hotels Astoria behandelt. Seit Anfang Dezember war in Leningrad kein Konzert mehr gegeben worden. Eliasberg brachte eine Liste der Mitglieder seines Orchesters mit;

27 Namen waren schwarz unterstrichen. Diese Musiker waren gestorben. Die Namen der lebensgefährlich an Dystrophie erkrankten Künstler waren rot unterstrichen; acht Namen waren nicht unterstrichen. Das waren die Namen der Gesunden.

Ein paar Tage darauf wurde im Rundfunk bekanntgegeben, man wolle ein Symphonieorchester zusammenstellen. Freiwillige wurden gebeten, sich zu melden. Ende März kamen 30 Musiker zur ersten Probe zusammen. Das waren alle noch in Leningrad verfügbaren und arbeitsfähigen Kräfte.

Das erste Konzert fand am 5. April im Puschkin-Theater statt (die Philharmonie war von einer Granate getroffen und noch nicht instandgesetzt worden). Das Konzert begann um 19.00 Uhr. Eliasberg erschien im Frack und gestärkten Hemd am Dirigentenpult. Darunter hatte er eine Steppjacke an. Er stand hochaufgerichtet vor dem Orchester, obwohl man ihn auf dem Weg zum Theater hatte stützen müssen. Er war vom Astoria-Hotel zu seiner Wohnung auf der Wasilewski-Insel gegangen, um dort Frack und Hemd zu holen. Auf dem Wege geriet er in deutsches Artilleriefeuer. Hätte nicht ein Kommissar der Baltischen Flotte ihn im Wagen mitgenommen, wäre er wahrscheinlich nicht pünktlich gekommen. Das Konzert dauerte nicht lange. Die Musiker waren zu schwach. Sie spielten die *Siegesouvertüre* von Glasunow, Auszüge aus *Schwanensee*, eine Arie, vorgetragen von Nadeschda Welter, und sie schlossen mit der Ouvertüre zu *Ruslan und Ludmilla*.

Allmählich wurde die Eisstraße unbrauchbar. Mit dem fortschreitenden Frühjahr wurde das Eis brüchig und die Überfahrt immer gefährlicher. Am 12. April befahl Kossygin, die Evakuierungen über das Eis einzustellen. Er meldete dem Staatlichen Verteidigungskomitee, daß zwischen dem 22. Januar und dem 12. April im ganzen 539 400 Personen aus Leningrad abtransportiert worden seien. Das waren 347 564 Arbeiter, Angestellte, Familienangehörige und Soldaten, 28 454 Schüler von Handelsschulen, 42 319 Studenten, Wissenschaftler, Professoren, Lehrer und deren Familien, 12 639 Waisenkinder, 26 974 karelische Bauern, 40 986 Verwundete und dazu 15 152 t wertvolle Maschinen und Nachschubgüter.[2]

Die Leistungen des Versorgungsdienstes über die Eisstraße hatten sich im Laufe der Zeit immer mehr gebessert. Zwischen dem November und dem 24. April, dem letzten Tag, an dem die Eisstraße benutzt wurde, kamen 356 109 t Güter aller Art über den See. Dazu gehörten 271 106 t Lebensmittel. Leningrad verfügte jetzt über Mehl für 58 Tage, Grütze für 57 Tage, Fleisch und Fisch für 140 Tage, Zucker für 90 Tage, Fett für 123

[2] N. S., S. 340–341. Andere Quellen nennen etwas abweichende Zahlen. Bei Karasew sind es 554 186 (S. 200). Bei Pawlow sind es 514 069 (a.a.O., 3. Aufl., S. 189).

Tage; 31 910 t Kriegsmaterial und 37 717 t Kraftstoff kamen über die Eisstraße. Am 23. April erreichten noch drei Lastwagen das Ostufer. Die Straße war jetzt geschlossen, aber die Fahrer fuhren noch am 24. herüber und brachten 65 t Zwiebeln über den See.

In den Wintermonaten Januar, Februar und März hatte die deutsche Luftwaffe ihre Angriffe gegen Leningrad eingestellt. Die Artilleriebeschießungen gingen weiter. Im Januar fielen 2 696 Granaten auf die Stadt, im Februar 4 771 und im März 7 380. Durch die Beschießungen starben 519 Personen, 1 447 wurden verwundet.[3]

Der 15. April war der 248. Tag der Belagerung. Die Stadt hatte überlebt, aber der Preis war so hoch, daß nichts in der modernen Geschichte sich damit vergleichen läßt. Im März beerdigte das Leningrader Bestattungskombinat 89 968 Personen. Im April waren es 102 497. Einige dieser Beerdigungen sind wahrscheinlich auf die große Frühjahrsreinigung zurückzuführen, aber die Sterblichkeitsziffer im April war sicher die höchste der ganzen Belagerungszeit.

Nach Abschluß der Evakuierungen verblieben 1 100 000 Menschen in Leningrad[4]. Es wurden 800 000 Lebensmittelkarten weniger ausgegeben als im Januar. Die Berechnung der Vorräte erfolgte auf der Grundlage der Einwohnerzahl vom 15. April. Sie betrug jetzt nur noch ein Drittel der Einwohnerzahl vom 30. August, als die Blockade mit dem Verlust von Mga begann.

Bei der Belagerung Leningrads sind mehr Menschen umgekommen als irgendwo oder irgendwann in einer modernen Stadt, mehr als zehnmal soviel wie in Hiroshima.[5]

Wie viele Menschen sind in der Blockade von Leningrad gestorben? Selbst bei gewissenhaftester Berechnung können sich Unterschiede von ein paar Hunderttausend ergeben. Die ehrlichste Erklärung war eine offizielle sowjetische Antwort auf eine offizielle schwedische Anfrage, die in der sowjetischen Armeezeitung ›*Roter Stern*‹ am 28. Juni 1964 veröffentlicht wurde: »Niemand weiß genau, wie viele Menschen in Leningrad und im Raum von Leningrad gestorben sind.«

Nach den ersten offiziellen Angaben der sowjetischen Regierung sind in

[3] Im April nahmen die Deutschen die Luftangriffe gegen Leningrad wieder auf. Die schweren Angriffe am 4., 5., 14., 19., 20. und 23. April richteten sich vor allem gegen die noch auf der Newa eingefrorenen Schiffe der Baltischen Flotte, gegen Kronstadt und die fest eingebauten schweren Küstenbatterien (Pantelejew, a.a.O., S. 309–315). Der Angriff vom 4. April war der schwerste des ganzen Krieges (N. S., S. 343).

[4] Im Juli, als Schdanow vorschlug, die Einwohnerzahl durch eine neue Evakuierung auf 800 000 zu bringen, um Leningrad »zur militärischen Festung« zu machen, nannte er die gleiche Zahl (Karasew, a.a.O., S. 254).

[5] Die Verluste in Hiroshima am 6. August 1945 waren insgesamt 78 150 Tote, 13 983 Vermißte und 37 426 Verwundete. In einer weiteren tragischen Episode des Zweiten Weltkriegs, dem Warschauer Aufstand, starben zwischen 56 000 und 60 000 Menschen.

Leningrad 632 253 Zivilisten verhungert. Außerdem wurden 16 747 Personen von Fliegerbomben und durch Artilleriebeschuß getötet. Damit betrugen die Verluste unter der Einwohnerschaft der Stadt 649 000 Menschen. Es kamen die Toten von Puschkin und Peterhof hinzu, und das ergab eine Gesamtzahl von 641 803 Opfern des Hungertodes und 671 635 Gesamtverluste durch Kriegseinwirkungen. Diese Zahlen gab eine Kommission der Stadt Leningrad beim Nürnberger Kriegsverbrecherprozeß 1946 im Rahmen der Untersuchungen nationalsozialistischer Kriegsverbrechen zu Protokoll.

Die Zahlenangaben dieser Kommission sind in mancher Hinsicht unvollständig. Darin sind verschiedene Leningrader Stadtgebiete wie Oranienbaum, Sestrorezk und die Vororte innerhalb des Belagerungsrings nicht enthalten. Nach sowjetischen Quellen sind die im Mai 1944 zusammengestellten Zahlen der Kommission nicht authentisch, obwohl sie von Beamten der Stadt und der Partei unter Parteisekretär Kusnezow ermittelt wurden; 6 445 örtliche Arbeitsgruppen waren mit dieser Aufgabe betraut, und mehr als 31 000 Personen nahmen an den Ermittlungen teil. Für jeden Bezirk wurde eine namentliche Totenliste aufgestellt. Die Listen der Stadtbezirke enthielten 440 826 Namen, zu denen 191 427 Namen einer Gesamtliste für die ganze Stadt hinzukamen. Das ergab die von der Kommission genannte Gesamtsumme von 632 253.[6]

Sowjetische Historiker haben nachweisen können, daß die von der Kommission ermittelte Gesamtzahl unvollständig ist. Alle offiziellen Leningrader Statistiken müssen ungenau sein, weil die fürchterlichen Zustände im Winter 1941/42 eine genaue Listenführung unmöglich machten. Die offizielle Zusammenstellung der Todesfälle im Dezember – 53 000 – ist vielleicht einigermaßen vollständig, aber die Zahlen für Januar und Februar sind zugegebenermaßen nicht korrekt. Die Schätzungen der täglichen Sterbeziffern in diesem Monat sprechen von 3 500, 4 000[7] und 8 000 Personen. Dimitri Pawlow gibt als einziger eine Gesamtzahl der Todesfälle für diese Zeitspanne an. Sie beträgt 199 187. Das sind die offiziell den Behörden gemeldeten Todesfälle (wahrscheinlich in Verbindung mit

[6] Der in der offiziellen Leningrader Dokumentensammlung veröffentlichte Bericht der Kommission ist vom Mai 1944 datiert, doch W. M. Kowaltschuk und G. L. Sobolew, die diese Angaben überprüft haben, stellen fest, daß darin auch Todesfälle aus der Zeit bis zum Mai 1945 enthalten sind (›*Wojenno-Istoričeskii Žurnal*. Nr. 12, Dezember 1965, S. 192). Die Kommission wurde auf Beschluß des Leningrader Stadtkomitees und der Parteikomitees der Stadtteile am 14. April 1943 gebildet (Karasew, a.a.O., S. 12). Zu ihren Mitgliedern gehörten Bürgermeister Popkow, Chefarchitekt N. W. Baranow, die akademischen Lehrer A. A. Baikow, A. E. Joffe, L. A. Orbeli, I. A. Orbeli, I. J. Grabar, A. W. Stschusew und die Schriftsteller A. N. Tolstoi, N. S. Tichonow, Vera Inber, Anna Achmatowa, Olga Forsch und Wsewolod Wischnewski. (Leningrad w WOW, S. 690).

[7] Das ist die von zwei zuverlässigen Leningrader Experten geschätzte Zahl (Karasew, a.a.O., S. 184; N. D. Chudjakowa: Wsja Strana S Leningradom. Leningrad 1960, S. 57).

der Abmeldung der Lebensmittelkarten der Verstorbenen). Man weiß, daß die Zahl der nicht gemeldeten Toten viel größer ist. Das Beerdigungskombinat bestattete im März 89 968 Leichen. Für Januar und Februar gibt es keine Listen. Im April waren es 102 497, im Mai 63 562. Während des ganzen Herbstes 1942 wurden 4 000 bis 5 000 Tote monatlich beerdigt, obwohl die Bevölkerung Leningrads auf weniger als 25 Prozent zusammengeschrumpft war. Das ganze Jahr über blieb die Sterblichkeitsziffer infolge der Blockade und des Hungers sehr hoch.

Im Winter war es unmöglich, die auf den Friedhöfen liegenden Toten zu zählen. Damals lagen Tausende von Leichen auf der Straße, sie wurden wie Holzscheite auf Lastwagen verladen und zum Pisarewski-, Wolkow-, Tataren-, Bolschaja Ochta-, Serafimow- und Bogolowskifriedhof sowie nach Wesely Poselok (»Fröhliches Dorf«) und dem Glinosemski Sawod, zur Beisetzung in Massengräbern gebracht, die von den Pionieren in die gefrorene Erde gesprengt wurden.

Im Januar 1942 hatte Leningrad etwa 2 280 000 Einwohner. Nach Abschluß der Evakuierung über die Eisstraße im April 1942 schätzte man die Einwohnerzahl auf 1 100 000. Das waren 1 180 000 weniger als vorher; 440 000 davon waren über die Eisstraße hinausgebracht worden. Weitere 120 000 gingen an die Front oder waren im Mai oder Juni evakuiert worden. Danach müssen in der ersten Hälfte 1942 mindestens 620 000 Personen gestorben sein. Nach offiziellen Statistiken wurden vom Juli 1941 bis zum Juli 1942 1 092 695 Personen beerdigt und etwa 110 000 feuerbestattet. Die Zahlen lassen sich auch noch anders ermitteln.

Bei Beginn der Blockade hatte Leningrad etwa 2 500 000 Einwohner einschließlich von 100 000 Flüchtlingen. Ende 1943, als die Blockade allmählich zu Ende ging, hatte Leningrad noch etwa 600 000 Einwohner, weniger als ein Viertel seiner Einwohnerschaft zur Zeit des Falls von Mga am 30. August 1941. Nach sehr sorgfältigen Berechnungen sind während der Belagerung etwa eine Million Leningrader evakuiert worden: 33 449 auf dem Wasserweg über den Ladogasee im Herbst 1941, 35 114 im November/Dezember 1941 auf dem Luftwege, 36 118 im Dezember 1941 und bis zum 22. Januar 1942 über die Eisstraße, 440 000 zwischen Mai und November 1942, 15 000 im Jahr 1943. Außerdem gingen etwa 100 000 Leningrader zum Kriegsdienst an die Front. Danach dürften nicht weniger als 800 000 Personen während der Blockade in Leningrad an Hunger gestorben sein. In dieser Zahl von 800 000 sind aber die Tausende nicht enthalten, die in den Vorstädten und bei der Ausreise gestorben sind. Das waren sehr viele. Zum Beispiel, auf der kleinen Station Borisowa Griwa am Ladogasee starben vom Januar bis zum 15. April 1942 2 200 Personen. Nach der Leningrader Enzyklopädie schätzt man die Zahl der Todesfälle, die während der Evakuierung eintraten, auf ›Zehntausende‹.

In keinem amtlichen Bericht werden Zahlen über die militärischen Verluste angegeben. Darüber sind überhaupt keine Zahlen veröffentlicht worden. Man weiß aber, daß im Winter 1941/42 12 416 Militärpersonen an durch Hunger verursachten Krankheiten gestorben sind. Die militärischen Gesamtverluste bei den Kämpfen um Leningrad lagen wahrscheinlich zwischen 100 000 und 200 000.

Einer der vorsichtigsten sowjetischen Experten schätzt, daß in Leningrad »nicht weniger als eine Million« an Hunger gestorben sind. Dieser Auffassung schließen sich auch die heutigen hohen Funktionäre in Leningrad an. Am 20. Jahrestag der Aufhebung der Blockade schrieb die ›*Prawda*‹, daß »die Welt noch nie eine ähnliche Massenvernichtung der Zivilbevölkerung, so furchtbare menschliche Leiden und Entbehrungen erlebt hat, wie sie das Schicksal den Leningradern aufgebürdet hat«. Wahrscheinlich sind in Leningrad und seiner unmittelbaren Umgebung mehr als eine Million Menschen verhungert, und die Gesamtziffer der militärischen und zivilen Verluste liegt bei 1 300 000 bis 1 500 000 Personen. Es ist wohl verständlich, wenn die Überlebenden der Belagerung im Januar 1944 glaubten, zwei Millionen Menschen seien in Leningrad verhungert.[8]

Die sowjetische Zensur wollte seinerzeit nicht erlauben, Schätzungen zu veröffentlichen, nach denen die Gesamtverluste an Toten in Leningrad eine oder zwei Millionen Menschen betrugen. Noch fast zwanzig Jahre nach der Blockade blieben sie bei der Behauptung, es seien 632 253, nicht mehr und nicht weniger gewesen. Noch heute behauptet Dimitri W. Pawlow, neue, von sowjetischen und ausländischen Experten angestellte Schätzungen seien falsch. In der dritten Auflage seines Buchs *Die Blockade von Leningrad*, der besten Quelle für viele die Belagerung betreffende Einzelheiten, greift er die neuen Schätzungen an. Er behauptet, es sei unmöglich, angesichts der Behauptung, daß eine Million oder noch mehr Menschen in Leningrad verhungert seien, zu schweigen. »Glauben Sie es, oder glauben Sie es nicht, für so ernste Schlußfolgerungen gibt es keine Grundlage.« Die Berechnungen, die sich aus Bevölkerungsbewegungen nach Leningrad hinein und aus Leningrad heraus ergeben, hält er für falsch. Er meint, nach den neuen Schätzungen würde die Zahl der zum Dienst in der Armee eingezogenen Leningrader zu niedrig angesetzt. (Er behauptet, es seien nicht weniger als 200 000 und nicht 100 000 gewesen, wie amtliche sowjetische Stellen es behaupten.) Die Zahl 632 253 ist nach seiner Auffassung richtig. Er sagt, sie sei im Mai 1943 ermittelt worden, obwohl das Dokument vom Mai 1944 datiert ist und andere sowjetische Quellen sagen, es sei nicht vor Mai 1945 zusammengestellt worden.[9]

[8] Diese Zahlen wurden dem Verfasser, der damals Leningrad besuchte, persönlich genannt.

[9] Pawel Luknizky sagt, die offiziellen Zahlen könnten nicht alle Todesfälle einschließen, besonders nicht die während der Evakuierung eingetretenen. (Luknizky, a.a.O., S. 539.)

Pawlow sagt zum Schluß, »das Leben der Leningrader war so fürchterlich, daß Historiker oder Schriftsteller, die diese Ereignisse behandeln, es nicht nötig haben, stärkere Farben aufzutragen oder die Schatten zu überzeichnen«. Damit hat Pawlow recht, doch die sowjetische Regierung hat sich von Anfang an darum bemüht, die Schatten der Leningrader Blockade aufzuhellen.

Aus politischen und aus Sicherheitsgründen wurde die Zahl der Opfer verringert. Jahrelang hat die sowjetische Regierung für die Toten des Zweiten Weltkriegs – seien es Soldaten oder Zivilisten – zu niedrige Zahlen angegeben. Die wirklichen Verluste waren so ungeheuer, daß Stalin fürchtete, ihre Veröffentlichung werde zu innenpolitischen Rückschlägen führen. Dem Ausland hätte eine Bekanntgabe der tatsächlichen sowjetischen Verluste (heute schätzt man die Verluste an Menschen auf mehr als 25 Millionen) gezeigt, wie schwach Rußland wirklich am Ende des Krieges war.

Die Verluste in Leningrad hatten sowohl für Stalin als auch für die Führung in Leningrad unter Schdanow eine Bedeutung. Es stellte sich die Frage, ob man die richtigen Entscheidungen getroffen hatte, ob alles getan worden war, um der Stadt diese unsagbare Prüfung zu ersparen. Bei diesen Entscheidungen ging es um das persönliche und politische Schicksal der gesamten Führungselite der Sowjetunion.

Es ist nicht klar, ob Schdanow selbst überzeugt war, die richtigen Entscheidungen getroffen zu haben. Nicht lange vor seinem Tode, am 31. August 1948, soll er sich und seine Handlungsweise infrage gestellt und zugegeben haben, daß »die Menschen wie die Fliegen starben«, weil er bestimmte Entscheidungen getroffen habe. Dennoch glaubte er, »die Geschichte würde es mir nie verzeihen, wenn ich Leningrad aufgegeben hätte«. Pawlow stellte sich die gleiche Frage: »Warum dauerte die Belagerung Leningrads so lange? Wurde alles getan, um die Blockade zu brechen?« Er kommt zu dem Schluß, das sowjetische Oberkommando habe nicht über die Kräfte verfügt, um mehr zu unternehmen, als unternommen wurde.

Inzwischen ist die ›Geschichte‹ auf sowjetische Weise korrigiert worden. Die Opfer, die Leningrad gebracht hat, sind verringert worden. Die Zahl der Toten wurde zusammengestrichen. Damit ist die Gefahr innenpolitischer Rückschläge – zumindest vorläufig – gebannt. Wenige Jahre später meißelte man folgende Inschrift in die Mauer des Mahnmals auf dem Piskarewskifriedhof:

> Laßt niemanden vergessen; laßt nichts vergessen sein!

Einige Jahre hat man sich auf jeden Fall entschieden darum bemüht, vieles zu vergessen, was im belagerten Leningrad geschah.

Fünfter Teil

Der eiserne Ring zerbricht

Die detonierende Bombe gemahnt uns
Wieder an den Tod,
Aber der Frühling ist stärker,
Und er ist auf unserer Seite . . .

44. Und wieder, Frühling

In Leningrad war der 1. Mai ein Arbeitstag. Die Partei in Moskau hatte bekanntgegeben, daß die beiden traditionellen Feiertage ausfallen würden. Jeder sollte wie gewöhnlich für den Sieg weiterarbeiten. Keine Paraden, keine Demonstrationen, keine Militärkapellen – nur ein paar Ansprachen.

In Leningrad war es ein schöner, sonniger Tag, der Sommer kündigte sich an. Pawel Luknizky beobachtete Frauen auf der Straße, oft in alten Militärmänteln und mit Arbeitsstiefeln an den Füßen, die kleine Sträuße Frühlingsblumen in den Händen hatten, Gänseblümchen, Veilchen und Löwenzahn – oder Fichtenschößlinge oder eine Handvoll grünes Gras, wenn es nur frisches Grün war und ein wenig Vitamin C enthielt, um den winterlichen Skorbut zu bekämpfen.

Die Menschen erholten sich von den Entbehrungen. Langsam gingen sie in der Sonne spazieren und ließen ihre abgemagerten Körper, bleichen Gesichter und dürren Glieder von den Sonnenstrahlen wärmen.

Die menschlichen Beziehungen wurden wärmer. Im Winter war alle menschliche Wärme verlorengegangen. Jetzt beobachtete Alexei Fadejew einen Mann und seine Frau, wie sie vorsichtig und rücksichtsvoll eine ältere Frau stützten, die mit unsicheren Schritten, über ihre Schwäche verlegen lächelnd, über die Straße ging. Ein Rotarmist half einer kleinen alten Dame in die Straßenbahn und hob sie in kräftigem Schwung vom Bürgersteig auf die oberste Stufe. Die alte Dame wendete sich um und sagte: »Danke, mein Sohn. Jetzt wirst du weiterleben. Denk an meine Worte; keine Kugel wird dich treffen.«

Die *›Leningradskaja Prawda‹* und die Moskauer Zeitungen erschienen wieder an den Anschlagtafeln. Die Druckerpressen arbeiteten wieder. Der Handelsbevollmächtigte der Stadt, Andrejenko, ließ Plakate anbringen, auf denen bekanntgegeben wurde, daß es zur Feier des 1. Mai Sonderrationen an Fleisch, Grütze, getrockneten Erbsen, Hering und Zucker geben würde. Es gab auch wieder Wodka und Bier. Immer noch sah man die Zettel an den Wänden, auf denen Kleider, Schuhe, goldene Uhren und Silberbestecke zum Tausch gegen Brot angeboten wurden, und auch der Schwarzmarkt war noch nicht verschwunden. Auf dem Heumarkt lauer-

ten keine Kannibalen mehr auf ihre Opfer, aber man konnte eine Uhr gegen ein Kilo Brot oder eine Damenjacke gegen ein Glas Moosbeeren eintauschen. Es gab sogar Milch. Ein Liter kostete 1 200 g Brot.
Die Straßen der Stadt waren sauber, aber an der Newa, der Moika und der Fontanka türmten sich hohe Wälle aus Schnee und Abfall. Die Newa war eisfrei, aber die Spuren des Winters waren noch nicht beseitigt.
Der 1. Mai war nicht nur ein freundlicher, sonniger Frühlingstag. Schweres deutsches Geschützfeuer lag auf der Stadt. Die Beschießung dauerte vom frühen Morgen bis zum späten Abend. Die Deutschen begingen den 1. Mai auf ihre Weise. Schwere Granaten schlugen auf dem Platz vor dem Astoria-Hotel und in der Nähe des Flottenhauptquartiers ein. Es gab erhebliche Verluste.
Am Abend sprachen Fadejew, Nikolai Tichonow, Wsewolod Wischnewski und Olga Berggolz im Radio. Olga war eben aus Moskau zurückgekommen. Wenige Tage nach dem entsetzlichen Marsch zum Besuch ihres Vaters hatte man sie aus Leningrad ausgeflogen. In einer kleinen Maschine überflog sie ganz niedrig die kämpfende Front, schneebedeckte Weiten und Wälder. Sie war überrascht, aus der Luft die Kampfhandlungen, die Stellungen, die Geschütze und alles, was mit dem Krieg zusammenhängt, nicht erkennen zu können. In Moskau wurde ihr ein warmes, bequemes, gut beleuchtetes Zimmer im Hotel Moskwa zugewiesen. Das Essen war für ihre Begriffe luxuriös. Aber sie fühlte sich unbehaglich. Sie gehörte nach Leningrad, nicht nach Moskau. Wenige Tage nach ihrer Ankunft stürzte ein Mann in ihr Zimmer, ein Fabrikdirektor aus Leningrad. »Entschuldigen Sie«, sagte er, »ich habe zufällig erfahren, daß Sie aus Leningrad hierhergeflogen sind. Auch ich bin Leningrader. Bitte sagen Sie mir schnell, wie geht es dort? Was ist geschehen?« Sie erzählte ihm, wie es im Februar in Leningrad ausgesehen hatte, von den Leiden und Entbehrungen. Er nickte. »Verstehen Sie«, sagte er, »das ist das Leben – dort. Ich kann mich nicht ganz klar ausdrücken. Da ist Hunger und Tod, aber es ist auch Leben da.« Sie berichtete ihren Leningrader Zuhörern, wie sie am 29. März die Erstaufführung der Leningrader Symphonie von Schostakowitsch in Moskau gehört hatte. Am Schluß war Schostakowitsch aufgestanden, um den Beifall entgegenzunehmen. »Wie ich ihn da stehen sah«, sagte sie, »klein, zart, mit einer großen Brille, da dachte ich, ›dieser Mann ist stärker als Hitler‹.« Wischnewski schrieb in sein Tagebuch, er sei glücklich, daß seine Rundfunkansprache »von Millionen Menschen und von meinen Freunden, die im ganzen Lade verstreut sind«, gehört wurde. Er freute sich auch darüber, daß Fadejew ihn dreimal »mit Wärme« in seiner Ansprache erwähnt hatte.
Nach der Sendung ging Fadejew in den siebenten Stock des Rundfunkhauses hinauf und sah von einem Balkon hinunter. Die Gebäude rings um das

Funkhaus waren zerstört, aber die Radiostation selbst war nicht getroffen worden. Ein junger Angestellter sagte: »Es ist ein guter Luftschutzbunker. Nur schade, daß der Bunker im siebenten Stockwerk liegt.«
Später am Abend versammelten sich Fadejew und die anderen Sprecher bei Olga Berggolz. Fadejew stellte die Frage, die jeden bewegte, der nach Leningrad kam: »Wie haben Sie gelebt und gearbeitet?«
»Die Hauptsache«, sagte Olga Berggolz, »war daß man den Hunger vergaß und arbeitete, um mit der Arbeit den Genossen zu helfen und sie bei der Arbeit zu halten. Die Arbeit war die Kraft, die einen am Leben erhielt. Wir taten alles gemeinsam. Was wir bekamen, teilten wir untereinander. Die Hauptsache war, die Schwächeren zu stützen.«
Sie berichtete vom Tod ihres Mannes und von der Hilfe, die sie von ihren Freunden empfangen hatte, und sie zeigte Fadejew einen Zettel, auf dem mit Bleistift geschrieben stand: »Olja, ich habe Dir ein Stück Brot gebracht, und ich werde noch mehr bringen. Ich liebe Dich so.« Ein blasser junger Mann, der mit am Tisch saß, hatte diese Worte geschrieben. »Verstehen Sie«, sagte Olga Berggolz bewegt, »das war keine Liebeserklärung.« Es war mehr als Liebe, dachte Fadejew.
Irgend jemand hatte eine Flasche Wodka mitgebracht, man stellte Gläser auf den Tisch und überlegte, worauf man trinken sollte.
»Die wievielte Sendung ›Radiochronik‹ ist das heute gewesen?« fragte ein Mitarbeiter der Rundfunkstation. Es war die 244. Sendung. Der 1. Mai war der 244. Tag der Belagerung.
»Zum Teufel damit«, sagte der junge Mann. »Trinken wir auf die 500. Sendung!«
Niemand ahnte, daß fast zweimal 500 Sendungen in den Äther hinausgehen würden, bevor die Blockade zu Ende ging.
Wer den fürchterlichen Winter überlebt hatte, glaubte jetzt, die Zeit der Prüfungen ginge dem Ende entgegen und der Belagerungsring werde spätestens im Sommer gesprengt werden.
Die Leningrader Front hatte inzwischen einen neuen Befehlshaber. Es war der hochgewachsene, gut aussehende, reservierte und seinen Untergebenen in Leningrad wenig bekannte Artillerist Generalleutnant Leonid Alexandrowitsch Goworow. Im Spätwinter und frühen Frühjahr hatte sich das Leben im Leningrader Oberkommando recht angenehm gestaltet. Der Befehlshaber Generalleutnant Chosin war meist bei der Truppe am Ostufer des Ladogasees, wo die harten Kämpfe Woche um Woche weitergingen. In Leningrad blieben der kürzlich beförderte General Bydewski als Befestigungsexperte, General G. F. Odinzow, der neue Artillerieführer, General S. D. Rybaltschenko, der neue Fliegerführer und General A. B. Gwosdkow als Chef der Operationsabteilung. Generalmajor D. N. Gusew, der Stellvertreter Chosins, befehligte die Truppen an der Front. Er

war ein umgänglicher und offener Mann, kam gut mit den Generälen und ebenso gut mit Parteisekretär Schdanow aus, der die meisten Entscheidungen fällte. Die Generäle und die Parteisekretäre Schdanow, Kusnezow und Schtykow aßen gewöhnlich gemeinsam im Kasino. Vor jeder Mahlzeit trank man einen Schluck ›Soße‹ aus Fichtennadelextrakt, zur Vorbeugung gegen Skorbut. Wenn einer von ihnen von einer Inspektionsreise jenseits des Ladogasees zurückkam, brachte er immer einen Bund Knoblauch mit, den er mit den anderen teilte. Der Knoblauch diente dem gleichen Zweck.

Als Anfang April bekannt wurde, daß General Goworow das Kommando übernehmen sollte, war Odinzow, der 1938 an einem von Goworow geleiteten Lehrgang an der Dserschinski-Artillerieakademie teilgenommen hatte, der einzige, der ihn persönlich kannte. Odinzow wollte über den neuen Befehlshaber nicht viel sagen, meinte aber, sein Name, der von dem Verbum *goworjatj* – ›sprechen‹ abgeleitet war, entspräche nicht seinem schweigsamen Wesen. Odinzow sagte: »Er sprach kaum einmal zwei Worte hintereinander, und niemand hat ihn je lächeln gesehen.« Sonst wußte man nur, daß Goworow nicht Mitglied der Kommunistischen Partei war.[1]

Goworow war ein erfahrener Offizier. 1897 geboren, begann er seine militärische Laufbahn 1916 in der zaristischen Armee an der Konstantinowski-Artillerieschule. Er wurde gezwungen, in die weißrussische Armee des Admirals Koltschak einzutreten, desertierte jedoch mit seiner Batterie und kam nach Tomsk, wo er in die Rote Armee eintrat. Er wurde im normalen Turnus befördert, aber Ende der dreißiger Jahre geriet er, wie viele seiner Kameraden, in die Mühlen der Stalinschen Säuberungen. Man warf ihm seine kurze Zugehörigkeit zur Koltschakarmee vor und entfernte ihn von der Kriegsakademie, wo er einen Generalstabslehrgang besuchte. Nach sechs Monaten wurde er mit der zur Zeit Stalins typischen Willkür zum Lehrer an der Dserschinski-Artillerieakademie ernannt. Die persönliche Gefahr schien vorüber, aber im Frühjahr 1941 beschuldigte Polizeichef Berija ihn wieder der Teilnahme an den Kämpfen auf seiten Koltschaks, und nur die Fürsprache Marschall Timoschenkos und des sowjetischen Präsidenten Michail Kalinin rettete ihn vor der Verbannung oder der Hinrichtung.

In Leningrad war Goworow verhältnismäßig unbekannt, aber in der Schlacht um Moskau hatte er sich als Befehlshaber der Fünften Armee und rechte Hand des Marschalls Schukow ausgezeichnet. Er war es gewesen, der Mitte Januar Moschaisk zurückeroberte, und als er eines Morgens im

[1] Goworow trat der Partei im Juli 1942 bei. Er wurde aufgenommen, ohne eine Probezeit als Parteianwärter absolvieren zu müssen (N. S., S. 345).

April den Abschnitt der Fünften Armee in der Nähe des Stabsquartiers in Moschaisk inspizierte, kam ein Anruf vom Großen Hauptquartier. Er wurde zu 8.00 Uhr nach Moskau befohlen. Die Straße war vereist, und als Goworow endlich am Abend eintraf, war er so steif, daß er sich kaum bewegen konnte. Bei der Stafka erfuhr er, daß Stalin ihn sprechen wolle. Er wurde nach Leningrad versetzt und, wie immer, war Eile geboten. Stalin befahl ihm, am folgenden Tag nach Leningrad zu fliegen.

Goworow kannte Leningrad. Nach Beendigung der Schule war er in das Petrograder Polytechnikum eingetreten. Wenige Monate darauf wurde er in die zaristische Armee eingezogen. Auf dem Flug nach Leningrad dachte er an diese Zeiten zurück. Er wußte, man hatte ihm den Oberbefehl in Leningrad übertragen, weil er Artillerist war, und nur die Artillerie (so glaubte er) konnte die belagerte Stadt schützen. Das Flugzeug flog von Norden her nach Leningrad ein, über die immer noch tief verschneiten deutschen Stellungen, über Tannen- und Fichtenwälder, die als dunkle Schatten, Dörfer und Städte, die als ausgebrannte Ruinen dalagen. Der General dachte an Leningrad. Wie sollte man die Stadt halten? Wie konnte man sie schützen? Wie war es gelungen, unter den unglaublich schwierigen Verhältnissen im Herbst und Winter die Stellung zu halten? Wie hatte man die Angriffe der deutschen Panzerdivisionen abgewehrt, und wie hatte die Stadt trotz der Entbehrungen, des Hungers und der Kälte weitergekämpft? Er dachte an seine Kadettenzeit in Petersburg und an die Petrograder, die er damals gekannt hatte, und plötzlich rief der schweigsame Mann aus: »Tapfere Burschen!« Die anderen Fluggäste sahen ihn verwundert an, aber Goworow blickte schweigend aus dem Fenster.

Sie näherten sich jetzt Leningrad. Feindliche Jäger hatten sich noch nicht gezeigt. Er überlegte, wie man den Belagerungsring sprengen und wo man die ersten Schläge führen könne.

Ein Besatzungsmitglied kam zu ihm und sagte: »Wir werden bald in Leningrad landen – sehr bald.«

Goworow sah aus dem Fenster. »Aber ich sehe die Stadt nicht.«

»Nein, wir landen auf einem Flugplatz außerhalb der Stadt. Es wird schon dämmerig, und man sieht kein Licht in Leningrad. Die Stadt ist vollständig verdunkelt.«

Das erste Zusammentreffen Goworows mit seinen neuen Untergebenen verlief sehr kühl. Als Bycewski das Dienstzimmer des Generals betrat, saß dieser an seinem Schreibtisch, knetete nervös seine Hände und sah den Besucher mit nicht gerade freundlichen Augen an. Sein rundes Gesicht war blaß, der Schnurrbart sauber gestutzt, das dunkle Haar graumeliert und sorgfältig gescheitelt, und an den Schläfen bemerkte Bycewski ein paar große Warzen. Der Pionierführer berichtete über den Zustand der

Befestigungen. Die Lage war nicht günstig. Nach dem harten Winter waren viele Gräben eingestürzt und Unterstände überschwemmt. Die Truppen hatten die Minenfelder nicht ausbessern können. Seit Dezember waren keine zivilen Arbeitskommandos mehr eingesetzt worden. Im Brückenkopf bei Newskaja Dubrowka hatten die Pontontruppen schwere Verluste gehabt und waren fast aufgerieben worden. Goworow hörte sich den Bericht an, ohne Byćewski zu unterbrechen oder Fragen zu stellen. Dann schlug er mit der Faust auf den Tisch und sagte ganz ruhig nur ein Wort: »Faulpelz.«

Byćewski hatte immer wieder erfahren müssen, daß man als Pionier viel öfter getadelt als gelobt wird. Aber das war zuviel. Scharf erwiderte er: »Und wissen Sie, Genosse Befehlshaber, daß an der Front Männer stehen, die zu schwach sind, um einen Stock aufzuheben? Wissen Sie, was Dystrophie ist?«

Goworow hörte sich die temperamentvolle Erwiderung Byćewskis ohne Kommentar an. Als Byćewski geendet hatte, stand er auf, ging im Zimmer auf und ab und sagte dann ganz ruhig mit seiner tiefen Baßstimme: »General, die Nerven sind mit Ihnen durchgegangen. Gehen Sie hinaus, beruhigen Sie sich und kommen Sie in einer halben Stunde wieder. Wir haben noch viel zu tun.«

Wie sich herausstellte, war ›Faulpelz‹ ein Lieblingswort Goworows. Es war nicht so gemeint, wie es klang. Er hatte sich diesen Ausdruck als junger Privatlehrer beim Nachhilfeunterricht für Kinder von wohlhabenden Leuten angewöhnt, die er so zu schelten pflegte. Seither gehörte dieses Wort zu seinem ständigen Vokabular.

Vom ersten Tage an galt Goworows besondere Aufmerksamkeit der Artillerie, die das schwere deutsche Artilleriefeuer erwidern sollte. Parteisekretär Schdanow hatte Ende März mit dem Leningrader Artillerieführer, General Odinzow, darüber gesprochen, wie man die Leningrader Batterien offensiv einsetzen könnte. Solange der artilleristische Einsatz defensiv blieb und man nur antwortete, wenn die Deutschen schossen, würde der Gegner, so glaubte Schdanow, mit der Zeit die ganze Stadt zusammenschießen. Er wollte wissen, ob die sowjetische Artillerie offensiv werden könne. Odinzow erklärte, dazu brauchte man mehr Geschütze, mehr Beobachtungsflugzeuge und viel mehr Munition. Zur Vernichtung von zehn bis zwölf feindlichen Batterien im Monat brauchte man 15 000 Granaten. Jetzt wurden monatlich 800 bis 1 000 Granaten verschossen. Goworow veranlaßte die Heranführung von zwei Fliegerstaffeln für die artilleristische Feuerleitung und ließ 5 000 Schuß Artilleriemunition monatlich bereitstellen.

Goworow verlangte von der Artillerie »ganz exakte Gegenschläge gegen die feindliche Artillerie«. Seine Geschütze warteten nicht darauf, daß der

Gegner das Feuer eröffnete, sie versuchten, die deutschen Feuerstellungen systematisch einzeln zu vernichten.[2]
Goworow entschloß sich zu einer radikalen Maßnahme. Nachdem er sich die verlustreichen Kämpfe um den Brückenkopf bei Newskaja Dubrowka hatte schildern lassen, sagte er kurz: »Hier kann man nichts anderes erwarten als ein Blutbad. Wir müssen die Leute sofort auf das rechte Ufer zurücknehmen.«
Schdanow stimmte zu, und am 27. April räumte die 86. Infanteriedivision den von Granattrichtern durchwühlten Geländeabschnitt, den sie seit September 1941 gehalten hatte. In Leningrad verstand man diese Maßnahme nicht. Man war stolz auf dieses hartumkämpfte Stück Erde. Pawel Luknizky war verzweifelt, als er am 1. Mai davon erfuhr. Die Sache war streng geheimgehalten worden, doch ihm sagte man, die Deutschen hätten den Brückenkopf erstürmt, und die 86. Division sei mit dem Ruf »Ehe wir uns ergeben, werden wir sterben!« zugrunde gegangen. Luknizky schauderte bei dem Gedanken an das Blut, das um die Stellungen am Südufer der Newa und für die Hoffnungen vergossen worden war, daß sich hier der Keil ansetzen ließe, mit dem der Belagerungsring zu sprengen sei. Sieben Monate hatten die Kämpfe gedauert. Eine Zeitlang hatten nur 10 Kilometer zwischen der Stellung an der Newa und der Front am Wolchow gelegen.
Dieses tragische Ereignis beschattete für Luknizky die Feiertagsstimmung am 1. Mai – dies und das Ende der Eisstraße. Am 24. April ging das Eis auf. Jetzt gab es keine Verbindung mehr mit dem übrigen Rußland außer auf dem Luftwege. Wann würde die Landverbindung wiederhergestellt werden? Wie sollte man Leningrad versorgen? Er wußte nicht, daß am 2. April im Kreml eine Besprechung mit Anastas Mikojan stattgefunden hatte, bei der beschlossen worden war, eine Röhrenleitung zur Versorgung Leningrads mit Kraftstoff durch den Ladogasee zu legen, daß die Ingenieure schon an den Plänen arbeiteten, daß die Röhren schon in der jetzt stillgelegten Ischorsker Fabrik bereitlagen (nur der Fabrikdirektor war noch dort. Der Lagerverwalter fiel am 20. April bei einem Fliegerangriff, am gleichen Tage, an dem die Ingenieure die Röhren fanden), daß die Röhrenleitung am 19. Juni in Betrieb genommen werden würde und daß der Schiffsverkehr über den Ladogasee am 22. Mai aufgenommen werden sollte.[3]

[2] Der Inspekteur der sowjetische Artillerie, Marschall Woronow, kritisiert scharf den Ausdruck ›offensiver Einsatz‹ der Artillerie gegen die deutschen Belagerungsgeschütze: »An der Leningrader Front gab es Leute, die mit Begriffen aus dem Ersten Weltkrieg herumjonglierten, anstatt die gebräuchlichen und richtigen Ausdrücke zu verwenden – Vernichtung, Zerstörung und Niederhalten.« (Woronow, a.a.O., S. 219).
[3] 1942 erwies sich die Versorgung über das Wasser als sehr leistungsfähig. Am 28. Mai begann ein lebhafter Nachschubverkehr auf Lastkähnen. Auf Befehl des Vertreters des

»Ich habe die ganze Nacht daran denken müssen«, schreibt Luknizky, »und das hat mich ganz krank gemacht.«
Aber wenn die Auflösung des Brückenkopfes bei Newskaja Dubrowka auch kein so tragisches Ereignis war, wie Luknizky glaubte, so zeichnete sich an der Leningrader Front doch eine neue Katastrophe ab – das Ergebnis der schweren und unentschiedenen Kämpfe im Winter.
Weder der Befehlshaber der Vierundfünfzigsten Armee, General Fedjuninski, noch der Befehlshaber der Wolchowfront, General Merezkow, waren vorangekommen, aber Moskau hatte ständig verlangt, Erfolge zu sehen. Den ganzen Winter über waren Vertreter des Oberkommandos bei Merezkow gewesen. Fast den ganzen Februar und Anfang März war Marschall Woroschilow bei ihm. Anfang März wurde Woroschilow nach Moskau zurückgerufen, kehrte aber am 9. März ins Stabsquartier Merezkows zurück und brachte einige Begleiter mit. Einer von ihnen war Georgi M. Malenkow, der oft die Front zu besuchen pflegte. Der zweite war der stellvertretende Inspekteur der Luftstreitkräfte, Generalleutnant A. A. Nowikow, der dritte der begabte, junge Generalleutnant Andrei A. Wlassow, ein Mann, dessen Stern im Steigen begriffen war. Bei einer Umbesetzung der Stelle des stellvertretenden Befehlshabers unter Merezkow hatte Moskau Wlassow für diesen Posten vorgesehen. Wie Goworow hatte auch Wlassow sich bei den Kämpfen um Moskau ausgezeichnet. Während Goworow mit seiner Fünften Armee die Deutschen bei Moschaisk schlug, nahmen Wlassow und seine Zwanzigste Armee Wolokolamsk. Beide Generäle waren jung und tatkräftig, beide wurden ausländischen Journalisten vorgestellt, Wlassow kurz vor Weihnachten, Goworow Mitte Januar. Unter den Berichterstattern, die mit Wlassow bekannt wurden, war auch Larry Lesueur vom Columbia Broadcasting System. Der vierzigjährige Wlassow machte auf ihn mehr den Eindruck eines Lehrers als den eines Soldaten. Ihm gefielen besonders Wlassows hohe, mit Rot und Gold verzierte Astrachanmütze und die weißen Filzstiefel. Eve Curie, die als Korrespondentin nach Rußland kam, hielt Wlassow für einen tüchtigen Berufsoffizier. Er sah in jeder Frage nur den militärischen Aspekt, sprach mit großer Bewunderung von Napoleon und fand, es sei unsinnig, Hitler mit ihm zu vergleichen. Ihr gefiel, daß er de Gaulles Auffassungen vom

Staatlichen Verteidigungskomitees, Alexei Kossygin, waren die Hafenanlagen umgebaut und erweitert und größere Zahlen von Lastkähnen bereitgestellt worden. 1942 war der See bis zum 25. November offen, und es kamen 703 300 t Nachschubgüter über das Wasser nach Leningrad. Zu diesen Gütern zählten 350 000 t Lebensmittel, 99 200 t Kriegsmaterial, 216 600 t Kraftstoff, dazu Pferde, Rinder und Schafe im Gesamtgewicht von 15 500 t und 41 500 t Holz (in Flößen). Aus Leningrad herausgebracht wurden 270 000 t Fracht, darunter 162 100 t Maschinen. Man evakuierte 528 000 Personen, davon 448 700 Zivilisten, und brachte 267 000 Personen nach Leningrad, davon 250 000 Soldaten (W. J. Neigoldberg. In: ›*Istorija SSSR*‹. Nr. 3, März 1965, S. 102 ff.).

modernen Krieg kannte und die Fähigkeiten des Generals Guderian schätzte, gegen den er gekämpft hatte. Zum Abschied sagte Wlassow: »Mein Blut gehört meinem Vaterlande.«

Dieser energische und erfolgreiche Befehlshaber sollte also die Kämpfe in den gefrorenen Sümpfen vor Leningrad wieder in Schwung bringen. Daß Malenkow ihn mitbrachte, ließ vermuten, seine Ernennung habe etwas mit dem politischen Intrigenspiel im Kreml zu tun.

General Merezkow hatte an seinem schneidigen neuen Stellvertreter nichts auszusetzen. Wlassow versuchte nicht, sich Vollmachten zu nehmen, die ihm nicht direkt von Merezkow übertragen wurden.

Noch im selben Monat versuchte man, die Kämpfe in Gang zu bringen und besonders die Stellungen der Zweiten Stoßarmee zu verbessern. Diese Armee war weit über Spasskaja Polist hinausgekommen, das etwa in der Mitte zwischen Nowgorod und Tschudowo in einem dichtbewachsenen Sumpfgebiet, etwa 120 Kilometer südostwärts von Leningrad lag. Bei ihrem Einbruch in die deutschen Stellungen wäre die Armee fast von den Deutschen eingeschlossen worden, die, als sie die Möglichkeit erkannten, die 58. Infanteriedivision und die SS-Polizeidivision heranführten, die Straße zwischen Nowgorod und Tschudowo ebenso wie die Bahnlinie abschnitten und damit den 6 Kilometer langen Schlauch abschnürten, durch den Nachrichtenverbindungen und Nachschub zur Zweiten Stoßarmee gingen. Die schweren Kämpfe dauerten eine Woche, und endlich gelang es, den Nachschubweg freizubekommen und die Zweite Stoßarmee mit knapper Not aus der Umklammerung zu befreien. Die beiden sowjetischen Generäle Merezkow und Chosin sind sich nicht darin einig, ob dies wirklich vollkommen gelungen ist. Merezkow behauptet ja, Chosin dagegen meint, es sei nur ein 2 bis 3 Kilometer breiter Durchgang zur Zweiten Stoßarmee freigekämpft worden, der nach zehn Tagen von den Deutschen wieder geschlossen wurde.

Welche Version auch immer den Tatsachen entsprechen mag, die Lage bei der Zweiten Stoßarmee war aufs äußerste gefährdet. Am 9. April griffen die Deutschen wieder an und schnitten die Armee ab. Sie mußte durch die Luft versorgt werden. Die Situation war so schwierig, daß der Politkommissar der Armee, Iwan W. Sujew, alle Kommissare, Heeresstaatsanwälte, Angehörige der Militärgerichte und Mitglieder der gefürchteten ›Sonderabteilung‹ der Geheimpolizei zusammenrief und höchste Wachsamkeit gegenüber deutschen ›Agenten‹ befahl.[4] Zum gleichen Zeitpunkt erkrankte der Armeebefehlshaber Generalleutnant N. K. Krykow und mußte aus

[4] Bei Kriegsbeginn war Sujew Politkommissar in General Morosows Elfter Armee in Kowno, wo er sich dadurch auszeichnete, daß er Truppenteile der Elften Armee aus dem ersten von den Deutschen gebildeten Kessel herausführte.

dem Kessel geflogen werden. General Wlassow übernahm an seiner Stelle das Kommando.[5]

Die an sich schon schwierige Lage komplizierte sich weiter durch einen von Stalin wie üblich ganz willkürlich befohlenen Kommandowechsel. Stalin war schon seit langem ungehalten darüber, daß der Leningrader Belagerungsring nicht gesprengt worden war. Er hatte mehrere hohe Funktionäre an die Front geschickt, um die Dinge in Bewegung zu bringen. Jetzt befahl er den früheren Befehlshaber der Leningrader Front, General Chosin, zum 21. April zu einer Besprechung zu sich. Chosin hatte wiederholt gesagt, der Fehler läge darin, daß die Aktionen der weit auseinandergezogenen Truppenteile der ›inneren‹ Leningrader und der ›äußeren‹ Wolchowfront nicht aufeinander abgestimmt worden seien. Nun wiederholte er diese Kritik und empfahl dringend, die Stafka möge für eine engere und wirksamere Zusammenarbeit sorgen. Er trug Stalin, Marschall Schaposchnikow, Marschall Wasilewski und mehreren Mitgliedern des Verteidigungsrats, zu denen zweifellos auch Malenkow gehörte, seine Ansichten vor.[6]

Ganz unerwartet schlug Stalin, wie Chosin berichtet, vor, die Fronten zusammen unter den Oberbefehl Chosins zu stellen. Chosin behauptet, dieser Vorschlag habe die anderen ebenso überrascht wie ihn selbst. Wegen der »kolossalen Autorität Stalins« habe niemand sich dagegenzustellen gewagt. Es wurde ein Befehl aufgesetzt, nachdem beide Befehlsbereiche am 23. April um Mitternacht vereinigt und Chosin unterstellt werden sollten.

Niemanden hat das mehr überrascht als den Befehlshaber an der Wolchowfront, General Merezkow, der sagt: »Ich konnte den Sinn dieser Konsolidierung nicht verstehen. Nach meiner Ansicht brachte sie weder operative noch politische noch irgendwelche andere Vorteile.« Sehr bald hörte er jedoch, General Chosin habe versprochen, die Blockade Leningrads zu brechen, wenn beide Fronten vereinigt würden. Angesichts dieser Tatsache fand es Merezkow verständlich, daß die Stafka die Neuordnung befohlen hatte und die neue Front durch das VI. Gardeschützenkorps und eine weitere Schützendivision verstärkte. Er wunderte sich allerdings darüber, daß er als Befehlshaber der Wolchowfront nicht konsultiert worden war.

[5] Es ist nicht ganz klar, an welchem Tage Wlassow das Kommando der Zweiten Stoßarmee übernommen hat. Nach Luknizky war es der 6. März, doch das kann kaum stimmen, denn Wlassow kam erst am 9. März zum Stabsquartier Merezkows. Merezkow sagt, Wlassow habe die Zweite Stoßarmee 1½ Monate später übernommen. Der offizielle Kommandowechsel fand am 16. April statt (Luknizky, a.a.O., Bd. II, S. 322; Merezkow. In: ›*Wojenno-Istoričeskii Žurnal*‹. Nr. 12, Januar 1965, S. 66–67; Barbaschin, a.a.O., S. 603). Krykow wurde am 16. April ausgeflogen (Smert Komissara, S. 102).

[6] Wahrscheinlich gehörte Leningrad zum besonderen Verantwortungsbereich Malenkows.

Er schreibt: »Ich erfuhr von diesen Vorgängen am 23. April, als General Chosin mit dem Befehl in der Tasche und bester Laune im Stabsquartier am Wolchow erschien.« Merezkow behauptet, er habe Chosin auf die schwierige Lage der Zweiten Stoßarmee aufmerksam gemacht, aber »Chosin hatte seine eigenen Vorstellungen und stimmte mir nicht zu«.

Merezkow begab sich direkt nach Moskau und besprach am 24. April die Lage bei der Zweiten Stoßarmee mit Stalin und Malenkow.

Merezkow erinnert sich, gesagt zu haben: »Die Zweite Stoßarmee muß praktisch ersticken. Sie kann nicht angreifen und kann sich auch nicht verteidigen; die deutschen Schläge gefährden ihre rückwärtigen Verbindungen. Wenn nichts geschieht, ist die Katastrophe nicht mehr zu vermeiden.«

Merezkow schlug vor, die Armee aus den undurchdringlichen Sümpfen herauszuziehen, in denen sie festlag, und die mit dem einsetzenden Tauwetter, das alle Straßen und Wege unpassierbar machte, besonders gefährlich wurden, um sie bis an die von der Eisenbahn und Straße gebildete Linie Tschudowo–Nowgorod zurückzunehmen. Man hörte ihn geduldig an und versprach, sich um die Angelegenheit zu kümmern. Merezkow wurde an die Westfront versetzt und mußte die Dreiunddreißigste Armee übernehmen. Fast gleichzeitig wurde der zweite Befehlshaber im Raum Leningrad, General Fedjuninski, des Kommandos der Vierundfünfzigsten Armee enthoben und als Befehlshaber zur Fünften Armee versetzt, die den Abschnitt neben der Dreiunddreißigsten Armee an der Westfront hielt.

Chosin behauptet, sich in erster Linie um das Schicksal der praktisch schon eingeschlossenen und stark durch die unglaublich schweren Kämpfe im Winter geschwächten Zweiten Stoßarmee gekümmert zu haben. Viele Truppenteile verfügten nur noch über 60 bis 70 Prozent ihrer Sollstärke. Die Panzerbrigaden hatten keine Panzer, die Artillerie keine Munition mehr. Der Boden in den Wäldern war aufgeweicht, LKW und Kraftwagen blieben stecken, und selbst mit Pferden kam man kaum durch.

General Chosin erwirkte Stalins Zustimmung zu seinem Plan, der vorsah, daß die Zweite Stoßarmee zunächst defensiv blieb, um dann aus dem Kessel auszubrechen. Eingeschlossen waren elf Infanteriedivisionen, drei Kavalleriedivisionen und fünf Infanteriebrigaden. Am 4. Mai brachen fünf Kavalleriebrigaden aus. Auch zwei Infanteriedivisionen und einigen kleineren Verbänden gelang der Ausbruch, und sie vereinigten sich mit der Neunundfünfzigsten Armee.

Am 12. Mai flog General Wlassow mit seinem Chefkommissar Iwan Sujew zu einer Besprechung mit Chosin. Am 14. kehrten sie zu ihrem Stabsquartier zurück in der Absicht, eine Straße durch die Wildnis bauen zu lassen, auf der die eingeschlossenen Truppen hinausgeführt werden konn-

ten. Man kam aber nicht weit damit. Die Deutschen hatten neue Kräfte herangeführt und spürten, daß die Entscheidung nahe war. Das Bayerische Schützenkorps war herangezogen worden, und alle Zeichen deuteten darauf hin, daß der Gegner beabsichtigte, gleichzeitig von Tschudowo und von Nowgorod aus anzugreifen.
General Chosin hatte die Neunundfünfzigste Armee eingesetzt, um die Zweite Stoßarmee zu entlasten, und Stalin genehmigte den Aufschub aller Unternehmen zur Befreiung Leningrads, um zunächst die Zweite Stoßarmee zu retten. Sie und die Neunundfünfzigste Armee sollten am 5. Juni gleichzeitig antreten. Aber die Deutschen erkannten die russischen Vorbereitungen und gingen selbst zur Offensive über. Einigen sowjetischen Truppen gelang der Ausbruch, aber am 6. Juni hatten die Deutschen den Ring um Teile der sieben Schützendivisionen und sechs Infanteriebrigaden, zusammen 18 000 bis 20 000 Mann, fest geschlossen.
General Chosin versuchte nicht, die Katastrophe zu vertuschen. Er meldete sofort nach Moskau, was geschehen war, und am 8. Juni wurde General Merezkow in aller Eile vom mittleren Frontabschnitt zur Stafka befohlen. In Gegenwart des fast vollzähligen Oberkommandos sagte Stalin: »Wir haben einen schweren Fehler begangen, als wir die Fronten am Wolchow und vor Leningrad vereinigten. General Chosin wollte die Operationen am Wolchow leiten, aber er hat versagt. Er hat die Befehle der Stafka, die Zweite Stoßarmee aus dem Kessel zu ziehen, nicht befolgt. Deshalb haben die Deutschen alle Verbindungen abgeschnitten und die Armee eingeschlossen.« Dann wendete sich Stalin an Merezkow: »Sie, Genosse Merezkow, kennen den Wolchow sehr gut. Deshalb entsenden wir Sie mit Marschall Wasilewski dorthin, um die Zweite Stoßarmee aus dem Kessel zu führen, auch wenn es notwendig sein sollte, die schwere Artillerie und andere Waffen und Ausrüstung zurückzulassen.«
Merezkow flog noch vor Einbruch der Nacht zu Chosins Stabsquartier nach Malaja Wischera. Die Stimmung war düster. Die Zweite Armee war völlig abgeschnitten, hatte kaum noch irgendwelche Vorräte und keine Möglichkeiten, sich mit Verpflegung und Munition zu versorgen. Es gab keine Reserven, aber Merezkow nahm alle verfügbaren Truppen zusammen und befahl für den 10. Juni einen Angriff auf schmaler Front, um eine Lücke zu schlagen, durch die die Armee aus dem Kessel geführt werden sollte.
Das gelang nur zum Teil. Die Deutschen hatten im Norden vier Infanteriedivisionen und eine SS-Division, im Süden etwa fünf Divisionen und eine internationale Legion eingesetzt.
Merezkow griff unaufhörlich von außen an, und Wlassow ließ seine Truppen aus dem Kessel heraus angreifen. Bis zum 22. Juni um 20.00 Uhr gelang es 6 000 Mann, sich der Umklammerung zu entziehen. Für den

23. Juni wurde ein Generalangriff mit allen Kräften befohlen, der um 23.30 Uhr begann. Die Zweite Stoßarmee ging in Richtung auf die Stellungen der Neunundfünfzigsten Armee vor, und die Neunundfünfzigste bemühte sich, die Lücke zu erweitern. Im Morgengrauen, das zur Zeit der weißen Nächte sehr früh einsetzte, war ein schmaler Durchgang geöffnet, und die ersten Männer der Zweiten Stoßarmee kamen heraus. Diese Bewegung dauerte bis gegen Mittag. Dann schlossen die Deutschen die Lücke. Merezkow berichtet, zu diesem Zeitpunkt habe Wlassow keine Einwirkung mehr auf die Führung seiner Truppe gehabt. Er befahl daher seinen Leuten, sie sollten versuchen, sich in kleinen Gruppen oder einzeln durchzuschlagen. Das verwirrte sie. Die Nachrichtenverbindung zu Wlassow war unterbrochen. Am Abend des 24. Juni wurde die Lücke jedoch wieder geöffnet, und weitere Kräfte konnten aus dem Kessel entkommen. Aber am 25. um 9.30 Uhr morgens schloß der Kessel sich endgültig.
Merezkow leitete die Operation zur Befreiung der Zweiten Stoßarmee persönlich, und am Morgen des 25. berichteten einige aus dem Kessel entkommene Offiziere, sie hätten Wlassow und einige höhere Offiziere seines Stabes auf einer Straße in den Sümpfen gesehen. Sofort dirigierte Merezkow ein Panzerregiment und motorisierte Infanterie unter seinem Adjutanten Hauptmann M. G. Borod in die Gegend, in der Wlassow gesehen worden war. Sie fanden keine Spur von ihm. Da er annahm, daß Wlassow ein Funkgerät bei sich hatte, versuchte er, ihn per Funk zu erreichen, aber ohne Erfolg. Später stellte sich heraus, daß Wlassow seinen Stab in drei Gruppen aufgeteilt hatte, die am 24. Juni gegen 23.00 Uhr im Bereich der 46. Schützendivison herauskommen sollten. Niemand wußte, wo der Gefechtsstand der 46. Schützendivision lag. Am Fluß Polist geriet der Stab in schweres MG-Feuer. Wlassow wurde hier zum letztenmal gesehen. Der Militärsowjet und General Afanasjew, der Nachrichtenoffizier der Armee, wendeten sich nach Norden. Zwei Tage später trafen Afanasjew und seine Begleitung auf eine Partisaneneinheit und nahmen Verbindung zu einer zweiten Partisanengruppe auf, die ein Funkgerät hatte. Über dieses Gerät meldete sich General Afanasjew am 14. Juli bei Merezkow. Er wurde im Flugzeug herausgeholt.
Der Sekretär der Leningrader Komsomolzen W. N. Iwanow ist irgendwann um diese Zeit, entweder vor oder nach der Schießerei am Polist, General Wlassow begegnet. Iwanow war mit einer Komsomolzengruppe mit dem Fallschirm hinter den deutschen Linien abgesetzt worden. Versehentlich ließ der Pilot sie über einem kleinen, von einer SS-Einheit besetzten Dorf abspringen. Iwanow wurde schwer verwundet und flüchtete in den nahen Wald. Hier traf er Wlassow. Er trug sowjetische Uniform und versuchte offensichtlich noch, sich durchzuschlagen. Dann trennten sie sich, und jede Verbindung zu Wlassow ging verloren.

Nach der Rettung Afanasjews telefonierte Merezkow mit Parteisekretär Schdanow, der den Partisanengruppen befahl, eine große Suchaktion nach General Wlassow und den Mitgliedern seines Stabes durchzuführen. Die Partisanen stellten drei Gruppen auf und durchsuchten das Gelände im weiten Umkreis von Poddubje, fanden aber keine Spur von Wlassow, nur einige Offiziere seines Stabes. Der Chef des Nachrichtendienstes, Oberst A. S. Rogow, kam aus dem Kessel heraus. Er folgte zunächst dem Militärsowjet, hielt sich aber etwas weiter zurück. Kommissar Sujew blieb jahrelang verschollen. Dann entdeckte man durch Zufall sein Grab in der Nähe des Kilometers 105 an der Bahnlinie nach Tschudowo bei Torfjanoje. Ausgehungert, verwundet und geschwächt war er an den Bahndamm gekommen und hatte dort ein paar Arbeiter um Brot gebeten. Einer von ihnen lief zu den Deutschen und verriet ihn. Bevor man ihn gefangennehmen konnte, zog Sujew seine Dienstpistole und erschoß sich. Etwa 9 322 Mann kamen aus dem Kessel heraus, 8 000 bis 10 000 gerieten in Gefangenschaft oder fielen.

Wlassow hat sich nicht erschossen. Zwei Tage bevor Schdanow die Partisanen veranlaßte, nach ihm zu suchen, am 12. Juli, ergab er sich den Deutschen und stellte sich sehr bald dem nationalsozialistischen Propagandaapparat als Führer der sogenannten Wlassowbewegung zur Verfügung. Das war eine gegen die Sowjets gerichtete Organisation russischer Soldaten und Offiziere. Wlassow war der einzige prominente sowjetische General, der zu den Deutschen überlief, aber auch dort hatte er Schwierigkeiten und weigerte sich häufig, das Spiel der Nationalsozialisten mitzuspielen. Während des Krieges betrachtete man den Verrat Wlassows in Rußland mit solchem Abscheu, daß kaum jemand wagte, seinen Namen zu nennen.

Später haben allerdings viele sowjetische Autoren versucht, ihn für die Katastrophe bei der Zweiten Stoßarmee verantwortlich zu machen. Sie sagen, er habe bewußt ein Doppelspiel getrieben. Doch in den Aufzeichnungen über die verzweifelten Kämpfe der Zweiten Stoßarmee findet sich nichts, das diese These stützen könnte. General Chosin, der selbst tief in diese tragischen Umstände verwickelt war, behauptet, die sowjetischen Truppen seien einfach nicht stark genug gewesen, die gut organisierten, starken deutschen Kräfte zu schlagen. Die Deutschen seien ›auf dem Zenit ihrer Macht‹ gewesen. Das Oberkommando in Moskau verfügte zu keinem Zeitpunkt über die Reserven, die nötig gewesen wären, um an der Leningrader Front einen Durchbruch zu erzwingen.

Das ist der entscheidende Faktor, nicht aber das Versagen der Truppe, schlechte Führung oder ein von Anfang an geplanter Verrat Wlassows. Die Zweite Stoßarmee war eingeschlossen, saß in den Sümpfen fest und stand schon starken, gut geführten deutschen Kräften gegenüber, ehe

Wlassow Mitte April mit einem leichten Aufklärungsflugzeug in den Kessel einflog, um das Kommando zu übernehmen. Es ist verständlich, wenn General Merezkow Moskau für den sinnlosen Kommandowechsel verantwortlich macht, in dessen Verlauf er im April seines Postens enthoben wurde, um Anfang Juni wieder zurückgerufen zu werden. Diese Entscheidung hat sich nachteilig ausgewirkt. Aber Merezkows Leistungen als Truppenführer im Spätwinter und frühen Frühjahr konnten niemanden zu der Annahme veranlassen, er hätte das Schicksal der Zweiten Stoßarmee wenden können, wenn er Befehlshaber geblieben wäre. Wlassow spielte nur eine Nebenrolle. Als er jedoch die Führung der Wlassowbewegung übernahm, rückte er damit die ganze Frage der Vernichtung der Zweiten Stoßarmee in das düstere Licht einer fragwürdigen sowjetischen Innenpolitik. Zwanzig Jahre lang hat die sowjetische Geschichtsschreibung Wlassow nur am Rande erwähnt, aber noch heute bemüht man sich in fast allen Memoiren und Darstellungen der Geschichte des Krieges darum, den Eindruck zu erwecken, die einzelnen Befehlshaber hätten nichts mit Wlassow zu tun gehabt und auch keinen Einfluß auf die Entscheidungen des Kreml hinsichtlich der Ernennung Wlassows und der unglücklich verlaufenen Operationen am Wolchow genommen.

Daran ist etwas Wahres. Wlassows militärische Laufbahn vor diesen tragischen Entwicklungen, in die er in den Sümpfen an der alten Nowgoroder Handelsstraße geriet, ist sicherlich durch politische Manöver im Kreml beeinflußt worden. Die Frontabschnitte am Wolchow und vor Leningrad gehörten zweifellos in den Verantwortungsbereich Georgi Malenkows, der damals und auch später ein geschworener Gegner des Leningrader Parteiführers Andrei Schdanow war. Die Rolle und das Schicksal Wlassows als eines Protegés von Malenkow mußten daher mit den politischen Machenschaften im Kreml im Zusammenhang stehen.[7]

Mit dem Verlust der Zweiten Stoßarmee mußte auch die Hoffnung aufgegeben werden, den Blockadering um Leningrad noch im Frühjahr oder Sommer zu sprengen. Anfang Juni war Parteisekretär Schdanow nach Moskau geflogen und hatte dem Obersten Sowjet erklärt, die Bewohner Leningrads kämpften tapfer für die Verteidigung ihrer Stadt. Das war richtig, doch am 5. Juli mußte eine neue Entscheidung getroffen werden. Der Leningrader Militärsowjet erklärte Leningrad an diesem Tage zur Festung, in der nur soviele Menschen bleiben sollten, wie zur Verteidigung

[7] Wlassow und die antisowjetischen russischen Offiziere unter ihm fielen bei Kriegsende in die Hände der Sowjets. Am 2. August wurde die Hinrichtung Wlassows und einiger seiner Offiziere bekanntgegeben (Alexander Dallin: German Rule in Russia, *1941–1945*. London 1957, S. 659). Etwa zur gleichen Zeit verlor Malenkow seinen Posten im Parteisekretariat, vielleicht im Zusammenhang mit der Wlassowaffäre. Aber er fiel nur für kurze Zeit in Ungnade.

der Stadt und zur Aufrechterhaltung der lebenswichtigen Einrichtungen notwendig waren. Diese Entscheidung wurde am folgenden Tag von Schdanow bekanntgegeben. Weitere 300 000 Personen sollten über den Ladogasee evakuiert werden. Nur 800 000 Menschen durften in der Stadt zurückbleiben. Die Bekanntgabe erfolgte am 6. Juli, dem 340. Tag der Belagerung. Die Stadt hielt sich, aber niemand wußte, was der Sommer bringen werde. Die optimistischen Frühjahrsträume waren verblaßt. Die Deutschen waren wieder auf dem Vormarsch, sowjetische Armeen gingen in Richtung auf die Wolga zurück. Die im Winter erzielten Geländegewinne im Kaukasus waren wieder verloren. Es gab Anzeichen für einen neuen deutschen Truppenaufmarsch vor Leningrad. Hitler hatte an den Oberbefehlshaber der deutschen Achtzehnten Armee, General Lindemann, und an Feldmarschall von Küchler, den Oberbefehlshaber der Heeresgruppe Nord, seine Weisung Nr. 45 geschickt. Sie sollten die Einnahme Leningrads für den September vorbereiten. Erhebliche Verstärkungen an Mannschaften und Artillerie wurden herangeführt.

Die Verteidiger Leningrads durften sich auf kein Risiko einlassen. Die Deutschen waren sehr stark, und man erkannte schon den militärischen Schwung, der sie bis nach Stalingrad und Maikop bringen sollte. Trotz aller Opfer war es denkbar, daß auch Leningrad fiel.

Etwa um diese Zeit wanderten der junge Leningrader Soldat Jewgeni Schilo durch die verwüsteten ländlichen Bezirke vor seiner Vaterstadt. Es dämmerte, und im blassen Licht der weißen Nacht überzog sich der Himmel schon mit rötlichen Pastellfarben. Irgendwo hinter dem unsichtbaren Horizont stieg die Sonne herauf. Er kam an ein Fliedergebüsch, und sein Karabiner verfing sich in den Zweigen. Er blieb einen Augenblick stehen und sog den schweren Blütenduft ein. Überall glitzernde Tautropfen im Licht der aufgehenden Sonne, und in der eigenartigen Stille des frühen Morgens vermittelte der Fliederduft nichts anderes als ein Gefühl des Glücks und der Lebensfreude. Jewgeni war erst sechs Monate Soldat, und als er dort stand, traten ihm die Tränen in die Augen. Fünfundzwanzig Jahre später schämte er sich dieser Tränen nicht. Er hatte nicht geweint, weil er so jung war, sondern weil es der Sommer 1942 war, und er immer noch hier vor Leningrad stand. Er hatte nichts vergessen – nicht die im dunklen Zimmer flackernde Lampe, die mit Eisblumen überzogenen Fensterscheiben, den Feuerschein der Brände nach einem Fliegerangriff, das unglaubliche Schweigen der großen Stadt, die in der Ferne hörbaren Schritte eines Fremden, die man von so weit wahrnehmen konnte, daß sie unheimlich wurden, wenn sie näherkamen. Er dachte an die hungernden Kinder, kleine alte Männer, die alles wußten und alles verstanden. Als er dort stand und den süßen, schweren Fliederduft einatmete, wußte er, er würde den Menschen, die er liebte und die ihm nahestanden, nicht mehr in die Augen sehen, den Menschen, die mit weitgeöffneten Augen feierlich und ein wenig irre schon an der Grenze zwischen Leben und Tod standen.

Als er dort an jenem sonnigen Morgen mit seinem Karabiner vor Leningrad stand, wußte er, daß alles, was um ihn her geschehen war, in der Geschichte dieser Welt nur einmal geschehen konnte, und daß niemand es je vergessen würde, daß nichts davon vergessen werden könne, mochten auch Jahrhunderte darüber vergehen.

Der junge Soldat stand zwischen den Fliederbüschen. Dann schulterte er den Karabiner, bog die Zweige zur Seite und ging weiter auf die Schützengräben zu, um zu kämpfen.

Der zweite Kriegssommer vor Leningrad begann.

45. Unternehmen Iskra

Mit Beginn der weißen Nächte wurde die Atmosphäre in Leningrad ruhiger und entspannter. Die Rasenflächen in den Sommergärten hatten sich in Gemüsekulturen verwandelt. Zwischen den Flakbatterien auf dem Marsfeld hatte man Kartoffeln gepflanzt. Überall waren kleine Tafeln aufgestellt: ›Dr. Kosins Garten‹, ›Alexander Prokofjews Garten‹ usw. Auf den Stufen vor der Kasaner Kathedrale brodelte ein Samowar, und Frauen brühten einen Tee aus irgendwelchen Kräutern auf. Man drehte sich Zigaretten aus altem Zeitungspapier und zündete sie mit dem Vergrößerungsglas an. Solange die Sonne schien, brauchte man keine Streichhölzer.

Es gab sogar Blumen in der Stadt; kleine Dahlien, Gänseblümchen und wilde Rosen. Die Straßenbahnen waren überfüllt. Nur die Linien 12, 3, 7, 30, 10, 20 und 9 verkehrten regelmäßig. Oft mußten sie wegen des Artilleriefeuers anhalten. Er gab keine Omnibusse oder Taxis. Auf den Straßen sah man Anschläge: »Bei Artilleriebeschuß ist diese Straßenseite am meisten gefährdet.« Am Straßenrand verkauften junge Mädchen Sodawasser, und auf dem Newskiprospekt stand ein Wagen, an dem Kwas feilgeboten wurde. An der Fontanka und Moika warfen alte Fischer ihre Angeln aus.

Man begegnete nicht mehr so oft dem Tode. Pawel Luknizky sah auf einem Spaziergang im Juli nur noch zwei Tote, den einen an der Fontanka in eine Decke gewickelt, in einem Schubkarren liegend, den anderen in einem Sarg, den jemand in einem Handwagen hinter sich herzog.

Die Menschen waren natürlich noch mager und sahen verhärmt aus, aber sie konnten sich schon schneller bewegen, und die Sonne hatte den Gesichtern eine gesündere Farbe verliehen. Man sah keine Schlangen mehr vor den Läden, ja man sah überhaupt nicht mehr viele Menschen. Die Straßen waren leer; zu viele waren gestorben, zu viele evakuiert, und immer neue Transporte verließen die Stadt.

Überall sammelten die Leute das frische Grün. An den Hauswänden hingen Plakate mit Listen von eßbaren wilden Pflanzen. Man empfahl junge Nesseln, Löwenzahn, Kletten, Gänsefuß, Raps und Sauerampfer.

Es gab auch noch Kinder in Leningrad. Sie liefen im Freien herum und spielten. Manchmal spielten sie ›Krieg‹, manchmal ›Arzt und Schwester‹ bei der Behandlung eines Dystrophiekranken. Sajanow sah, wie eine Gruppe Kinder den ›Kranken‹ auf einen Herd gelegt hatten. Die anderen standen herum und diskutierten darüber, ob man den Patienten evakuieren oder mit einer besonderen Diät kurieren solle.

Als Luknizky eines Tages auf einer Bank saß und in seinem Tagebuch schrieb, sprach ihn eine alte Frau an (aber er sah gleich, daß sie in Wirklichkeit jung und nur durch den Hunger und die Entbehrungen gealtert war). Sie hatte einen alten Sack auf dem Rücken, einen Schirm in der einen und einen roten Plattenspieler in der anderen Hand, den sie ihm zum Kauf anbot. Sie sagte, ihr Mann sei an der Front, sie habe keine Nachrichten von ihm, habe ihre Wohnung aufgeben müssen und wisse nicht, wo sie mit ihrem Kind bleiben solle.

Das Haus der Schriftsteller auf der Uliza Woinowa war jetzt wieder sauber, es lagen keine Leichen mehr in den Nebenzimmern, und die Mahlzeiten im Speisesaal wurden von Kellnerinnen in adretten Kleidern serviert. Für Mitglieder des Schriftstellerverbands gab es zwischen 15.00 und 17.00 Uhr nachmittags eine warme Mahlzeit ohne Karten. Sie bestand aus einem Teller guter Hafersuppe, Borschtsch und Kascha, als Nachspeise gab es einen Glykosegelee oder einen Riegel Schokolade.

Jetzt war es nicht mehr schwierig, für die Schriftsteller zu sorgen. Der Dichter Ilja Awramenko und Luknizky beschlossen, jeden zu evakuieren, der nicht im Kriegseinsatz stand. Sie gingen die Vorkriegsliste durch, auf der 300 Mitglieder verzeichnet waren; 107 dienten in der Armee, die meisten an der Leningrader Front; 33 waren verhungert, 11 waren gefallen und 6 verhaftet worden.

Zwei von den Verhafteten, Losin und Petrow, waren erschossen worden. Drei saßen, wegen politischer Vergehen angeklagt, im Gefängnis. An einen der Namen konnte Luknizky sich nicht mehr erinnern, ein anderer hieß Borisoglebsky. Der dritte war Abramowitsch-Blek, ein tapferer ehemaliger zaristischer Marineoffizier, der im September 1941 im Scherz der eleganten Empfangsdame des Astoria-Hotels, ›Lady Astor‹, einen Platz auf seiner imaginären Jacht auf dem Ladogasee angeboten hatte. Ein weiterer Schriftsteller namens Herman Matwejew war als Spekulant verhafter worden; 53 Schriftsteller hatten die Stadt verlassen. Es blieben 30 Personen übrig, die nicht Soldaten waren und evakuiert werden sollten.

Durch welche tragischen Umstände Abramowitsch-Blek in Schwierigkeiten geriet, läßt sich nicht mehr feststellen. Eine finstere Andeutung findet sich im Tagebuch von Wsewolod Wischnewski. Wischnewski hatte Abramowitsch-Blek als Schriftsteller entdeckt und ihm zu seinem literarischen Debüt verholfen. Am 24. Juli 1942 schrieb Wischnewski:

Ein gewisser B-k verteidigte in einem Gespräch nach Tisch ganz offen faschistische Ideen ... Man holte ihn vom Schiff und nahm ihn fest. Woher kommen solche Typen?

Wischnewski behauptete, B-k habe insgeheim auf Hitlers Sieg gehofft. Wischnewski will mehrere Schriftsteller mit ähnlichen Ansichten gekannt haben. Sie tarnten sich als angeblich gute Sowjets, und ihre Arbeiten trügen den Stempel der Unaufrichtigkeit und des Hochmuts.

Ob Wischnewski glaubte, sein Protegé sei ein Verräter, oder ob er nur versuchte, seine eigenen Spuren zu verwischen, läßt sich nicht sagen. Dieser Fall zeigt wieder einmal, daß die Wachsamkeit der Geheimpolizei trotz des Heroismus der Leningrader nicht nachgelassen hatte.

Wissarion Sajanow wollte den Komponisten Boris W. Asafjew besuchen. Die herrlichen alten Leningrader Buchläden waren wieder geöffnet. Viele Bücherfreunde hatten ihre Bücher für Brot hergegeben, viele waren gestorben, und ihre Bibliotheken wurden jetzt von den Erben verkauft. Manches wertvolle Buch war Dieben in die Hände gefallen, die leerstehende Wohnungen geplündert hatten. Der Buchhandel in Leningrad war sehr lebhaft. Für Wischnewskis krankhaften Verdacht, Saboteure hätten die gesamte Neuauflage von *Krieg und Frieden* und Tolstois *Sewastopoler Erzählungen* verbrannt, gibt es keine Bestätigung.

Auf dem Weg zu Asafjew ging Sajanow in einen Buchladen und kaufte eine Schrift über die Aufführung von Tschaikowskis *Pique Dame* im Mariinskytheater am 3. Mai 1921. Der Verfasser war Igor Grebow – das Pseudonym von Asafjew. Er schlug das Heftchen auf und las den Satz: »Von Anfang bis Ende der Oper ziehen die Klauen des Todes das Opfer ständig näher und immer näher zu sich heran.« Er las weiter: »Das Grauenerregende in der Musik der *Pique Dame* liegt darin, daß sie uns die Unvermeidlichkeit des Todes einhämmert und uns damit unmerklich, unheimlich dem schrecklichen Ende näher und näher bringt.«

Als Sajanow das Buch Asafjew überreichte, sagte dieser:

»Wie seltsam! Es ist, als hätte nicht ich, sondern ein anderer das geschrieben.«

Sie stießen auf eine Stelle, die Asafjew vor zwanzig Jahren geschrieben hatte: »Als der Frühling kam, war niemand auf der ganzen Welt so glücklich wie die Bewohner dieser herrlichen Stadt.«

Sie zweifelten nicht an der Wahrheit dieser Aussage.

Das Gespräch mit Asafjew beeindruckte Sajanow tief. Sie redeten nicht über die alltäglichen Probleme wie Essen, Lebensmittelkarten und Hunger. Asafjew hatte fast den ganzen Winter im Luftschutzraum des Puschkintheaters gelebt und wäre beinahe gestorben. Aber er sprach nicht über seine persönlichen Schwierigkeiten. Er sprach über die musikalische Struktur westslawischer Lieder und gab Sajanow einen von ihm verfaßten Aufsatz über die Oper *Der bronzene Reiter*. Er verlor kein Wort über den furchtbaren Januar, als er im Dunkel in seinem Bett gelegen hatte, um Heizung, Licht und Kraft zu sparen, und im Geist komponierte, um, wenn es hell wurde, schnell die Noten aufzuschreiben, solange er noch die Kraft dazu hatte. Damals konzipierte Asafjew im Geist seine ganze Autobiographie. Aber es dauerte noch Monate, ehe er sie zu Papier bringen konnte.

Auf einem Gang durch die Straßen Leningrads sah Luknizky Frauen an den über Flüsse und Kanäle führenden Brücken Wäsche oder Geschirr waschen. Sie sahen gesund aus. Einige hatten sogar Lippenstift aufgetragen. Die Wäsche wurde nicht nur gewaschen, sondern auch gebügelt.

Auf dem Liteinyprospekt hatte ein Buckliger eine Waage aufgestellt und machte ein gutes Geschäft. Jeder wollte wissen, wieviel Gewicht er im Winter verloren hatte. An der Ecke Sadowaja- und Kachowstraße hatte sich ein alter Schuhputzer etabliert. Wenn er ein Paar Schuhe geputzt hatte, mußte er eine Weile ausruhen, so schwach war er noch. Schuheputzen kostete 5 Rubel, eine Dose Schuhkrem dasselbe. An den Straßenecken gab es Zigaretten zu kaufen. Die Preise auf dem schwarzen Markt stabilisierten sich. Ein Liter Wodka kostete 3 000 Rubel, 100 g Brot 40 Rubel, ein Päckchen Zigaretten 150 Rubel, Fichpasteten 3 Rubel, und eine Karte für die Komische Oper gab es für zwei Brotrationen.

Der Schutt auf dem Newskiprospekt war abgefahren und wurde zur Herstellung von Bunkern und betonierten Feuerstellungen verwendet. In den durch Bomben geschlagenen Häuserlücken errichtete man falsche Fassaden, die so gestrichen wurden, daß sie den früher dort stehenden Häusern glichen. Wenn man schnell durch die Straßen ging, sah man keine Schäden. An der falschen Front eines Gebäudes auf dem Newskiprospekt an der Ecke der Morskystraße brachte man die Jahreszahl 1942 an. Sollte es das Datum der Zerstörung oder das Datum der Errichtung der falschen Front sein? Eine Granate hatte einen Zwiebelturm der ›Kirche des Bluts‹ durchschlagen, die an der Stelle errichtet worden war, wo Alexander II. einem Attentat zum Opfer fiel. Der Turm wurde mit Sperrholz repariert, und der Schaden war nicht mehr zu sehen. Auch der Ingenieurspalast war getroffen worden, und viele Menschen waren dabei umgekommen, denn das Gebäude wurde als Krankenhaus benutzt. Aber von außen war jetzt nichts mehr zu sehen.

Doch der Schein trog. Die Stadt sah friedlicher aus, und das Leben darin schien friedlicher zu sein, aber in Wirklichkeit schwebte sie noch in großer Gefahr. Diese Gefahr nahm wieder zu. Im Süden war die deutsche Sommeroffensive in vollem Gange. Sowjetische Truppen hatten Sewastopol und die Krim räumen müssen. Die Deutschen waren im Vormarsch über die weite südrussische Steppe und stießen auf die Wolga vor. Deutsche Truppen standen schon tief im Kaukasus.

Die Zeichen für einen bevorstehenden Angriff gegen Leningrad mehrten sich. Länger als einen Monat hatte man deutsche Truppenbewegungen beobachtet. Wischnewski hörte, daß die Deutschen jetzt um 50 Prozent stärker seien als im Frühjahr. Man sah mehr deutsche Aufklärungsflugzeuge. Am 10. Juli sagte General Goworow den Kommandeuren in Leningrad, eine neue Kraftprobe stehe bevor. Parteisekretär Schdanow meinte, die Deutschen würden versuchen, die Stadt im Sturm zu nehmen. Nach Einnahme der Krim hatte Hitler die Elfte Armee Mansteins nach Norden zu einer neuen Offensive gegen Leningrad abdrehen lassen. Sehr bald standen die 24., 28., 132. und 170. Division der Elften Armee vor Leningrad. Ihnen folgten die 5. Gebirgsdivision, die 61. Infanteriedivision und die 250. spanische Blaue Division. Der Artillerieaufmarsch begann mit der Heranführung großer Mengen schwerer Artillerie aus den Skoda-, Krupp- und Schneiderwerken, darunter auch das 44-cm-Geschütz, die sogenannte ›dicke Berta‹. Diese Geschütze hatten bei der Eroberung von Sewastopol eine wichtige Rolle gespielt. Ende Juli hatten die Deutschen 21 Infanteriedivisionen, 1 Panzerdivision und 1 selbständige Infanteriebrigade vor Leningrad, bei Mga und Sinjawino zusammengezogen. In dieser Lage erhielten die bei Leningrad stehenden sowjetischen Truppen wieder den Befehl, eine Offensive mit dem Ziel vorzubereiten, die Blockade zu brechen. Das war der vierte Versuch. Aber ein weiteres operatives Ziel bestand darin, den starken deutschen Druck im Süden nach Möglichkeit zu vermindern. Die Lage war so kritisch wie noch nie während des ganzen Feldzugs. Die Deutschen sollten vor Leningrad um jeden Preis daran gehindert werden, Kräfte nach Süden und Südwesten abzuziehen.

Die Hauptlast bei der neuen Offensive sollte die Front am Wolchow unter General Merezkow tragen. Seine Kräfte waren stärker als die Operationsgruppe Newa unter General Goworow.

Man suchte die Stimmung in Leningrad zu heben. Am 25. Juli, dem Tag der Kriegsmarine, ließ man zum erstenmal deutsche Kriegsgefangene über den Newskiprospekt marschieren. Das waren die einzigen Deutschen, die das Herz der Stadt erreichten. Es waren mehrere Tausend, unrasiert, schmutzig, verlaust, in Uniformjacken aus Ersatzwolle. Viele fürchteten sich ganz offensichtlich vor der Menge. Es waren meist Frauen, die riefen: »Gebt sie uns! Gebt sie uns!« Soldaten und Polizei hielten die Frauen zurück. Hier und da warf ein Kind einen Stein oder einen Stock auf die elenden Gefangenen. Aber nicht alle ließen sich unterkriegen. Einige schnitten Grimassen, andere lachten.

Enttäuscht schrieb Wischnewski in sein Tagebuch: »Einige dieser Hurenzuhälter« seien Arbeitersöhne, und viele ließen sich in den Verhören nicht weichmachen, sondern antworteten auch weiter mit nazistischen Schlagworten. Er berichtet, einzelne seien in Tränen ausgebrochen, als man ihnen sagte, sie müßten alles wieder aufbauen, was in Rußland zerstört worden sei, ehe sie nach Hause entlassen würden.

Am 9. August um 19.00 Uhr öffneten sich die Tore der Philharmonie. Es gab sogar Licht in einigen der Kristalleuchter. Durch die großen Fenster kamen Sonnenstrahlen, die Bombenschäden waren zum Teil mit Sperrholz repariert. Hier traf sich ganz Leningrad: Wsewolod Wischnewski und Vera Inber, die sich am Nachmittag zufällig getroffen und die Treibhäuser im Botanischen Garten besucht hatten, wo die Palmen im Winter erfroren waren und wo jetzt die Victoria regia wieder zu blühen begann, wo man Peonien schnitt und die dunklen Berberitzensträucher neue Schößlinge trieben; hier erschien auch General Goworow in gutsitzender Uniform, man sah Parteisekretär Kusnezow, dunkel, mit schmalem Gesicht, aber entspannter als im Winter, und am Dirigentenpult stand Karl Eliasberg. Das Publikum war festlich gekleidet, die Männer im dunklen Anzug, die Frauen in seidenen Abendkleidern. Es war die eleganteste Gesellschaft seit Beginn der Belagerung. Die Partitur der Siebenten Symphonie von Schostakowitsch war im Juni per Flugzeug nach Leningrad gebracht worden, und die Proben hatten mehr als sechs Wochen in Anspruch genommen.

Die majestätische Musik erklang zur Begleitung eines Crescendo der Leningrader Artillerie. Der Chef des Stabes der deutschen Achtzehnten Armee, General Friedrich Ferch, befahl, als er feststellte, daß die deutschen Truppen die Symphonie im Radio mithörten (die Sendung wurde in alle Teile der Sowjetunion und über Kurzwelle nach Europa und Nordamerika ausgestrahlt), den Raum um die Philharmonie mit Artilleriefeuer zu belegen. Aber der Artillerist Goworow hatte an diese Möglichkeit gedacht. Sowjetische Geschütze brachten die deutschen Batterien zum Schweigen.[1]

Die Generäle Merezkow und Goworow, Admiral Tribuz und die Parteisekretäre Schdanow und Kusnezow kamen am 21. August bei Tichwin zu-

[1] Sowjetische Augenzeugen sind sich über diesen Punkt nicht einig. Juri Aljanskii, der der Aufführung beiwohnte, berichtet, die deutsche Artillerie habe die Stadt nicht beschossen, da sowjetische Batterien sie vorher niedergekämpft hätten (›*Swesda*‹. Nr. 11, Nov. 1961, S. 195). W. M. Gankewitsch sagt, Ferch habe seinen Geschützen befohlen, das Feuer zu eröffnen, die deutsche Artillerie sei jedoch sofort zum Schweigen gebracht worden (Gankewitsch, a.a.O., S. 80). Der damals in Leningrad stationierte Artillerist N. N. Schdanow sagt, die Deutschen hätten das Feuer gar nicht erst eröffnet, weil Goworow die deutschen Batterien vorher niedergekämpft hätte (N. N. Schdanow: Ognewoi Śčit Leningrada. Moskau 1961, S. 76). Vera Inber, Wischnewski und Bogdanow-Beresowski erwähnen die Beschießung nicht. Sie alle waren bei dem Konzert. (Inber: Isbrannije Proiswedenija. Bd. III, Leningrad 1958, S. 347–348; Wischnewski, a.a.O., S. 598; Bogdanow-Beresowski: W Gody Welikoi Otečestwennoi Woiny. Leningrad 1959, S. 146). General Friedrich Ferch wurde als Kriegsverbrecher zu 25 Jahren Gefängnis verurteilt. 1955 wurde er nach Westdeutschland entlassen (Istorija WOWSS. Bd. III, S. 128).

sammen, um die Pläne für die Operationen zur Zerschlagung des Blokkaderings aufeinander abzustimmen. Es gab Unstimmigkeiten zwischen der Leningrader und der Wolchowfront, zwischen Schdanow und Goworow auf der einen und Merezkow auf der anderen Seite. In Leningrad wollte man den Schwerpunkt an der Leningrader Front haben. Stalin stellte sich auf Merezkows Seite und befahl, daß »der Schwerpunkt der vorgeschlagenen Operation an der Wolchowfront gebildet werden soll«.
Schdanow lehnte Merezkows Auffassung scharf ab und behauptete, man könne den Blockadering von Leningrad aus durchbrechen, wenn man mit der Operationsgruppe Newa den Übergang über die Newa erzwang. Merezkow und Stalin hatten recht, wenn sie sich dieser Ansicht widersetzten.
Merezkow erhielt von Moskau mehr Verstärkungen und Waffen als er angesichts der Krise bei Stalingrad erwartet hatte. Stalin schickte ihm 20 000 Gewehre und Maschinenpistolen, obwohl er nur 8 000 bis 10 000 angefordert hatte. Der Nachschub erreichte die Wolchowfront auf Umwegen, um die Angriffsvorbereitungen vor den Deutschen zu verschleiern. Die Mannschaften wurden in geschlossene Güterwagen verladen, die außen als Kraftstoff-, Verpflegungs- oder Heutransporte gekennzeichnet waren. Die Panzer waren auf offenen Loren festgemacht und mit Heu getarnt.
Die Offensive schlug fehl. Sie schleppte sich bis in den Oktober hinein, aber ein Durchbruch gelang nicht. Wieder erzwangen die Leningrader Truppen den Übergang über die Newa und schickten am 8. Dezember unter schwerem deutschen Feuer drei Schützendivisionen auf das andere Ufer. Goworow nahm die Schuld auf sich und schlug vor, noch einen Versuch zu unternehmen. Er ließ Ausbildungskurse abhalten und setzte amphibische Panzer ein. Das neue Unternehmen begann am 26. September und scheiterte wie die vorangegangenen. Es fing an zu regnen. Noch einmal mußte Goworow eine schmerzliche Entscheidung treffen. Er ließ den Brückenkopf räumen, und am 8. Oktober zogen sich die Truppen wieder auf das Nordufer der Newa zurück.
Merezkow ging es nicht besser. Zunächst kamen seine Verbände ein Stück voran. Am 20. September leitete Manstein eine Gegenoffensive ein und versuchte, die am weitesten vorgedrungenen sowjetischen Truppen abzuschneiden. Die vom Unglück verfolgte Zweite Stoßarmee blieb in den Sümpfen stecken. General Merezkow griff persönlich ein, um das IV. Gardeschützenkorps aus der drohenden Umklammerung zu ziehen. Zweimal wurde sein Fahrzeug von einer Granate getroffen. Während er sich im Sumpfgebiet aufhielt, erreichte ihn die Meldung, daß Stalin ihn dringend am Telefon sprechen wolle. Aber erst am 30. September kam er zu seinem Stabsquartier zurück und meldete das Gespräch an.
»Warum sind Sie nicht ans Telefon gekommen?« herrschte Stalin ihn an.

»Ich habe zwei Befehlswagen verloren«, antwortete Merezkow. »Ich wollte auch den Korpsgefechtsstand nicht verlassen, weil ich fürchtete, der Korpsstab und nach ihm die Stäbe der anderen Truppenteile würden mir dann folgen.«

Er meldete, er habe die eingeschlossenen Truppen aus dem Kessel herausgeführt. Damit endete der vierte Versuch, den Belagerungsring um Leningrad zu sprengen. Es war der 6. Oktober, der 402. Tag der Belagerung. Aber ein neuer deutscher Angriff gegen Leningrad war abgewendet worden. Manstein hatte 60 000 Gefallene und Gefangene, 260 Flugzeuge, 200 Panzer und 600 Geschütze und Granatwerfer verloren. »Besser dreimal in Sewastopol als noch länger hierbleiben müssen«, meinten seine Soldaten.

Die Stimmung in Leningrad hatte sich dennoch gebessert. Man bereitete sich in neuem Geist auf den zweiten Kriegswinter vor. Die junge Direktorin des Astoria-Hotels, Galina Alexejewina, hatte Wimperntusche aufgelegt und ging singend die Marmorstufen der geschwungenen Treppe hinauf. »Warum bin ich so froh?« fragte sie Pawel Luknizky. »Ich weiß es wirklich nicht. Die Stadt wird beschossen, und ich singe. Früher habe ich morgens nie gesungen. Es ging mir ganz gut, aber ich weinte die ganze Zeit. Und was war der Anlaß! Wenn ich heute daran denke, muß ich lachen. Jetzt habe ich alles verloren. Meine Angehörigen sind gestorben. Ich dachte, ich würde das nie überleben. Aber jetzt bin ich auf alles gefaßt. Wenn ich sterben soll, werde ich sterben. Ich fürchte mich nicht mehr vor dem Tod.«

Luknizky teilte diese Stimmung – außer, wenn er es mit der Bürokratie der Heeresverwaltung zu tun bekam. Er besaß einen von der Roten Armee in Moskau ausgestellten Paß mit zwanzig Stempeln und Unterschriften, und sogar damit ließ sich mancher Kommandeur nicht dazu bewegen, ihm eine Mahlzeit, eine Lebensmittelkarte oder ein Fahrzeug zu geben.

Die allgemeine Kriegslage hatte die Stimmung in der Stadt beeinflußt. Parteisekretär Kusnezow sagte bei einer Ansprache in der Philharmonie: »Der Feind hat kürzlich mehrere Divisionen von Sewastopol hierher verlegt, aber diese Verbände sind in dem Unternehmen bei Sinjawino (am Wolchow) und an der Leningrader Front zerschlagen worden. Es wird nicht mehr lange dauern, bis unsere Truppen den Befehl erhalten: ›Zerbrecht den Blockadering!‹« Er bekam begeisterten Beifall.

Jetzt bereitete Leningrad sich auf die Feiern zum 25. Jahrestag der Oktoberrevolution vor. Es sollte keine Parade geben, dazu war es noch zu früh, aber es wurden einige Sonderveranstaltungen geplant. Wischnewski und zwei Kollegen, Alexander Kron und Wsewolod Asarow, hatten innerhalb von 17 Tagen eine musikalische Komödie geschrieben, die in der Baltischen Flotte spielte. Das war nicht gerade der richtige Rahmen für eine Komödie. Der Titel lautete *Das weite, weite Meer.* Wischnewski hatte noch nie etwas mit Musik oder dem Theater zu tun gehabt. Er besuchte deshalb das Singspiel *Rosemarie,* um zu sehen, wie so etwas gemacht wird, und er wurde dabei zu Tränen gerührt. *Das weite, weite Meer* war eine Arbeit auf Bestellung – geschrieben auf Befehl der politischen Verwaltung der Baltischen Flotte. Wischnewski hatte einfach ›jawohl‹ gesagt, um dann erst zu entdecken, was da auf ihn zukam. Er stürzte sich so begeistert in die Arbeit, daß er es kaum registrierte, als aus der Aufforderung des Parteisekretärs Kusnezow, am 30. Dezember als Prawda-Korrespondent in die USA zu gehen, nichts wurde. Diese Einladung war nach Wendell Willkies Besuch in Rußland zustande gekommen. Wischnewski hatte zur Vorbereitung auf diese Aufgabe *Babbitt* von Sinclair Lewis gelesen. Aber nach ein paar Tagen teilte man ihm mit, daß er nicht fahren könne. Die Gründe hat er nie erfahren.

Der übliche Empfang am Vorabend des Feiertags fand im Smolny statt. Auch Wischnewski war eingeladen. Alle Leningrader Parteiführer waren zugegen, Schdanow, Kusnezow, die anderen Parteisekretäre und Generalleutnant Goworow. Wischnewski fand es sehr aufregend. Fünfundzwanzig Jahre waren seit der Revolution vergangen, fünfundzwanzig Jahre Bolschewismus. In diesem Saal hatte es am 8. November 1917 angefangen, als Lenin ans Rednerpult trat und ruhig sagte: »Wir werden jetzt darangehen, die sozialistische Ordnung aufzubauen.« Wischnewski versuchte, sich zu beherrschen, aber es fiel ihm nicht leicht. Er blickte auf die Ehrenwache – Matrosen der Baltischen Flotte mit breiten, gutmütigen Gesichtern, wie 1917. Man hörte Stalins Ansprache. Die Nachrichten waren günstig. Rommel war in Nordafrika geschlagen worden. Die Kronleuchter erstrahlten im hellen Licht; ein Unterwasserkabel brachte den Strom durch den Ladogasee von einem neu in Betrieb genommenen Kraftwerk am Wolchow. Der in Weiß und Gold gehaltene Saal gab einen glänzenden Rahmen ab. Die meisten Anwesenden waren in Uniform; 70 Prozent aller Parteimitglieder und 90 Prozent der Komsomolzen gehörten der Roten Armee an.

Wischnewski bemerkte nicht, wie ein Adjutant an General Goworow herantrat, der auf der Bühne saß. Der Offizier flüsterte: »Sie werden am Telefon verlangt.« Goworow verließ unauffällig die Bühne und ging an den Apparat, der über die geheime Fernsprechleitung mit Moskau verbunden war. Das Gespräch mit Stalin war sehr kurz. Er sagte nur ein paar geheimnisvolle Worte und befahl Goworow, das ›Kriegsspiel Nr. 5‹ durchzuführen.

Bei seiner Ansprache an das russische Volk am Vorabend des Feiertags verkündete Stalin, man werde »auf den Straßen Rußlands sehr bald ein Fest feiern«. Er meinte die Kämpfe um Stalingrad, wo die deutsche Offensive nur noch eine Woche weiterging und zwei Wochen später von der russischen Offensive abgelöst wurde. Bald, so deutete er an, würde man in Rußland Grund zum Feiern haben. Die verschlüsselte Mitteilung an Goworow bedeutete, daß auch Leningrad etwas erleben sollte, das eine Feier veranlassen könnte.

›Kriegsspiel Nr. 5‹ war ein für sowjetische Verhältnisse recht schwer zu entzifferndes Kodewort. Dimitri Schtscheglow hörte an einer Feldfernsprechvermittlung eines Abends die folgenden Ausdrücke: ›Jasmin‹ verlangte ›Rose‹. ›Rose‹ gab an ›Jasmin‹ eine Meldung durch, in der Aufklärungseinheiten ›Augen‹, Matrosen ›Bänder‹ (abgeleitet von den Bändern an den Matrosenmützen), Artillerie ›Schwarz‹ (abgeleitet von den schwarzen Paspeln an der Artillerieuniform) hießen. Der General war ›der alte Mann‹, der Befehlshaber der Achten Armee ›Großpapa‹, und Granaten hießen ›Gurken‹. Schtscheglow hielt nicht viel von diesen Tarnbezeichnungen.

Das ›Kriegsspiel Nr. 5‹ war die Anweisung an Goworow, die Operation für den Durchbruch durch den Belagerungsring vorzubereiten. Goworow ging in sein Amtszimmer, öffnete den Panzerschrank und nahm ein dickes Aktenbündel heraus. Seit Übernahme des Kommandos in Leningrad hatte er zahlreiche Notizen über seine Ideen für eine Offensive niedergeschrieben und gesammelt. Jetzt schloß er sich in seinem Zimmer im II. Stock im Smolny ein, befahl dem Adjutanten, niemanden hereinzulassen, auch wenn es noch so dringend sei, und suchte die Unterlagen heraus, die er brauchte. Die Versammlung war schon fast zu Ende, als Goworow seinen Platz auf der Bühne wieder einnahm.

Nun machten sich der Pionierführer General Byćewski, der Artillerieführer General Georgi Odinzow und einige andere Truppenbefehlshaber an die Arbeit. Es ging um den fünften Versuch, die Blockade zu brechen, und diesmal sollte anders vorgegangen werden. Am 17. November ging ein Entwurf nach Moskau, dem am 22. November ein in allen Einzelheiten ausgearbeiteter Plan folgte.

Die Leningrader Verbände sollten ebenso stark sein wie die Truppen am Wolchow. Eine neue Armee, die Siebenundsechzigste, sollte unter General Duchanow aufgestellt werden. Duchanow war einer der besten Truppenführer, und Goworow hatte vor dem Kriege unter ihm ein Artillerieregiment kommandiert, als Duchanow Befehlshaber des Leningrader Militärbezirks war.

Goworow arbeitete sehr konzentriert. Er schloß sich buchstäblich in seinem Arbeitszimmer ein, studierte Tabellen und Karten, ging ruhelos auf und ab und trank ungezählte Gläser sehr starken, heißen Tee. Er war etwas weitsichtig und brauchte zum Lesen und Kartenstudium eine Brille. Er war fleißig, gewissenhaft und peinlich genau bis ins letzte Detail. Wissarion Sajanow äußerte Goworow gegenüber einmal die Ansicht, die Russen hätten zu Beginn des Krieges tapfer gekämpft, aber offensichtlich taktische Fehler begangen und sich zu sehr an die deutsche Militärtheorie gehalten.

Goworow antwortete: »Das ist nicht nur Ihre Ansicht, sondern jeder, der etwas von militärischen Dingen versteht, teilt sie. Jetzt darf man natürlich nicht darüber sprechen, aber eines Tages werden alle bei Kriegsbeginn begangenen Fehler lautstark diskutiert werden.« Diesmal sollten, soweit es an Goworow lag, keine Fehler begangen werden.

Am 29. November rief er die Truppenkommandeure zusammen und legte ihnen seine Grundidee für die Offensive vor. Die Newa sollte in einer Frontbreite von 13 Kilometern zwischen Newskaja Dubrowka und Schlüsselburg überschritten werden. Die Truppen am Wolchow sollten aus dem Raum Sinjawino vorstoßen, um sich mit den Leningrader Verbänden zu vereinigen. Als erste Welle waren vier Schützendivisionen und eine leichte Panzerbrigade, als zweite Welle drei Divisionen und je eine schwere und mittlere Panzerbrigade vorgesehen. Die zweite Welle sollte 48 Stunden nach Beginn der Schlacht antreten. Dann sollten die schweren Panzer folgen. Zweitausend Geschütze sollten das Unternehmen unterstützen. Das waren dreimal soviele wie bei den verlustreichen Offensiven 1941/42. Die Vorbereitungen sollten innerhalb eines Monats abgeschlossen sein.

Am 8. Dezember setzte Stalin den Angriffsbeginn fest.[2] Das Ziel: die Beendigung der Blockade von Leningrad. Das Kodewort für das Unternehmen hieß ›Iskra‹ – der Funke. Dieses Wort brachte man seit jeher mit der Revolution und mit Petersburg–Petrograd–Leningrad in Verbindung. So hieß auch die erste von Lenin vor dem Bruch zwischen Menschewiken und Bolschewiken herausgegebene Zeitung.

Der Gegner Goworows war Generaloberst Lindemann, der Befehlshaber der Achtzehnten Armee. Ihm standen mehr als 25 Divisionen zur Verfügung. Er wußte genau, was er zu erwarten hatte. In einem Tagesbefehl an seine Truppen hieß es: »... Als Wiege der Bolschewistischen Revolution, als Stadt Lenins, ist es die zweite Hauptstadt der Sowjets. Ihre Befreiung wird immer eines der wichtigsten Ziele der Bolschewiken bleiben. Für das Sowjetregime hätte eine Befreiung Leningrads die gleiche Bedeutung wie die Verteidigung Moskaus oder die Schlacht um Stalingrad.«

Lindemann hatte recht.

Goworow war entschlossen, nichts dem Zufall zu überlassen. Aus Sicherheitsgründen wurde jeder Befehl in nur einer Ausfertigung mit der Hand

[2] N. S., S. 427. Barbaschin nennt den 2. Dezember. Nach dem Befehl aus Moskau sollten die Vorbereitungen bis zum 31. Dezember abgeschlossen sein (Barbaschin, a.a.O., S. 237).

geschrieben. Truppenbewegungen bei Tage wurden verboten. Nur kleine Einheiten durften auf verschiedenen Wegen durch Leningrad geführt werden. Der übliche Funkverkehr wurde aufrechterhalten. Neu herangeführte Truppen mußten Funkstille einhalten. Es wurden keine neuen Aufklärungsunternehmen durchgeführt, und die Artillerie schoß absichtlich nur noch Streufeuer.

Am Weihnachtstag traf Goworow mit dem Stab der Siebenundsechzigsten Armee zusammen. In seiner Begleitung befanden sich Parteisekretär Schdanow, Parteisekretär J. F. Kapustin, Parteisekretär A. I. Machanow, Bürgermeister Peter Popkow und Marschall Woroschilow. Stalin hatte Woroschilow als Verbindungsmann zwischen Moskau und Leningrad an die Front geschickt.

Der verhaßte Polizeigeneral Mechlis war als Politkommissar zu General Merezkow an die Wolchowfront geschickt worden[3], und Parteisekretär

[3] Admiral Kusnezow, der Mechlis und den anderen Polizeigeneral, G. I. Kulik, aus tiefstem Herzen verabscheute, charakterisiert Mechlis als einen »völlig ungeeigneten Mann für die Rolle eines Vertreters der Zentrale an der Front. Mit weitreichenden Vollmachten ausgestattet, versuchte er stets, den Befehlshaber auszuschalten und nach seinen Ideen vorzugehen, ohne dabei die Verantwortung für den Ausgang der Operationen zu übernehmen.« Das zeigte sich zum erstenmal in Winterkrieg 1939/40 gegen Finnland. Mechlis kam im Auftrag Stalins zur Neunten Sowjetarmee, löste dort Dutzende von Offizieren ab und forderte, als die 44. Division von den Finnen eingeschlossen wurde, die Erschießung ihres Kommandeurs, A. I. Winogradow. Winogradow wurde verhaftet, aber nicht hingerichtet. Wie Kusnezow berichtet, sagte Stalin bei der Abschlußbesprechung des Krieges gegen Finnland im April 1940 zu Mechlis: »Sie sind an Ort und Stelle gewesen und haben dort die Befehlsgewalt in Ihre eigene Tasche gesteckt und nach eigenem Belieben gehandelt.« Kusnezow meint, Mechlis habe diese Bemerkung als Kompliment aufgefaßt und deshalb auch im Zweiten Weltkrieg so gehandelt. In den ersten Kriegsmonaten leitete Mechlis die politische Propaganda in der Armee, und einer seiner Mitarbeiter, Lew Kopolew, bezeichnet ihn als »einen sehr energischen, sehr entschlossenen, aber sehr wenig fachkundigen Mann, der in vielen Dingen nur oberflächliche Kenntnisse besaß und bis zur Willkür selbstherrlich war«. Im Frühjahr 1942 wurde Mechlis als Stellvertretender Verteidigungskommissar abgelöst, in einen niedrigeren Rang versetzt und von Stalin wegen seiner Rolle beim Verlust der Krim gerügt. Typischerweise versuchte Mechlis, die Schuld von sich abzuwälzen, beschuldigte die Armee und verlangte die Ernennung eines neuen Befehlshabers. Stalin warf ihm vor, er fordere einen Hindenburg als Oberbefehlshaber der sowjetischen Truppen. Moskau habe keinen Hindenburg, sagte Stalin, und Mechlis versuche nur, sich vor der Verantwortung für die von ihm begangenen Fehler zu drücken. Er wurde offiziell getadelt, weil er sich in die Aufgaben des Frontbefehlshabers eingemischt und Befehle gegeben habe, die nicht den Erfordernissen der Lage entsprachen. Mechlis versuchte, den Flottenbefehlshaber auf der Flottenbasis Kertsch, A. S. Frolow, für die Katastrophe verantwortlich zu machen und drohte, ihn erschießen zu lassen, wenn Admiral Kusnezow ihn nicht vor ein Militärgericht stellen ließe. Kusnezow weigerte sich. Trotzdem hatte Mechlis bald die Gunst Stalins wiedergewonnen und wurde 1943 zum Kommissar bei dem tüchtigen General I. W. Boldin bei Briansk ernannt. Am 24. August 1943 griffen sowjetische Flugzeuge deutsche Vorpostenstellungen an. Mechlis glaubte, die Flugzeuge hätten sowjetische und nicht deutsche Truppen angegriffen, und befahl, die Staffel nicht mehr einzusetzen, die Piloten vor ein Militärgericht bringen und erschießen zu lassen. Nur das Zeugnis eines Offiziers, der den Angriff gegen die deutschen Stellungen gesehen hatte und bezeugen konnte, rettete ihnen das Leben (Schtemenko, a.a.O., S. 18,

Kusnezow wurde zum zeitweiligen Kommissar der Zweiten Stoßarmee ernannt. Er hatte die besondere Aufgabe zu verhindern, daß dieser vom Unglück verfolgte Verband wieder in einen Kessel geriet.
Die Siebenundsechzigste Armee mußte auf Befehl Goworows den ganzen Angriff in einem Manöver vorüben, dessen Vorbereitungen 128 Stunden in Anspruch nahmen.
Das Eis auf der Newa war noch dünn, und General Byćewski suchte mit seinen Pionieren nach Möglichkeiten, den Fluß auch mit T 34-Panzern zu überschreiten. Major L. S. Barschai von der Baubrigade der Leningrader Untergrundbahn entwickelte hölzerne Ausleger, die mit den Ketten verschraubt wurden, um das Gewicht auf eine größere Fläche zu verteilen. Die Sache sah ganz brauchbar aus. Als Byćewski General Goworow das Modell vorführte, kam Woroschilow herein. Auch er wollte am nächsten Tag der Vorführung auf der Newa bei Nowo-Saratow beiwohnen. Byćewski gefiel es nicht, als die hohen Offiziere und Funktionäre, Woroschilow, Goworow, Parteisekretär Kusnezow, General Odinzow und einige andere sich am Ufer versammelten. Auf Befehl Goworows blieb der Turm offen, als der Panzer auf das Eis hinausrollte. Woroschilow und Goworow gingen Seite an Seite hinterher. Der Panzer rutschte, nach etwa 15 Metern riß das Eis nach allen Seiten auf, und Goworow zog Woroschilow im letzten Augenblick vor einem klaffenden Eisloch zurück, während der Panzer im Wasser versank. Kurz darauf tauchte der Fahrer, Michail Iwanow, vor Kälte zitternd, aber lebendig, wieder auf. Irgend jemand reichte ihm eine Flasche Wodka. »Verleihen Sie ihm den Orden vom Roten Stern«, befahl Woroschilow. »Und was Sie angeht, Byćewski – wir sprechen uns noch!«
Wieder war Byćewski in einer schwierigen Lage. Zu seinem Glück nahm Goworow ihm das Mißlingen des Versuchs nicht übel, sondern befahl, weiter zu experimentieren.
Leningrad erwartete das neue Jahr in aller Stille; nur noch 637 000 Menschen lebten in der Stadt. Das war ein knappes Viertel der Einwohnerzahl von Anfang 1942. Vera Inber hatte einige Gäste eingeladen. Die Leningrader Schriftsteller – die meisten gehörten der Roten Armee an – kamen, mit ihnen viele Ärzte aus dem Krankenhaus ihres Mannes. Es gab Kuchen und Wein, Wodka und Kaviar. Auch Alexander Kron war unter den Gästen, ebenso Nikolai Tschukowski und Lew Uspenski. Wsewolod Wischnewski kam etwas später durch die klare Frostnacht. Er hatte am Radio eine seiner überoptimistischen Ansprachen gehalten: »Das Jahr

50, 55; Kusnezow: Na Kanune. S. 243–44; WOWSS, S. 156; Lew Kopolew. In: Literaturnoje Nasledsdwo Sowjetskich Pisatelei Na Frontach Velikoi Otećestwennoi Woiny. Bd. I, S. 535; A. P. Teremow: Pylajuśćije Berega. Moskau 1965, S. 47.).

1943 wird die Gerechtigkeit wiederherstellen. Dieses Jahr wird uns gehören. Bald werden die Schläge fallen. Vorwärts, Freunde!« Vera Inber hatte für jeden Gast einen kleinen Spruch auf ein Zettelchen geschrieben. Auf Wischnewskis Zettel stand: »Denke nicht an die Zukunft; die Zukunft denkt an dich.« Das gefiel ihm.

Im Rundfunk sprach Präsident Kalinin, und in den Nachrichten kamen Meldungen über riesige Kriegsbeute und Tausende von deutschen Gefangenen in Stalingrad. Aber Vera Inber war irgendwie beunruhigt. Sie hatte niederschreiben wollen, was sie 1942 geleistet und welche Fehler sie begangen hatte – und was sie für das neue Jahr erhoffte. Aber sie kam nicht dazu. Sie schrieb überhaupt nichts. Sie war deprimiert. Die Stadt erlebte wieder einmal einen Fliegerangriff, und sie kam mit dem fünften Kapitel ihres Buches *Pulkowo Meridian* nicht recht vorwärts. Olga Berggolz sprach im Rundfunk, und was sie sagte, klang ganz hoffnungsfroh. Sie erinnerte ihre Zuhörer an das Jahr 1942 und sprach davon, wieviel besser es jetzt aussah. Dann las sie ein Gedicht vor. Sie nannte es *Das Haus wird wärmer*:

> Ein neuer Winter. Die Flocken fliegen ...
> Noch steht der Feind vor den Toren,
> Doch kommt ins neue Haus!
> Begrüßen wir das Neue Jahr mit einem Fest ...
> Atmen wir Wärme in das Haus,
> Wo Sterben war, wo Dunkelheit regierte,
> Wird LEBEN sein ...

Weil das Eis auf der Newa noch nicht hielt, schlugen die Generäle Goworow und Merezkow am 27. Dezember vor, die Offensive auf den 12. Januar zu verlegen. Stalins Antwort traf am 28. Dezember ein und lautete: »JEFREMOW, AFANASJEW, LEONIDOW; die Stafka des Oberkommandos genehmigt Ihren Vorschlag betreffend Zeitpunkt für die Vorbereitungen und den Beginn des Unternehmens Iskra.«

›Jefremow‹ war der Deckname für Woroschilow, ›Afanasjew‹ war General Merezkow und ›Leonidow‹ General Goworow.

Am 12. Januar um 9.30 Uhr begann die Offensive. Mehr als 4 500 Geschütze eröffneten das Gefecht mit einem Feuerschlag. Das Vorbereitungsfeuer an der Leningrader Front dauerte 2 Stunden und 20 Minuten, an der Wolchowfront 1 Stunde und 40 Minuten. Jetzt hieß es nicht mehr, ›zu wenig‹, ›zu spät‹ oder ›zu schwach‹. Das gewaltige Dröhnen der vielrohrigen Raketenwaffe Katjuscha erschütterte die mit Eis überzogene Erde. Um 11.42 Uhr stieg eine grüne Leuchtkugel über der Newa auf. General S. N. Borschtschew, dessen 268. Division als erste angreifen sollte, erstarrte. Er sah seine Truppen, die das Signal falsch gedeutet hatten, über das Eis stürmen, ohne das Ende des Feuerüberfalls der Katjuschas abzuwarten. Es war zu spät, sie anzuhalten. Aber seine Befürchtungen verwandelten sich in stolze Freude, als er sah, wie seine Männer unter Ausnutzung des Überraschungsmoments mit nur geringen Verlusten sicher den Fluß überquerten.

General Duchanows Divisionen, die 268. unter General Borschtschew und die 136. unter General N. P. Simonjak, der sich bei Hangö ausgezeichnet hatte, stürmten über die Newa. Die Deutschen begegneten ihnen mit schweren Gegenangriffen, und die 268. geriet in eine schwierige Lage, ehe das Gewicht der sowjetischen Offensive spürbar wurde. Die Zweite Stoßarmee an Merezkows Wolchowfront ging direkt nach Westen vor, um den Anschluß an Duchanows Kräfte zu gewinnen.

Die meisten Leningrader Berichterstatter durften nicht an die Front gehen. Luknizky war auf Duchanows Gefechtsstand gewesen, mußte aber am 11. Januar zurück nach Leningrad. Der Befehl lautete: »Kein Berichterstatter darf vorn bleiben.« Luknizky raste nach Leningrad, und erst am 13. Januar durften er und die anderen Journalisten sich den angreifenden Truppen anschließen.

Sajanow begleitete die nach Schlüsselburg vorstoßende 86. Division. Es war Nacht, und das blaue Mondlicht beschien die endlosen Schneewehen, die das flache Land bedeckten. Am Rande des Schneefelds sah er die schwarzen, aus der Erde gerissenen Granattrichter. Überall lag noch herum, was die Deutschen in der Eile zurückgelassen hatten – Geschütze, Maschinengewehre, Maschinenpistolen, Munitionskisten, Kartuschen, Granaten, eine Kiste mit Eisernen Kreuzen, Kartons mit Cognacflaschen, Goebbelssche Propagandaschriften, Konservendosen, Strohstiefel, angebrochene Zigarettenpackungen und einzelne Räder von Gefechtsfahrzeugen. Bis zum Morgen, dachte Sajanow, wird der Wind über das Schlachtfeld gefegt sein und dies alles mit einer weißen Decke überzogen haben. Aber jetzt konnte er den Spuren der Schlacht noch folgen. Hier lag ein gefallener russischer Soldat, ein junger Mann, nicht älter als 23 Jahre. Noch im Tode hielt er das Gewehr fest umklammert. Bis zuletzt hatte er geschossen. Neben ihm lag ein Haufen Patronenhülsen. Das Auge war noch auf das Visier gerichtet, der Finger lag am Abzug. Man hatte einen weißen Tarnumhang über den Toten geworfen und daneben einen Stock mit seinem Stahlhelm in den Schnee gesteckt. Am Helm war ein Stück Papier befestigt – darauf wahrscheinlich der Name und vielleicht die Adresse des Gefallenen.

Die Schlacht tobte weiter. Dreimal befahl Feldmarschall von Küchler von seinem Stabsquartier in Nowgorod aus der Besatzung von Schlüsselburg, die Stellung bis zum letzten Mann zu halten.

Es gab heftige Auseinandersetzungen zwischen den sowjetischen Generälen. Marschall Georgi Schukow, der Held der Schlacht vor Moskau und Sieger von Stalingrad, war als ›Verbindungsmann‹ an die Wolchowfront geschickt worden.[4] Er rief General Simonjak von der 136. Division an.

Warum griff Simonjak die Höhen bei Sinjawino nicht an? Die deutschen Stellungen dort hielten die Zweite Stoßarmee auf.

»Aus dem gleichen Grund greift auch die Zweite Armee sie nicht an«, antwortete Simonjak. »Der Weg dorthin führt durch ein Sumpfgebiet. Wir würden schwere Verluste haben und wenig erreichen.«

»Tolstoianer! Das ist passiver Widerstand!« brüllte Schukow. »Was seid ihr für Feiglinge? Wer will nicht kämpfen? Wer wartet darauf, abgelöst zu werden?«

Simonjak antwortete böse, in der Siebenundsechzigsten Armee gebe es keine Feiglinge.

»Schlaukopf!« erwiderte Schukow bissig. »Ich befehle Ihnen, die Höhen anzugreifen.«

»Genosse Marschall«, sagte Simonjak, »meine Armee steht unter dem Kommando des Befehlshabers der Leningrader Front, General Goworow. Ich bekomme meine Befehle von ihm.« Schukow legte den Hörer auf. Der Angriffsbefehl wurde nicht wiederholt.

Unaufhaltsam stießen die russischen Truppen weiter vor. Am 14. Januar hatten sich die von Leningrad und vom Wolchow her vorgehenden Truppen bis auf knapp 5 Kilometer einander genähert. Das Vertrauen Moskaus auf einen glücklichen Ausgang der Operationen zeigte sich darin, daß Stalin Goworow am 15. Januar zum Generaloberst beförderte. Am folgenden Tage näherten beide Fronten sich bis auf etwa 1 Kilometer. Am Abend des 17. Januar befahl General Goworow, die Lücke zwischen beiden Fronten um jeden Preis zu schließen. Schlüsselburg war schon fast eingeschlossen. Die 86. Division griff von Süden her an, und die 34. Skibrigade unter Oberst J. F. Potechin umfaßte den Feind von Osten her. Das Ende stand kurz bevor. Die Deutschen versuchten verzweifelt, einen Korridor offenzuhalten, um aus dem Kessel hinauszukommen, und befahlen um 9.30 Uhr einen Gegenstoß. Aber das Unternehmen mißlang.

Innerhalb weniger Stunden vereinigten sich die Leningrader Verbände mit denen der Wolchowfront, und damit war der Blockadering gesprengt. Die ersten sowjetischen Truppen stießen am Vormittag bei der Arbeitersiedlung Nr. 1, etwa 8 Kilometer ostwärts von Schlüsselburg, aufeinander.

[4] Die sowjetischen Berichte über die Schlacht erwähnen den Namen Schukows nicht. Marschall Merezkow, mit dem Schukow zusammenarbeitete, hat verschiedene genaue Schilderungen der Kämpfe verfaßt, ohne Schukow zu erwähnen – ein für die sowjetische Militärpolitik typischer Fall.

Um 9.30 Uhr nahm Simonjaks 123. Schützenbrigade mit dem Regiment 1 240 von der 372. Division der Wolchowfront die Verbindung auf.[5]
Es war schon dunkel geworden, als Schlüsselburg fiel. Vor dem Krieg hatten 15 000 Menschen in der alten Festungsstadt gelebt. Von ihnen waren nur noch wenige Hundert übrig. Die anderen waren entweder nach Deutschland verschleppt, verhungert oder von den Deutschen hingerichtet worden. Die ›kleine harte Nuß‹, das Fort Oreschek, das sich 500 Tage gehalten hatte, lag auf der kleinen Insel vor dem Schlüsselburger Hafen wie ein in einer Seeschlacht schwer mitgenommenes Schlachtschiff. Sajanow übernachtete in Oreschek und interviewte die Verteidiger. An den dicken Mauern lief das Wasser hinunter. Die Luft war feucht. Auf dem Tisch brannte eine kleine Öllampe. »Es ist sehr düster und unheimlich hier«, sagte Sajanow. »Es erinnert mich an die Zellen, in denen die Revolutionäre schmachteten.«
»So ist es auch«, sagte der Kommandant.
Leningrad wartete. Allabendlich hatten die Menschen auf die letzten Nachrichten gewartet. Würde die Blockade aufgehoben werden und wann?
Am 18. war die Stadt von Gerüchten erfüllt. Endlich, kurz vor 23.00 Uhr, kamen die Nachrichten. Der Moskauer Chefansager, Juri Lewitan, verlas mit ruhiger Stimme das Kommuniqué:
»Truppen der Leningrader und der Wolchowfront haben sich vereinigt und damit die Blockade von Leningrad aufgehoben.«[6]
Vera Inber hatte keinen Passierschein für die Nacht, aber sie wollte noch unbedingt zum Rundfunkhaus gehen. Sie fürchtete, zu spät zu kommen. Es war ein weiter Weg von der Aptekarski-Insel bis dorthin, aber ihre Befürchtungen waren grundlos. Sie brauchte keinen Passierschein. Die ganze Stadt war auf der Straße. Radio Leningrad setzte die Sendungen bis 3.00 Uhr morgens fort. Diesmal richtete man sich nach keinem Sendeplan und nahm auf keinen Zensor Rücksicht. Die Menschen sprachen, Musik spielte, es wurden Gedichte vorgelesen und Ansprachen gehalten.

[5] Nach General Duchanow erfolgte die erste Verbindung um 11.30 Uhr und um 11.45 Uhr an den Arbeitersiedlungen 1 und 5 (Duchanow. In: ›*Swesda*‹. Nr. 1, Januar 1964, S. 156). Gankewitsch sagt, die Truppen trafen sich um 10.30 Uhr an der Siedlung 1 und um 11.45 Uhr an der Siedlung 5 (Gankewitsch, a.a.O., S. 120). Mehrere sowjetische Quellen, darunter auch N. S., berichten, die Kontaktaufnahme sei zuerst an der Siedlung 5 erfolgt. Major Melkojan von der 123. Leningrader Schützenbrigade und Major Melnikow von der 372. Division der Wolchowfront unterzeichneten ein Dokument zum Andenken an ihr erstes Zusammentreffen. Danach war die Verbindung schon um 9.30 Uhr hergestellt. Sie unterschrieben das Schriftstück und stempelten es mit den Dienstsiegeln der 123. Schützenbrigade und der 372. Division (Istorija WOWSS. Bd. III, S. 138–139).

[6] Die Deutschen verloren 13 000 Gefallene und 1250 Gefangene. Am 20. Januar wurde General Fedjuninski als Stellvertreter von General Merezkow durch Granatwerferfeuer schwer verwundet. Der Panzerführer der Leningrader Front, General Bolotnikow, fiel am 22. Januar (Fedjunisnki, a.a.O., S. 140–142).

»Niemand, der das verschneite, vom Mondlicht beschienene Leningrad in der Nacht vom 18. zum 19. Januar erlebt hat, wird es je vergessen«, sagte Vera Inber vor dem Mikrophon. »Einige von uns sind schon älter, andere jünger. Wir alle werden noch glückliche und traurige Zeiten erleben, aber dieses Glück, das Glück des befreiten Leningrad, werden wir nie vergessen.«

Wsewolod Wischnewski war beim Hauptquartier der Flottenartillerie, als die Nachricht durchkam. Er schrieb in sein Tagebuch: »Siebzehn Monate Blockade, siebzehn Monate der Qualen und der Ungeduld. Aber wir haben durchgehalten. Jetzt feiern wir ein Fest auf unseren Straßen!«

Pawel Luknizky war in Schlüsselburg. In der Nacht, drei Minuten vor 1.00 Uhr am 19. Januar, weniger als zwei Stunden nach Bekanntgabe des Sieges, telegrafierte er den ersten Bericht über die Aufhebung der Blockade an die Moskauer Presse.

Olga Berggolz schrieb ein Gedicht:

> Meine Lieben nah und fern, habt ihr es gehört?
> Der Teufelsring ist zerbrochen ...

Aber sie warnte:

> Noch ist die Belagerung nicht aufgehoben.
> So lebt denn wohl – ich gehe an die Arbeit,
> Die alltägliche, gefährliche Arbeit
> Im Namen eines neuen Lebens in Leningrad.

Sie hatte recht. Die Straßen waren mit roten Fahnen geschmückt. Die Mädchen tanzten auf den Bürgersteigen. Sie sprachen jeden an und umarmten die Soldaten. Wischnewski mußte an die Februarrevolution denken. Im Rundfunkhaus umarmte und küßte jeder jeden – Olga Berggolz, Boris Licharew, Jelena Wečtomowa, Direktor Jascha Babuschkin.

Die Belagerung hatte 506 Tage gedauert, aber die Deutschen waren nur ein Stück zurückgedrängt worden. Noch standen sie vor den Toren der Stadt. Noch immer schlugen deutsche Granaten in Leningrad ein.

Am 7. Februar ging Pawel Luknizky auf den Finnländischen Bahnhof. Das Gelände war von Granattrichtern durchwühlt. Die Bahnhofshalle war nur noch ein Gewirr aus verbogenen Stahlträgern, aber der Bahnsteig war mit roten Fahnen und Girlanden geschmückt. Um 10.09 Uhr dampfte eine leichte Lokomotive mit zwei Personenwagen und einer langen Reihe Güterwagen in die Station. Der Zug Nr. 1 108 war über die neu hergestellte Landverbindung, die neue Schlüsselburger Newabrücke und Wolchowstroi hereingekommen.[7] Eine Militärkapelle spielte. Die Menge begrüßte den

[7] Eine andere Quelle berichtet, der Zug habe Lebensmittel aus Tscheljabinsk gebracht (N. S., S. 438).

Zug mit Hochrufen. Bürgermeister Popkow hielt eine Ansprache, ebenso Parteisekretär Kusnezow. Kurz vor 12.00 Uhr rief der Schaffner: »Zug Nr. 719, Leningrad–Wolchowstroi, Zugführer Fedorow, fertig zur Abfahrt!«

Es war der 526. Tag der Belagerung. Auf einem Umweg hatte der Zugverkehr wieder aufgenommen werden können. Es ging über Behelfsbrükken und durch einen im Feuerbereich der deutschen Artillerie liegenden Korridor. Die Blockade war aufgehoben, aber nur zum Teil. Die meisten Leningrader glaubten, die Belagerung werde in Kürze beendet sein. Sie täuschten sich. Viele Tage, Wochen und Monate sollten noch bis zur endgültigen Befreiung der Stadt vergehen – und viele Menschen mußten noch dafür sterben.

46. Die 900 Tage gehen weiter

Der Sieg im Januar hatte die Lage in Leningrad nicht wesentlich verändert, jedenfalls nicht so sehr, wie es die Überlebenden gehofft hatten. Die Stadt wurde noch weiter vom Feinde bedrängt, und man mußte jeden Augenblick mit einer Unterbrechung der Landverbindung rechnen.

Diese Verbindung führte durch den sogenannten ›Todeskorridor‹. Das war ein schmaler Durchlaß im Raum von Schlüsselburg, der von deutschen Geschützen unter Feuer genommen wurde, die nur 500 Meter entfernt in Stellung gegangen waren. Hier konnte die Verbindung zwischen Leningrad und dem übrigen Rußland jederzeit wieder abgeschnitten werden. Im Februar kamen nur 76 Züge durch den Todeskorridor, im März waren es einige mehr. Die schweren deutschen Granaten zerschossen immer wieder die Schienen, denn die Geschütze standen auf den Höhen von Sinjawino, von wo aus die ganze Bahnlinie zu überblicken war. In elf Monaten unterbrachen die Deutschen 1 200mal die Strecke. Oft kamen die Züge tagelang nicht durch. Gewöhnlich versuchte man, die gefährdete Strecke nachts mit unbeleuchteten Zügen zu passieren. Im Jahr 1943 kamen insgesamt 4 500 000 t Fracht nach Leningrad, das meiste davon in den letzten Monaten des Jahres. Die Verluste an Menschenleben waren hoch.

Die Gefahr für die Stadt lag darin, daß die Deutschen den schmalen Durchlaß wieder schlossen und Leningrad völlig abschnitten. An diese Möglichkeit mußten General Goworow und Parteisekretär Schdanow ständig denken. Um sich dafür zu rächen, daß sie wenige Kilometer zurückgedrängt worden waren, belegten die Deutschen Leningrad mit schwerem Feuer. Seit dem 4. September 1941, als die ersten weitreichenden deutschen Belagerungsgeschütze bei Tosno eingesetzt wurden, war die Beschießung nicht mehr so intensiv gewesen.

In Leningrad gab es keinen Grund, weniger wachsam zu sein. Es gab keine Anzeichen für eine entscheidende Schwächung des deutschen Kriegspotentials, auch nicht nach dem großen russischen Sieg bei Stalingrad im Januar 1943, bei dem die deutsche Sechste Armee unter Feldmarschall Paulus vernichtet worden war und der Gegner 300 000 Mann verloren hatte.*

* Anm. d. Übers.: Nach deutschen Quellen waren in Stalingrad nur 250 000 Mann eingeschlossen. Die deutschen Gesamtverluste betrugen etwa 215 000 Gefallene und Gefan-

Die Deutschen standen immer noch auf den Höhen bei Pulkowo, wo sie mit bloßem Auge den Turm der Admiralität und die in den Himmel ragende Nadel der Peter und Pauls-Festung sehen konnten. Sie hielten noch die Leningrader Vorstädte besetzt, standen an der Ostseeküste, beherrschten das altrussische Gebiet um Nowgorod, ganz Mittelrußland bis 200 Kilometer vor Moskau, den reichen Schwarzerdegürtel, die ganze Ukraine und die nördliche Schwarzmeerküste. Die Operationen der Alliierten in Nordafrika machten Fortschritte, aber in Europa gab es noch keine zweite Front. Die Lieferungen der Vereinigten Staaten an die Sowjetunion begannen erst langsam. Nur ganz allmählich wendete sich das Kriegsglück gegen Hitler, aber der hart bedrängten Einwohnerschaft von Leningrad wurde das kaum bewußt.

Mit der großartigen Hauptstadt der Zeit vor 1941 ließ Leningrad sich jetzt nicht mehr vergleichen. Es glich eher jenem Petersburg, von dem Turgenjew schreibt: »... diese leeren, breiten, grauen Straßen, die grauweißen, gelbgrauen, graurosa, mit abbröckelndem Stuck verzierten Häuser mit ihren tiefliegenden Fensterhöhlen – das ist unser nördliches Palmyra. Alles ist von überallher deutlich sichtbar, alles ist klar, erschreckend scharf und klar, und alles scheint in melancholischen Schlaf versunken.« Die Stadt schlief nicht, aber sie war leer. Auf den Straßen Leningrads sah man jetzt nicht mehr Menschen als auf den Straßen von Turgenjews Petersburg in den Jahren 1860 oder 1870.

Die Menschen waren wie Schlafwandler, abgestumpft durch die schrecklichen Ereignisse, die sie überlebt hatten, und sie wußten nicht, was sie noch erwartete. Der Sieg im Januar hatte mehr psychische als physische Wirkungen. Die Zuteilungen waren am 22. Februar auf 700 g Brot täglich hinaufgesetzt worden. Das war die Ration für Schwerarbeiter. Die anderen Arbeiter bekamen 600 g, Angestellte 500 g, Familienangehörige und Kinder 400 g. Fett gab es gar nicht. Es wurde nichts angeliefert. Fleisch und Butter gab es nur selten. Erst Mitte 1943 kamen die ersten amerikanischen Lieferungen mit Dosenbutter, Dosenfleisch, Eipulver, Milchpulver und Zucker. Die Leningrader waren dankbar, aber sie meinten, »russischer Zucker ist süßer, und russische Butter schmeckt besser.«

Der 1. Mai 1943 sollte der erste richtige Feiertag seit Kriegsausbruch werden, aber es war naß, kalt, windig, und schon am frühen Morgen begann es zu schneien. Stundenlang fielen die schweren, nassen Schneeflocken vom

gene und 25 000 ausgeflogene Verwundete. »Da die sowjetische Führung 91 000 deutsche Gefangene meldete und die Luftwaffe 25 000 Verwundete und 10 000 Spezialisten aus dem Kessel ausgeflogen hatte, bleibt gegenüber der Gesamtzahl von 250 000 Eingeschlossenen eine Differenz von rund 124 000 Mann, von denen man annehmen kann, daß sie in Stalingrad ihr Leben gelassen haben.« (Alfred Philippi und Ferdinand Heim: Der Feldzug gegen Sowjetrußland 1941–1945. Stuttgart 1962, S. 192–193.)

Himmel und verwandelten das Marsfeld, die Sommergärten und die Anlagen in eine Märchenlandschaft mit dunklen, säulenartigen Baumstämmen und schneebeladenen Zweigen. Es gab keine Parade auf dem Schloßplatz, aber die Fabrikarbeiter hatten ihren ersten arbeitsfreien Tag seit dem 22. Juni 1941 – abgesehen vom Winter 1941/42, als die meisten Fabriken aus Mangel an Heizmaterial, Strom und wegen der Erkrankungen und Todesfälle ihrer Belegschaften hatten schließen müssen. Die Lebensmittelläden blieben offen, und auch Fabriken, bei denen der Produktionsprozeß nicht unterbrochen werden durfte, Kraftwerke, Wasserwerke, sowie Fernsprech- und Telegrafenämter arbeiteten weiter.
Rote Fahnen, Girlanden und schlechte Porträts von Stalin und Schdanow – Schdanow war häufiger vertreten als Stalin – schmückten die Stadt. Bürgermeister Popkow, Admiral Tribuz und General Goworow sprachen im Rundfunk. Goworow erklärte, in der Winteroffensive seien acht deutsche Divisionen vernichtet worden, der Feind habe 100 000 Mann verloren, aber die Deutschen führten laufend neue Reserven heran, und man müsse jeden Augenblick mit dem Sturm auf die Stadt rechnen.
Auf sowjetischer Seite erwartete man mit Sicherheit einen neuen deutschen Angriff. Schdanow berief die Parteispitzen ins Smolny und forderte sie auf, der Fliegerabwehr und den Arbeiterbataillonen ihre besondere Aufmerksamkeit zuzuwenden, und betonte, daß Leningrad ›eine militärische Stadt‹ sei.
Die Mahnungen Goworows und Schdanows waren eigentlich überflüssig, denn die Deutschen machten sich am 1. Mai auf ihre Weise bemerkbar. Die Stadt wurde schon seit Tagen beschossen, und Vera Inber verlor durch eine Detonation das Gehör auf dem rechten Ohr. Am 1. Mai wurde sie um 9.00 Uhr durch eine heftige Erschütterung des Wohnblocks aus dem Schlaf gerüttelt. Acht schwere Granaten schlugen ganz in der Nähe ein. Sie kamen wahrscheinlich von Eisenbahngeschützen. Auch Wischnewski meinte, es seien Eisenbahngeschütze. Jeder Bewohner Leningrads war im Laufe der Zeit Fachmann in der Beurteilung artilleristischer Fragen geworden.
Auf dem Newskiprospekt wurde ein Straßenbahnwagen getroffen, fast alle Passagiere kamen ums Leben. Eine zweite Granate schlug in der Stadtbücherei ein. Die Beschießung dauerte mit Unterbrechungen den ganzen Tag an. Jedesmal, wenn die deutschen Geschütze das Feuer eröffneten, antworteten die sowjetischen Batterien.
Am Abend unternahmen Wsewolod Wischnewski, seine Frau und Wsewolod Asarow in der unheimlichen Stille einen Spaziergang. Ein gelegentlicher Windzug raschelte in den Papierfähnchen und Girlanden. Sie leisteten sich ein Festessen – ein paar Gläser Wodka, Fleischbrühe, Reispiroggen, Kompott und Tee. Anschließend las er in *Kindheit und Jugend* von Tolstoi, trank mit seiner Frau eine Tasse Kaffee und sprach mit ihr über

die psychischen Belastungen der Bewohner einer belagerten Stadt und darüber, inwiefern sich ihre Lage von derjenigen der Soldaten in den Schützengräben unterschiede.

Immer noch bestand die Gefahr eines direkten Angriffs gegen Leningrad. Die deutschen Truppen waren stark und standen kurz vor der blutigen Schlacht bei Kursk, der wahrscheinlich blutigsten des Krieges. General Goworow beurteilte die Aussichten für den nächsten Sommer sehr vorsichtig. Am 3. Juni sagte er, »das Schlimmste haben wir hinter uns. 1941 haben wir den Deutschen Halt geboten, 1942 haben wir sie nicht einen Meter näher herangelassen, 1943 haben wir angefangen, den Belagerungsring zu zerbrechen, und jetzt ist es unsere Pflicht, unsere Aufgabe bis zum endgültigen Sieg zu Ende zu führen.«

Er sagte das in einer Sitzung des Leningrader Stadtsowjet im Smolny in Gegenwart der Parteisekretäre Schdanow und Kusnezow und des Admirals Tribuz. Auf dieser Sitzung wurden die ersten Medaillen ›Für die Verteidigung von Leningrad‹ verliehen. Jeder Überlebende sollte diese Medaille bekommen. Bürgermeister Peter Popkow nahm selbst die Verleihung vor. Der Komponist Valerian Bogdanow-Beresowski erhielt die 40. Medaille. Er berichtet, die Verleihung sei alphabetisch erfolgt. Sein Familienname fing mit dem zweiten Buchstaben des russischen Alphabets an, und deshalb war er unter den ersten. Wsewolod Wischnewski bekam die Medaille Nr. 98 – »unter den ersten Hundert!« schrieb er.

Vera Inber bekam ihren Orden zusammen mit anderen Schriftstellern, Intellektuellen und Wissenschaftlern am 8. Juni. Sie war so bewegt, daß sie nicht sprechen konnte. »Diese kleine Metallscheibe verbindet alle Leningrader miteinander«, schrieb sie in ihr Tagebuch.[1]

Der Sommer verging. Im Jahresdurchschnitt hat Leningrad 35 wolkenlose Tage. In diesem Sommer schien die Sonne so oft, daß es wahrscheinlich ein Rekordjahr war. Trotz erheblicher Schwierigkeiten kehrten einige künstlerische und wissenschaftliche Institutionen in die Stadt zurück. Ende März kam das Bolschoitheater zu einem Gastspiel nach Leningrad. Im Juni erhielt es die Erlaubnis, zu bleiben. In der Komischen Oper wurden fünf neue Aufführungen vorbereitet. Das Sportstadion eröffnete am 30. Mai die Fußballsaison des Sommers. Der Dynamoklub wurde Sieger. Der zweite Jahrestag des Kriegsausbruchs, der 22. Juni, der 661. Tag der Belagerung, verging, ohne daß man es eigentlich bemerkte. Wischnewski schrieb in sein Tagebuch, es sei der Tag der Sommersonnenwende und der längste Tag des Jahres – 18 Stunden und 52 Minuten lang. Er verbrachte

[1] In Leningrad ging das Gerücht um, nur Soldaten und ›besonders ausgesuchte Personen‹ würden den Orden bekommen. Am 4. Juli schrieb Wischnewski in der ›Leningradskaja Prawda‹, jeder Leningrader, der während der Belagerungszeit in der Stadt gewesen sei, werde so geehrt werden (Wischnewski: Sobrannije Sočinjenija. Bd. III, S. 246).

fast den ganzen Tag damit, sein neues Stück, *Die Mauern von Leningrad*, mit dem Militärsowjet durchzusprechen. Man verlangte, er solle die ›negativen Figuren‹ streichen. Wischnewski erwiderte: »Es tut mir leid, diese bürokratische Vorsicht und Berechnung zu sehen. Vieles, was im Herbst 1941 geschah, ist vergessen worden. Das Stück ist wahr und entspricht dem wirklichen Leben.« Wie Wischnewski noch erleben sollte, hatte das Vergessen gerade erst angefangen. Zu Jahresbeginn hatte die Parteiorganisation der Stadt ein neues ›Haus der Wissenschaftler‹ eingeweiht. Jetzt wollte man ein Buch über die Rolle der Leningrader Wissenschaftler zur Zeit der Blockade und des Krieges herausbringen. Die Druckfahnen dieser Arbeit liegen noch heute in den Archiven der Leningrader Stadtbücherei.

Ende Juli und im August steigerte sich die Beschießung der Stadt zu einem neuen Höhepunkt. Noch nie hatte Vera Inber einen so fürchterlichen Tag erlebt wie den 24. Juli. Die Deutschen schossen in kurzen Abständen. Eine Granate traf einen vollbesetzten Straßenbahnwagen auf der Liteinybrücke. Aus ihrem Fenster sah Vera Inber einen Lastwagen mit Verwundeten vor dem Krankenhaus vorfahren. Nach einer Stunde kam ein zweiter. Er war mit Leichen beladen. Sie sah einen blanken Beinknochen unter dem Verdeck herausragen. Der Arzt bei der Aufnahme warf nur einen Blick auf die Wagenladung und ließ die Toten in die Leichenhalle bringen. Am Abend sprach Vera Inber mit einem Chirurgen. Die ärztliche Versorgung im Sommer war schwierig, aber im Winter 1942 war es schlimmer gewesen. Damals waren ihm bei den Operationen Blut und Eiter an den Händen gefroren und hatten sie wie mit einem Handschuh überzogen. Jetzt mußten zwar mehr Verwundete versorgt werden, aber die primitivsten sanitären Voraussetzungen waren wieder erfüllt.

Für Vera Inber war die Beschießung schwerer zu ertragen als die Entbehrungen im Winter 1941/42. Sie fing an, sich zu fürchten, und sie konnte nichts dagegen tun. Sie scheute sich, auf die Straße zu gehen. Das Heulen der Granaten erfüllte die Luft. Am 10. August schrieb sie in ihr Tagebuch: »Schon liegen die ersten gelben Blätter auf dem Asphalt. Tag für Tag hört man das drohende, monotone Heranheulen der Granaten. Sogar jetzt. Ich kann nichts dafür, ich fürchte mich, auf die Straße zu gehen – und nicht nur ich. Es ist sehr schwer.« Sogar Wsewolod Wischnewski verlor seinen Optimismus. Seine Tagebucheintragungen zeigen, wie müde er war, und wie schwer es ihm fiel, sich bei Stimmung zu halten. »Ich bin erschöpft und wie ausgehöhlt«, heißt es am 1. September. »Das kommt von der Blockade. Wir müssen die Blockade brechen – vollständig – und wir geraten ins Hintertreffen.«

Die Beschießung wurde so heftig, daß man den Platz vor dem Finnländischen Bahnhof nur noch ›das Tal des Todes‹ und die Liteinybrücke ›Teufelsbrücke‹ nannte. Man versuchte alles, um die Verluste zu verringern. Die Züge wurden vom Finnländischen Bahnhof zum Pisarewski- und Kuschelewkabahnhof umgeleitet. Die Lichtspielhäuser Aurora und Molodeschny wurden geschlossen. Man verlegte 132 Straßenbahnhaltestellen. Kino- und Theateraufführungen wurden zu anderen Zeiten angesetzt, 90 Geschäfte mit Sandsäcken verbarrikadiert, und 8 in andere Räume verlegt. An den Straßen stellte man Plakate auf, welche die blau-weiße Aufschrift trugen: »Bürger, bei Artilleriefeuer ist diese Straßenseite die gefährlichste.« Im Juli wurden durch die Beschießung 210 Menschen getötet und 921 verwundet. Man hatte allen Grund anzunehmen, die Deutschen hätten Agenten eingeschleust, die das Artilleriefeuer von der Stadt aus leiteten. Oberst N. N. Schdanow übernahm die artilleristische Abwehr und sollte versuchen, die deutschen Batterien auszuschalten.

In Leningrad ging das Gerücht um, der Krieg werde am 15. September zu Ende sein. Bezeichnenderweise meinte Wischnewski, deutsche Agenten hätten es in Umlauf gesetzt. Ein älterer Schriftsteller erzählte ihm, der Dichter Nikolai Tichonow habe vorausgesagt, der Krieg werde mindestens noch ein Jahr dauern. Was glaubte Wischnewski? Er zögerte mit der Antwort. Der Krieg würde sicher noch den Winter über weitergehen, könnte aber verkürzt werden, »wenn unsere Verbündeten kämpfen«.

Die sowjetische Propaganda für eine zweite Front war gerade auf dem Höhepunkt. Wischnewskis Freund wollte es noch genauer wissen. Gab es eine Möglichkeit, daß die Beschießungen aufhörten? Wischnewski sagte richtig, damit könne man nicht vor der endgültigen Aufhebung der Blokkade rechnen. Das deutsche Artilleriefeuer blieb auch weiterhin sehr stark. Im September schlugen 11 394 Granaten in der Stadt ein, 124 Personen wurden getötet, 468 verwundet. Seit Kriegsbeginn war die Beschießung jetzt zum erstenmal die Hauptsorge der Bevölkerung. Es gab Tage, an denen das Leben in der Stadt praktisch zum Stillstand kam. Luknizky stellte fest, daß die Milizmädchen, die jetzt anstelle männlicher Polizisten den Verkehr regelten, ruhig, aufmerksam und freundlich an ihren Posten blieben. Oft wurden sie durch Granatsplitter verwundet oder getötet. Sofort sprang ein anderes Mädchen ein. Männer und Frauen waren besser gekleidet – die meisten Männer in Uniform. Aber die Frauen sahen viel hübscher aus und trugen farbige, anziehende Sommerkleider. Jeder hatte ein kleines Stück Garten. Auf den von Kartoffel- und Kohlrübenbeeten umgebenen Parkbänken auf dem Marsfeld saßen gutgekleidete Damen mit verarbeiteten Händen in der Sonne und lasen Shakespeare, Jack London oder die neueste Ausgabe der literarischen Zeitschrift ›*Oktjabr*‹. Nikolai Tschukowski hatte den Eindruck, Leningrad sei noch nie so schön gewesen wie im Sommer 1943. In der wie ausgestorbenen Stadt kam diese Schönheit noch mehr zur Geltung. Selbst die Ruinen hatten etwas un-

irdisch Schönes, besonders wenn das Nordlicht am Himmel erschien und die Gärten, Höfe und Plätze in seine eigenartigen Farben tauchte.
Viele Wohnungen in der Stadt standen noch leer, aber eine Kommission inspizierte sie, nahm das Inventar auf und versuchte festzustellen, ob der Wohnungsinhaber verstorben, evakuiert oder an der Front war. Man legte wieder Teppiche auf die Fußböden und hängte die Bilder an ihre alten Plätze. Eine Frau sagte zu Luknizky: »Ich will nicht mehr wie ein Schwein leben. Ich weiß nicht, ob ich die nächste Stunde überleben werde, aber jetzt möchte ich leben wie ein menschliches Wesen.« Allmählich nahmen auch die Schulen wieder den Betrieb auf; 674 Schulen öffneten bis zum Jahresende ihre Pforten. Aber die Industrie erholte sich nur langsam. Viele Fabriken erzeugten nur 5 bis 10 Prozent dessen, was sie vor dem Kriege erzeugt hatten, und nur ein Fünftel der Belegschaften von 1940 arbeiteten noch. Leningrad war eine Frontstadt.
In den schlimmsten Tagen der Blockade, im Februar 1942, als die Stadt vereist, dunkel und fast ausgehungert dalag, hatte der Stadtsowjet alle Architekten, unter ihnen auch den Professor Nikolski im Keller der Eremitage, damit beauftragt, Pläne für das zukünftige Leningrad zu entwerfen. Es sollte nicht nur eine Rekonstruktion des alten Leningrad sein, sondern eine Restauration, eine Renaissance des nördlichen Palmyra. Die im Halbdunkel, in der Kälte, mit steifen Fingern gezeichneten Entwürfe gewannen allmählich Gestalt. Es war der Traum von einem neuen Leningrad, das die alte Großartigkeit des kaiserlichen Petersburg mit der neuen Größe eines sowjetischen Leningrad verbinden sollte. Am 19. Januar 1943, einen Tag nach dem Durchbruch, befahl der Stadtsowjet, mit der Verwirklichung dieser Pläne zu beginnen. Zuerst konnte man natürlich nur an die Ausbesserung von Schäden denken, und im Sommer 1943 vernichtete die deutsche Artillerie mehr, als wieder aufgebaut werden konnte. Im ganzen Jahr 1943 wurden nur acht Gebäude wieder bewohnbar gemacht. Aber am 14. Oktober ordnete der Stadtsowjet die Fertigstellung aller Baupläne und statischen Berechnungen für das neue Leningrad an. Die Stadt sollte nach den modernsten technischen Gesichtspunkten wieder aufgebaut und damit zum Muster für die ganze Sowjetunion werden.
Die Menschen hofften auf bessere Zeiten. Vera Inber hörte, wie jemand sagte, »in solchen Zeiten muß man den Humor am Zügel halten«. Sie dachte darüber nach. Andere taten es auch. Man erzählte sich Witze in Leningrad, nicht sehr gute Witze. Wischnewki schrieb einige in sein Tagebuch:

> Zwei deutsche Soldaten unterhalten sich: Fritz: »Wie würdest du am liebsten kämpfen?« Hans: »Am liebsten wäre ich deutscher Soldat mit einem russischen General, britischen Waffen und amerikanischer Verpflegung.«

Warum kämpfen Sie? Hitler: »Um Lebensraum.« Stalin: »Weil wir angegriffen worden sind.« Churchill: »Wer hat Ihnen gesagt, daß wir kämpfen?«

Vera Inber notierte ein paar Aussprüche von Kindern.

Kind: »Mama, was ist Schinken?« Die Mutter erklärt es. Kind: »Und hat schon irgend jemand das gegessen?«

Ein kleines Mädchen, an die Mutter gewendet: »Mama, was ist ein Riese, und was für eine Lebensmittelkarte bekommt der?«

Auch Wissarion Sajanow notierte sich einige Aussprüche:

»Woher stammen Sie?« »Ich bin ein Leningrader aus Tambow.«

Ein Frontsoldat: »Gestern sah ich am anderen Ufer eine Krähe aus einem Gebüsch fliegen. Ich glaubte, es hätten sich ein paar Deutsche darin versteckt. Ich schoß hinein, und ein Wolf kam heraus.« »Es gibt jetzt viele Tiere hier.« »Ja, besonders zweibeinige.«

Leningrad kam wieder zu sich. Wischnewski drückte das so aus: »Die Deutschen sind jetzt nur noch ein Hindernis. Die Menschen haben angefangen, Pläne zu schmieden.«

Aber es gab auch andere Aspekte sowjetischen Lebens, keine besonders erfreulichen Aspekte, die wieder zum Vorschein kamen: die scharfzüngigen literarischen und politischen Streitereien, die innere Spannung, die das Leben in der Sowjetunion so oft zur Qual werden ließ.

In den schlimmsten Zeiten hatte es das alles nicht gegeben. Leningrad war wie eine große Familie gewesen. Immer wieder sprechen die Tagebücher der Überlebenden von diesem Gefühl. Die Schülerin der 10. Klasse, die siebzehnjährige Sina Woroscheikina, schrieb: »Wir Leningrader sind eine Familie, getauft durch die gewaltige Blockade, eine Familie, wir sind eins in unserem Kummer, in unseren Erlebnissen, eins in unseren Hoffnungen und Erwartungen.« Es gab sogar Leute, die der Ansicht waren, wenn der Krieg zu Ende sei, sollten Leningrader junge Männer nur noch Leningrader Mädchen heiraten. Sie waren zu einer besonderen Rasse, zu einem besonderen Volk geworden.

Aber die Entwicklung des politischen und gesellschaftlichen Lebens in der Sowjetunion war mit der Blockade nicht zu Ende.

Ende Oktober legten Olga Berggolz und Georgi Makogonenko, ein Mitarbeiter am Sender Leningrad, dem Leningrader Schriftstellerverband das Drehbuch für einen Film über die Belagerung vor. Wischnewski fand es gut beobachtet, genau, aufrichtig und sauber. Es war die Geschichte eines Komsomolzen, der im Winter 1941 den Menschen in ihren eisigen, trostlosen, vom Gespenst des Hungers heimgesuchten Wohnungen half.

Aber Wischnewski fragte sich, »kann ein Film die Wahrheit über Leningrad, seine Bewohner und ihren Geist aussagen?«

Das war eine wichtige Frage. Der Film teilte das Schicksal mit dem Buch

Hier spricht Leningrad. Er wurde nicht aufgeführt. Wischnewski arbeitete an seinem Stück über die Belagerung, *Die Mauern von Leningrad.* Er hatte die Arbeit Ende 1942 begonnen und telegrafierte an seinen guten Freund, den Direktor des Moskauer Kamernytheaters, Alexander Tairow, am 2. Januar 1943, er schreibe ein großes Theaterstück.[2] Am 25. Mai 1943 las er vor einer Gruppe politischer Funktionäre der Baltischen Flotte und dem Direktor des Theaters der Baltischen Flotte zum erstenmal etwas daraus.

Am 17. Juni las er aus einer zweiten Version. Die Zuhörer waren Nikolai Tichonow, Wissarion Sajanow, Vera Inber, Alexander Sonin und einige andere. Er schrieb ihre Reaktion für Tairow in Stichworten auf:

Tichonow: Das ist eine Ihrer stärksten Sachen ... Eine Saga der Matrosen ...

Inber: Das Stück ist sehr stark und emotional befriedigend; es wird Schwierigkeiten geben ...

L. Osipow (Direktor des Theaters der Baltischen Flotte): Wsewolod Wischnewski hat uns ein Stück gegeben, das uns sehr nahegeht – sehr stark ...

A. Sonin: Das Stück ist klug gemacht, die Menschen sind mit dem Schicksal ihres Landes verbunden; mit der Geschichte und nicht mit persönlichen sexuellen Problemen ...

Piljugin (Direktor des Bolschoitheaters): Das ist eine fesselnde Arbeit. Wie alle Stücke von Wischnewski ist auch dieses schwer aufzuführen.

Mitte August wurde das Stück auf das Programm des Theaters der Baltischen Flotte gesetzt. Im Oktober verlangte der gefürchtete Chefkommissar der Kriegsflotte, Iwan (der Schreckliche) Rogow, von Wischnewski, er solle eine der Hauptfiguren mehr in den Hintergrund rücken. Es war der Fürst Bjelogorski, der als Marineoffizier unter dem Zaren gedient hatte und zum Adel gehörte. Außerdem verlangte Rogow mehr ›Disziplin und Heroismus‹.

Am 23. November um 18.00 Uhr erschien Wischnewski im Wyborger Haus der Kultur, wo das Stück aufgeführt werden sollte. Die Schauspieler überreichten ihm ein Geschenk, eine Schreibtischgarnitur mit zwei Leuchtern aus Artilleriekartuschen.

Das Haus war voll besetzt. Das Publikum bestand aus Mitgliedern des Militärsowjet der Flotte, des Stadtsowjet, aus Flakhelferinnen, Angehörigen der Flotte und Freunden Wischnewskis. Die Aufführung wurde begeistert aufgenommen. Zum Schluß gab es elf Vorhänge. Der Chef des

[2] Tairows Kamernytheater wurde 1950 von den literarischen Diktatoren der späten Stalinära geschlossen, nachdem sie der Theaterleitung schon seit einiger Zeit Schwierigkeiten gemacht hatten.

Leningrader Kunstkomitees, Boris Sagurski, gratulierte Wischnewski. Alles schien in Ordnung zu sein. Dann kam der Regisseur bleich und zitternd zu Wischnewski. »Der Militärsowjet verbietet weitere Aufführungen. Es wurde sogar gesagt, er verbietet sie strengstens.«

Dahinter stand Vizeadmiral N. K. Smirnow. Was er auszusetzen hatte, war ganz simpel: Es gab zu viele negative Figuren, das Porträt des Kommissars war fast eine Karikatur, die Rolle des Fürsten Bjelogorski war anzuzweifeln, und die anderen Marineoffiziere kamen zu schlecht dabei weg. Wischnewski schrieb dazu: »Nach ihrer Meinung hätten die tragischen Septembertage 1941 auf der Bühne in ganz normalen Farben und restlos ›gereinigt‹ erscheinen sollen. Offen die Prüfungen, das Trauma, die Schwierigkeiten zu zeigen und zu sagen, wie wir damit fertig geworden sind, tut ihnen in Augen und Ohren weh. Vielleicht ist das aus der Situation, in der wir 1943 leben, verständlich. Vielleicht ist es sogar vollkommen verständlich (?)«

Was Wischnewski mit dem Fragezeichen sagen wollte, ist nicht ganz klar, aber im Anschluß spricht er bitter von den schlimmen literarischen Streitigkeiten der dreißiger Jahre. Weder in seinen zahlreichen Briefen an Tairow noch in dem umfangreichen Tagebuch gibt er seine wirklichen Gedanken preis. Statt dessen bekennt er im Tagebuch, er habe eine exakte Darstellung der Geschehnisse und aller Diskussionen in einem besonderen Ordner in seinen persönlichen Akten aufbewahrt. Dieses Material liegt heute noch unveröffentlicht dort.

Er hat sich bemüht, seine Gefühle zu beherrschen.

> Ich überlege mir sehr genau, welches die allgemeine Aufgabe der Literatur ist, welche Schwierigkeiten die Arbeit des Schriftstellers mit sich bringt und wie ich in der Praxis das Schicksal dieses Stücks beeinflussen könnte. Augenscheinlich bedarf es in dieser Lage keiner philosophischen Argumente, keiner tragischen Malerei, sondern des einfachen Schocks der agitatorischen Botschaft. Ich verstehe das, aber diesmal schien es mir, ich hätte eine ›optimistische‹ Tragödie geschrieben. Ich habe den ganzen Abend, die ganze Nacht darüber nachgedacht. Ich muß diese Arbeit retten – das erste bedeutende Theaterstück über die Verteidigung von Leningrad. Ich muß es umarbeiten und revidieren.

Unfähig zu schlafen, nahm er William Shirers *Berlin Diary* zur Hand und versuchte zu lesen. Aber der Gedanke an sein Stück ließ ihn nicht los. Immer wieder läutete das Telefon. Die Menschen gratulierten ihm und fragten, wann die Premiere sein werde.

Er entschloß sich, dem Leningrader Parteisekretär Machanow zu schreiben und ihn um seine Unterstützung zu bitten.

> Ich habe ein Theaterstück über ein sehr schwieriges Thema geschrieben ... über einen der tragischsten Zeitabschnitte in der Geschichte die-

ses Krieges, über den Herbst 1941 in Leningrad ... Dieses Werk ist Teil meiner Seele, Teil meines Herzens. Sie haben positiv auf dieses Stück reagiert und waren damit einverstanden, daß es in *›Swesda‹* [der Zeitschrift] erscheint. Dann kam eine plötzliche Wendung. Auf der Bühne klang der Text offenbar schärfer und tragischer als bei der Lesung. Armee und Flotte stehen vor einer entscheidenden Offensive an der Leningrader Front, und sie brauchen ein Theaterstück anderer Art ...

Wischnewskis Bitten fanden kein Gehör. Das Urteil war einfach: »Die negativen Gestalten sind stärker als die positiven. Der ehemalige Fürst ist ein Held und Patriot, der Kommissar ein Narr.« Wischnewski bemerkte bitter: »Sind Kommissare nicht immer schon Narren gewesen?«

Die Frage erübrigte sich. Das Stück war tot. Wischnewski konnte es nicht wieder zum Leben erwecken. Schlimmeres sollte folgen. Leningrad stand kurz vor seiner Befreiung. Der Augenblick, auf den Wischnewski fast 900 Tage gewartet hatte, rückte immer näher. Doch er selbst durfte ihn nicht miterleben. Am 6. Dezember informierte man ihn im Parteibüro in großen Zügen über die geplante Offensive. Das half seiner verzweifelten Stimmung auf. Am folgenden Tag wurde er nach Moskau abkommandiert. Es nützte kein Sträuben. Er durfte das Ende der Blockade nicht miterleben. Befehl war Befehl. Wie ein guter Soldat traf er seine Vorbereitungen und schrieb in sein Tagebuch: »Moskau! Das Herz Rußlands, der Mittelpunkt der neuen Welt! Ich werde Interviews haben und an Versammlungen teilnehmen. Wie hat sich alles in zweieinhalb Jahren verändert. Wie werden wir unsere Heimat wiederfinden?«[3]

Im September 1943 begannen die Vorbereitungen für die Befreiung Leningrads. Den ganzen Sommer über war hart um die Höhen bei Sinjawino gekämpft worden. Die Siebenundsechzigste Armee griff am 22. Juli an, und die Kämpfe dauerten bis Mitte September, doch trotz schwerer Verluste gelang es den Russen nicht, die Höhen zu nehmen. Im mittleren Frontabschnitt hatten die Russen die Deutschen in der blutigen Schlacht bei Kursk-Orel geschlagen und Charkow befreit. Die Deutschen hatten schwere Verluste erlitten, und das sowjetische Oberkommando plante jetzt

[3] Wischnewski und seine Frau reisten am 9. Dezember nach Moskau ab. Das Manuskript von *Die Mauern von Leningrad* nahm er mit. Seine Frau hatte einen Entwurf für das Bühnenbild gezeichnet. Gegen seinen heftigen Protest mußte Wischnewski sich ärztlich untersuchen lassen und wegen seiner ›Nervosität‹ in ein Erholungsheim gehen. Erst am 5. März 1944 kehrte er von Moskau nach Leningrad zurück. In der Zwischenzeit arbeitete er *Die Mauern von Leningrad* vollständig um. Der eiserne Flottenkommissar Rogow sah das Stück am 30. Juni 1944 durch, und am 31. August fand die erste öffentliche Aufführung in Moskau statt. Die erste Version wurde nicht veröffentlicht. (Anisimow: Literaturnoje Nasledstwo Sowjetskich Pisatelei Na Frontach Welikoi Otečestwennoi Woiny. Bd. II, S. 239–240; Wischnewski: Sobrannje Sočinenija, Bd. III, S. 458 ff.).

zuversichtlich weitere Offensiven für den Herbst und Winter, um den Gegner aus Mittelrußland und der Ukraine zu vertreiben.
Am 9. September hielt General Goworow seine erste Stabsbesprechung über die Planungen zur endgültigen Liquidierung der Blockade ab. Man fertigte zwei Entwürfe an, ›Newa I‹ und ›Newa II‹. Das Unternehmen Newa I war für den Fall vorgesehen, daß die auch an anderen Fronten geschwächten Deutschen sich freiwillig aus dem Raum um Leningrad zurückzogen. Die Stafka in Moskau hatte Goworow mitgeteilt, daß diese Möglichkeit bestünde, und die in Leningrad gesammelten Feindnachrichten bestätigten diese Annahme. Die Deutschen hatten begonnen, Verteidigungsstellungen an Flußübergängen einzurichten, die sie auf einem Rückzug benutzen mußten. Sie legten Minenfelder an und bereiteten Brücken zur Zerstörung vor.
In erster Linie beschäftigte man sich natürlich mit Newa II. In seiner endgültigen Fassung sah dieser Plan eine Offensive mit drei Stoßkeilen vor, die von Oranienbaum, den Höhen bei Pulkowo und in Richtung auf Nowgorod angreifen sollten. Für das letzte Unternehmen waren die Truppen General Merezkows an der Wolchowfront eingeteilt worden.
Die Offensive sollte erst im Winter beginnen, wenn das Eis trug und Truppenbewegungen sich leichter durchführen ließen. Im Leningrader Oberkommendo hatte man schon lange erkannt, daß die russischen Truppen im Winter den deutschen überlegen waren.
Mitte Oktober erkundete General Goworow die Stellungen bei Oranienbaum. Man würde starke Truppenverbände und viel Artillerie in diesen Raum verlegen müssen, und Goworow wollte sich vergewissern, daß alles klappte. Anschließend hatte er im Smolny eine Besprechung mit dem Marinebefehlshaber Admiral Tribuz und den Parteisekretären Schdanow und Kusnezow. Die Baltische Flotte sollte die wichtige Aufgabe übernehmen, die Zweite Stoßarmee, vom Feinde unerkannt, von Leningrad nach Oranienbaum zu bringen, bevor die Newa zufror. Das bedeutete die Verlegung von zwei Schützenkorps, einer Panzerbrigade, 800 Geschützen und riesigen Mengen Artilleriemunition und Ausrüstung. Vom 5. November an gingen allnächtlich die verdunkelten Transporte von den Landungsplätzen bei der Leningrader Fabrik Kanat und der Marinebasis bei Lisy Nos ab und landeten ohne Verluste 30 000 Mann, 47 Panzer, 400 Geschütze, 1 400 LKW, 3 000 Pferde, 10 000 t Munition und Nachschub. Nachdem der Fluß zugefroren war, gingen weitere 22 000 Mann, 800 Fahrzeuge, 140 Panzer und 380 Geschütze hinüber.
Es gab die üblichen Meinungsverschiedenheiten zwischen Leningrad und Moskau. Marschall Woronow fürchtete, die Leningrader Artillerie werde nach dreijährigem defensiven Einsatz nicht den Erfordernissen einer Durchbruchsschlacht gewachsen sein. Er schickte daher einige Komman-

deure nach Leningrad, die sich bei Stalingrad und in der blutigen Sommerschlacht bei Kursk ausgezeichnet hatten. Das Unternehmen bei Oranienbaum bereitete Woronow besondere Sorgen. Er empfahl den Einsatz leichter Artillerie, weil er meinte, schwere Geschütze könnten nicht über den Finnischen Golf gebracht werden. Er beruhigte sich erst, als der Leningrader Artillerieführer, General Odinzow, meldete, 1 300 Waggonladungen Kriegsmaterial seien im Bereitstellungsraum von Oranienbaum gelandet worden, und an der ganzen Front seien pro Kilometer Frontbreite 200 Geschütze in Stellung gegangen.

General Goworow forderte Woronow dringend auf, zur Offensive nach Leningrad zu kommen. Er sagte, »Leningrad ist Ihre Geburtsstadt. Kommen Sie und helfen Sie uns beim Einsatz der Artillerie.«

Diese Einladung hatte ihre besonderen Hintergründe. Goworow hoffte, Leningrad so besser mit Artillerie versorgen zu können. Woronow sträubte sich. Parteisekretär Schdanow rief ihn an: »Sie sind Leningrader. Sie müssen objektiv sein. Sie wissen, was wir brauchen. Wir haben nicht einmal genug Revolver.«

Die Auseinandersetzungen wurden schärfer. Woronow lehnte es ab, mehr Geschütze zur Verfügung zu stellen. Schdanow trug die Angelegenheit Stalin vor.[4] Zum Schluß bekamen die Leningrader und die Wolchowfront 21 600 Geschütze, mehr als 600 Fliegerabwehrgeschütze, 1 500 Raketenwerfer vom Typ Katjuscha, 1 475 Panzer und Geschütze auf Selbstfahrlafette und 1 500 Flugzeuge. Das war vielleicht die stärkste Feuerkraft, mehr als die Russen bei Stalingrad zusammengezogen hatten.

An der Leningrader und der Wolchowfront standen jetzt mehr als 1 241 000 Mann. Auf der anderen Seite lag die deutsche Heeresgruppe Nord unter Feldmarschall von Küchler mit schätzungsweise 741 000 Mann, 10 070 Geschützen, 385 Panzern und 370 Flugzeugen. Die Heeresgruppe setzte sich aus der Achtzehnten und Sechzehnten Armee zusammen.

Die sowjetischen Armeen standen unter dem Kommando hervorragender

[4] Je länger der Krieg dauerte, desto heftiger wurden die Auseinandersetzungen zwischen Stalin, der Stafka, dem Politbüro und den Generälen. Stalin mischte sich in die kleinsten Details ein. Wenn eine Flakeinheit verlegt werden sollte, fragte er z. B.: »Wer wird die Verantwortung dafür übernehmen, wenn deutsche Flugzeuge diese Stellung angreifen?« Im Krieg kann niemand etwas garantieren, und wenn, wie es vorkam, ein Mann wie Marschall Woronow die Verantwortung übernahm, konnte Stalin, wenn etwas mißglückte, seinen Kopf fordern. Wenn Stalin einen Befehl gab, dann hieß das noch nicht, daß Malenkow oder Berija ihn ausführten. Eines Tages befahl Stalin Malenkow und Berija, Marschall Woronow für eine dringend notwendige Truppenverlegung 900 Fahrzeuge zu geben. Berija sagte: »Ich werde Ihnen 400 Fahrzeuge geben, und damit ist das Gespräch beendet.« Erst als Woronow drohte, zu Stalin zu gehen, bekam er die 900 Lkw. Die übliche Strafe, mit der Stalin seine Mitarbeiter und diese sich gegenseitig bedrohten, war die Todesstrafe – Hinrichtung durch ein Erschießungskommando (Woronow. In: ›*Istorija SSSR*‹. Nr. 3, März 1965, S. 9 ff.).

Generäle. Die Zweite Stoßarmee wurde von Generalleutnant I. I. Fedjuninski befehligt, der sich immer wieder an der Leningrader Front ausgezeichnet hatte. Die Zweiundvierzigste Armee, die über die Höhen bei Pulkowo hinaus vorstoßen sollte, führte Generaloberst I. I. Maslennikow.

An einem kalten, sonnigen Morgen Anfang Januar 1944 fuhr General Goworow zu den Höhen bei Pulkowo. An der ganzen Leningrader Front war nirgends so heftig gekämpft worden wie um jeden Quadratmeter dieses blutgetränkten Höhenzuges, auf dem immer noch die zerschossenen Gebäude des Leningrader Observatoriums standen. Heute war die Front ruhig, und die beschneiten Hügel leuchteten in der Sonne. Goworow erkundete das Gelände mit dem Korpskommandeur Generalmajor N. P. Simonjak. Er stellte sich vor, wie sich der Anblick nach dem ersten vernichtenden Feuerschlag der Artillerie verändern würde. Er konnte die Stelle noch nicht sehen, an der die Zweiundvierzigste Armee sich mit der von Oranienbaum vorstoßenden Zweiten Stoßarmee treffen sollte, aber er wußte, wo sie lag. Die Operationen mußten zeitlich genau aufeinander abgestimmt werden. Das erste Angriffsziel war Gatschina. Wer Gatschina in der Hand hatte, beherrschte die ganze Front. Sobald die sowjetischen Truppen diese schwerumkämpfte Stadt wiedergewonnen hatten, mußten die Deutschen Mga aufgeben, weil dann nur noch ein Rückzugsweg offenstand. Bald würde Mga wieder in russischer Hand sein, und das Drama der Einschließung Leningrads würde in umgekehrter Reihenfolge abrollen. Goworow seufzte. Der Gedanke an Mga bedrückte ihn. Er sagte ganz offen: »Für Mga habe ich nie etwas übrig gehabt.«

Er fuhr zu seinem Stabsquartier zurück und rief noch einmal die Artilleriekommandeure zusammen. Er warnte sie: »Vom Tempo Ihres Vorgehens hängt das Schicksal Leningrads ab. Wenn wir aufgehalten werden, wird Leningrad einer vernichtenden Beschießung ausgesetzt sein, von der es sich nicht mehr erholen kann – so viele Menschen werden dabei umkommen, und so viele Häuser werden zerstört werden.«

Am 11. Januar fand die Schlußbesprechung im Smolny statt. Jedes Detail wurde noch einmal überprüft. Goworow sagte, seine Männer seien bereit. Die Ferngeschütze hatten schon mit der systematischen Zerstörung der deutschen Befestigungsanlagen begonnen. Die Luftstreitkräfte flogen starke Bombenangriffe. Zur Verstärkung der Leningrader Front waren 155 000 Mitglieder der Kommunistischen Partei und 115 000 Komsomolzen aufgeboten worden. Die Partisanen im Rücken des Gegners hatten Befehl, gleichzeitig anzugreifen und Versorgungsbasen, Nachschub- und Nachrichtenverbindungen zu sabotieren.

Die Offensive sollte am Morgen des 14. Januar im Raum Oranienbaum beginnen. Der Angriff bei Pulkowo war für den 15. Januar angesetzt. Die Kräfte General Merezkows sollten am 14. Januar antreten.

In einem leichten Beobachtungsflugzeug flog General Goworow zu den Truppen bei Oranienbaum, um bei Angriffsbeginn dabeizusein. In der Nacht griffen Langstreckenbomber deutsche Verbindungslinien, Bahnstrecken und Befehlsstellen an. Die schwere Artillerie bei Pulkowo und Kolpino beschoß die Eisenbetonbunker, die oft zwei bis drei Stockwerke tief in die Erde versenkt worden waren und das Rückgrat der deutschen Verteidigungsstellung bildeten. Der 14. Januar war der 867. Tag seit der Einnahme von Mga durch die Deutschen, der 867. Tag nach Abschnürung der Landverbindung, der 867. Tag der Belagerung.
Die Spannung im Smolny überstieg fast die Nervenkraft der Männer, die auf Nachricht vom Befehlshaber General Goworow warteten, der sich bei der Zweiten Stoßarmee bei Oranienbaum befand. Über der Front lag dichter Nebel. Die Aufklärungsflugzeuge der 13. Luftarmee unter Generalleutnant S. D. Rybaltschenko konnten nicht starten, und so bestand keine Möglichkeit, das Artilleriefeuer vom Flugzeug aus zu leiten. Auch die Bomber mußten am Boden bleiben.[5] General Goworow versuchte, nach Leningrad zurückzufliegen, aber der Nebel verhinderte den Start. Doch die sowjetischen Truppen waren trotz des ungünstigen Wetters angetreten. Die bei Oranienbaum zusammengezogene Artillerie hatte – ohne die Raketen der Katjuschas – in einer Stunde und fünf Minuten 104 000 Granaten gegen die deutschen Stellungen verschossen. Die schweren Geschütze der Baltischen Flotte und der Küstenbatterien bei Kronstadt, Seraja Loschad und Krasnaja Gorka beteiligten sich am Vorbereitungsfeuer.
Der Nebel war so dicht, daß die Pionierführer General Byćewski, der an allen Kämpfen um Leningrad teilgenommen hatte, vom Gefechtsstand General Maslennikows bei der Zweiundvierzigsten Armee bei Pulkowo nichts sehen konnte. Aber seine Pioniere waren begeistert. Ohne von den Deutschen erkannt zu werden, räumten sie Gassen in den Minenfeldern. General Goworow, der seine Ungeduld nicht mehr bezähmen konnte, bestand trotz der Warnungen des Fliegergenerals M. I. Samochoin darauf, nach Leningrad zurückzufliegen. Jahre später erinnerte sich General Odinzow, der ihn begleitet hatte, noch lebhaft daran, wie das Flugzeug im Nebel kreisen mußte, ehe es den Leningrader Flugplatz fand.
Die Zweite Stoßarmee kam trotz des Nebels voran. Auf einer Frontbreite von 10 bis 12 Kilometern ging es einigermaßen zufriedenstellend vorwärts. Die Armee war aber noch nicht aus den weglosen Sümpfen und Wäldern heraus, die sie von ihrem Angriffsziel trennten. Es fing an zu schneien.
In der Nacht vom 14. zum 15. Januar konnte niemand schlafen, weder

[5] Wegen des schlechten Wetters konnten sich nur 109 Flugzeuge an den der Offensive vorausgehenden Luftangriffen beteiligen (Barbaschin, a.a.O., S. 331).

im Smolny noch in Blagodatny Lane im Hauptquartier der Zweiundvierzigsten Armee und in den heißumkämpften Vorstädten, von dem von Granattrichtern aufgewühlten Scheremetjewpark bis Pulkowo und Srednaja Rogatka. Die Divisionen der ersten Welle lagen in den vordersten Bereitstellungsräumen und warteten auf den Angriffsbefehl.
Ganz Leningrad wußte, was bevorstand. Das Brüllen des Artilleriefeuers und das Bersten der Bomben erfüllte die Luft. Drei Jahre hatte Leningrad auf diesen Tag gewartet, auf dieses Beben der Erde, auf dieses Dröhnen der Luft.
Die Artillerie, die den Angriff bei Pulkowo unterstützen sollte, hatte Befehl, das Feuer am 15. Januar um 9.30 Uhr morgens zu eröffnen. Der Feuerüberfall sollte hundert Minuten dauern.
Wenige Minuten zuvor erschien Parteisekretär Schdanow an der Artilleriebeobachtungsstelle des Obersten N. N. Schdanow. Am Abend zuvor hatte der Parteisekretär den Oberst angerufen und gesagt: »Wir gehören zur gleichen Familie (in Wirklichkeit war es nur eine zufällige Namensgleichheit), und morgen möchte ich auf Ihren Gefechtsstand kommen. Ich hoffe, Sie können es so einrichten.«
Oberst Schdanow war nicht begeistert. Sein Gefechtsstand lag in dem noch unfertigen Rätepalast, und von hier aus überblickte man das ganze Gelände von Ligowo bis Puschkin. Die Deutschen wußten, daß hier eine Artilleriebeobachtungsstelle eingerichtet war. Deshalb beschossen sie das Gebäude sehr oft. Oberst Schdanow mußte mit Schwierigkeiten rechnen, wenn Parteisekretär Schdanow auf seiner Beobachtungsstelle fiel. Deshalb traf er einige Vorsichtsmaßnahmen. Er ließ einen Raum im Keller verbarrikadieren und wollte den Parteisekretär einige Minuten aufhalten, der sich hier wärmer anziehen sollte, bevor er in einem befehlsmäßigen Lift, den die Soldaten in dem noch unfertigen Aufzugsschacht eingerichtet hatten, zum Beobachtungsposten hinaufgezogen wurde. Bis dahin würde die sowjetische Artillerie das Feuer eröffnet haben und dann würden, wie er hoffte, die Deutschen sich um andere Dinge kümmern müssen. Er behielt recht. Schdanow blieb im Keller, bis der sowjetische Feuerüberfall angefangen hatte, wurde sicher hinaufgezogen, beobachtete das Vorgehen der Truppen gegen die deutschen Linien, kam wieder herunter und fuhr ins Smolny zurück. Während der Artillerievorbereitung verschossen die Russen – nicht gerechnet die Raketen – 220 000 Granaten gegen die deutschen Stellungen.[6] Drei Flugzeugstaffeln bombardierten die deutschen Gräben und Gefechtsvorposten. Der Sturm auf den ›stählernen Ring‹, der, wie Generaloberst Lindemann seinen Truppen versichert hatte, nicht zerbro-

[6] Beim Vorbereitungsfeuer an der Wolchowfront waren es 100 300 Granaten (N. S., S. 561).

chen werden könnte, hatte eingesetzt. Am ersten Tage trieben die Russen auf einer Frontbreite von etwa 5 Kilometern einen 1,5 bis 5 Kilometer tiefen Keil in die deutschen Stellungen. General Maslennikow war mit diesem Erfolg nicht zufrieden. Er bedrohte und beschimpfte seine Kommandeure, besonders die Generäle N. A. Truschkin von der 109. Infanteriedivision und I. I. Fadejew von der 125., obwohl der Fehler nach Ansicht General Bycewskis nicht bei der Truppe, sondern darin lag, daß das sehr starke Feuer der Deutschen nicht niedergehalten worden war.
Alexander Pantelejew hatte Leningrad im Juni 1942 verlassen und bestieg am 8. Januar 1944 einen Zug nach Leningrad. Die Fahrt verlief ruhig und angenehm, nur störte ihn das Geschwätz einer übereifrigen Stenotypistin, die zu ihrer Arbeit im Smolny zurückkehrte und erzählte, Leningrad liege in Trümmern (»Sie haben auf der Wasilewski-Insel gelebt? Warten sie, bis Sie sie wiedersehen! Ihr Haus stand auf der Basseinajastraße? Nun, wenn Sie es wissen wollen, kein Stein liegt mehr auf dem anderen.«). Die Fahrt durch den ›Todeskorridor‹ bei Schlüsselburg war aufregend. Pantelejew zählte die Stationen: Tichwin . . . nur noch die leeren Mauern standen. Überall Geschoßeinschläge . . . Milch, 120 Rubel ein Liter, Moosbeeren, 6 Rubel das Glas . . . Wolchowstroi . . . kein Bahnhof . . . Schutthaufen. Bogodoschtsch . . . Wald, Kinder auf dem Bahnsteig, keine Granattrichter.
Pantelejew kam im Astoria-Hotel unter. Am Morgen des 15. wurde er durch ein Getöse geweckt, wie er es noch nie gehört hatte. Es war das Brüllen Tausender Geschütze. Es schwoll an und ab, es war so gewaltig, daß die Kronleuchter zu schwanken begannen und der Putz von den Wänden bröckelte. Das Radio schwieg. Um 10.00 Uhr ging er auf die Straße. Das Artilleriefeuer war gewaltig. Die Offensive hatte begonnen.
Pantelejew ging über die Anitschkowbrücke. Hier war er im September 1941 zum letztenmal mit Tanja Gurewitsch zusammengetroffen. Sie war bei dem Bombenangriff auf das Gostiny Dwor getötet worden. An diesem Januartag besuchte er ihre Schwester, Rebecca Gurewitsch, im Erismankrankenhaus. Erst vor drei Tagen war eine junge Ärztin auf dem Weg über den Leo-Tolstoi-Platz von einer Granate zerrissen worden. Rebecca Gurewitsch war im Krankenhaus gewesen, als ein Geschoß vor ihrer Wohnung detonierte und die Splitter in ihr Zimmer einschlugen. In der *›Leningradskaja Prawda‹* las er, der Stadtsowjet habe sich entschlossen, den großen Boulevards und Avenuen von Leningrad die Namen aus der Zeit vor der Revolution wiederzugeben. Der Newskiprospekt (der nie anders genannt worden war) wurde seinerzeit in ›Straße des 25. Oktober‹ umbenannt und hieß dann wieder Newskiprospekt. Auch an der Sadowaja würden die Straßenschilder ›Straße des 3. Juli‹ verschwinden. Ebenso sollten die Suworowstraße, die Ismailowskistraße, die Bolschajastraße

und alle anderen Avenuen wieder ihre ursprünglichen Namen bekommen. Pantelejew fand, man hätte den Zeitpunkt nicht besser wählen können.
Am folgenden Tag, dem 16. Januar, setzte Tauwetter ein. Das war schlecht für die Offensive. Es verlangsamte das Tempo des Vormarschs. Auch in der Nacht und am folgenden Tag taute es noch. Dann regnete es. Vor der Nikolskikathedrale bemerkte Pantelejew ein paar Tauben. Es waren die gleichen sanften Nikolskitauben, die immer schon dort gewesen waren. Aber im Februar 1942, als er die Kathedrale zum letztenmal gesehen hatte, gab es keine Tauben mehr – nur 24 auf die Beerdigung wartende Tote. Er kam an das Haus Ecke Wosnesenskistraße und Jekaterinhofkaja, wo Anfang der zwanziger Jahre zur Zeit des NEP der Süßwarenladen Aguljan gewesen war. Acht Jahre hatte er hier gewohnt. Jetzt war das Haus ein Mausoleum, das Mausoleum der Familie Lebedjew. Zwei alte Tanten waren dagewesen, die Großmutter und die Tochter Tanja, ein liebenswürdiger, außerordentlich begabter Mensch. Jetzt waren sie alle tot. Nachdem man festgestellt hatte, daß Tanjas Vater Priester gewesen war, hatte man sie von der Arbeiteruniversität entfernt. In der Belagerungszeit starben beide Tanten und die Großmutter. Einen Tag vor ihrem Tode hatte Pantelejew Tanja noch besucht. Sie wollte nichts mehr essen. Sie gab Pantelejew ein Stück gekochtes Leder. »Essen Sie es, Alexei Iwanowitsch. Ich brauche es nicht mehr. Ich werde sterben.«
Sie wollte das Leder nicht zurücknehmen. Es blieb Pantelejew im Hals stecken.
Auch Grigori Bjelutsch, der gemeinsam mit Pantelejew die Satire *Die Republik Schkid* geschrieben hatte, wohnte früher hier, Bjelutsch fiel schon früh den Säuberungen Stalins zum Opfer. Niemand wußte, warum; 1938 starb er im Gefängniskrankenhaus an Tuberkulose. Pantelejew glaubte, Bjelutsch habe sogar noch kurz vor seinem Tode im Krankenhaus für alles Verständnis gehabt. Pantelejew und seine Freunde hatten an Stalin geschrieben und um seine Freilassung gebeten. Die Antwort kam, nachdem Bjelutsch gestorben war. Sie lautete ›Nein!‹ 1942 verhungerte die Witwe Raja Bjelutsch in diesem Gebäude. Pantelejew hatte keine Ahnung, wo sie beerdigt war. Ihre Tochter Tanja war an Tuberkulose erkrankt und in ein Kinderheim evakuiert worden.
Pantelejew ging auch zum Krankenhaus auf der Kamennyinsel, in das man ihn 1942, als er schwer an Dystrophie und Cholera erkrankt war, gebracht hatte. Drei Tage und drei Nächte hatte er dort auf einer von geschmolzenem Schnee durchweichten Matratze auf dem Fußboden gelegen. Das Wasser in der Karaffe war gefroren, Tag und Nacht war es dunkel gewesen, es gab keinen Strom, keine Fensterscheiben, keine Heizung. Wie war es möglich gewesen, das zu überleben? Auch heute konnte er diese Frage nicht beantworten. Vielleicht war es sein animalischer Le-

benswille, vielleicht hatten ihm die winzigen Essensportionen und die Pflege der lebenden Leichname, die als Krankenschwestern ihren Dienst versahen, das Leben gerettet.
Die Nacht zum 18. verbrachte er bei seiner Mutter auf der Uliza Wosstanja. In der Nachbarschaft gab es einen Markt, wo man für 600 bis 700 Rubel 1 Liter Wodka, für 50 bis 60 Rubel 1 Kilo Brot, 100 g Butter für 100 Rubel und Bjelomorzigaretten für 30 Rubel kaufen konnte. Ein junges Kätzchen kostete 500 Rubel. Jeder wollte jetzt eine Katze haben.
Am 19. fiel das Thermometer. Die Offensive kam schneller voran. Als Pantelejew auf den St. Isaaksplatz hinauskam, sah er vor der großen Kathedrale eine russische Frau auf den Knien. Sie betete, bekreuzigte sich und berührte nach orthodoxer Sitte den Boden mit der Stirn. Menschen mit holzbeladenen Schlitten gingen vorüber. Sie blieb regungslos knien. Endlich stand sie auf und ging langsam fort – vielleicht zur Arbeit im nahen Postamt.
Die Offensive ging weiter. Rebecca Gurewitsch erzählte, sie habe keine Zeit mehr zum Essen oder Schlafen, so viele Verwundete kämen herein. »Bald wird Leningrad wieder mit dem Festland verbunden sein«, sagte ein junger Soldat, der auf die Amputation wartete. Die großen Kriegsschiffe auf der Newa schossen nicht mehr. Vielleicht waren die deutschen Truppen jetzt nicht mehr in ihrem Feuerbereich.
Auf dem Kusnezkimarkt fand Pantelejew Kartoffeln für 65 Rubel das Kilo und Filzstiefel für 3 500 Rubel. Es gab auch Tabak, Bjelomorzigaretten, Taschenlampen, Seife, Fleisch, Bonbons, Milch und Mandarinen. Die meisten Händler waren ehemalige Soldaten. Viele waren zu Krüppeln geschossen, viele betrunken, die meisten streitsüchtig. Gerüchtweise verlautete, alle Bewohner Leningrads würden nach der Befreiung für zwei Monate in Erholungsheime geschickt werden.
Am 22. Januar wurde gemeldet, die Deutschen zögen sich in großer Unordnung zurück. Die sowjetischen Truppen kamen angeblich kaum nach.
Am 27. Januar um 20.00 Uhr schossen über der Spitze des Admiralitätsturms, über der großen Kuppel der St. Isaakskathedrale, über dem weiten Schloßplatz, über den Ruinen von Pulkowo, den zerstörten Fabrikgebäuden der Kirow-Werke, über den Schlachtschiffen auf der Newa goldene Pfeile und ein Strom von roten, weißen und blauen Raketen in die Höhe: 324 Geschütze schossen Salut, denn Leningrad war befreit, die Blockade beendet. Die Armeen der Generale Goworow und Merezkow hatten gesiegt. Die 880 Tage der Belagerung von Leningrad, der längsten, die eine moderne Stadt hat aushalten müssen, waren zu Ende.[7]

[7] Manche Quellen berechnen die Dauer der Belagerung mit 882 Tagen (vom 28. August 1941, als die Bahnverbindung bei Mga unterbrochen wurde) oder mit 872 Tagen (von der Einnahme Schlüsselburgs am 8. September 1941). Die 880 Tage werden vom Fall der Bahnstation Mga an gerechnet.

Zwei Stunden später bestieg Pantelejew wieder den Zug nach Moskau. Er fand, der Salut sei zu schwach gewesen. Er entsprach nicht dem, was man in Moskau gewohnt war. Es waren zu wenige Geschütze. Zu viele standen noch im Kampf gegen die deutschen Armeen. Aber das tat nichts.

Pantelejew lehnte sich in seinem Sitz zurück und schrieb in seinem Notizbuch. Um Mitternacht hielt der Zug in Malaja Wischera, dem ehemaligen Hauptquartier der Zweiten Stoßarmee und des Generals Wlassow. Die Abteiltüren waren zum Schutz gegen ›innere Feinde‹ verschlossen. Pantelejew hörte einen solchen Menschen auf dem Bahnsteig. Es war ein zum Krüppel geschossener entlassener Matrose. Er wollte am Speisewagen einen 1/2 Liter Wodka und ein Päckchen Zigaretten kaufen. Aber er durfte den ›Roten Pfeil‹ nicht betreten.

»Wofür habe ich gekämpft?« schrie er. »Ich habe für mein Land gekämpft, und ich darf nicht einmal ein Päckchen Zigaretten kaufen?«

Irgend jemand versuchte, ihn zu beruhigen, aber als der Zug anfuhr, hörte Pantelejew ihn immer noch rufen und schreien und sah, wie er an seiner Uniform riß.

Pawel Luknizky begleitete die Truppen auf dem Vormarsch, die am 27. Januar bis Rybazkoje gekommen waren. Die Offensive hatte sie durch die zerschossenen Vorstädte geführt, und er hatte vor den Ruinen von Peterhof gestanden, hatte den zu Eis erstarrten Wasserfall gesehen und das gähnende Loch an der Stelle, wo früher zwischen den Springbrunnen der Samson gestanden hatte. Er war durch die Unterstände und Geschützstellungen auf den Terrassen gegangen, die zur Ostsee hinunterführten. Mit dem Dichter Alexander Prokofjew stand er neben den Ruinen der Kaskade, als Parteisekretär A. A. Kusnezow, Bürgermeister Peter Popkow und andere hohe Beamte und Militärs eintrafen, um den Schaden zu besichtigen. Popkow sagte: »Wir werden das nicht wieder aufbauen. Das ganze Gelände wird eingeebnet.«

Luknizky erwiderte: »Nein, Peter Sergejewitsch, das muß erhalten bleiben, für alle Zeiten.« Viele, die die Ruinen gesehen hatten, stimmten mit Luknizky überein und meinten, zur Erinnerung an die deutsche Barbarei sollte man alles so stehenlassen.[8]

Luknizky kam auch mit den sowjetischen Truppen nach Puschkin hinein. Die Fassade des großen Katharinenpalais stand noch, aber innen war das Gebäude zerstört. Der große Saal war eingefallen, das Bernsteinzimmer existierte nicht mehr. Der Bernstein war verschwunden, ebenso das Parkett aus Amarant, Rosenholz und Mahagoni. Der Subowskiflügel hatte

[8] Sehr bald wurde entschieden, Peterhof und andere schwerbeschädigte Monumente aus der Zarenzeit zu restaurieren. Das hat viele Jahre Arbeit und Millionen Rubel gekostet, und der Wiederaufbau ist noch nicht beendet.

der spanischen Blauen Division als Kaserne gedient. Unter der Kamerongalerie war eine Fünfhundertpfundbombe angebracht worden, die zum Glück nicht detoniert war. Der Halbmond, wo Popow und seine Frau auf zwei Flügeln gespielt hatten, war durch Granateinschläge zerstört. Vor dem Halbmond stand eine große Linde, unter der Konstantin Fedin und Popow kurz vor dem Eindringen der Deutschen in Puschkin miteinander gesprochen hatten.

Vera Inber sah sich außerstande, etwas über die Befreiung zu schreiben. Am Abend des 27. Januar schrieb sie in ihr Tagebuch: »Das größte Ereignis im Leben Leningrads, die völlige Befreiung von der Blockade. Als Schriftstellerin habe ich keine Worte dafür. Ich sage nur, Leningrad ist frei, und das ist alles.«

Olga Berggolz besuchte Peterhof und Puschkin und schrieb ein kurzes Gedicht:

> Aus schwarzem Staub, aus Tod und Asche,
> Da wird ein Garten wachsen wie zuvor.
> So wird es sein, ich glaube an ein Wunder.
> Du gabst mir diesen Glauben, mein Leningrad.

In Leningrad war es jetzt still, schrieb Olga Berggolz. Erst vor wenigen Tagen, am 23. Januar, waren noch Granaten in der Stadt eingeschlagen. Jetzt war es so still, daß man es kaum glauben konnte. »In Leningrad ist es ruhig«, schrieb sie.

> Und auf der Sonnenseite des Newskiprospekts, der gefährlichsten Seite, gehen Kinder spazieren. Jetzt können die Kinder in unserer Stadt wieder friedlich auf der Sonnenseite spazierengehen ... Und sie können ruhig in Zimmern wohnen, deren Fenster zur Sonne hinausblicken, ja sie können sogar nachts ruhig schlafen, gewiß, daß sie nicht sterben werden, und sie können lebendig und heil aufwachen, wenn die Sonne aufgeht.

Sie mußte daran denken, wie die Arbeiter der alten Putilow-Werke, der jetzigen Kirow-Werke, im September 1941 gesagt hatten: »Bald wird der Tod uns mehr fürchten als wir den Tod.« Jetzt, so dachte sie, ist es wahr geworden. Nicht Leningrad hat sich vom Tode einschüchtern lassen, sondern der Tod fürchtete sich vor Leningrad.

Die lange Zeit der Prüfungen, die 900 Tage, waren vorüber. So schien es jedenfalls am Abend des 27. Januar 1944.

Epilog

O Steine,
Seid so hart wie die Menschen!

47. Die Affäre Leningrad

Am 30. April 1944 um 18.00 Uhr fuhr Pawel Luknizky mit der Straßenbahn zum Schwanenkanal und ging dann zu Fuß zum Soljanypark. In einem der wenigen stehengebliebenen Gebäude im alten ›Salzhafen‹, wo deutsche Bomben und Granaten fast jedes Haus in eine Ruine verwandelt hatten, war die Ausstellung zur Erinnerung an die heroische Verteidigung Leningrads eröffnet worden.

Im Dezember 1943 hatte der Leningrader Militärsowjet die Vorbereitung dieser Austellung angeordnet. Die meisten Leningrader Künstler beteiligten sich an der Gestaltung der Dioramen und Panoramen. Vor dem Gebäude auf der Marktstraße standen die großen deutschen 40,6 cm-Belagerungsgeschütze, Tiger- und Pantherpanzer, Sturmgeschütze ›Ferdinand‹ – die Waffen, die der Gegner bei der Belagerung eingesetzt hatte. In vierzehn Räumen, auf etwa 3 000 Quadratmeter Fläche waren 60 000 Ausstellungsstücke zu sehen. Luknizky konnte sich nicht losreißen. Vier Stunden ging er von einem Raum in den anderen und erlebte noch einmal Tag für Tag, Woche für Woche die Blockade. Als Leningrader wußte er natürlich viel mehr, als hier gezeigt wurde, besonders von den Entbehrungen.

Die Schrecken der Hungersnot wurden in der Ausstellung nur angedeutet, während man die große Bedeutung der Eisstraße als wichtigster Lebensader mit starken Akzenten herauszustellen suchte. Die Künstler hatten die Belagerung etwas romantisiert. Die Einfachhheit und Trivialität des wirklichen Lebens hatten sie nicht einfangen können. Schwach war auch die Literatur vertreten. Es gab kaum mehr als einige Bücher von Nikolai Tichonow, Wissarion Sajanow, Vera Inber, Olga Berggolz und Wsewolod Asarow.

Jeder Leningrader besuchte die Ausstellung. Die Leute wollten die heroischen und tragischen Zeiten, die sie durchlebt hatten, noch einmal an sich vorüberziehen lassen.

Als Wsewolod Wischnewski zum Sojanypark kam, überfiel ihn die Vorstellung, daß die Zeit der Blockade jetzt hinter Glas zu sehen war. Das hieß, das Schlimmste war vorüber, ein Kapitel seines Lebens war abgeschlossen. Was kam jetzt? Er hatte ein beunruhigendes Gefühl. Die Blokkade hatte er überlebt. Jetzt drängte es ihn nach neuen Zielen, nach einem neuen Lebensrhythmus.

Bevor Vera Inber und ihr Mann, Doktor Ilja Straschun, im Frühjahr nach Moskau zurückkehrten, besuchten auch sie die Ausstellung. Auf dem Gang durch die Räume sprachen sie wenig. Vera Inber hatte den Eindruck, hier sei alles zu sehen, was Leningrad bedroht, und alles, was es gerettet hatte.[1]

Hier sah sie das 15,4 cm-Geschütz, mit dem das Erisman-Krankenhaus (Ziel Nr. 89 auf der Zielkarte der deutschen Artillerie) beschossen worden war.

Lange stand sie mit Doktor Straschun vor dem Modell eines Leningrader Brotladens. Das Schaufenster war vereist, und nur in der Mitte konnte man durch eine kleine Öffnung in den Laden sehen. Dort stand eine Waage, und auf einer Seite lagen vier kleine Gewichte, auf der anderen 125 g Brot. Über der Waage war ein Zettel angebracht:

Verdorbenes Roggenmehl 50 Prozent
Salz 10 Prozent
Baumwollkuchen 10 Prozent
Zellulose 15 Prozent
Sojamehl, Mehlstaub, Sägemehl 5 Prozent

In diesen Tagen waren die Leningrader Schriftsteller sehr produktiv. Wohl hatte Wischnewski mit seinem Stück *Die Mauern von Leningrad* viel Ärger gehabt, aber jeder Schriftsteller, der die Belagerung miterlebt hatte, arbeitete jetzt an einem großen Roman, einem Theaterstück oder einem langen Gedicht. Die Königin der literarischen Welt in Leningrad, die Fürstin russischer Dichtkunst, Anna Achmatowa, hatte ihre alte Wohnung am Scheremetjewpark wieder bezogen. Den Krieg über war sie in Taschkent, Zentralasien und Moskau gewesen und hatte von ihrer geliebten Hauptstadt im Norden geträumt und für sie gearbeitet.

Jetzt war sie zurückgekehrt. Stolz trug sie die Medaille für die Verteidigung Leningrads an der Brust. Sie hatte sie für ihren mehrwöchigen Aufenthalt in der Stadt im Herbst 1941 und für ihr patriotisches Gedicht *Tapferkeit* erhalten. Nie war sie froher, entspannter und mitteilsamer ge-

[1] 1964 wurde die Ausstellung in ein ›Museum der Verteidigung Leningrads‹ umgewandelt, und Major L. Rakow übernahm als Direktor die Leitung. Man hatte Tausende persönlicher Archive und Erinnerungsstücke zusammengetragen; Bilder, Karten, Photographien, Panoramen, die jedes Stadium der Belagerung zeigten, Briefe, Tagebücher, persönliche Aufzeichnungen der Befehlshaber, der gewöhnlichen Bürger, der Soldaten und der politischen Führer, die die Ereignisse als Augenzeugen miterlebt hatten. Ein Gemälde zeigt die Ischorsker Arbeiter im Kampf gegen deutsche Panzer bei Kolpino. Es sind auch 22 verschiedene Rezepte zu sehen, nach denen im Winter 1941/42 Schweineschwarte zubereitet worden war. In den ersten drei Monaten zählte man mehr als 150 000 Besucher, zu denen auch der sowjetische Präsident Michail Kalinin gehörte.

wesen. Pawel Luknizky hatte sie zuletzt krank und deprimiert im Herbst 1941 kurz vor ihrer Abreise in einem Luftschutzkeller gesehen. Jetzt war sie wie ausgewechselt.

Sie erzählte Luknizky, morgen sei ihr Geburtstag. »Was werden Sie mir schenken? Cherbourg?« Die Alliierten waren in Frankreich auf dem Vormarsch. Luknizky lachte. »Nein, es wird Medweschegorsk sein.« Das war eine Stadt auf der Karelischen Landenge, wo die sowjetischen Truppen schnell vorankamen.

Die Verhältnisse in der Stadt waren jetzt schon fast friedensmäßig, so erschien es Luknizky jedenfalls, als er die Mädchen in ihren kurzen Kleidern beobachtete, die auf dem Wosstanjaplatz am Newskiprospekt an einem zerstörten Gebäude Schutt forträumten. Am Abend setzte er sich an der Fontanka in ein Gartenlokal und trank ein Glas Bier. Der Garten war fast leer. Die Restaurationsarbeiten am Schloßplatz waren im Gange. Man hatte schon begonnen, die Alexandersäule von ihrer Holzverkleidung zu befreien. Bald würden auch die Pferde von Klodt wieder auf der Anitschkowbrücke stehen, und der mit Sand gefüllte Verschlag, der den Bronzereiter geschützt hatte, würde verschwinden.

Die Wiedergeburt Leningrads stand kurz bevor. Am 11. April 1944, auf der ersten Plenarsitzung der Parteiorganisationen der Stadt und des Bezirks seit Kriegsbeginn, hatte Parteisekretär Schdanow in einer zweistündigen Rede die Aufbaupläne in groben Zügen erläutert.

Er sagte: »Unsere Aufgabe ist nicht nur ein Wiederaufbau, sondern eine Neuschöpfung der Stadt. Sie soll nicht genauso wiedererstehen, wie sie gewesen ist, und wir wollen auch nicht nur neue Fassaden bauen, sondern eine Stadt errichten, in der es sich bequemer leben läßt als früher.«

Eine Vorstellung von dem, was mit der Wiedergeburt Leningrads gemeint war, vermittelte das unter Leitung des Chefarchitekten N. W. Baranow 1943 herausgegebene Buch mit den großartigen Plänen und Skizzen der Leningrader Architekten. Das Erscheinen des Buchs war in der Stadt, in der die Druckereibetriebe noch nicht wiederhergestellt waren, eine bedeutende Leistung.[2]

Vor dem Smolny sollte ein weiter Platz entstehen, und die ganze Gegend um den Finnländischen Bahnhof sollte zu Ehren Lenins umgewandelt werden. Hier sollte ein Denkmal Lenins stehen, das ihn auf dem berühmten Panzerwagen zeigt, von dem aus er im April 1917 nach seiner Rückkehr in Petrograd die erste Rede gehalten hatte. Das Areal der Stadt sollte sich

[2] Hier wurde Leningrad mit Washington und Paris verglichen und darauf hingewiesen, daß die Architekten bei der Planung des neuen Stadtzentrums von Leningrad das Beste der beiden Hauptstädte miteinander vereinigt hätten. Das gegenwärtige Leningrader Stadtzentrum (der Schloßplatz) sei viel zu klein und entspräche nicht der zukünftigen Rolle der Stadt. (Baranow u. a. Leningrad. Leningrad/Moskau 1943).

nach Süden, Südosten und Westen verdoppeln und bis an den Ostseestrand am Finnischen Golf ausdehnen. Diesen Plänen lag eine Einwohnerzahl von 3 500 000 zugrunde. Das waren wesentlich mehr als die 3 193 000 vor dem Krieg.

Alles sollte wieder aufgebaut werden, jedenfalls alle größeren Gebäude von historischem Wert. Die Deutschen hatten nahezu 2 Millionen Quadratmeter Wohnraum vernichtet, das waren Unterkünfte für 716 000 Personen. 526 Schulen und Kinderheime, 21 wissenschaftliche Institute, 101 Museen und andere öffentliche Gebäude, das Observatorium in Pulkowo, das Botanische Institut, das Zoologische Institut, ein großer Teil der Leningrader Universität und 187 der 300 unter Denkmalschutz stehenden Häuser aus dem 18. und 19. Jahrhundert, 840 Fabriken und 71 Brücken waren vernichtet, und damit war die Liste der zerstörten Werte noch nicht zu Ende. Allein die Eremitage war von 32 Granaten und 2 Bomben getroffen worden. Mehr als 30 000 m^2 Ausstellungsfläche und etwa 7 000 m^2 Fensterscheiben waren in der Eremitage beschädigt. Man schätzte den Gesamtschaden in Leningrad auf 45 Milliarden Rubel.

Ilja Ehrenburg sagte Leningrad eine große Zukunft voraus. Er war dabei, als die Leningrader Truppen am 8. Juli 1945 auf dem Schloßplatz die Siegesparade abhielten. Nicht nur die geborstenen Mauern der Paläste und die zerbröckelten Torbögen vor der Eremitage sollten wiederaufgebaut werden. Die ›ewige Stadt‹ Leningrad, wie Ehrenburg sie nannte, sollte ein ganz neues Gesicht bekommen. Schon stritten sich die Schriftsteller über die Frage, ob sie die Erinnerung an die durchstandenen Leiden wachhalten sollten oder nicht. Ehrenburg fand, dieser Streit sei sinnlos. Es war unmöglich, die Leiden zu vergessen, ebenso, wie es nicht möglich war, nur noch in diesen Erinnerungen weiterzuleben. Im Gedenken an seine Opfer träumte die Stadt von ihrer zukünftigen Pracht.

Wie viele andere meinte auch Ehrenburg, man sollte die Ruinen des Peterhof- und Puschkin-Palais als Mahnmale zur Erinnerung an die Brutalität der Deutschen stehenlassen. Aber das Leben in der Stadt selbst würde großartiger und glänzender sein als je zuvor.

Eines Abends stand er in Strelna und blickte hinaus aufs Meer. Er hatte die Vision eines Rußland, das sich wieder im Aufbruch befand. Petersburg hatte Rußlands Fenster nach Europa sein sollen. Diese Zeiten waren lange vorüber. Längst war Rußland nach seiner Meinung ein Teil Europas geworden und ließ sich vom Westen nicht mehr trennen. Wenn seinerzeit die jungen Dekabristenoffiziere die Idee der Freiheit von der Seine auf den Senatsplatz von Petersburg zurückgebracht hatten, dann hatte eine neue russische Generation die Idee der Gerechtigkeit von der Newa nach Paris gebracht.

»*Wir* sind das Herz Europas geworden«, sagte Ehrenburg, »die Bannerträger seiner Tradition; wir führen fort, was Europa kühn begonnen hat, wir sind seine Baumeister und seine Dichter.«

Das neue Leningrad sollte Symbol dieses Rußland, des europäischen und ökumenischen Rußland werden.

Im Februar 1944, wenige Tage nach Aufhebung der Blockade, besuchten amerikanische Journalisten die Stadt. Sie sprachen mit Bürgermeister Popkow, dem Chefarchitekten Baranow, mit Direktor Nikolai Puserow von den Kirow-Werken und mit den Überlebenden der Blockade. Sie sahen die großartigen Architekturpläne, die in den Frosttagen des Winters 1941/42 entstanden waren und hörten zu, wie Männer und Frauen aus Leningrad ruhig, zuversichtlich und ernst davon sprachen, wie sie ihre Stadt wieder aufbauen wollten.

Wie Ehrenburg empfanden auch diese Besucher, mit welcher Begeisterung die Hauptstadt im Norden sich auf ihre neue Rolle vorbereitete. Wieder wollte Leningrad das Fenster zum Westen werden oder, wie Ehrenburg es ausdrückte, zu dem Tor, durch das Rußland als neuer Träger und Verteidiger westlicher Kultur seinen Weg beginnen sollte. Mancher hoffte sogar, Leningrad könnte zugleich mit allen anderen Veränderungen, die nach dem Krieg in Rußland einsetzten, wieder zur Hauptstadt Rußlands werden und an die Stelle des groben, bäuerlichen Moskau treten, um noch einmal die Aufgabe zu übernehmen, die Peter der Große ihm als kaiserlicher Hauptstadt zugedacht hatte.

Die Großartigkeit dieses Traums war Peters würdig. Es war ein Traum, der in den Abgründen der Hölle entstanden war, durch die Leningrad hatte gehen müssen.

In ehrfürchtigem Stolz hatte Puschkin angesichts des bronzenen Reiterstandbildes Peters geschrieben:

Wohin fliegst du, stolzes Roß,
Wo werden Deine Hufe die Erde berühren?

Wo würde das sein? Ohne Strom, ohne Heizung, ohne Brot und ohne Wasser hatte Leningrad überlebt. Das war, wie Ehrenburg meinte, nur möglich gewesen, weil seine Bewohner stolz auf ihre Stadt waren, weil sie an Rußland glaubten und weil sie ihre Heimat liebten. Gab es in der Geschichte der Menschheit etwas Edleres und Beispielhafteres? Petersburg, das heutige Leningrad, war das Symbol der Seele, der Kraft, des Wesens und der geschichtlichen Mission Rußlands. Es hatte seinen eigenen Stil und seinen eigenen Geist. Männer und Frauen kamen aus dem Ural oder aus Tula nach Leningrad; in wenigen Jahren waren sie Leningrader.

Das waren Ehrenburgs Gedanken, und viele Besucher dachten ähnlich. Das waren auch die Gedanken der Männer und Frauen in der Stadt.

Aber es gab noch andere Pläne für Leningrad als die in der Leidenszeit geborenen. Der Plan für die Leningrader Renaissance gründete sich auf einen Erlaß des Staatlichen Verteidigungskomitees vom 29. März 1944. Er gab natürlich dem Wiederaufbau der Schwerindustrie, der schwer beschädigten Maschinenfabriken und der metallurgischen Werke den Vorrang, denn sie bildeten das Rückgrat der militärischen und industriellen Kapazität Rußlands.
Im Januar 1944 lebten schätzungsweise nur noch 560 000 Menschen in der Stadt. Ohne Rücksicht auf die Unterbringungsmöglichkeiten mußten Arbeitskräfte nach Leningrad gebracht werden. Bis Ende des Jahres sollte die Stadt wieder eine Million Menschen beherbergen. Im Juli waren es 725 000, im September 920 000, im September 1945 1 240 000. Die Lebens- und Arbeitsbedingungen waren unendlich schwierig.
Für den Aufbau wurden nur kümmerliche Beträge zur Verfügung gestellt; 1945 waren 398 Millionen Rubel dafür vorgesehen. Davon entfielen 200 Millionen Rubel auf den Wohnungsbau. Das entsprach etwa dem Friedensbudget für 1940. Für die Restauration historischer Gebäude standen 1945 39 Millionen Rubel zur Verfügung. 1946 waren es 60 Millionen, 1947 80 Millionen und 1948 84 Millionen.
Die Visionen und Träume der Leningrader verschwanden am Horizont. Im Sommer 1945 veranstaltete man in Fabriken, Stadtbezirken und in Versammlungen der Schriftsteller, Künstler und Wissenschaftler Diskussionen über die Pläne für den Wiederaufbau der Stadt. Die Ausdehnung nach Süden und Osten wurde ›vorläufig‹ zurückgestellt. Wegen der ausgedehnten Zerstörungen und weil die Vorstädte wie Ligowo und Strelna so schwer beschädigt waren, benötigte man angeblich nicht so große Flächen für Wohnhäuser und Parks. Anstelle der im Winter 1941 für Brennholz niedergerissenen Holzhäuser konnten Wohnblocks entstehen. Man beschränkte sich auf die Errichtung einfacher Wohnungen, den Wiederaufbau der Fabriken und verzichtete auf großangelegte Prachtbauten und florentinische Plätze. Das einzige größere Unternehmen, das verwirklicht werden konnte, war Nikolskis Plan für ein neues »Siegesstadion«.[3]
Parteisekretär Kusnezow und Bürgermeister Popkow reichten 1946 einen neuen, revidierten Plan für die Entwicklung der Stadt in Moskau ein. Er gründete sich angeblich auf »die Erfahrung und das schöpferische Denken« der Architekten, der Arbeiter, Techniker und der wissenschaftlichen Intelligenz der Stadt. Er sah die Wiedergeburt und Weiterentwicklung Leningrads als eines großen industriellen und kulturellen Mittelpunkts im Lande vor. Hier kam die Hoffnung Leningrads wieder zum Ausdruck, am Finnischen Golf eine ›weite Front‹ zu bilden und die Stadtgrenzen

[3] Es wurde 1950 fertiggestellt. (Karasew. In: ›*Istorija SSSR*‹. Nr. 3, 1961, S. 126.)

weit nach Süden und Osten hinauszuschieben. Kusnezow und Popkow schlugen vor, den Wiederaufbau in 20 Jahren zu vollziehen, in erster Linie während des vierten und fünften Fünfjahresplans.
Mehr als 15 Jahre vergingen, ehe der Wiederaufbau Leningrads noch einmal ins Licht der Öffentlichkeit gerückt wurde. Das war kein Zufall.
An einem nicht mehr genau feststellbaren Tage nach der Plenarsitzung der Leningrader Partei im April 1944 verließ Schdanow endgültig Leningrad, um seine politische Laufbahn im Kreml fortzusetzen. Das politische Ringen im Kreml hatte während des ganzen Krieges und während der 900 Tage nicht einen einzigen Augenblick aufgehört, ja jedes Ereignis im Kampf um Leningrad muß von zwei Seiten betrachtet werden, einmal im Hinblick auf das rein Äußerliche, auf das Überleben, zum anderen hinsichtlich der im innersten Kreis der stalinistischen Politik sich vollziehenden Kämpfe. Jede vor dem Krieg getroffene Entscheidung und jedes Kriegsereignis spielte bei den Machtkämpfen innerhalb des Kreml eine Rolle. Bei Kriegsbeginn verschlechterte sich Schdanows Stellung ganz wesentlich (wegen seines Anteils an der zum nationalsozialistischen Überfall führenden Außenpolitik), ebenso während der ersten Monate, als über das Schicksal Leningrads noch nicht entschieden war. Während der schlimmsten Zeiten im August, September und Oktober 1941 war das Schicksal Schdanows ebenso wie das Schicksal Leningrads vom Ausgang der entscheidenden Schlachten abhängig. Wäre die Stadt gefallen, hätte auch Schdanow nicht überlebt. Es verging kaum ein Tag, an dem nicht irgendein hoher Funktionär im Kreml mit der Hinrichtung bedroht oder tatsächlich hingerichtet wurde. Mit Recht hat Marschall Bulganin einmal zu Nikita Chruschtschow gesagt: »Wenn man in den Kreml gerufen wird, weiß man nicht, ob man lebend wieder herauskommt.«
Bezeichnend war in dieser Hinsicht auch das Ferngespräch zwischen Stalin und Marschall Woronow am 7. Mai 1945, dem Tag des Sieges. Artilleriegeneral Iwan Susloparow hatte in Reims in Gegenwart General Eisenhowers die deutsche Kapitulation entgegengenommen und das Protokoll als Vertreter der Sowjetunion unterzeichnet.[4] Stalin verlangte von Woronow Aufklärung darüber, weshalb er es zugelassen habe, daß ein Untergebener ohne direkten Befehl Stalins ein wichtiges internationales Dokument unterzeichnete. Was seien das für Leute in Woronows Artilleriekorps? (Woronow erfuhr erst durch Stalins Anruf etwas von den Vorgängen in Reims und der Teilnahme Susloparows.) Stalin sagte, er habe Susloparow »zur strengen Bestrafung« – und das bedeutete die Hinrichtung – nach Moskau zurückbeordert. Erschüttert hängte Woronow ein. In

[4] Susloparow war bei Kriegsbeginn sowjetischer Militärattaché in Paris und hatte im Frühjahr 1941 Moskau vor deutschen Angriffsvorbereitungen gewarnt.

der Stunde des Sieges sollte einer seiner besten Männer an die Wand gestellt werden. Auch er selbst mußte mit dem gleichen Schicksal rechnen.
So kam es dann auch. Mörderische, ja selbstmörderische Politik stand an erster Stelle. In dieser Atmosphäre bedeutete der Tod eines Mannes nichts, der Tod einer Million war nicht viel mehr als eine Frage der richtigen propagandistischen Auswertung, die Vernichtung einer großen Stadt ein schwieriger, aber durchführbarer Zug in dem unaufhörlich weitergehenden Spiel um die Macht.
Als Leningrad die Belagerung überlebt hatte und die Deutschen die Stadt nicht einnahmen, begann eine neue Runde in diesem tödlichen Spiel. Allmählich gewann Schdanow seine alte Machtposition zurück. Als er 1944 nach Moskau zurückkehrte, gestaltete sich die Lage günstiger für ihn. Er kam schnell voran und nutzte die mörderischen Haßgefühle aus, die während des Krieges im Kreml entstanden waren. Vom 15. bis zum 17. Januar 1945 fand eine Plenarsitzung der Leningrader Parteiorganisation statt. Schdanow wurde als Leningrader Parteisekretär ›entlassen‹, um sich auf seine Pflichten im Zentralkomitee in Moskau konzentrieren zu können (und auf den Vorsitz in der finnischen Kontrollkommission). An seiner Stelle wurde Parteisekretär Kusnezow zum Parteivorsitzenden in Leningrad ernannt. Wenige Monate später holte Schdanow Kusnezow nach Moskau ins Parteisekretariat, wo er die Aufsicht über die Staatssicherheitsorgane, das heißt über Berija, übernahm. Jetzt wurde Bürgermeister Popkow oberster Parteiführer in Leningrad. Und 1946 stand Schdanow auf dem Gipfel seiner Macht. Nur noch Stalin war mächtiger als er. Sein Parteigänger Kusnezow beaufsichtigte Berija und konnte dessen Intrigen vereiteln. Nach dem ersten Halbjahr 1946 hatte Schdanow sogar Malenkow aus dem Parteisekretariat vertrieben, vielleicht aufgrund der Beschuldigung, er habe mit dem Verrätergeneral Wlassow zusammengearbeitet, vielleicht aufgrund anderer, während des Zweiten Weltkriegs vorgekommener Intrigen.
Aber Schdanow handhabte ein zweischneidiges Schwert. Er hatte eine neue Ära eingeleitet, die man noch heute als die *Schdanowschtschina* bezeichnet, eine Ära, in der er selbstherrlich das kulturelle und künstlerische Leben in Rußland bestimmte. Er richtete seine Angriffe gegen Anna Achmatowa, die Vertreterin klassischer russischer Lyrik, und den Satiriker Michail Soschtschenko, die beide aus Leningrad stammten, Erben der Leningrader Tradition waren, des Geists von Petersburg.[5]

[5] Soschtschenko hatte sich besonders mit dem Leben der Partisanen im Raum von Leningrad beschäftigt. Über ihre Leistungen im Kriege schrieb er 32 Erzählungen. Die ersten 10 wurden unter dem Titel »Laßt uns nie vergessen« in ›*Nowy Mir*‹ veröffentlicht. Aufgrund von Schdanows Angriffen gegen ihn kam es zu keinen weiteren Veröffentlichungen, und der vollständige Zyklus erschien erst 1962. Das Thema des Partisanenkampfs war wegen

Der entscheidende Schlag fiel im August 1946. Die Leningrader Schriftsteller wurden aufgefordert, die begabtesten Mitglieder aus ihrem Kreis auszustoßen. Man behauptete, Anna Achmatowa sei eine Hure und Soschtschenko ein Zuhälter. Der Traum von einem europäischen, ökumenischen Leningrad war ausgeträumt. An dem Tag, an dem der Leningrader Schriftstellerverband die Achmatowa und Soschtschenko ausstieß, trafen sich Alexander Stein und Jewgeni Schwarz. Die Achmatowa und Soschtschenko hatten an der Versammlung nicht teilnehmen und sich nicht verteidigen dürfen. Niemand hatte sie verteidigt. Schwarz war krank und durch diesen Vorfall mehr erschüttert als durch irgend etwas zur Zeit der Blockade. Er konnte nicht sprechen. Es gab nichts, was Stein oder Schwarz hätten sagen können. Leningrad hatte die Deutschen überlebt. Niemand wußte, ob es auch den Kreml überleben würde. Wie immer in Rußland waren Schriftsteller und Künstler auch diesmal die ersten Opfer grausamer politischer Kämpfe.

Einer der besten und ältesten Freunde von Vera Ketlinskaja war Solomon Losowski, ein überzeugter alter Bolschewik, der Anfang des Krieges als sowjetischer Pressesprecher gearbeitet hatte. Nachdem die Ketlinskaja den Roman *Die Blockade* beendet hatte, an dem sie mit frosterstarrten Fingern geschrieben hatte, während die gefrorene Leiche ihrer Mutter im Nebenzimmer lag, gab sie ihn Losowski zu lesen. Nach ihrer Meinung war Losowski »einer der grundehrlichsten, ideologisch saubersten, warmherzigsten und demokratischsten Kommunisten«. Er war begeistert von dem Bild, das sie von Leningrad gezeichnet hatte. Ihre Lektoren waren es nicht. Erst drei Jahre später wurde *Die Blockade* veröffentlicht. Losowski erkannte das Buch nicht wieder. Er fragte: »Ist dies das Manuskript, das ich gelesen habe, oder ist es etwas anderes?«[6] Die Ketlinskaja sagte, man habe ihren Roman »mit kaltem Stahl und glühendem Eisen« überarbeitet. Alles »Düstere, Schreckliche, Negative, Furchterregende, Demoralisierende oder Beunruhigende« sei gestrichen worden. Der Geist Leningrads war aus dem Buch herausradiert.

der Streitigkeiten hinter den Kulissen zwischen Berija und anderen Politbüromitgliedern, zu denen auch Schdanow gehörte, wegen der Partisanentätigkeit hinter den deutschen Linien besonders heikel. Das mag bei der Unterdrückung der Erzählungen von Soschtschenko eine Rolle gespielt haben. (Istorija Russkoi Sowjetskoi Literatury. Bd. II, Moskau 1967, S. 378–379.)

[6] Losowski verschwand kurze Zeit, nachdem er seine Meinung geäußert hatte. Wahrscheinlich wurde er Ende 1948 verhaftet und am 12. August 1952 mit anderen jüdischen Intellektuellen hingerichtet, wohl auf die fingierte Beschuldigung hin, sie hätten geplant, auf der Krim eine jüdische Republik zu gründen und sie aus dem Verband der Sowjetunion zu lösen. Ende des Krieges hatte Stalin die Krim praktisch entvölkert. Er deportierte alle Krimtataren nach Sibirien, weil sie angeblich mit den Deutschen zusammengearbeitet hatten. Ob die Affäre, in die Losowski verwickelt war, mit den anderen Säuberungen der letzten Regierungsjahre Stalins zusammenhing, wie etwa mit der Affäre Leningrad oder der sogenannten Ärzteverschwörung, läßt sich nicht sagen.

Die Schwierigkeiten, denen Vera Ketlinskaja sich gegenübersah, unterschieden sich nur in Einzelheiten von denen anderer Schriftsteller, die das Thema Leningrad behandelten. Im Laufe der Jahre wurde die Leningrader Wohnung von Olga Berggolz zu einem kleinen Archiv aus der Zeit der Blockade. Hier stapelten sich ihre eigenen, seit Kriegsbeginn entstandenen Manuskripte in vielen Ordnern, die alle die Bezeichnung ›N. O.‹ (*nje opublikowano* – unveröffentlicht) trugen. Hier lag auch das Manuskript ihres Theaterstücks *In Leningrad geboren*, das kein Theaterdirektor anzufassen wagte, weil jeder ihr genaues Erinnerungsvermögen und die Echtheit menschlichen Leidens, das sie darstellte, fürchtete.
Zu den Schriftstellern, die ihre Arbeiten über die Belagerung nicht veröffentlichen oder zu Ende führen konnten, gehörten auch Sergei Chmelnizki (der, wenn er am Leben geblieben wäre, nach Meinung der Ketlinskaja wahrscheinlich den besten Roman geschrieben hätte), der Bühnenschriftsteller Leonid Rachmanow, der Romancier Jewgeni Ryss und Nikolai Tschukowski (dessen *Baltischer Himmel* durch die Zensoren ebenso verunstaltet worden ist wie *Die Blockade* von Vera Ketlinskaja).
Die Ereignisse entwickelten ihre eigene Dynamik. Es ist unmöglich, die Vorgänge hinter den Kremlmauern Zug um Zug zu verfolgen. Es gelang Schdanow nicht, Malenkow zu vernichten, sondern Malenkow kämpfte sich den Weg nach oben wieder frei. Im Frühsommer 1948 begann Schdanow den Boden unter den Füßen zu verlieren. Stalin beschuldigte ihn, den Bruch zwischen Tito und dem sowjetischen Machtblock verursacht zu haben, den ersten Riß innerhalb des gewaltigen Blocks, den Rußland nach dem Krieg in Osteuropa errichtet hatte.[7] Im Juli und August 1948 wurde deutlich, daß Malenkow wieder an die Spitze vorgerückt war. Er unterschrieb jetzt die Anordnungen für Stalins Sekretariat. Am 31. August 1948 wurde Schdanows Tod bekanntgegeben.[8]
Das Rad der Geschichte lief jetzt immer schneller rückwärts. Die führenden Persönlichkeiten aus den Tagen der Belagerung Leningrads ver-

[7] Die Schuld lag tatsächlich bei Stalin selbst und bei seinem Polizeichef Berija. Wahrscheinlich haben Berija und Malenkow Stalin eingeredet, Schdanow sei der Sündenbock.
[8] Man darf die Möglichkeit, daß Schdanow vergiftet wurde oder infolge eines ärztlichen Kunstfehlers starb, nicht von der Hand weisen. Bei Aufdeckung der sogenannten ›Ärzteverschwörung‹ am 13. Januar 1953 wurde das behauptet. Andere Opfer waren angeblich sein Schwager Alexander Schtscherbakow, der 1945 starb, und der Leningrader Befehlshaber General Goworow, der damals noch lebte. Man darf annehmen, daß es sich in gewissen anderen Fällen, bei denen Stalin von ›medizinischem Mord‹ sprach (besonders bei Maxim Gorki und dessen Sohn), um Verbrechen gehandelt hat. Die Anstifter sind aber nicht unbedingt die von Stalin beschuldigten Personen gewesen. Man darf daher nicht ausschließen, daß Stalin, Malenkow oder Berija oder alle drei bei Schdanows Tod die Hand im Spiel hatten. Stalins Tochter Swjetlana hält es für undenkbar, daß ihr Vater derartiges getan haben könnte, da er Schdanow persönlich gern hatte. Doch Stalins Kabinettchef, Alexander Poskrebyschew, bestätigte vor seinem Tode, daß ›wir‹ (wahrscheinlich meinte er Stalin) nach 1940 bei Säuberungen mit Gift gearbeitet hätten.

schwanden einer nach dem anderen: Sekretär Kusnezow, Bürgermeister Popkow und alle anderen Parteisekretäre, die Direktoren der großen Leningrader Industriewerke und fast alle engen Mitarbeiter Schdanows, der Direktor der staatlichen Planungskommission N. A. Wosnesenski, dessen Bruder A. A. Wosnesenski, Rektor der Leningrader Universität, der Vorsitzende des Ministerrats der UdSSR, M. I. Rodionow, der Chef der politischen Abteilung der Roten Armee, Generaloberst I. W. Schikin, und viele, viele andere – in Leningrad allein waren es wahrscheinlich etwa 2 000 Menschen.

Damit war die Säuberung noch nicht beendet. Die politische Laufbahn Alexei Kossygins, des späteren sowjetischen Ministerpräsidenten, hing an einem Faden. Wie viele andere konnte auch er lange Zeit nicht sagen, ob er am Leben bleiben würde. Marschall Schukow wurde auf einen unwichtigen Posten nach Odessa verbannt.

Völlig unpolitische Menschen verschwanden zu Hunderten. Die Achmatowa ging fast zugrunde. Zwar wurde sie nicht wie ihr Sohn verhaftet, aber man entzog ihr die Existenzgrundlage. Ihr eiserner Wille und freiwillige Spenden von Freunden erhielten sie am Leben.

Das Museum mit den Erinnerungsstücken aus der Belagerungszeit wurde 1949 geschlossen, ohne daß dies öffentlich bekanntgegeben wurde. Der Direktor, Major Rakow, kam ins Gefängnis. Die von ihm verfaßten Führer durch das Museum wurden eingezogen. Die Ausstellungsstücke verschwanden in den Archiven der Geheimpolizei, und vieles kam nie mehr ans Tageslicht.[9] Man eröffnete 1957 ein neues Museum. Hier werden einige von den Gegenständen gezeigt, die im ersten Museum enthalten waren, aber bei weitem nicht alles. Der Lebensmittelbevollmächtigte aus der Blockadezeit, Dimitri W. Pawlow, meint, »hier wird nur noch ein schwacher Abglanz der heroischen Epoche, an die sich jeder erinnert, gezeigt«.

Aber nicht nur das Museum verschwand 1949. Auch die weiß-blau gestrichenen Tafeln auf dem Newskiprospekt und der Sadowaja mit der Aufschrift: »Bürger, bei Artilleriefeuer ist diese Straßenseite die gefährlichste«, die zur Erinnerung an die Beschießung der Stadt noch dort hingen, wurden 1949 übermalt. Den Leuten, die das beobachteten, kam es vor, als solle damit auch das Andenken an die 900 Tage ausgelöscht werden.

Das alles geschah im Rahmen der Affäre Leningrad. Über diese Dinge ist

[9] Nach Stalins Tod wurde Major Rakow aus dem Konzentrationslager entlassen und betätigte sich als Bühnenschriftsteller. In Zusammenarbeit mit I. Alem schrieb er eine Komödie, *Der gefährlichste Feind* (Stein. In: ›*Snamja*‹. Nr. 4, April 1964, S. 68). Einige 1949 aus dem Museum entfernte Manuskripte kamen in die Archive des Verteidigungsministeriums, wo sie wahrscheinlich noch als Geheimmaterial aufbewahrt werden, aber vieles ist nie wieder aufgetaucht (Karasew, a. a. O., S. 15).

amtlicherseits bis heute nichts verlautet, obwohl die Zusammenhänge von Nikita Chruschtschow in seiner Geheimrede vom 24. und 25. Februar 1956 erwähnt worden sind.

Die Affäre Leningrad war ein von Malenkow und Berija in engster Zusammenarbeit mit Stalin und seinem Kabinettchef Poskrebyschew eingefädelter, komplexer Vorgang, mit dem die Leningrader Parteiorganisation, und mit ihr alle wichtigen Mitarbeiter Schdanows, vernichtet werden sollten. Die Ereignisse nahmen auch hier den gleichen Verlauf wie in den großen Säuberungen der dreißiger Jahre. Viele bedeutende Parteileute wurden der unsinnigsten Vergehen beschuldigt, unter anderem des Hoch- und Landesverrats.

Die Hintergründe für die verschiedenen Säuberungen in der Stalinära, die in den dreißiger Jahren begannen und bis zu Stalins Tod am 5. März 1953 weitergingen, unterschieden sich im wesentlichen kaum voneinander. Der Unterschied lag nur in den darin verwickelten Persönlichkeiten. Die angeblichen Verschwörungen mußten nur jeweils den Erfordernissen der politischen Lage entsprechen. Der Hauptunterschied zwischen den ersten Säuberungen und denen der vierziger und fünfziger Jahre lag in der Tatsache, daß Stalin die Säuberungen der dreißiger Jahre ganz öffentlich durchführen ließ. Die in den vierziger und fünfziger Jahren erfolgten Säuberungen fanden, mit Ausnahme der Aufdeckung der sogenannten Ärzteverschwörung, im geheimen statt. Die Öffentlichkeit wußte nicht, worum es ging, obwohl oft allgemein bekannt war, daß solche Aktionen durchgeführt wurden.

Die Affäre Leningrad war insofern ungewöhnlich, als die ›Verschwörung‹, an der angeblich so viele hohe Funktionäre beteiligt und aus diesem Grund liquidiert worden waren, öffentlich überhaupt nicht erwähnt wurde. Mit phantastischsten Anstrengungen versuchte man vielmehr, die historischen Unterlagen über die Ereignisse in Leningrad aus dem Wege zu schaffen, damit künftige Generationen nicht mehr feststellen könnten, was wirklich geschehen war im Kriege und während der 900 Tage. Man schloß nicht nur das Museum über die Verteidigung Leningrads, beschlagnahmte die Archive und verschickte den Direktor nach Sibirien. Nicht nur die Literatur wurde unterdrückt und bis zur Unkenntlichkeit verfälscht. Auch die amtlichen Unterlagen wurden vernichtet oder beschlagnahmt. Die Akten des Leningrader Verteidigungsrats wurden zum Beispiel in die Archive des Verteidigungsministeriums gebracht. Kein sowjetischer Historiker hat Zugang zu ihnen, und bis heute gelten sie als streng geheim.[10] Schon im

[10] Auf die Frage, weshalb kein sowjetischer Historiker vor ihm den Leningrader Verteidigungsrat erwähnt hat, antwortete D. W. Pawlow, daß »sehr wenige Menschen etwas über die Zusammenhänge wußten« (Pawlow, persönliches Gespräch am 30. April 1968).

Dezember 1941 wurden im Stadtteil Kirow und in anderen Bezirken Leningrads Kommissionen eingesetzt, die Tatsachen über die Blockade sammeln sollten. Im April 1943 begann ein Spezialbüro der Partei mit der Zusammenstellung einer Chronik der Blockade. Sie wurde nie veröffentlicht. Im Januar 1944 befahl Parteisekretär Schdanow die Herausgabe einer Dokumentensammlung über die Belagerung. Dazu gehörten Aufsätze von ihm, Sekretär Kusnezow, Sekretär J. F. Kapustin und Bürgermeister Popkow. Die Sammlung erschien nicht. Die in zwei Bänden tatsächlich herausgegebene Sammlung, heute eine bibliographische Rarität, enthält außer Zeitungsausschnitten kaum etwas Wesentliches. Am 18. Januar 1944 erhielt Professor Orbeli den Auftrag, etwas über die Leistungen der Leningrader Wissenschaftler während der Blockade zusammenzustellen. In dieser Arbeit sind 1 000 wissenschaftliche Entdeckungen erwähnt, und 480 Verfasser sind daran beteiligt. Auch sie wurde nicht veröffentlicht. Zwei Fahnenabzüge sind erhalten geblieben – vielleicht durch Zufall. Einer liegt in den Archiven der Akademie der Wissenschaften, der andere in den persönlichen Papieren des Geologen I. W. Danilowski in der Leningrader Stadtbücherei. Es gibt auch eine umfangreiche Arbeit über die Rolle der Künstler und der Intelligenz während des Krieges (Fahnenabzüge existieren noch). Dimitri Schostakowitsch, die Komponisten O. A. Jewlachow und N. P. Budaschkin, die Ballerina Galina Ulanowa und viele andere arbeiteten daran mit. Das gesamte Material blieb ungedruckt liegen.

Das Epos Leningrad ist, soweit es möglich war, aus dem Bewußtsein der Öffentlichkeit getilgt worden. Wie in Orwells *memory hole* wurden die Bausteine der Geschichte, die amtlichen Dokumente, die Statistiken und die persönlichen Memoiren vernichtet oder unterdrückt. Schdanows Papiere sind nie veröffentlicht worden. Es gibt keine Sammlung seiner Reden. Sein privater Nachlaß ist, wenn er noch existiert, nicht zugänglich und sicher als streng geheim klassifiziert. Sogar die Jahrgänge der Leningrader Zeitungen aus dem Krieg dürfen nicht eingesehen werden, und in sowjetischen Veröffentlichungen findet man nur selten Hinweise auf in der Belagerungszeit geschriebene Artikel. Die für die sowjetische Bürokratie so bezeichnenden genauen Statistiken werden selten zitiert, denn auch sie sind augenscheinlich unterdrückt oder vernichtet worden.

Was waren die Beschuldigungen in der Affäre Leningrad? Aus den Tatsachen, die verschwiegen und verschleiert wurden, kann man in etwa rekonstruieren. Die Beschuldigungen verkehrten den im Kampf um Leningrad gezeigten Heroismus in sein Gegenteil. Angeblich war der Verteidigungsrat von Leningrad das Instrument, dessen Aufgabe es sein sollte, die Stadt den Deutschen zu übergeben. Die Leningrader Führer wurden beschuldigt, die Sprengung der Stadt und die Versenkung der Baltischen Flotte geplant zu haben. Überall witterte man Verrat. Irgendwie wurden sogar die Arbeiter von Ischorsk, die bei Kolpino so tapfer gekämpft hatten, in die Angelegenheit verwickelt. Man hat sogar behauptet, Schdanow habe gemeinsam mit der Leningrader Parteiorganisation versucht, Rußland in einen Krieg zu stürzen, um nach der Niederlage mit Hilfe der Nationalsozialisten ein neues kommunistisches Regime aufzurichten. Bei Kriegsende haben die Verschwörer angeblich versucht, die Macht an sich zu reißen, Leningrad anstelle Moskaus zur Hauptstadt zu machen und mit Hilfe fremder Mächte, besonders wahrscheinlich mit Unterstützung Großbritanniens, eine neue Regierung einzusetzen.[11]

Daß alle diese Anschuldigungen falsch waren, spielte keine Rolle. Sie dienten dem Zweck, alle ehemaligen Mitarbeiter Schdanows und Tausende von kleineren Funktionären zu liquidieren. Und die Beschuldigten wurden entweder erschossen oder in Konzentrationslager eingesperrt.

Nichts in Stalins Schreckenskammern reichte an die Schrecken der Blokkade Leningrads und ihres Nachspiels, der Affäre Leningrad, heran. Die Belagerung hat 1,5 Millionen Menschen das Leben gekostet. Durch die ›Affäre‹ wurden Tausende zugrunde gerichtet, die fürchterlichste Prüfungen überlebt hatten.

Nach einem Vierteljahrhundert hatte sich die große Stadt an der Newa noch immer nicht von den Kriegswunden erholt. Die physischen und psychischen Narben waren noch da. Die tödlichen Eingriffe Stalins, die am 1. Dezember 1934 mit der Ermordung Kirows ihren Anfang nahmen, die grausamen Säuberungen der dreißiger Jahre, der Kriegsausbruch, die 900 Tage und die Affäre Leningrad haben Spuren hinterlassen, die nicht mehr getilgt werden können. Der Traum von einem neu sich öffnenden Tor nach Europa wurde nicht verwirklicht. Als letzte russische Großstadt wurde Leningrad nach dem Zweiten Weltkrieg wieder aufgebaut, viel später als Moskau, Odessa, Minsk und natürlich später als Stalingrad.

Aber eines erreichte man doch. Die blau-weißen Hinweise erschienen 1957 wieder auf dem Newskiprospekt. Wieder werden die Passanten gewarnt: »Bürger, bei Artilleriefeuer ist diese Straßenseite die gefährlichste.« Jedes Frühjahr werden die Schilder ausgebessert. Die Leningrader lieben sie, denn sie hängen an ihren Erinnerungen. Neben der ewigen Flamme auf dem Pisarewskifriedhof haben sie die folgenden Worte von Olga Berggolz in den Stein gemeißelt:

> Hier liegen Menschen aus Leningrad,
> Die Bürger – Männer, Frauen und Kinder –
> Neben ihnen Soldaten der Roten Armee,

[11] Lange hielt sich das Gerücht, die Verschwörer hätten versucht, in Leningrad eine Weltausstellung stattfinden zu lassen.

Die ihr Leben hingaben,
Dich zu verteidigen, Leningrad,
Wiege der Revolution.
Wir können sie nicht zählen, die Edlen,
Die hier liegen unter dem ewigen Granit,
Doch die Helden, die diese Steine ehren,
Laßt sie uns nicht vergessen, laßt nichts vergessen sein.

Stalin ist tot, ebenso Schdanow, Kusnezow, Popkow und Goworow, die Achmatowa, Soschtschenko, Schwarz und Tschukowski. Eine neue Generation ist geboren, sie kennt die Namen Malenkow, Kulik und Mechlis nicht mehr.
Aber die Erinnerung an die 900 Tage wird lebendig bleiben.

Anhang

Quellenangaben

Die besten Quellen für eine Darstellung des heldenhaften Kampfes um Leningrad sind jene Männer und Frauen, die selbst die neunhundert Tage miterlebt haben. Bei seinem ersten Besuch in Leningrad, wenige Tage nach Aufhebung der Blockade am 27. Januar 1944, als die Ereignisse in der Erinnerung der Überlebenden noch nicht verblaßt waren, hat der Verfasser begonnen, Augenzeugenberichte zu sammeln. Besonders nach dem Tode Stalins sind eine ganze Reihe von Memoiren und Berichten über die Blockade veröffentlicht worden. Am wertvollsten sind die Aufzeichnungen von Olga Berggolz, deren *Dnewnije Swjesdy* (Tagessterne) hier wiederholt verwendet worden sind. Wsewolod Wischnewski hat zwar ein recht einseitiges Tagebuch verfaßt, dessen Lektüre aber dennoch fasziniert. Der Journalist Pawel Luknizky ist ein scharfer Beobachter. Der Musikwissenschaftler Valerian Bogdanow-Beresowsky hat ein Tagebuch verfaßt und ist Historiker. Alexei I. Pantelejew hat ein gutes Auge für das Detail. Der Roman *Die Blockade* von Vera Ketlinskaja ist zwar von der sowjetischen Zensur verfälscht worden, gibt aber doch einen guten Gesamteindruck von der Belagerung. Der Dichter Wissarion Sajanow lebte während der ganzen Zeit der Blokkade in Leningrad. Die Aufzeichnungen des Journalisten Wsewolod Kočetow sind nicht immer zuverlässig, oft übertrieben, sagen aber dennoch mehr aus, als ihm selbst bewußt ist. Nicht alle Verfasser von Tagebüchern, nicht alle Schriftsteller sind in der Sowjetunion geblieben. Von den in die Vereinigten Staaten ausgewanderten Verfassern nenne ich Jelena Skrjabina, Dimitri Konstantinow und Anatoly Darow; ihre Berichte enthalten wertvolles Material.

Einer der detailliertesten und besten Berichte über das Leben im belagerten Leningrad ist von S. Warśawsky und B. Rest über die Eremitage und deren Direktor Josef Orbeli geschrieben worden. Beide Männer haben ihr Leben der Arbeit an der Eremitage geweiht, und sie haben die ganze Belagerung in Leningrad miterlebt. Kein anderes Buch gibt ein bewegenderes Bild vom Leiden und vom Heldentum jener Zeit als ihr *Podwig Ermitaźa* (Triumph der Eremitage). Wie zahlreiche andere Schriftsteller, Historiker und Bürger Leningrads haben sie den Verfasser beim Sammeln und Verifizieren von Tatsachen unermüdlich unterstützt.

Es gibt fünf größere offiziöse Arbeiten über die Belagerung von Leningrad. Die wichtigste und erste ist das von Dimitri W. Pawlow verfaßte Buch *Die Blockade von Leningrad 1941* (deutsch: Huber & Co, Frauenfeld 1967). Pawlow ging im September 1941 nach Leningrad, um die Versorgung der Stadt mit Lebensmitteln zu leiten. Das Buch wurde zuerst 1958 und später in einer zweiten und dritten Auflage herausgebracht und enthält in jeder neuen Auflage zusätzliche Informationen. Es ist die klassische Quelle über den Hungerwinter. Viele Einzelheiten finden sich nirgends anders, und alle sowjetischen Berichterstatter stützen sich seit 1958 auf Pawlows Werk. Fast gleichwertig ist das Buch von A. W. Karasew,

Leningradtsy w Gody Blokady (Die Leningrader in den Jahren der Blockade). Karasew ist ein gewissenhafter Berufshistoriker, der unermüdlich die Archive durchforscht hat. Viele Tatsachen, die Karasew bei der Herausgabe seines Buchs 1959 noch nicht in Erfahrung bringen konnte, finden sich in *Na Saśćitje Newskoi Twerdyni* (Zur Verteidigung der Bastion an der Newa); es ist eine von der Leningrader Parteiorganisation 1965 herausgegebene Gemeinschaftsarbeit. Als vierte Quelle steht eine 1967 unter dem Titel *900 Geroićeskich Dnjei* (900 Tage Heldentum) herausgebrachte Sammlung von Berichten, Erlassen und offiziellen Dokumenten zur Verfügung. Die fünfte Quelle ist das 1967 vom Historischen Institut der Sowjetischen Akademie der Wissenschaften als Band fünf einer Geschichte Leningrads herausgebrachte Werk *Leningrad w Welikoi Otećestwennoi Woinje* (Leningrad im Großen Vaterländischen Krieg).
Für die Darstellung der militärischen Zusammenhänge sind fünf Quellenwerke benutzt worden.
Istorija Welikii Otećestwennoi Woiny Sowjetskowo Sojusa 1941–1945 (Geschichte des Großen Vaterländischen Krieges der Sowjetunion 1941–1945) ist eine sechsbändige Geschichte des Krieges, gibt einen genauen Bericht über alle militärischen Operationen und ist eine sehr gute Darstellung über die Schlagkraft der Roten Armee – oder des Fehlens dieser Schlagkraft – bei Kriegsbeginn 1941. Eine an gleicher Stelle erschienene einbändige verkürzte Ausgabe unter dem Titel *Welikaja Otećestwennaja Woina Sowjetskowo Sojusa* (Der Große Vaterländische Krieg der Sowjetunion) bringt interessanterweise Einzelheiten über Stalins Fehler und seine falsche Beurteilung der Informationen des Geheimdienstes am Vorabend des Krieges, die in der sechsbändigen Version fehlen. Das Werk *Bitwa sa Leningrad* (Die Schlacht um Leningrad), eine Gemeinschaftsarbeit von I. P. Barbaschin und anderen, ist aufschlußreich, wenn man es mit dem sechsbändigen Geschichtswerk vergleicht. W. P. Swiridow und zwei andere Verfasser haben unter dem gleichen Titel *Bitwa sa Leningrad* (Die Schlacht um Leningrad) ein weniger bedeutendes Geschichtswerk geschrieben, das nur in einigen Einzelheiten erwähnenswert ist. In dem Buch *Borba Sa Sowjetskuju Pribaltiku W Welikoi Otećestwennoi Woine 1941–1945* (Das Ringen um die sowjetischen baltischen Gebiete im Großen Vaterländischen Krieg 1941–1945) wird die Katastrophe dargestellt, in welche die sowjetischen Streitkräfte in den ersten Kriegstagen im baltischen Küstengebiet vor Leningrad gerieten.
Keines dieser Geschichtswerke ist vollständig. In jedem Buch wird versucht, gewisse Aspekte der Ereignisse in und um Leningrad zu verschweigen oder ihre Bedeutung zu übertreiben. Doch bei genauen Vergleichen läßt sich in großen Zügen erkennen, was geschah. Aufschlußreicher sind die Memoiren der beteiligten militärischen Führer, besonders die Aufzeichnungen des Oberst (jetzt General) B. W. Byćewski, des Leningrader Pionierführers, des Chefs des Stabes der Baltischen Flotte, Admiral W. A. Pantelejew, des Befehlshabers der Siebenundsechzigsten Armee, Generalmajor Michail Duchanow, des Marschalls Kyrill A. Merezkow, einem der profiliertesten Leningrader Befehlshaber, eines weiteren Leningrader Truppenführers, des Generals Iwan I. Fedjuninski und des Marinekommissars Admiral N. G. Kusnezow. Hierher gehören auch die zahlreichen Memoiren einzelner Kriegsteilnehmer, die heute noch vom sowjetischen Militärverlag in Moskau laufend veröffentlicht werden.
Wo es möglich war, hat der Verfasser selbst mit Augenzeugen gesprochen, besonders mit Dimitri W. Pawlow, der bei der Belagerung von Leningrad eine wichtige Aufgabe zu erfüllen hatte. Auch Marschall Semjon Budjonny hat über die Ereignisse des 21. und 22. Juni 1941 interessante Einzelheiten berichtet. Der

Verfasser hat in die Akten und alten Ausgaben der *›Leningradskaja Prawda‹* in deren Redaktion nur ganz kurz Einblick nehmen können und dort nur ganz allgemeine Eindrücke erhalten.
Über die Sprengung des Blockaderings im Januar 1944 haben zahlreiche Truppenbefehlshaber, die an den Operationen teilgenommen haben, dem Verfasser persönlich berichtet. Der 1949 im Verlauf der Affäre Leningrad erschossene Bürgermeister Peter S. Popkow und der oberste Stadtarchitekt, N. W. Baranow, haben den Verfasser über die Pläne zum Wiederaufbau Leningrads informiert.

1. DIE WEISSEN NÄCHTE
Einzelheiten über die Ereignisse in Leningrad am 21. Juni 1941 stammen von den verschiedensten Bewohnern der Stadt, unter anderem von S. Warśawsky, Dimitri Konstantinow, Wsewolod Koćetow, Alexander Kron, Alexander Stein, Alexander Rosen, Olga Berggolz, Iwan Krutikow, Valerian Bogdanow-Beresowski, Pawel Luknizky, Olga Jordan, Wissarion. Sajanow und Vera Ketlinskaja. Der Bericht über Orbeli stammt aus *Podwig Eremitaźa* von Warśawsky und B. Rest. Die Plenarsitzung der Partei im Smolny am 21. Juni wird in *Na Saśćite Newskoi Twedyni, Bitwa Sa Leningrad* (Swiridow u. a.) und in *W Ognennom Kolze* beschrieben.

2. NICHT ALLE SCHLIEFEN
Die Darstellung des Generals Kirill A. Merezkow ist seinem eigenen Buch *Nekolebimo Kak Rossija* entnommen. Die Geschichte von Juri Stasow erzählt M. J. Sonkin in *Eto Bylo Na Baltike.* Andere Quellen: Admiral A. G. Golowko: *Wmeste s Flotom;* M. P. Pawlowskii: *Na Ostrowach;* I. I. Fedjuninski: *Podnjatje Po Trewoge.* Pantelejew berichtet über die Tätigkeit des Admirals Tribuz in *Morskoi Front.* Kusnezow hat mehrere Versionen des gleichen Berichts geschrieben, die sich in gewissen Details voneinander unterscheiden.

3. DER SCHICKSALHAFTE SAMSTAG
Marinekommissar Kusnezows Schilderung stammt von ihm selbst. Die Vorgänge in der sowjetischen Botschaft in Berlin am 21. und 22. Juni werden in den folgenden Büchern beschrieben: Valentin Bereśkow: *S Diplomatićeskoi Missiei w Berlin*; I. F. Filippow: *Sapiski o Tretijem Reiche* und Raymond James Sontag: *Nazi-Soviet Relations, 1939–1941,* S. 353. Maiskis Geschichte stammt aus seinen Erinnerungen und ist in *›Nowy Mir‹*, Nr. 12 vom Dezember 1945 etwas eingehender behandelt. Der Bericht über die Begegnung zwischen Molotow und Schulenburg gründet sich auf Gustav Hilger und Alfred G. Meyer: *The Incompatible Allies.* Einzelheiten stammen aus *Nazi-Soviet Relation, 1939–1941.* General I. W. Tjulenews Geschichte ist seinem Buch *Ćeres Tri Woiny* entnommen. Über den Entschluß, ein Jagdfliegerkommando in Moskau aufzustellen, siehe M. Gallai in: *›Nowy Mir‹*, Nr. 9 vom 9. September 1966.

4. DIE LANGE NACHT
Der Inhalt dieses Kapitels stützt sich vor allem auf Aufzeichnungen des Flottenkommissars Kusnezow und des Admirals Pantelejew sowie auf die Arbeiten von W. Aćkasow und B. Weiner über die Baltische Flotte. Die Ereignisse in Sewastopol werden in I. I. Asarow: *Osaźdennaja Odessa* geschildert, ebenso bei Kapitän N. G. Rybalko in: *›Wojenno-Istorićeskii Źurnal‹*, Nr. 6, Juni 1963; N. P. Wjunenko: *Ćernomorskii Flot w Welikoi Otećestwennoi Woine.* Marschall Woronow schildert in *Na Sluźce Wojennoi* die Vorgänge in der Nacht vom 21./22.

Juni. General Tjulenew berichtet von Stalins Skepsis gegenüber den Meldungen Schukows über deutsche Bombenangriffe.

5. IM MORGENGRAUEN DES 22. JUNI

Die Darstellung der militärischen Lage in Leningrad stammt aus den Büchern von General B. W. Byćewski: *Gorod Front* und *Na Saśćite Newskoi Twerdyni.* Einige Details stammen aus *Istorija Welikoi Otećestwennoi Woiny Sowjetskowo Sojusa* und General Michail Duchanow: *W Serze i w Pamjati.* Der Baltische Militärbezirk wird in *Borba Sa Sowjetskuju Pribaltiku* behandelt. Einige Details stammen von Woronow. Die Achte Armee des Generals Sobennikow wird in *Borba Sa Sowjetskuju Pribaltiku* und *Bitwa sa Leningrad* (Barbaschin u. a.) behandelt. Die Ereignisse in der deutschen Botschaft in Moskau werden von Hilger und in einem Bericht von Dr. Gebhardt von Walther behandelt, der damals Botschaftssekretär und 1967 deutscher Botschafter in Moskau war, außerdem in *Nazi-Soviet Relations.* Der Bericht über die Vorgänge in der sowjetischen Botschaft in Berlin stammt vor allem aus Veröffentlichungen von Bereśkow, die durch persönliche Korrespondenz ergänzt wurden.

6. WAS STALIN HÖRTE

Die militärische Besprechung im Kreml wird in folgenden Quellen behandelt: S. A. Kalinin: *Rasmyślaja o Minuwśem*; M. I. Kasakow: *Nad Kartoi Bylich Sraźenii;* I. A. Jeremenko: *W Naćalje Woiny* (Jeremenkos Version wird von W. Iwanow und K. Ceremuchin in ›*Wojenno-Istorićeskii Źurnal*‹, Nr. 11 vom 11. November 1966 scharf angegriffen) und Marschall Iwan Bagramjan: ›*Wojenno-Istorićeskii Źurnal*‹, Nr. 1, Januar 1967. Eine der wichtigsten Quellen über die Ermittlungen des Nachrichtendienstes zu den deutschen Kriegsvorbereitungen ist ein anonymer Artikel unter dem Titel ›*Sowjetskije Organy Gosudarstwennoi Besopastnosti w Gody Welikoi Otećestwennoi Woiny*‹ in: ›*Woprosy Istorii*‹, Nr. 5, Mai 1965. Dieser Artikel stammt wahrscheinlich von einer höheren Stelle des sowjetischen Nachrichtendienstes. Andere Quellen sind: P. A. Źilin: *Kak Faśistskaja Germanija Gotowila Napadenije na Sowjetsky Sojus*; Armeegeneral W. Iwanow in: ›*Wojenno-Istorićeskii Źurnal*‹, Nr. 6, Juni 1965; Admiral Kusnezow: *Nakanune*; Marschall A. Gretschko in ›*Wojenno-Istorićeskii Źurnal*‹, Nr. 6, Juni 1966; Bereśkow, zahlreiche sowjetische Veröffentlichungen über Richard Sorge, den sowjetischen Meisterspion; A. M. Nekrić: *1941 22 Junija;* Hilger und *Istorija Welikoi Otećestwennoi Woiny*, S. S. 1941–1945, Bd. I.

7. WAS STALIN GLAUBTE

Ilja Ehrenburg beschreibt seine Beziehungen zu Stalin in seinen Memoiren und hat vor seinem Tode in einem persönlichen Gespräch noch einiges dazu berichtet. Auch Źilin berichtet aus dem Kreml. Über Truppenverschiebungen berichten Ksakow, Bagramjan und A. M. Samsonow in *Welikaja Bitwa pod Moskwoi.* Nekrić und A. Sonin: *Prosolennje Gody* und Admiral Kusnezow analysieren das Verhalten Stalins. Das Eingreifen Malenkows am 3. Juni wird in *Welikaja Otećestwennaja Woina Sowjetskowo Sojusa,* S. 58, und bei G. Krawćenko in ›*Wojenno-Istorićeskii Źurnal*‹, Nr. 4, April 1965, erwähnt. Maiski und Bereśkow schildern die Lage in London und Berlin. Die Lage an der Westfront wird dargestellt in dem Roman von Alexander Rosen, *Poslednyje Dwe Nedeli* und in Bagramjan u. L. M. Sandalow: *Trudnije Rubeźi* sowie W. A. Grekow: *Bug w Ogne.* Informationen über die in letzter Minute eingetroffenen Meldungen des Nachrichtendienstes finden sich in ›*Woprosy Istorii*‹, Mai 1950, Studie über die Organe des Nachrichtendienstes; *Istorija Welikoi Otećestwennii Woiny S. S. 1941–1945*, Bd. I und bei Admiral Kusnezow. Die Aufmarschbewegungen der deutschen und russischen Truppen werden analysiert von P. Korodinow in ›*Wojenno-Istorićeskii Žurnal*‹, Nr. 10, Oktober 1965 und Marschall Sergei Štemenko in ›*Wojenno-Istorićeskii Žurnal*‹, Nr. 6, Juni 1966. Über den Vorfall bei der Luftwaffe berichtet A. Jakowlew: *Zel Žisni.* Nekrić und Woronow schildern das Verhalten Stalins am Vorabend des Krieges. Über die Gerüchte von einer Sonderabmachung zwischen Russen und Deutschen berichten Grigore Gafencu, von Hassell, Filippow, Gerhard L. Weinberg in *Germany and the Soviet Union 1939–1941*; Halder und Angelo Rossi: *The Russo-German Alliance.* Stalins Mißtrauen und Konzeptionslosigkeit behandeln Kusnezow, Woronow, Tjulenew, Begramjan und Nikita Chruschtschow in seiner sogenannten Geheimrede vom Februar 1956 und bei anderen Gelegenheiten. Stalins Nervenzusammenbruch schildern Chruschtschow, Maiski, Nekrić und andere.

8. WOLKENLOSER HIMMEL
Trofimows Geschichte findet sich in A. Dymśiz: *Podwig Leningrada*; Glasunow in *Doroga k Tebje*; Gankewić in *Konez Gruppy »Nord«*; Skrabina in *W. Blokade*; Kanaśin: *Poka Stućit Serze;* Krutikow: *W Prifrontowich Lesach;* Konstantinow: *Ja Sraźalsja w Krasnoi Armii;* die Geschichte der Eremitage in Warśawsky u. a.: *Podwig Eremitaźa;* die Szene auf der Station Ortenberg in *Na Ognennich Rubeźach.* Über Larin siehe Sosonkow: *Geroi Semly Sowjetskoi.* Über Kronstadt schreibt Rudny in *Deistwujuśćii Flot*; über die Petrowa Konstantinow in *Žensćiny: Goroda Lenina;* Sajanow: *Leningradskii Dnewnik.* Über Lebedew schreibt dessen Frau Vera Petrowna in ›*Žwesda*‹, Nr. 5, Mai 1965 und Koćetow in ›*Oktjabr*‹, Nr. 1, Januar 1964.

9. EINZELHEITEN
Das Kapitel stützt sich hauptsächlich auf deutsche Standardquellen wie Halders Kriegstagebuch, Guderian, Manstein und auf Restlinger: *The House Built on Sand* sowie Pawlenko: *Poraźenije Germanskowo Imperialisma;* die beiden Bücher unter dem Titel *Bitwa sa Leningrad;* Ortenberg: *Na Ognennich Rubeźach;* Pawlow und Merezkow.

10. DER FEIND IM ANMARSCH
Dieses Kapitel stützt sich weitgehend auf den Bericht in Orlow, *Borba Sa Sowjetskuju Pribaltiku* und Material aus Karasew: *Welikaja Otećestwennaja Woina S. S.*; das sechsbändige Werk *Istorija WOWSS* und Barbaśin: *Bitwa sa Leningrad.* Über den Zwischenfall bei Tauroggen berichtet A. Jonin in ›*Swesda*‹, Nr. 6, Juni 1966. Einzelheiten über den Baltischen Militärbezirk aus Cadajew: *Ekonomika SSSR w Period WOW*; Samsonow: *Wtoraja Mirowaja Woina, Leningrad w WOW* und I. Boiko in ›*Wojenno-Istorićeskii Žurnal*‹, Nr. 8, August 1966. Die Verlustziffern der sowjetischen Luftstreitkräfte stammen von Barbaschin; A. M. Samsonow: *Stalingradskaja Bitwa* und A. S. Jakowlew: *Zel Žisny.* Die Beschreibung des Hauptquartiers von General Morosow stammt aus W. P. Agafonow: *Neman! Neman! Ja – Dunai!* und S. Kondraz: *IX Fort.* Über Libau siehe W. J. Bistrow: *Geroi Podpolja*; R. Welewitnew: *Krepost bes Fortow* und A. P. Kladt in ›*Istorija SSSR*‹, Nr. 3, 1965. Über Pawlows Hauptquartier siehe I. W. Boldin: *Stranizii Žisny,* sowie Leonid Sandalow u. Fedor A. Ostaśenko in W. A. Grekow: *Bug w Ogne.*

11. DER ›ROTE PFEIL‹ LÄUFT EIN

Das Material über Merezkow und die Säuberungen in der Roten Armee stammt aus seinen Erinnerungen und dem von ihm herausgegebenen Buch *Pod Snamenem Ispanskoi Respubliki*; *WOWSS*; S. A. Kalinin: *Rasmyśljaja o Minuwśem*, *Istorija WOWSS*; A. W. Gorbatow: *Years Off My Life*; B. W. Byćewski in *›Wojenno-Istorićeskii Žurnal‹*, Nr. 9, September 1963; I. Bagramjan in *›Wojenno-Istorićeskii Žurnal‹*, Nr. 1, Januar 1967; A. M. Nekrić: *1941 22 Junja;* N. N. Woronow: *Na Slušće Wojennoi*; D. A. Morosow: *O Nich Ne Upominalos w Swodkach* und Konstantin Simonows Roman *Soldatami Ne Roźdajuzja.* Die militärische Lage vor dem Krieg wird dargestellt nach A. I. Jeremenko: *W Naćale Woiny; WOWSS;* P. Jegorow in *›Wojenno-Istorićeskii Žurnal‹*, Nr. 5, Mai 1967; Marinekommissar N. G. Kusnezow in *›Oktjabr‹*, Nr. 9, September 1965; Merezkow: *Na Saśćite Newskoi Twerdyni* und Byćewski in *›Wojenno-Istorićeskii Žurnal‹*, Nr. 1, Januar 1964.

12. UND AUCH DIE TOTEN

Olga Berggolz wird geschildert nach ihrem *Dnewnje Swesdy* und nach Material aus Juri L. Alanskii: *Teatr w Kwadrate Obstrela.* Das Gedicht ist aus *Usel* von Olga Berggolz. Die Abschnitte üer Konstantinow und die Skrjabina sind ihren Memoiren entnommen. Dimitri Schtscheglows Geschichte erzählt *W Opolćenije.* Über I. I. Kanaśin siehe *Poka stućit Serdse.* Die Beschreibung Leningrads stützt sich auf zahlreiche Quellen und jahrelange persönliche Beobachtungen. Die Geschichte der Unterdrückungsmaßnahmen im Zusammenhang mit Kirow wird vor allem in *Oćerki Istorii Leningrada*, Bd. 4 und S. Kostjućenko: *Istorija Kirowskowo Sawoda* behandelt. Das Gedicht der Achmatowa stammt aus *Requiem.* Über Orbeli berichten Warśawsky und andere in *›Swesda‹*, Nr. 10 vom Oktober 1964. Die Ereignisse in Leningrad nach Molotows Ansprache behandeln Skrjabina; Anatoly Darow in *Blokada*; Pawel Luknizky in *Skwos Wsju Blokadu* und *Saśćite Newskoi Twerdyni.*

13. DIE DUNKLEN TAGE

Die Darstellung Schdanows stützt sich auf seine öffentlichen Reden, die Eindrücke Kusnezows: *›Oktjabr‹*, Nr. 9 u. 11, September u. November 1965; Richard Lauterbach: *These are the Russians*; Nikita Chruschtschows ›Geheimrede‹; M. I. Kasakow: *Na Saśćite Newskoi Twerdyni* und I. M. Maiski. Die Angaben über das Staatliche Verteidigungskomitee stammen aus *Istorija WOWSS* und Marschall Gretschko in *›Wojenno-Istorićeskii Žurnal‹*, Nr. 6, Juni 1966.

14. SCHDANOW IN AKTION

Die Mobilmachung in Leningrad wird geschildert in *Leningrad w WOW;* A. Karasew und W. Kowalćuk in *›Wojenno-Istorićeskii Žurnal‹*, Nr. 1, Januar 1964; *Na Saśćite Newskoi Twerdyni*; Ilja Braśin in *›Newa‹*, Nr. 2, Februar 1968; Pawlow; Karasew; A. Dymśiz: *Podwig Leningrada*; Barbaśin: *Bitwa sa Leningrad;* W. Bogdanow-Beresowsky: *W Gody Welikoi Otećestwennoi Woiny;* Juri Alanskii: *Teatr w Kwadrate Obstrela*; Karasew in *›Istoria SSSR‹*, Nr. 3, 1961; N. N. Schdanow: *Ognewoi Śćit Leningrada;* Byćewski; Merezkow; Warśawsky u. a.

15. DIE WEISSEN SCHWÄNE

In diesem Kapitel wird vor allem auf die folgenden Quellen Bezug genommen: *Toboi Baltika* und Beiträge in *Literaturnoje Nasledstwo Sowjetskich Pisatelei*, Bd. II von Nikolai Michailowsky; Wladimir Rudny; Alexander Sonin und Admiral J. A. Pantelejew: *Morskoi Front.* Einzelheiten über die Verhältnisse in den baltischen Staaten liefern W. Stanley Vardys: *Lithuania under the Soviets*; A. A. Drusula: *W Dni Woiny*; Orlow; M. P. Pawlowskii: *Na Ostrować; Documents on German Foreign Policy,* Serie D, Bde. VII u. XIII; anonymer Artikel über den sowjetischen Geheimdienst in *›Woprosy Istorii‹*, Mai 1965; W. Aćkasow: *Krasnosnmennyi Baltiiskii Flot;* Wsewolod Wischnewski: *Sobrannye Sočinenii*, Bd. III.

16. DIE ROTE ARMEE AUF DEM RÜCKZUG

Zu den Hauptquellen gehören Michail Duchanow: *W Serdse i w Pamjati;* Barbaśin: *Istorija WOWSS;* Orlow; A. Kiselew in *›Wojenno-Istorićeskii Žurnal‹*, Nr. 6, Juni 1966; D. D. Leljuśenko: *Sarja Pobedy;* Agafonow. Die Beurteilung der Fähigkeiten von General Kusnezow ist die der Herausgeber von *Istorija WOWSS*, Bd. II, S. 29.

17. DIE ERSTEN TAGE

Das Porträt der Stadt Leningrad in den ersten Kriegstagen wurde aus verschiedenartigsten, zahlreichen Quellen zusammengetragen. Zu ihnen gehören: Warśawsky u. a.; *Leningrad w WOW*; *Na Saśćite Newskoi Twerdyni*; die Sammlung *900 Dnei*; Olga Berggolz: *Dnewne Swesdy*; Bogdanow-Beresowsky: *W Gody WOW*; Madame Skrjabinas Tagebuch; A. T. Skiljagin: *Dela i Ljudi*; Vera Ketlinskaja in *›Newa‹*, Nr. 5, Mai 1965; Wsewolod Koćetow in *›Oktjabr‹*, Nr. 1, Januar 1964; A. N. Wasiljew: *S. Perom i Awtomatom*; Ilja Awramenko: *Den Poesii 1965;* L. Pantelejew: *Žiwje Pamjatniki;* Byćewski; Barbaśin; Merezkow; Pawlow; Karasew; *WOWSS;* S. Beljajew: *Narodnoje Opolćenije Leningrada*; Lew Uspensky in *›Swesda‹*, Nr. 9, September 1964; Śćeglow; Juri Alanskii; S. Bubenśćikow: W Ognennom Kolze; W. Malkin in *›Wojenno-Istorićeskii Žurnal‹*, Nr. 1, Januar 1964.

18. DIE LUGASTELLUNG

Die Hauptquellen für die Darstellung der Kampfhandlungen sind: Byćewski; Barbaśin; Karasew; *Na Saśćite Newskoi Twerdyni* und General Duchanow. Koćetow erzählt seine Geschichte in *›Oktjabr‹*, Nr. 1, Januar 1964. Einzelheiten über Koćetow finden sich bei Wasiljew: *S Perom i Awtomatom.* Jeremenko beschreibt die Westfront in *Na Sapadnom Naprawlenii.* Die Geschichte der 70. Gardedivision stammt aus N. S. Gudkowa: *Mera Mużestwa* und A. Rosen in *›Swesda‹*, Nr. 2, Februar 1966.

19. DIE LUGASTELLUNG BRICHT AUSEINANDER

Die Hauptquellen sind Byćewski, Barbaśin; *Na Saśćite Newskoi Twerdyni;* Koćetow in *›Oktjabr‹*, Nr. 6, Juni 1964; S. Beljajew: *Narodnoje Opolćenije Leningrada* und Karasew.

20. DER FEIND STEHT VOR DEN TOREN

Die Schilderung des Hauptquartiers im Smolny basiert auf G. N. Karajew: *Po Mestam Bojewoi Slawy*; Pawlow; L. L. Śwezow: *Smolninskii Rajon* und *Na Saśćite Newskoi Twerdyni.* Einzelheiten über die Krise liefern *Na Saśćite*; Beljajew; W. W. Stremilow in *›Woprosy Istorii KPSS‹*, Nr. 5, Mai 1959; *Leningrad* *w Wow;* Warśawsky u. a.; A. Stein in ›*Snamja*‹, Nr. 4, April 1964. Die Geschichte des Verteidigungsrats der Stadt behandeln Pawlow; Karasew; A. E. Suchnowalow: *Petrogradskaja Storona* und *900 Geroićeskich Dnei.* Weitere Einzelheiten finden sich bei Koćetow, Byćewski und Luknizky.

21. STALIN AM TELEPHON

Die Darstellung Stalins gründet sich auf Maiski; Barbaśin; Kusnezow; Woronow: ›*Istorija SSSR*‹, Nr. 3, 1965; S. M. Śtemenko in ›*Wojenno-Istorićeskii Żurnal*‹, Nr. 9, September 1965; Robert Sherwood: *Roosevelt and Hopkins* und Pawlow. Die Meinungsverschiedenheiten zwischen Stalin, Schdanow und Woroschilow werden erwähnt bei Pawlow: *Na Saśćite* und W. Aćkasow in ›*Wojenno-Istorićeskii Żurnal*‹, Nr. 10, Oktober 1966. Einzelheiten sind entnommen: P. Ponomarenko in ›*Wojenno-Istorićeskii Żurnal*‹, Nr. 4, April 1965; *Istorija WOWSS*, Bd. I, S. 105; T. Śtykow in L. I. Ilin: *Chrabreiśije is Chrabrych.*

22. DIE KATASTROPHE VON REVAL

Die Quellen für dieses Kapitel sind: Michailowski, Pantelejew, A. K. Tarasenkow, Wsewolod Wischnewski (ihre Tagebücher und Veröffentlichungen in *Literaturnoje Nasledstwo Sowjetskich Pisatelei,* Bd. II); A. Muśnikow: *Baltiisi w Bojach Za Leningrad*; W. Aćkasow: *Morskaja Pechota w Bojach Za Rodinu*; N. Ćukowsky in ›*Junost*‹, Nr. 1, Januar 1966; N. F. Minejew: *Perwaja Pobeda*; J. Perećnew: *Na Straże Morskich Gorisontow;* A. Stein in ›*Snamja*‹, Nr. 4, April 1965 und Orlow.

23. DIE LETZTEN SOMMERTAGE

Die Erlebnisse Vera Inbers werden in ›*Za Mnogo Let*‹ erzählt und von Vera Inber selbst in: ›*Newa*‹, Nr. 5, Mai 1965; die von Schwarz bei Ketlinskaja; Alexander Stein in: ›*Znamya*‹, Nr. 5, Mai 1964; und S. Tsimbal in: ›*My Znali Yevgeniya Shvartsa*‹. Die Beschreibung der Stadt ist zu finden in: ›*Leningrad W WOW;* A. Rosen in: ›*Zvezda*‹, Nr. 1 u. 2, Januar und Februar 1965; Stein in: ›*Znamya*‹, Nr. 6, Juni 1964; Gankewitsch; Bogdanow-Beresowski in: *W Gody WOW*; Varshavsky und Rest; V. M. Barshenkow in: *Istoriya Gosudarstvennoi Publichnoi Biblioteki* und bei Karasew.

24. SOLL LENINGRAD KAPITULIEREN?

Die Hauptquellen für den Bericht über den Besuch der Abordnung des Staatlichen Verteidigungskomitees sind *Na Saśćite;* Woronow; Kuśnezow in ›*Woprosy Istorii*‹, Nr. 8, August 1965; Pantelejew; A. Muśnikow: *Baltiisi w Bojach Za Leningrad;* F. I. Sirota in ›*Woprosy Istorii*‹, Nr. 10, Oktober 1956; Pawlow; Barbaśin; Karasew; *Istorija WOWSS.* Über die Kontroverse im deutschen Oberkommando berichtet Halder. Der Gedankenaustausch zwischen Churchill und Stalin wird erwähnt bei Maiski und Winston Churchill: *The Second World War,* Bd. III: *The Grand Alliance.*

25. DER RING SCHLIESST SICH

Die Mitteilungen über Mga stammen in erster Linie von Byćewski. Sein Bericht über die Schlacht bei Iśorsk wird ergänzt durch Swiridow: *Bitwa sa Leningrad*; Barbaśin; Ćernenkos Beitrag in A. Dymśiz: *Podwig Leningrada; Leningrad W WOW*; Wissarion Sajanow: *Leningradskii Dnewnik*; *900 Dnei*; Bubenśćikow und statistische Angaben aus *900 Geroićeskich Dnei.* Den Durchbruch zur Newa behandeln Koćetow in ›*Oktjabr*‹, Nr. 11, November 1965;

Barbaśin; *Na Saśćite Newskoi Twerdyni;* Swiridow; Byćewski; die Einnahme von Schlüsselburg Gankewić, Byćewski, Barbaśin und *Na Saśćite.* Kritische Stellungnahmen kommen von Duchanow und Barbaśin; die Auswirkungen der Schlacht bei Iśorsk werden besprochen in *900 Geroićeskich Dnei*; von Karasew; Ketlinskaja in ›*Newa*‹, Nr. 5, Mai 1965 und Beilin: *Rjadom S Gerojami.* Der Bericht über Schostakowitsch stammt aus *900 Dnei*; Bogdanow-Beresowski: *W Gody WOW;* und *Stranizy Musikalnoi Publisistiki;* Al Less in ›*Moskwa*‹, Nr. 5, Mai 1965; Olga Berggolz in ›*Literaturnaja Gaseta*‹, Nr. 56, 9. Mai 1965; A. N. Wasiljew: *S Perom i Awtomatom.* Weitere Details finden sich in G. G. Tigranow: *Leningradskaja Konservatorija,* Pantelejew und Sajanow in B. M. Licharew; *Leningradskii Almanach.*

26. DIE BLUTROTEN WOLKEN

Vera Inbers Eindrücke stammen aus ihrem Tagebuch *Isbrannje Proiswedenija*, Bd. III; die Eindrücke Luknizkys aus seinem Tagebuch; Berggolz: *Dnevne Swesdy; Koćetow in* ›*Oktjabr*‹, Nr. 6, Juni 1964. Andere Quellen: Byćewski; Pawlow; *Podwig Leningrada*; Olga Jordan in *900 Dnei.* Statistische Angaben aus *900 Geroićeskich Dnei*; *Na Saśćite*; Pawlow (der die genauen Angaben über die geschätzten Lebensmittelbestände macht); Karasew; *Leningrad w WOW;* Warśawsky u. a.; S. Kostjućenko: *Istorija Kirowskowo Sawoda*; Pantelejew; N. N. Schdanow: *Ognewoi Śćit Leningrada;* Bondarenko in *S Perom i Awtomatom*; Ketlinskaja in ›*Literaturnaja Gaseta*‹, Nr. 15, 4. Februar 1965; Woronow und Skrjabina.

27. NICHT ALLE WAREN TAPFER

Wischnewskis Beobachtungen finden sich in seinem Tagebuch *Sobranje Soćinenii,* Bd. III; Koćetow in ›*Oktjabr*‹, Nr. 6 und 11, Juni und November 1964. Weitere Details in *Na Saśćite,* Pawlow; A. T. Skiljagin: *Dela i Ludi; S. Perom Awtomatom*; *Leningrad w WOW*; Stein in ›*Snamja*‹, Nr. 6, Juni 1964; Rosenman in *Podwig Leningrada;* A. Weresow in ›*Newa*‹, Nr. 6, Juni 1965 und Sajanow.

28. EINE HARTE NUSS

Quelle zum Bericht über Oreschek ist vor allem A. Weresow in ›*Newa*‹, Nr. 4, April 1966. Die Kämpfe werden behandelt von Barbaśin, Byćewski; A. T. Karawajew: *Po Strocnomu Predpisaniju*; *Podwig Leningrada*, S. 428–429; A. I. Mankewić: *Krasnosnamennaja Ladoźskaja Flotilija w WOW;* K. K. Kamalow: *Morskaja Pechota w Bojack Sa Rodinu*; G. Odinzow in ›*Wojenno-Istorićeskii Žurnal*‹, Nr. 12, Dezember 1964. Schtscheglow; Koćetow in ›*Oktjabr*‹, Nr. 11, November 1964; Gudkowa: *Mera Mužestwa;* Stein in ›*Snamja*‹, Nr. 6, Juni 1964.

29. SCHUKOW ÜBERNIMMT DAS KOMMANDO

Die militärische Lage bei Übernahme des Kommandos durch Schukow ist am besten dargestellt bei Barbaśin. Weitere Einzelheiten finden sich in den folgenden Quellen: A. Saporow, Doroga Źisny; Byćewski; Karasew; Duchanow; *Na Saśćite;* I. I. Fedjuninski: *Podnjate Po Trewoge.* Die Ablösung Woroschilows durch Schukow behandeln Byćewski und Pawlow, 3. Auflage. Weitere Einzelheiten berichten Koćetow in ›*Oktjabr*‹, Nr. 6, Juni 1964; Berggolz und Schtscheglow.

30. SPRENGT DIE STADT IN DIE LUFT!

Die Pläne zur Verteidigung und Zerstörung Leningrads werden behandelt in *Na Saśćite;* Karasew; Byćewski; Schtscheglow; Barbaśin; *900 Geroičeskich Dnei;* Pantelejew; Konstantinow; Koćetow in ›*Oktjabr*‹, Nr. 11, November 1964; Kusnezow in ›*Woprosy Istorii*‹, Nr. 8, August 1965; *Leningrad w WOW*; Godenko; A. Weresow in ›*Newa*‹, Nr. 6, Juni 1965; Kostjućenko; A. Rosen in ›*Swesda*‹, Nr. 2, Februar 1966.

31. »SIE GRABEN SICH EIN!«

A. I. Weresow in: ›*Newa*‹, Nr. 6, Juni 1965 und *Soldaty Sto Dewjatoi* geben gute Eindrücke von der Front bei Pulkowo, ebenso auch A. Rosen in ›*Swesda*‹, Nr. 2, Februar 1966. Weitere Einzelheiten finden sich bei Berggolz; *900 Dnei* und natürlich auch viele bei Byćewski, Barbaśin, Duchanow, Fedjuninski; *Na Saśćite;* Wiśnewsky; Koćetow; A. von Reinhardts Memoiren; *Leningrad w WOW*; I. Isakow in ›*Newa*‹, Nr. 3, März 1967; *WOWSS*; G. Schukow in ›*Wojenno-Istorićeskii Žurnal*‹, Nr. 8, August 1966.

32. DEUS CONSERVAT OMNIA

Über Anna Achmatowa ist viel aus der Einführung ihres Buchs *Stichotworenija*, aus ihrem *Requiem* und aus den Aufzeichnungen von Luknizky entnommen. Andere Quellen: A. M. Drewing in Barbaśenko; Tagebuch Inber; J. Wasjutina: *Podwig Leningrada*; Konstantinow; Skrjabina; Koćetow, *Gorod w Šineli*; Pawlow; *Leningrad w WOW*; *Na Saśćite*; T. W. Pokrowskaja: *Klimat Leningrada;* Wischnewski; Barbaśin; Ketlinskaja in *900 Dnei;* Glasunow; A. W. Kolzow: *Ućenje Leningrada w Gody Blokady*; Warśawsky u. a. und Godenko.

33. NUR SIEBEN MÄNNER WUSSTEN ES ...

Eine der eindringlichsten Schilderungen der Hungersnot stammt von dem verstorbenen Nikolai Ćukowsky in ›*Junost*‹, Nr. 1, Januar 1966. Andere Quellen sind *Podwig Leningrada;* Inber; Wischnewski; Skrjabina; Godenko; Karasew; I. W. Trawkin: *W Wodach Sedoi Baltiki*; Luknizky. Statistiken: *Na Saśćite*; Karasew: *Leningrad W WOW;* Karawajew; Pawlow; W. J. Neigoldberg, Istorija *SSSR,* Nr. 3, 1965. Einzelheiten: L. Pantelejew in ›*Newa*‹, Nr. 1, Januar 1964; Berggolz; Sajanow; Koćetow; Tarasenkow in *Literaturnoje Nasledstwo*, Bd. II; Wischnewski; Woronow; *S Perom i Awtomatom;* Kanaśin; P. D. Griśćenko: *Moi Drusja Podwodniki*; Darow; Pawlow; Ortenberg.

34. »WANN WIRD DIE BLOCKADE AUFGEHOBEN?«

Die Hauptquellen sind Pantelejew; *Na Saśćite*; Woronow, Barbaśin, Fedjuninski; G. J. Degtjarew: *Taran i Śćit;* Merezkow: *Nekolebimo, Kak Rossija* und ›*Wojenno-Istorićeskii Žurnal*‹, Nr. 1, Januar 1965; P. Jegorow in ›*Wojenno-Istorićeskii Žurnal*‹, Nr. 5, Mai 1967; J. Alanskii in ›*Swesda*‹, Nr. 11, November 1966; Karasew; Saparow; G. A. Beresnew, *Ogni Sedowo Wolchowa*; *Swiridow; 900 Geroićeskich Dnei; Leningrad w WOW* und Luknizky.

35. DIE LEBENSADER

Seltsamerweise gibt es keinen befriedigenden oder dramatischen Bericht in den russischen Quellen über die Eisstraße über den Ladogasee. A. Saparow: *Doroga Žisny* ist schwach und propagandistisch, und A. D. Charitonow: *Legendarnaja Ledowaja Trassa* ist nicht viel mehr als ein Pamphlet. Dieses Kapitel stützt sich auf M. Murow in ›*Swesda*‹, Nr. 1, Januar 1964; Karasew; Pawlow; Charitonow in ›*Wojenno-Istoričeskii Žurnal*‹, Nr. 11, November 1966; J. Loman in ›*Newa*‹, Nr. 1, Januar 1967; F. Lapuchow in ›*Newa*‹, Nr. 7, Juli 1967; *Na Saščite*; Duchanow in ›*Swesda*‹, Nr. 1, Januar 1964 (in seinem Buch *W Serdse i w Pamjati* sind einige Einzelheiten ausgelassen); *Leningrad w WOW*; Merezkow in ›*Wojenno-Istoričeskii Žurnal*‹, Nr. 1, Januar 1965; Bogdanow-Beresowski; Inber; Luknizky; Samsonow: *Wtoraja Mirowaja Woina*, Bd. II, *900 Geroičeskich Dnei.*

36. DIE TOTENSTADT

Der Bericht von Nikolai Tichonow findet sich in ›*Swesda*‹, Nr. 1, Januar 1964; weitere Einzelheiten bei D. Lewonewskii in ›*Newa*‹, Nr. 2, Februar 1966; Dimitri Moldawskii: O *Michaile Dudine*; Sajanow; Alexander Prokofjew in ›*Literaturnaja Gaseta*‹, 22. Juni 1965; andere Quellen: Wischnewski; Vera Petrowa in ›*Swesda*‹, Nr. 5, Mai 1965; *Leningrad w WOW*; Über Lebedew siehe *Literaturnoje Nasledstwo,* Bd. II und A. Kron in *Rjadom S Gerojami;* Bogdanow-Beresowski; Luknizky; Sajanow; Alexander Dymšiz in ›*Snamja*‹, Nr. 3, März 1966; Wsewolod Roždjesdwensky in ›*Ogonok*‹, Nr. 5, Mai 1964; *Podwig Ermitaža*; Orbeli in Ashot Arzumanyan: *Družba*; Juri L. Alanskii; K. M. Jusbašjan: *Akademik Josif A. Orbeli;* Michailowsky: *S Toboi Baltika!*

37. DIE KINDERSCHLITTEN

Als Quellen für dieses Kapitel sind vor allem die Tagebücher von Leningradern verwendet worden: W. Konešewić in ›*Nowy Mir*‹, Nr. 9 u. 10, September und Oktober 1965; Luknizky; Vera Inber; Wischnewski; Skrjabina; Dimitri Moldawskii in *Podwig Leningrada*; Pantelejew, Jelisaweta Šarypina: *W Dni Blokady;* Glasunow und Schtscheglow. Der Bericht über Sinaida Šišowa stammt von A. Abramow in ›*Newa*‹, Nr. 6, Juni 1965 und das Gedicht aus der Sammlung von W. Asarow: *Poesia b Boju.* Weiteres Material aus *Leningrad w WOW*; T. W. Pokrowskaja: *Klimat Leningrada*; *Na Saščite*; Alexander Kron in *Talent i Mužestwo;* Nikolai Ćukowsky in *Rjadom s Gerojami* und Nikolai Markewić in *W Redakziju Ne Wernulsja.*

38. EIN NEUARTIGES VERBRECHEN

Viele Einzelheiten sind dem Buch *Dela i Ljudi* entnommen, das sich eingehend mit der Rolle der Polizei in Leningrad während des Krieges beschäftigt. Vieles stammt aus folgenden Quellen: *Na Saščite*; Karasew; Barbašin; Konstantinow; Darow; Rasina-Tagebuch; Pawlow; Alexander Ćakowsky; aus einer raschen und oberflächlichen Durchsicht der Akten der ›*Leningradskaja Prawda*‹ aus November und Dezember 1941 und Winter 1942; Iwan Krutikow: *W Prifrontowich Lesach*; Inber; Kočetow in ›*Oktjabr*‹, Nr. 5, Mai 1965; Šarypina; L. Pantelejew in ›*Moskwa*‹, Nr. 6, Juni 1957. Schilderung und Text der Ansprache von Bürgermeister Popkow siehe *S Perom Awtomatom, Podwig Leningrada, S.* 287 bis 288 und Ćakowsky. Weiteres Material stammt von Wišnewsky und Inber; *Leningrad w WOW, 900 Dnei*; Pawlow, Karasew und *Na Saščite* geben Daten über die Bäckereien und die Versorgung mit Brennstoff und Elektrizität. *Podwig Leningrada* enthält Angaben über die Leningrader Feuerwehr (S. 115–116). Mit der Frage, ob Leningrad zur ›offenen Stadt‹ erklärt werden sollte, beschäftigen sich Karasew (S. 120, 204, 205) und *Leningrad w WOW*, S. 214.

39. DIE STADT ERSTARRT IM EIS
Sehr gute Schilderungen der Verhältnisse beim Leningrader Rundfunk finden sich bei A. Polownikow in ›*Newa*‹, Nr. 6, Juni 1965; Juri L. Alanskii: *Teatr w Kwadrate Obstrela*; Olga Berggolz: *S Perom i Awtomatom*; Alexander Kron in *Rjadom s Gerojami.* Vera Ketlinskaja schreibt über die Schriftsteller in ›*Newa*‹, Nr. 5, Mai 1965; weitere Einzelheiten bringt Leonid Rachmanow in *Rjadom s Gerojami* und in ›*Moskwa*‹, Nr. 6, Juni 1957. Wischnewski und Sajanow liefern weitere kleine Details. Über den Film in Leningrad berichten Wischnewski und W. Solowstow in *S Perom i Awtomatom.* Über die Beziehungen zwischen Olga Berggolz und der Ketlinskaja schreibt die Ketlinskaja in ›*Newa*‹, Nr. 5, Mai 1965. Luknizky gibt eine Charakterskizze der Ketlinskaja, und Olga Berggolz beschreibt den Besuch bei ihrem Vater in *Dnewnje Swesdy.*

40. DIE LENINGRAD-APOKALYPSE
Die Quellen für dieses Kapitel können nicht alle genannt werden. Die Bewohner Leningrads sprechen nicht gern über den Kannibalismus. Ein Teil des Materials stammt von Kočetow in ›*Oktjabr*‹, Nr. 5, Mai 1965; Berggolz; Moldawsky in *Podwig Leningrada;* Warśawsky u. a.; Wischnewski; *900 Geroičeskich Dnei;* Inber; Sajanow; Konstantinow; Alexander Werth: *Leningrad;* Skrjabina; Darow; Alanski; Luknizky. Das Gedicht von Andrejew ist in der Sowjetunion nicht veröffentlicht worden, aber der Verfasser besitzt eine Photokopie.

41. ›T‹ WIE TANJA
Das Notizbuch der Familie Sawićew befindet sich im Leningrader Stadtmuseum. Ihre Geschichte wird erzählt in ›*Literaturnaja Gaseta*‹, 25. Januar 1964. Den Winterfeldzug beschreiben Merezkow in seinem Buch und in ›*Wojenno-Istoričeskii Žurnal*‹, Nr. 1, Januar 1965 und Fedjuninski. Einzelheiten finden sich auch in *WOWSS* und *Na Saśčite.* Anna Wasilejewa, das Mädchen aus Kirow, wurde am 11. Februar 1944 vom Autor befragt. Über die Milowa berichtet Karasew. Das Tagebuch der Mironowa ist in *Leningrad w WOW* zitiert. Die Schätzungen über die Sterblichkeitsziffern sind enthalten in *Na Saśčite*, S. 264; Pawlow (3. Aufl.), S. 144; Karasew, S. 184, 185; W. I. Dimitrew, *Salut Leningrada*, S. 11; über die Sterblichkeit in den Krankenhäusern siehe *900 Geroičeskich Dnei*, S. 342; *Leningrad w WOW*, S. 504 ff.; die Zahlen über die Lebensmittelkarten finden sich in *Na Saśčite*, S. 284 und Karasew, S. 109. Markewić schreibt in *W Redaktsju Ne Wernulsja.* Der Appell der Schriftsteller steht in *Leningrad w WOW.* Die Eisstraße behandelt Pawlow: *Na Saśčite* und Karasew, und die dort eingetretenen Verluste an Menschenleben erwähnen *Leningrad w WOW*; Merkulow; G. A. Sobolew: *Ućenje Leningrada*; A. W. Kolstow: *Ućenje Leningrada* und Sajanow.

42. DIE EISSTRASSE
Die Berichte stammen von Luknizky, Saparow, Skrjabina, *Leningrad w WOW* und Inber.

43. TOD – TOD – TOD
Über den Frühling berichten Luknizky, Karasew, Juri Alanskii; L. Pantelejew in ›*Nowy Mir*‹ Nr. 5, Mai 1945; *900 Geroičeskich Dnei; Leningrad w WOW;* Inber; *Na Saśčite;* Wischnewski; Rasina in *Podwig Leningrada;* Michailowsky; Matwei Frolow in ›*Nowy Mir*‹, Nr. 6, Juni 1957; *S Perim i Awtomatom.* Statistiken über die Nachschubmengen stammen aus *Na Saśčite*, S. 340, 341. Die

ersten offiziellen Sterbeziffern sind enthalten in *900 Geroičeskich Dnei*, S. 397, 398; Kritik daran in *Na Saščite*, S. 336. Zahlenangaben über Todesfälle und Beerdigungen bringt Karasew, S. 236, 237. Schätzungen über ausgegebene Lebensmittelkarten und Vorräte am 15. April siehe *Na Saščite*, S. 307 u. 340. Die kritische Analyse der Sterbeziffern durch W. M. Kowalčuk und G. L. Sobolew in *›Woprosy Istorii‹*, Nr. 12, Dezember 1965 ist die wichtigste historische Forschungsarbeit über die Tragödie von Leningrad, die bisher durchgeführt worden ist. Die Schätzungen von Michail Dudin erschienen in *›Literaturnaja Gaseta‹*, Nr. 39, 27. März 1960. Die militärischen Verluste werden geschätzt von O. F. Suwenirow, *Wtoraja Mirowaja Woina*, Bd. II, S. 160. *Na Saščite* schätzt die Verluste an Toten auf »nicht weniger als eine Million«. Pawlows Kritik an den jüngsten Schätzungen der Todesziffern ist in der dritten Auflage seines Buchs, S. 148/149 enthalten.

44. UND WIEDER, FRÜHLING

Leningrad am 1. Mai beschreiben Luknizky und A. Fadejew: *Sobranije Sočinenii*, Bd. III. Über Goworow berichten Byčewski; A. Kiselew in *›Wojenno-Istoričeskii Žurnal‹*, Nr. 2, Februar 1967; Sajanow; G. Odinzow in *›Wojenno-Istoričeskii Žurnal‹*, Nr. 12, Dezember 1944. Die Geschichte Wlassows erzählt Merezkow in *›Wojenno-Istoričeskii Žurnal‹*, Nr. 1, Januar 1965. Weitere Berichte dazu: Larry Lesueur: *Twelve Months that Shook the Wordl*; Eve Curie: *Journey among Warriors;* General M. Chosin in *›Wojenno-Istoričeskii Žurnal‹*, Nr. 2, Februar 1965; Fedjuninski; Boris Gusew: *Smert Komissara;* L. Pantelejew in *›Nowy Mir‹*, Nr. 5, Mai 1965; Alexander Dallin: *German Rule in Russia.* Die hübsche Skizze von Jewgeny Žilo ist *›Swesda‹*, Nr. 12, Dezember 1967 entnommen.

45. UNTERNEHMEN ISKRA

Quellen über Leningrad im Sommer: Luknizky; *900 Dnei*; Sajanow; A. Stein in *›Snamja‹*, Nr. 6, Juni 1964; Wischnewski. Militärische Daten lieferten Byčewski; Barbašin; Merezkow in *›Woprosy Istorii‹*, Nr. 10, Oktober 1965; *Na Saščite.* Über Wischnewski ›Das weite, weite Meer‹ berichten Stein in *›Snamja‹*, Nr. 6, Juni 1964; Wišnewsky in seinem Tagebuch und in *Literaturnoje Nasledstwo*, Bd. II. Über die Vorbereitungen zum Unternehmen Iskra siehe Sajanow, Byčewski, Barbašin, *Istorija WOWSS*, Bd. III; über Decknamen siehe Schtscheglow; G. Schukow in *›Woprosy Istorii‹*, Nr. 8, August 1967 und Kusnezow: *Na Kanune.* Das Unternehmen schildern W. M. Jarchunow: *Čeres Newu*; Byčewsky; Sajanow; *Leningrad w WOW;* Wischnewski, Inber; Barbašin; S. N. Borščew in *›Oktjabr‹*, Nr. 1, Januar 1968; Duchanow in *›Swesda‹*, Nr. 1, Januar 1964. Das Gedicht von Olga Berggolz ist in *Isbrannoje*, Bd. II veröffentlicht. Den Sieg schildern Wischnewskis Tagebuch; Inber, *Literaturnoje Nasledstwo*, Bd. II und Luknizky.

46. DIE 900 TAGE GEHEN WEITER

Das Leben in Leningrad im Jahr 1943 wird beschrieben in *Na Saščite.* Weitere Beiträge lieferten Karasew in *›Istorija SSSR‹*, Nr. 3, 1961; Wišnewsky; Inber; Bogdanow-Beresowski; Luknizky; Sajanow, *900 Geroičeskich Dnei.* Wischnewskis Schwierigkeiten mit seinem Stück ›Die Mauern von Leningrad‹ werden in seinem Tagebuch und in *Literaturnoje Nasledstwo*, Bd. II, eingehend behandelt. Die Quellen für die militärische Lage sind Byčewski in *›Wojenno-Istoričeskii Žurnal‹*, Nr. 1, Januar 1964; Barbašin; *Na Saščite;* Woronow in *›Istorija SSSR‹*,

Nr. 3, 1965; M. Strešinskii in ›*Newa*‹, Nr. 1, Januar 1964; *WOWSS*; Sajanow; N. N. Schdanow: *Ognewoi Šćit Leningrada;* Fedjuninski in ›*Prawda*‹, 26. Januar 1964. Die Beschreibung der Stadt Leningrad ist aus folgenden Quellen zusammengestellt: L. Pantelejew in ›*Nowy Mir*‹, Nr. 5, Mai 1965; Luknizky und Berggolz: *Isbrannoje*, Bd. II.

47. DIE AFFÄRE LENINGRAD
Über die Ausstellung in Leningrad siehe Luknizky; W. Machlin in ›*Wojenno-Istoričeskii Žurnal*‹, Nr. 1, Januar 1964; Wischnewski; Inber; Stein in ›*Snamja*‹, Nr. 4, April 1964; Karasew und Pawlow, 3. Auflage. Schwierigkeiten der Schriftsteller siehe Ketlinskaja in ›*Newa*‹, Nr. 5, Mai 1965; Juri Alanskii; Luknizky. Über die Renaissance der Stadt schreiben Karasew in ›*Istorija SSSR*‹, *Nr. 3*, 1961; *Leningrad w WOW*; das schöne im Krieg zusammengestellte Album von N. W. Baranow u. a. Über die Zerstörungen in Leningrad siehe *Leningrad w WOW*, S. 687 ff. Der Essay von Ehrenburg ist in *900 Dnei* veröffentlicht. Über die Pläne zum Wiederaufbau der Stadt hat der Verfasser bei seinem Besuch im Februar 1944 mit vielen Leningrader Beamten und Bürgern gesprochen. Die Angaben über Schdanow kommen aus *Na Saščite*, Chruschtschows ›Geheimrede‹; Stein in ›*Snamja*‹, Nr. 5, Mai 1964. Angaben zur Affäre Leningrad sind zu finden bei F. Koslow in ›*Prawda*‹, 14. Oktober 1952; Stein; Karasew; Robert Conquest: *Power and Policy in the U.S.S.R.*; und Boris Nicolaevsky: *Power and the Soviet Elite.*

Register

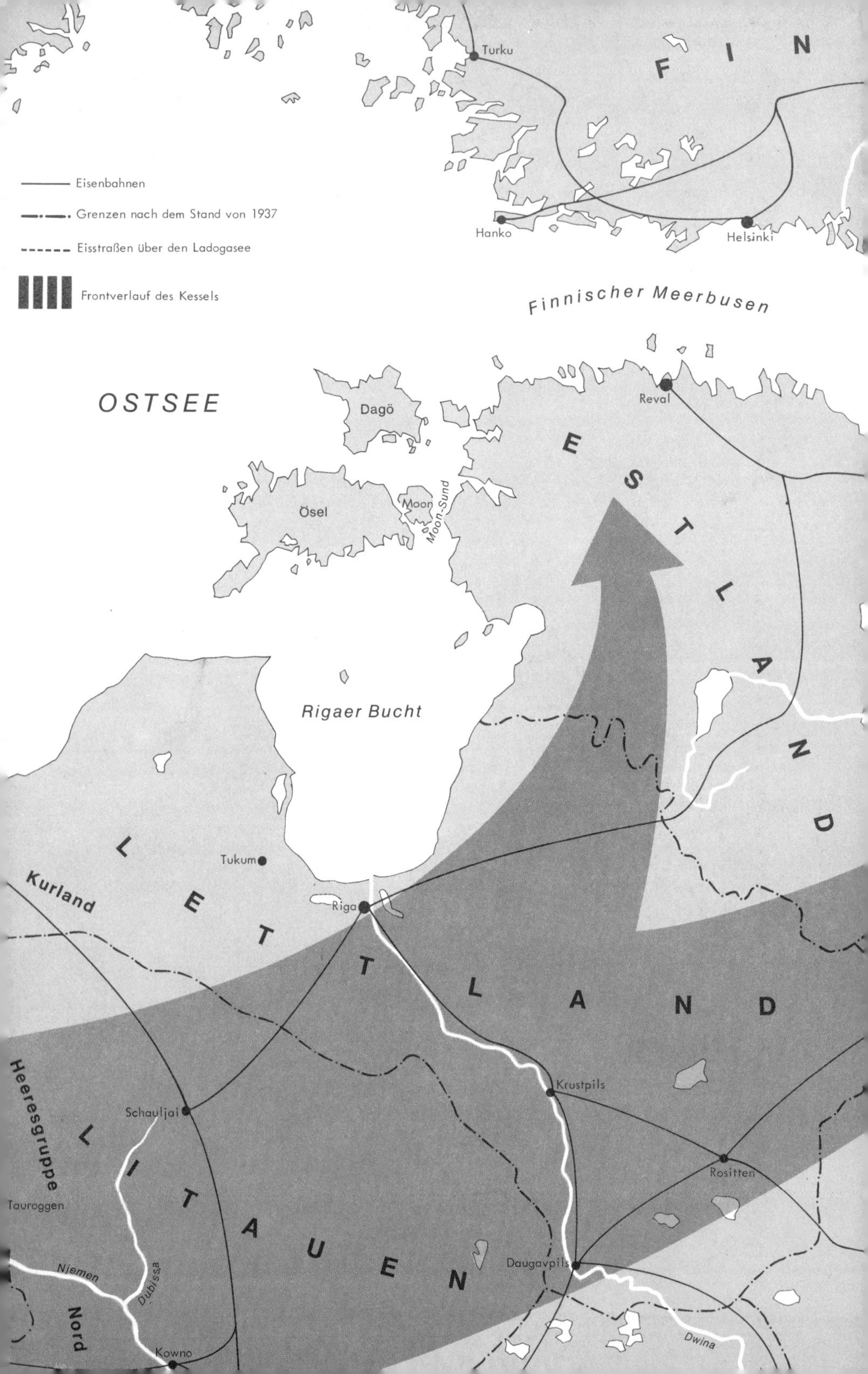
Eisenbahnen
Grenzen nach dem Stand von 1937
Eisstraßen über den Ladogasee
Frontverlauf des Kessels
Turku
F I N
Hanko
Helsinki
Finnischer Meerbusen
OSTSEE
Dagö
Reval
Ösel
Moon
Moon-Sund
E S T L A N D
Rigaer Bucht
Tukum
Kurland
Riga
L E T T L A N D
Krustpils
Schauljai
Heeresgruppe Nord
Rositten
Tauroggen
L I T A U E N
Daugavpils
Njemen
Dubissa
Kowno
Dwina